中国区域
金融稳定报告
（2018）

China Regional Financial Stability Report

（2018）

中国人民银行上海总部金融稳定分析小组　编

中国金融出版社

责任编辑：王雪珂
责任校对：刘　明
责任印制：程　颖

图书在版编目（CIP）数据

中国区域金融稳定报告．2018（Zhongguo Quyu Jinrong Wending Baogao. 2018）/中国人民银行上海总部金融稳定分析小组编．—北京：中国金融出版社，2018. 9

ISBN 978 -7 -5049 -9647 -3

Ⅰ.①中…　Ⅱ.①中…　Ⅲ.①区域金融—研究报告—中国—2018　Ⅳ.①F832. 7

中国版本图书馆 CIP 数据核字（2018）第 148922 号

出版发行　中国金融出版社
社址　北京市丰台区益泽路 2 号
市场开发部　（010）63266347，63805472，63439533（传真）
网上书店　http://www.chinafph.com
（010）63286832，63365686（传真）
读者服务部　（010）66070833，62568380
邮编　100071
经销　新华书店
印刷　北京市松源印刷有限公司
尺寸　210 毫米×285 毫米
印张　28
字数　680 千
版次　2018 年 9 月第 1 版
印次　2018 年 9 月第 1 次印刷
定价　168.00 元
ISBN 978 -7 -5049 -9647 -3

《中国区域金融稳定报告（2018）》编写组

总　　纂：杜要忠　史长俊　贺同宝　楚龙春　周　波

统　　稿：陈　静　郭　芳

执　　笔：第一章　王　亮　居　姗

第二章　赵　起　孙伊展　孙　毅

第三章　戚兴如　陈晓燕　韩玉洁

第四章　刘　林　钱东平　王大波　陈　杉

第五章　高　霞　张新宜　董　磊

第六章　王　亮　居　姗

本报告涉及四大区域：东部地区10个省市，包括北京、天津、河北、上海、江苏、浙江、福建、山东、广东和海南；中部地区6个省份，包括山西、安徽、江西、河南、湖南和湖北；西部地区12个省区，包括广西、重庆、四川、贵州、云南、西藏、陕西、甘肃、青海、宁夏、新疆和内蒙古；东北地区3个省份，包括黑龙江、吉林、辽宁。本报告不含港、澳、台地区。

目　录

中国各地区金融稳定报告摘要（2018）

第一章　区域经济金融概述

2017年，主要发达经济体同步复苏，国内经济发展稳中向好、好于预期，但国际上不稳定不确定因素仍然较多，国内经济金融领域结构性矛盾仍较突出，防范化解重大风险压力依然较重。面对上述复杂多变的国内外经济金融形势，中国人民银行各分支机构在以习近平同志为核心的党中央坚强领导下，认真贯彻党中央、国务院决策部署，勤勉尽责，在中国人民银行总行的具体领导下，认真履行央行派出机构的各项职责，保持货币政策稳健中性，统筹做好稳增长、促改革、调结构、惠民生、防风险各项工作，金融体系总体平稳健康运行，金融风险整体可控。但经济金融发展中的机遇与挑战并存，新老问题交错叠加，不同地区、不同行业、不同机构的风险特征各异，打好防范化解重大金融风险攻坚战仍面临一定的挑战和压力。

一、经济运行

2017年，各地区继续贯彻落实积极的财政政策和稳健中性的货币政策，大力推进供给侧结构性改革，经济结构不断优化，新兴动能加快成长，经济活力有所提高，区域协调发展取得一定进展。

（一）各地区经济发展稳中向好，区域间相对差距持续缩小

2017年，各地区经济保持平稳健康发展，经济增速维持在合理增长区间。东部、中部、西部和东北地区生产总值分别达到44.97万亿元、17.94万亿元、17.10万亿元和5.54万亿元，同比分别增长7.18%、8.00%、8.12%和5.14%（见表1）[①]。中部、西部地区经济发展速度继续高于东部地区，在地区生产总值增速超过8%的10个省区中，中部地区占3席、西部地区占6席、东部地区占1席（见图1）。其中，西部地区的贵州省、西藏自治区和云南省的经济增速分别为14.98%、10%和9.5%，居全国前三位。中、西部地区与东部地区相对差距继续缩小，区域经济增长协调性进一步增强。

表1　2017年各地区生产总值及增长率

项目	东部地区		中部地区		西部地区		东北地区	
	2017年	2016年	2017年	2016年	2017年	2016年	2017年	2016年
地区生产总值（亿元）	449 680.81	403 733.84	179 412.37	159 113.24	170 955.34	156 528.80	55 430.84	52 310.23

① 本文中除特殊说明外，全国经济数据来源为国家统计局，各地区数据为人民银行各分支行上报的各省数据的汇总数。

续表

项目	东部地区		中部地区		西部地区		东北地区	
	2017 年	2016 年	2017 年	2016 年	2017 年	2016 年	2017 年	2016 年
占全国 GDP 比例（%）	52.56	52.32	20.97	20.62	19.98	20.28	6.48	6.78
增长率（%）	7.18	7.55	8.00	7.95	8.12	8.23	5.14	2.51

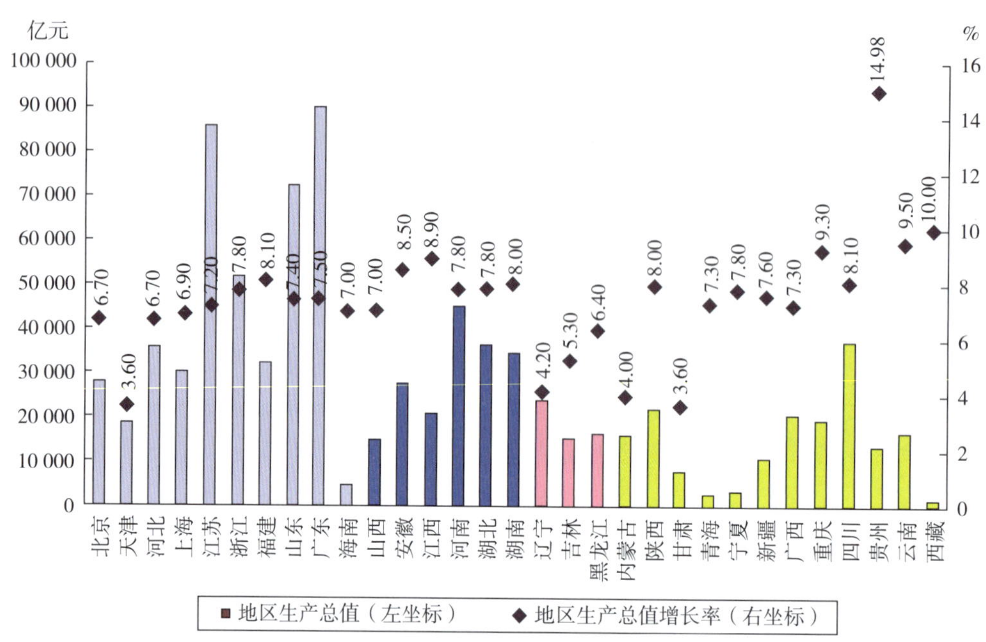

图 1 2017 年各省（自治区、直辖市）生产总值及增长率

（二）各地区三次产业结构继续优化调整，第三产业增加值占 GDP 比重稳步上升

2017 年，东部、中部、西部和东北地区第一产业增加值分别为 2.21 万亿元、1.71 万亿元、1.96 万亿元和 0.66 万亿元，同比分别增长 3.13%、3.90%、4.74% 和 4.34%，增速较上年分别小幅提高 0.32 个、0.29 个、0.28 个和 2.99 个百分点。农业生产再获丰收，各地区全年共生产粮食产量 61 791 万吨、谷物产量 56 455 万吨、猪牛羊禽肉类总产量 8 431 万吨、水产品产量 6 938万吨。

东部、中部、西部和东北地区第二产业增加值分别为 18.90 万亿元、8.15 万亿元、7.15 万亿元和 2.07 万亿元。各地区增速有所分化，其中，中部和西部地区同比分别增长 7.43% 和 8.27%，较上年分别提高 0.22 个和 0.17 个百分点；东北地区由降转升，由上年的下降 1.14% 转为增长 3.37%；东部地区同比增长 5.98%，较上年回落 0.19 个百分点。除中部地区外，其他地区第二产业占 GDP 比重继续回落，东部、西部和东北地区第二产业占三次产业比重较上年分别回落 0.03 个、1.67 个和 1.07 个百分点。2015—2017 年，工业战略性新兴产业增加值年均增长 10.5%，高于同期全部工业年均增速 4.4 个百分点。

东部、中部、西部和东北地区第三产业保持较快发展，全年实现增加值分别为 23.86 万亿元、8.08 万亿元、7.99 万亿元和 2.82 万亿元，同比分别增长 8.56%、9.58%、9.62% 和

6.76%（见图2）。各地区第三产业占GDP比重上升，东部、中部、西部和东北地区第三产业占三次产业比重分别为53.05%、45.03%、50.78%和46.73%，较上年分别提高0.55个、0.87个、1.32个和2.06个百分点。

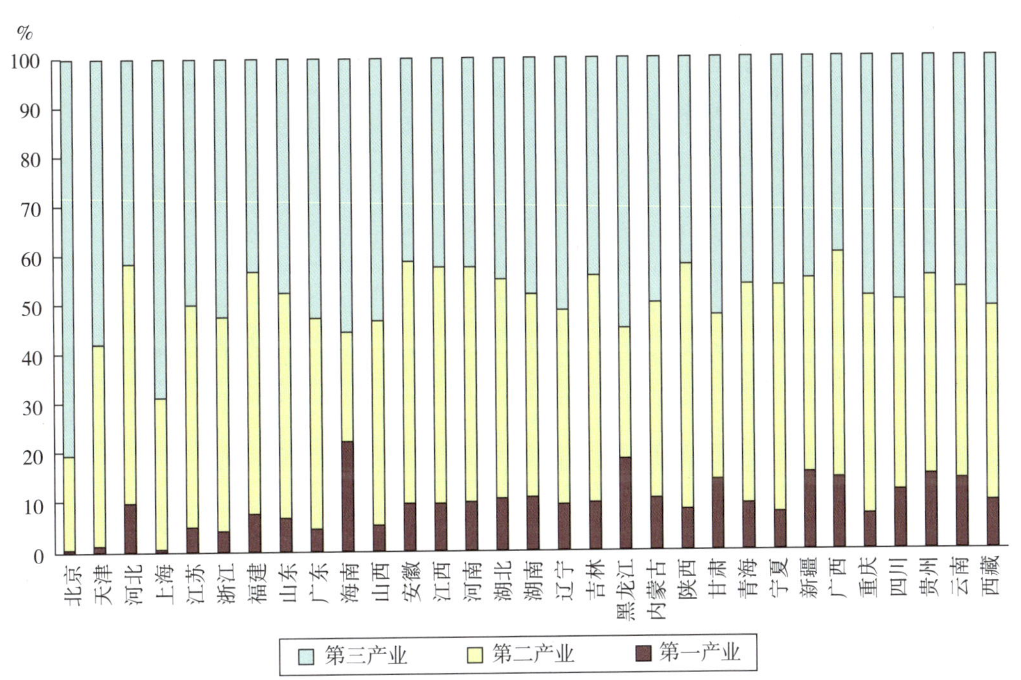

图2 2017年各省（自治区、直辖市）三次产业结构

（二）各地区消费保持较快增长，投资增速持续放缓，对外贸易持续回暖

各地区消费需求对经济增长的拉动作用保持强劲，新兴业态消费拉动作用明显增强。2017年，全国社会消费品零售总额为36.63万亿元，同比增长10.2%，全年最终消费支出增长对国内生产总值增长的贡献率达58.8%。2015—2017年，网上零售额年均增速超过30%，高于社会消费品零售总额年均增速约20个百分点。分城乡看，城镇消费品零售额31.43万亿元，增长10.0%；乡村消费品零售额5.2万亿元，增长11.8%。分地区看，东部、中部、西部和东北地区社会消费品零售总额分别为18.76万亿元、7.75万亿元、7.92万亿元和3.08万亿元，同比分别增长9.61%、10.96%、10.92%和5.61%（见图3）。

各地区固定资产投资增速稳中趋缓，投资结构不断优化。2017年，各地区固定资产投资（不含农户）64.12万亿元，增长7.0%，增速较上年回落1.1个百分点。其中，东部、中部和西部地区固定资产投资同比增速继续回落，同比分别增长8.3%、6.9%和8.5%，较上年分别下降0.8个、5.1个和3.7个百分点；东北地区固定资产投资由降转升，小幅增长2.8%（见图4）。分产业看，第一、第二、第三产业投资增速均有所放缓，同比分别增长11.8%、3.2%和9.5%，增速较上年分别回落9.3个、0.3个和1.4个百分点。投资结构继续优化调整，六大高耗能行业投资6.44万亿元，下降1.8%，占固定资产投资（不含农户）的比重为10.2%；民间固定资产

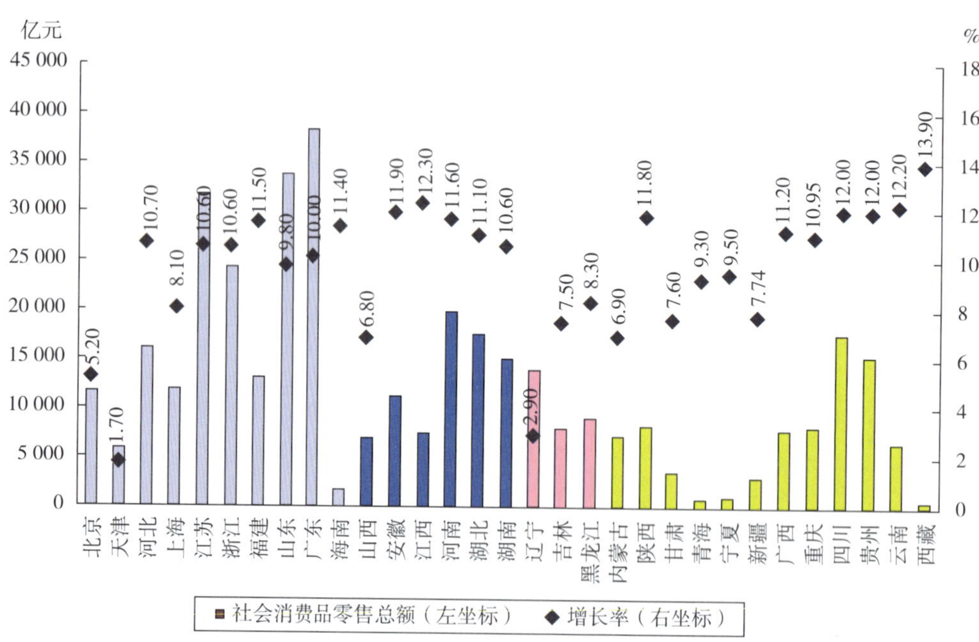

图3 2017年各省（自治区、直辖市）社会消费品零售总额及增长率

投资38.15万亿元，占固定资产投资（不含农户）的比重为60.4%；基础设施投资继续快速增长，同比增长19.0%，占固定资产投资（不含农户）的比重为22.2%。

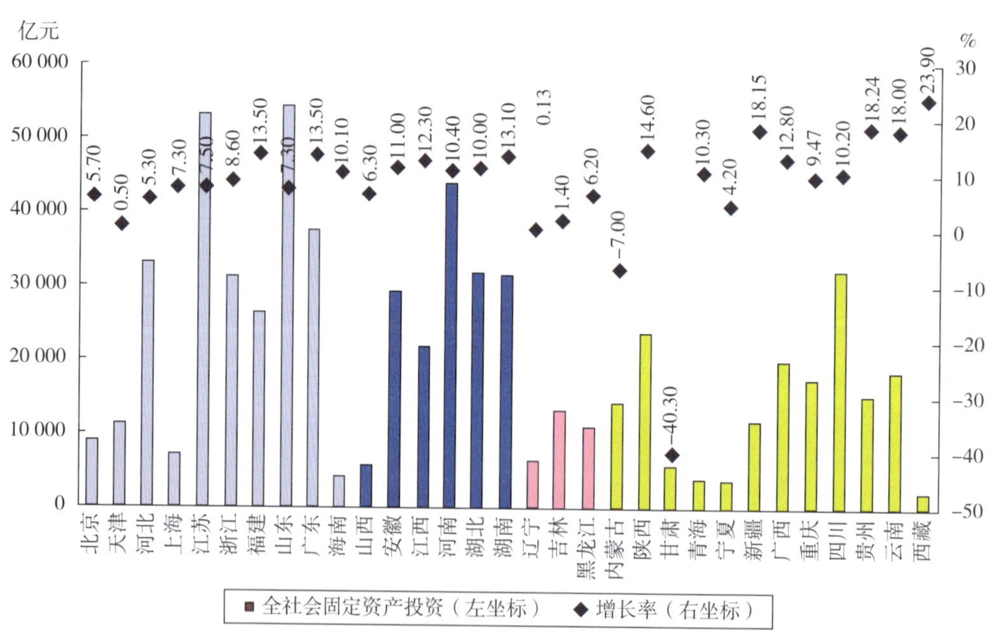

图4 2017年各省（自治区、直辖市）全社会固定资产投资及增长率

各地区进出口较快增长，外贸结构进一步优化。2017年，各地区进出口总额27.8万亿元，同比增速由降转升，增长14.2%。其中，出口15.3万亿元，同比增长10.8%；进口12.5万亿元，同比增长18.7%；贸易顺差2.9万亿元，同比缩窄14.2%。从贸易方式看，一般贸易比重持续提升，对外贸易自主发展能力不断增强。全年一般贸易进出口值占进出口总额的56.4%，占比较上年提升1.3个百分点。分地区看，东部、中部、西部和东北地区进出口贸易总额分别为25 555.62亿美元、5 435.73亿美元、8 684.76亿美元和1 368.89亿美元，同比分别增长9.38%、18.49%、19.58%和10.46%。其中，宁夏回族自治区外贸总额增长显著，同比增速由负转正，较上年增长58.9%，居全国第一位；青海、甘肃等省份全年进出口总值明显回落，同比分别下降57.1%和23.9%。

2017年，投资"引进来"和"走出去"两翼齐飞，"一带一路"战略效应继续显现。全年各地区实际使用外商直接投资金额1 310亿美元，增长7.9%，增速较上年提高3.8个百分点。其中"一带一路"沿线国家对华直接投资新设立企业3 857家，增长32.8%。全年对外直接投资额（不含银行、证券、保险）1 201亿美元，对"一带一路"沿线国家投资合作稳步推进，全年直接投资143.6亿美元，占同期投资总额的12%，比上年提高3.5个百分点。

（四）各地区消费价格涨幅总体稳定，工业生产价格涨幅明显

各地区居民消费价格涨幅有所回落，2017年，CPI同比上涨1.6%，较上年下降0.4个百分点。八大类商品和服务价格保持"七涨一跌"，其中，除食品烟酒小幅下降0.4%外，衣着、居住、生活用品及服务、交通和通信、教育文化和娱乐、医疗保健、其他用品和服务分别上涨1.3%、2.6%、1.1%、1.1%、2.4%、6.0%和2.4%。分省份看，海南省、新疆维吾尔自治区、天津市CPI涨幅居全国前三位，同比分别上涨2.8%、2.7%和2.1%；云南省、贵州省和重庆市CPI涨幅居末三位，同比分别上涨0.9%、1.0%和1.0%。

工业生产价格由降转升。2017年，工业生产者出厂价格同比上涨6.3%，上年同期为下降1.4%；工业生产者购进价格同比上涨8.1%，上年同期为下降2.0%。受资源品价格上涨等因素影响，山西省、青海省、河北省等资源型省份工业品出厂价格增幅明显，同比分别增长19.4%、16.7%和15.0%。

（五）各地区财政收入增长略有加快，居民收入领先经济增长

2017年，各地区财政收入增长有所加快，全年实现一般公共预算收入17.26万亿元，同比增长7.4%，增速较上年提高0.52个百分点。其中，东部、中部、西部和东北地区全年实现地方一般预算收入52 487.87亿元、20 182.80亿元、17 860.56亿元和4 844.23亿元，同比分别增长7.59%、9.65%、7.86%和5.70%（见图5）。除东部地区地方财政收入增幅有所回落外，其他地区均加快增长。

各地区城乡居民收入保持较快增长。2017年，全国居民人均可支配收入25 974元，比上年增长9.0%，扣除价格因素，实际增长7.3%；按常住地分，城镇居民人均可支配收入36 396元，比上年增长8.3%，扣除价格因素，实际增长6.5%；农村居民人均可支配收入13 432元，比上年增长8.6%，扣除价格因素，实际增长7.3%。

（六）各地区房地产开发投资有所加快，商品房销售增速明显回落

2017年，各地区完成房地产开发投资10.98万亿元，同比增长7.0%，增速较上年提高0.1

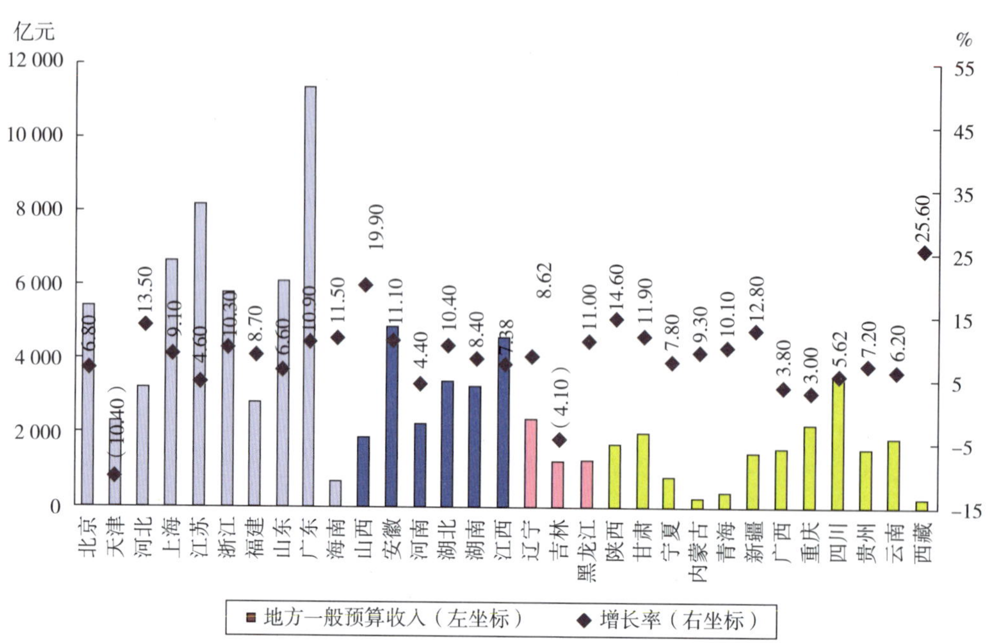

图5　2017年各省（自治区、直辖市）地方财政一般预算收入及增长率

个百分点。其中，东部、中部、西部和东北地区房地产开发投资比上年分别增长7.19%、11.57%、3.53%和0.97%。除东北地区外，其他地区房地产开发贷款增速均持续上升。截至2017年末，东部、中部和西部地区房地产开发贷款余额分别为4.22万亿元、1.46万亿元和1.97万亿元，同比分别增长14.33%、12.24%和18.06%；东北地区房地产开发贷款余额4 689.97亿元，同比下降9.97%。各地区个人住房贷款增速均较快增长，同比分别增长20.99%、24.05%、20.73%和9.21%。

各地区商品房销售创历史新高，但增速有所趋缓。2017年，全国各地区商品房销售面积为16.9亿平方米，同比增长7.7%，增速较上年回落14.8个百分点；商品房销售额为13.4万亿元，同比增长13.7%，增速较上年回落21.1个百分点。其中，商品住宅销售面积和销售额分别占商品房销售面积和销售额的85.5%和82.5%。分区域看，东部、中部、西部和东北地区商品房销售额分别为58 576.01亿元、28 664.78亿元、25 195.83亿元和5 366.57亿元，较上年分别增长41.21%、24.09%、33.78%和21.76%。

（七）“三去一降一补”五大任务不断深化，供给侧结构性改革成效显著

2017年是供给侧结构性改革的深化之年，多项任务超预期完成，“三去一降一补”成效明显。去产能领域，在淘汰水泥、平板玻璃等落后产能基础上，以钢铁、煤炭等行业为重点加大去产能力度，中央财政安排专项奖补资金予以支持，五年来共退出钢铁产能1.7亿吨以上、煤炭产能8亿吨，安置分流职工110多万人。去库存领域，各地区因城施策分类指导，三四线城市商品住宅去库存取得明显成效，热点城市房价涨势得到控制。去杠杆领域，积极稳妥去杠杆，控制债务规模，增加股权融资，工业企业资产负债率连续下降，宏观杠杆率涨幅明显收窄、总体趋于稳定。降成本领域，采取多种措施压减政府性基金项目30%，削减中央政府层面设立的涉

企收费项目60%以上，阶段性降低“五险一金”缴费比例，推动降低用能、物流、电信等成本。补短板领域，通过补齐重点领域短板，加强制度建设，扩大有效供给，提高供给质量，形成推动经济发展的重要动力。2017年投融资体制改革不断深化，165项重大工程项目加快推进，关键领域和薄弱环节补短板工作力度持续强化。

二、金融业发展

2017年以来，各地区金融机构继续深化改革，推进业务创新和转型发展，不断优化融资结构，更有力地支持各地区经济结构调整和转型升级，服务实体经济和抵御风险能力不断提升。

（一）银行业

2017年，各地区银行业总体运行平稳，资产负债规模继续扩张，存贷款继续较快增长，资产和资本质量保持稳定，银行业改革进一步深化，支持和服务实体经济能力不断增强。

1. 各地区银行业资产负债继续扩张但增速持续放缓

2017年，银行业监管力度持续加强，各地区银行业资产和负债规模增速明显放缓，东部地区呈负增长。截至年末，中部、西部和东北地区银行业总资产分别为34.37万亿元、41.24万亿元和14.77万亿元，同比分别增长10.09%、8.74%和2.44%，增速较上年分别回落5.55个、3.37个和10.75个百分点；占全国的比重分别为16.74%、20.09%和7.19%。总负债分别为33.15万亿元、39.72万亿元和14.23万亿元，同比分别增长9.82%、8.55%和2.34%，增速较上年分别回落5.82个、3.53个和10.86个百分点；占全国的比重分别为16.81%、20.14%和7.22%。东部地区总资产和总负债分别为114.88万亿元和110.12万亿元，同比分别下降4.55%和4.98%；占全国的比重分别为55.97%和55.84%，较上年分别回落3.05个和3.12个百分点（见图6）。

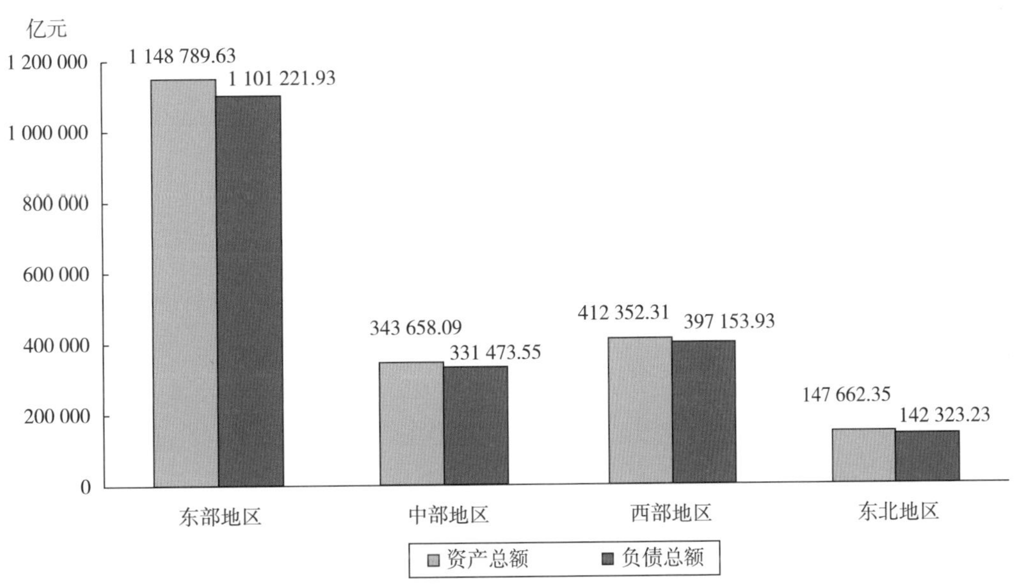

图6 2017年各地区银行业金融机构资产负债总额

分省份看，吉林省、上海市和福建省的银行业资产及负债增速均位居全国后三位，其中，资产增速分别为 -3.3%、2.26%和2.69%、负债增速分别为 -3.64%、1.67%和1.78%（见图7）。

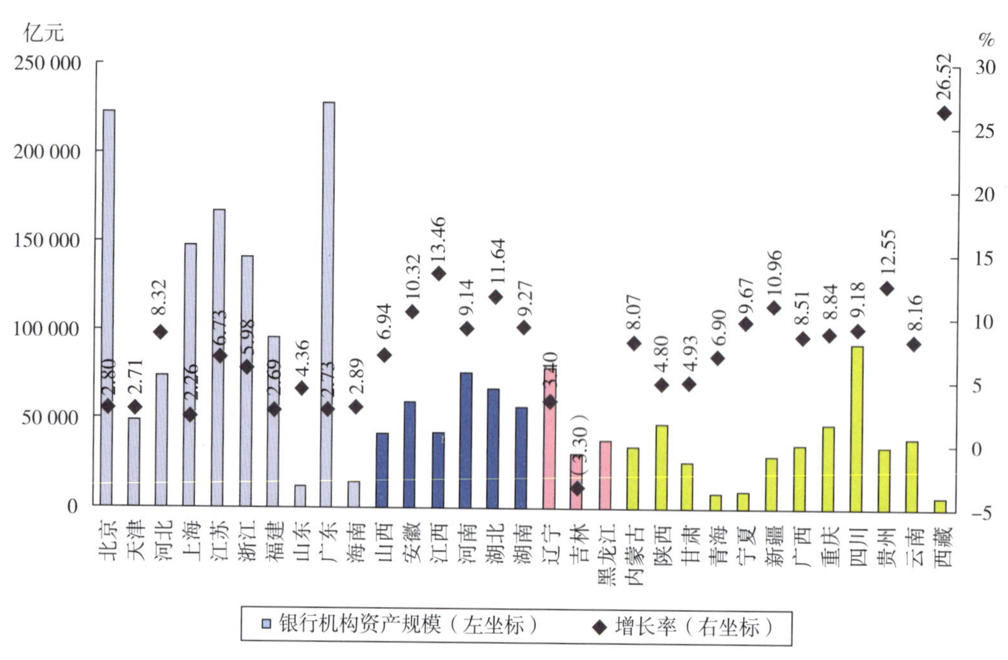

图7 2017年各省（自治区、直辖市）银行业金融机构资产规模及其增长率

2. 各地区银行业存贷款保持较快增长但增速持续回落

除东北地区外，其他地区存款增速持续回落。截至2017年末，东部、中部和西部地区金融机构本外币各项存款余额分别为90.37万亿元、26.86万亿元和30.68万亿元，同比分别增长6.26%、11.37%和8.68%，分别比上年回落6.71个、1.82个和3.80个百分点；东北地区各项存款余额9.97万亿元，同比增长4.62%，较上年提高0.62个百分点。从人民币存款期限看，活期存款比重明显降低，2017年住户存款和非金融企业存款增量中活期占比为45.2%，比上年大幅回落11.2个百分点。从人民币存款部门分布看，住户和非金融企业存款同比分别少增5 649亿元和3.2万亿元，非银机构存款同比多增1.3万亿元。

各地区贷款增速继续回落。截至2017年末，东部、中部、西部和东北地区金融机构本外币各项贷款余额分别为66.90万亿元、19.69万亿元、24.81万亿元和7.87万亿元，同比分别增长11.59%、14.29%、12.31%和6.37%（见图8），较上年分别回落0.48个、1.50个、0.60个和2.12个百分点。从人民币贷款部门分布看，住户贷款增速持续放缓，2017年末为21.4%，比上年末低2.1个百分点。其中，个人住房贷款增速回落至22.2%，较年内最高点低14.6个百分点；非住房消费贷款大幅增加，全年新增2.5万亿元，同比多增1.2万亿元；非金融企业及机关团体贷款增加较多，比年初增加6.7万亿元，同比多增6 088亿元。

从期限看，新增中长期贷款占比由降转升。截至2017年末，东部、中部、西部和东北地区中长期贷款余额分别为40.16万亿元、10.78万亿元、17.31万亿元和4.33万亿元，同比分别增长17.96%、14.01%、17.69%和10.59%（见表2）。东部、中部、西部和东北地区新增中长期

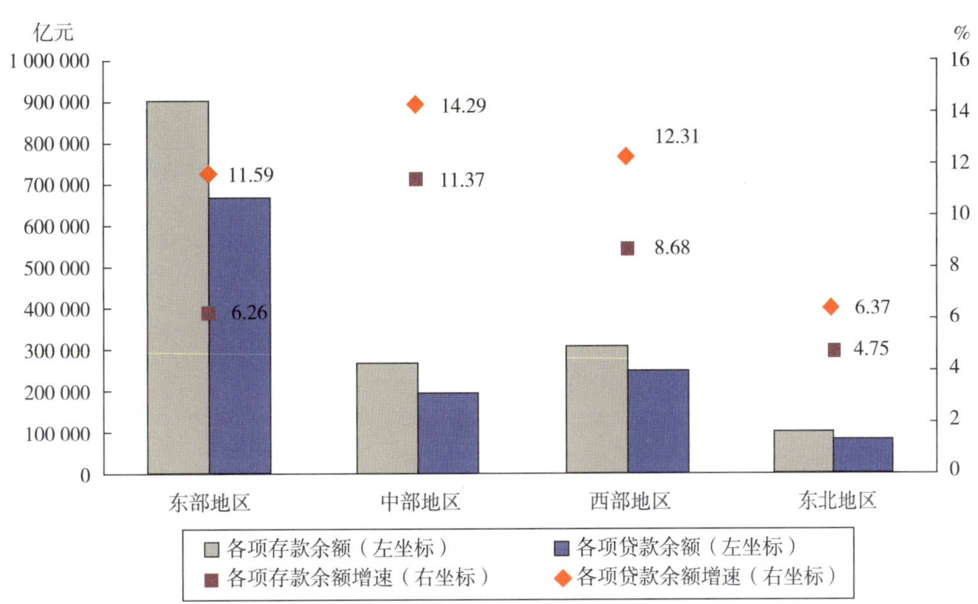

图8　2017年各地区银行业金融机构存贷款余额及其增长率

贷款占全年新增本外币贷款的比例分别为94.14%、79.65%、91.0%和77.58%，较上年分别提高9.80个、9.91个、4.44个和30.05个百分点。

表2　　2017年各地区银行业金融机构中长期贷款情况

项目	东部地区		中部地区		西部地区		东北地区	
	2017年	2016年	2017年	2016年	2017年	2016年	2017年	2016年
中长期贷款余额（亿元）	401 563.21	340 412.72	107 846.07	94 597.27	173 148.96	147 119.78	43 256.67	39 115.87
增长率（%）	17.96	19.02	14.01	9.37	17.69	15.97	10.59	8.21

3. 各地区银行业风险总体可控

截至2017年末，东部、中部、西部和东北地区银行业不良贷款余额分别为9 697.72亿元、4 075.99亿元、6 073.54亿元和2 986.75亿元，其中，东部和西部地区不良贷款同比分别增长3.34%和20.53%，较上年分别回落4.19个和2.12个百分点；中部地区不良贷款由升转降，同比下降0.17%；东北地区同比增长23.17%，较上年提高12.93个百分点。各地区不良贷款率分别为1.45%、2.07%、2.45%和3.79%，其中，东部和中部地区不良贷款率继续回落，较年初分别微降0.12个和0.3个百分点；西部和东北地区不良贷款率则分别上升0.17个和0.51个百分点。截至2017年末，全国商业银行（不含外国银行分行）核心一级资本充足率、一级资本充足率和资本充足率分别为10.75%、11.35%、13.65%，比上年末均略有上升；拨备覆盖率和贷款拨备率分别为181.42%和3.16%，比上年末分别提高5.02个和0.09个百分点。

4. 各地区银行业改革深入推进

开发性金融机构、政策性银行改革方案全面落实。2017年完成对国家开发银行、中国进出口银行注资以及三家银行章程修订工作，目前人民银行正会同改革工作小组成员单位有序推动建立健全董事会和完善治理结构、划分业务范围等改革举措，国家开发银行新一届董事会、中国进出口银行董事会已分别于2017年11月6日、2018年1月15日成立并运转。

农村信用社改革进展顺利。截至2017年末，全国共组建以县（市）为单位的统一法人农村信用社907家，农村商业银行1 262家，农村合作银行33家，其中农村商业银行较上年末增加148家，农村信用社减少147家。年末全国农村信用社各项存贷款余额分别为27.2万亿元和15.0万亿元，占同期全部金融机构各项存贷款余额的比例分别为16.1%和11.9%，其中涉农贷款余额和农户贷款余额分别为9.0万亿元和4.4万亿元，同比分别增长9.5%和11.6%；年末全国农村信用社不良贷款余额和比例分别为6 204.3亿元和4.2%，资本充足率为11.7%；2017年实现利润2 487.8亿元，比2016年增加146.7亿元。

存款保险制度实施各项工作稳步推进。金融机构50万元限额内的客户覆盖率为99.6%，保持稳定。风险差别费率实施工作持续推进，存款保险风险评价和费率机制不断完善，有效发挥差别费率的风险约束和正向激励作用。加强对各类型投保机构的风险监测与核查，依法采取风险警示和早期纠正措施。积极与地方政府、监管部门沟通协调，推动风险依法处置。

5. 各地区金融支持重点领域和薄弱环节力度加大

各地区人民银行分支机构积极贯彻总行工作部署，积极运用信贷政策支持再贷款、再贴现和抵押补充贷款等工具引导金融机构加大对小微企业、“三农”和棚改等国民经济重点领域和薄弱环节的支持力度。根据宏观调控形势合理增加支农、支小再贷款额度，重点向深度贫困地区、真抓实干成效明显地方倾斜。积极探索完善扶贫再贷款正向激励机制，通过上海票据交易所开展再贴现电子化操作，有效发挥再贴现政策的精准滴灌效应。截至2017年末，全国支农再贷款余额为2 564亿元，支小再贷款余额为929亿元，扶贫再贷款余额为1 616亿元，再贴现余额为1 829亿元。

（二）证券期货业

2017年，各地区直接融资规模持续扩大，债券融资规模保持较快增长，新三板和区域股权市场稳步发展，多层次资本市场建设持续推进，但股票和期货交易活跃度持续下滑，证券机构资产负债规模和盈利能力下降明显。

1. 股票市场和期货市场成交额双双下滑，基金业保持平稳发展

2017年，沪、深两市股指总体呈稳中有升走势（见图9），创业板下跌明显。截至2017年末，上证综合指数收于3 307点，比上年末上涨6.6%；深证成分指数收于11 040点，比上年末上涨8.5%；创业板指数收于1 753点，比上年末下跌10.7%。

股票市场成交量下降，创业板交投活跃度下降。2017年，沪、深股市累计成交112.5万亿元，日均成交4 609亿元，同比下降11.7%；创业板累计成交16.6万亿元，同比下降23.7%。截至2017年末，沪、深股市流通市值44.9万亿元，同比增长14.2%；创业板流通市值3万亿元，同比小幅下降3.2%。

各地区期货交易成交量和成交额双双下滑。2017年，全国期货市场累计成交量30.76亿手，累计成交额187.9万亿元，同比分别下降25.66%和3.95%。其中，金融期货受益于股指期货交易限制逐步解绑，全年累计成交量0.25亿手，累计成交额24.59万亿元，同比分别增长34.14%

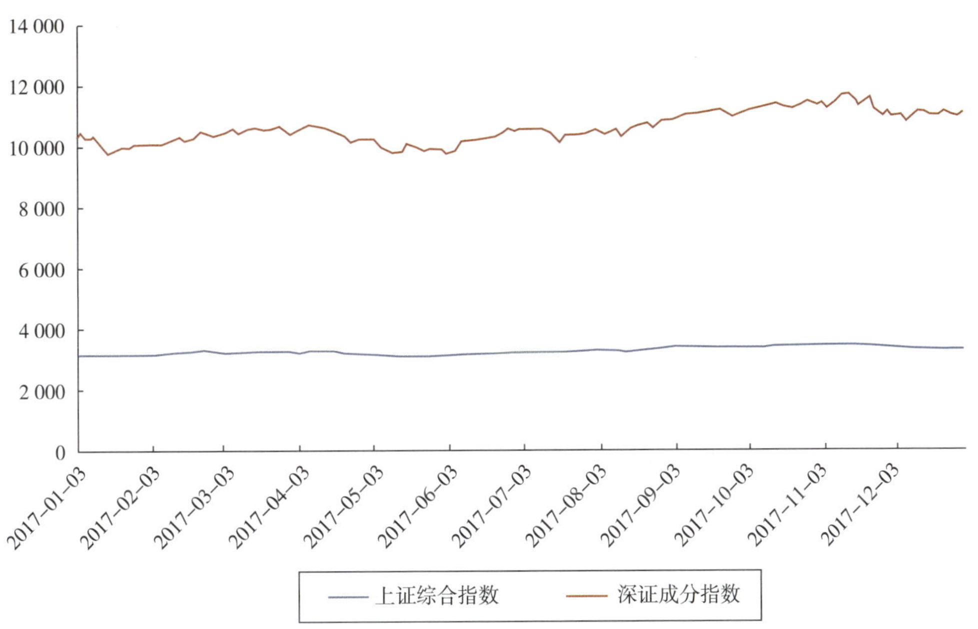

图 9　2017 年上证综合指数和深证成分指数走势

和 34.98%；上海期货交易所、郑州商品交易所、大连商品交易所全年累计成交额和成交量均明显下降。

基金业总体发展平稳。截至 2017 年末，各地区共有基金管理公司 113 家，取得公募基金管理资格的证券公司或证券公司资管子公司共 12 家，保险资管公司 2 家。以上机构管理的公募基金资产合计 11.6 万亿元，同比增长 26.64%。其中，货币基金 67 357.02 亿元、混合型基金 19 378.5亿元、债券型基金 14 647.4 亿元、股票型基金净值 7 602.4 亿元、QDII 基金 913.6 亿元、封闭式基金 6 098 亿元。私募基金方面，年末各地区在中国证券投资基金业协会已登记的私募基金管理人 22 446 家，已备案私募基金 66 418 只，同比分别增长 28.76% 和 42.82%。

2. 境内直接融资规模保持较快增长，债券融资规模继续扩张

2017 年，各地区直接融资规模达 30.77 万亿元①，同比增长 18.53%。分区域看，东部、中部、西部和东北地区直接融资规模分别为 22.84 万亿元、2.68 万亿元、3.58 万亿元和 1.67 万亿元，同比分别增长 15.06%、94.20%、31.14% 和 63.73%。

从股票市场看，股票市场筹资额同比减少。2017 年，各地区各类企业和金融机构在境内外股票市场上通过发行、增发、配股、权证行权等方式累计筹资 1.2 万亿元，同比下降 19%；其中 A 股筹资 1 万亿元，同比下降 24.7%。分省份看，股票市场融资总额在千亿元以上的 6 个省份中有 5 个位于东部地区，其中广东、浙江、江苏三省的 IPO 企业数量继续位居前 3 名，全年首发家数分别达 98 家、87 家和 65 家；广西、山西、内蒙古全年无企业 IPO；西藏、宁夏、黑龙江、吉林全年仅有 1 家企业 IPO。

从债券市场看，全年各地区在债券市场融资 29.07 万亿元，同比增长 22.55%。其中，东

① 数据来源于 Wind 数据库。

部、中部、西部和东北地区分别在债券市场融资 21.66 万亿元、2.46 万亿元、3.30 万亿元和 1.62 万亿元，占比分别为 74.51%、8.64%、11.35% 和 5.57%，东部地区占比优势明显。

3. 证券业机构资产负债规模继续萎缩，盈利水平有所下滑

2017 年，各地区法人证券公司资产和负债规模整体呈继续萎缩势头，其中，东部和东北地区法人证券公司资产总额分别为 36 234.22 亿元和 755.32 亿元，同比分别下降 22.13% 和 34.57%；而中部和西部地区资产总额分别为 5 136.05 亿元和 5 301.55 亿元，同比仅小幅增长 0.25% 和 2.47%（见图 10）；东部、中部、西部和东北地区法人证券公司负债规模分别为 25 394.08亿元、3 537.18 亿元、3 477.48 亿元和 506.54 亿元，同比分别下降 24.39%、2.99%、0.92% 和 36.87%。

各地区的 131 家法人证券公司中有 120 家实现盈利，但营业收入和利润水平持续下滑，全年营业收入和净利润分别为 3 113.28 亿元和 1 129.95 亿元，同比分别下降 5.08% 和 8.46%。其中，除证券投资收益和资管业务收入同比分别增长 51.40% 和 4.64% 外，代理买卖证券业务、证券承销与保荐业务、财务顾问业务和投资咨询业务净收入分别下降 22.04%、26.11%、23.63% 和 32.81%。

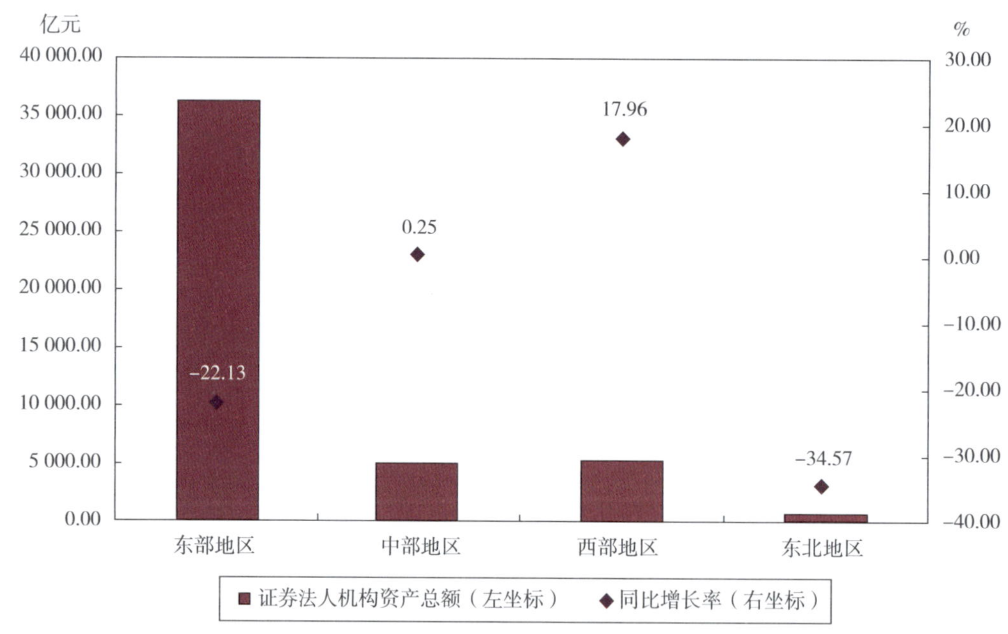

图 10　2017 年各地区法人证券公司资产规模变化情况

4. 新三板和区域性股权市场稳步发展，多层次资本市场不断规范发展

截至 2017 年末，各地区企业在新三板挂牌家数达 11 628 家，较上年增加 1 466 家。年末新三板企业总股本达 6 817.69 亿股，可交易股份为 3 629.03 亿股；企业资产和净资产合计分别为 3.02 万亿元和 1.34 万亿元，同比分别增长 21.29% 和 21.82%；全年累计实现营业收入和净利润分别达 19 471.67 亿元和 1 197.93 亿元。

2017 年 7 月 1 日，《区域性股权市场监督管理试行办法》正式施行，对区域性股权市场的运营机构、证券发行及转让、账户管理和登记结算、中介服务、市场监管及自律等内容提出了明

确要求，对各地区规范区域性股权市场发展、完善多层次资本市场体系、降低企业杠杆率等具有积极意义。

（三）保险业

2017 年，各地区保费收入增长较快，保险深度持续上升；保险业总资产和保险资金运用规模稳步上升，服务实体经济能力不断提升，风险保障功能进一步发挥。

1. 各地区保费收入平稳增长，保险深度不断提升

2017 年，东部、中部、西部和东北地区保险业分别实现原保费收入 19 675.72 亿元、7 135.66亿元、6 852.4 亿元和 2 848.47 亿元，同比分别增长 15.46%、25.66%、17.99% 和 20.79%。东部地区保险业务发展增速和占比指标明显下滑，保费收入增速及占比较上年分别回落 15.53 个和 1.29 个百分点。

从保险深度来看，东部、中部、西部和东北地区保险深度分别为 4.38%、3.98%、4.01% 和 5.14%，较上年分别提高 0.15 个、0.41 个、0.30 个和 0.63 个百分点。从业务渠道看，互联网保险创新业务保持高速增长。2017 年，互联网保险签单件数 124.91 亿件，增长 102.60%，其中退货运费险 68.19 亿件，增长 51.91%；保证保险 16.61 亿件，增长 107.45%；意外险 15.92 亿件，增长 539.26%；责任保险 10.32 亿件，增长 438.25%。

2. 保险业总资产平稳增长但增速回落，资金运用规模和投资收益稳步增长

截至 2017 年末，东部、中部、西部和东北地区分公司以上保险机构资产总额平稳增长，增速有所回落。年末资产总额分别为 53 314.12 亿元、13 084.66 亿元、12 470.36 亿元和 6 235.1 亿元，同比分别增长 9.01%、9.55%、3.52% 和 6.53%，增速较上年分别回落 16.06 个、9.12 个、17.81 个和 14.02 个百分点；占全国保险机构总资产的比重分别为 62.65%、15.37%、14.65% 和 7.33%。

表 3　　2017 年全国各地区保险公司资产规模及增长情况

项目	东部地区		中部地区		西部地区		东北地区	
	2017 年	2016 年	2017 年	2016 年	2017 年	2016 年	2017 年	2016 年
保险业分公司以上保险机构资产总额（亿元）	53 314.12	48 905.67	13 084.66	11 943.50	12 470.36	12 045.87	6 235.10	5 852.76
增长率（%）	9.01	27.07	9.55	18.67	3.52	21.33	6.53	20.55

各地区继续推进资金运用市场化改革，资金配置结构更趋优化，投资收益稳步增长。全年各地区保险公司资金运用余额 14.92 万亿元，同比增长 11.42%。其中，长期股权投资 14 769.06 亿元，占比 9.90%，同比提高 0.73 个百分点；固定收益类、股票及证券投资基金余额分别为 70 886.96亿元、18 353.71 亿元，占比分别为 47.51%、12.30%，同比分别下降 3.19 个和 0.98 个百分点。全年各地区保险资金运用收益 8 352.13 亿元，同比增长 18.12%；资金收益率 5.77%，较上年同期提高 0.11 个百分点。其中，债券收益 2 086.98 亿元，同比增长 11.07%；股票收益 1 183.98 亿元，同比增长 355.46%。

3. 各地区财产险业务增长有所加快，人身险业务增速有所放缓

2017 年，东部、中部、西部和东北地区财产险分别实现保费收入 5 316.12 亿元、1 857.01

亿元、2 130.09 亿元和651.31 亿元，同比分别增长 12.65%、16.82%、13.78%和12.59%，增速较上年分别提高4.27 个、5.09 个、6.04 个和4.14 个百分点（见表4）。分险种看，农业险和责任险业务加快发展，车险业务增长平稳。其中，农业险方面，东部、中部、西部和东北地区分别实现保费收入 115.68 亿元、117.31 亿元、172.82 亿元和 73.09 亿元，同比分别增长13.17%、22.69%、12.38%和17.19%；责任险方面，东部、中部、西部和东北地区分别实现保费收入276.00 亿元、68.08 亿元、21.21 亿元和86.28 亿元，同比分别增长27.41%、24.37%、45.17%和18.43%；车险方面，各地区保费收入增速保持平稳，同比分别增长8.0%、14.8%、10.1%和9.9%。

表4　　2017 年全国各地区保险业分险种保费收入情况

项目	东部地区		中部地区		西部地区		东北地区	
	2017 年	2016 年	2017 年	2016 年	2017 年	2016 年	2017 年	2016 年
人身险保费收入（亿元）	14 359.55	12 322.34	5 112.51	4 089.10	4 722.32	3 913.66	2 197.15	1 779.91
同比增长（%）	16.53	42.11	25.03	28.75	20.66	46.47	23.44	24.38
占保险收入比例（%）	72.98	72.31	71.65	72.01	68.91	67.39	77.13	75.48
财产险保费收入（亿元）	5 316.12	4 719.23	1 857.01	1 589.63	2 130.09	1 872.03	651.31	578.46
同比增长（%）	12.65	8.38	16.82	11.73	13.78	7.74	12.59	8.45
占保险收入比例（%）	27.02	27.69	26.02	27.99	31.09	32.23	22.87	24.53

2017 年，各地区人身险保费收入增速明显回落，东部、中部、西部和东北地区人身险分别实现保费收入14 359.56 亿元、5 112.51 亿元、4 722.32 亿元和2 197.15 亿元，同比分别增长16.53%、25.03%、20.66%和23.44%，增速较上年分别下降25.58 个、3.72 个、25.81 个和0.94 个百分点。人身险业务结构持续优化，分险种看，普通寿险业务规模保费占比47.2%，较上年同期提高11.1 个百分点；万能险业务增速和占比继续下降，万能险占人身险规模保费的19.95%，同比下降16.9 个百分点，如东部地区人身险公司万能险保费收入同比仅增长4.26%；中部地区万能险保费收入同比下降2.64%。

4. 各地区保险业赔款给付支出保持较快增长，风险保障水平快速提升

2017 年，东部、中部、西部和东北地区保险业各项赔款和给付支出分别为5 814.99 亿元、2 284.59亿元、2 224.34 亿元和 791.10 亿元，同比分别增长 4.05%、10.71%、10.01% 和0.53%。分险种来看，财产险赔付支出稳步增加，人身险赔款和给付支出明显放缓。财产险赔款方面，东部、中部、西部和东北地区全年财产险赔款支出分别为2 793.38 亿元、933.27 亿元、1 072.33 亿元和357.05 亿元，同比分别增长6.13%、12.2%、15.61%和20.47%。其中，责任保险赔款支出同比分别增长25.61%、22.32%、18.61%和36.18%。人身险赔款和给付支出方面，东部、中部和西部人身险赔款和给付支出分别为3 051.57 亿元、1 351.33 亿元和1 152.03 亿元，同比分别增长3.21%、9.70%、5.27%；东北地区人身险赔款和给付支出434.05 亿元，同比下降3.76%（见表5）。

从风险保障看，2017 年，各地区保险业共提供风险保障金额2 372.78 万亿元，同比增长38.09%，高于原保险保费收入增速20 个百分点。

表 5　　2017 年全国各地区保险业赔款和给付支出情况

项目	东部地区		中部地区		西部地区		东北地区	
	2017 年	2016 年	2017 年	2016 年	2017 年	2016 年	2017 年	2016 年
赔款和给付支出（亿元）	5 814. 98	5 588. 87	2 284. 59	2 063. 65	2 224. 34	2 021. 95	791. 10	786. 93
增长率（%）	4. 05	19. 89	10. 71	25. 58	10. 01	19. 08	0. 53	17. 88
占全国比例（%）	52. 32	53. 42	20. 55	19. 73	20. 01	19. 33	7. 12	7. 52
其中：人身险（亿元）	3 051. 57	2 956. 61	1 351. 33	1 231. 86	1 152. 03	1 094. 39	434. 05	450. 99
增长率（%）	3. 21	28. 67	9. 70	34. 60	5. 27	33. 60	-3. 76	23. 18
占总赔款和给付支出比例（%）	52. 48	52. 90	59. 15	59. 69	51. 79	54. 13	54. 87	57. 31
财产险（亿元）	2 793. 38	2 632. 08	933. 27	831. 78	1 072. 33	927. 55	357. 05	296. 39
增长率（%）	6. 13	11. 36	12. 20	14. 25	15. 61	3. 70	20. 47	-1. 67
占总赔款和给付支出比例（%）	48. 04	47. 10	40. 85	40. 31	48. 21	45. 87	45. 13	37. 66

5. 保险资金对重点领域和薄弱环节的支持力度不断加大，服务实体经济发展能力增强

从助推脱贫攻坚来看，全年各地区农业保险为 2. 13 亿户次农户提供风险保障金额 2. 79 万亿元，同比增长 29. 24%；支付赔款 334. 49 亿元，增长 11. 79%；4 737. 14 万户次贫困户和受灾农户受益，增长 23. 92%。从服务实体经济来看，支持“一带一路”战略投资规模达 8 568. 26 亿元；支持长江经济带和京津冀协同发展战略投资规模分别达 3 652. 48 亿元和 1 567. 99 亿元；支持清洁能源、资源节约与污染防治等绿色产业规模达 6 676. 35 亿元。从支持科技创新来看，科技保险为科技创新提供风险保障金额 1. 19 万亿元；首台（套）重大技术装备保险为技术装备创新提供风险保障金额 821. 71 亿元。

三、金融市场

2017 年，各地区金融机构积极参与各类型金融市场活动，不同市场交易活跃度有所分化。货币市场利率稳中有升，债券市场现券交易活跃度有所下降，人民币汇率市场化形成机制不断完善，金融市场在支持实体经济发展、满足企业融资需求、降低融资成本及杠杆水平等方面发挥了重要作用。

（一）货币市场运行平稳，市场利率稳中有升

2017 年，各地区金融机构同业拆借累计成交 79 万亿元，日均成交 3 147 亿元，日均成交由升转降，同比下降 17. 7%，上年为增长 48. 2%。银行间市场债券回购累计成交 616. 4 万亿元，日均成交 2. 5 万亿元，日均成交同比小幅增长 2. 5%。从期限结构看，市场交易集中于隔夜品种，全年回购和拆借隔夜品种的成交量分别占各自总量的 80. 5% 和 86. 1%，占比基本保持稳定。交易所债券回购累计成交 260. 2 万亿元，同比增长 11. 4%。

货币市场利率稳中有升。2017 年，受美联储加息、监管加强等因素影响，货币市场利率整体上行。2017 年 12 月，同业拆借月加权平均利率为 2. 91%，比 6 月低 3 个基点；质押式回购月加权平均利率为 3. 11%，比 6 月高 8 个基点；12 月银行业存款类金融机构间利率债质押式回购

月加权平均利率为2.74%。Shibor总体有所上行，2017年末，隔夜和1周Shibor分别为2.84%和2.95%，较上年末分别上升61个和41个基点；3个月和1年期Shibor分别为4.91%和4.76%，分别上升164个和139个基点。

利率互换交易继续保持较快增长，同业存单和大额存单业务有序发展。2017年，人民币利率互换市场达成交易138 410笔，同比增长57.6%；名义本金总额14.4万亿元，同比增长45.3%。同业存单方面，2017年银行间市场陆续发行同业存单2.7万只，发行总量20.2万亿元。其中，上半年各地区金融机构同业存单余额稳步上升，下半年受监管强化、金融体系去杠杆等因素影响，同业存单余额呈波动下降趋势，年末余额为8.03万亿元，较2017年8月的最高点回落0.41万亿元。

（二）银行间债券市场现券交易活跃度有所下降，债券发行规模保持较快增长

2017年，银行间债券市场现券交易102.8万亿元，日均成交4 097亿元，日均成交同比下降19.1%。从交易品种看，主要以金融债券和公司信用类债券交易为主，全年分别累计成交71.6万亿元和17.2万亿元，占比分别为69.6%和16.7%，其中金融债券占比较上年提高了8.5个百分点。此外，银行间债券市场国债现券交易累计成交13.1万亿元，占银行间市场现券交易的12.8%；交易所债券现券成交5.5万亿元，同比增长4.2%。

债券发行规模继续增长。2017年，各地区累计发行各类债券39.8万亿元，同比增长12%。分债券品种看，公司信用类债券发行规模下降，发行量较上年减少2.6万亿元；同业存单和国债发行增长较快，2017年分别累计发行20.2万亿元和4.0万亿元，较上年增加7.2万亿元和0.9万亿元。年末国内各类债券余额74.4万亿元，同比增长16.6%。

（三）人民币汇率市场化形成机制不断完善，外汇市场交易持续活跃

2017年5月，外汇市场自律机制在“收盘汇率+一篮子货币汇率变化”的人民币兑美元汇率中间价形成机制基础上，组织各报价行在报价模型中增加了“逆周期因子”，“收盘价+一篮子货币汇率变化+逆周期因子”的中间价报价机制初步确立，人民币对美元双边汇率弹性进一步增强，双向浮动的特征更加显著，汇率预期平稳。

2017年，银行间外汇市场人民币直接交易成交活跃，流动性明显提升，降低了微观经济主体的汇兑成本，促进了双边贸易和投资。其中，银行间外汇即期市场人民币对美元交易量达41.74万亿元人民币，对欧元和日元的交易量分别为5 804.7亿元人民币和3 009.49亿元人民币。

（四）票据融资降幅有所放缓，利率小幅震荡

2017年，各地区各类企业累计签发商业汇票17.0万亿元，同比下降6.1%，降幅较上年收窄13.2个百分点；期末商业汇票未到期金额为8.2万亿元，同比下降9.5%。前三季度票据承兑余额持续下降，第四季度票据承兑余额有所企稳，2017年末余额较年初下降8 544亿元，但较9月末小幅上升434亿元。从行业结构看，企业签发的银行承兑汇票余额仍集中在制造业、批发和零售业；从企业结构看，由中小型企业签发的银行承兑汇票约占三分之二。

2017 年，金融机构累计贴现 40.3 万亿元，同比下降 52.4%；期末贴现余额为 3.9 万亿元，同比下降 28.9%。票据融资余额占各项贷款的比重为 3.2%，同比下降 1.9 个百分点。票据市场利率前三季度主要受到市场供求影响小幅震荡、略有下行，第四季度受年末因素影响小幅上升。

四、金融基础设施

2017 年，各地区金融基础设施建设不断加强，金融生态环境继续改善。一是互联网风险专项整治工作深入推进。年初以来，针对互联网金融行业出台了一系列监管政策，《网络借贷资金存管业务指引》和《网络借贷信息中介机构业务活动信息披露指引》相继发布，网贷行业制度框架基本搭建完成；针对网络小贷、校园贷、现金贷、代币发行融资（ICO）等领域也相应出台了多项监管制度①，互联网金融市场环境不断优化。二是个人银行账户分类管理机制不断完善，深入开展无证经营支付业务专项整治，实施客户备付金集中存管，确保支付行业健康平稳发展。三是社会信用体系建设有序推进。推动整合市场资源共建市场化个人征信机构，依法查处征信违法违规活动，全面推进社会信用体系建设。四是“反洗钱、反恐怖融资、反逃税”监管体制机制逐步建立健全，《国务院办公厅关于完善反洗钱、反恐怖融资、反逃税监管体制机制的意见》发布，各地区预防、打击利用离岸公司和地下钱庄转移赃款专项行动取得显著成绩。五是普惠金融的组织保障不断完善。工商银行、农业银行、中国银行、建设银行、交通银行五大行均已在总行层面成立了普惠金融事业部，并制订了具体实施方案及相关改革举措。

五、区域金融改革

近年来区域金融改革继续深入推进，范围涵盖东部沿海地区、中部工业化转型地区、西部欠发达地区和民族边疆地区，改革内容涉及金融业对外开放、人民币资本项目可兑换、粤港澳金融合作、农村金融改革、规范发展民间金融和跨境金融合作等多个方面。

东部地区作为全国区域金融改革的“试验田”和“排头兵”，各项金融改革深入推进。一是上海自由贸易试验区各项金融改革力度不断扩大，创新力度持续提升。2017 年 7 月，试验区首批全功能型跨双向人民币资金池落地，进一步满足跨国公司在岸管理全球人民币资金的需求；自由贸易账户服务功能进一步完善，截至 2017 年末共有 990 多家科创企业开立自由贸易账户 1 400多个，获得境外融资 747 亿元；贸易投资便利、外汇市场管理等方面政策进一步完善，有 95 家区内企业完成跨国公司总部外汇资金集中运营管理试点备案、11 家银行完成大宗商品衍生品柜台交易项下结售汇业务备案，目前已向全国复制推广了八项外汇改革创新成果，有效发挥了“试验田”作用。二是粤港澳大湾区金融合作进一步发展。深圳前海以深港现代服务业合作区开发开放为重点，积极探索人民币双向流动机制和外资股权投资企业在资本金结汇、投资、

---

①《关于进一步加强校园贷规范管理工作的通知》《关于做好 P2P 网络借贷风险专项整治整改验收工作的通知》《关于立即暂停批设网络小额贷款公司的通知》《关于规范整顿“现金贷”业务的通知》《关于印发小额贷款公司网络小额贷款业务风险专项整治实施方案的通知》《关于规范整顿“现金贷”业务的通知》《关于防范代币发行融资风险的公告》《关于进一步加强无证经营支付业务整治工作的通知》《关于对互联网平台与各类交易场所合作从事违法违规业务开展清理整顿的通知》。

基金管理等方面的新模式；广州南沙以发展科技金融和航运金融为特色，不断完善金融综合服务体系；珠海横琴不断完善和优化金融后台服务基地建设。

中部地区金融组织类型不断健全，农信社改制、普惠金融等领域改革稳步推进。一是全年新增地方法人银行业金融机构21家，其中湖北省和安徽省首家民营银行众邦银行、新安银行相继正式开业。二是农信社改制工作稳步推进，山西省共有20家农村信用社改制为农村商业银行，河南省挂牌和批筹的农商银行近百家，省联社改革步伐进一步加快。三是河南省兰考普惠金融改革试验区探索形成“以数字普惠金融为核心，以金融服务、普惠授信、信用建设、风险防控为基本内容”的模式，有效推动普惠金融落地。

西部地区绿色金融改革加快推进，金融服务开放不断加快。2017年6月14日，国务院批准设立的5个绿色金融改革创新试验区（贵州、浙江、江西、广东、新疆）中西部地区占据2席，分别为贵州贵安新区以及新疆维吾尔自治区哈密市、昌吉州和克拉玛依市绿色金融改革创新试验区，其中新疆实现金融领域国家级试验区“零”突破。四川省、重庆市自由贸易试验区正式成立，金融服务业开放逐步加快。

东北地区农村金融改革继续推进，重要领域和关键环节改革不断深入。吉林省涉农金融机构上市融资取得重大突破。2017年1月，九台农商行成为全国第二家赴港上市的农商银行，募集资金30.1亿港元，农村金融服务保障能力进一步提升。辽宁省金融支持自贸区新增注册银行类金融机构37家，基金、商业保险、融资租赁等金融服务类企业注册数快速增长，跨境融资等金融支持政策相继落地。

第二章　东部地区

2017年，东部地区坚持稳中求进工作总基调，深入推进供给侧结构性改革，经济结构持续优化；金融业运行整体稳健，金融支持实体经济能力进一步增强。但经济金融体系中潜在风险隐患有所暴露，区域风险防范压力有所增大。

一、经济发展保持平稳，京津冀协同发展深入推进

2017年，东部地区生产总值44.97万亿元，同比增长7.18%。分产业看，第一产业实现增加值2.21万亿元，增长3.13%；占地区生产总值的4.92%，同比下降0.52个百分点。第二产业实现增加值18.90万亿元，增长5.98%；占地区生产总值的42.03%，同比下降0.03个百分点。第三产业实现增加值23.86万亿元，增长8.56%；占地区生产总值的53.05%，同比上升0.55个百分点。服务业在东部地区经济的占比进一步提高，经济结构进一步优化。投资、消费增速进一步放缓，进出口规模增速反弹，以高新技术产业、战略性新兴产业为代表的“新经济”在经济中的占比进一步提高，成为经济增长新动力。东部地区固定资产投资26.58万亿元，同比增长8.3%，较上年下降0.8个百分点；社会消费品零售总额18.76万亿元，同比增长9.61%，较上年下降0.44个百分点；进出口总额13.40万亿美元，同比增长11.41%。

作为东部地区重要组成部分，北京市、天津市和河北省以京津冀协同发展为契机，深化供给侧结构性改革构建新经济结构，加大金融对重点领域、特色产业、薄弱环节的支持力度，有力支持了京津冀协同发展项目建设。截至2017年末，北京市、天津市银行业支持京津冀协同发展项目资金余额分别为8 228.85亿元和4 188.8亿元；河北省京津冀协同发展116项年度重点工作基本完成，雄安新区白洋淀上游综合治理等项目启动，43个冬奥会规划项目开工建设。

专栏1　金融立体式合作　助力京津冀协同发展

2017年，京津冀继续全面落实《京津冀协同发展规划纲要》，京津冀三地地区经济发展质量稳步提升，生产总值合计82 559.8亿元，占全国的10%，按可比价格计算，京津冀三地地区生产总值分别比上年增长6.7%、3.6%和6.7%；居民年人均可支配收入分别增长8.9%、8.7%和8.9%。与此同时，发展方式更加绿色。北京规模以上工业综合能源消费量和单位增加值能耗双双下降，工业能源消费的清洁化水平不断提高，天然气和电力占规模以上工业能源消费量的比重为70.4%；河北省六大高耗能行业增加值由2016年增长1.4%

转为下降2.1%，能源消费结构调整优化步伐加快。

一、产业结构不断优化

京津冀第三产业比重继续提高。2017年，京津冀三次产业构成为4.7:36.7:58.6，与2016年相比，第三产业比重提高1.1个百分点，第一、第二产业比重分别下降0.5个和0.6个百分点。北京市优势行业发挥带动作用，金融业、科学研究和技术服务业、信息传输软件和信息技术服务业分别实现增加值4 634.5亿元、2 859.2亿元和3 169亿元，同比分别增长7.0%、10.7%和12.6%，对全市经济增长的贡献率合计达到53.3%。天津市服务业主导地位更加巩固，服务业增加值占全市生产总值的比重为58.0%，比上年提高1.6个百分点；先进制造引领工业发展，装备制造业增加值占规模以上工业比重为35.6%，对工业增长贡献率为59.5%，比上年提高16个百分点。河北省工业结构进一步优化。高新技术产业增加值增长11.3%，增速高于规模以上工业7.9个百分点；占规模以上工业增加值的比重为18.4%。装备制造业增加值增长12.1%，快于规模以上工业8.7个百分点；现代服务业快速发展，全年服务业增加值增长11.3%，比上年加快1.4个百分点，快于全省生产总值4.6个百分点。

二、协同发展深入推进

在京津冀协同发展上升为国家战略的背景下，三地金融部门在多个层面上展开立体式合作，为推动京津冀协同发展逐步构建起系统性运行框架。

（一）人民银行系统紧密配合、搭建机制，统筹金融战略

2016年9月，三地人民银行共同搭建了人民银行系统内部第一个跨省协调机制。协调机制成立以来，在推动政银企对接合作、服务协同发展重点领域、促进金融资源互通、加强金融基础设施共享等方面发挥了积极作用。2017年以来，三地人民银行实地了解金融机构工作开展情况和政策诉求，指导金融机构以多种业务形式为京津冀协同发展提供金融支持；以疏解北京非首都功能为抓手，推动政银企对接，加大金融资源倾斜力度，支持雄安新区建设；加强信息互通和资源共享，优化区域金融生态。

（二）金融机构积极响应、主动创新，调动金融资源

北京市银行业金融机构结合北京市发展规划，多渠道为新机场、京津冀城际铁路等重点项目建设提供资金支持；着力支持曹妃京津冀协同发展示范区建设，助推北京非首都功能疏解。天津市银行业金融机构重点支持交通一体化、生态环境保护等项目，河北省银行业金融机构瞄准加快交通对接，强化生态保护，承接产业转移三个重点领域，持续加大对京津冀协同发展的金融支持。

（三）强化金融市场功能，完善融资渠道

2017年4月，京津冀三地人行联合相关部门签署战略合作协议，从构建常态化协调沟通机制、加强发债后续管理、促进企业参与、强化政策支持等方面提出了多项支持措施。2017年，在全国银行间市场债券发行规模同比下降的形势下，河北省企业的债务融资工具发行规模同比增长34.1%，达到1 163亿元。三地共同拟定了《京津冀区域票据交换试点工作实施方案》，初步明确了在北京与廊坊之间开展区域票据交换的具体实施步骤及资金清算方式。

资料来源：中国人民银行石家庄中心支行金融稳定处。

二、房地产市场调控加强，房地产信贷风险仍需关注

2017 年初，东部地区部分重点城市房价仍持续快速上涨，部分城市出现了非理性购房行为。为抑制房价过快上涨，东部地区多个城市进一步加强限购等调控政策，个人住房贷款利率有所上升，交易市场降温。据国家统计局监测，2017 年 12 月，东部地区 11 个一线和热点二线城市①中有 6 个城市新建商品住宅价格同比出现下降，其中，南京、福州、深圳等城市同比下降幅度超过 1%。北京市 2017 年 12 月新建住宅、二手住宅价格指数同比下降，降幅分别为 0.2% 和 1.6%，全年新建商品住房和二手房共成交 16.70 万套，同比下降 48.77%。上海市市场化新建商品住房、二手存量住房成交面积同比分别下降 55.6% 和 62.7%。宁波市新房累计成交量增速已降至个位数，其中市区新房成交量近 40 个月②来首现负增长。

房地产行业贷款增长仍然较快，潜在风险值得关注。一是房地产市场销售增速同比下降，房地产开发贷款仍较快增长。2017 年，东部地区商品房销售面积和销售额增幅低于全国平均增幅 4.8 个和 7.5 个百分点。截至 2017 年末，东部地区房地产开发贷款余额 4.22 万亿元，同比增长 14.33%，高于各项贷款增速 2.74 个百分点。随着商品房销售面积和销售额增长乏力，需关注房地产开发贷款的资产质量下行风险。二是个人住房贷款仍快速增加，居民加杠杆购房情况值得关注。截至 2017 年末，东部地区个人住房贷款同比增长 20.99%，高于各项贷款增速 9.4 个百分点。此外，部分城市消费贷款增速较快，不排除部分消费信贷资金违规进入房地产市场的情况，潜在风险值得警惕。

专栏 2　宏观调控背景下房地产信贷风险分析

近几年，随着东部地区部分热点城市房价快速上涨，房地产市场出现了个人住房贷款增速较快攀升、资金快速聚集的现象。为遏制过度投机需求，2016 年下半年以来，各地相继出台房地产调控政策。从统计数据看，各项调控政策效应持续显现，热点城市房价过快上涨趋势得到遏制，商品住房成交量较上年同期回落，信贷资金流向房地产领域趋势放缓，房地产市场总体保持稳定。但房地产信贷集中度上升、消费贷违规进入房地产市场现象仍然存在，潜在风险值得警惕。

一、房地产市场信贷风险分析

（一）房地产信贷资产质量整体较好，不良贷款率保持低位

调控政策的出台抑制了投资投机性需求，剔除了部分风险承受力差的客户，降低了房地产信贷风险。据监测，2017 年末，东部 9 省市③房地产业不良贷款率均低于 1%，其中 8 省市房地产业不良贷款率较上年均不同幅度下降。

---

① 东部 11 个一线和热点二线城市包括北京市、天津市、上海市、南京市、无锡市、杭州市、福州市、厦门市、济南市、广州市和深圳市。

② 剔除 2017 年 1 月后的数据，受春节假期因素影响，2017 年 1 月成交量同比下降 38.40%。

③ 东部 9 省市包含北京市、天津市、河北省、山东省、福建省、广东省、海南省、杭州市和宁波市。

（二）住房贷款利率上扬，首付比例有所提高

随着各地房地产市场调控政策的陆续出台，东部9省市各商业银行上调个人住房贷款利率，个人住房贷款首付比有所上升。如山东省2017年末首套房贷款利率约为基准利率的1.07倍，较上年末高0.16倍，平均首付比例为34.9%，较上年末高2.2个百分点；北京市首套房贷平均首付比例从2016年6月的34.2%回升至2017年12月的43.2%；河北省2017年12月个人住房贷款平均首付比达到37.3%，较年初提高6.1个百分点。

（三）房地产贷款增速回落，但集中度风险值得关注

据监测，东部9省市房地产贷款增速均较去年有所下滑，其中，个人住房贷款增速降幅较大，部分热点城市，如北京市个人住房贷款增速较去年下降超20个百分点。房地产市场和信贷政策调控效果持续显现，信贷资金流向房地产领域趋势放缓。但从结构来看，房地产贷款特别是个人住房贷款占各项贷款的比重呈逐年上升态势，金融资源向房地产领域集中的趋势明显。2017年东部9省市新增个人住房贷款占新增各项贷款的比重较上年虽然有所下降，但仍维持高位，贷款集中度风险不容忽视。

（四）消费贷款增长较快，部分资金流向房地产

东部9省市中部分城市消费贷款增长较快，个别城市消费贷款同比增长89.43%。在缺乏其他优质信贷资源的情况下，金融机构投放消费贷款冲动较强，部分资金流入房地产领域，特别是热点城市，消费贷叠加首付贷、房抵贷等现象仍然存在，给住房贷款调控目标的实现带来压力。

二、政策建议

一是继续发挥好差别化住房信贷政策的作用。坚持实施差异化房地产政策，支持居民合理购房需求的同时，抑制投机投资性购房需求。加大购房首付款资金来源审核、严控消费贷款资金用途，防范房地产信贷风险。二是持续做好信贷管理，合理控制房地产领域信贷投放节奏。综合运用多种货币政策工具，合理把握信贷投放节奏，优化房地产市场信贷结构。同时，加强政策前瞻性研究，根据市场走势，适时调整住房信贷政策，推动房地产金融平稳健康运行。三是推进房地产市场长效机制建设。以满足合理需求、抑制投机需求为前提，完善土地、财税、投资、立法等制度和政策手段。同时，大力推进租购并举制度，深化住房租赁、共有产权住房试点。

资料来源：中国人民银行福州中心支行金融稳定处。

三、金融去杠杆效果初显，流动性风险有所增加

2017年，东部地区银行业金融机构同业资产规模下降，同业业务开展过程中的违规问题得到有效治理，金融体系降杠杆效果初显，金融支持实体经济力度增强。2017年，东部地区银行业机构资产总额同比下降4.55%，各项贷款同比增长11.59%。东部地区各省市积极稳妥降杠杆，银行业信贷资源进一步向实体经济倾斜。截至2017年末，深圳市表内各项存款、贷款余额

占总负债、总资产的比重分别较上年末提高4.57个和3.88个百分点，表内同业资产、同业负债占总资产、总负债的比重分别较上年末下降2.68个和1.83个百分点。厦门市银行业同业资产、同业负债余额同比分别下降47.1%、17.5%，表外委托贷款、非保本理财余额同比分别下降6.5%和50.81%。

随着金融降杠杆和资产管理业务的监管不断加强，同业投资、理财业务等业务逐步规范，东部地区银行机构存贷比上升、流动性比例下降现象较为普遍，银行业潜在流动性风险有所上升。截至2017年末，广东省银行业机构存贷比分别同比上升3.1个百分点；上海市中资法人银行流动性比例较上年末下降10.61个百分点。东部地区部分银行，尤其是中小银行仍存在同业负债占比过高，以短期低成本资金匹配长期高收益资产的现象，且负债稳定性较差、核心负债依存度偏低，资产负债结构调整压力大，需关注降杠杆可能带来的潜在流动性风险。

四、银行业经营情况整体改善，信用风险防控需要持续加强

随着宏观经济基本面的改善、银行业加强风险管理，东部地区银行业经营情况整体改善。一是资产质量持续改善，不良贷款余额增速和不良贷款率均出现下降。截至2017年末，东部地区不良贷款余额同比增长3.34%，增速较上年末下降4.19个百分点；不良贷款率1.45%，较上年末下降0.12个百分点；关注类贷款同比下降10.74%，后续资产质量趋稳。二是营业收入明显增长，业务收入结构优化。2017年，东部地区银行业金融机构营业收入30 320.24亿元①，较上年增加5 002.69亿元，同比增长19.76%，增速较上年上升8.55个百分点；其中，中间业务收入4 948.86亿元，同比增长21.08%，增速较上年上升16.42个百分点。

东部地区银行业整体资产质量改善明显，但各省市间资产质量分化，部分省市信用风险防控压力仍然较大。2017年，东部地区山东省、天津市、海南省和河北省四省市不良贷款率同比上升，北京市、上海市、江苏省、浙江省、福建省和广东省六个省市不良贷款率同比下降，各省市间不良贷款率差异最高达2.19个百分点。其中，个别省份不良贷款率已连续三年上升。此外，村镇银行资产质量不容乐观，不良贷款余额增长较快，逾期90天以上贷款与不良贷款比例仍偏高，真实不良风险尚未充分暴露。

专栏3　东部地区村镇银行发展状况、存在问题及相关建议

截至2017年末，东部地区共成立村镇银行515家，占全国村镇银行总数的32.97%。总体看，东部地区村镇银行经营状况良好，已经成为服务“三农”、促进县域经济发展的重要力量。但是，部分机构在公司治理、内控管理、业务经营等方面存在一些问题，亟须采取措施解决发展难题。

① 银行业金融机构营业收入数据未包含浙江省。

一、东部地区村镇银行发展情况

1. 资产负债规模稳步扩大，“支农支小”贷款占比较高。据调查，截至2017年末，东部地区11个省、市[①]433家村镇银行总资产、总负债分别为3 900.50亿元、3 367.21亿元，较2012年分别增长205.70%、214.38%。各项存款余额3 073.57亿元，同比增长13.12%；各项贷款余额2 320.23亿元，同比增长15.96%，其中，涉农、小微企业贷款余额分别为1 555.43亿元、1 154.97亿元，占各项贷款比重67.04%、49.78%。

2. 整体盈利状况良好，收入来源以利差收入为主。2017年，东部地区433家村镇银行实现营业收入150.08亿元，同比增长15.63%。全年利息净收入130.78亿元，占营业收入的比重87.14%。2017年净利润35.48亿元，同比增长40.10%；资产利润率0.96%，同比提高0.17个百分点。

3. 不良贷款“双升”，信用风险抵补能力较强。截至2017年末，东部地区433家村镇银行不良贷款余额43.96亿元，较年初增加12.8亿元；不良贷款率1.89%，较上年末上升0.33个百分点。不良贷款率呈逐年上升趋势，2017年不良率较2012年上升了1.57个百分点；从风险准备看，东部地区433家村镇银行年末拨备覆盖率达216.89%，风险抵补能力较好。

4. 资本充足水平和流动性状况良好。截至2017年末，东部地区433家村镇银行资本充足率、一级资本充足率、核心一级资本充足率分别达22.28%、21.29%和21.06%，高出监管标准12.18个、13.19个和13.96个百分点。11个省、市村镇银行中，资本充足率最高为福建省（30.56%）、最低为深圳市（17.01%）。从资本结构看，核心一级资本净额占资本净额的比例95.56%，资本质量较高。年末流动性比例63.40%，高出监管标准38.40个百分点，流动性状况良好。

二、存在问题

1. 区域间、区域内发展分化，“支农支小”力度有所减弱。一是区域间、区域内发展不平衡。浙江、福建、北京等地村镇银行近两年资产负债降幅在1%至7%之间；广东、山东、海南等地村镇银行资产负债扩张较快，近五年增速均在10%以上。各省、市辖内不同村镇银行间也呈现相同的分化特征。二是“支农支小”力度有所减弱。433家村镇银行2017年涉农、小微企业贷款增速同比分别下降0.58个和23.80个百分点，低于各项贷款增速3.70个和8.73个百分点，同时两者余额占各项贷款的比重较上年下降2.21个和4.05个百分点。

2. 公司治理架构不完善，内部管理存在不足。部分村镇银行未设立独立董事、监事会，部分机构的董事、高管由主发起行委派，“三会一层”治理架构存在缺陷。同时，多数村镇银行未设内审部门，审计职责由风险管理部门代替，审计工作依赖主发起行开展，内审独立性、有效性不足。另一方面，村镇银行的主发起行平均控股比例在30%以上，部分发起行控股比例超过90%，股权过于集中。部分村镇银行主发起行采取支行管理模式，村镇银行独立经营、自主决策的法人地位难以体现。

① 本次调查地区包括北京市、天津市、广东省、江苏省、山东省、福建省、河北省和海南省8个省、市以及深圳市、宁波市和厦门市3个计划单列市，各省数据中不包括单列市数据。

3. 信贷风险上升较快。一是信用风险上升较快。2017 年不良贷款率较上年末上升了 0.33 个百分点，2017 年末逾期 90 天以上贷款占不良贷款的比重为 110.69%。二是贷款集中度风险较高。2017 年末，433 家村镇银行单一客户贷款集中度 6.17%，高出监管标准 1.17 个百分点。三是部分村镇银行同业资产比例偏高，个别村镇银行高达 70%。四是经营成本持续上升。东部 433 家村镇银行 2017 年成本收入比 54.29%，远高于 35% 的监管标准。

4. 业务品种单一，金融服务提升困难。村镇银行在经营地域、业务范围上受到限制，业务和服务品种单一，经营发展依赖传统存贷款业务，在“支农支小”业务方面，与城商行或其他中小银行产品同质性较高，竞争优势较弱。同时，多数村镇银行科技力量弱，信息系统依托发起行或由发起行统一开发，仅能覆盖基本业务需求，无法支撑新产品研发和风险管控的要求，制约了网上银行、手机银行等创新业务发展，结算汇划渠道不畅通，服务提升困难。

三、相关建议

1. 完善法人治理，优化股权结构，明确主发起行职责。建立规范的公司治理机制，正确处理好村镇银行与发起行的关系，突出主发起行大股东职责，加强对委派高管的监督约束，指导推动完善法人治理。适时引入第三方战略投资者，鼓励社会资本参与村镇银行的经营决策、风险化解过程，提高经营水平。

2. 强化宏观审慎评估，引导村镇银行稳健运营。持续发挥宏观审慎评估政策工具的作用，引导村镇银行优化信贷结构，履行信贷支持“三农”、小微企业的社会责任。同时督促村镇银行加强流动性管理，持续跟踪监测村镇银行同业业务发展，引导村镇银行加强自律管理，推动实现审慎稳健经营。

3. 优化村镇银行发展布局，提高金融普惠水平。优化全国村镇银行发展布局，避免同质竞争，新增机构尽量向金融服务薄弱地区倾斜，增加农村金融服务供给，切实提高金融普惠水平。

资料来源：中国人民银行宁波市中心支行货币信贷管理处。

五、证券市场稳步发展，潜在风险因素增多

东部地区证券公司积极服务实体经济发展，支持供给侧结构性改革。一是直接融资规模持续扩大。2017 年，东部地区 IPO 企业数量继续增加，全年首发家数 373 家①，较上年增加 197 家，共募集资金 1 952 亿元，较上年增加 768.35 亿元，同比增长 64.91%。东部地区债券发行只数较上年增加 3 516 只，全年累计融资额较上年增加 3.39 万亿元，同比增长 18.52%。二是多层次资本市场建设持续推进。截至 2017 年末，北京股权交易中心挂牌企业 173 家，较上年同期增加 13 家；上海股权托管交易中心科技创新板挂牌企业达 171 家，分布于先进制造、信息技术、节能环保、生物医疗等 20 个新兴行业。

证券期货业稳步发展的同时，潜在风险仍不容忽视。一是证券公司资产规模持续下降。截

① 本段证券市场数据均来自 Wind。

至2017年末，东部地区法人证券公司资产总额同比下降22.13%，降幅较上年扩大10.25个百分点。二是债券市场信用风险逐渐累积。2017年我国债市出现大幅调整，东部地区债券市场违约主体共10家，违约债券共26只，违约金额240亿元，占全国债券市场违约金额比例高达61.08%。三是股票质押融资类业务可能引发流动性风险。截至2017年末，东部地区A股上市公司共有2 429家上市公司进行了股票质押，占东部上市公司总数的比重高达99%。其中，有73家上市公司的股权质押比例超过50%，2家上市公司的股权质押比例超过70%。证券公司股票质押业务存在波动率高、后续违约处置耗时较长、难度较大等问题，若市场波动加大或出现大规模的失信事件，则会影响证券公司的流动性。

六、保险业保障功能增强，中小保险公司流动性和互联网保险风险防范压力较大

保险行业逐步回归本源，寿险公司业务结构调整优化，保险业服务经济社会能力增强。一是人身险业务结构持续优化。东部地区万能险保费收入增速持续下降，2017年增速较上年下降3.96个百分点。东部地区人身险公司期交和长期业务占比提高，保险保障属性显著增强。如北京市人身险业务续期保费占比同比上升7.2个百分点；新单期交率同比上升6.8个百分点，其中5~9年期（含5年期）、10年期及以上占比同比分别上升2.1个和10.1个百分点。上海市新单期交保费收入同比增长35.10%，在新单保费收入中的占比提升5.53个百分点。二是保险行业服务实体经济能力进一步提升。上海市保险业为国产大飞机首飞、系统实验、机载系统集成各阶段提供风险保障43.3亿元，提供150亿元债权计划支持国产大飞机项目。北京市保险公司为“中国制造”龙头企业提供质量和责任风险保障97.7亿元，以债权投资计划形式投资市重点项目1 582.5亿元。三是保险行业社会服务保障功能进一步增强。北京市安全生产责任险累计投保企业3.4万家，提供风险保障1 875亿元；江苏省人民财产保险公司与邮储银行及多家农商行合作开展794笔涉农贷款保证保险，撬动1.46亿元涉农贷款。

保险业转型升级取得一定成效，但新形势下行业发展面临的潜在风险仍需关注。一是中小法人保险公司流动性风险需关注。2017年，东部地区人身险公司退保率仍然较高，满期给付压力依旧明显。东部地区5省市退保率上升，部分省市退保率较上年上升超过3个百分点。中短期理财型保险产品规范加强后，部分中小法人人身险公司面临现金流入大幅减少和现金支出压力较大的局面，流动性风险不容忽视。二是互联网保险市场的快速发展给保险业带来了新的风险因素。部分市场主体在经营互联网保险等业务中偏离合规经营原则，如部分寿险公司存在互联网销售误导和集中退保风险；部分保险中介机构存在互联网销售平台未备案、保险业务与股东业务未严格风险隔离等问题；一些非持牌机构存在依托互联网变相开展保险中介业务，扰乱市场秩序，损害消费者权益等问题。此外，互联网保险业务的信息技术运维操作风险增大，已经成为保险业风险的重要部分。

七、定量评估

运用区域金融稳定定量评估模型，对东部地区的区域金融稳定状况进行评估。从定量评估

结果来看，东部地区2017年金融稳定状况综合得分为79.8分，比上年提高1.2分，高于全国平均水平0.6分，处于较稳定区间①。其中，宏观经济、银行业、证券业和金融生态环境得分均高于全国平均水平，保险业得分略低于全国平均水平（见图11）。

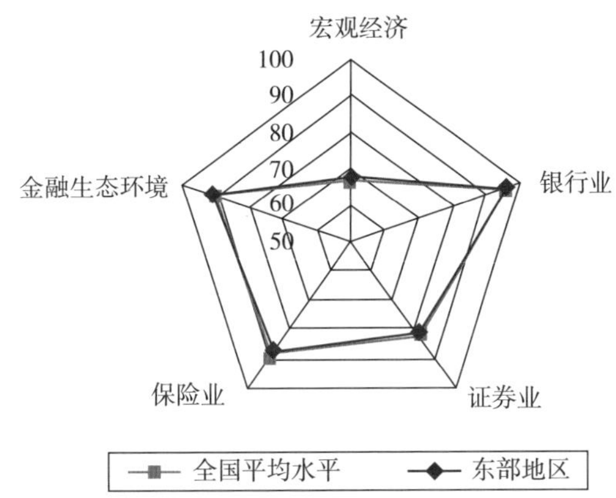

图11 2017年东部地区金融稳定状况和全国平均水平的比较

从具体指标变动情况来看（见表6），东部地区共有10项指标较上年有所改善，8项指标较上年有所下降，7项指标基本与上年持平。在宏观经济方面，尽管地区生产总值增长率、第三产业增加值增长率、全社会固定资产投资增长率和社会消费品零售总额增长率均有所放缓，但实际利用外资和进出口总额增长明显，加之价格指数、收入水平指标得分均上升，所以宏观经济整体得分较上年有所提高。银行业资产质量、盈利能力等相关指标得分有所上升，因此东部地区银行业总得分较上年提高。金融生态环境有所改善，主要是地方财政收入占GDP比重等指标得分提升较多。与此同时，东部地区证券业和保险业得分较上年出现下滑，证券业盈利能力持续放缓，导致得分较上年继续回落；保险业保费增速放缓，人身险退保率上升。

表6 2017年东部地区评价指标及其变动情况

指标分类	变动方向	评价指标	变动情况		
			改善	稳定	下降
宏观经济	↑	地区生产总值增长率			√
		第三产业增加值增长率			√
		全社会固定资产投资增长率			√
		社会消费品零售总额增长率			√
		实际利用外资增长率	√		
		进出口总额增长率	√		
		城镇居民可支配收入增长率	√		
		农村人均纯收入增长率	√		
		居民消费价格指数	√		
		城镇登记失业率		√	
		典型城市房地产销售价格指数	√		

① 将定量评估结果进行五大区间的等级评估：非常稳定（95分及以上）、稳定（85~94分）、较稳定（70~84分）、较不稳定（60~69分）和不稳定（60分以下）。

续表

指标分类		变动方向	评价指标	变动情况		
				改善	稳定	下降
金融机构	银行业	↑	核心资本充足率		√	
			不良贷款率	√		
			资产利润率	√		
			流动比率		√	
	证券业	↓	净资本充足率		√	
			净资本负债率		√	
			资产利润率			√
	保险业	↓	应收保费率	√		
			保费收入增长率			√
			寿险公司退保率			√
金融生态环境		↑	法治环境调查综合得分			√
			地方财政收入占 GDP 比重	√		
			银行服务密度		√	
			征信数据库覆盖率		√	

注：表中“↑”代表改善，“↓”代表下降，“→”表示稳定。

综合历史数据考察区域金融稳定变动趋势（见图 12），东部地区 2017 年金融稳定综合得分继续企稳回升。分项来看（见图 13），宏观经济得分连续两年上升；银行业得分近年来一直维持在较高水平；证券业 2010 年以来一直处于稳定区间，但受证券公司盈利能力逐年放缓影响，得分连续三年出现下滑；保险业受保费收入放缓以及退保率持续上升影响，得分也呈连续下降趋势；东部地区的金融生态环境是各区域中较好的，多年得分都处于稳定区间，2017 年提升明显。

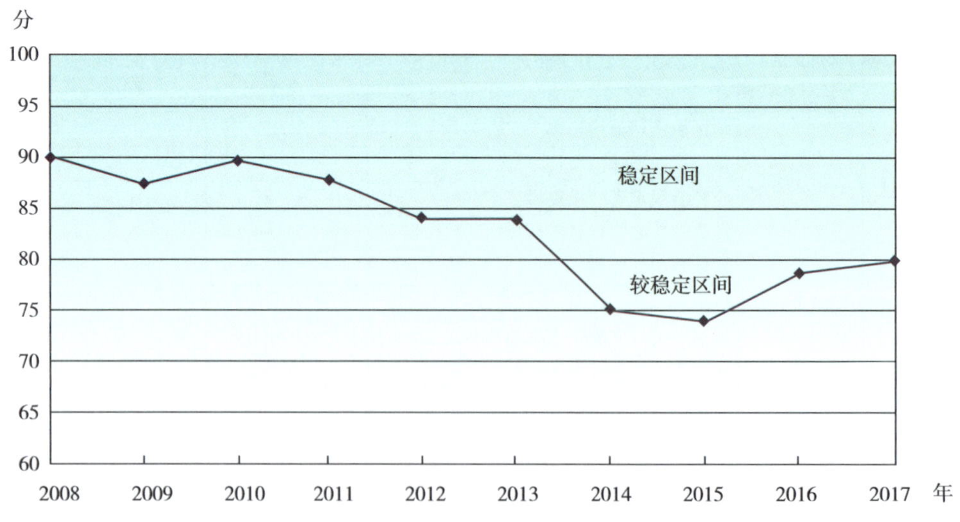

图 12　2008—2017 年东部地区金融稳定综合得分趋势图

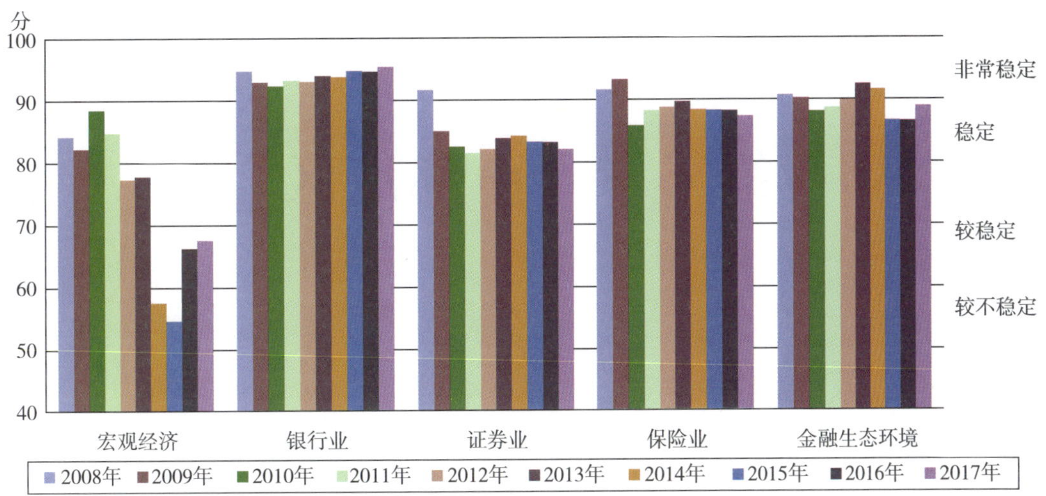

图 13　2008—2017 年东部地区金融稳定状况的比较

第三章　中部地区

2017年，中部地区积极贯彻落实新发展理念，深入推进供给侧结构性改革，经济实现平稳较快增长，金融改革工作稳妥推进，多层次资本市场建设加快发展，金融业运行总体稳健。同时区域经济金融发展中也面临一些困难和挑战，风险隐患增多，防范金融风险的压力有所增加。

一、区域经济保持平稳较快向好发展，经济发展中面临的压力依然较大

2017年，中部地区经济平稳较快发展，服务业对经济增长的贡献度不断提高，经济结构持续优化，投资增长稳中略缓，消费需求对经济增长的拉动作用保持强劲，进出口形势好转。全年实现经济较快增长和物价平稳的较好组合，经济发展质量持续提升。一是经济总体平稳较快增长，产业结构持续优化。全年中部地区生产总值保持平稳增长，增速与上年基本持平；GDP占全国比重同比提升0.35个百分点。三次产业结构由2016年的10.45∶45.40∶44.15优化调整为9.55∶45.42∶45.03，第一产业占比降至个位数，第三产业占比同比提高0.88个百分点，服务业对经济增长的拉动作用不断增强，三次产业结构持续优化调整。二是固定资产投资平稳增长，房地产开发投资增速高于全国。2017年，中部地区全社会固定资产投资（不含农户）16.38万亿元，实现平稳增长；其中房地产开发投资2.39万亿元，增速高于全国平均水平。三是消费较快增长，进出口形势回暖。全年中部地区社会消费品零售总额实现较快增长，增速高于全国平均水平。进出口总额同比增速由负转正，实现快速增长；其中进口总额1 016.08亿美元，同比增长21.09%；出口总额1 748.55亿美元，同比增长12.83%。四是财政收入较快增长，财政支出平稳增长。2017年，中部地区地方一般预算收入同比较快增长，增速较上年提高14.5个百分点；地方一般预算支出36 996.53亿元，同比增长10.97%，增速较上年提高3.96个百分点。五是居民收入水平持续提高，居民消费价格温和上涨。全年各省城镇居民可支配收入、农村人均纯收入持续增长，同比分别增长6.5%～8.8%、7%～9.1%。全年各省居民消费价格指数温和上涨，同比涨幅在1.1%～2%之间。

专栏4　中部地区去杠杆情况分析

2017年以来，去杠杆一直是我国宏观经济的核心任务之一，也是供给侧结构性改革五大任务之一。中部地区按照供给侧结构性改革的要求，积极稳妥去杠杆，取得了一定的成效。

一、中部地区去杠杆总体情况

一是债务增速明显放缓。截至2017年末，中部地区债务余额同比增长11.86%，较上年降低2.44个百分点。其中，安徽省、江西省、河南省、湖北省和湖南省债务余额增速分别较上年降低2.11个、0.52个、5.04个、3.85个和2.03个百分点。二是杠杆率①总体下降。2017年，中部地区总杠杆率较上年降低1.58个百分点。其中，山西省、安徽省、河南省和湖北省杠杆率分别较上年降低15.11个、2.07个、2.57个和0.36个百分点。

二、分部门杠杆率走势情况

（一）政府部门杠杆率普遍下降。财政部出台规范地方政府债务政策后，地方政府纷纷减少融资增量，并对已有存量融资进行整改。2017年，中部地区政府部门杠杆率普遍出现下降，山西省、安徽省、江西省、河南省、湖北省和湖南省分别较上年下降5.29个、2.55个、1.94个、1.03个、0.77个和3.12个百分点。

（二）非金融企业部门杠杆率升降互现，结构矛盾值得关注。截至2017年末，中部地区非金融企业部门杠杆率较上年同期降低2.36个百分点，整体呈下降趋势。不同省份非金融企业部门杠杆率升降互现，其中，山西省、安徽省、河南省和湖北省分别较上年同期下降11.43个、3.31个、4.18个和2.63个百分点，江西省和湖南省分别较上年同期上升1.08个和1.21个百分点。不同类型企业杠杆率有所分化，国企的债务总额占全部企业债务比重较高，杠杆率高于民营企业。

（三）居民部门杠杆率上升，不同省份杠杆率差异较大。2017年，中部地区多地住房价格上涨明显，居民部门杠杆率均出现不同程度上升。山西省、安徽省、江西省、河南省、湖北省和湖南省住户部门杠杆率分别较上年同期上升1.61个、3.79个、3.94个、2.63个、3.04个和2.32个百分点。随着债务的不断上升，居民面临的偿付压力加大。受政策、地域、人口等因素的影响，不同省份住户部门杠杆率差异较大，其中最低的为山西省，其住户部门杠杆率比中部地区最高省份低21.34个百分点。

三、政策建议

发展多层次资本市场，提高股权融资比重，分地区实行差异化降杠杆策略；降低企业经营成本，提高企业盈利能力，进而提高企业内源融资比重，重点推进国企去杠杆；促进房地产市场平稳发展，防止居民债务增长过快。

资料来源：中国人民银行南昌中心支行金融稳定处。

---

① 杠杆率=部门债务/GDP。

中部地区正处在转变发展方式、优化经济结构、转换增长动力的攻关期，国内外经济金融形势复杂多变，区域经济在高质量发展中也面临一些问题和挑战，需要加以重视并解决。一是部分经济指标增速回落，工业生产者价格保持高位。从全社会固定资产投资增速看，中部地区整体增速较上年回落0.80个百分点；从社会消费品零售总额增速看，中部地区整体增速较上年回落0.53个百分点。2017年，受能源原材料价格大幅上升等因素影响，中部各省工业生产者出厂价格、原材料购进价格指数保持高位，山西省工业品出厂价格、原材料购进价格涨幅最高，同比分别上涨19.4%、15.2%，其他省份涨幅分别在5.1%~7.9%、6.7%~8.3%之间。二是产业结构有待进一步优化调整。2017年，与全国平均水平相比，中部地区第一、第二产业占比分别高于全国平均水平1.9个、3.03个百分点，第三产业占比低于全国平均水平4.93个百分点，第一、第二产业占比偏高，第三产业占比偏低问题依然存在，区域产业结构需要进一步优化调整。三是新动能发展亟须提速。截至2017年末，山西省规模以上工业中战略性新兴产业仅占9%；河南省规模以上工业中传统产业占比高达44.2%、新兴产业占比只有12.2%；湖北省规模以上工业中高技术制造业占比8.4%、装备制造业占比31.7%；江西省新经济总量仍然偏小；湖南省前期培育的工业新动能后续增长放缓。各省新旧动能接续转换需要加速。

二、银行业整体实力持续增强，金融改革有序推进

2017年，中部地区银行体系稳健运行，银行业机构类型持续健全，资产负债规模平稳增长，资产质量保持稳定，盈利能力持续提升，金融改革稳妥推进。一是组织体系不断健全，机构实力持续增强。截至2017年末，中部地区地方法人银行业金融机构1 084家，全年新增21家。山西省和河南省当年分别新设立村镇银行16家和2家，湖北省首家民营银行众邦银行开业，航天科工金融租赁公司和三环财务公司获批开业营运。中原银行成功在港交所上市；晋商银行、江西银行和九江银行上市工作稳步推进。二是不良贷款整体双降，盈利持续增长。截至2017年末，中部地区银行业不良贷款同比减少6.87亿元，不良贷款率同比下降0.30个百分点。全年实现利润总额3 401.39亿元，同比增长15.35%，增速较上年提高11.73个百分点；利润总额占全国比重为17%，较上年提高1.67个百分点。三是加强金融创新，金融改革工作稳妥有序推进。中部地区重点做好农信社改制工作，大力发展普惠金融、绿色金融，稳妥有序推进债转股工作。2017年，山西省共有20家农村信用社改制为农村商业银行；河南省挂牌和批筹的农村商业银行近百家，省联社改革步伐进一步加快。兰考普惠金融改革试验区探索形成了“一平台四体系”的普惠金融落地模式①，兰考县普惠金融指数在河南省各县中居首位；湖北省五家国有大型商业银行和邮储银行均在省分行层面设立了普惠金融专门机构，着力发展普惠金融。江西省赣江新区绿色金融改革创新试验区建设稳步推进，南康等6个县（区）启动县域金融改革试点。

① 以“数字普惠金融为核心，以金融服务、普惠授信、信用建设、风险防控为基本内容”的“一平台四体系”模式。

专栏5　中部地区市场化债转股成效及问题分析

2016年10月，国务院《关于市场化银行债权转股权的指导意见》出台后，中部地区积极推进债转股工作，同时该项工作也面临意向多落地难、资金期限错配等问题，潜在风险值得关注。

一、基本情况

市场化债转股降低了企业负债率，增强了企业资本实力。据初步了解，实施债转股后，山西太钢集团、岚县矿业和河南省能源化工集团的资产负债率分别下降了3.2个、35.3个和6.0个百分点，安徽淮矿集团前两期债转股基金已投放到位，第三期基金到位后资产负债率下降5.48个百分点。相关企业的资本实力也随之增强。市场化债转股还可以降低企业财务成本，提升经营效益。如河南省能源化工集团在债转股资金落地后，其偿息还本压力降低，经营状况明显好转。湖南省湘电集团债转股后预计每年至少为企业直接降低财务成本600万元。债转股也有利于银行改善资产质量，盘活存量资产。对不良贷款实施债转股可以迅速降低不良贷款余额，对正常类和关注类贷款进行债转股，有利于银行多样化处置存量资产，提高资金运用水平。

二、存在的主要问题

一是债转股项目资金落地难。中部地区债转股项目签署意向协议较多，但项目推进缓慢，落地资金占比较低。据粗略统计，截至2017年末，山西省已签订债转股协议1 190亿元，但落地资金仅有173亿元，仅占协议金额的14%；江西省签署的债转股框架协议金额285亿元，仅有15亿元实质性推进；河南省意向债转股总规模为862.5亿元，已落地债转股规模仅为175亿元。二是资金期限错配存在风险隐患。部分债转股项目交易结构中银行以理财、资管计划对接债转股项目，而理财、资管计划期限普遍较短，债转股却是中长期的资金运用，期限错配问题突出，存在一定的风险隐患。

三、相关建议

债转股实施主体要加强对标的企业的监管，完善对转股企业的运营管理工作，加强债转股项目的风险管理。同时，在退出渠道的选择方面，针对上市企业，可以考虑以股权转让的形式退出；对于非上市企业，可以利用并购、全国中小企业股份转让系统、证券交易所等资本市场渠道退出。

资料来源：中国人民银行太原中心支行金融稳定处。

三、部分地区房地产金融和地方政府债务等领域潜在风险有所上升

2017年，中部地区银行业整体运行稳健，但在国内外经济金融形势依然复杂多变的背景下，潜在的风险隐患仍需要引起高度重视。一是信用风险防控压力依然较大。截至2017年末，中部地区银行业金融机构不良贷款率高于全国平均水平0.16个百分点；山西省、河南省、江西省和

湖南省不良贷款率分别高于全国平均水平1.60个、0.39个、0.10个和0.06个百分点。部分省份银行业涉及担保圈不良贷款率明显高于各项贷款不良率，潜在风险需要关注。二是流动性风险不容忽视。河南省和安徽省存款增势放缓，银行业负债端承压加大；个别机构存在流动性比例下降、资金期限错配、资金来源依赖金融市场和同业等问题和现象，潜在流动性风险隐患增多。同时，负面舆情和风险案件对法人机构流动性的潜在不良影响也需引起关注。三是房地产金融、地方政府债务等领域风险有所上升。2017年，部分省份房地产行业信贷资金占比偏高、增速较快，个别省份四成以上新增贷款投向房地产领域。财政部规范地方政府债务政策后，部分地方政府偿债能力减弱，银行信贷质量的不确定因素增多，个别机构出现了贷款的还款来源悬空等问题，需防范地方政府债务风险向金融体系转移。

专栏6　农村商业银行股东治理情况的风险分析

近年来，随着农村信用社、农村合作银行逐步改制成为农村商业银行，其股东及股权管理机制初步建立，股东管理有所加强。调查显示，当前农村商业银行股东治理还存在一些问题和风险隐患，需要关注并加以解决。

一、存在问题

（一）股东所属行业分布不合理，一些机构自然人股东人数过多。部分农村商业银行涉农股东股权占比较低，股东行业分布不合理。对中部地区某省调查发现，全省农村商业银行前十大本地企业股东中，房地产开发企业和地方政府融资平台类企业数量依然较多，持股金额占当地企业持股总额的比重处于20%左右。另外，社会自然人股东存在数量多、持股分散、占比低等问题。

（二）股东行为不规范，可能产生经营风险。部分农村商业银行存在个别股东通过股权干预机构正常经营、要求发放不合理贷款等情况。同时，股东自借贷款较多，且部分出现逾期，甚至形成不良贷款。

（三）股权管理和公司治理不到位，潜藏一定风险隐患。部分农村商业银行存在大股东超比例持股、股权转让交易管理不到位、股东资质审查不全面、部分机构股东治理制度规定和制度执行不严格、公司治理有待完善等问题，潜在风险不容忽视。

二、政策建议

一是优化股权结构。通过增资扩股、主板上市或“新三板”挂牌等途径补充资本。通过引进战略投资者、高管和员工适当持股等方式，优化股权结构。采取措施，逐步劝退与“三农”无关的投资公司等股东。二是严格股东资质审查。建立健全股东股权管理办法，强化股东资质审核，严格控制单一股东持股比例。三是强化股东行为管理。持续动态监测股东行为，对异常的股东行为，适时采取限制性措施。四是加强监督及信息披露。建立健全农村商业银行董事、独立董事、外部监事以及高级管理层的外部监督制度，定期或不定期对外披露有关信息，增强市场约束作用。

资料来源：中国人民银行合肥中心支行金融稳定处。

四、多层次资本市场建设较快发展，行业实力有待增强

2017年，中部地区多层次资本市场建设稳步发展，市场主体不断增多，证券期货基金机构综合实力平稳提升，服务实体经济能力进一步提升。一是境内上市公司数量持续增多。截至2017年末，中部地区共有境内上市公司455家，较去年增加29家，同比增长6.81%。各省境内上市公司数量在38～102家之间，当年新增最多为湖南省17家。二是新三板挂牌交易企业增多。Wind数据显示，截至2017年末，中部地区新三板挂牌公司1 621家，全年新增225家，同比增长16.12%。各省新三板挂牌公司数量在83～406家之间。三是区域股权交易中心加快发展。全年河南省和湖北省区域性股权交易中心新增挂牌展示企业分别为1 354家和1 636家，湖北省区域性股权市场持续提升对县域金融服务力度；山西省、湖北省和安徽省区域性股权市场融资分别为7.81亿元、26.40亿元和29.87亿元；截至2017年末，河南省和江西省区域性股权交易中心挂牌展示企业分别为2 395家和4 665家。四是证券期货基金机构行业实力和创新能力提升。截至2017年末，中部地区共有法人证券公司12家、法人期货公司12家。中原证券上交所主板上市，募集资金28亿元；长江期货挂牌新三板；国盛证券、华信期货和瑞奇期货注册资本分别增至46.95亿元、18.30亿元和3.46亿元，资本实力持续增强。安徽省法人证券机构创新业务延续快速发展势头，全年法人证券机构融资融券业务营业收入占比为32.33%，较上年提高1.33个百分点，资产管理类和股票质押回购等创新业务保持较快发展。

证券市场发展中存在的问题和潜在风险隐患需要关注。一是上市公司数量仍然偏少。截至2017年末，中部地区境内上市公司数量为455家，占全国上市公司数量比重约为13%，与GDP占全国20.97%的比重相比，占比偏低。二是部分公司风险隐患增多。部分钢铁、煤炭等行业上市公司，存在债务水平偏高、转型升级和去产能压力较大等问题，面临的财务风险和经营风险增加；少数上市公司及其子公司持续亏损，存在被ST风险，债券潜在违约风险也加大；部分上市公司还存在实际控制人失联、部分控股股东高比例股权质押等问题。三是证券期货经营机构业务转型压力加大。面对日益激烈的市场竞争，法人证券公司经纪业务收入持续下降，业务转型压力加大。2017年，各省法人证券公司经纪业务手续费收入占营业收入的比重依然较高，个别省份高达63.51%，法人证券公司经纪业务手续费收入除湖北省同比微增1.12%外，其他省份均同比下降，降幅在13.77%～37.06%之间。此外，随着监管趋严，以通道类资管业务为主的证券期货机构面临的业务转型压力也将加大。

五、保险市场总体稳健运行，发展不充分不平衡问题仍然存在

2017年，中部地区保费收入持续增长，保险业服务实体经济能力进一步提升，行业监管力度加强，保险市场总体运行平稳。一是保费收入和赔付支出同比增长。全年中部地区保费总收入增速较上年提高2.17个百分点。其中，人身险、财产险保费收入同比分别增长25.03%、16.82%。各项赔付支出同比增长10.71%，保险密度、保险深度分别为1 933.78元/人、3.98%，同比分别增长467元/人、0.41个百分点。二是保险服务创新领域和重点领域能力不断

提升。截至2017年末，中部地区分公司以上保险公司372家，保险在支持创新发展、“一带一路”建设、重点项目建设等方面发挥了积极作用。安徽省加快发展首台（套）重大技术装备保险，推动新材料首批次应用保险试点，助推企业转型升级；安徽省和河南省工程保险、出口信用保险支持重点项目和“一带一路”项目建设，服务实体经济能力持续提升。三是保险支持脱贫攻坚和农业发展效果明显。河南省“困难群众大病补充保险”作为精准扶贫重要举措，覆盖全省805万群众，被国务院医改办树立为2017年医改典型；江西省“返贫责任险”试点在全国率先启动。全年中部地区农业险保费收入同比增长22.69%，增速较上年提高8.94个百分点；农业险赔付支出同比增长6.61%。湖北省、江西省和河南省农业保险保费收入同比分别增长65.11%、27%和23.29%，支农效果显著。

保险业发展仍然不充分不平衡，潜在风险需要关注。一是部分人身险保险公司防范满期给付和退保风险的压力依然较大。2017年，中部地区共有5个省份寿险公司退保率均高于5%，湖南省和安徽省退保额同比分别增长36.6%和48.9%，退保率较上年分别提高0.87个和1.64个百分点，退保压力加大。二是财产险险种结构和渠道结构有待优化。2017年，中部地区车险保费收入占财产险保费收入的比重高达80.80%，结构不合理问题仍然存在。中部地区产险中介渠道保费收入占比高达73.74%，远远高于32.29%的全国水平，渠道结构有待改善。三是非理性竞争和违规经营问题仍然存在。河南省全年车险综合费用率仍保持高位，湖北省车险市场仍然停留在价格竞争层面；部分省份个别保险公司虚列费用、账外支付不当利益、未按规定进行信息披露等违法违规问题仍然存在。

六、定量评估

从定量评估结果来看，2017年中部地区金融稳定状况综合得分为86.6分，较上年下降2.1分，比全国平均水平高6.8分，处于稳定区间。其中宏观经济明显高于全国平均值，证券业和保险业得分比全国平均水平略高，银行业和金融生态环境得分略低于全国平均值（见图14）。

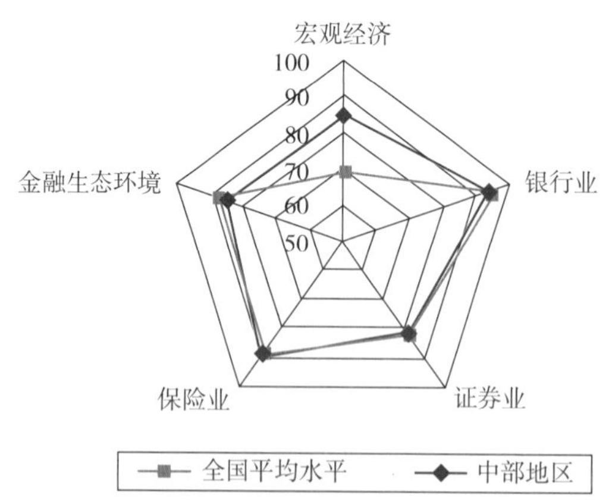

图14　2017年中部地区金融稳定状况和全国平均水平的比较

从具体指标变动情况来看（见表7），中部地区共有10项指标较上年有明显改善，5项指标较上年有所下降，10项指标基本与上年持平。在宏观经济方面，地区生产总值增速、第三产业增加值、投资、消费、进出口、典型城市房地产销售价格指数等多项指标得分均小幅上升，而实际利用外资、物价指数等少数指标有所回落，最终宏观经济得分较上年明显增加。受银行业流动性水平下滑、证券业盈利能力下降，以及保险退保率小幅上升影响，中部地区银行业、证券业和保险业得分较上年均有所回落。金融生态环境得分略有上升，主要得益于法治环境、征信覆盖率等指标的改善。

表7　　2017年中部地区评价指标及其变动情况

指标分类		变动方向	评价指标	变动情况		
				改善	稳定	下降
宏观经济		↑	地区生产总值增长率	√		
			第三产业增加值增长率	√		
			全社会固定资产投资增长率	√		
			社会消费品零售总额增长率	√		
			实际利用外资增长率			√
			进出口总额增长率	√		
			城镇居民可支配收入增长率	√		
			农村人均纯收入增长率	√		
			居民消费价格指数			√
			城镇登记失业率		√	
			典型城市房地产销售价格指数	√		
金融机构	银行业	↓	核心资本充足率		√	
			不良贷款率		√	
			资产利润率		√	
			流动比率			√
	证券业	↓	净资本充足率		√	
			净资本负债率		√	
			资产利润率			√
	保险业	↓	应收保费率		√	
			保费收入增长率		√	
			寿险公司退保率			√
金融生态环境		↑	法治环境调查综合得分	√		
			地方财政收入占GDP比重		√	
			银行服务密度		√	
			征信数据库覆盖率	√		

注：表中“↑”代表改善，“↓”代表下降，“→”表示稳定。

从历年综合得分变动趋势看（见图15），中部地区金融稳定状况综合得分连续两年保持在稳定区间。分项来看（见图16），宏观经济和金融生态环境得分小幅回升，银行业、证券业和保险业得分小幅回落。

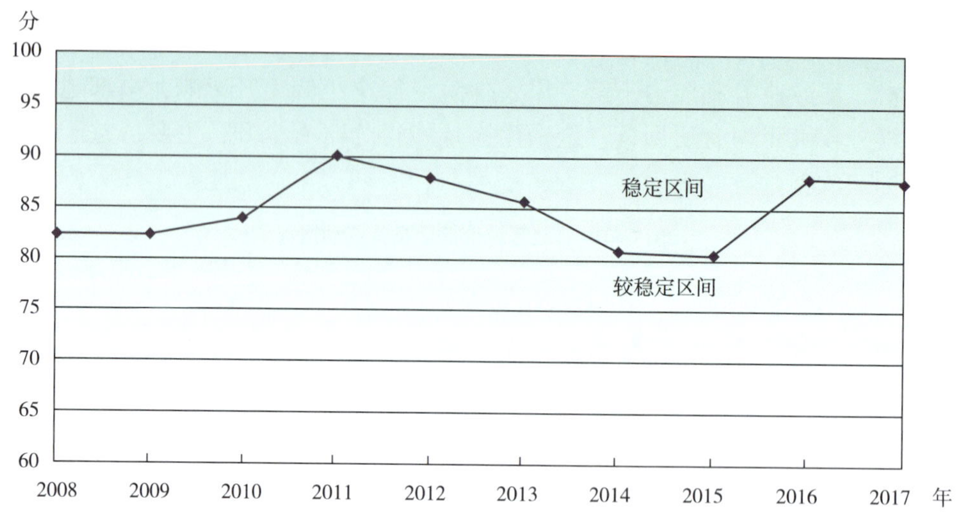

图 15　2008—2017 年中部地区金融稳定综合得分趋势图

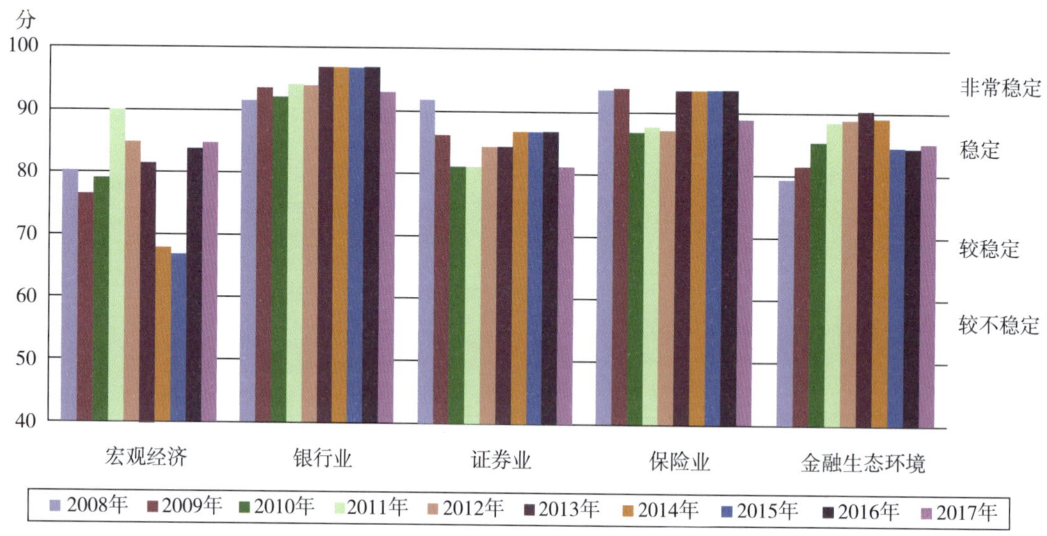

图 16　2008—2017 年中部地区金融稳定状况的比较

第四章 西部地区

2017年，西部地区以新发展理念引领经济发展新常态，全力推进供给侧结构性改革，地区经济发展质量提升，地方金融改革稳步推进，金融基础设施持续完善。金融业运行总体稳健，部分领域风险有所显现，防范区域金融风险的压力有所增加。

一、经济增长质量提升，部分地区转型升级仍面临挑战

2017年，西部地区生产总值同比增长8.12%。其中，贵州省、西藏自治区、云南省、重庆市的增速分别为10.2%、10.0%、9.5%、9.3%，位列全国前四位。三次产业结构进一步优化，由上年的11.87:43.47:44.66调整为11.48:41.79:46.73。投资和消费保持稳步增长，全年全社会固定资产投资（不含农户）同比增长8.18%，社会消费品零售总额同比增长10.92%。对外贸易高速增长，进出口总额同比增长19.58%。企业盈利增长明显，工业企业利润总额同比增长47.38%，规模以上工业增加值增长8.22%，分别高于全国平均水平30.34个和1.62个百分点。大型企业债转股取得突破，部分企业实现扭亏脱困，资产负债率有所降低。

部分地区转型升级仍面临较大挑战。一是区域内发展不平衡。虽然西部地区GDP整体增速高于全国平均水平，但区域内差距最高达6.6个百分点。内蒙古自治区、甘肃省GDP分别增长4.0%、3.6%，明显低于全国平均水平。二是投资增速回落对经济增长拉动作用减弱。贵州省工业投资增速自2017年9月回落到12%以下，并连续四个月回落；甘肃省总投资500万元及以上项目完成投资同比下降45.3%；陕西省重点项目建设投资同比增速较上年下降59.6个百分点。三是原材料价格上涨对工业企业影响较大。2017年，七个省区原材料（燃料动力）购进价格涨幅不同程度高于PPI涨幅，最高相差4.4个百分点。重庆市汽车制造业整车综合成本上涨10%～15%，电子制造业90%的原材料价格上涨，装备制造业企业综合成本上涨10%。四是部分基建项目推进缓慢。如当前政府和社会资本合作（PPP）项目在推进和运营中存在直接融资比例低、融资途径单一、操作不规范、重建设轻运营等问题，制约该类项目的推进。此外，受规范地方政府债务融资政策影响，金融机构停止对部分项目贷款，部分基建项目或将面临资金链断裂风险。

二、金融改革稳步推进，特色领域创新成效明显

地方金融机构改革步伐不断加快，金融组织体系日益完善。城市商业银行上市工作取得进

展，甘肃银行正式在香港联交所挂牌上市。非银行金融机构组建步伐加快，陕能集团财务公司正式开业，甘肃省首家保险法人机构——黄河财产保险股份有限公司正式挂牌成立，重庆市三峡人寿保险股份有限公司获准开业，将在全国率先开展移民保险试点。农村金融服务体系不断完善，邮储银行“三农金融事业部”成立运行，农业发展银行扶贫金融事业部有序推进，西部地区全年改制成立农村商业银行49家，新开业村镇银行31家。

绿色金融发展水平高效提升。贵州贵安新区绿色金融改革创新试验区获国务院批准，已有13家金融机构设立或正在筹备绿色分支机构（或绿色金融事业部），贵州银行、贵阳银行发行绿色金融债券共计180亿元。西藏自治区绿色金融贷款同比增长51.84%。

精准扶贫模式创新加快，扶贫力度进一步加强。四川省、云南省“期货＋保险”[①]精准扶贫试点项目落地，惠及多个国家级贫困县。贵州省、陕西省、广西壮族自治区发行全国首批专项扶贫中期票据共计50亿元，募集资金全部用于地区扶贫。

专栏7　农村信用社改革成效及存在的问题

近年来，随着农村信用社改革的不断深入推进，部分经营状况较好的农村信用社改制为农村商业银行，法人治理结构和经营管理水平明显提升，但在改革过程中存在的新情况和新问题仍需关注。

一、农村信用社改革情况

（一）改制工作完成情况。西部8省区[②]改制前共有农村信用社702家。截至2017年末，共有305家农村信用社改制为291家农村商业银行，占比为43.4%；尚未改制的农村信用社（含农合行）397家，占比56.6%。

（二）改革成效。一是业务规模快速增长。2015—2017年，大多省区农村商业银行的资产、负债和贷款增幅均在20%以上。二是资本充足，风险抵御能力较强。2015—2017年，各省农村商业银行的资本充足率均保持在10%以上，部分省区保持在13%以上，风险防控能力较强。三是流动性较为充裕。2015—2017年，各省区农村商业银行的流动性比例基本保持在40%，人民币超额备付金率均保持在2%以上，短期流动性水平充裕。

二、农村信用社改革存在的问题

（一）后续改革推动缓慢。目前各省区农村信用社改革进入攻坚阶段，经营状况良好的农村信用社已改制完成或进入筹建、拟开业阶段，剩余农村信用社由于规模小，经营实力弱，难以吸引社会资金增加资本实力，短期内难以满足改制条件。而且部分高风险农村信用社由于不良贷款规模高、资本严重不足，通过省联社或自身力量难以有效化解风险。

① 2017年，为响应国家关于扶贫攻坚的战略号召以及中央一号文件精神，上海期货交易所开办“保险＋期货”精准扶贫试点项目。“保险＋期货”通过期货市场的对冲交易完成风险的转移，既保障了农民的收益，又转移了保险公司的风险。

② 调查数据来自贵州省、四川省、陕西省、甘肃省、内蒙古自治区、宁夏回族自治区、新疆维吾尔自治区、广西壮族自治区。

（二）改革后部分机构风险有所加大，盈利能力有所下降。一是部分省区农村商业银行的不良贷款余额和不良贷款率持续上升，例如，西部地区某省农村商业银行整体不良贷款余额较上年增长了3倍多，不良贷款率上升了近5个百分点。二是潜在信贷风险不容忽视。部分省区农村商业银行逾期90天以上贷款与不良贷款比例超过了100%。三是部分省区农村商业银行盈利能力持续下滑。2015—2017年，西部地区有8省份农村商业银行的单位资产、单位资本的盈利能力持续降低。

（三）农村信用社管理体制仍然存在不足。一是农村信用社产权制度不明晰、法人治理结构不健全等问题长期存在，不利于提高经营管理水平，进而形成稳定的差异化竞争优势。二是当前省联社履行对辖区农村信用社的管理职责，但由于对各基层社不具有股权约束以及各基层社相对独立的法人性质，管理效率不高。三是省联社在高风险农村信用社处置中缺乏必要的资源，风险处置工作主动作为不足。

三、政策建议

加快农村信用社改革步伐，明确改革思路，切实促进农村信用社发展。加大对农村信用社改革的监测、评估和监督检查力度。通过监测评估及时发现农村信用社改革过程中存在的问题，加强指导和监督，掌握其风险动向，及时防范风险。

资料来源：中国人民银行乌鲁木齐中心支行金融稳定处。

三、银行业总体运行平稳，经营风险有所增加

银行业机构体系日趋健全，经营规模平稳增长。截至2017年末，西部地区法人银行业金融机构合计1 390家，较上年增加49家。银行业金融机构本外币资产总额同比增长8.74%，其中本外币贷款余额同比增长12.31%。本外币负债总额同比增长8.55%，其中本外币存款余额同比增长8.68%。在大力支持国家战略实施和重点工程建设的同时，信贷资源配置进一步向实体经济和民生领域倾斜。西藏自治区、四川省、陕西省小微企业贷款余额同比分别增长61.18%、20.80%和20.14%，分别高于各项贷款增速28.5个、7.90个和8.61个百分点。陕西省保障性安居工程贷款同比增长45.49%；贵州省棚户区改造贷款同比增长54.09%，易地扶贫搬迁贷款同比增长83.11%。

在经济增速放缓、产业结构调整以及银行自身转型、内控管理有待完善等因素影响下，西部地区银行业相关领域风险有所积累。一是不良贷款余额上升，资产质量有所下滑。截至2017年末，除陕西省银行业金融机构不良贷款余额下降外，其余各省区银行业金融机构不良贷款余额均上升。西部地区银行业金融机构不良贷款余额同比增长20.53%，不良贷款率同比上升0.17个百分点。二是部分机构贷款损失准备有所削弱。截至2017年末，内蒙古自治区拨备覆盖率未达到监管要求的银行业机构较上年末增加5家；四川省中小法人银行机构拨备覆盖率同比下降42.6个百分点。三是地方中小法人银行机构资本补充压力较大。宁夏回族自治区有7家法人银

行资本充足指标未达到监管标准；广西壮族自治区农村商业银行和农村合作银行资本充足情况均出现不同程度下降。四是当前银担合作领域风险有所暴露。部分中小担保公司代偿能力较弱，担保代偿违约现象增多，对银行信贷资产质量产生不利影响。

专栏8　当前银担合作面临的问题与建议

一、银担合作现状

近年来，担保行业风险持续暴露，并且风险外溢对银行资产质量产生负面影响，主要表现在：一是受宏观经济下行影响，中小微企业面临资金链断裂、资金周转困难等问题，导致融资担保行业整体在保客户质量下降，代偿余额增加。二是部分担保机构违规经营，存在非法吸存、将资本金用于发放委托贷款或短期拆借、涉足互联网金融平台、P2P等业务担保的情况，经营风险加剧。三是部分担保机构随着代偿余额增加逐步丧失代偿能力，不能按照协议约定履行代偿责任，已影响银行资产质量。以西部某省为例，2017年末，该省银担贷款中不良贷款占比16.8%，同比提高近10个百分点，个别银行与民营担保机构合作的担保贷款中不良贷款占比超过90%。

受担保行业风险持续暴露影响，银行逐步采取提高合作门槛的手段中断甚至终止与担保机构的业务合作。一方面，提高担保机构注册资本准入要求，部分银行要求担保公司注册资本金达到1亿元以上，符合条件的担保机构数量大幅下降。例如，西部某省96家样本担保机构中注册资本1亿元以上机构仅占6.3%。另一方面，提高合作担保机构保证金比例，要求担保机构足额缴纳保证金，并实行专户管理，部分机构最高缴存比例达50%，降低了担保资金使用效率。

二、存在的问题

（一）风险分担机制缺失，银行主动防范风险积极性较弱。在现行的风险分担体系下，除个别大型国有担保机构与银行机构进行少量比例分险外，银担合作贷款风险多由担保公司承担，行业风险缺乏分担、转移、对冲的有效措施，导致银行不认真履行贷前调查、贷中审查和贷后管理职责，对贷款客户的主动性风险管理弱化，增加了信贷风险发生的可能性。

（二）信息共享和沟通机制建设不完善，双向信息流动不对称。一方面，银行对担保机构的日常业务开展和风险管理情况缺乏有效的信息沟通渠道，难以获取担保机构担保责任、代偿责任、诉讼违约等动态信息，可能会影响银行的判断和决策。另一方面，担保机构在承担贷款担保责任时，不能与银行共享客户的贷前、贷中、贷后调查信息，从而无法采取必要的风险缓释措施。

三、政策建议

完善风险补偿机制，通过财政贴息、以奖代补等方式，对政府支持的担保机构或主要从事"三农"和小微业务的民营担保机构进行补偿。建立行业信息反馈和预警机制，增强担保机构信息透明度和可信度。

资料来源：中国人民银行银川中心支行金融稳定处。

四、证券期货业平稳发展，部分市场主体稳健性有待提升

西部地区证券期货业平稳发展，资本市场融资功能不断提升。一是各类市场主体持续增加。2017 年西部地区新增期货经纪公司 1 家，法人证券公司、基金公司、期货经纪公司合计数分别达到 21 家、3 家和 16 家。证券业投资者账户数合计 4 496.64 万户，同比增长 17.92%。境内上市公司数量合计 461 家，较上年增加 29 家。二是区域性股权交易市场快速发展。其中，四川省、广西壮族自治区、宁夏回族自治区地方股权市场挂牌企业分别达 6 359 家、2 721 家和 812 家；青海省、重庆市股权市场托管和挂牌企业分别达 351 家和 1 804 家。三是证券期货业创新深入推进。四川省 9 家证券机构围绕辖区重点企业开展规范改制培育，设立总规模 100 亿元的产业投资基金，对特色优势企业进行精准投资；云南省首次通过上海证券交易所成功发行地方政府债 400 亿元，云南水务成功发行 1 只可续期绿色公司债券和 1 只绿色企业债券，绿色债券发行取得突破；重庆股份转让中心在原有“成长板”和“孵化板”的基础上，新开设了“科创板”和“青创板”，形成“一市四板”的挂牌服务架构。

市场主体经营业绩下滑，部分领域风险有所显现。一是法人证券机构利润水平持续下降。截至 2017 年末，西部地区法人证券机构实现营业收入 296.72 亿元，同比下降 6.73%，实现净利润 60.54 亿元，同比下降 8.61%。二是上市公司竞争力整体偏弱，经营风险上升。有的上市公司核心竞争力不强，盈利可持续性不佳；有的上市公司负债较多，且债务集中到期，偿债压力较大；还有的上市公司公司治理结构不完善，内部控制存在缺陷，存在大股东股权质押占比过高、大股东非经营性资金占用等问题。三是地方交易所发展不平衡。有的交易所市场定位不清晰，尚未形成可持续的商业模式和盈利能力，有的交易所发展很快却监管滞后，还有一些交易所已经由区域要素市场转变为全国性交易场所。

五、保险业持续快速增长，潜在风险仍需关注

保险业保持快速增长势头，保障能力增强。2017 年西部地区实现原保险保费收入同比增长 17.99%，其中人身险原保险保费收入同比增长 20.66%，财产险原保险保费收入同比增长 13.78%。同时，保险业在支持实体经济发展、脱贫攻坚等方面的保障能力不断增强。农业险原保险保费收入 172.82 亿元、支出 133.09 亿元，同比分别增长 12.38%、33.81%；责任险原保险保费收入 86.28 亿元、支出 35.38 亿元，同比分别增长 18.43%、18.61%。四川省农业保险保障范围进一步扩大，全年共为 2 622.7 万户（次）农户提供风险保障 2 314.1 亿元，支付农业保险赔款 23.1 亿元，同比增长 27.97%。青海省农业保险品种新增中草药保险和家禽保险，承保品种增加至 21 个。云南省全年新增农业保险品种 10 个，已开办品种达 40 个。西藏自治区政策性涉农保险为全区 74 个县（区）52.74 万户家庭财产提供了 391.09 亿元的风险保障。甘肃省责任保险和保证保险业务快速增长，保费收入较上年同期分别增长 15.62% 和 160.15%。民生保险保障方面，贵州省所有贫困人口至少拥有大病、农房两份政策性保险保障，“黔惠保”系统扶贫小额人身保险覆盖全省 49% 的贫困人口。甘肃省城乡居民大病保险覆盖人群 2 200 万人，为 22.03

万群众支付补偿7.49亿元。宁夏回族自治区城乡居民大病保险覆盖全区488.38万城乡居民，累计为13.11万人次支付医疗费用6.41亿元。

行业发展中存在的潜在风险仍需关注。一是退保压力增大流动性风险。2017年，西部地区寿险退保金额同比增长50.06%，退保率超过5%的地区有7个，部分地区退保率接近15%。二是非理性竞争仍然存在，车险市场恶性竞争难以遏制。保险公司单纯以低价抢占市场的竞争方式造成车险盈利空间整体下降，不利于车险市场的健康平稳发展。三是保险欺诈案件增多的风险隐患不容忽视。仅2017年上半年，西部某省涉嫌保险诈骗的车险案件有600多起，涉案金额同比增长22%；出现首起大病保险系列诈骗案，涉案医疗发票金额逾200万元。四是互联网保险业务潜藏风险值得关注。互联网保险在产品、渠道、消费者群体、后续服务等方面与传统保险经营模式不同，所隐藏的风险不易掌握。此外，一些未取得经营保险中介业务许可证的机构通过网络平台开展保险销售，或者利用自媒体进行不实保险产品宣传，蕴含较大的合规与法律风险。

六、金融基础设施持续改善，金融生态环境建设仍需加强

金融基础设施建设持续深入推进，运行管理水平进一步提升。一是支付系统建设持续推进，农村支付环境建设取得新进展。重庆市开辟“新农合”缴费新渠道，实现农户一次签约、社保信息共享、银行定期代缴，成为西部地区率先开展同类业务的省市。二是社会信用体系建设持续推进，中小企业和农村信用体系建设成效显著。四川省在该省范围内以市州为单位部署农村信用信息数据库，广西壮族自治区创建诚信园（商）区36个，给予未与银行建立信贷关系小微企业信贷支持，陕西省与青海省探索贫困户信用修复机制，打通信用体系建设与金融扶贫的连接点。三是金融消费权益保护工作有序推进，金融消费者权益保护进一步强化。全年稳妥处理各类金融消费者纠纷投诉，陕西省、青海省、四川省、西藏自治区等省区受理投诉办结率均超99%。

社会信用水平仍然不高，金融生态环境还需完善。2017年，西部地区各类非法集资、P2P平台停业等现象仍有发生，信用信息共享、联合奖惩以及对信息主体权益保护机制尚不健全，银行债权案件受理、审理和执行效率不高，金融债权案件审结执行力度偏弱，司法清收成效不明显，特别是县域金融债权维护普遍面临着诉讼案件“送达难、审理难、执行难”的问题，银行通过诉讼处置不良资产的效率亟待提升。此外，个别省区地方交易场所业务违规行为时有发生，有的涉嫌从事非法证券期货活动，造成当事人财产损失，给地方金融生态带来不良影响。

七、定量评估

从定量评估结果来看，2017年西部地区金融稳定状况综合得分为76.7分，处于较稳定区间，较上年下降2.3分，比全国平均水平低3.4分。其中银行业、证券业和保险业得分高于全国平均水平，宏观经济和金融生态环境得分低于全国平均水平（见图17）。

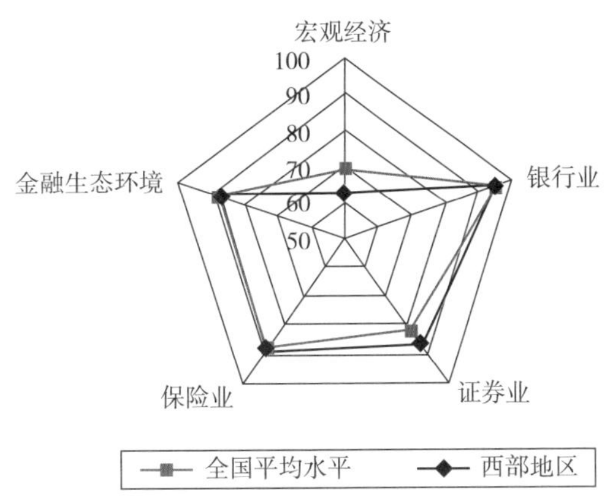

图 17　2017 年西部地区金融稳定状况和全国平均水平的比较

从具体指标变动情况来看（见表 8），西部地区共有 6 项指标较上年有所改善，8 项指标较上年有所下降，11 项指标与上年持平。在宏观经济方面，第三产业增加值、实际利用外资、进出口、城乡居民可支配收入等相关指标有所改善，但投资、消费、房价和居民消费价格等相关指标得分有所下降，因此宏观经济得分较上年回落。银行业和金融生态环境得分上升，得益于银行业流动性和信用风险等指标有所改善。证券业和保险业得分均有所下降，主要是证券公司盈利能力下降以及保险公司保费收入增长放缓和退保上升等原因所致。

表 8　　2017 年西部地区评价指标及其变动情况

指标分类		变动方向	评价指标	变动情况		
				改善	稳定	下降
宏观经济		↓	地区生产总值增长率		√	
			第三产业增加值增长率	√		
			全社会固定资产投资增长率			√
			社会消费品零售总额增长率			√
			实际利用外资增长率	√		
			进出口总额增长率	√		
			城镇居民可支配收入增长率	√		
			农村人均纯收入增长率	√		
			居民消费价格指数			√
			城镇登记失业率		√	
			典型城市房地产销售价格指数			√
金融机构	银行业	↑	核心资本充足率		√	
			不良贷款率		√	
			资产利润率		√	
			流动比率	√		
	证券业	↓	净资本充足率		√	
			净资本负债率		√	
			资产利润率			√
	保险业	↓	应收保费率			√
			保费收入增长率			√
			寿险公司退保率			√

续表

指标分类	变动方向	评价指标	变动情况		
			改善	稳定	下降
金融生态环境	↑	法治环境调查综合得分		√	
		地方财政收入占 GDP 比重		√	
		银行服务密度		√	
		征信数据库覆盖率		√	

注：表中“↑”代表改善，“↓”代表下降，“→”表示稳定。

从历年综合得分变动趋势看（见图18），2017 年西部地区金融稳定综合得分有所回落。分项来看（见图19），宏观经济、证券业和保险业得分继续回落；银行业和金融生态环境得分由降转升。

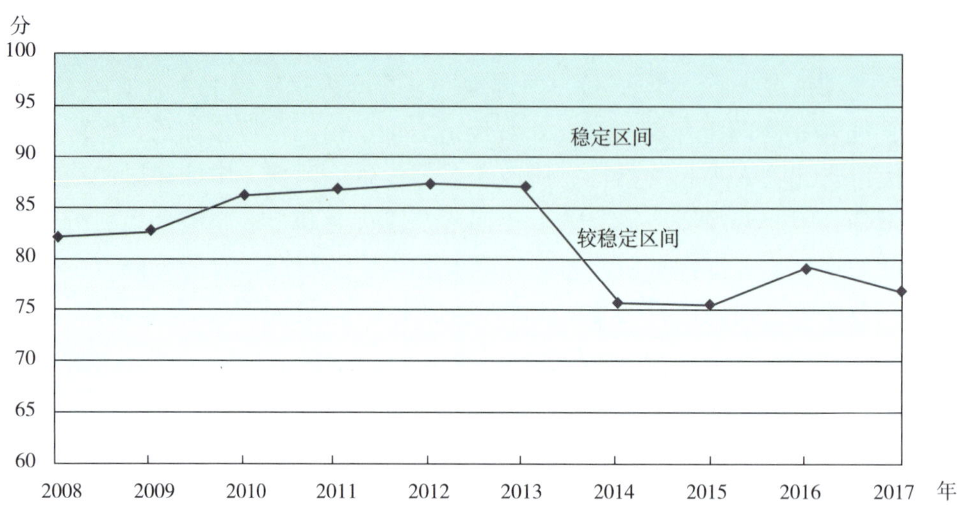

图 18　2008—2017 年西部地区金融稳定综合得分趋势图

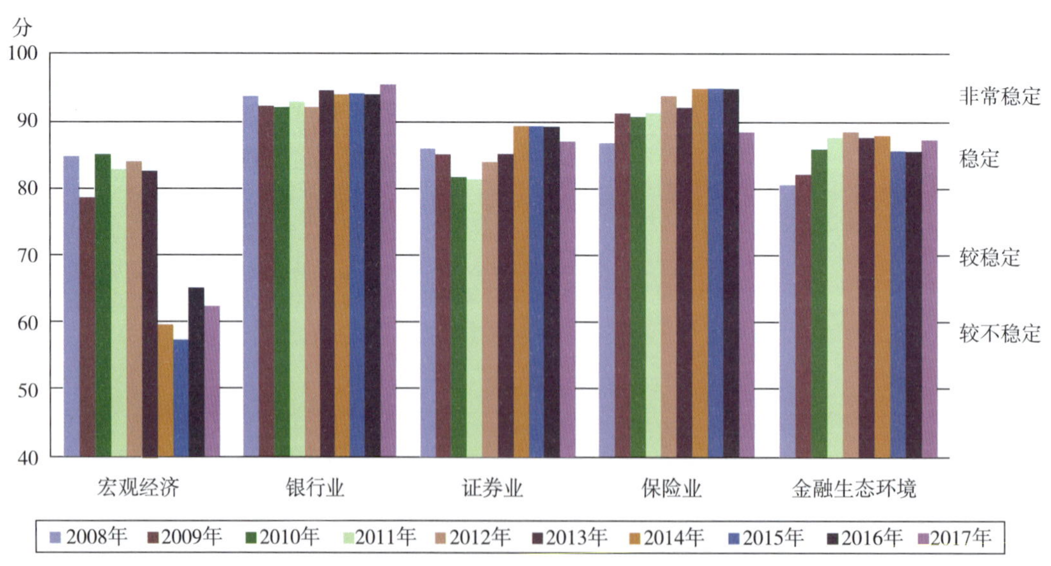

图 19　2008—2017 年西部地区金融稳定状况的比较

第五章　东北地区

2017年，东北地区深入贯彻落实党中央、国务院的决策部署，坚持以推进供给侧结构性改革为主线，经济运行呈现筑底企稳的良好态势，发展质量和效益逐步提高。金融业运行平稳，风险总体可控。但部分领域风险有所显现，防范区域性金融风险的压力有所增加。

一、经济增长筑底企稳，内生增长动力有待加强

2017年，东北地区经济增长筑底企稳，地区生产总值同比增长5.14%，较上年提高2.63个百分点。其中，辽宁省、吉林省、黑龙江省地区生产总值分别为2.39万亿元、1.53万亿元和1.62万亿元，同比分别增长4.2%、5.3%和6.4%，分别低于全国平均水平2.7个、1.6个和0.5个百分点，增速分列全国各省（自治区、直辖市）第28位、第27位和第26位。一是产业结构有所优化。2017年，东北地区三次产业比重分别为11.87:37.34:50.79，第一产业和第二产业比重分别下降0.25个和1.07个百分点，第三产业占比提高1.33个百分点，对经济的贡献率有所上升。二是固定资产投资实现小幅增长。2017年东北地区完成固定资产投资30 655.35亿元，同比增长2.81%。辽宁省、吉林省、黑龙江省分别完成固定资产投资6 444.75亿元、13 130.90亿元和11 079.70亿元，同比分别增长0.13%、1.4%和6.2%。三是外贸进出口企稳回升。2017年东北地区进出口总额增速较上年提高23.3个百分点。辽宁省、吉林省和黑龙江省进出口均出现逆差，合计277.61亿美元。辽宁省、吉林省、黑龙江省进出口总额分别为994.22亿美元、185.37亿美元和189.30亿美元，同比分别增长14.83%、0.5%和14.5%。

总体上看，尽管东北地区经济呈现筑底企稳的良好态势，但发展新动力和增长点不足。首先，工业运行趋稳更多的是依赖石化、冶金等大宗原材料价格的阶段性上涨，而这类基础原料行业的利润可持续增长存在较大不确定性，技术含量较低，未来保持稳定上升的空间有限。其次，固定资产投资虽已回暖，但后续增长乏力。固定资产投资受房地产、制造业和基建投资影响较大，但这三者在支撑投资方面的潜力有限。制造业企业杠杆高，债务负担重，投资回报率低，导致企业投资决策谨慎。房地产业普遍存在库存压力较大的问题，导致房地产投资持续低迷。外延式基础设施投资趋于饱和，而地方政府债务负担较重，基建资金筹措较为困难，使得基建项目的拉动作用总体减弱。最后，居民消费增速有所放缓，对经济增长的拉动作用有限。2017年，东北地区社会消费品零售总额增速较上年下降1.96个百分点。其中，辽宁省、吉林省、黑龙江省分别实现社会消费品零售总额13 807.24亿元、7 855.75亿元和9 099.20亿元，同比分别增长2.9%、7.5%和8.3%，分别较上年下降2.0个、2.4个和1.7个百分点。

二、供给侧改革持续推进，产业结构尚需进一步优化

2017 年，东北地区坚持以供给侧结构性改革为主线，积极落实“三去一降一补”政策要求，工作成效显著。一是去产能工作扎实推进。东北地区淘汰煤炭产能 4 224 万吨；辽宁省、黑龙江省分别淘汰水泥产能 422 万吨、129 万吨；辽宁省钢铁行业淘汰 12 座落后小高炉，生铁产能 129 万吨；黑龙江省钢铁行业淘汰落后产能 675 万吨。二是商品房去库存工作取得一定成效。辽宁省商品房去化周期缩短了 6 个月；吉林省商品住房去库存三年任务两年完成；黑龙江省商品房待售面积 2 095. 2 万平方米，比 2016 年末减少 498. 4 万平方米，同比下降 19. 2%。三是成本下降比较明显。辽宁省纳税人申报各项税收减免 1 288 亿元，取消调整收费政策 38 项，减轻社会负担 43 亿元。黑龙江省通过税收优惠、清理涉企收费、降低失业保险缴费比例等措施，为企业降成本 807. 2 亿元。四是调整优化农业结构。东北地区粮食总产量达 2 374. 76 亿斤。辽宁省调减玉米种植面积 119 万亩；吉林省引导农民大力发展设施农业，建成高标准农田 233 万亩；黑龙江省继续深入推进现代农业综合配套改革，农业综合生产力进一步提升。

当前，东北地区产业结构仍然以传统型、资源型、重化工型产业为主体，同时，部分行业产能过剩的矛盾尚未得到根本解决，高耗能、高污染行业占比较大，传统重化工业比例仍有扩大趋势，以辽宁省为例，2017 年底，装备、石化、冶金三个行业增加值占工业增加值比重超过 70%，较上年同期继续上升。东北地区新兴产业所占比重较小，企业自主科研能力、创新能力不强，核心竞争力较弱，缺乏发展后劲，有竞争力的企业特别是企业集群仍待形成，具有高附加值、高科技含量的工业经济尚未成为工业的主体动力。

三、银行业整体规模保持稳定，资产质量下行压力较大

截至 2017 年末，东北地区银行业金融机构资产总额和负债总额小幅增长，但增速有所回落。其中，辽宁省、吉林省、黑龙江省银行业金融机构资产总额分别为 7. 88 万亿元、3. 11 万亿元和 3. 78 万亿元，辽宁省和黑龙江省同比分别增长 3. 4%、4. 6%，吉林省同比下降 3. 3%，增速分别比上年下降 10. 58 个、21. 63 个和 2. 60 个百分点。银行业金融机构本外币存贷款余额保持增长，但贷款增速有所回落。其中，辽宁省、吉林省、黑龙江省银行业金融机构本外币存款余额分别为 5. 42 万亿元、2. 17 万亿元和 2. 38 万亿元，同比分别增长 4. 95%、2. 60% 和 6. 30%；本外币各项贷款余额分别为 4. 13 万亿元、1. 80 万亿元和 1. 95 万亿元，同比分别增长 6. 7%、4. 6% 和 7. 6%。信贷资金服务实体经济能力显著提高。东北地区涉农、小微企业和保障房贷款同比分别增长 2. 4%、13. 2% 和 9. 2%，以信息技术为代表的高新技术行业贷款较上年多增 155. 4 亿元。

银行业利润水平继续下滑。截至 2017 年末，东北地区银行业金融机构利润总额 727. 17 亿元，同比下降 28. 39%。其中，辽宁省、吉林省、黑龙江省银行业金融机构利润分别为 377. 06 亿元、143. 74 亿元和 206. 37 亿元，同比分别下降 27. 54%、32. 26% 和 79. 49%。不良贷款余额持续攀升，风险防控形势较为严峻。截至 2017 年末，东北地区不良贷款余额同比增长 23. 17%；不良贷款率同比上升 0. 51 个百分点。同时，值得注意的是，2017 年末，东北地区关注类贷款余

额同比增长 18.19%，信贷资产质量面临较大的下行压力。

四、法人银行业金融机构改革深入推进，可持续发展面临挑战

农村信用社改制工作继续推进。2017 年，东北地区共有 16 家农村信用社完成改制，其中，辽宁省、吉林省和黑龙江省分别有 2 家、3 家和 11 家。村镇银行覆盖范围继续扩大。东北地区新设村镇银行 7 家，其中，辽宁省、吉林省和黑龙江省分别新设 2 家、2 家和 3 家。民营银行设立工作取得积极进展。辽宁省振兴银行和吉林省亿联银行分别开业，黑龙江省民营银行组建进入论证实质进展阶段。

随着金融市场竞争格局的变化，部分法人银行业金融机构经营比较困难，不良贷款率较高，资本不足，风险抵补能力较差。截至 2017 年末，东北地区资本充足率低于 8% 的法人银行业金融机构共有 74 家，不良贷款率高于 5% 的机构共有 77 家，流动性比例小于 25% 的机构共有 4 家。部分农信社不良贷款成因复杂，清收处置较为困难，改革募股难度较高。截至 2017 年末，东北地区仍有 89 家农村信用社尚未改制。其中，辽宁省、吉林省和黑龙江省未改制农村信用社分别为 36 家、14 家和 39 家。部分村镇银行经营面临较大压力，收益同比下降，整体抗风险能力较弱。2017 年，辽宁省和黑龙江省村镇银行分别实现利润 5.48 亿元和 1.2 亿元，同比分别下降 16.46% 和 31.84%。

部分法人金融机构同业业务发展迅速，其中同业存单和同业理财业务规模攀升较快，风险意识淡薄，超过自身风险承受能力开展同业投资，造成资产负债错配，风险敞口增加。另外，东北地区银行业金融机构交叉性金融业务规模持续上升，部分资金流向房地产等限制性行业，部分业务涉及多层嵌套，难以掌握底层资产信息，一旦某一机构或是某一环节出现问题，可能会面临较大的经营风险。

专栏 9　“营改增”对地方法人银行业金融机构税负的影响

——以东北地区为例

自“营改增”试点工作在全国范围内推开后，对东北地区地方法人银行业金融机构税负影响不尽相同。调查显示，城商行税负有所增加，农商行、信用社、村镇银行等税负有所降低。

一、“营改增”对税负的预期影响

“营改增”改革前，金融业征收 5% 的营业税，并在营业税的基础上计征 10% 以上的附加税费，加上 25% 的企业所得税，综合负税相比其他行业较重。目前，“营改增”改革实现了征收范围全覆盖，金融业增值税税率分别为小规模纳税人的 3% 和一般纳税人的 6%，并且金融企业可以将外购不动产、设备及服务中所含的增值进项税额从销项税额中抵扣。同时，增值税计征以流转过程中产生的增值额为计税依据，不会因流转环节多而重复征税，对企业的新增价值征税，产品在流转过程中增值多少负税多少，不会因经济主体差异而差别对待。从理论角度来看，“营改增”后金融业税负应该有所下降。

二、"营改增"对税负的实际影响

1. 城商行实际税负有所增加。"营改增"后，城商行税率由以前营业税的5%变为6%，如果金融机构取得超过相应的进项税发票，银行税负会降低。但是从实际情况来说，金融机构已将税法规定可抵情况尽可能抵扣，但是仍无法达到预期可抵扣税额，导致最后实际税负增高。如吉林省某城商行，2017年度增值税一般计税销售额115.03亿元，简易计税销售额1.94亿元，销项税额6.98亿元，进项税额1.02亿元，进项转出0.17亿元，实际抵扣进项税0.86亿元，全年应缴增值税6.12亿元，实际缴纳增值税5.76亿元，增值税税负5.23%，较营业税5%高0.23个百分点。

2. 部分农村地区法人机构税负有所增加。按照国家相关政策，小额农贷在"营改增"之前实行减免税政策，以农贷为主的金融机构在缴纳营业税时可进行减免税；"营改增"后，相应减免税政策取消，加上可抵扣进项税较少，使纳税额增加，税负增大。如黑龙江省某县域农商行，在"营改增"前，缴营业税额为负数，"营改增"后一年，共缴纳增值税75万元。

3. 农信社税负有所下降。农村信用社按3%简易征税法，税负较缴纳营业税时明显下降。如黑龙江省某市区联社，2017年营业税应纳税额182万元、增值税应纳税额177万元，减少税负5万元左右，税负情况总体降低。但三年之后农村信用社将变为一般纳税人，税率由3%变为6%。从现在情况来看，进项税发票在获取上存在困难，不能充分得到可抵扣发票，在税率发生变化后，农村信用社税负可能提高。

资料来源：中国人民银行哈尔滨中心支行金融稳定处。

五、证券期货业平稳发展，直接融资能力和市场主体稳健性有待提升

截至2017年末，东北地区共有法人证券公司6家，法人期货经纪公司7家。其中，辽宁省、吉林省和黑龙江省分别有法人证券公司3家、2家和1家，法人期货经纪公司3家、2家和2家。证券期货交易规模继续增长。2017年，东北地区证券市场交易额18.14万亿元，同比提高10.61%。其中，辽宁省、吉林省和黑龙江省证券市场交易额分别为10.37万亿元、4.20万亿元和3.57万亿元，辽宁省和吉林省同比分别增长17.75%和6.23%，而黑龙江同比下降2.12%。2017年，东北地区投资者账户数2 251.24万户，同比增长84.63%。其中，辽宁省、吉林省和黑龙江省投资者账户数分别为1 319万户、276.72万户和655.52万户，分别比上年增长18.40%、12.05%和16.00%。

当前，东北地区证券市场发展中面临一些问题：一是利用资本市场直接融资能力较弱。截至2017年末，东北地区共有上市公司154家，比上年仅增加2家。其中，辽宁省、吉林省和黑龙江省分别有76家、42家和36家。全年新增4家上市公司，首发募集资金额仅占全国的0.9%。其中，辽宁省新增上市公司2家，1家公司被强制退市，1家公司迁出。吉林省、黑龙江省各新增1家上市公司。二是法人证券公司规模和经营业绩均有所下滑。截至2017年末，东北地区资产总额755.32亿元，同比下降34.57%，负债总额506.54亿元，同比下降36.87%。2017

年实现营业收入32.23亿元，同比下降30.39%。净利润为7.94亿元，同比下降53.85%。三是上市公司质量有待提升。个别上市公司经营风险较大，盈利能力持续下降，已经连续两年甚至三年亏损，资产负债率较高，贷款和债券的偿付问题以及股权质押融资等风险较为突出。个别上市公司主营业务长期低迷，通过购买理财产品增加收益，影响公司长远发展。

专栏10　上市公司投资理财产品潜在风险及问题

近年来，上市公司投资理财产品现象逐渐增加，上市公司适当理财有利于提高资金利用效率，增加经营收益，但如果过度依赖购买理财产品改善业绩，则易造成偏离主业，企业经营风险加大等问题。

一、上市公司投资理财产品情况

根据上市公司公告统计，2017年东北地区购买理财产品的上市公司共有18家，其中辽宁省3家、吉林省9家、黑龙江省6家。购买笔数总计为236笔，其中辽宁省18笔、吉林省142笔、黑龙江省76笔。涉及总金额为177.18亿元[①]，其中辽宁省为9.04亿元、吉林省为103.79亿元、黑龙江省为64.35亿元。

按照资金来源分类，东北地区上市公司投资理财的资金来源分为两大类，公司自有闲置资金和募集闲置资金。其中利用公司闲置资金购买理财产品的上市公司共有9家，涉及金额81.15亿元，占总金额的45.80%；利用募集闲置资金购买理财的上市公司为9家，涉及金额96.03亿元，占总金额的54.20%。按照理财产品发行机构分类，购买银行理财产品18家，涉及金额147.13亿元，占总金额的83.04%；购买证券收益凭证的2家，涉及金额3.05亿元，占总金额的1.72%。按照理财类型分类，购买保本理财共有177笔，占总笔数的75%，涉及金额143.57亿元，占总金额的81.03%；购买非保本理财为7笔，涉及金额6.70亿元，占总金额的3.78%。[②]

二、上市公司投资理财产品潜在风险及问题

（一）企业资金运用存在偏离主业的风险

个别上市公司将理财收入作为主要营业收入，忽视对主营业务的投资与经营，导致大量资金运用偏离主业，严重影响公司的长远发展。根据某上市公司2017年中报显示，上半年营业总收入为10.40亿元，营业利润和利润总额分别下降57.91%、51.09%。但是该公司在2017年以来，共认购108只理财产品，金额高达23.93亿元。

（二）上市公司购买理财产品的同时进行市场融资

自2012年底证监会放宽上市公司闲置资金的使用范围后，上市公司购买理财产品的金额大幅增长，利用融资购买理财产品的上市公司也随之增加。但有的上市公司一边募集资金，一边购买理财产品。例如，某上市公司2017年6月公告显示该公司拟募集资金8.35亿元，其中5.09亿元用来补充流动资金，但8月的公告又称拟利用不超过人民币3亿元的自有资金购买理财产品。

---

① 包括循环购买情况，下同。

② 由于誉衡药业未在公告中披露所购买的52笔合计26.91亿元的理财类型，暂无法统计。

（三）上市公司投资理财产品缺乏有效的风险识别和防控机制

目前从已公开年报来看，上市公司投资理财产品大多数都获得了较为丰厚的收益。但是也存在个别上市公司投资失败或者陷入理财骗局的情况。例如，2017 年 6 月某上市集团发布公告，其下属公司所购买的规模为 10 亿元的理财产品存在诈骗风险。随着上市公司投资理财规模不断扩大，产品更加复杂，上市公司应警惕此类风险。虽然东北地区上市公司尚未发现诈骗及投资失败情况，但相关风险仍需引起重视。

三、政策建议

（一）上市公司应加强风险防控意识

上市公司应严格监测自身财务状况，合理利用资金，避免过度使用资金购买理财产品，忽视自身主业经营的情况。牢固树立风险意识，切实加强风险防控。对理财产品做到深入了解，不盲目追求产品的高收益、高回报。

（二）加强对上市公司购买理财产品的监管

随着上市公司理财规模快速上升，相关风险随之增加。监管机构应对上市公司购买理财产品的行为进行合理约束，对理财规模比例进行限制，加强对上市公司定期披露理财产品相关细节的监督，进一步细化对上市公司公告的要求。

资料来源：中国人民银行长春中心支行金融稳定处。

六、保险业服务实体经济能力增强，潜在风险仍需关注

2017 年，东北地区保险业稳步发展，服务实体经济能力不断提升，风险保障功能进一步发挥。一是各类市场主体持续增加。截至 2017 年末，东北地区共有法人保险公司 8 家，省级保险公司 193 家，较上年增加 2 家，其中人身险公司 107 家，财产险公司 86 家。此外，2017 年，新成立保险资管公司 1 家（百年人寿资管公司），1 家财产保险公司（融盛财产保险股份有限公司）已获保监会批复成立，正在筹建。二是整体实力进一步增强。保险业机构资产总额平稳增长，占全国保险机构总资产的比重上升 0.13 个百分点；当年实现原保险保费收入同比继续增长，增速较上年提高 0.72 个百分点；保险密度 2 616.88 元/人，同比提高 461.46 元/人；保险深度 5.14%，同比提高 0.63 个百分点。三是一些与经济发展密切相关的新型险种顺利推进，有效服务于东北地区实体经济发展。如辽宁省保险业通过保险保障为小微企业提供融资增信服务，着力缓解小微企业融资难、融资贵问题。2017 年，辽宁省小微企业信用保证保险（不含大连）实现原保险保费收入 513.2 万元。吉林省推动杂粮杂豆等特色种植业保险发展，农险保障覆盖面进一步提高。

行业发展中存在的潜在风险仍需关注：一是部分地区满期给付和退保支出高位运行，流动性风险防控压力较大。寿险退保金额同比上升，非寿险投资理财型产品相继到期，使得满期给付压力明显加大，保险公司资产错配或流动性不足可能无法满足短时间对现金的大量需要，易引发流动性风险。二是部分分红险产品由于到期保单实际收益与预期收益之间存在一定差距，

加之销售时部分存在误导因素，易产生纠纷。三是另类投资大幅增长，潜在风险值得关注。近年来，保险另类投资占保险资金运用的比重持续上升。部分另类投资多层嵌套，信息不透明，交叉性金融风险防控压力加大。此外，另类投资多集中投向涉政府信用项目，部分区域地方政府偿债压力较大，可能引发投资风险。

专栏11　保险另类投资发展概况及存在的问题

一、保险资金另类投资发展概况

（一）另类投资高速增长，超过保险资金运用余额的三分之一

保险另类投资自2005年起步，以年均46.3%的增速持续增长（见图20）。截至2017年11月末，全国保险另类投资余额5.74万亿元，较年初增加9 219.4亿元，同比增长25.5%。另类投资的高速增长推动其成为保险资金配置的第一大资产类别。截至2017年11月末，全国保险运用资金配置中另类投资资产占39.1%，较上年同期增加4.2个百分点，是2015年水平的1.4倍。

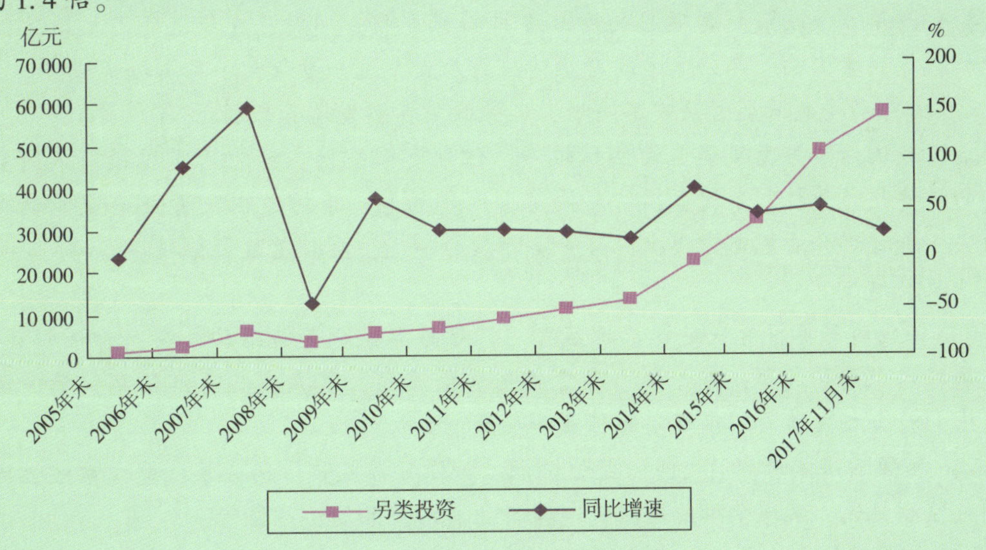

图20　全国保险另类投资变化情况

（二）另类投资多层产品嵌套，超八成流入涉政府信用项目

据调查，保险另类投资运作模式日趋复杂，多通过信托计划、资管计划、银行理财等固定收益类金融产品对接融资项目，资金最终主要投向交通、能源、棚户区改造等涉政府信用项目。截至2017年9月末，全国保险资金通过债权计划、股权计划等方式，直接投资国家重大基础设施建设、养老社区和棚户区改造等民生工程，累计金额超过5万亿元，约占同期另类投资的87.7%、保险资金运用余额的34.1%。

（三）另类投资实施分类监管，强调事前监管

近年来，保监会相继出台了一系列政策法规，拓宽保险资金运用渠道，推进保险资金运用市场化改革。当前保险另类投资实施分类监管，将可投资资产划分为不动产、基础设

施债权投资计划、私募股权、信托、金融衍生品等投资品种，设置投资行业、投资比例及交易对手资质等要求，事前监管制度较为健全，但缺少信息披露、内部控制、市场退出等方面的约束。

二、保险另类投资发展存在的问题

（一）多层嵌套拉长交易链条，信息不透明加大交叉性金融风险防控压力

保险另类投资中，资金在保险机构、券商、信托公司、银行等多个机构间流转，存在期限错配、杠杆叠加、交易链条长等问题，加之交易不透明，底层资产难以确定，金融风险传染性上升。保监会披露的数据显示，2016 年全国保险资管产品约八成为通道业务。同时，分行业监管模式下，另类投资信息披露及共享机制不健全，加大了交叉性金融风险防控压力。

（二）资金集中投向涉政府信用项目，部分区域地方政府偿债压力加大蕴含投资风险

我国另类投资资金主要流入交通、能源和不动产领域，以涉政府信用项目为标的，投向集中。2017 年以来，国务院相关部门出台一系列法规约束地方政府举债行为，推动融资平台市场化改革，涉政府信用项目的财政支持持续弱化。同时，受经济下行、地方财政收入增速放缓等因素影响，部分地方政府偿债压力加大，进一步放大了另类投资风险。

（三）部分另类投资监管法规不明晰，监管缺失易引发监管套利

当前，我国保险另类投资监管法规较多，但缺乏系统性，针对不同规模、不同类别保险机构的差异化监管机制不健全，信息披露、内部控制、市场退出及责任追究等动态监管标准缺失，加之部分法规定义模糊，监管实际效力不足，易引发监管套利。

三、政策建议

（一）强化对另类投资底层资产的监管。针对另类投资交易结构复杂、责任归属不清、关联关系难以识别等问题，监管机构需要监测资金流向，掌握底层资产信息，确保保险资金真实投向符合相关监管制度规定的行业和领域。

（二）加强不同监管部门之间的监管协调。加强日常监管信息共享，建立系统性风险监管协调与监测机制，实现金融业跨机构、跨行业、跨产品的协调监管。

（三）合理布局另类投资行业投向。保险公司应增强投资风险防控意识，保持另类投资的多元化和分散化，积极探索保险资金与养老、健康、医疗等朝阳产业的融合。

资料来源：中国人民银行长春中心支行金融稳定处。

七、定量评估

从定量评估结果来看，2017 年东北地区金融稳定状况综合得分为 71.6 分，较上年提高 0.1 分，比全国平均水平低 8.7 分，连续两年处于较稳定区间。其中宏观经济、银行业、证券业、保险业和金融生态环境得分均低于全国平均值（见图 21）。

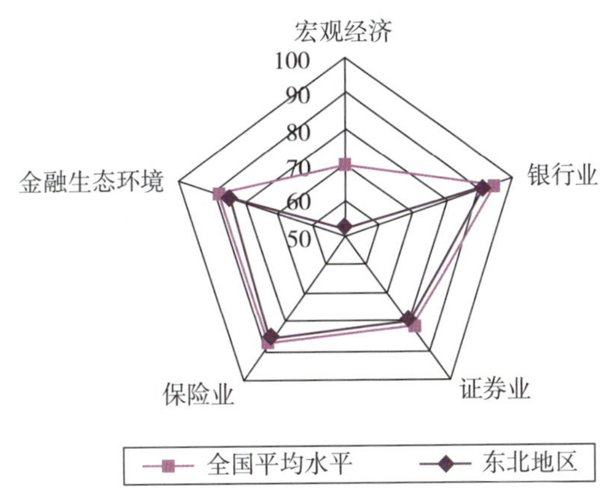

图 21　2017 年东北地区金融稳定状况和全国平均水平的比较

从具体指标变动情况来看（见表 9），东北地区仅有 5 项指标较上年有所改善，7 项指标较上年有所下降，13 项指标基本与上年持平。在宏观经济方面，第三产业增加值增长、消费、实际利用外资、城乡居民收入增速等多项指标得分均比上年有所提高，因此宏观经济整体得分较上年明显提升。而在金融领域，2017 年东北地区银行业、证券业、保险业和金融生态环境得分均小幅下降，主要原因分别在于银行业和证券业盈利能力下降、保险业退保风险上升，以及地方法治环境得分下降。

表 9　2017 年东北地区评价指标及其变动情况

指标分类	变动方向	评价指标	变动情况		
			改善	稳定	下降
宏观经济	↑	地区生产总值增长率		√	
		第三产业增加值增长率	√		
		全社会固定资产投资增长率		√	
		社会消费品零售总额增长率	√		
		实际利用外资增长率	√		
		进出口总额增长率			√
		城镇居民可支配收入增长率	√		
		农村人均纯收入增长率	√		
		居民消费价格指数		√	
		城镇登记失业率		√	
		典型城市房地产销售价格指数			√

续表

指标分类		变动方向	评价指标	变动情况		
				改善	稳定	下降
金融机构	银行业	↓	核心资本充足率		√	
			不良贷款率		√	
			资产利润率			√
			流动比率		√	
	证券业	↓	净资本充足率		√	
			净资本负债率		√	
			资产利润率			√
	保险业	↓	应收保费率		√	
			保费收入增长率		√	
			寿险公司退保率			√
金融生态环境		↓	法治环境调查综合得分			√
			地方财政收入占 GDP 比重			√
			银行服务密度		√	
			征信数据库覆盖率		√	

注：表中“↑”代表改善，“↓”代表下降，“→”表示稳定。

从历年综合得分变动趋势来看（见图 22），2017 年东北地区金融稳定得分保持平稳。分项来看（见图 23），宏观经济得分继续企稳回升，银行业、证券业、保险业和金融生态环境得分则连续回落。

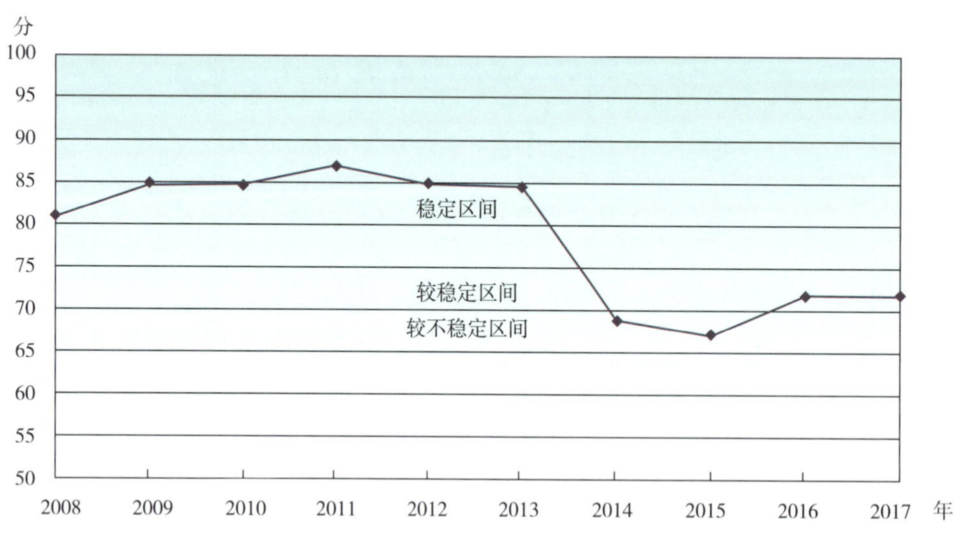

图 22　2008—2017 年东北地区金融稳定综合得分趋势图

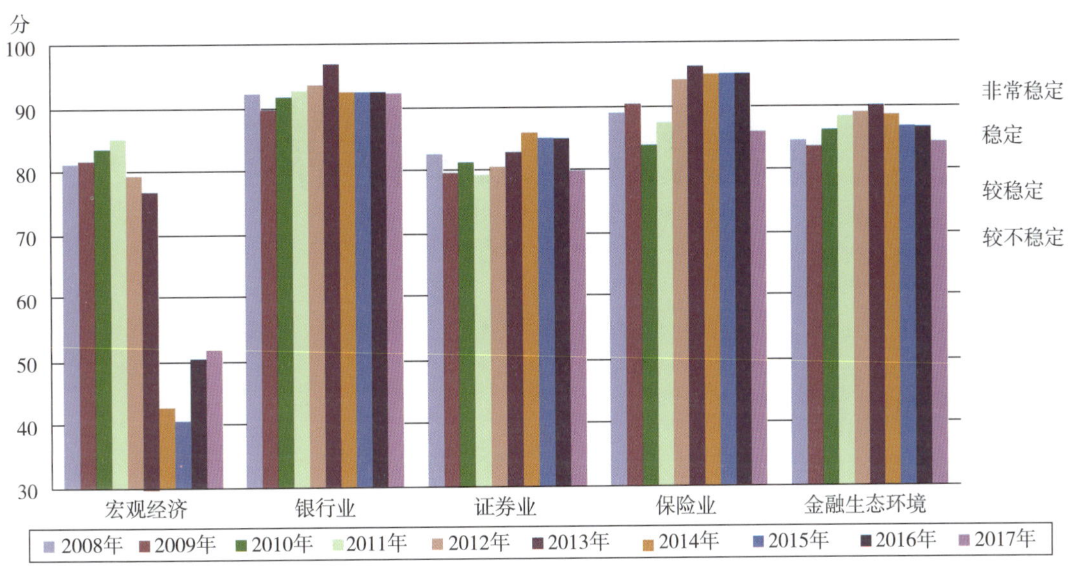

图 23　2008—2017 年东北地区金融稳定状况的比较

第六章　总体评估

一、总体评估

2017 年，各地区经济金融总体稳健运行，区域发展协调性显著增强。各地区经济发展稳中向好、好于预期；农业生产总体稳定，工业生产增速加快，服务业增加值继续领跑三大产业；物价水平温和上涨，就业基本稳定。各地区金融业改革不断深化，金融支持和服务实体经济力度不断加大。银行业总体运行平稳，信贷保持合理增长，银行体系风险总体可控，服务实体经济能力继续提升。证券业直接融资规模进一步扩大，多层次资本市场建设不断在规范中发展。保险业保持良好发展态势，保险机构资产规模和保费收入稳步增长，风险保障功能进一步发挥。

然而，国际上不稳定不确定因素仍然较多，国内经济金融领域结构性矛盾仍较突出，面对复杂多变的国内外经济金融形势，我国经济发展依然面临多方面的压力，各地区都存在一些影响金融稳定的因素：经济方面，经济增长内生动力有待增强，企稳回升的基础还不稳固，企业、政府和居民部门杠杆压降难度依然较大。金融业方面，银行业金融机构信用风险防控面临较大压力，法人机构公司治理、股权管理等问题逐步显现。证券业经营机构盈利能力持续下滑，债券市场违约事件时有发生，上市公司股票质押业务信用风险上升，资产管理业务转型压力大。保险业满期给付和退保风险较为突出，少数机构流动性风险加大，新型保险业务风险逐步显现，保险机构内部案件风险和保险市场欺诈风险仍需着力防控。

分地区看，区域经济总体协调发展，但各地区经济金融发展存在的不稳定因素有所差别。其中，东部地区银行业经营情况整体改善，但流动性风险和信用风险有所上升，房地产信贷风险仍需关注；证券公司营业收入大幅下滑，市场潜在风险因素逐步增多；中小保险公司流动性和互联网保险风险防范压力上升。中部地区新旧动能持续转换有待加速，经济发展面临较大转型压力；银行业风险防控形势较为严峻，部分区域房地产市场和地方政府债务等领域潜在风险有所上升；证券业实力有待加强，保险业发展不充分不平衡问题依然存在。西部地区部分省份经济发展增速较低，转型升级面临挑战；银行业资产质量和贷款损失准备下降明显，资本补充压力较大；证券市场主体经营业绩下降，上市公司竞争力整体偏弱；保险市场欺诈案件有所增加。东北地区内生增长动力有待加强，产业结构有待优化；银行业信贷资产质量和利润水平持续下行；企业直接融资能力较弱，市场主体稳健性有待进一步提升；保险业满期给付和退保支出压力较大，保险资金运用潜在风险值得关注。

从定量评估的结果来看（见图 24），2017 年区域金融稳定状况综合得分排序结果为：中部地区得分列各区域之首，东部地区位列第二，西部和东北地区分列第三、第四。具体来说，各地区综合得分均受宏观经济分值偏低的影响，东北地区宏观经济得分与其他地区差距依然较大。各地区银行业得分均较高，其中东部和西部地区得分高于中部地区和东北地区；西部地区的证券业得分较高，主要原因在于西部省份证券公司的盈利能力稍高于东部和中部地区；得益于保费收入增长率相对较高和退保率较低，中部和西部地区的保险业得分高于其他两个地区；金融生态环境得分，东部地区最高，西部其次，中部和东北地区稍低。

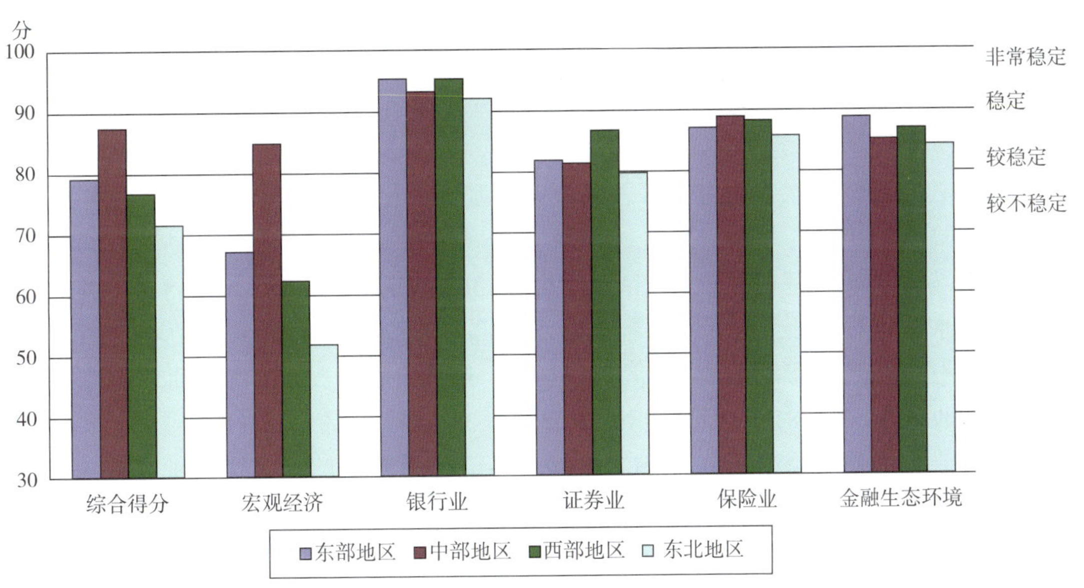

图24　2017 年全国各地区金融稳定状况综合得分趋势图

二、维护区域金融稳定需关注的方面

当前，中国经济已由高速增长阶段转向高质量发展阶段，经济运行正处于转变发展方式、优化产业结构、转换增长动力的“攻关期”，同时各领域的改革也逐步进入“攻坚期”和“深水区”。因此，更加需要关注和高度重视经济金融运行中存在的问题和风险，准确把握经济金融工作面临的形势和任务。

（一）区域经济运行中值得关注的方面

1. 各地区经济增长继续分化，经济增长的内生动力仍待增强

2017 年，各地区经济增长保持在合理区间，但增速有所分化。东部地区生产总值增速持续放缓，全年增长 7.18%，较上年回落 0.37 个百分点；西部地区生产总值增速有所回落，生产总值同比增长 8.12%，较上年微降 0.11 个百分点；中部和东北地区生产总值增长开始加快，同比分别增长 8% 和 5.14%，较上年分别提高 0.05 个和 2.63 个百分点。各地区普遍存在企业投资意愿不强，出口竞争加剧，部分行业产能过剩，消费需求增长动力不足等问题，如各地区社会消费品零售总额同比增速较上年回落了 0.2 个百分点。

2. 各地区工业企业盈利能力持续回升，但回升的基础仍需进一步巩固

2017 年，各地区工业企业利润增速加快。各地区规模以上工业企业实现利润总额 7.5 万亿元，同比增长 21%，较上年提高 12.5 个百分点。但值得注意的是，各地区工业增长持续向好的基础仍需巩固，主要表现在：一是企业生产成本继续上升。2017 年，各地区劳动力、资源类产品等生产要素价格上涨较快，特别是生产资料价格由跌转升，全年生产资料价格同比大幅上涨 8.3%，加之环保支出等费用进一步增加，企业生产成本上涨压力持续增加。二是降杠杆依然任重道远，特别是国有企业杠杆率显著高于非金融企业的平均水平。年末各地区国有企业的资产负债率为 65.7%，较上年仅下降了 0.4 个百分点；同期各地区的规模以上工业企业的资产负债率为 55.5%。国有企业债务占全国非金融企业的 62%，较上年提高了 3 个百分点，国有企业去杠杆任务较重。

3. 政府部门显性杠杆水平略有回落，但地方财政收支平衡压力持续加大，仍需关注地方政府隐性债务风险

2017 年，各地区政府部门总杠杆率①从上年的 36.6% 降至 36.2%，回落了 0.4 个百分点。尽管显性杠杆水平相对较低，但近年来各地区政府部门财政赤字水平不断扩大，2017 年末财政赤字为 30 763 亿元，比上年增加 2 474 亿元。其中，东部、中部、西部和东北地区地方财政支出分别大于财政收入 20 392.81 亿元、9 982.26 亿元、38 775.55 亿元和 8 365.11 亿元，财政收支缺口持续扩大。特别需要关注的是，2017 年以来各地区财政部门加大了对地方政府违规担保、隐性债务问题的清理力度，需密切关注整改规范过程中地方政府隐性债务风险暴露情况，以及对金融机构债权的影响。

4. 居民部门杠杆率上升较快，住房贷款增速回落但消费领域加杠杆明显

2017 年，居民部门杠杆率继续上升，年末升至 49%。具体来看，个人住房贷款增速持续回落，年末为 22.2%，较年内最高点低 14.6 个百分点；全年增量 4 万亿元，同比少增 8 269 亿元。但非住房类消费贷款大幅增加，全年新增额达 2.5 万亿元，同比多增 1.2 万亿元。大量的消费信贷资金可能变相流入房地产市场和股票市场，引发资产价格泡沫，加大风险传递。

（二）区域金融业发展中需关注的方面

1. 区域银行业方面

一是各地区商业银行资产质量变化趋势有所分化，信用风险防控压力依然较大。分区域看，中部、东部地区银行业账面信贷资产质量的下行趋势放缓，但西部和东北地区仍在加速。截至 2017 年末，东部地区账面不良贷款余额仅增长 3.34%，中部地区则小幅下降 0.17%；西部和东北地区则同比增长 20.53% 和 23.17%。与此同时，关注类贷款年末余额占比较高，信贷资产潜在风险暴露压力仍然较大。截至 2017 年末，东部、中部、西部和东北地区关注类贷款余额占各项贷款的比重分别为 3.61%、3.61%、4.79% 和 5.01%。加之目前各地区银行业金融机构不良资产处置成本高、耗时长，风险化解进程缓慢，信用风险防控仍任重道远。

二是各地区部分银行业中小法人机构股权管理存在诸多问题，民营企业参股金融业的乱象

① 数据来源于国家金融与发展实验室国家资产负债表研究中心发布的《中国去杠杆进程 2017 年度报告》。

较多。近年来，伴随各地区城市商业银行引入战略投资者，以及农村信用社、农村合作银行逐步改制为农村商业银行，中小法人机构的股权结构逐渐趋于多元化和民营化，但公司治理问题日益突出，主要表现在股东结构不合理、股东行为不规范、股权管理不到位、股东治理制度执行不严等方面，并存在股东干预机构正常经营、大股东超比例持股等问题。与此同时，目前非金融企业参股金融业现象较为普遍，但也潜藏较大风险，包括部分民营企业参股金融业时，谋取经营决策权和控制权，甚至干预董事会和高级管理层日常履职；民营企业参股金融业可能为其降低授信门槛、提高贷款额度等提供一定便利，潜藏关联交易风险；部分民营企业同时参股银行、证券、基金等机构，存在跨机构、跨行业传递风险。

三是银行业各类风险事件呈频发多发势头，内控管理亟待加强。2017 年以来，全国各地区银行业金融机构各类风险事件继续增多，票据、贷款、投资理财等领域发生多起金融案件，此类案件往往金额巨大、涉及面广、影响程度较深，银行机构内控管理和员工行为规范亟待完善。

2. 区域证券业方面

一是证券公司盈利能力继续下滑。2017 年，尽管各地区 131 家法人证券公司中有 120 家实现盈利，但整体营业收入和利润水平持续下滑，全年营业收入和净利润分别为 3 113.28 亿元和 1 129.95亿元，同比分别下降 5.08% 和 8.46%。其中，除证券投资收益和资管业务收入同比分别增长 51.40% 和 4.64% 外，代理买卖证券业务、证券承销与保荐业务、财务顾问业务和投资咨询业务实现净收入分别下降 22.04%、26.11%、23.63% 和 32.81%。

二是债券违约事件时有发生。2017 年以来，全国银行间、交易所、柜台市场共发生 49 起债券违约事件，其中公募债券违约 29 起，私募债券违约 20 起，涉及多家证券公司。从违约主体看，公募债 29 起违约事件的发行人均为民营企业；20 起私募债违约的发行人也多为民营企业，13 家主体中有 9 家民营企业。

三是上市公司股票质押业务存量规模大，潜在违约风险需关注。据统计，截至 2017 年末，全国各地区上市公司开展的股票质押业务中仍有 1 429.04 亿股未解押，参考市值高达 17 630.78 亿元。随着股票市场的波动加剧，2017 年以来已发生多次上市公司股东质押股份触及平仓线以及强制平仓事件，同时股票强制平仓引发股价继续下跌的正反馈效应逐步增大。

四是法人证券公司以通道类为主的资管业务转型压力加大。目前各地区证券公司资产管理业务规模达 16.88 万亿元，其中以通道类为主的定向资产管理计划规模达 14.39 万亿元，尽管规模较上年有所收缩，但占比依然高达 85.23%，在金融强监管和资产管理新规即将出台背景下，证券公司资产管理业务面临较大的转型压力。

3. 区域保险业方面

一是人身险公司退保风险持续上升，流动性风险需重点防控。2017 年，各地区人身险公司退保额保持较快增长势头，如中部、西部和东北地区人身险公司退保额同比分别增长 37.81%、50.06% 和 149.12%。在人身险公司调整业务结构、收缩规模的背景下，未来需关注人身险公司中短存续期业务、非寿险投资型业务满期给付与退保问题，特别是需要密切监测少数机构的流动性风险变化趋势，防止流动性不足可能引发的群体性事件。

二是财产险市场中车险和非车险发展不平衡问题仍较突出。各地区车险业务占比居高不下，东部、中部、西部和东北地区车险保费收入占财产险保费收入的比重分别为 73.79%、80.80%、

73.09%和72.79%，非车险业务在财产险市场增长步伐有待加快。

三是保险领域新型保险业务风险防范压力加大。近年来，互联网保险、融资性保证保险等新型业务快速发展，但部分机构和个人借助互联网非法经营保险业务、非法销售保险产品等情况时有发生，与此同时，融资性保证保险涉及银行、担保、保险等多类型机构，需防范风险跨行业、跨部门、跨领域的传递。

四是保险机构内部案件风险和保险市场欺诈风险仍需着力防控。保险机构内部案件风险方面，应重点关注保险销售队伍增速快、流动性大可能引发的风险隐患，特别是防范保险机构、保险从业人员违规销售非保险金融产品，参与投资理财、网络借贷、第三方支付等社会重点领域非法集资行为。保险欺诈风险方面，车险、意外险、政策性健康险等领域欺诈风险较为突出，行业反欺诈技术标准和风险管理体系有待完善。

三、展望

2018年是打好防范化解重大金融风险攻坚战的开局之年，因此下一步要按照党中央和国务院的决策部署，全面深入贯彻党的十九大和中央经济工作会议、全国金融工作会议精神，以习近平新时代中国特色社会主义思想为指导，牢牢把握我国社会主要矛盾和经济发展阶段的变化，按照推动高质量发展和建设现代化经济体系的要求，紧紧围绕服务实体经济、防控金融风险、深化金融改革三项任务，在创新金融调控思路和方式、强化金融监管力度的同时，保持政策的连续性和稳定性，坚决守住不发生系统性区域性金融风险的底线，确保经济金融体系平稳健康运行。

专题 经济下行背景下大企业风险处置案例研究

近年来，我国经济保持稳中向好的发展态势，但部分区域、行业和重点企业的风险暴露呈上升趋势，特别是化解过剩产能、防范化解大企业担保圈风险等工作面临较大压力。尽管各级地方政府高度重视，处置化解工作力度不断加大，但存量风险化解仍然困难重重，潜在风险存在进一步扩散蔓延的可能。本专题梳理了近年来部分风险企业案例，按照整体债务重组、分拆债务重组、整体破产重整、分拆破产重整、破产清算等五种处置模式筛选出五家典型企业进行案例分析，有针对性地提出了政策建议。

一、典型企业风险处置案例

（一）整体债务重组案例：A 企业案例

A 企业是某市重点造纸集团，2013 年被划转至 CT 控股集团有限公司（以下简称 CT 集团）管理。CT 集团接管 A 企业后，A 企业出现产能急速下降、税费连续拖欠等问题，进入半停产状态。2013 年下半年开始，A 企业陆续在多家银行出现逾期。围绕 A 企业债务纠纷的解决方案，银企双方开始了长达 2 年、23 轮的反复博弈。CT 集团建议通过剥离不良资产、减轻人员负担、重组银行债务等办法解决。而债权银行认为剥离经营性资产重组后，A 企业将无法偿还 20 多亿元的巨额债务。随后，CT 集团采取了股权冻结、抽调资金、拒绝担保、要求减贷停息等措施，而债权银行也进行了相应的维权。

在地方政府和监管部门的协调下，银企双方确立了“银行贷款本金不受损失”的债务重组原则和“以时间换空间、在发展中解决问题”的重组策略，银行方面同意在企业恢复生产的基础上，对企业贷款进行挂账、免息、减息，同时为 A 企业开立经营性监管账户，A 企业实行全部收入账内周转。2015 年，各方确定了 A 企业的整体债务重组方案，并由 CT 集团增资 6 000 万元用于安置职工及启动部分生产项目。重组方案实施后，A 企业 2016 年主营业务收入 22.33 亿元，同比增加 3.69 亿元，经营局面持续向好。

（二）分拆债务重组案例：B 集团案例

由于煤炭行业整体低迷，B 集团（煤炭企业）出现了较为严重的经营困难和财务危机，2012—2015 年连续四年累计亏损达 32.1 亿元，生产经营难以为继。2015 年国家出台煤炭行业去产能政策，B 集团所在省政府决定对其改革重组。

2016 年，由于债权银行不认可 B 集团母公司提出的重组方案，银企矛盾逐步激化。随后，在省政府引导下，债权人委员会与 B 集团母公司经过近半年的协商，终于就重组方案达成了基本共识：在清产核资的基础上，将 B 集团可持续经营的优质资产分离出来，转入新公司，其余资产继续留在B集团。新公司按照清产核资结果以等额资产承接等额债务，其余金融债务由B集团及其母公司按比例承接。债权银行调降贷款利息，放宽贷款使用条件。B集团母公司为新公司承接的金融债务提供连带责任担保，新公司为B集团承接的金融债务提供连带担保责任。经过资产重组后，银行最大限度实现了债权保护，企业初步实现了产能整合与债务减负，对今后企业金融债务风险化解提供了有益借鉴。截至2017年11月末，B集团整体盈利1.64亿元，其中，新公司盈利3.18亿元，老公司亏损1.54亿元，同比减亏9.26亿元。

（三）分拆破产重整案例：C集团案例

C集团主营业务包括高档色织、色纺、全钢载重子午线轮胎等。2014年下半年，受市场环境低迷、投资过度及异地银行抽贷等因素影响，C集团生产经营出现风险，无法正常运转。

企业出险后，C集团所在县政府成立了工作组，全面负责C集团问题处理工作：一是聘请中介机构对企业进行全面审计，充分厘清企业资产及债权债务。二是利用法律手段，保护企业资产。县公安局对企业资产、账户进行了查封，约谈了C集团部分高管人员，限制高管人员有关活动。人民法院在C集团处置期间，对起诉C集团及担保企业的经济案件暂不立案。三是保护担保企业，防止出现风险蔓延。各债权银行对C集团所有到期贷款进行展期，并暂不追究担保企业的责任。四是协调优质担保企业代偿，实现风险信贷资产安全着陆。政府给予担保企业政策扶持和周转资金支持，减轻企业资金压力和经营负担。担保企业累计为C集团代偿银行贷款共计26亿元。五是实施破产清算，C集团下属的优质板块被战略投资者收购，其他板块予以破产出清，企业整合后逐步恢复生产，实现盈利。

（四）整体破产重整案例：D企业案例

受纺织行业不景气等因素影响，D纺织企业资金链持续紧张。2013年9月，企业因涉及经济诉讼，银行账户被查封，约9 681万元贷款集中到期，企业资金链断裂，风险集中暴露。

D企业出现风险后，企业所在县政府引进RY集团对其战略重整。一是由RY集团接盘D企业的资产和负债，承接了企业抵押贷款2.53亿元，银行金融债权得到保全。二是提供优惠政策，县政府向重组后的企业划入170亩土地，用于商业开发和职工宿舍建设，并将LC热电整体转让给RY集团，解决了企业的电力、蒸汽需求。三是制订落实债务清偿方案，对职工债权按100%比例清偿，企业员工队伍保持了基本稳定。最终，D企业涉及的4.26亿元贷款中，通过战略重组化解2.83亿元，剩余1.43亿元贷款均转为普通债权按法定程序受偿。

（五）破产清算案例：E企业案例

E企业主导产品为低档地面砖，属于建陶类限制性行业。受建陶行业发展不景气等因素影响，E企业生产经营情况明显恶化，并于2012年停产，1.44亿元银行贷款形成风险。

由于企业贷款数额较小，且有土地、厂房等可处置资产，担保企业代偿能力相对较强，通过破产清算方式处置，能够偿还债权银行的大部分贷款，对当地经济金融及社会稳定的冲击较小。同时E企业属于“三高一低”行业，通过破产清算能有效降低污染和耗能，优化地方产业结构。因此，E企业所在地县政府在最大限度保护债权人权益的前提下，确定了以破产清算模式处置的思路，在担保代偿处置0.9亿元后，剩余0.54亿元贷款按照市场化原则进行了处置。

二、风险处置中相关利益主体的行为分析

在上述案例中，多数地方政府能够充分发挥资源调动、政策扶持、部门协调的优势，充分考虑企业特征和其他微观主体的意见，加强对企业债务风险的甄别，依靠市场机制、根据企业自身特点和风险类型分类施策，协调选定最合适的风险处置方案，提高处置效率，实现了经济效益和社会效益最大化。债权银行能够充分把握自身利益与社会经济利益的契合点，基于自身效益最大化和社会经济稳定的目标，运用转贷续贷、贷款承接、放宽贷款使用条件等多种措施及时对接和满足企业的合理融资要求，推动企业实现债务减负，为产能整合和企业复苏创造良好条件。企业能够加强与政府、银行沟通，积极配合政府做好风险处置工作，强化经营管理，积极开展自救，不断提升核心竞争力，实现了处置后的稳定健康发展。

总体而言，风险企业的处置是企业、银行、政府三方博弈的结果。探寻风险企业的处置方案，需要从根源上协调解决银政企三方的利益诉求。不同的约束条件、经济环境、企业家对项目成功概率的预期，都会导致风险企业处置结果的不同。因此政府在处理企业风险时，要秉持分类处理的原则，对主营业务运转良好、暂时出现资金紧张，或由于涉及担保、个别银行抽贷导致资金周转困难的企业，应协调银行不要简单地采取抽贷、压贷、缓贷、减贷、起诉等不利于整体处置工作的行为；对由于过度融资、杠杆率高引发资金链风险，但产品有市场、有品牌、影响大的企业，要及早介入，采取行政协调、司法集中管辖、市场重组等手段，加大帮扶力度；对产能过剩、无救助价值的企业，要及时启动善后处置机制，为进入司法程序创造条件。对于企业来说，应进一步完善公司治理和信息披露机制，出险后积极主动自救，努力配合风险处置工作，将银行的让利和政府的救济作为自身走出困境的助力。对于银行而言，应在强化风险管控的同时，立足于服务实体经济，对风险企业不应简单采取抽贷等方式，而应一企一策、区别对待，并将配合地方政府救助重要而有价值的风险企业作为社会责任的重要体现。

三、政策建议

（一）地方政府主导推动和协调处置是化解企业风险的核心要件。相关企业风险化解案例表明，在企业风险化解过程中，地方政府审时度势、统盘考虑区域金融风险状况，指导把控风险处置方向和节奏，统筹各方面利益诉求，最大限度保障地区经济和社会效益最大化，是化解企业风险的重要保证。地方政府应充分发挥政策扶持、资源调动、部门协调等优势，协调各方摸清风险企业底数，引导各市场主体科学制订风险化解方案，约束各主体在既定规则框架下有效落实风险化解方案。

（二）综合平衡政、银、企三方利益是推进企业处置的重要前提。企业风险化解中，政府、银行、企业三方的利益诉求存在一定冲突，关键在于各方利益如何综合平衡。因此，在风险化解处置过程中，要坚持市场化、法治化原则，综合平衡三方“保持社会稳定、保全盘活债权、企业脱困发展”等利益，合理分摊风险，寻求合作共赢。

（三）银企互信联动是防止风险升级、为处置赢得先机的保障。从实践看，在部分企业风险处置过程中，企业由于担心银行抽贷、断贷，可能拒不还款付息甚至隐匿、转移资产，或提出债务打折等要求；银行作为市场主体，出于维护自身利益的考虑，在不了解企业真实状况的情况下，往往会采取抽贷、起诉、查封、追偿担保企业等手段。银企互不信任往往导致双输结果。地方政府应协调企业积极配合风险处置，主动与银行沟通真实状况、积极开展自救；银行应强化责任担当意识，严格落实债委会决议，积极争取政策和资金支持，用好转贷续贷、打包转让、贷款核销等多种措施，及时对接企业合理融资要求，达到风险处置的共赢效果。

（四）企业自身价值是化解风险的重要基础。相关风险案例表明，风险处置和化解过程中，企业是否具备实质性和优质资产成为风险化解的重要基础。如果出险企业产品和品牌在市场上具备一定的竞争力，管理技术团队健全，恢复造血功能较强，则战略投资者接盘其资产和债务的意愿会相应增强，能够通过兼并重组或战略合作，最大限度保全银行债权，实现企业正常运营。

（五）应秉持差异化理念制订风险处置方案。在风险处置过程中，应秉持差异化、个性化策略推进实施风险化解方案，坚持“因需施策、存优劣汰、分类处置”的原则，根据市场前景、资产负债、重组意愿等，分类实施帮扶、重组、破产等差异化处置方案，稳妥化解风险；最大限度利用企业的优质资产和生产经营的比较优势来实现企业脱困发展，防范风险外溢，实现多方共赢。

（六）前移风险监测和预警关口，探索早期风险干预处置机制。案例研究表明，处置风险的最好时机应放在风险酝酿阶段。因此，应探索建立、完善非上市企业信息披露制度，完善区域风险监测分析机制，及时发现风险苗头，通过适当程序对潜在风险企业实施早期干预措施，稳定企业资金流动性水平，防止经营出现持续恶化。

资料来源：中国人民银行济南分行金融稳定处。

我国债券市场违约情况及需关注的问题

一、债券市场违约情况

（一）近年来国内债券违约规模处于较高水平

2014—2017年，国内企业信用债违约金额935.69亿元，其中2016年债券违约金额403.24亿元，同比增长219.78%，是债券违约金额最高的一年，2017年债券违约金额392.95亿元，比2016年下降2.55%，但仍处于较高的水平。从区域分布看，债券违约企业涉及22个省（区、市），其中北京市债券违约金额最高，达256.90亿元，主要受中国城市建设控股集团债券违约金额合计231.50亿元影响，辽宁省、山东省、上海市、河北省的债券违约金额也均超过80亿元（见表1）。

表1　　2014年至2017年债券违约规模及地区分布情况　　单位：亿元

地区	2014年	2015年	2016年	2017年	合计
全国	13.40	126.10	403.24	392.95	935.69
北京	0.00	24.80	86.10	146.00	256.90
辽宁	0.00	0.00	69.70	68.70	138.40
山东	0.00	22.00	31.30	39.50	92.80
上海	10.00	1.60	66.00	9.60	87.20
河北	0.00	35.00	50.50	0.00	85.50

数据来源：Wind资讯。

（二）银行间市场中期票据、定向工具违约规模较大

从上市交易场所看，2014—2017年，全国银行间市场债券违约金额792.70亿元，占比84.72%；上海证券交易所、深圳证券交易所债券违约金额合计131.50亿元，占比14.1%；其他股权交易所债券违约金额11.49亿元，占比1.23%。从债券类型看，2014年至2017年，中期票据、定向工具违约规模较大，违约金额分别达315.40亿元和272.40亿元，占比分别为33.71%和29.11%（见表2）。

表 2　　2014 年至 2017 年债券违约类型分布情况　　单位：亿元

债券类型	2014 年	2015 年	2016 年	2017 年	合计
中期票据	0.00	35.00	100.50	179.90	315.40
定向工具	0.00	10.00	163.70	98.70	272.40
短期融资券	0.00	4.00	69.50	0.00	73.50
超短期融资券	0.00	20.00	34.00	18.00	72.00
企业债	0.00	23.00	16.00	56.80	95.80
私募债	3.40	23.40	7.60	25.70	60.10
公司债	10.00	10.70	0.00	13.60	34.30
其他	0.00	0.00	11.9402	0.25	12.19

数据来源：Wind 资讯。

（三）债券违约主要集中于产能过剩及周期性行业

从行业分布看，2014—2017 年，债券违约金额排名前 6 位的行业中有 5 个行业属于产能过剩行业或周期性行业，其中，建筑与工程行业债券违约金额 256.30 亿元，占比 27.39%，钢铁行业债券违约金额 108.40 亿元，占比 11.59%，此外，其他的产能过剩行业或周期性行业如建材、工业机械、煤炭与消费用燃料行业的债券违约金额分别为 68.0 亿元、52.6 亿元和 49.0 亿元（见表 3）。个别企业债券甚至出现集中连环违约现象，如 2016 年至 2017 年期间东北特殊钢集团共 12 只债券连续违约，违约金额 88.40 亿元，四川煤炭产业集团共 5 只债券连续违约，违约金额 40 亿元。

表 3　　2014 年至 2017 年债券违约行业分布情况　　单位：亿元

行业	2014 年	2015 年	2016 年	2017 年	合计
建筑与工程	0.00	1.60	85.50	169.20	256.30
钢铁	0.00	20.00	57.70	30.70	108.40
贸易公司与工业经销商	0.00	3.00	66.11	0.00	69.11
建材	0.00	20.00	26.00	22.00	68.00
工业机械	0.00	12.60	12.00	28.00	52.60
煤炭与消费用燃料	0.00	3.00	26.00	20.00	49.00

数据来源：Wind 资讯。

（四）民营企业债券违约金额逐年迅速攀升

从违约主体的企业属性看，2014—2017 年，民营企业债券违约规模最高，违约金额 488.99 亿元，占比 52.26%；其中，2017 年，民营企业债券违约规模迅速上升，违约金额 291.65 亿元，同比增长 83.15%。此外，中央国有企业和地方国有企业债券违约金额 306.90 亿元，占比 32.80%；其他类型企业（包括外商独资企业、中外合资企业和集体企业）债券违约金额 139.80

亿元，占比 14.94%（见表 4）。

表 4　　2014 年至 2017 年债券违约企业类型分布情况　　单位：亿元

企业类型	2014 年	2015 年	2016 年	2017 年	合计
民营企业	2.60	35.50	159.24	291.65	488.99
地方国企	0.00	3.00	157.20	50.70	210.90
中央国企	0.00	55.00	41.00	0.00	96.00
外商独资企业	10.80	20.00	31.80	24.60	87.20
中外合资企业	0.00	12.60	14.00	10.00	36.60
集体企业	0.00	0.00	0.00	16.00	16.00

数据来源：Wind 资讯。

二、企业信用债券违约的原因分析

（一）公司治理和经营不善致使企业偿付能力下降，如中国城市建设控股集团、山东山水集团因控股股东股权纷争问题，导致公司融资渠道受限，资金链紧张，造成债券违约。

（二）突发重大风险事件导致债券违约，如亚邦集团、江苏保千里集团等公司实际控制人或董事长涉案接受相关部门调查，导致企业经营状况恶化，引发银行抽贷压贷，对企业偿债能力造成不利影响。

（三）股东或地方政府等外部支持减弱，如天威集团的实际控制人兵装集团对其的支持力度明显减弱，并通过资产置换、增发等方式剥离其优质资产；某些地方国有企业连年亏损，随着协调难度的增大，地方政府最终无力救助，多期债券发生违约。

（四）担保方未履行担保代偿责任，如中海信达资质被撤销，未履行“13 中联 01”担保义务；中企联合融资担保拒绝履行“13 国德 01”代偿责任；“14 中恒 02”的担保方中元国信因多起违约事件被列入全国失信被执行人名单。

三、债券市场需关注的问题

（一）债券违约后处置与回收进程缓慢

从违约后回收情况来看，截至 2017 年末，我国债券市场违约发行人未按时足额偿付的债券中，从期数来看，完成全额兑付的债券占 22% 左右，已进行部分兑付的债券占 10% 左右，尚未进行兑付的债券占 68% 左右；从规模来看，完成全额兑付的债券金额占 16% 左右，已进行部分兑付的债券金额占 14% 左右，尚未进行兑付的债券金额占 70% 左右。总体来看，我国债券市场违约回收进程较慢，且缺乏完善的违约后处置制度体系。

（二）2018 年债券兑付压力仍然较大

2018 年，国内主要信用债品种需要偿还的金额达 4.32 万亿元，债券兑付压力较大，之所以比2017年下降主要是因为这其中尚不包括在2018年年内发行且到期的短期融资券和超短期融资券。分券种看，存续债券中2018年需要偿还的中期票据8 618.48亿元，定向工具6 048.70亿元，企业债4 907.92亿元，公司债4 775.49亿元，短期融资券和超短期融资券18 822.70亿元。

表5　　2014年至2018年债券总偿还金额情况　　单位：亿元

债券类型	2014年	2015年	2016年	2017年	2018年
中期票据	5 911.34	4 886.16	6 778.06	7 958.11	8 618.48
定向工具	1 920.70	5 052.30	5 513.88	6 601.00	6 048.70
（超）短期融资券	17 383.30	26 040.33	36 849.70	29 784.75	18 822.70
企业债	1 028.43	2 168.32	3 710.51	5 691.48	4 907.92
公司债	695.65	934.49	1 353.48	3 169.93	4 775.49
合计	26 939.41	39 081.6	54 205.63	53 205.26	43 173.29

数据来源：Wind资讯。

（三）债券利率水平上升加大企业付息成本

2017年，在稳健中性货币政策、经济去杠杆、金融强监管以及美联储加息等诸多因素影响下，国内债券发行利率水平上升趋势明显。如1年期短融、3年期公司债、5年期中期票据和7年期企业债券的平均发行利率分别由2016年的3.78%、4.59%、4.02%和4.60%上升至2017年的5.35%、5.50%、5.75%和6.38%。随着债券发行利率的走高，发债企业的付息压力持续增加。数据显示，2018年国内信用债付息规模继续增加，存续信用债应付利息将达到6 349.94亿元，较2017年增长7.1%，较2016年增长23%。

（四）发行取消或失败的债券规模上升较快

近年来，受债券违约风险上升、市场风险偏好下降等因素影响，国内债券市场债券发行取消或失败的债券规模呈现不断递升态势。其中，2013年发行取消或失败的债券1只，金额5亿元；2014年至2017年，发行取消或失败的债券分别为227只、331只、613只和786只，金额分别为2 549.55亿元、3 381.36亿元、5 413.32亿元和6 296.20亿元，发行取消或失败的债券只数和规模呈逐年明显上升趋势。在当前企业再融资成本提升、难度加大的情况下，部分通过以新还旧或再融资模式来持续滚动债务的企业资金链将受到冲击，致使企业债券违约风险加大。

四、相关建议

（一）建立健全企业债券违约处置机制

完善企业债券违约处置机制，指导违约企业制订切实可行的后续处置方案，妥善解决后续资金偿付问题，稳定市场预期。健全失信处罚机制和问责机制，对于负有责任的机构和责任人，依法追究责任。完善投资者保护机制，有效维护投资者权益。

（二）逐步建立债券风险隔离、分散和转移等市场化风险缓释制度

稳妥发展债券信用风险转移、对冲工具和产品，通过市场化风险缓释工具，在满足不同风险偏好投资者的投资需求的同时，分散投资风险，降低违约风险对市场的冲击。

（三）加强债券违约风险动态监测和预警

对即将到期的债券、发生过违约的发债主体发行的债券、产能过剩行业及强周期性行业债券等实行重点监测，及时预警；对于已发生的债券违约持续关注，防止出现重复违约的现象。

资料来源：中国人民银行广州分行金融稳定处。

村镇银行风险处置及市场退出机制研究

——以东部地区为例

近年来，部分村镇银行出现存款增长乏力、经营偏离角色定位和风险管理不到位等问题，个别村镇银行资本不足，风险隐患较大。当前，对村镇银行的风险处置面临市场化退出落地难、处置合力发挥难、股东责任落实难等问题，需要从完善市场化退出机制、加强部门联动、强化股东责任等方面加以解决。

一、东部地区村镇银行总体情况

（一）村镇银行组建情况

截至2017年末，东部地区已组建村镇银行530家，占全国村镇银行总数的33%。从地域看，东部地区所设立的村镇银行集中于鲁冀苏浙等地，分别设立126家、91家、74家和73家，合计占东部地区全部村镇银行家数的68.7%。从发起行类型看，50%以上村镇银行由农商行发起设立，其中有6家农商行在东部地区设立的村镇银行均超过10家。从资本规模和结构看，东部地区村镇银行的平均注册资本为1.13亿元，70%的村镇银行注册资本在1亿元（含）以下。七成以上村镇银行由发起行绝对控股，发起行平均持股比例51%，最高达100%。

（二）村镇银行经营情况

东部地区村镇银行总体经营稳健，风险可控。

一是资产负债规模保持平稳较快增长，贷款相对集中于小微及农户。截至2017年末，东部地区村镇银行资产、负债总额分别为5 026.43亿元、4 332.83亿元，同比分别增长9.34%、10.11%；存款、贷款余额分别为3 897.94亿元、3 138.19亿元，同比分别增长10.66%、12.45%。其中，涉农、小微贷款余额分别占贷款总额的50.42%、40.01%，与上年同期基本持平。

二是资产质量日趋真实，贷款拨备和资本较为充足。截至2017年末，东部地区村镇银行整体“逾期90天以上贷款余额/不良贷款余额”由年初的114.42%降至符合监管标准；贷款损失准备余额比年初增长14.13%，拨备覆盖率高于监管标准；拨贷比与年初持平，高于监管标准和全国银行机构平均水平；整体资本充足率高于监管要求。

三是贷款集中度较低，存贷比较高。截至2017年末，东部地区村镇银行的单一客户贷款集中度为5.3%，比年初上升0.4个百分点；由于网点少，银行卡、手机银行、网络金融等信息科技建设滞后，服务水平不足，存款增长不及贷款投放，整体存贷比略突破75%的监测标准。

四是资本回报整体不高。2017年，东部地区村镇银行的资本利润率低于全国银行机构平均水平 5.36 个百分点。

（三）部分村镇银行存在的风险及问题

一是流动性风险防控压力较大。部分村镇银行核心负债依存度低于 60%，存款稳定性较差。同时，因放贷冲动强烈，存贷比持续高位运行，易引发流动性风险。二是盈利能力不强。部分村镇银行展业困难，盈利能力较差，资本收益率低于 5%。三是资产质量较差，风险抵补能力偏弱。部分村镇银行不良贷款率超过 5%，拨备覆盖率低于 150%。个别村镇银行信贷管理不到位，粗放投放，导致亏损严重。四是部分村镇银行偏离支农支小定位。部分村镇银行涉农、小微贷款占比持续下滑，个别村镇银行同业资产比例接近 70%，偏离支农支小初衷。

二、村镇银行风险化解和处置面临的困难

从东部地区村镇银行风险化解处置来看，触发退出机制落地难、部门之间协调难、股东责任落实难问题较为突出。

（一）触发机制不明确，导致市场化退出机制无法有效落地

一方面，触发机制无定量指标，主要依靠监管机构的主观判断。根据《银行业监督管理法》和《商业银行法》的相关规定，银行业金融机构已经或者可能发生信用危机，严重影响存款人和其他客户合法权益的，国务院银行业监督管理机构可以依法对该银行业金融机构实行接管或者促成机构重组；银行业金融机构有违法经营、经营管理不善等情形，不予撤销将严重危害金融秩序、损害公众利益的，国务院银行业监督管理机构有权予以撤销。由于没有明确的量化启动标准，执行过程中操作性不强，监管部门自由裁量权较大。另一方面，处置建议权与启动权不统一，市场化处置推进难度大。虽然《存款保险条例》赋予了存款保险基金管理机构建议处置权，但实践中，处置建议不具有法律约束力，影响处置推进。如个别村镇银行经营陷入困境，评级很低，但监管部门仍未促其退出，而是等待发起行补充资本到位。

（二）多部门监管协调难度较大导致风险处置滞后

由于村镇银行股权结构、所处地域的特殊性，对其进行风险处置时，不仅牵涉村镇银行自身，还包括其大股东主发起行，以及村镇银行和主发起行的两地地方政府、司法部门、金融管理部门等多方主体，现有法律法规未明确村镇银行风险化解处置中各方主体的职责。两地地方政府之间、金融管理部门之间协调机制的缺失，导致风险处置中各方职责难以落实、协调配合度不高、风险处置滞后。以某村镇银行票据业务风险事件为例，事件发生后，所在地的政府、公安、法院等相关部门认为此案件主要应由发起行负责，故未及时拘捕主要嫌疑人；所在地监管部门也未与发起行所在地监管部门及时共享案件信息。

（三）股东责任难以落实，道德风险较高

一方面，发起行责任边界不清，处置积极性受挫。《中国银监会关于进一步促进村镇银行健

康发展的指导意见》对主发起行切实承担大股东职责提出了原则性、指导性要求，但未制定相应的配套实施细则或操作指导手册，实践中难以落实。如在对某村镇银行风险处置中，村镇银行属地政府和监管部门认为主发起行应承担主要责任和义务，发起行无法接受，村镇银行风险处置无实质性进展。另一方面，小股东缺乏与发起行风险共担的意识。东部地区村镇银行的小股东多为当地知名民营企业，这些小股东或看重村镇银行牌照价值，或仅关注村镇银行投资分红收益，对村镇银行的发展和经营管理漠不关心，当村镇银行发展困难导致资本不足时也不愿意继续支持村镇银行发展。

三、政策建议

（一）明确触发标准，理顺市场化退出机制

一是建立全过程风险处置触发机制，提高触发预警的前瞻性。充分发挥存款保险的风险警示、早期纠正等功能。重点关注村镇银行的资本充足、资产扩张、关联交易、授信和存款集中度情况。同时，应明确补充资本、控制资产增长、控制重大交易授信、降低杠杆率等措施的启动条件、操作流程、动用存款保险基金开展风险处置的衔接方式等，增强制度保障。二是建立以定量指标为主、定性判断为辅的风险处置触发标准。明确村镇银行真实资本充足率下限触发点，辅助多重定性标准予以判断，增加触发机制的灵活性。三是兼顾实际情况，设定风险处置触发标准的过渡期。考虑到村镇银行与发起行关系的特殊性以及经营转型中存在的诸多困难，可设置触发标准的过渡期，划分不同标准进行梯度管理，稳定市场预期，防范处置风险诱发次生风险。

（二）强化多部门联动协调处置机制，发挥处置合力

一是完善制度体系，健全多部门参与的风险联合处置协调机制，落实地方政府履行属地风险处置主体协调与维稳职责。尽快出台存款保险风险处置管理办法，在制度上明确联合处置协调机制相关操作细则，形成以存款保险为主导、多部门参与的风险处置体系。组织框架上，将村镇银行及其发起行两地监管部门和地方政府相关部门均纳入协调机制成员单位，规定各成员单位在存款保险风险处置中应承担的职责。操作程序上，明确“监测—触发—协商—统一意见—采取措施—效果评估”等环节涉及的主体、时限要求等，保障风险处置程序推进。信息共享上，界定可共享的风险信息性质、内容、方式等，重点对各类信息“由谁提供、谁能共享、如何共享”作出具体规定，确保共享信息的完整性、及时性、准确性。二是强化约束和问责，保障协调机制的执行力。对存款保险风险处置协调机制成员建立失职或不作为的问责和约束机制，保障相关主体在达到风险处置触发条件后，及时按照各自职责立即启动风险处置。三是加强沟通协调，提高风险处置效率。风险处置协调机制的成员单位应在风险处置的各个环节就采取的措施、处置进展、处置结果、经验总结等进行沟通共享，建立重大事项议事协商机制，最大限度配合支持风险处置工作。

（三）明确股东职责，切实履行股东义务

一方面，明确主发起行救助的职责边界。主发起行应落实牵头组织对村镇银行的风险处置和流动性支持等书面协议，针对村镇银行的风险特点，尊重村镇银行法人独立性，遵从“自救—发起行救助”的原则，全力帮助村镇银行制定切实可行的风险处置预案。另一方面，强化小股东的风险共担意识。发挥其属地优势，积极引入其他战略投资者。若村镇银行已资不抵债，要落实各股东股本金用于吸收损失，对于股东抽逃资本行为，依法追究其责任。

资料来源：中国人民银行南京分行金融稳定处　杨洋

我国消费金融发展中存在的问题及对策研究

近年来，在消费拉动经济发展战略和配套政策支持下，伴随居民消费观念转变、技术驱动及资本助推等多重利好，我国消费金融快速发展，呈现出参与主体多元化、规模增长加快、服务对象长尾化、风控技术智能化等特点，在促进消费升级、推动经济结构调整以及改善民生等方面发挥了积极作用，但是，也暴露出缺乏统一监管规则、部分无牌照机构脱离监管等问题。

一、消费金融发展现状及主要特点

（一）市场主体多元化，产品多样化

当前，消费金融市场主体主要分为三类：第一类是银行机构，以信用卡、汽车贷款等业务为主，同时也积极拓展新兴的消费金融市场，如工行“融 e 借”、建行快贷等产品。第二类是消费金融公司，自 2009 年试点以来，获得银监会批复的消费金融公司共有 25 家。第三类是依托互联网开展消费信贷业务的电商、P2P、分期购物平台等机构，利用自身各具特色的生态体系及业务场景推出消费金融产品和服务。此外，还有大量未持有牌照的新兴消费金融机构。

表 1　传统消费金融与新兴消费金融对比

主要分类	代表产品	放款领域和运行模式	融资渠道	放款方式	贷款利率	征信措施和风控技术
银行系	工银融 e 借	消费贷款	存款、自有资金、同业资金	大额贷款受托支付、小额贷款自主支付	基准利率上浮 50% ~70%	人行征信体系为主
消费金融公司	马上消费	网上购物分期； 小额现金贷； 额度内循环放款	股东存款； 同业借款	购物分期直接付款至商户；现金贷放款至客户账户	平均 15.29%	互联网数据为主
电商系	蚂蚁花呗	网上购物	自有资金、资产证券化方式	花呗付款至商户	蚂蚁花呗利率区间为 13.80% ~16.25%	互联网数据为主
互联网平台	趣店	小额现金贷	自有资金、信托计划、资管计划、发行资产证券化产品	放款至客户账户	月费率 1% ~2.6%，年化利率 12% ~31.2%	互联网数据为主

（二）市场规模扩张迅速

截至 2017 年末，全国金融机构人民币消费贷款余额为 31.52 万亿元，较上年增加 6.47 万亿

元，同比增长25.8%。其中，个人短期消费贷款余额6.80万亿元，较上年增加1.87万亿元；个人中长期消费贷款余额24.72万亿元，较上年增加4.60万亿元。同时，消费金融公司增长迅速，如某消费金融公司贷款余额同比增长超过300%。

（三）服务对象长尾化

消费金融市场，特别是消费金融公司、新兴消费金融机构呈现明显的长尾化特征。大学生、职场新人、蓝领、三四线城市居民及农村人口成为消费金融的重要客户群体。如某依托网络小额贷款公司开展消费金融的机构，其客户超过1亿，其中来自三四线城市和农村的客户占比71%，“80后”“90后”客户占比高达80%以上。同时，消费贷款趋于小额分散化。如某电商平台提供的融资性消费信贷最高额度为15 000元，某消费金融公司平均贷款金额约4 600元。

（四）风控管理技术智能化

随着科技的进步，银行、消费金融公司和新兴消费金融机构越来越重视应用“技术+数据”进行风险管理，借助于全面多维度的数据、通过模型自动甄别分析、实时计算结果，提升量化风险评估能力、提高风险管理的时效性。如某消费金融公司自主研发人脸识别技术，进一步提高识别客户真实身份准确性。

二、消费金融发展存在的主要问题

（一）消费金融法律法规不健全

在我国目前的法律体系中，《商业银行法》《担保法》《贷款通则》等金融法律法规都是针对于传统的企业生产性信贷，而针对于个人消费信贷的法律依据几乎没有，无法为消费信贷的发展保驾护航。同时，相关监管体系尚不完善，同样开展消费金融业务的银行、消费金融公司以及新兴消费金融机构由于主体不同，监管主体各异，监管规则也差异较大。银行和消费金融公司受到相对更为严格的限制，而新兴消费金融则存在监管空白和不足。这种不对等监管使得新兴消费金融公司存在监管套利的可能，同时也提高了传统银行业金融机构开展消费金融业务的成本。

（二）新兴消费金融监管空白问题突出

目前，部分新兴消费金融机构监管部门不明确。如以互联网小额贷款公司为载体的消费金融机构受地方金融监管部门监管，但其业务在全国范围内开展，地方金融监管部门由于受法律法规、监管力量、手段措施、监管经验、地域限制等因素制约难以实施有效监管。此外，还有大量互联网消费金融机构不持有任何牌照，以金融科技公司、助贷机构、分期服务商等名义实质上开展消费金融业务，只需接受工商登记管理，不受任何金融监管部门的监管。

（三）消费金融的资金流向难以管控

银行和消费金融公司推出的大量消费金融产品并无场景限制，贷款资金申请用途和最终流向难以识别和管控，加大了信贷风险防控压力。在房地产价格高企背景下，不排除一些消费贷款资金最终流向房地产市场。在新兴消费金融领域，借贷范围超出场景消费背景，客户在可贷额度内可随时支取贷款资金，对于贷款的实际用途和去向难以把握。

（四）部分新兴消费金融机构经营杠杆过高、风控措施不足

一些新兴消费金融公司通过发行资产证券化产品，募集到远高于注册资本的资金进行循环放贷，经营杠杆极高。如截至2017年末，有两家网络小贷公司发行存续的资产支持证券（ABS）产品余额分别达到其注册资本金的86.6倍和113.3倍，远高于地方金融监管部门规定的融资比例。与此同时，新兴消费金融机构尚未有效建立风险防控体系，部分机构不良贷款余额、不良贷款率快速增长；甚至个别现金贷平台仅依靠业务快速扩张带来的暴利以覆盖风险，易造成风险的集中爆发。

（五）社会征信体系滞后于消费金融行业发展

当前，金融信用信息基础数据库已覆盖持牌金融机构和部分小额贷款公司客户的债务信息，但在此之外的大量互联网金融平台的个人消费金融信用数据还未能被采集。个人征信企业的征信体系不共享，效率较低。随着行业主体不断增加，一个客户可以通过银行渠道、互联网消费金融渠道等，同时获得远超过其还款能力的融资授信，而不同平台上的贷款信息无法共享，可能出现多头授信的风险。

三、政策建议

一是加快建立完善消费金融相关法律体系。当前需要明确消费金融活动市场准入门槛、经营范围、借贷双方的权利和义务、纠纷处置方式等，促进行业健康发展。

二是加强消费金融功能监管。尽快明确对新兴消费金融的监管部门，凡是具有消费信贷功能的市场主体都须纳入监管范畴，尤其要按照功能监管的要求，对同一经营性质的不同机构在准入门槛、资产质量、信息使用等方面统一监管要求，防止监管套利。

三是加强个人征信等配套设施建设。进一步完善个人征信系统，加快互联网消费金融信息纳入征信体系的步伐，加快个人信用信息数据库的整合完善，建立全覆盖的个人信用信息数据库。

资料来源：中国人民银行重庆营业管理部金融稳定处。

中国各地区
金融稳定报告摘要
（2018）

北京市金融稳定报告摘要

2017年，北京市坚持以“稳中求进”工作总基调，深入推进供给侧结构性改革，围绕首都城市战略定位，加快疏功能、稳增长、促改革、调结构、惠民生、防风险，经济保持了稳中向好的发展态势，经济结构持续优化；银行业资产负债规模增长放缓，不良贷款实现“双降”，风险抵补能力充足；法人证券公司资产稳步增长，新三板挂牌公司数量稳步增长，四板市场融资额及成交量下降；保险业总体运行平稳，保费收入稳定增长，保险业社会服务功能进一步增强。

一、北京市经济运行情况

2017年，北京市经济运行稳中向好，经济结构不断优化，居民收入较快增长，投资规模稳步增长，社会效益增强，消费结构持续升级，消费价格走势平稳，为全市金融平稳运行提供了良好的经济环境。

（一）经济增长稳中向好，“新经济”占比进一步提高

2017年，北京市实现地区生产总值28 000.4亿元，按可比价格计算，同比增长6.7%。分产业看，第一产业实现增加值120.5亿元，下降6.2%；第二产业实现增加值5 310.6亿元，增长4.6%；

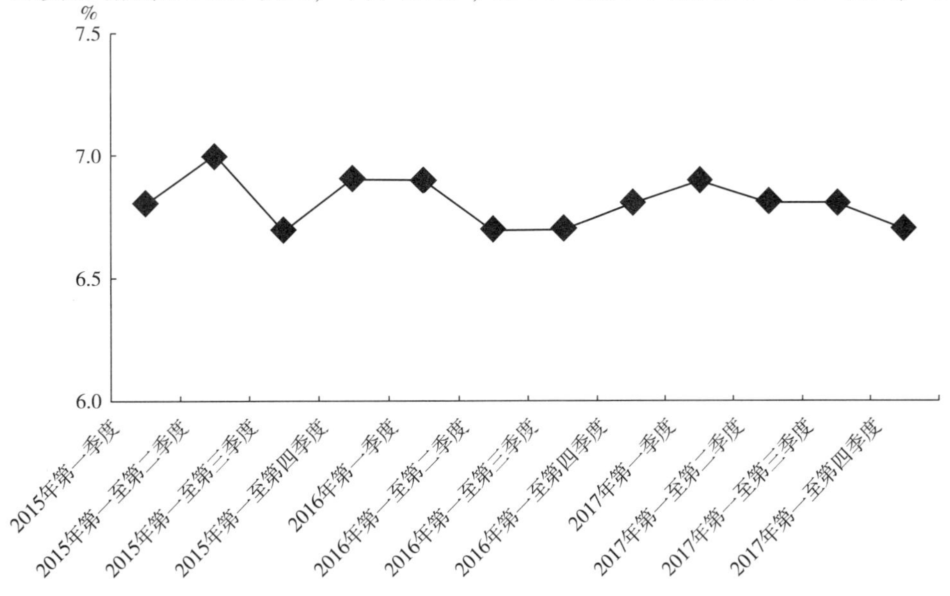

数据来源：北京市统计局。

图1　2015年以来北京市地区生产总值季度累计增速

第三产业实现增加值22 569.3亿元，增长7.3%。全年“新经济”实现增加值9 085.6亿元，按现价计算，增长9.8%，占全市经济的比重为32.4%。其中，高新技术产业增加值6 387.3亿元，增长9.5%；战略性新兴产业增加值4 531.3亿元，增长10.6%。

（二）产业结构进一步优化，产业转型升级加快推进

2017年，北京市农业持续转型升级，生态农业、都市农业稳步发展，全市继续推进农业调结构转方式，传统农业持续收缩，粮食播种面积比上年下降23.5%，生猪出栏数、牛奶产量、禽蛋产量分别下降12.1%、18.1%和14.4%。与此同时，农业的生态功能进一步加强，都市型现代农业发展稳定。全市林业产值比上年增长12.7%；全市观光园实现总收入29.9亿元，增长6.9%；农业会展及农事节庆活动接待游客450.5万人次，实现收入2.5亿元。

规模以上工业增加值同比增长5.6%（按可比价格计算），较上年提高0.5个百分点，规模以上工业中的高技术制造业和战略性新兴产业增加值均实现两位数增长，对工业增长的贡献率均接近五成。其中，高端制造业增加值继续保持较高增速，显示器、汽车等传统制造业产量分别同比下降32.1%、13.1%。

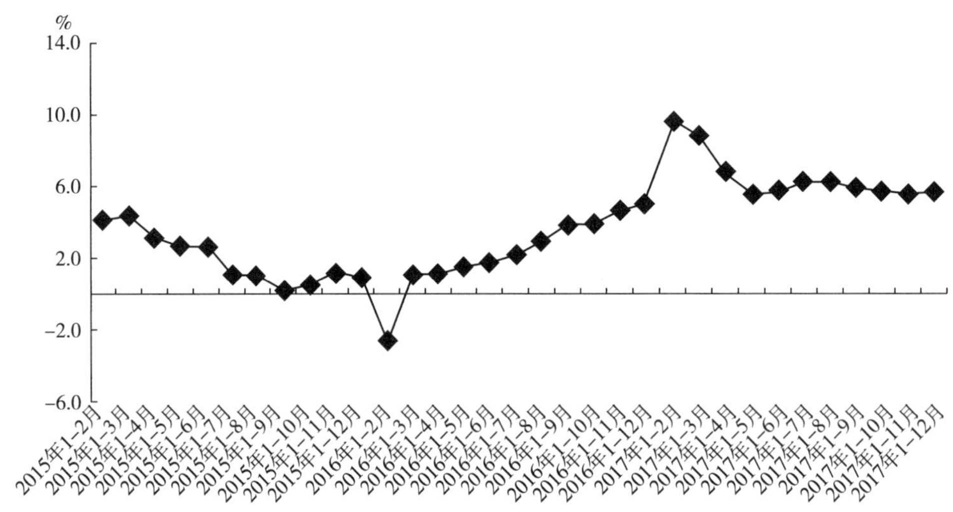

数据来源：北京市统计局。

图2 2015年以来北京市规模以上工业增加值累计增速

第三产业增加值同比增长7.3%，增速比上年提高0.3个百分点，快于全市经济增速0.6个百分点。信息传输、软件和信息服务业、科技研究和技术服务业和金融业等优势行业对全市经济增长的贡献率合计达到53.3%，继续发挥重要支撑作用。其中，金融业实现增加值4 634.5亿元，增长7.0%；科学研究和技术服务业实现增加值2 859.2亿元，增长10.7%；信息传输、软件和信息技术服务业实现增加值3 169亿元，增长12.6%。公共服务业增势较好，其中，水利、环境和公共设施管理业增长12.1%，教育增长8.3%。

（三）投资增势平稳，结构继续优化

2017年，全市完成全社会固定资产投资8 948.1亿元，比上年增长5.7%，增速低于上年0.2个百分点。其中，改善民生和完善城市功能的基础设施投资完成2 984.2亿元，同比增长24.4%，占

全社会固定资产投资的比重为33.4%，比上年提高5个百分点；房地产开发投资完成3 745.9亿元，下降7.4%。分产业看，第一产业完成投资95.9亿元，下降3.9%；第二产业完成投资893.8亿元，增长23.6%；第三产业（含房地产开发）完成投资7 958.4亿元，增长4.2%，其中，符合首都发展方向的租赁和商务服务业，信息传输、软件和信息技术服务业，旅游业投资分别增长1.2倍、42.8%和23.8%。

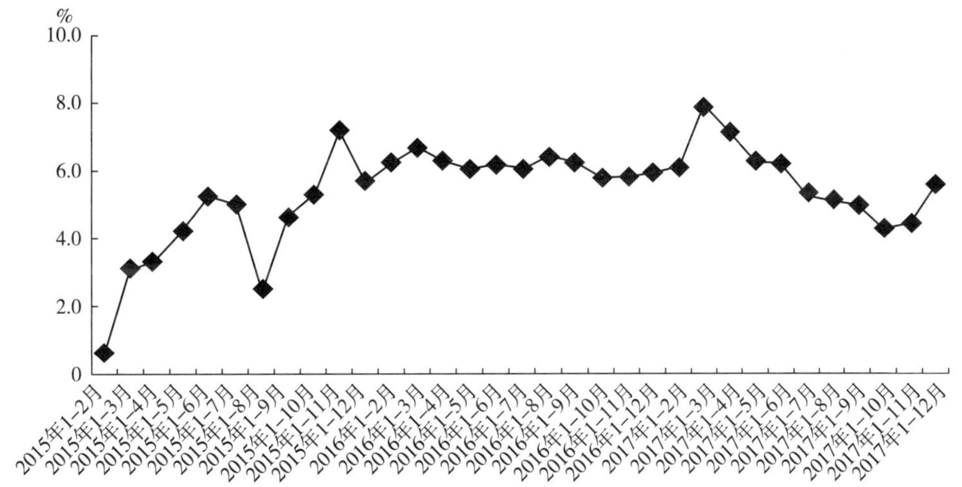

数据来源：北京市统计局。

图3 北京市全社会固定资产投资累计增速

2017年末，全市商品房施工面积12 608.6万平方米，比上年下降3.7%。其中，住宅施工面积5 506.6万平方米，下降7.1%。商品房销售面积875万平方米，下降47.8%。其中，住宅销售面积612.8万平方米，下降38.3%。全市保障性住房施工面积4 277.5万平方米，占全市新建商品房施工面积的33.9%，比上年提高3.7个百分点；保障性住房销售面积267万平方米，占全市新建商品房销售面积的30.5%，比上年提高12.6个百分点。

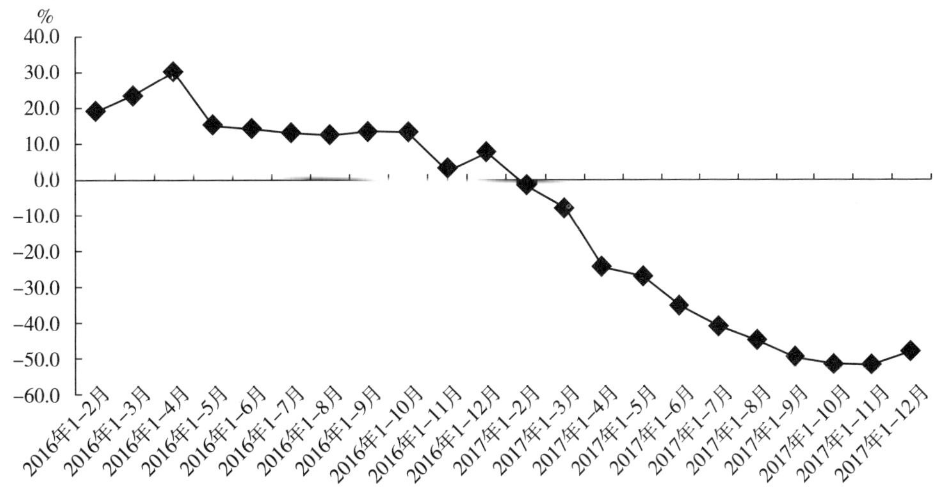

数据来源：北京市统计局。

图4 北京市商品房销售面积同比增速

（四）市场消费增势较好，消费结构持续升级

2017 年，全市实现市场总消费额 23 789 亿元，比上年增长 8.5%。其中，实现服务性消费额 12 213.6亿元，增长 11.8%，占市场总消费额的 51.3%，对总消费增长的贡献率达到 69.4%；实现社会消费品零售总额 11 575.4 亿元，增长 5.2%。

社会消费品零售总额中，限额以上批发零售业企业实现网上零售额 2 371.4 亿元，增长 10.9%，拉动全市零售额增长 2.1 个百分点。按消费形态分，商品零售收入 10 546.6 亿元，增长 4.9%；餐饮收入 1 028.8 亿元，增长 7.7%。从商品类别看，家用电器和音像器材类、文化办公用品类、新能源汽车零售额分别增长 18.1%、16.4% 和 15.3%。

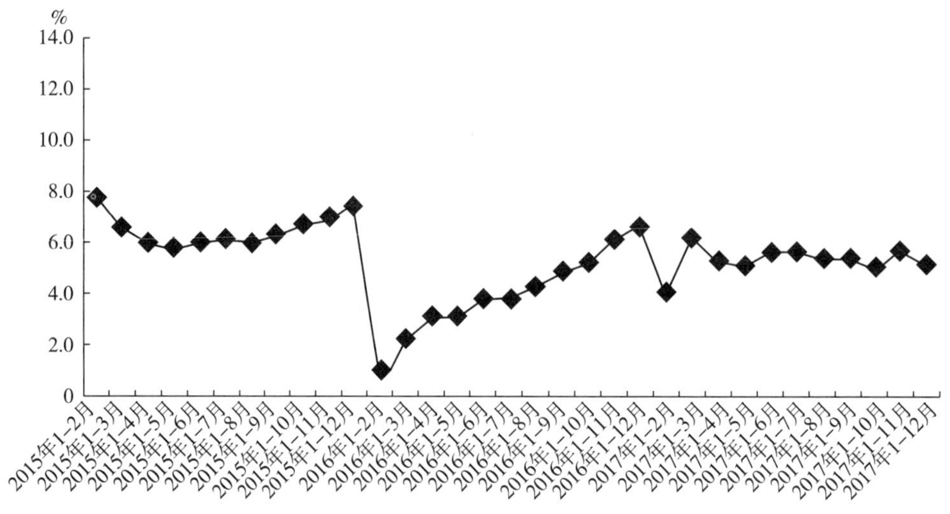

数据来源：北京市统计局。

图 5　2015 年以来北京市社会消费品零售总额月度累计增速

（五）进出口规模继续扩大，高技术产品出口增长平稳

2017 年，北京地区（包含中央在京单位）进出口 2.19 万亿元，同比增长 17.5%，其中，进口 1.80 万亿元，同比增长 18.0%；出口 3 962.5 亿元，同比增长 15.5%。高技术产品出口增速保持平稳，机电产品出口 1 924.1 亿元，同比增长 6.9%。

（六）消费价格温和上涨，工业生产者价格持续上涨

2017 年，全市居民消费价格比上年上涨 1.9%。其中，消费品价格持平，服务价格上涨 4.7%。八大类商品和服务项目价格“七升一降”：食品烟酒类价格上涨 0.5%，居住类价格上涨 3.8%，生活用品及服务类价格上涨 0.6%，交通和通信类价格上涨 0.3%，教育文化和娱乐类价格上涨 2.3%，医疗保健类价格上涨 7.4%，其他用品和服务类价格上涨 2.7%；衣着类价格下降 2.2%。

2017 年，工业生产者出厂价格上涨 0.7%，较上年提高 2.6 个百分点；生产者购进价格上涨 4.4%，较上年提高 5.9 个百分点。

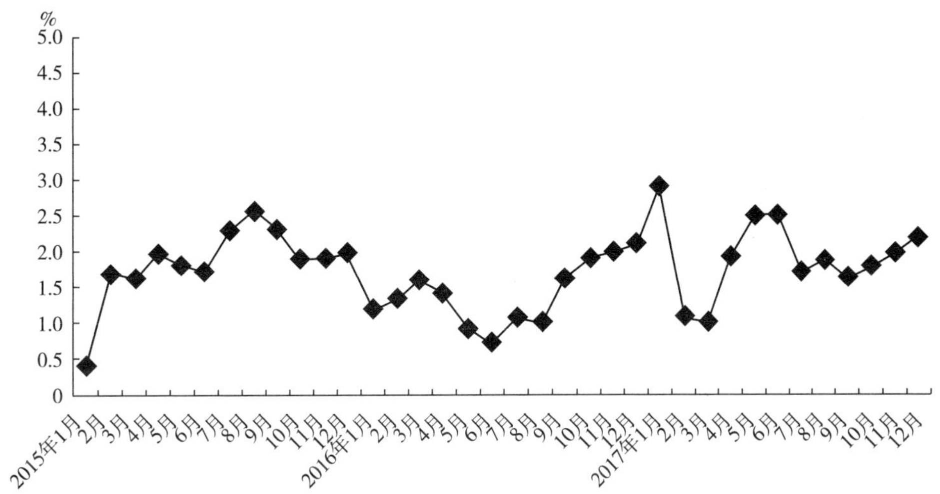

数据来源：北京市统计局。

图6　北京市月度同比 CPI 走势

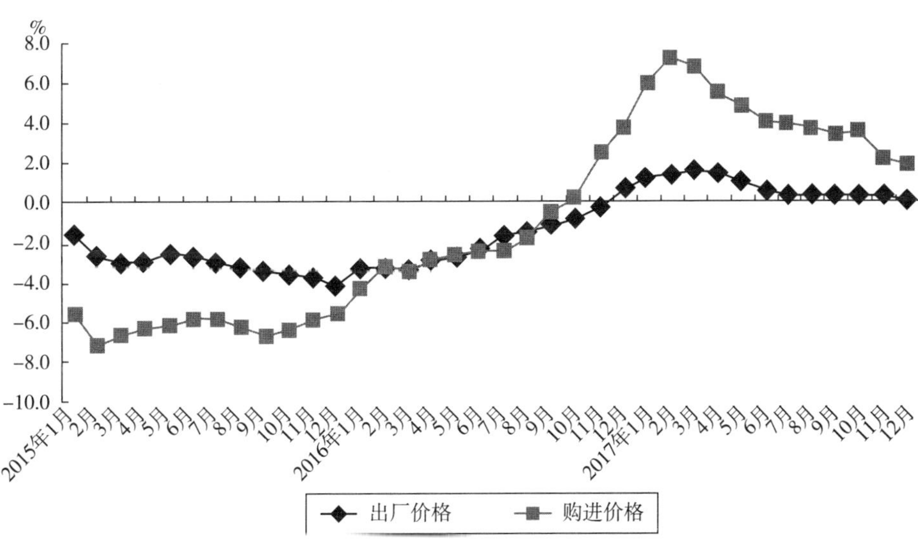

数据来源：北京市统计局。

图7　2015 年以来北京市工业生产者出厂价格、购进价格当月同比涨跌幅度

（七）居民收入较快增长，与经济增长保持同步

2017 年，全市居民人均可支配收入 57 230 元，比上年增长 8.9%，扣除价格因素，实际增长 6.9%。其中，城镇居民人均可支配收入 62 406 元，增长 9.0%；农村居民人均可支配收入 24 240 元，增长 8.7%；扣除价格因素，城镇、农村居民收入分别实际增长 7.0%和 6.7%。

二、北京市金融业运行状况

（一）银行业

2017 年，北京市银行业金融机构整体运行稳健，不良贷款“双降”，风险抵御能力较强，法人银行经营稳健，非银行类金融机构资产负债规模保持较快增长。银行业金融机构去杠杆、去通道、回归主业成效突出，服务实体经济力度进一步增强。

1. 资产负债[①]增速放缓，同业业务收缩

2017 年末，北京市银行业资产总额 22.20 万亿元，同比增长 2.80%，增速同比下降 7.02 个百分点；较年初增加 0.60 万亿元，同比少增 1.35 万亿元。负债总额 21.17 万亿元，同比增长 2.19%，增速同比下降 7.26 个百分点。其中，同业资产余额 2.07 万亿元，同比下降 3.07%，同业负债余额 3.11 万亿元，同比下降 15.62%。

2. 贷款[②]增速有所回升，房地产信贷调控效果显著

2017 年末，北京市银行业本外币各项贷款余额 6.96 万亿元，同比增长 9.1%，增速同比上升 0.3 个百分点；较年初增加 0.58 万亿元，同比多增 0.06 万亿元。其中，人民币贷款余额 6.34 万亿元，同比增长 11.9%，增速基本和上年持平；较年初增加 0.68 万亿元，同比多增 0.07 万亿元。

从行业投向来看，贷款余额前五位行业依次是：交通运输仓储和邮政业、制造业、房地产业、租赁和商务服务业、电力热力燃气及水的生产和供应业，合计 3.30 万亿元，占各项贷款余额的 47.44%；新增本外币贷款 5 816.8 亿元，同比多增 636.8 亿元。新增贷款主要投向租赁和商务服务业、交通运输仓储和邮政业、房地产业、电力热力燃气及水的生产和供应业和制造业，分别增加1 496.7 亿元、900.3 亿元、680.3 亿元、657.2 亿元和 649.4 亿元，占全部新增贷款的 75.36%[③]。

房地产贷款增速回落至调控区间，调控效果显著。2017 年末，北京市金融机构人民币房地产贷款（包括房地产开发贷款和个人购房贷款等）余额 16 333.6 亿元，同比增长 13.5%，比上年同期下降 10.6 个百分点。其中，房地产开发贷款余额 5 166.4 亿元，比年初增加 417 亿元；个人购房贷款余额 9 664.5 亿元，比年初增加 1 366.3 亿元，同比少增 1 075.7 亿元，余额同比增长 16.5%，增幅比 2016 年末下降 25.2 个百分点；全年个人购房贷款新增额占人民币各项贷款新增额比重降至 20.2%，较 2016 年（40.3%）下降 20.1 个百分点。

金融对京津冀协同发展的支持力度加大。截至 2017 年末，北京市银行业支持京津冀协同发展表内外融资余额 8 228.85 亿元，其中，支持交通一体化、产业转移升级、生态环境保护融资余额分别为 2 212.23 亿元、1 198.22 亿元、316.33 亿元，重点支持了包括北京新机场、冬奥会、冬残奥会、北京环球主题公园等在内的项目建设。

3. 存款增速放缓，非银行金融机构存款规模下降明显

2017 年末，北京市银行业金融机构本外币各项存款余额 14.41 万亿元，同比增长 4.12%，增速

---

① 本节数据除存、贷款指标外，均来源于北京银监局。

② 存、贷款数据除重点支持领域新增贷款数据外，均来源于中国人民银行营业管理部调查统计数据。

③ 重点支持领域新增贷款数据来源于北京银监局。

同比下降3.53个百分点；较年初增加0.57万亿元，同比少增0.41万亿元。其中，人民币各项存款余额13.80万亿元，同比增长3.92%，增速同比大幅下降3.37个百分点；较年初增加0.51万亿元，同比少增0.39万亿元。

从期限来看，活期存款、定期及其他存款增速放缓。2017年末，全市人民币活期存款余额3.04万亿元，同比增长2.36%，增速同比降低8.24个百分点；人民币定期及其他存款余额5.23万亿元，同比增长5.87%，增速同比降低6.83个百分点。

从主体来看，非金融企业存款增速放缓，非银行金融机构存款下降明显。2017年末，非金融企业存款余额5.38万亿元，同比增长5.49%，增速较上年同期下降10.81个百分点；非银行金融机构存款1.99万亿元，同比下降14.96%。

4. 利润增速有所提高，中间业务收入增速下降

2017年全年，北京市银行业共实现利润2 587.83亿元，同比增长16.69%，增速同比上升1.09个百分点。其中，中间业务收入702.71亿元，同比增长0.71%，增速同比下降4.39个百分点。中间业务收入中，结算性中间业务收入、担保性中间业务收入、管理性中间业务收入、投资银行业务和银行卡收入同比增速分别为3.85%、10.48%、0.81%、-13.97%和-7.07%。

5. 不良贷款“双降”，资产质量持续向好

受大额不良贷款处置影响，2017年末，北京市银行业不良贷款余额降至317.43亿元，同比下降30.02%，不良贷款率0.37%，同比下降0.22个百分点；逾期贷款余额492.08亿元，同比下降12.68%；逾期90天以上贷款与不良贷款的比例为81.23%，同比下降23个百分点。2017年末，北京市信用风险较为突出的前三大行业分别为批发零售业、制造业和房地产业，不良贷款余额分别为109.67亿元、37.90亿元和27.03亿元；租赁和商务服务业新增不良贷款较多，同比增加14.26亿元，增长248.33%。

6. 法人银行总体经营稳健

2017年末，北京市法人银行资产负债余额分别为3.45万亿元和3.18万亿元，同比分别增长9.60%和9.03%；存款和贷款余额分别为2.04万亿元和1.43万亿元，同比分别增长8.92%和15.64%；不良贷款余额156.57亿元，同比增长5.99%；不良贷款率1.09%，同比下降0.10个百分点；拨备覆盖率297.33%，同比上升18.14个百分点，风险抵补能力较好。全年实现利润261.29亿元，同比增长5.22%。流动性比例50.73%，同比下降5.04个百分点，但各法人银行的流动性比例均高于监管要求。

7. 非银行金融机构规模持续增长

2017年末，北京市非银行金融机构资产和负债余额分别为3.78万亿元和3.18万亿元，同比分别增长18.28%和18.53%；存款和贷款余额分别为2.63万亿元和1.83万亿元，同比分别增长20.14%和19.84%；不良贷款余额34.28亿元，同比下降60.90%；不良贷款率0.19%，同比下降0.39个百分点；全年实现利润592.58亿元，同比增长20.70%。

（二）证券业

2017年，北京市证券期货行业总体经营稳健。法人证券公司资产稳步增长，基金公司管理基金资产净值提高，期货公司资本实力稳中增强；新三板挂牌公司数量稳步增长，各级资本市场融资额及成交量下降。

1. 法人证券公司资产稳步增长，各项监管指标良好

截至2017年末，北京市共有法人证券公司18家，与上年持平；证券公司资产总额8 738.05亿元，同比增长15.07%；净资本2 193.33亿元，同比增长4.02%。平均流动性覆盖率267.75%，净稳定资金比率141.73%，风险覆盖率226.93%，资本杠杆率25.22%。2017年，北京市法人证券公司营业收入442.22亿元，同比下降12.04%。

2. 基金公司管理基金净值同比增长，新发基金募集额同比减半

2017年末，总部设在北京市的基金管理公司共32家，较上年增加1家；法人基金管理公司19家，与上年持平。北京市法人基金公司管理基金625只，同比增长21.60%，管理基金年末资产净值1.74万亿元，同比增长12.27%。2017年，北京市法人基金管理公司新发基金119只，同比下降3.41%；新发基金首次募集金额1 579.59亿元，同比下降50.63%。

3. 期货公司资产总额略有下降，资本实力稳中增强

截至2017年末，北京市共有法人期货公司19家，与上年同期持平；期货分支机构102家，同比增加7家。期货公司资产总额736.37亿元，同比下降1.39%；净资本100.06亿元，同比增长0.3%。受监管政策及市场环境影响，期货市场投机性减弱，盈利额明显提高。全年期货代理交易额41.52万亿元，同比下降14.2%；利润总额13.81亿元，同比增长23.75%。

4. 上市公司数量增加，A股及公司债筹资额下降

截至2017年末，北京市共有上市公司306家，较上年增加25家。其中，主板公司160家、中小板公司50家、创业板公司96家。北京市上市公司总市值13.77万亿元，同比增长12.59%。2017年，北京市上市公司A股市场累计筹资额2 818.92亿元，同比下降49.59%；其中，IPO公司24家，共计募集资金127.02亿元；定向增发融资41家，共计募集资金1 286.41亿元；配股融资2家，共募集资金7.66亿元。上市公司发行公司债募集资金1 247.6亿元，同比下降19.99%。

5. “新三板”挂牌公司数量稳步增长，四板市场融资量显著下降

2017年末，全国中小企业股份转让系统挂牌公司总数①达11 630家，较上年末增加1 467家。总市值49 404.56亿元，同比增长21.81%。北京市共有挂牌公司1 618家，占全国总数的13.91%；总市值10 039.27亿元，占全国的20.32%；共有创新层企业232家，占全国总数的17.15%；北京市挂牌公司平均市盈率36.69倍。2017年，北京市共有230家公司挂牌、85家挂牌公司摘牌；累计成交77.76亿股，成交金额434.42亿元；定向发行417家次，共募集资金276.1亿元。

截至2017年末，北京四板市场挂牌企业173家，较上年同期增加13家。受区域性股权市场不得发行私募债的新规限制，四板市场融资量大幅降低。2017年，四板市场实现融资17.21亿元，同比下降72.53%。

（三）保险业

2017年，北京市保险业实现原保险保费收入（以下简称保费收入）1 973.2亿元，同比增长7.3%；累计赔付支出577.7亿元，同比下降3.2%；保险深度7.1%，同比下降0.3个百分点；保险密度9 085.3元/人，同比增加617.5元/人。截至2017年末，在京设立的保险总公司共46家②，较年初增加1家，保险分公司106家，较年初增加6家。

---

① 数据来源：全国中小企业股份转让系统官方网站。

② 其中财产险保险总公司16家，人身险保险总公司30家，新增保险总公司为爱心人寿保险股份有限公司。

1. 财产险公司保费收入稳步增长，主要监管指标保持稳定

截至2017年末，北京共有财产险分支机构47家，较上年增加5家。全年实现保费收入433.8亿元，同比增长10.7%。其中，车险业务实现保费收入272.2亿元，同比增长4.1%，增速下降3.2个百分点；非车险业务实现保费收入161.6亿元，同比增长24%，增速同比上升12.7个百分点。累计赔款支出224.8亿元，同比下降6.8%。综合赔付率61%，同比下降0.9个百分点；综合费用率36.4%，同比上升0.8个百分点。

2. 人身险公司保费收入增速显著放缓，退保率小幅上升

2017年末，北京市共有人身险分支机构59家，较上年增加1家。受监管趋严影响，人身险公司保费收入增速明显放缓。2017年，北京市人身险公司实现保费收入1 539.4亿元，同比增长6.4%，增速同比下降32.4个百分点；非保险合同业务本年新增交费①634.5亿元，同比下降62.5%。其中，银邮渠道保费收入占比48.8%，同比下降7.1个百分点。人身险新单期交率29.9%，同比上升6.8个百分点；退保率5.6%，同比上升0.2个百分点。

3. 外资公司主体数量居全国首位，市场份额保持稳定

截至2017年末，在京外资保险法人机构12家②，分公司40家，外资主体数量位居全国首位。全年外资保险公司保费收入289亿元，市场占比14.6%，同比上升0.1个百分点。其中，在京财产险公司实现保费收入17.9亿元，同比增长8.1%，市场份额4.1%，同比下降0.1个百分点；人身险公司实现保费收入271.1亿元，同比增长8.3%，市场份额17.6%，同比上升0.3个百分点。

4. 保险行业社会服务功能进一步增强

2017年，北京京郊政策性旅游保险、露地蔬菜气象指数保险等创新险种试点稳步推进；西城区食责险试点工作有序开展。截至2017年末，安全生产责任险累计投保企业3.4万家，提供风险保障1 875亿元。新农合"共保联办"已覆盖11个区，服务163.1万名参合农民。医疗责任保险投保医疗机构1 247家次，累计处理纠纷1 126件。保险公司为"中国制造"龙头企业提供质量和责任风险保障97.7亿元，以债权投资计划形式投资市重点项目1 582.5亿元。

（四）金融基础设施

1. 支付结算基础设施保障能力不断提升

北京支付系统软硬件更新改造基本完成，CCPC安全保障能力不断提升，大小额支付系统和网上支付跨行清算系统业务金额居全国首位。北京市电子清分服务平台实现票据影像化、跨行缴税、公共互联平台等新功能。

2. 征信体系建设不断完善

实现北京市16区个人信用报告查询服务网络全覆盖，推动全市87家机构建立征信信息安全管理体系。推进首都社会信用体系建设，配合市政府建立完善信用联合奖惩、加快推进诚信建设的制度体系。

3. 反洗钱监管效能进一步提升

实现特定非金融机构反洗钱领域重大突破，在全国范围内首次将反洗钱义务主体范围扩大到房

---

① "非保险合同新增交费"是指人身险公司保户投资款新增交费和投连险独立账户新增交费。

② 其中，外资保险公司法人机构11家，4家法人机构直接经营业务，7家在京设立分支机构并开展业务；外资保险资产管理公司法人机构1家。

地产开发企业、房地产经纪公司等特定非金融机构，针对首例涉嫌通过房地产业洗钱的重点可疑交易报告开展反洗钱行政调查。与侦查机关建立情报会商、案件协查、线索移送等合作机制，全年共开展反洗钱调查31起、145次，充分发挥反洗钱调查职能优势。加大行政处罚力度，落实义务机构和个人并发要求，全年共处罚机构和相关责任人300余万元。

4. 金融消费权益保护深入推进

开展金融消费者投诉分类标准应用试点工作，为在全国推进投诉分类试点打下坚实基础。牵头开展中关村地区金融消费保护环境评估工作，开创区域性协同开展环境评估的先河。组建200名专家加盟的“北京地区金融消费者权益保护工作顾问暨争议调解专家库”，探索金融消费替代性纠纷解决（ADR）机制。组织开展“普及金融知识，守住‘钱袋子’”系列活动，首次进行网络直播，创新开展综合金融知识宣传。

（五）需要关注的问题

1. 银行业表内资产质量继续改善，但仍需关注信用风险、流动性风险和操作风险

2017年，北京市银行业金融机构表内信贷资产质量持续好转，不良贷款整体实现“双降”，风险抵补能力较强。但信用风险仍需警惕。一是小微企业信用风险明显暴露。二是个别大型企业集团信用风险上升。三是发债企业债务集中清偿压力较大，违约风险较高。

与此同时，受市场流动性整体趋紧影响，北京市银行业流动性压力有所显现。一是存贷比有所上升。截至2017年末，北京市银行业存贷比为43.78%，同比上升2.89个百分点，法人银行存贷比为67.96%，同比上升4.27个百分点。二是部分同业业务、理财业务及信托项目期限错配问题较为突出。

另外，受多种因素影响，北京市部分机构存在内控管理薄弱、合规意识不强、员工异常行为排查不到位、绩效考核机制不合理等，案防压力较大，操作风险及声誉风险值得高度关注。

2. 资本市场与全球市场共振性增强，市场非理性波动及股票高比例质押融资风险值得关注

一是外资通过沪港通、深港通、QFII、RQFII等渠道可以进入我国资本市场，在经济、金融预期方面产生交叉影响，与全球资本市场的联动机制增强。二是市场波动加大，个股大幅下跌易引发股票质押爆仓风险。三是新三板市场交易清淡、市场流动性问题、挂牌公司良莠不齐等需要关注。

3. 保险行业治理和内部控制有待完善，寿险公司流动性风险值得关注

个别保险公司股东涉嫌使用保费注资、融资出资或增加股东层级虚假增资，通过资产管理产品向关联方输送利益等问题。随着监管趋严，人身险公司保费收入增速显著放缓，中小公司转型压力较大。当前仍处于满期给付与退保高峰，若新单保费断崖式下跌，中小人身险公司现金流或将不足，存在一定流动性风险。

4. 市场博弈形势依旧复杂，房地产市场风险需关注

一是房地产成交量大幅下降。房地产新政实施以来，北京地区房地产成交量尤其是二手房成交量下降明显。二是商住类项目存在较大不确定性，成交量下降加大机构表内外融资风险。三是随着成交量大幅下降及房企表内外融资渠道收窄，高杠杆房企的资金压力加大。四是银行体系资金通过个人消费贷、经营贷、信用卡透支以及置换式按揭、转按揭等形式流入房地产领域违规融资问题需关注。

5. 债券市场风险外溢值得关注

2017年，债券违约事件高发、市场融资能力下降。特别是，2016年以来银行体系资金通过“同业存单—同业理财—委外”的模式流入债券市场，债券市场风险向银行体系外溢值得高度关注。

6. 非正规金融发展迅猛、规制不足，传染性风险和涉众风险不容忽视

近年来，P2P、股权众筹、现金贷、ICO、私募基金等新兴金融业态发展迅猛，由于存在监管空白、行业规制不足、涉众面广，部分机构利用互联网金融名义开展非法集资、非法金融活动，违规营销、违规经营情况严重，经营失败、跑路等风险事件时有发生，侵犯公众利益，影响社会稳定。另外，该类机构与正规金融在资金托管、结算、贷款等方面合作不断深入，非正规金融风险传染隐患加剧。

三、政策建议

（一）以非首都功能疏解和京津冀协同发展为契机，进一步促进经济转型升级

一是进一步确立以高端制造业、现代服务业及文化创意产业为核心的“高精尖”产业战略地位，通过深化供给侧结构性改革构建新经济结构，助力北京市经济转型升级。二是积极落实政策要求，大力推进非首都功能疏解工作，在加快相关产业转移至津冀同时尽快完善相应的配套扶持政策。三是进一步加大金融对重点领域、特色产业、薄弱环节的支持力度，推动京津冀协同发展。

（二）引导银行健全完善全面风险管理体系，落实风险防控主体责任

一是银行业金融机构应切实履行风险防控主体责任。增强风险意识，牢固树立风险防控责任意识。二是健全完善全面风险管理体系，有效识别、计量、评估、监测和控制各类风险，落实责任，要特别强化操作风险和道德风险管控力度，重大违规和案件风险应严格问责。三是加强对新形势下商业银行信用风险和流动性风险管理，加强风险监测、现场评估和现场检查，摸清资金真实流向和底层资产。四是加强对商业银行表外资产风险监测力度。

（三）加强市场风险监测，防范案件风险和市场流动性风险

深入分析国内外经济金融形势，高度关注债券市场违约事件、资本市场“黑天鹅”事件以及外部非正规金融风险传播；进一步完善金融市场基础设施建设，加强对跨市场、跨区域、跨业务等交叉性金融业务的监督管理，加强对市场杠杆资金的监测。

（四）进一步规范保险市场秩序，促进人身险公司转型

保持对虚假宣传、违规出资、向关联企业输送利益等行为的强监管态势，进一步规范保险市场秩序，监督保险公司提高内部治理水平。继续完善以偿付能力为核心的监管体系，针对行业存在的问题，从严加强资本约束。汲取国际保险行业发展经验，发展完善金融市场，促进人身险公司转型。

（五）补齐非正规金融领域监管短板，加强投资者教育

加快完善非正规金融的规制、填补规制空白，明确监管主体、加强监管协调，补齐监管短板，

按照“涉金融业务均应持牌”的原则，将涉众面广的非正规金融业务全部纳入监管。利用媒体和网络等多种渠道积极开展投资者教育，以生动案例提示投资者相关风险。

总　　纂：刘玉苓
统　　稿：项银涛　夏　楠
执　　笔：刘文权　孙伊展　张素敏　赵　起

天津市金融稳定报告摘要

2017年，天津市坚持稳中求进工作总基调，积极深化供给侧结构性改革，不断推进自贸区金融创新和京津冀协同发展，经济运行总体平稳。金融机构体系日趋完善，金融市场继续扩大，金融改革创新不断深化，金融对经济转型发展的支持力度不断加大，金融业保持稳健运行态势。

一、经济与金融稳定

（一）经济运行情况

2017年，天津市实现生产总值18 595.38亿元，按可比价格计算，同比增长3.6%。分三次产业看，第一产业增加值218.28亿元，同比增长2.0%；第二产业增加值7 590.36亿元，同比增长1.0%；第三产业增加值10 786.74亿元，同比增长6.0%。

1. 产业结构调整优化

服务业主导地位更加巩固，全年服务业增加值占全市生产总值的比重为58.0%，比上年提高1.6个百分点。现代服务业发展较快，受取消手机国内长途费和漫游费政策带动，电信业务总量增长71.3%。先进制造引领工业发展，全年装备制造业增加值占规模以上工业比重为35.6%，对工业增长贡献率为59.5%，比上年提高16个百分点。农业结构调整取得显著成效，加快推进以减粮、增菜、增林果、增水产品为主的“一减三增”战略，超额完成三年调减100万亩粮食种植面积的目标。

2. 内需结构持续优化

全年全市固定资产投资11 274.69亿元，同比增长0.5%。工业优势产业投资增长6.9%，“三新”产业投资增长30.5%。消费结构转型升级，全年社会消费品零售总额5 729.67亿元，同比增长1.7%。发展享受型消费增长较快，体育娱乐用品、家具、化妆品和金银珠宝零售额分别增长85.7%、47.8%、14.8%和9.6%。全年外贸进出口总额7 646.85亿元，同比增长12.8%。其中，进口4 694.49亿元，同比增长21.6%；出口2 952.36亿元，同比增长1.2%。

3. 供给侧结构性改革扎实推进

去产能持续深化，2017年第四季度规模以上工业产能利用率77.1%，比上年同期提高3.4个百分点。去库存持续显效，全年商品房待售面积下降29.9%。去杠杆稳步实施，年末规模以上工业企业资产负债率59.8%，同比下降2.1个百分点。降成本成效显现，新出台两批52项降成本政策措施。补短板逐步加力，全年科研技术服务、信息技术服务和居民服务投资分别增长76.1%、52.4%和16.9%。

4. 民计民生持续改善

就业收入稳步增长，全年新增就业48.95万人，同比增长0.1%。就业结构进一步优化，第三产业就业人口比重首次超过六成。制定并落实20项居民增收措施，最低工资标准提高至2 050元，城乡居民基础养老金标准上调至277元。

（二）经济运行中需要关注的方面

一是工业和服务业的支撑作用减弱。受市场、环保等因素影响，规模以上工业增加值增速放缓，建筑业总产值出现下降。服务业增速由高转稳，主要支撑指标中全年限额以上批发零售业销售额增速、金融业增加值增速均较上年有所回落。二是“三驾马车”拉动作用减弱。新开工项目明显减少，企业投资意愿不高；经济增长的内生动力不足，社会消费品零售总额增速回落；外贸出口低速增长。三是新经济对经济增长的支撑仍较弱。尽管天津市新经济呈现较好发展势头，但目前规模较小、占比较低，速度仍不够快，不足以抵消传统产业下滑带来的负面影响。

二、银行业与金融稳定

（一）银行业运行情况

1. 资产负债增速有所回落

年末，天津市银行业金融机构资产总额48 794.77亿元，同比增长2.71%，比上年回落3.09个百分点；负债总额46 444.88亿元，同比增长2.38%，比上年回落3.12个百分点。

2. 机构体系日趋完善

全年全市新设三家银行业金融机构，分别为：天津能源集团财务有限公司、中煤科工金融租赁股份有限公司和天津国泰金融租赁有限责任公司。机构数量的持续增加，既提升了市场活跃度，又有利于激发机构改革创新驱动力，为金融市场提供更加多元化的产品和服务。

3. 改革创新稳步推进

大型商业银行深入推进普惠金融改革，积极开展网点差异化建设，推动业务流程优化改革，精细化管理水平不断提高。民营银行和村镇银行稳步推进制度体系建设，建立健全小微企业服务流程与机制，深化支农服务理念。

（二）银行业稳健性评估

1. 存贷款增速放缓

年末，全市银行业各项存款余额30 940.81亿元，同比增长2.91%，比上年回落3.90个百分点；各项贷款余额31 602.54亿元，同比增长9.91%，比上年回落0.71个百分点。

2. 资产质量压力进一步加大

年末，全市银行业不良贷款余额672.68亿元，比年初增加135亿元；不良贷款率为1.97%，比年初提高0.22个百分点。关注类贷款余额1 557.65亿元，比年初增加133.10亿元；关注类贷款率为4.56%，比年初下降0.09个百分点。

3. 资本充足水平良好

年末，全部法人银行核心一级资本充足率、资本充足率均符合监管要求。但在流动性管理方面，部分法人银行核心负债依存度、流动性缺口率等指标有所下降，需引起关注。

（三）银行业运行中需要关注的方面

一是部分企业高负债经营可能对信贷资产产生影响。近年来，随着市场环境变化及相关政策调整，一些大型企业集团负债水平较高，经营风险有所显现，蕴藏着信贷风险隐患。二是房地产市场过快增长，造成居民杠杆率提高，隐含一定的风险。三是商业银行业务转型压力加大。随着监管力度的逐步加大，商业银行原有经营模式已不适应，由规模效益型向质量效益型转变压力较大。

三、证券业与金融稳定

（一）证券业运行情况

年末，全市共有法人证券公司 1 家，证券分公司 25 家、比年初增加 6 家，证券营业部 154 家、比年初增加 8 家；基金管理公司 1 家；法人期货公司 6 家，期货分公司 2 家、比年初增加 2 家，期货营业部 30 家；上市公司 49 家、比年初增加 4 家。

（二）证券业稳健性评估

1. 证券机构规模有所下降

年末，辖内证券营业部资产总额 163. 56 亿元，同比下降 23. 94%；净资产总额 15. 14 亿元，同比下降 7. 93%。全年，客户交易结算资金余额 137. 89 亿元，同比下降 23. 05%；指定与托管市值 4 026. 38亿元，同比增长 5. 39%；资金账户 305. 88 万户，同比增长 8. 24%。

2. 基金公司规模大幅上升

年末，基金公司管理基金 55 只，比年初增加 3 只；基金份额 17 884. 87 亿份，同比增长 111. 58%；基金净值 17 892. 95 亿元，同比增长 111. 76%。

3. 期货公司稳步发展

年末，辖内期货公司资产合计 76. 66 亿元，同比增长 14. 09%；净资产总额 22. 11 亿元，同比增长 3. 51%；代理交易额 33 857. 91 亿元，同比下降 12. 26%；代理交易量 5 903. 08 万手，同比下降 34. 99%。年末，期货营业部代理交易额 26 564. 73 亿元，同比增长 22. 44%；代理交易量 3 598. 06 万手，同比下降 18. 57%。

4. 上市公司家数有所增加

年末全市新增 4 家境内上市公司中，上交所上市 2 家、中小板上市 1 家、创业板上市 1 家。上市公司总股本 620. 34 亿股，同比增长 4. 74%；总市值 5 245. 12 亿元，同比下降 0. 76%。年末，全市新三板挂牌公司 205 家，比年初增加 34 家，拟上市公司 24 家，比年初增加 7 家。

（三）证券业运行中需要关注的方面

企业上市融资能力有待提高。2017 年，在 31 个省市自治区上市公司数量排名中，天津以 49 家上市公司位列第 16 位，虽比上年上升 1 位，但上市公司总股本仅占全国上市公司总股本的 1. 02%，且近三年来占比呈持续下降趋势，需进一步加大天津企业上市相关工作力度。

四、保险业与金融稳定

（一）保险业运行情况

1. 经营主体不断增加

年末全市共有6家法人保险公司，其中财产险公司2家、人身险公司4家；共有57家省级分公司，其中2家为年内新设机构。年末，保险公司在津分支机构资产总额1 284.91亿元，同比下降23.41%。其中，财产险公司资产总额141.18亿元，同比下降0.81%；人身险公司资产总额1 143.73亿元，同比下降25.51%。

2. 保费收入持续增长

全年，全市保险业共实现保费收入565.01亿元，同比增长6.71%。其中，财产险保费收入141.57亿元，同比增长10.99%；人身险保费收入423.44亿元，同比增长5.35%。

（二）保险业稳健性评估

1. 财产险业务结构优化

全年，车险保费收入105.77亿元，占财产保险公司业务收入比重为71.84%，同比下降3.13个百分点；而信用保险、家庭财产险和货物运输保险保费收入明显上升，同比分别增长160.90%、114.43%和49.54%，占财产保险公司业务收入比重分别同比上升3.26个、0.11个和0.50个百分点。

2. 人身险公司业务均衡发展

全年，普通寿险实现保费收入206.47亿元，占人身险公司保费收入的49.42%，同比下降7.76个百分点；分红寿险、健康险分别实现保费收入142.95亿元、59.28亿元，占人身险公司保费收入的比重分别提高4.34个、3.26个百分点；意外险、万能险和投连险保费收入占比与上年基本持平。从渠道结构看，公司直销进一步改善，全年实现保费收入36.28亿元，同比增长25.76%；银邮代理渠道实现保费收入169.95亿元，同比下降15.69%。

（三）保险业运行中需要关注的方面

一是财产险公司部分险种易受经济环境变化影响。与经济发展较为密切的工程险、船舶险保费收入出现下降。二是人身险公司现金流管理承压。2017年，多项监管措施频繁出台，持续收紧人身险公司中短存续期业务，寿险新单保费收入受到较大影响，依靠新单推动保费增长模式的中小公司现金流承压。三是保险资金运用风险因素增多。以银行存款为代表的低风险资产配置比例逐渐降低，以金融产品为代表的较高风险资产配置比例逐渐提高。资产配置策略的改变，一定程度上增加了投资收益，但在日益复杂的外部环境下，可能也面临较大的投资风险，风险管控压力将进一步加大。

五、金融市场与金融稳定

（一）金融市场运行情况

1. 货币市场交易仍以短期为主

全年，全市银行间同业拆借市场完成信用拆借3 455笔，同比增长80.51%；累计金额12 842.83亿元，同比增长16.13%；净融入资金7 809.65亿元，同比下降16.61%。债券回购交易量继续增长，累计成交212 798.49亿元，同比上升11.11%。从期限看，市场交易仍以短期为主。隔夜和7天拆借占全部拆借成交金额的84.43%，7天以内的投资品种占全部回购交易额的82.78%。

2. 银行间债券市场交易量稳步增长

全年现券买卖成交金额为41 464.72亿元，同比增长35.23%。其中，买入量为22 272.14亿元，同比增长37.96%；卖出量为19 192.58亿元，同比增长32.20%。从交易券种看，政策性金融债、国债、同业存单和企业债是市场主要交易品种，合计占比达89.59%。从收益率看，现券买入收益率4.38%、卖出收益率4.43%，分别同比上升0.17个和0.35个百分点。

3. 票据市场业务规模出现下降

年末全市银行承兑汇票余额3 007.22亿元，同比下降4.05%；全年累计发生额4 456.69亿元，同比下降20.66%。年末票据贴现余额527.15亿元，同比下降36.16%；全年累计发生额2 131.66亿元，同比下降35.74%。业务规模下降主要受年内对票据市场监管持续加强的影响，特别是人民银行总行规定300万元以上金额的商业汇票应通过电票办理，而电票期限相对较长，直接减少了企业滚动签发的规模。

（二）金融市场融资情况

社会融资规模平稳增长，结构出现较大调整。全年，全市社会融资规模为2 790亿元，同比少增804亿元。从社会融资规模的结构看，一是对实体经济发放的表内贷款占比大幅提高。全市银行业各项贷款增加2 863亿元，同比多增258亿元；占社会融资规模的102.6%，同比上升30.1个百分点。二是表外融资占比较低。全市银行业表外融资22亿元，同比多增100亿元；占社会融资规模的0.8%，同比上升3个百分点。三是直接融资占比大幅下降。企业直接融资净减少180亿元，同比少增1 143亿元；占社会融资规模的-6.4%，同比下降33.2个百分点。四是非银行金融机构融资平稳增长。保险公司赔偿、小贷公司及贷款公司等非银行金融机构对实体经济融资85亿元，同比少增20亿元；占社会融资规模的3%，同比上升0.1个百分点。

（三）金融市场需要关注的方面

一是社会融资规模增量出现下滑。从2014年开始，天津市社会融资规模逐步下滑，由2014年的4 819亿元萎缩到2017年的2 790亿元。相应地，全市社会融资规模占全国的比重也从2014年的2.94%下降到2017年的1.44%，回落了1.5个百分点。二是直接融资规模偏低。企业债券融资首次出现负值，债券融资量在全国的排名由2014年的第6位下滑到2017年的第29位。全年全市股票融资占社会融资规模的比重低于全国整体水平2.7个百分点，仅有4家企业通过A股IPO，3家企业通过现金增发方式上市融资。

六、金融改革创新与金融稳定

（一）天津自贸区金融创新取得积极进展

年末，天津“金改30条”八项政策已落地实施，11项政策在全国复制推广。自天津自贸区挂牌至2017年末，区内主体累计新开立本外币账户4.7万个，结售汇504.3亿美元；跨境收支1 276.2亿美元，占全市的24.4%；跨境人民币结算2 729.9亿元人民币，占全市的41.5%。自贸区金融改革在扩大人民币跨境使用、深化外汇管理改革、促进租赁业发展、支持京津冀协同发展、完善金融服务功能等方面实现新突破，创新政策绿地森林效应进一步扩大；同时通过建立多维指标体系、丰富核查监测手段、强化部门监管合力等方式，切实防范自贸区跨境资金流动风险，有力地支持了天津外向型经济更有质量、更有效益、更可持续地发展。

（二）京津冀协同建设持续推进

一是稳步落实京津冀“一核、双城、三轴、四区、多节点”的区域空间布局要求，加快“一基地三区”建设。二是统筹人民银行内部资源，在“京津冀协同发展人民银行三地协调机制”框架下，持续推进在执行货币信贷、维护金融稳定、提供金融服务、推进改革创新等方面的协同联动，实现信息共享，推进监管协同。三地人民银行、金融局（办）与银行间市场交易商协会共同签署了《借助银行间市场助推京津冀协同发展战略合作协议》，推动三地企业借助银行间市场融资发展。三是金融机构主动融入、积极作为，年末天津市金融支持京津冀协同发展项目资金余额为4 188.8亿元，有力地支持了京津冀协同发展项目建设。

（三）金融支持科技水平有效提升

一是加强政策宣导，推动科技金融服务水平持续提升。先后制定印发了《关于推进金融促进科技型中小企业发展工作的实施意见》等文件，指导金融机构在产品创新、服务提升、机制完善等方面加大工作力度，推动科技金融服务水平持续提升，促进信贷投放的稳步增长。二是推进金融创新，着力解决科创企业融资难融资贵问题。针对科技企业“轻资产、重知识”的特点，会同有关部门制定出台了专利权、商标权、股权质押贷款管理办法，有效满足科创企业融资需求。积极推动商业银行研发推广符合科创企业经营特点的创新产品，设立科技金融支行和服务中心，从组织、产品、人员等方面加大资源力度，创造有利于提升科技金融结合水平的工作机制。三是优化外部环境，为科技企业拓展融资渠道创造良好条件。大力推进滨海高新区中小微企业信用体系试验区建设，定期对试验区内有融资需求的企业和项目进行筛选，并向试点银行进行发布推荐，有效改善科创企业的融资环境。四是创建统计制度，推进部门机构间的信息交流和资源共享。在全国率先搭建“科技型中小企业专项统计制度”，为地方政府“因地制宜”有针对性地制定和调整扶持政策发挥了良好作用。

（四）保险业积极助力跨境电商贸易支持对外投资

2017年，天津保险业助力跨境电商综合试验区建设，创新金融支持模式，支持对外投资，取得良好成效。一是支持外贸综合服务平台快速发展，全年支持平台企业实现出口6.8亿美元。二是创新支持跨境电商，通过与知名电商开展战略合作，创新大卖家海外仓业务模式，累计支持42个跨境电商卖家带动外贸综合平台企业新增出口5 750万美元。三是支持对外投资，以“财政扶持、信保降费、企业受益”为总体原则，与财政部门联合建立企业海外投资保险统保平台，通过财政支持，使对外投资企业可以获得优惠费率，降低企业投保成本，扩大保险覆盖面，让更多企业以优惠条件享受国家政策性信用保险政策，全年海外投资保险共支持企业境外投资9.95亿美元。

统　　稿：吴　超　宁　悦　李晓迟　杨彩丽
执　　笔：李晓迟　杨彩丽
其他参与写作人员：曾　薇　苏　颖　孙勇军　魏昆利　张成祥　周中明
王雅琪　刘　冬　王贵鹏　侯玉玲　赵建斌　高　婧
苗润雨　寇霭婷　侯鹏飞　李　蓉　金　艳

河北省金融稳定报告摘要

2017年，面对去产能、治污染、调结构等艰巨任务，河北省深入贯彻新发展理念，全面落实习近平总书记对河北省提出的“四个加快”“六个扎实”“三个扎扎实实”等重要指示，坚持稳中求进总基调，深化供给侧结构性改革，推动传统产业提质增效，圆满完成“6643”产能压减任务，扎实推进京津冀一体化、雄安新区和冬奥会国家重大战略项目建设，大力实施环境质量攻坚治理，加大“一带一路”沿线国家贸易投资，全省经济转型升级成效明显，质量效益不断提升，呈现稳中有进、稳中向好的态势。

河北省银行业金融机构主动调整资产负债结构，各项监管指标基本稳定，证券期货机构运营平稳，多层次资本市场体系不断完善，保险市场竞争较为充分，保险保障功能有效发挥，区域金融生态总体良好，改革和创新稳步推进，金融业服务实体经济的质量、效率和水平不断提升，金融风险事件得到妥善应对、有效处置，牢牢守住了不发生系统性金融风险的底线。

但河北省产业结构偏重，经济发展质量和效益不高，结构性矛盾突出，创新能力不强等问题仍然存在。金融机构实力偏弱，经营效益下滑，信用风险持续上升，资本市场发展相对滞后，金融案件时有发生，非法金融活动多发高发等金融运行中存在的矛盾、问题和风险仍需高度关注。

一、河北省经济金融体系平稳运行

（一）经济运行稳中有进，增长质量稳步提升

2017年，河北省地区生产总值35 964.0亿元，居全国第8位，同比增长6.7%。其中，第一产业增加值3 507.9亿元，增长3.9%；第二产业增加值17 416.5亿元，增长3.4%；第三产业增加值15 039.6亿元，增长11.3%。经济结构持续优化，第三产业增加值占全省生产总值比重为41.8%，比上年提高0.3个百分点；对经济增长的贡献率为69.3%，比上年提高10.4个百分点。产业转型升级取得积极进展，“6643”工程圆满收官，战略性新兴产业较快增长，全年规模以上工业战略性新兴产业增加值比上年增长12.4%，比规模以上工业增加值增速快9个百分点；新产品快速增长，新能源汽车、工业机器人、太阳能电池和锂离子电池等新产品产量分别增长1.4倍、26.7倍、34.6%和75.7%。重大战略迈出新步伐，京津冀协同发展116项年度重点工作基本完成，雄安新区白洋淀上游综合治理等项目启动，43个冬奥会规划项目开工建设。

全年实现财政收入5 086.9亿元，增长16.4%，同比加快8.4个百分点。规模以上工业企业实现利润总额3 118.7亿元，增长21.0%，连续两年保持两位数增长，企业主营业务收入利润率为6.0%，同比提高0.4个百分点。全省居民人均可支配收入21 484元，增长8.9%，其中城镇居民人

均可支配收入为 30 548 元，同比增长 8.1%；农村居民人均可支配收入为 12 881 元，同比增长8.1%。

全社会固定资产投资33 406.8 亿元，增长 5.2%，初步扭转投资增速下降态势，其中民间投资25 577.0 亿元，增长 6.4%，占全省全社会固定资产投资的 76.6%。全年社会消费品零售总额15 907.6亿元，比上年增长 10.7%，对经济增长的贡献率为 61.9%，高于投资需求 14.6 个百分点，成为经济增长主动力，消费升级态势明显。全年进出口总值 3 375.8 亿元，比上年增长 9.7%，扭转了连续两年下降的局面，对部分“一带一路”沿线国家出口增长较快。居民消费价格小幅上涨1.7%，同比提高 0.2 个百分点；工业生产者价格上升明显，工业生产者出厂价格上涨 15%，工业生产者购进价格上涨 14.5%。

（二）银行业总体稳健，服务实体经济能力加强

2017 年，河北省银行业金融机构总数达到 11 693 家，法人机构 271 家，从业人数 181 320 人，新设各类机构 151 家，网点布局结构逐步优化，金融服务能力持续提升。年内共有 125 家县级联社完成或启动组建农商银行，农村信用社股份制改革工作加速推进，农村金融服务体系进一步改善。全年累计实现净利润 641.02 亿元，同比增长 14.04%。

河北省银行业金融机构主动调整资产负债结构，资产总额74 030.67 亿元，增长8.21%，增速放缓 8.20 个百分点，其中，贷款余额43 315.3 亿元，增长 14.8%，高于全国增速 2.7 个百分点，增速居全国第 6 位；负债总额 71 140.82 亿元，增长 7.49%，增速放缓 8.97 个百分点，创 12 年新低，股份制商业银行资产出现负增长，其中，存款余额 60 451.3 亿元，增长 8.1%，增速下降 6.2 个百分点。定期存款的增量和增速高于活期存款，存款稳定性增强。

余额存贷比不断攀升，达到 71.7%，同比上升 4.2 个百分点，创 2014 年以来新高，增量存贷比123.2%，连续 6 个月超过 100%。全年新增贷款 5 569.4 亿元，增量再创历史新高，居全国第 8 位。房地产贷增速较上年末回落 16.3 个百分点，实体经济中的重点行业、基础设施建设和京津冀协同发展、冬奥会、雄安新区等重点领域信贷支持力度不断加大。

货币市场交易活跃。同业拆借市场利率同比大幅上升，全年累计发生拆借交易 2 030 笔，同比增加 153 笔，发生额合计 5 900.1 亿元，同比增加 1 725.7 亿元，其中，隔夜拆入业务占 65.02%。累计签发银行承兑汇票 5 725.6 亿元，同比下降 18.4%，余额 3 392.6 亿元，同比下降 12.7%，票据融资发生额 10 875.9 亿元，同比下降 50%，票据贴现和转贴现利率持续走高。

2017 年，雄安新区首只债券注册成功，全国首单非银行绿色债券，PPP 项下资产支持票据、京津冀协同发展债务融资工具成功发行，在全国银行间市场债务融资工具发行规模首次突破千亿元大关，达到 1 163 亿元，同比增长 34.1%，居全国第 8 位；发行非金融企业短期融资券 53 笔，金额 541 亿元，同比下降 10.43%。

法人银行业金融机构各项减值准备合计 698.43 亿元，比年初增加 139.22 亿元；贷款拨备率 4.14%，与年初持平；拨备覆盖率 152.84%，比年初下降 10.55 个百分点；资本充足率 13.28%，比年初上升 0.95 个百分点，风险抵补能力基本稳定。总体流动性比例 65.44%，较上年上升 0.7 个百分点，扭转去年下降趋势；人民币超额备付金率 6.62%，较上年下降 0.18 个百分点；各项流动性监管指标均在标准范围内，流动性保持整体充裕。

（三）证券业平稳运行，多层次资本市场体系不断完善

2017 年，河北省共有法人证券公司 1 家，证券分公司 26 家，证券营业部 255 家，营业部家数列全国第 11 位。共有证券账户 1 088.18 万户、资金账户 618.6 万户，同比分别增长 20.0% 和 18.7%。实现证券交易额 4.3 万亿元，与上年基本持平。全年证券机构营业收入 20.6 亿元，同比下降 37.6%；净利润 4.44 亿元，同比下降 54.9%，经营效益下滑明显。财达证券各项风险控制指标均符合监管规定，共有 109 家营业部，其中在河北省省内设有 96 家营业部，区位优势明显。受市场交易低迷影响，手续费及佣金收入大幅下降，全年实现营业收入 13.9 亿元，同比减少 21.1%，实现净利润 3.6 亿元，同比减少 41.8%。

河北省共有法人期货公司 1 家，期货分公司 1 家，期货营业部 36 家。共有期货客户 5.5 万户，同比增长 6.1%。代理交易量 4 624.0 万手，同比减少 15.1%；股指期货交易有所回升，代理交易额 24 154.2 亿元，同比增长 13.32%。全年实现手续费收入 5 665.0 万元，同比减少 5.5%；营业收入 6 615.9 万元，同比减少 0.9%；净利润亏损 2 108.0 元。恒银期货净资产和净资本同比分别增长 33.2% 和 27.1%，各项风险指标有所好转。实现营业收入 1 536.1 万元，同比增长 12.4%，其中手续费收入 1 208.4 万元，同比增长 7.6%，占营业收入的 78.7%，净利润亏损 421.0 万元。

辖区境内上市公司 56 家，较上年增加 4 家；新三板挂牌公司 241 家，较上年增加 46 家；石家庄股权交易所挂牌企业 1 712 家，较上年增加 532 家；境外上市公司 49 家，较上年增加 3 家。企业通过资本市场实现直接融资 532.4 亿元，较上年减少 890.9 亿元，境外上市公司和新三板挂牌公司融资额同比增长较快。

私募基金蓬勃发展。截至 2017 年末，河北省已登记私募基金管理人 128 家，同比增长 18.5%；已备案私募基金 242 只，同比增长 58.2%；管理基金规模 365 亿元，同比增长 142.7%。

（四）保险市场秩序良好，保险保障功能有效发挥

2017 年，河北省共有法人保险公司 1 家，省级分公司 68 家，较上年增加 3 家，其中财产保险省级分公司 31 家，人身保险省级分公司 37 家；中资保险省级分公司 61 家，外资保险省级分公司 7 家。燕赵财产覆盖全省的服务网络基本形成。实现营业收入 78 339.84 万元，主要是承保业务，投资收益及其他业务收入占比较小，公司利润总额及净利润均为 -28 947.26 万元。

河北省保险业总资产 3 317.84 亿元，居全国第 9 位，增长 10.66%，低于全国增速 0.14 个百分点，其中财产保险公司总资产 378.96 亿元，下降 10.35%，低于全国财产保险公司增速 16.63 个百分点；人身保险公司总资产 2 938.88 亿元，增长 14.32%，高于全国人身保险公司增速 8.07 个百分点。全年累计实现原保险保费收入 1 714.45 亿元，居全国第 8 位，增长 14.66%，增速同比回落 13.90 个百分点。其中，财产保险业务原保险保费收入 487.36 亿元，居全国第 6 位，增长 10.23%；人身保险业务原保险保费收入 1 227.09 亿元，居全国第 7 位，增长 16.52%。

保险保障能力得到有效发挥，服务水平和效率得到改善。全年累计承担风险总额 53.53 万亿元，同比增长 26.43%，累计赔付支出 547.55 亿元。保险密度 2 287.52 元/人，较全国 2 638.57 元/人的水平低 351.05 元/人，比上年增加 291.87 元/人；保险深度 4.77%，高于全国 4.42% 的水平 0.35 个百分点，同比增加 0.07 个百分点，高于全国水平。

河北省保险市场竞争较为充分，万能险、中短存续期产品大幅降温，保障型业务加快发展，业务结构出现明显调整和优化。保险中介市场改革稳步推进，充分发挥了中介机构在维护公平竞争的市场秩序、促进保险业健康发展的作用。全省共有保险中介服务集团 2 家，保险专业中介法人机构 119 家，较上年增加 1 家；分支机构 1 515 家，较上年增加 162 家；保险兼业代理机构 11 856 家，较上年减少 126 家。

（五）社会融资机构规模萎缩，经营压力较大

河北省各类社会融资机构定位“支持‘三农’、服务小微”，在一定程度上缓解了农村地区和小微企业融资难问题。但受经济下行影响，社会融资规模持续萎缩，利润水平连续下滑。

2017 年，河北省小额贷款公司共有 612 家，较上年减少 8 家；贷款余额 302. 96 亿元，下降 2. 44%，连续四年萎缩，主营业务收入 13. 92 亿元，下降 17. 68%；实现净利润 3. 69 亿元，下降 26. 72%。

河北省融资性担保机构共有 301 家，较上年减少 49 家，机构数量连续 4 年减少；担保责任余额 722. 09 亿元，同比下降 9. 31%；平均放大倍数由去年的 1. 38 倍下降到 1. 32 倍；担保代偿余额 41. 42 亿元，同比增长 63. 72%，代偿率为 3. 7%，提高 2. 43 个百分点；担保准备金余额 27. 09 亿元，下降 48. 10%；担保责任拨备率 65%，低于上年 141 个百分点，风险抵补能力明显下降；实现净利润 1. 72 亿元，下降 29. 88%，仅为 2015 年最高利润水平的 18. 01%。

河北省典当机构 404 家，较上年增加 54 家，分支机构 134 家，较上年增加 8 家；资产总额 90. 28 亿元，增长 4. 39%；典当余额 50. 9 亿元，增长 3. 10%；实现利息及综合服务费收入 4. 18 亿元，减少 0. 48%；年内发放当金 223. 96 亿元，较上年减少 0. 44 亿元；税后利润 0. 54 亿元，增长 22. 73%；共有 152 家典当企业亏损，占总数的 37. 62%。

二、维护河北省金融稳定需关注的问题

（一）经济发展质量有待进一步提高

河北省“三期”叠加、转型升级、爬坡过坎的阶段性特征明显，经济发展不平衡不充分问题依然突出。一是发展质量和效益不高。河北省产业大多数处于价值链末端，经济效益不高，增长动能不强，工业盈利主要来源于原材料工业，万元 GDP 能耗高于全国平均近 60%，生态环境治理任务艰巨。二是结构性矛盾突出。六大耗能行业增加值占规模以上工业比重高达 40%，产业结构偏重，供给结构不优，知名品牌不多。三是创新能力不强，万人发明专利不及全国平均水平的 1/3，创新环境不优，北京科技成果到河北转化、孵化不到 5%。四是经济增长内生动力不足。新兴产业尚未对经济形成有效支撑，对经济增长的拉动尚不足以弥补传统产业下滑的影响；投资增长乏力，民间投资后劲不强，出口恢复缓慢，“三驾马车”对经济增长的拉动作用整体偏弱。

（二）金融服务实体经济效率亟待提升

金融资源配置结构不合理，存在脱实向虚现象，2017 年，河北省新增贷款中有 47. 17% 投向房地产领域，有大量信贷资源被产能过剩行业和“僵尸企业”占用，企业杠杆率逐年走高，国有企业

尤为突出。一些金融机构对小微企业，“三农”等领域“供血不足”，实体企业融资难、融资贵的问题仍比较突出。地区生产总值与贷款余额的比值由2008年的1.71下降到0.83，信贷扩张对经济增长的边际效率逐年下降，低效资产占比上升，信贷资金使用效率降低。

（三）信用风险压力较大

不良贷款余额不断增加，逐步侵蚀了银行业资本金，弱化了银行业机构的整体抗风险能力。截至2017年末，河北省银行业不良贷款余额达到996.86亿元，同比增加163.97亿元，连续四年反弹；不良贷款率2.29%，同比提高0.09个百分点，连续三年上升。部分机构通过代持、互持、虚假转让等方式藏匿不良贷款，不良资产真实情况与账面不良贷款率相差较大。关注类贷款2017年末余额高达1 924.26亿元，仍处于近几年的高位，资产质量下迁压力仍较大。

（四）部分银行业法人机构风险问题突出

河北省有10余家农村信用社资本严重不足，实际已资不抵债。一些由大型民营企业参股控股的法人金融机构，存在大量与控股股东的关联交易和内幕交易，入股资金来源的真实性、合法性有待进一步考证。在资管政策收紧后，前几年逆周期盲目扩张的部分城市商业银行被动缩表，2017年河北省法人城市商业银行在贷款增长24.68%的情况下，总资产只增长了9.29%，同比下降34个百分点。但快速扩张导致的资产负债期限错配，流动性，资产质量等风险问题，将严重制约这些机构的可持续发展能力，甚至引发法律风险和声誉风险。个别城市商业银行贷款投向高度集中，投向政府融资平台的资金占到了其全部资产六成。

（五）内控失效致使金融案件频发

近两年，河北省银行业金融机构案件数量增多，部分金融机构有章不循，合规意识淡薄，外部监督缺失，私刻公章、存款消失、票据诈骗、违规担保等各种案件时有发生，甚至有高管参与作案，涉案金额高达数十亿元甚至上百亿元，给金融机构造成了极大的声誉损失和经济损失。当前，金融机构之间、行业之间关联越来越紧密，风险的传递效应和传染性持续加大，资管业务和同业业务夹杂多种法律关系，某个金融案件处置不当，极易导致风险在不同行业和机构间扩散发酵。

（六）房地产金融化趋势仍未化解，风险继续积累

一方面，大量资金进入房地产企业，房地产市场逐渐形成了高价格、高库存、高杠杆、高度金融化、高度关联性的“五高”风险特征，呈现出较强的金融属性，带来巨大的虹吸效应，诱引金融进一步脱实向虚。另一方面，房地产资产作为优质抵押物的性质又使房地产信贷成为银行业的重要资产，一旦房地产市场周期波动，极易冲击金融业稳定安全。2017年末，河北省房地产贷款余额12 870.47亿元，同比增长26.58 %，其中，个人住房贷款余额9 829.33亿元，同比增长27.15%。房地产贷款占各项贷款余额的29.71%，同比提高11.53个百分点，增量占全部贷款增量的48.53%。同时，大量资金还通过表外业务、通道类业务等方式进入房地产行业，实际融资规模更高；部分个人短期消费贷款也可能流向房地产市场，甚至用于首付，进一步放大风险。

（七）证券期货业发展相对滞后

证券期货机构同质化明显，经营面临严峻挑战，近半数证券经营机构和近九成期货经营机构亏损。河北省上市公司数量较少，且主要集中于钢铁、化工、煤炭等污染严重的重化工业，年内新增上市公司数量不足全国的1%；直接融资比例偏低，企业债券融资和非金融企业境内股票融资在社会融资规模中占比分别仅为2.0%和3.6%。

（八）保险机构经营压力较大

财产险公司对商业车险等优质业务的竞争更为激烈，信用保险受计提大额未决赔款准备金影响出现巨额亏损，财产险公司经营成本不断攀升，手续费用率24.25%，居全国第1位，综合费用率43.30%，居全国第2位，实现承保利润-5.62亿元，居全国第36位，同比大幅下降609.77%，盈利能力面临较大压力。人身险公司退保与满期给付风险应予高度关注，保费和非保险合同累计退保523.77亿元，同比增长36.37%，退保率7.05%，有15家超过5%的警戒线。损害保险消费者权益的违法违规行为，特别是销售误导、理赔难等问题依然存在。法人保险公司整体盈利空间收窄，竞争进一步加剧，短期内难以扭转亏损局面。

（九）非法金融活动严重影响金融稳定

部分获得类金融许可的小额贷款、融资担保、典当行、私募股权基金等机构，超范围从事金融业务。大量的投资公司、农民专业合作社没有任何金融牌照，也在开展非法金融活动。部分交易场所打着各种产品线上交易的旗号，违规开展非法期货、类证券业务，借助互联网大量发展交易会员。一些企业甚至以普惠金融为名，行庞氏骗局之实，进行非法集资。这些非法金融活动呈区域广、金额大、手段翻新、隐蔽性强、涉众广的新特征，破坏了正常的金融秩序，增加了人们对金融风险的敏感心理和恐慌情绪，甚至引发严重的社会问题。

三、维护金融业健康稳定发展的建议

（一）推进现代化经济体系建设

一是坚定不移深化供给侧结构性改革，深入推进“三去一降一补”，坚决打好精准扶贫攻坚战，加大环境污染防治力度，加快经济结构战略性调整。二是深入推进信息化和工业化深度融合，加快工业转型升级和提质增效，建设现代化工业体系。三是实施创新驱动，促进全省战略性新兴产业发展，加快培育现代产业体系，大力发展科技型和高新技术企业，不断提升经济发展的质量、效益和水平。四是着力扩大改革开放，引导外资投向高新、高端产业，提升开发区发展质量，大力推动中外产业合作，积极融入“一带一路”建设，支持优势产能走出去，鼓励高端要素引进来，拓展高质量发展空间。五是发挥投资关键性作用，优化投资结构，做好重点项目和重大国家战略规划建设，激发民间投资活力。六是巩固消费基础性作用，改善供需衔接，扩大消费需求、促进消费升级，提升物流、电子商务等消费产业发展，强化高质量发展支撑，巩固经济稳中向好势头。

（二）提升金融业服务实体经济的能力

习近平总书记强调，为实体经济服务是金融的天职。应大力疏通金融进入实体经济的渠道，为实体经济提供“源头活水”。一是进一步完善优化金融业组织体系，壮大金融业整体规模。加快区域性商业银行组建和城市商业银行改革，推进农村信用社县级联社改制组建农村商业银行，积极推动财达证券上市，鼓励支持恒银期货、燕赵财险做大做强。二是引导金融机构继续支持京津冀一体化、雄安新区等国家重大战略，加强对创新驱动发展、新旧动能转换、促进“双创”、支撑就业等方面的金融支持，积极发展普惠金融，大力支持小微企业、“三农”和精准脱贫，优化信贷结构，把更多金融资源配置到重点领域和薄弱环节。三是推动更多优质企业直接融资，提高直接融资比重，优化融资结构，不断创新保险产品、业务模式和保险资金运用方式，充分发挥保险风险管理和保障功能。四是规范发展小额贷款公司、融资担保公司、区域性股权市场等地方金融组织，稳步推进民间资本管理机构改革试点，积极引导社会融资机构加强特殊群体支持力度，为扶贫、科技、小微企业等特定对象和领域提供金融服务。

（三）强化防控金融风险的监管基础

一是充分发挥中央及地方各监管部门作用，落实地方政府防范处置风险主体责任，加强地方金融监管机构建设，健全地方金融监管体系，筑牢风险防范堤坝。二是加强监管协调，及时共享监测数据、监测成果、风险评估报告等风险信息，及时通报风险苗头以及重要风险情况，形成有效防范风险的合力。三是严肃查处各类金融违法违规行为，提高处罚力度、增加违规成本、形成“不敢违规、不能违规、不愿违规”的严肃监管氛围。四是推动金融机构构建公司治理有效、内控制度完善的现代金融风险管理体系，严格执行监管要求，及时处置风险点，守好风险防控的第一道关口，切实承担起风险管理的主体责任。

（四）筑牢维护金融安全稳定的防线

一是密切监测，准确判断，建立健全金融风险监测、评估和预警机制，不断提高监测水平，主动摸排银行业资产质量、盈利能力和流动性、区域股权市场、高风险保险公司、金融控股公司、资产管理和同业业务等重点领域金融风险，及时发现风险苗头，准确判断风险隐患，实现早识别、早预警、早发现，早处置。二是对于已经发现的一些风险隐患，突出重点，妥善解决，清除风险扩散蔓延的引爆点。稳妥推动企业市场化法治化债转股，严控企业债务过快上升。控制增量，处置存量，稳妥化解不良资产风险。建立金融资本和产业资本防火墙，取缔非法金融机构，加大非法金融活动打击力度，遏制非法集资高发势头。三是加强宏观审慎管理，完善宏观审慎评估体系，动态监测评估金融体系风险压力，有效发挥逆周期调节作用，防范跨市场风险传染。四是健全应急预案体系，加强应急预案演练，确保风险发生能及时有效应对处置。

（五）构建良好金融生态环境

地方政府、司法部门和其他部门应形成“一盘棋”，共同构建良好金融生态环境，促进全省经济与金融的良性循环和健康发展。一是优化信用体系。加强社会信用体系建设，大力开展诚信教育，在全社会营造诚信是立身之本、成事之基、处世之道的良好氛围。二是优化司法环境。严厉打击企业逃废银行债务行为，加快金融债权案件审理，加大执行力度，依法保护银行信贷资产安全。三是优化金融宣传。充分利用各种新闻媒体，加强金融知识和金融法律宣传，引导和教育广大群众认识非法金融活动的风险和危害，增强风险意识和自我保护意识。四是拓宽民众投资渠道。深化金融改革，推进金融创新，鼓励创造更多支持实体经济发展，使民众分享增值收益的金融产品，增加民众投资渠道。

总　　纂：陈建华　王彦青
统　　稿：张军辉　杨辉平　王丽英　李　鹏
执　　笔：靳凤菊　高　远　林红家　王聿孜　黄　倩　刘石涵
梁雅楠　白元元　张晓娅

山西省金融稳定报告摘要

2017年，山西省坚持以习近平新时代中国特色社会主义思想为指引，坚持稳中求进总基调，坚持把深化供给侧结构性改革与深化转型综改试验区建设紧密结合，积极实施创新驱动、转型升级战略，全省经济发展由“疲”转“兴”，经济增长步入合理区间。全省金融业总体运行平稳，金融业服务实体经济的能力进一步提升，社会金融活动保持平稳，金融基础设施建设不断加强。但经济运行质量有待进一步提升，区域金融风险防控任务繁重。

一、区域经济运行

（一）经济增长步入合理区间

1. 经济增速大幅回升，财政收支增长较快

初步核算，2017年山西省地区生产总值完成14 973.5亿元，同比增长7%，高于全国平均水平0.1个百分点，自2014年以来首次步入合理增长区间。第一、第二、第三产业增加值分别完成777.9亿元、6 181.8亿元和8 013.9亿元，分别增长3%、6.5%和7.8%。全年全省一般公共预算收入1 866.8亿元，同比增长19.9%，一般公共预算支出3 756.7亿元，同比增长9.2%，科学技术、节能环保、社会保障与就业、教育、医疗卫生等民生领域支出1 768.2亿元，占支出总额的47.07%。

2. 需求侧总体保持平稳

一是投资稳步回升，民间投资增速较快。2017年，山西省固定资产投资完成5 722.2亿元，增长6.3%。其中，民间固定资产投资完成3 408.9亿元，增长7.8%；民间投资占全省投资比重59.6%。二是消费继续提速，旅游业保持快速增长。2017年，山西省社会消费品零售总额完成6 918.1亿元，增长6.8%。全年全省旅游总收入5 360.2亿元，增长26.2%；接待旅游者人数56 139.5万人次，增长26.5%。三是进出口总额增幅下降明显。2017年，全省进出口总额171.7亿美元，同比增长3.6%，较上年回落9.9个百分点。

3. 供给侧三次产业改革不断深化

一是农业生产形势较好。全年粮食总产量130亿公斤，为历史第四高产年。二是工业经济保持较快增长，内部结构不断优化，企业效益大幅回升。受主导产品价格回升影响，全省规模以上工业增加值增长7%，增速较上年加快5.9个百分点，高于全国0.4个百分点；非煤产业增加值增长9.7%，快于煤炭产业6.1个百分点，对工业增长的贡献率达76.2%；传统产业高端化步伐不断加快，全年全省工业企业技改投资增长14.9%。规模以上工业企业实现主营业务收入

17 725.3亿元，同比增长25.7%；实现利润1 024.5亿元，较上年增加797亿元，是2012年以来同期最好水平。三是服务业支撑引领作用更加凸显。全省第三产业增加值增长速度和占比分别高于第二产业1.3个、12.2个百分点；第三产业对GDP增长的贡献率为60.2%，高于第二产业23个百分点。

4. 物价及就业形势保持稳定

一是居民消费价格继续低位运行，工业生产者出厂价格明显上涨。2017年，山西省居民消费价格上涨1.1%，较全国低0.5个百分点。全省工业生产者出厂价格上涨19.4%，较全国快13.1个百分点，较上年高22.6个百分点；工业生产者购进价格上涨15.2%，较上年高17.1个百分点。二是居民收入稳步提速，农村居民收入增长快于城镇。2017年，城镇、农村居民人均可支配收入分别增长6.5%、7%。三是就业形势保持稳定。全年全省城镇新增就业51.8万人，农村劳动力转移就业40.2万人，均超额完成全年目标；城镇登记失业率3.4%，控制在4.2%目标以内。

5. 房地产业平稳发展，煤炭行业经营持续改善

一是房地产去库存成效明显。2017年，山西省房地产开发投资金额同比下降27.0%；房地产开发项目房屋施工面积同比下降3.5%；商品房销售面积、销售金额同比分别增长17.2%、32.2%，增幅分别较上年回落12.2个、0.2个百分点；商品房待售面积较上年末减少535.3万平方米，待售面积减少量创历史新高。商品房待售面积消化周期6.1个月，比上年末减少4.2个月。二是煤炭行业主要效益指标继续向好，产业优化升级进一步加快。2017年，全省累计生产原煤8.56亿吨，同比增长3.5%；煤炭综合售价439.96元/吨，同比增加148.31元/吨；煤炭行业实现利润320亿元，同比增加303亿元。煤炭行业将总量性去产能转向结构性优产能，按照国家新标准，潞安高河等5座省级试点煤矿率先建成一级标准化，先进产能煤矿占比进一步提高。

（二）经济运行中需要关注的问题

1. 关注山西新动能体量小，金融支持有待加强的问题

一方面，新动能持续保持高速增长，对经济拉动作用逐步增强，但总量小，短期内无法成为主动能。2017年，山西省战略性新兴产业增加值增长10%，快于全省工业增速3个百分点，但战略性新兴产业增加值仅占规模以上工业增加值的9%。另一方面，金融对新动能发展的支持力度有限。实地调研显示，部分有发展前景的高科技企业，投资意愿和融资需求很强，但由于银企信息不对称、银行贷款门槛高等原因，导致企业融资受阻。金融在培育新的经济增长点，支持新旧动能转换过程中的作用有待进一步增强。

2. 关注规范地方政府融资行为背景下，平台类企业基建项目停滞、流动性风险加大的问题

近年来，平台和类平台企业是政府基建项目的主要投资载体，也是金融机构信贷投放的主要对象。财预〔2017〕50号、87号文实施后，山西省金融机构对存量政府购买服务方式融资的工程建设项目开展了深入排查，部分基础设施项目不符合规定，导致贷款停发。平台类企业基础设施类贷款增速明显放缓，超六成已审批未发放政府购买服务贷款受新规影响，资金缺口直接影响项目进展。信贷融资受阻，平台转向资管、债券市场融资，但风险溢价提高资金成本，融资利率大幅上升，进一步加大了公司的流动性风险。

二、金融业运行

（一）银行业

1. 银行业运行和发展情况

（1）资产负债规模稳步增长。2017 年末，山西省银行业资产总额、负债总额、所有者权益较年初分别增长 6.94%、6.54%、19.36%。分机构类型看，政策性银行、国有商业银行、股份制商业银行、城市商业银行、农村金融机构资产总额分别占总资产的 8.17%、35.47%、11.26%、11.11%、25.59%。

（2）各项贷款大幅增长，贷款利率持续下行。2017 年末，山西省金融机构本外币各项贷款余额同比增长 10.9%，高于上年同期 1.3 个百分点，比年初增加 2 217.3 亿元，创历史新高，同比多增 435.6 亿元。人民币各项贷款余额同比增长 11.1%，在全国排第 23 位，较上年末上升 5 位。2017 年，全省金融机构人民币贷款加权平均利率同比下降 0.044 个百分点。

（3）各项存款平稳增长。2017 年末，山西省金融机构本外币各项存款余额同比增长 6.4%，较年初增加 1 975.8 亿元，同比少增 251.9 亿元。人民币各项存款余额同比增长 6.9%，比年初增加 2 109.2亿元，同比多增 83.9 亿元。

（4）同业治理初显成效，债转股有序推进。同业业务持续压降，同业资产占比下降 1.09 个百分点；投资业务发展明显放缓，增速回落 30.76 个百分点。同时，稳妥有序开展市场化法治化债转股，助力企业去杠杆，7 家银行与企业达成债转股意向，到位资金 224 亿元。省属七大煤企负债率连续 4 个季度下降。

（5）盈利能力大幅回升。2017 年，山西省银行业金融机构净利润同比增盈 71.01 亿元。分行际看，股份制商业银行扭亏为盈，净利润较上年增加 63.29 亿元，地方金融机构同比增盈 10.89 亿元，国有商业银行盈利与上年持平。

2. 银行业稳健性评估

（1）信用风险保持高位。2017 年末，山西省银行业不良贷款余额较年初下降 122.20 亿元；不良贷款率较年初下降 0.99 个百分点。银行业资产质量有所好转，但不良贷款率仍高于全国，资产质量分类不真实问题依然存在。

（2）法人机构风险形势严峻。一是资产质量差。地方法人金融机构不良贷款余额占全省不良贷款总额的 49.85%，不良贷款率高于全省 2.81 个百分点。二是流动性问题突出。同业治理使法人机构同业资产增速得到控制，但存量业务期限错配问题突出，流动性依赖金融市场和同业的现象仍然存在。同时，负面舆情和风险案件对法人机构流动性状况的影响也需引起关注。

（3）担保圈的问题依然突出。贷款担保企业数量庞大，特别是煤焦冶电化工等传统行业较为集中，涉及贷款在全省企业贷款中的占比较高，受此影响，企业或有负债进一步扩大，担保圈问题潜在风险存在扩散隐患。

（4）部分领域新情况需持续关注。火电产能过剩，煤价上涨、电价下调，电力行业连续两年亏损，电力企业资金偏紧，电力行业贷款质量下行压力加大。同时，房地产贷款大幅增长，远超各项贷款增速，在需求有限、房屋销售面积和金额增速放缓的背景下，房地产行业贷款风险需引起关注。

（二）证券业

1. 证券业运行和发展情况

（1）上市公司平稳发展，再融资和并购重组有序推进。2017 年末，山西省境内共有 A 股上市公司 38 家，其中主板 31 家，中小板 4 家，创业板 3 家；新三板挂牌公司 83 家，新增 21 家；上市公司总股本 789.97 亿股，流通股本 646.06 亿股；总市值 6 271.97 亿元，流通市值 5 480.49 亿元，总市值在全国排第 19 位，在中部六省排名第 5 位。全年辖区上市公司共通过定向增发股份和发行公司债实现再融资 226.69 亿元，同比下降 4.35%。

（2）证券经营机构稳步增加，交易规模大幅上升。2017 年末，山西省有山西证券、大同证券 2 家证券公司、32 家证券分公司和 185 家证券营业部，较上年新增 4 家分公司、21 家营业部。辖区投资者资金账户开户总数为 379.92 万户，同比增长 21.17%；累计代理证券交易总额为 42 166.01 亿元，同比增长 20.57%。

（3）期货经营机构稳步发展，服务实体经济的深度进一步提升。2017 年末，山西省共有 3 家期货公司、2 家分公司和 26 家期货营业部，较上年新增 1 家分公司。全年全省期货市场累计成交额为 22 276.70 亿元，同比增长 15.20%。省内 6 家涉农企业和煤焦化企业积极利用期货市场进行套期保值，累计成交金额 30.55 亿元。

（4）基金经营机构平稳发展。2017 年末，山西省没有具有独立法人资格的公募基金管理公司，仅有山西证券 1 家公司取得公开募集证券投资基金管理资格。山西证券共管理 4 只公募基金产品，规模共 40.20 亿元。山西辖区已在中国证券投资基金业协会完成登记的私募投资基金管理人 50 家，备案的私募基金 56 只，管理规模 81.28 亿元。

（5）直接融资规模同比下降。2017 年，山西省通过交易所和银行间市场直接融资 1 617.79 亿元，同比下降 23.54%。

2. 证券业稳健性评估

（1）证券公司抗风险能力较强，收入结构持续改善。辖内 2 家证券公司净资产同比增长 2.43%，资本实力不断增强。证券公司风险控制指标均远高于监管标准，流动性良好，净资本充足，抵御风险能力较强。同时，证券公司经纪业务收入占营业收入的 28.06%，同比下降 17.61 个百分点，收入结构持续改善，受蓝筹股大幅上涨影响，投资业务收入占营业收入的 57.20%，较上年上升 28.95 个百分点。

（2）期货公司经营持续亏损，但风控指标较好。2017 年末，3 家期货公司资产总额、净资产、客户保证金余额、投资者开户数同比分别增长 26.77%、23.46%、7.58%、10.69%。辖区 3 家期货公司净利润同比减亏 16.39%。3 家期货公司风控指标均高于监管标准。

（3）上市公司家数少，储备资源不足。2017 年末，山西省仅有 38 家上市公司，连续两年无新增；山西省在证监会待审企业仅有紫林醋业 1 家，在山西证监局备案的拟上市企业仅有 9 家，拟上市资源严重不足；辖区挂牌公司数量为 83 家，占全国挂牌公司的 0.71%，挂牌数量排全国第 23 位。

（4）国有上市公司资本运作能力不强。2017 年，18 家省属国有上市公司中仅有漳泽电力通过非公开发行融资 29.8 亿元，西山煤电、潞安环能、山西证券、国新能源通过发行公司债融资 126 亿元。8 家上市公司自上市以来从未进行过再融资。

（三）保险业

1. 保险业运行和发展情况

（1）主体建设有序推进。2017 年末，全省共有保险公司 1 家，省级分公司 49 家，中心支公司 328 家，县级支公司 1 173 家，营业部 20 家，营销服务部 923 家。保险中介市场有序发展，全省有保险专业中介机构 912 家，其中代理机构 852 家，经纪机构 54 家，公估机构 6 家。

（2）业务规模持续增长。2017 年，山西保险业保费收入同比增长 17.61%，增速同比下降 1.79 个百分点。其中，财产险保费收入同比增长 11.46%；人身险保费收入同比增长 19.65%。2017 年，全省保险深度 5.50%，较上年高出 0.13 个百分点；保险密度 2 225 元/人，较上年高出 322 元/人。

（3）风险保障和重点领域赔款给付增长较快。2017 年，全省保险业为社会提供各类风险保障 29.28 万亿元，同比增加 37.92%，是保费收入增速的 2.15 倍。全省保险业赔款与给付支出同比增长 9.26%。从结构看，赔付增长以人身险为主。全年人身险赔款与给付支出同比增长 12.19%。财产险赔款与给付支出同比增长仅 4.6%。

2. 保险业稳健性评估

（1）法人保险公司盈利压力较大。2017 年末，中煤财险偿付能力充足率为 181.76%，偿付能力充足，但其经营仍未摆脱亏损局面，且全年亏损有所扩大。

（2）寿险公司退保风险增大。2017 年末，全省寿险公司退保率同比上升 2.13 个百分点。退保金额增加对寿险公司的现金流带来一定压力，相关风险值得关注。

（3）市场集中度有所上升，中小保险机构竞争能力不强。2017 年末，财产险市场共有 26 家公司，最小十家市场份额仅占 5.86%；人身险市场共有 23 家公司，最小十家市场份额仅占 8.69%。中小保险机构市场份额占比仍偏小，竞争能力有待提高。

三、社会金融活动

2017 年，山西省小额贷款公司、融资性担保公司、典当行等具有融资功能的非金融机构整体运行平稳，在缓解“三农”、小微企业融资难方面发挥了积极作用。但小额贷款公司经营困难、管理粗放，融资性担保公司代偿率保持高位，典当行整体亏损等问题需引起关注。

（一）小额贷款公司

2017 年，山西省小额贷款公司家数和注册资本金持续减少，调查发现有部分公司未办理注销，但实际处于人去楼空的状态，个别公司主要以起诉追偿工作为主。贷款方式以保证贷款为主，期限以短期为主。

小额贷款公司发展面临的问题：一是经营困难。如晋城市有一半小额贷款公司 2017 年没有发生新业务，一半机构出现亏损。二是大额贷款占比较高。以晋中市为例，2017 年全市小额贷款公司贷款额度在 100 万～500 万元和 1 000 万元以上贷款分别占贷款总额的 38.17%、22.60%。三是经营管理不规范。全省小额贷款公司多为民营性质，经营受实际控制人影响较大，公司治理缺失，贷款“三查”流于形式，法人治理和内控制度执行流于形式。四是风险控制机制不健全。小额贷款公司服务对象有效担保品不足，导致保证类贷款占比较大，风险有效缓释不足。同时，未建立审慎规范的风险覆盖制度，未充分计提呆账准备金。

（二）融资性担保公司

2017 年，山西省融资性担保公司机构数量、资本实力保持平稳，担保业务规模稳步增长，小微企业和“三农”担保业务占比保持高位。

融资性担保公司运行中存在的问题：一是银担合作制度缺失。银行和担保机构合作中，风险全部由担保公司承担，同时，银担之间信息不透明，银行对担保公司经营状况、担保公司抽逃、挪用资本金等行为的不掌握，同时担保公司也无法共享银行的企业信用信息。二是担保效能不充分。银行机构为控制风险，与担保公司、尤其是民营担保公司合作深度不够，导致担保业务发展缓慢，融资担保放大倍数较低，担保公司作为中小企业融资桥梁的作用发挥极不充分。

（三）典当行

截至 2017 年末，山西省共有 365 家典当经营网点，注册资本金同比增长 5.38%，资产总额同比增长 4%，典当余额同比下降 6.37%，典当总额（当年累计）同比下降 11.82%。从业务结构看，动产质押、房地产抵押、财产权利质押三项主营业务比重为 28:53:19，房地产业务主导地位凸显。

典当行发展面临的问题：一是全行业连续三年亏损。2017 年，全省典当行业税后利润总额为 -1 097.66万元，亏损企业数量占全部典当企业的一半。二是经营管理粗放，专业人才缺乏。部分典当企业管理水平较差，诚信经营意识不强，缺乏有效的风控表决流程。同时，全省仅有近 28% 的企业配备了民品、机动车和房产鉴定评估人员，专业鉴定人才缺口较大。

四、金融基础设施

（一）金融法治环境持续改善

法治建设及宣传工作进一步加强。2017 年，全省金融机构在人民银行太原中心支行的牵头组织下，采取多种形式面向社会开展了反洗钱、征信知识、票据管理、反假货币、支付结算、银行卡管理、金融消费权益保护、互联网金融等方面的金融法治宣传活动，积极开展辖区金融广告治理工作，社会公众办理金融业务时遵守金融法律的自觉性和依法维权意识明显提高。2017 年，全省各级人民银行依法查处金融违法行为，共作出行政处罚 125 件，处罚款金额 857.63 万元，有效维护了辖区金融秩序，确保了辖区金融市场稳健运行。

（二）金融消费权益保护工作进一步深化

2017 年，全省人民银行系统认真贯彻落实《中国人民银行金融消费权益保护工作管理办法（试行)》，采取直接处理、转办、调解等多种方式化解金融消费纠纷。全年全省人民银行系统受理金融消费者投诉件数同比上升 4.42%；受理金融消费者咨询件数同比下降 11.78%。办结投诉率 98.49%，消费者满意度 97.18%。

（三）支付结算体系平稳高效运行

支付结算业务系统平稳运行。2017 年，山西省共有 135 家银行网点加入现代化支付系统[①]；54 家银行机构加入人民币银行结算账户管理系统，255 家机构加入电子商业汇票系统，7 家机构加入同城票据交换系统。现代化支付系统业务量 17 141.34 万笔、金额 42 万亿元，同比分别下降 15.26%、11.6%。人民币银行结算账户管理进一步规范。山西省有效简化优化审批程序，账户审批由“两日办结”压缩至“当日办结”，办理时间比规定时限缩短 50%，窗口工作服务人员实现零投诉。农村支付环境建设稳步推进。2017 年末，山西省在农村地区服务点覆盖率和受理终端覆盖率均达到 100%。支付结算监管持续深入。持续做好无证经营支付业务专项整治工作；积极开展联合整治预付卡违规经营专项行动；有序开展“微盘”交易平台、违规交易场所清理整治工作；联合开展整治非法买卖银行卡信息专项行动、整治支付结算重大违法犯罪行动，持续优化支付服务环境。

（四）征信服务和管理水平有效提升

征信系统运行平稳。2017 年末，金融信用信息基础数据库分别为山西省 23.7 万户企业和 1 937.3万自然人建立了信用档案。全年累计提供企业征信系统查询 19.5 万次，个人征信系统查询 1 114.5万次。应收账款融资服务平台推广应用成效明显。2017 年末，应收账款融资服务平台累计登记全省融资业务 352 笔，融资金额 674.35 亿元，同比增长 14.1%。2017 年共完成 13.7 万户新设机构的信息采集和机构信用代码证发放工作。

社会信用环境逐步优化。2017 年成功上线运行全省中小微企业和农村信用信息平台，2017 年末，系统共收录全省 297.9 万企业及个体工商户基本信息、443.8 万农户家庭成员信息和 50.8 万户贫困户基本信息。切实履行行政许可和行政处罚信用信息“双公示”推送职责，全年向山西省信用信息共享平台推送“双公示”信息 10.4 万余条。强化征信宣传，助推精准扶贫。诚信文化教育长效机制全面铺开，全省共有 9 所大、中专院校开设了征信专业课或选修课。

征信市场规范有序，信用评级工作稳步开展。2017 年末，山西省评级机构累计开展评级业务 8 笔，其中借款企业评级 6 笔，融资性担保公司评级 2 笔。牢牢守住征信信息安全底线，全面开展征信管理检查工作，强化征信信息安全监管，有效规范金融信用信息基础数据库接入机构的征信业务行为。

（五）反洗钱监管持续深入

强化监管，严格执法，深入贯彻“穿透式”监管原则。2017 年，山西省共选取 116 家机构开展反洗钱现场检查，对反洗钱工作中存在问题较为严重的 35 家被查机构和 34 名高管人员进行了行政处罚，处罚金额是 2016 年处罚金额的 4.2 倍。

加强研判，积极探索，调查工作金融情报支持作用明显增强。一是积极配合公安、税务、海关等部门开展“打击利用离岸公司和地下钱庄转移赃款专项行动”、“打击骗取出口退税和虚开增值税专用发票专项工作”、“国际追逃追赃专项行动”等。二是重点领域反洗钱调查成效显著。2017 年，共接收金融机构报送的重点可疑交易报告 120 份；完成了人民银行总行发出的协查 7 起；向公安机

① 包括大额支付系统、小额支付系统、支票影像交换系统和网上支付跨行清算系统。

关移送的一条POS机套现线索、一条地下钱庄线索，在今年均已成功破获。三是深化与部分联席会议成员单位的反洗钱合作。与山西省监察委员会建立协作机制；与山西省国家安全厅联合签署《深化合作机制备忘录》；加强与公安经侦部门的线索联合研判，参加公安部“反洗钱实战大比武”活动。四是开展保险业、证券业洗钱类型分析以及建立涉税洗钱风险监测指标。

（六）反假货币和现金管理进一步加强

2017年，全省人民银行全面推进人民币整洁度和反假货币综合治理，加大反假货币工作力度，全辖没有发生假币大量集中出现的情形，反假货币工作处于常态。全省收缴假人民币金额同比增长1.30%，张数同比下降1.93%。现金投放保持平稳。2017年，全省现金净投放115.40亿元，较上年增长0.82%。

五、总体评估与政策建议

（一）总体评估

参照人民银行上海总部定量评估方案，采用专家调查法、层次分析法等技术方法，对山西省金融稳定状况进行了综合评估。结合山西省经济金融发展对部分指标阈值及标准值计算方法进行修正，在纵向比较中为排除指标权重变化对评价结果的影响，全部采用2017年专家调查法的权重进行计算。评估结果表明，2017年山西省综合得分较上年大幅提高，金融稳定等级评估处在C类一般区间。纵向对比评估结果，宏观经济、金融机构和金融生态环境得分均大幅上升。宏观经济层面，经济增速重回合理区间，第三产业保持较高增速、社会消费品零售总额、居民人均收入增长较快，城镇登记失业率保持低位；金融机构层面，银行业资产规模稳步增长，资本充足状况和资产质量有所改善，盈利能力有所增强，证券业和保险业保持平稳，各项风控指标均达监管要求。

（二）政策建议

1. 深化供给侧结构性改革和资源型经济转型综改，提升经济发展质量和效益

一是深化“三去一降一补”，继续实施煤炭减量化生产，加大房地产去库存力度，多措并举降低国有企业负债率，继续加大脱贫攻坚、基础设施、科技创新、社会民生、生态环保等薄弱环节投资力度。二是落实国务院42号文件的各项任务，开辟转型综改主战场，稳步推进开发区整合改制扩区调规，推行专业化的管理运行机制，不断优化营商环境。三是加快做强传统产业，做大新兴产业。打造传统优势产业集群。推动钢铁、有色、焦炭等产业向中高端突破。推进能源革命，改造提升传统产业。推动新兴产业集群、集聚、集约发展，形成新兴产业快速成长，传统产业更具竞争力的现代产业格局，为区域金融平稳运行奠定坚实基础。

2. 深化金融改革与创新，助推金融业回归服务实体经济本源

稳步扩大社会融资规模。积极稳妥发展供应链金融，支持市场化法治化债转股。加快多层次资本市场建设，发挥山西股权交易中心作用，推动企业上市、挂牌培育和上市公司再融资，推进上市公司并购重组。培育引进产业投资基金和股权投资基金，发挥太行产业投资基金作用，支持民间资本联合设立投资基金。支持法人证券公司创新业务和产品，推动企业运用期货工具开展套期保值业

务。创新险资入晋机制，发挥保险促进转型的独特优势。完善地方金融体系，发挥山西金控集团等机构作用，加快农信社改制步伐，壮大政策性担保机构，支持符合条件的省属法人金融机构增资扩股、引进战略投资者。

3. 防范和化解地方金融风险，打好防控金融风险的攻坚战

按照财预〔2017〕50 号、87 号文的相关规定，规范地方政府融资行为，控制地方政府债务风险。进一步强化监管，深入开展同业业务等专项治理，优化金融机构负债结构，稳妥降低金融业杠杆率，化解流动性风险；完善地方金融监管体制机制，厘清地方金融监管部门的职责边界，压实地方政府对农信社和非法集资的风险处置责任，稳妥处置金融风险，营造良好金融生态。严防舆情和案件风险，健全应急管理工作。

4. 加强金融基础设施建设，优化金融生态环境

推动金融相关基础法规的建设，推进金融消费者权益保护工作；进一步完善支付结算体系，提高清算服务的安全、稳健、便利性；不断提升征信服务与管理水平；强化反洗钱“穿透式”监管，落实差别化监管措施；扎实推进反假货币和现金管理工作；加强金融诚信环境建设，保护金融机构合法债权；严厉打击非法集资、非法理财等违法金融活动，创造良好的金融环境。

总　　纂：李文森　邢　毅
统　　稿：卓小岩　高　鸿　张晓红
执　　笔：吴晋科　杨　明
其他参与写作人员：武　洋　孙树恩　许　莹　刘　璐　薄利华　高　婧
马　丽　张雅婷　马儒静　刘　飞　郭　帅　祝丽君
乔　勇　武　耀　李计花　卫文省　席立明

内蒙古自治区金融稳定报告摘要

2017年，内蒙古自治区坚持以推进供给侧结构性改革为主线，加快推动经济结构战略性调整，经济金融运行动力在转换中增强，质量在转型中提升，实现了平稳健康发展。但经济金融发展中的不利因素增多，经济金融保持稳健运行的挑战加大。

一、宏观经济环境

（一）经济总量平稳增长，产业结构明显优化

初步核算，2017年，全区生产总值16 103.17亿元，按可比价格计算，较上年增长4.0%。从产业结构看，第一产业增加值较上年增长3.7%，第二产业增加值较上年增长1.5%；第三产业增加值较上年增长6.1%。第一、第二、第三产业占比分别由8.74%、48.73%和42.53%调整为10.2%、39.8%和50.0%，产业结构进一步优化。第三产业对经济增长的贡献率超过70%，拉动GDP增长3.0个百分点，对经济增长起到主要支撑作用。

（二）工业生产稳中有升，企业效益大幅提升

2017年，全区规模以上工业增加值较上年增长3.1%，增速同比回落4.1个百分点。全年规模以上工业企业产销率达到98.2%，同比提高0.2个百分点。工业经济效益水平保持良好，1－11月，全区规模以上工业企业实现利润总额同比增长1.2倍。

（三）供给侧结构性改革扎实推进，“三去一降一补”成效显著

去产能方面，2017年，全区共关闭退出煤矿16座，退出过剩产能共计810万吨，平板玻璃产量下降1.3%，水泥产量下降25.7%。去库存方面，12月末，全区商品房待售面积为1 265.60万平方米，下降8.6%。去杠杆方面，11月末，全区规模以上工业企业资产负债率64.0%，下降0.2个百分点。降成本方面，1－11月，全区规模以上工业企业每百元主营业务收入中的成本为77.56元，下降4.4元。补短板方面，民生领域投资增长较快，全年教育投资增长9.4%，水利、环境和公共设施增长6.5%，文化、体育和娱乐业增长9.8%。

（四）投资小幅下降，消费市场平稳运行，对外贸易大幅增长

2017年，全区500万元以上项目固定资产投资完成14 219.25亿元，下降7.0%，其中，房地产开发完成投资889.72亿元，下降21.5%。全区实现社会消费品零售总额7 160.2亿元，增长6.9%。

全区实现进出口总值942.42亿元，增长22.8%，其中，出口完成334.75亿元，增长15.8%；进口完成607.67亿元，增长27.0%。

二、金融业发展情况

（一）银行业

2017年末，全区共有银行业金融机构198家，其中全国性银行分支机构18家，地方法人银行业金融机构180家。年内4家农村信用社改制为农村商业银行，16家农村信用社进入改制农村商业银行程序，其中7家机构已经内蒙古银监局批准筹建。包商惠农贷款公司改制为村镇银行，民营银行组建工作也在积极推进，辖内银行业机构组织体系不断健全，金融服务能力进一步提升。

1. 资产负债规模保持增长，增速大幅回落

2017年末，全区银行业金融机构资产总额34 362.05亿元，增长8.07%，同比下降7.37个百分点。负债总额33 144.39亿元，增长8.79%，同比下降6.31个百分点。其中地方法人银行业金融机构比重进一步提升，资产总额15 057.9亿元，增长14.52%，高于全区平均水平6.45个百分点，占比43.82%，同比提高2.23个百分点；负债总额13 836.33亿元，增长14.89%，高于全区平均水平6.1个百分点，占比41.75%，同比提高2.22个百分点。

2. 存款增速明显放缓，政府存款下降较多

2017年末，全区人民币各项存款余额22 952.8亿元，增长8.4%，增速低于上年同期8.6个百分点，为近两年最低水平。受上半年及以前年度财政虚增收入的集中清退影响，财政性存款和机关团体存款大幅回落，全年下降33.6亿元，同比少增831.9亿元，成为存款增速放缓的主要因素。此外，同业和通道类业务监管趋严，金融机构同业存款、协议存款以及银行承兑汇票保证金存款大幅下降，全年非银行金融机构存款、协议存款和保证金存款新增181亿元，同比少增273.5亿元。

3. 信贷结构持续优化，助推经济转型升级

2017年末，全区人民币各项贷款余额21 456亿元，增长10.8%，增速低于上年同期2.2个百分点。一是对基础设施领域的资金支持力度加大。2017年全区基础设施类中长期贷款增加702.2亿元，同比多增134.3亿元。二是对高新技术行业和新兴产业贷款投放增加。信息传输、软件信息技术服务业和科学研究技术服务业贷款新增39.3亿元，同比多增34亿元。三是注重支持民生领域。保障住房开发贷款新增336.6亿元，同比少增285.9亿元；个人住房贷款新增250.6亿元，同比多增100.3亿元。

（二）证券业

2017年末，全区共有法人证券公司2家，区外证券公司设立的分公司17家，证券营业部101家，其中法人证券公司营业部42家。期货营业部10家。全区共有上市公司26家，其中上交所16家，深交所5家，中小板2家，创业板3家。新三板挂牌企业66家。区域性股权交易中心1家。多层次资本市场不断完善，各类证券机构总体运行平稳。

1. 法人证券公司交易规模稳步增长，盈利水平大幅提升

2017年末，内蒙古两家法人证券公司股民开户总数242.8万户，新增客户25.6万户，增长

11.8%，托管股票总市值1 555.3亿元，增长3.2%，累计实现证券交易额34 680.5亿元，增长22.1%，融资融券累计额61.7亿元，增长4.4%，实现营业收入27.5亿元，增长27.2%，全年盈利6.7亿元，净利润增加2.9亿元，增长75.4%。

2. 期货经营机构业绩明显上升，实现扭亏为盈

2017年，在资本市场强监管的态势下，股市逐步回归正轨，股指期货的风险管理功能得到进一步发挥，期货交投活跃度明显上升，期货业经营业绩大幅提升。2017年末，期货公司累计开户人数13 828户，较上年新增4 837户，增长53.8%，全年成交金额0.4万亿元，增长2.3%，主营业务收入0.4亿元，增长176%；佣金收入0.4亿元，增长180.7%；净利润0.02亿元，多盈0.06亿元。

3. 上市公司总市值明显上升，新三板融资功能显著增强

2017年，全区沪深两市上市公司总市值6 586.6亿元，增长29.3%，其中，主板市场总市值6 105.1亿元，增长30%，中小板市场总市值220.9亿元，增长7.9%，创业板市场总市值260.6亿元，增长35.1%；三个板块市场全年累计募集资金146.31亿元，降低14.6%。2017年新三板市场表现活跃，企业规模和融资规模大幅提升，融资功能持续走强，全区新三板上市企业66家，当年新增6家，增长10%，总股本56亿股，增长9.5%，新增募集资金13.59亿元，较上年多增募集资金6.2亿元。

（三）保险业

2017年末，全区共有保险公司省级分公司42家，其中财险公司24家，寿险公司18家；下设分支机构2 827家，较上年增加97家；保险专业中介及分支机构120家，其中代理公司108家，经纪公司11家，公估公司1家；保险兼业代理机构4 219家。全区保险业以服务民生为重点，以深化改革为手段，不断培育供给新动能，市场整体保持平稳健康发展。

1. 市场主体保持稳定，行业实力不断增强

2017年末，全区保险业资产总计1 116.6亿元，增长15.3%。其中，人身险公司资产总计1 005.7亿元，增长16.1%，占比90.0%。财产险公司资产总计110.9亿元，增长8.33%，占比10.0%。2017年，内蒙古保险市场总体呈现平稳较快发展，全区保险业行业实力不断增强，市场秩序持续好转，市场格局日臻完善。

2. 保费收入增速有所下降，赔付支出增速加快

2017年，全区保险业实现保费收入569.9亿元，增长17.1%，增速低于全国平均水平1.1个百分点，低于上年同期6.1个百分点。赔付支出方面，全年未发生集中退保等群体性事件，但保险公司赔付支出增速加快。2017年末，保险公司赔付支出186.5亿元，增长35.4%，增速上升24.7个百分点。

3. 保险业保障功能不断提升，对经济社会的渗透力逐步提高

2017年，保险资金在全区投资余额超过700亿元，涉及11个投资主体、涵盖11个盟市60个项目，全面完成大兴安岭重点国有林管理局“4·30”、“5·2”森林火灾理赔工作，共计支付赔款9 060万元，帮助受灾林农及时做好灾害应对和灾后恢复重建工作。

（四）具有融资功能的非金融机构[①]

2017 年末，全区共具有融资功能的非金融机构 875 家，同比减少 15 家。其中，融资性担保法人机构 142 家，同比增加 9 家；小额贷款公司法人机构 474 家，同比减少 24 家；典当行 259 家，保持不变。

1. 融资性担保机构业务实现新增长

2017 年末，全区融资性担保法人机构注册资金 211 亿元，同比增加 24.4 亿元，累计为 9.9 万户中小企业融资担保 2 294 亿元，当年新增担保额 289.2 亿元，同比增长 55.1%；在保责任余额 343.2 亿元，同比增长 25.9%。业务规模大幅增长。

2. 小额贷款公司支农支小力度大幅提升

2017 年末，全区小额贷款公司贷款余额为 303.77 亿元，下降 6.57%；存量贷款户数为 10.73 万户。小额贷款公司发放的贷款投向“三农”和小微企业的余额合计 228.19 亿元，同比增长 208.36%，占比达到 68.59%，同比提高 45.83 个百分点。

3. 典当行整体呈下滑趋势

2017 年末，全区典当行机构注册资本 42.07 亿元，减少 0.6 亿元；净资产 37.91 亿元，减少 2.19 亿元；典当总额 20.04 亿元，减少 2.18 亿元；典当余额 15.41 亿元，减少 1.19 亿元；累计绝当金额 0.54 亿元。利息及综合服务费收入 0.51 亿元，全年亏损 0.14 亿元。

三、金融风险状况分析

（一）银行业

1. 信贷资产质量持续恶化，资产质量下行趋势仍未见底

自 2013 年以来，全区银行业金融机构不良贷款呈现持续攀升态势。2017 年，全区金融机构不良贷款持续高位运行，于 9 月末突破 900 亿元，达到历史高点 906.33 亿元。截至 2017 年 12 月末，不良贷款余额 845 亿元，同比增长 11.53%。不良贷款率 3.81%，与上年末持平。地方法人金融机构不良贷款余额为 298.24 亿元，同比上升 11.17%；不良贷款率 4.6%，同比下降 0.44 个百分点。2017 年全区累计清收与处置不良贷款 453.7 亿元，在金融机构清收处置不良贷款的同时，新的不良贷款不断产生，年末不良贷款余额增加 87.35 亿元，不良贷款“边清边冒”的问题非常突出。

2. 拨备计提继续增加，个别机构贷款损失准备不足

2017 年，为应对不良贷款余额居高不下可能产生的信用风险，全区地方法人银行业金融机构贷款损失准备的提取力度继续增加。年末全区银行业金融机构贷款损失准备余额 879.75 亿元，增长 13.05%。拨备覆盖率 104.17%，上升 1.46 个百分点。2017 年末，全区地方法人银行业金融机构贷款损失准备余额 294.6 亿元，增长 12%，拨备覆盖率 98.8%，上升 0.6 个百分点。其中，农村合作银行和农村信用社拨备覆盖率最低，分别为 46.8% 和 60.3%，分别低于全区地方法人银行业金融机构平均水平 52 个和 38.5 个百分点。拨备覆盖率不符合监管要求的机构有 45 家，45% 为村镇银行，

① 本报告中准金融机构包括融资性担保公司、小额贷款公司和典当行。

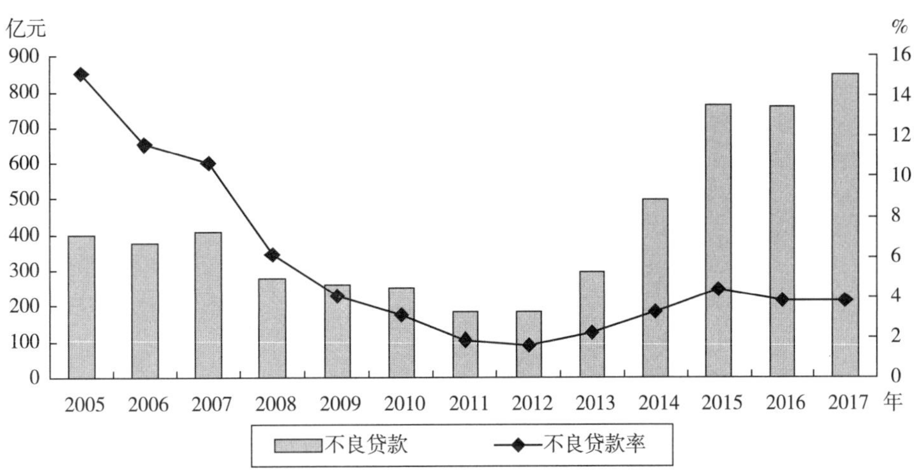

数据来源：内蒙古银监局。

图 1　全区银行业金融机构不良贷款变化情况

较上年末增加 5 家，最低的仅为 2%。

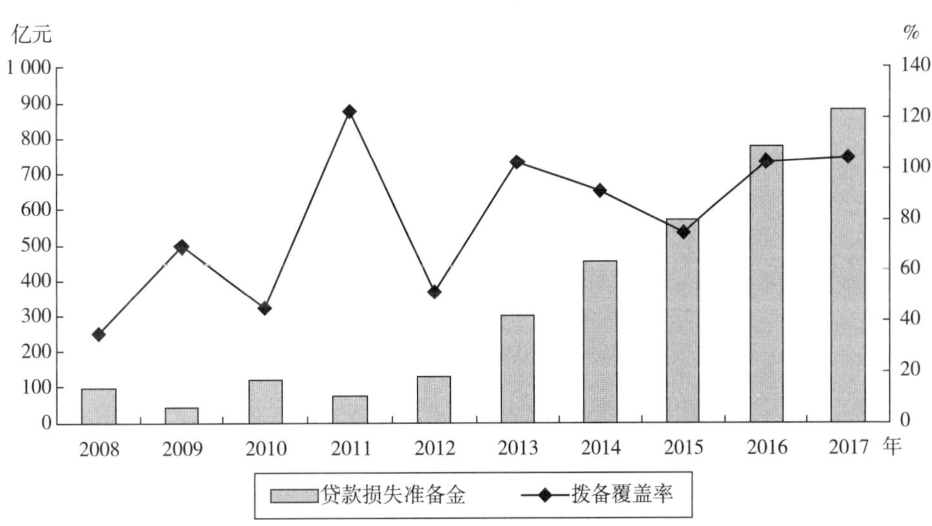

数据来源：内蒙古银监局。

图 2　全区银行业金融机构风险抵补情况

3. 整体资本充足水平基本稳定，部分机构资本充足率严重不足

2017 年末，全区地方法人银行业金融机构资本充足率 10.8%，与上年基本持平。其中城市商业银行资本充足率 10%，农村合作金融机构 9.9%，村镇银行 16.3%，农村合作银行和农村信用社仅为 0.1% 和 5.5%。由于一些机构不同程度地存在贷款损失准备缺口，全区资本充足率低于监管过渡期要求的机构 20 家，55% 为农村信用社，较上年末减少 8 家，最低的仅为 -124%，资本实力较弱，风险抵御能力堪忧。

4. 银行业金融机构经营压力不断增大，盈利水平持续下降

2017 年，全区银行业金融机构实现净利润 157.4 亿元，下降 22.4%。主要受不良高企、资产减值损失计提大幅增加所致，全年累计计提资产减值准备 879.8 亿元，增长 13.1%。资产利润率 0.5%，下降 0.2 个百分点，中间业务收入比率 10.8%，下降 0.6 个百分点，商业银行通过中间业务创造非利息收入的能力有所下降，仍然需要依赖利差收入的传统盈利模式创造收入，盈利压力整体有所上升。全区地方法人银行业金融机构实现净利润 116.07 亿元，同比多盈利 6.01 亿元。出现亏损的机构有 19 家，较上年末减少 4 家，包括 18 家村镇银行、1 家消费金融公司，亏损额合计 3.52 亿元。

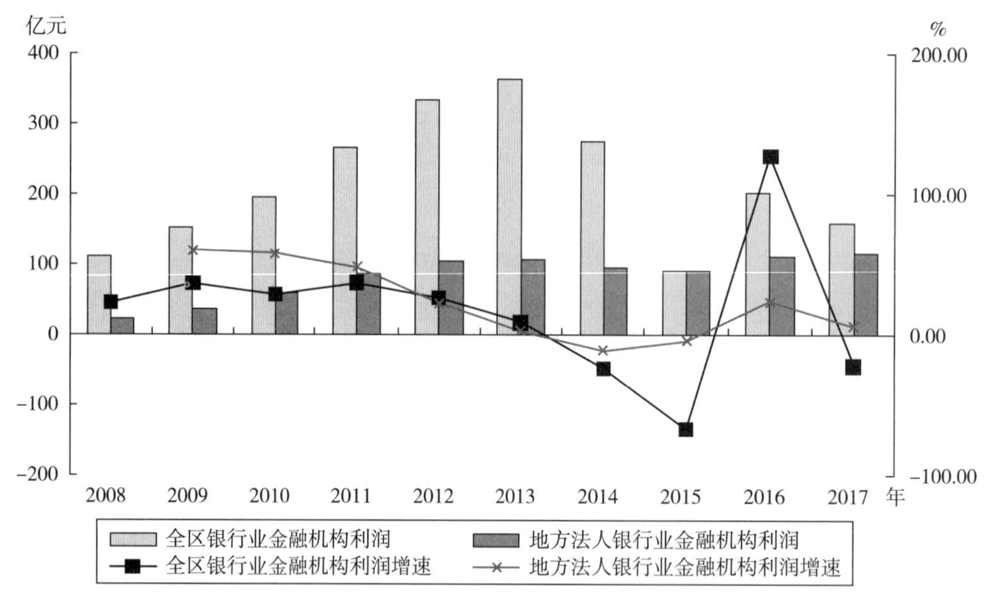

数据来源：内蒙古银监局。

图 3　全区银行业金融机构净利润变化情况

5. 流动性有收紧态势，部分流动性指标出现下行

受金融“去杠杆”与“强监管”的政策影响，金融机构资金流动性趋紧，存款增速明显放缓，负债成本显著上升，流动性呈现收紧态势。其中，地方法人银行业金融机构除核心负债依存度略有上升外，其余两项指标均出现了恶化，流动性比例为 56.45%，下降 3.58 个百分点，所有机构均高于 25% 的监管要求。存贷款比例 66.93%，上升 3.5 个百分点。核心负债依存度 56.26%，虽然上升 8.97 个百分点，但整体仍低于监管要求，其中有 57 家低于 60% 的监管标准，同比减少 20 家。流动性缺口率低于 –10% 监管要求的有 15 家，同比减少 1 家，这部分机构中有的机构虽然流动性缺口较大，但资金流充足，个别机构由于负面舆情、期限错配问题或亏损压力较为突出，流动性指标出现下行或波动，风险较高。

（二）证券业

1. 证券公司整体稳步发展，但经营中存在风险隐患

从全区各证券机构主要财务指标情况看，净资产、净资本稳步增长，以净资本为核心的风险覆盖率、资本杠杆率、流动性覆盖率、净稳定资金率等主要风险控制指标均符合监管要求，且保持在

监管标准的预警阈值之上，总体风险可控，但证券公司经营中存在的风险隐患不容忽视，如内部管理能力与迅速扩张的业务规模不匹配，容易诱发经营风险；资本补充能力不足，可能导致经营、流动性和信用等各类风险。

2. 盈利模式单一，证券公司“靠天吃饭”的行业特性难以改变

从证券公司盈利模式看，证券行业仍处于同质化严重的激烈竞争中，券商经纪业务佣金率存在下行空间，对经纪业务收入依赖有所下降但占比仍然较大，证券业主要以手续费收入和交易性金融工具投资收益为主，2017 年 2 家法人证券公司手续费收入占营业收入的比重为 53.09%，同比下降 14.30%；投资收益占比 46.55%，增长 93.10%，证券公司盈利模式相对单一、收入增长与资本市场行情相关性较高等问题依然存在。

3. 资管新规对证券公司创新业务形成挑战

2017 年，受资管业务监管新政的影响，证券公司资管业务规模缩水明显。两家证券公司资管业务收入均大幅下降，受托客户资产管理业务净收入 1.15 亿元，同比下降 52.29%。资管新规出台后，证券公司不得不割舍大规模的通道业务，对通道业务依赖明显的证券公司将面临更大挑战，主动管理将成为券商资管业务转型增长的重要动力。

（三）保险业

2017 年，在强监管形势下，保险业整治乱象成为主流，市场竞争越发激烈，保险行业发展面临较大挑战。

1. 应收保费风险压力较大，警惕应收保费攀升风险

2017 年末，全区应收保费率为 9.11%，同比上升 1.94 个百分点，超出 8% 的预警指标值。

2. 寿险业退保金额依然较高

年末全区保险公司退保金额总计 61.73 亿元，同比增长 12.11%，虽然增速同比下降 15.56 个百分点，但退保金额持续高位运行，将对保险公司的流动性造成不利影响。年末退保率为 4.87%，同比下降 0.36 个百分点。

3. 风险防控压力依然较大

保险业正处于防范化解风险攻坚期、多年累积深层次矛盾释放期和保险增长模式转型阵痛期的“三期叠加”阶段，一些重点领域和重点公司的风险逐步暴露，各类违法违规乱象丛生，特别是少数问题公司风险、公司治理失效风险、资金运用风险、资本不足风险、新型保险业务风险、外部传递风险、群体性事件风险等重大风险因素不容忽视，保险业风险防控工作不能懈怠。

四、影响金融稳定的因素分析

（一）区域经济增速继续放缓，经济增长的内生动力不足

2017 年，全区经济增长明显放缓，地区生产总值增速大幅下降 3.2 个百分点，企业投资意愿不强，城镇固定资产投资完成额下降 7%，部分行业产能依然过剩。涉外经济发展较为缓慢，涉外主体成长慢、外贸规模小、产品结构单一、外商投资水平低，外商直接投资流入较近十年均值大幅下降 80.33%，经济增长内生动力不足。

（二）实体经济缺乏现代企业管理制度，风险隐患突出

全区很多企业由于治理结构不健全、经营管理不规范、风险管理缺失，导致债务负担重、杠杆率高企、风险隐患突出等一系列问题。全区一些大企业相继出现债务风险，经营陷入困境，同时也形成了大量银行不良贷款，有限的银行资金被大量无效占用，银行资金使用效率也随之下降，形成恶性循环。

（三）部分大型企业出现债务违约，煤炭等重点行业资产质量恶化

2016 年 7 月以来，全区大型企业债券违约事件频发，2017 年末，博源控股集团、内蒙古泰升实业集团、内蒙古伊东资源集团等 3 家企业的 7 只债务融资工具发生实质性违约，累计债券违约余额达 73 亿元。随着去产能措施的进一步落实，个别金融机构的煤炭行业不良贷款率偏高，面临的风控压力较大。2017 年末，全区煤炭行业不良贷款余额 102.99 亿元，虽然较年初有所下降，但不良贷款率仍高达 8.07%，上升 0.79 个百分点，高于全区平均不良贷款率 4.26 个百分点，资产质量依然较差。

（四）经济增长过分依赖贷款的投放，银行业金融机构风险积聚

由于融资渠道有限，企业在自有资金不足的情况下，融资高度依赖于银行体系，银行承担了过多的风险。经济的增长过分依赖贷款的投放，在经济环境发生变化、产业结构进行调整、出口环境恶化、房地产业过热的因素影响下，实体经济的盈利和持续发展能力受到挑战，加上银行存贷款期限错配问题比较突出，贷款投向过于集中，贷款期限结构不合理，最终导致金融机构不良资产的增加和流动性风险的上升，威胁金融机构和金融市场的稳健运行。

（五）金融机构偏离本源追求短期回报，风险的复杂性、隐蔽性、突发性和传染性增强

一些金融机构大量从事同业业务、理财业务和表外业务，并将其当成募集资金的重要渠道，通过同业业务多层嵌套，相互交叉，规避金融监管。据统计全区地方法人银行业金融机构各项贷款占总资产的比例为 44.82%，其中资产规模超过 500 亿元的 5 家机构各项贷款占总资产的比例只有 38.55%，大量资金在金融机构内部空转，服务实体经济的能力不断下降，金融风险的复杂性、隐蔽性、突发性和传染性日渐增强。

（六）金融机构的法人治理不完善，风险管理不到位

一些金融机构“三会一层”流于形式，董事会、监事会、股东大会不能发挥有效作用，董（理）事长提名、高管任免和人员录用等依然受到外部干预，股东权利和经营自主权得不到充分保障。有些机构风险管理严重滞后于业务发展，风险管理不到位，超出自身风险识别能力盲目拓展业务范围，制衡机制失效，授权体系不健全，贷款“三查”流于形式，违规放贷、票据诈骗等案件时有发生。

（七）投保机构逾期贷款数据不真实，实际风险未得到充分反映

据对全区 170 家投保机构逾期贷款的真实情况进行现场核查发现，全区超过六成的机构逾期贷款统计不准确，实际逾期贷款金额远远大于账面金额，90 天以上的逾期贷款占全部贷款的比例达到12.84%，比账面不良贷款率高 8.06 个百分点，个别金融机构甚至超过 90%。投保机构逾期贷款反映不实，导致存款保险早期纠正的作用难以及时有效发挥，容易使金融机构的风险不断积累集中爆发。

（八）监管环境趋于严格，金融机构实质风险逐步释放

当前金融机构乱搞同业、乱加杠杆、乱作表外业务、违法违规套利多发频发的背景下，史上最严的监管措施在遏制金融乱象、规范金融机构经营行为的同时，也使得金融风险无处藏身，引起金融风险更多的暴露。能否处理好近期与长远的关系，发挥好监管协调机制作用，稳定市场预期，有序化解和处置突出风险点，避免监管风险，实现金融风险“软着陆”，也是影响金融稳定的重要因素之一。

（九）地方政府债务风险突出，偿债能力不足

全区地方政府债务规模大、增长速度快，加上债务率偏高，偿债能力不足，隐性债务较多，风险加倍扩大。据调查数据测算，2017 年，内蒙古政府负债率（债务余额/当年 GDP）超过 60% 的警戒线，政府债务率（债务余额/政府综合财力①）远远超过 100% 的警戒线。2017 年内蒙古财政收入累计下降 14.4%，在地方财政收入呈逐年递减，债务利息负担较高的情况下，政府的偿债能力进一步加重。

五、政策建议

（一）进一步完善金融机构的公司治理，强化审慎合规经营理念，推动金融机构切实承担起风险管理责任

金融机构应进一步完善公司治理结构，强化审慎管理、合规经营的理念，平衡好业务发展与风险防控的关系，切实承担起风险管理和维护金融稳定的责任。金融机构应真实反映风险状况，对金融机构通过各种方式隐匿风险状况的行为，应及时出台相关管理办法予以规范，避免监管套利。

（二）规范村镇银行主发起行的职责，确保主发起行有效履行化解村镇银行金融风险的职责

在实际工作中，由于没有强制性的要求，村镇银行的主发起行并没有完全承担起化解金融风险的职责，不按规定履职的情况非常普遍。应尽快出台相关管理办法，加强对主发起行履职的监督管理，确保主发起行有效履行化解村镇银行金融风险的职责。

（三）加强金融监管及政策协调，加强金融监管部门之间的分工合作，形成有效的监管合力

应进一步加强金融监管及政策协调，尽快建立金融监管大数据库，打通监管壁垒，避免监管真空，实现数据共享。同时，监管部门之间、与地方政府之间应加强监管合作，及时互通风险状况，

① 政府综合财力口径为地方公共预算收入、转移支付和税收返还、国有土地使用权出让收入三项之和，不含预算外财政专户收入。

形成防范和化解金融风险的合力，共同维护辖区金融安全。

（四）设立地方金融机构风险扶持基金，完善风险补偿机制，缓解高风险金融机构的经营压力

尽快设立由地方政府牵头地方法人金融机构参与的风险扶持基金，用于缓解金融机构临时性资金困难，有效控制经营风险，帮助金融机构完成从“输血”到“造血”功能的转变，提高金融机构服务地方经济发展的能力和抵御风险的能力，维护辖区金融稳定。

（五）积极改善地方金融生态环境

完善财政、税务、司法协作配合制度，改善不良资产处置环境，提高银行债权案件受理、审理和执行效率。加大金融债权案件审结执行力度，提高银行业债权司法清收成效。进一步完善抵押资产评估制度，规范评估机构的评估方法，避免评估价值脱离市场价值而影响银行不良资产的处置效果，加快抵押资产的处置速度。

总　　纂：牧　人
统　　稿：尹志成　舒　婷
执　　笔：高　菲　王　璐　闵德明　吕明旭　道日娜　魏　桐

辽宁省金融稳定报告摘要

2017年，辽宁省经济呈现筑底企稳的良好态势，发展质量和效益逐步提高。全省金融业运行平稳，风险总体可控。银行业资产负债规模继续增长，业务经营较为稳健。证券期货行业稳步发展，交易规模出现分化。保险业务规模持续增大，业务结构日趋优化。非金融机构平稳运行，但盈利能力有所下滑。金融基础设施不断完善，金融服务水平明显提升。

一、辽宁经济运行与金融稳定

（一）经济运行状况

1. 经济增长筑底企稳，先行指标持续改善

2017年，辽宁省地区生产总值23 942亿元，同比增长4.2%，较2016年提高6.7个百分点，低于全国2.7个百分点。其中，三次产业增速分别为3.6%、3.2%和5.0%。从产业结构看，第一产业相对稳定，第二产业对经济的贡献率有所回升，第三产业由于第二产业的趋稳对经济的贡献率有所下降。

2. 固定资产投资实现增长，部分行业投资降幅大幅收窄

2017年，辽宁省完成固定资产投资6 444.7亿元，同比增长0.1%，较2016年提高63.6个百分点，低于全国平均水平7.1个百分点。第一产业固定资产投资同比下降2.0%，第二产业同比增长2.0%，第三产业同比下降0.8%。

3. 消费增速放缓，居民收入保持增长

2017年，辽宁省社会消费品零售总额实现13 807.2亿元，同比增长2.9%，较2016年下降2个百分点，低于全国7.3个百分点；限额以上单位消费品零售额3 917.5亿元，同比下降2.0%，降幅较2016年缩小4.5个百分点。2017年，城镇常住居民人均可支配收入34 993元，同比增长6.4%，增幅较2016年提高0.8个百分点；农村常住居民人均可支配收入13 747元，同比增长6.7%，增幅较2016年下降0.1个百分点。

4. 居民消费价格水平保持低位，工业生产者出厂价格指数持续高位

2017年，辽宁省居民消费价格指数（CPI）同比上涨1.4%，较2016年下降0.2个百分点，低于全国0.2个百分点。工业生产者出厂价格指数（PPI）同比上涨8.1%，较2016年提高9.3个百分点。2017年以来，辽宁省PPI强劲抬升，1月开始PPI较2016年末大幅提升，全年虽有小幅波动，但总体均保持在较高水平，一改自2013年以来PPI长期为负值的走势。

5. 进出口表现好于全国，跨境收支规模降幅收窄

2017年，辽宁省进出口总额994.2亿美元，同比增长14.8%，较2016年提高24.6个百分点，

高于全国3.4个百分点。其中，出口448.8亿美元，同比增长4.2%；进口545.5亿美元，同比增长25.3%。2017年辽宁省进出口增速保持在较高水平，贸易逆差96.7亿美元，较上年扩大93.2亿美元。

2017年，辽宁省跨境收支总额1 161亿美元，同比微降0.8%，降幅比2016年收窄8.7个百分点。其中，跨境收入533亿美元，同比下降3.0%，降幅比2016年收窄14.7个百分点；跨境支出628亿美元，同比增长1.1%，比2016年上升1.8个百分点。全省跨境收支逆差95亿美元，比2016年扩大23亿美元。

2017年，辽宁省跨境人民币收付金额合计1 076.4亿元，同比下降28.8%，结算量排名全国第10位，占本外币跨境收支总额的14.2%。截至2017年末，全省已有71家银行的698家分支机构开办了跨境人民币结算业务，涉及6 355家企业，涉及境外国家和地区141个。

6. 财政收入保持较高增速，财政支出增长较快

2017年，辽宁省一般公共预算收入2 390.2亿元，同比增长8.6%，较上年同期增速提高5.2个百分点，但同比增速低于全国1.2个百分点，其中，税收收入1 812亿元，增长7.4%；非税收入578.2亿元，增长12.7%。

2017年，辽宁省一般公共预算支出4 842.9亿元，同比增长5.8%，增速较上年同期提高3.6个百分点，但低于全国1.9个百分点。其中，社会保障和就业支出1 346.5亿元，占比27.8%，同比增加17.5%；教育支出643.9亿元，占比13.3%，同比增加1.6%。而债务付息支出、节能环保、社会保障和就业三项支出的增长最快，增速分别为24.4%、20.3%和17.5%。

7. 房地产开发投资明显回升，房屋待售面积保持缩减

2017年，辽宁省房地产开发投资2 289.7亿元，同比上升9.3%，增幅较2016年扩大50.4个百分点。房屋施工面积25 907万平方米，同比下降1.7%，其中，房屋新开工面积3 807万平方米，同比上升2.0%；房屋竣工面积2 788.3万平方米，同比增长2.9%；待售面积3558.6万平方米，同比下降13.8%。商品房销售面积4 148.5万平方米，同比增加11.8%；商品房销售额2 771.7亿元，同比上升22.8%。

根据2017年12月全国70个大中城市新建住宅价格指数，沈阳、大连、丹东和锦州当月同比增速分别为11.5%、8.4%、4.2%和1.7%，二线城市房屋价格涨幅仍快于三四线城市。

（二）需要关注的问题

1. 工业运行对传统产业依赖较大，结构性矛盾未显现根本性改善

当前辽宁省工业运行趋稳更多的是依赖石化、冶金等大宗原材料价格的阶段性上涨，而这类基础原料行业的利润增长存在较大不确定性，技术含量较低，未来保持稳定上升的空间有限。同时，部分行业产能过剩的矛盾尚未得到根本解决，高耗能、高污染行业占比较大。总体上看，发展新动力和增长点不足，多点多业支撑的产业格局还没有形成。

2. 固定资产投资回暖趋势虽已显现，但缺乏长期支撑力

固定资产投资虽已回暖，但对中央预算资金的依赖较大，地方性、自筹性项目的贡献力仍然较小。固定资产投资受房地产、制造业和基建投资影响较大，但这三者在支撑投资方面的潜力有限。制造业企业杠杆高，债务负担重，投资回报率低，导致企业投资决策谨慎。房地产业普遍存在库存压力较大的问题，导致房地产投资持续低迷。外延式基础设施投资趋于饱和，而地方政府债务负担

较重，基建资金来源较为困难，使基建项目的拉动作用总体减弱。

3. 创新能力不足，战略性新兴产业仍是短板

辽宁省支柱产业普遍处于价值链中低端，新兴产业所占比重依旧较小，发展滞后，创新能力不足，高附加值、高科技产品占比较低，缺乏有竞争力的骨干企业和知名品牌。企业普遍综合竞争力较弱，与大学及科研院所的互动机制不健全，人才引进机制缺乏落实力与吸引力，自主科研能力、创新能力不强，核心竞争力较弱，缺乏发展后劲，规模型、有竞争力的企业特别是企业集群仍待形成。

4. “双去”政策压力较大，拉动经济增长作用仍显不足

伴随着去产能初见成效带来的相关原材料价格上涨、行业效益改善和利润水平提高，企业去产能的积极性、去产能目标的强制性等都会受到挑战，去产能进程上可能面临“囚徒困境”。在去库存方面，由于省内企业综合竞争力普遍较弱，自主创新能力不强，必须通过频繁降价加快去库存，导致盈利下降甚至亏本经营，并出现不能投资、不敢投资的现象，使“双去”拉动经济增长作用不足，经营生态和发展的可持续性不容乐观。

二、金融业与金融稳定

（一）银行业稳健性评估

1. 运行状况

资产负债规模增速回落，各类机构增长趋势分化明显。截至2017年末，辽宁省银行业金融机构资产总额78 767.32亿元，同比增长3.4%，负债总额75 712.32亿元，同比增长3.37%，资产负债增速分别比去年同期下降10.58个和10.63个百分点。国有银行、股份制商业银行和农村信用社资产规模均有所下降，而城市商业银行和农村商业银行资产规模依然保持两位数的增长速度。

存贷款增速继续回落，低于全国平均水平。截至2017年末，辽宁省金融机构本外币各项存款余额54 249亿元，同比增长4.95%，比上年同期回落3.3个百分点。本外币各项贷款余额41 279亿元，同比增长6.7%，增速比上年同期回落0.08个百分点。

银行业整体盈利水平下降，城商行经营业绩较为稳定。2017年，辽宁省银行业金融机构累计实现利润377.06亿元，同比下降27.54%。国有银行、农村信用社净利润同比分别下降44.51%、63.47%，由于业务规模收缩及不良贷款拨备调整，股份制商业银行利润同比下滑372.95%。城商行和农商行表现比较稳定，净利润仍然维持两位数的增长速度。

2. 法人银行机构经营状况

截至2017年末，辽宁省地方法人银行业金融机构共145家，其中，城市商业银行15家，农村商业银行25家，农村信用社36家，财务公司5家，村镇银行64家。

城商行资产规模保持增长，经营业绩稳步提高。截至2017年末，辽宁省城市商业银行资产总额31 067.46亿元，同比增长15.96%，负债总额29 032.03亿元，同比增长15.88%。城商行资产规模占辽宁省银行业金融机构资产规模的39.44%，比上年增加4.26个百分点，2017年城商行实现利润234.3亿元，同比增长14.86%。

农商行整体实力逐渐增强，但经营管理水平有待提高。截至2017年末，辽宁省农村商业银行资

产总额4 631.51亿元，同比增长21.55%，负债总额4 280.19亿元，同比增长21.56%。2017年实现利润28.13亿元，同比增长10.62%。近几年，农商行发展较快，整体实力提高，但发展的根基较为薄弱，经营管理水平和风险管理能力还需进一步提高。

农信社发展稳定，改革转制稳步推进。截至2017年末，辽宁省内农村信用社资产总额2 296.72亿元，同比下降0.83%，负债总额2 249.79亿元，同比增长0.09%。自2015年以来，辽宁省农信社稳步推进改革转制工作，通过引入优质战略投资者，协助农信社改制成立农村商业银行，截至2017年末，已组建农商行29家，为农村农业振兴提供了有力的金融支持。

村镇银行资产负债稳步增长，业绩同比有所下降。截至2017年末，辽宁省内村镇银行资产总额839.85亿元，同比增长11.03%，负债总额757.33亿元，同比增长11.55%。2017年，村镇银行实现利润5.48亿元，同比下降16.46%。

3. 需要关注的问题

2017年，辽宁省银行业不良贷款持续攀升，风险防控形势较为严峻。截至2017年末，全省银行业不良贷款余额1 522.21亿元，较年初增加377.5亿元，不良贷款率3.69%，比年初增加0.73个百分点，不良贷款余额占全国比重为6.7%，居全国第三位。

银行业累计利润大幅下降，股份制商业银行盈利水平走低。2017年，辽宁省银行业累计利润同比下降27.54%，其中，国有银行和股份制银行累计利润同比下降幅度较大，个别国有银行和多数股份制银行出现亏损。

部分法人机构管理能力薄弱，经营压力较大。随着金融市场竞争格局变革，部分中小法人金融机构传统优势削弱，经营比较困难，资本不足，风险抵补能力较差，不良贷款较高，存在较大风险。部分村镇银行经营面临较大压力，整体抗风险能力弱，可持续发展面临挑战。

农信社历史包袱较大，全面改制任重道远。截至2017年末，辽宁省农信社改革稳步推进，已组建农商行29家。目前省内仍有36家农信社尚未改制，一方面，部分农信社不良贷款成因复杂，清收处置较为困难，存量风险包袱沉重；另一方面，资金缺口较大，股东另行出资比例较高，投资潜在风险较大，改革募股难度较高。

资管同业业务规模攀升，交叉性金融风险有待关注。2017年，辽宁省城商行同业业务发展迅速，其中同业存单和同业理财业务规模攀升较快，同业存单的量价涨幅已经超过政策预期。另外，随着银行业资产管理市场快速发展，交叉性金融业务规模持续攀升，交叉性金融业务本身的链条较长，涉及参与机构较多，环节复杂，需警惕风险累积所导致的“灰犀牛”事件。

企业风险事件持续发生，影响地区金融生态环境。2017年辽宁省相继出现辉山乳业资金链断裂、丹东港集团债券违约等风险事件，给辽宁金融生态环境造成较大负面影响。这些企业都涉及较多的银行贷款，若企业经营不能根本性转变，那么银行信贷资产面临损失风险，实体经济压力逐渐向金融体系蔓延。

（二）证券业稳健性评估

1. 运行状况

上市公司数量与上年持平，多层次资本市场有序发展。截至2017年末，辽宁省共有境内上市公司76家（主板上市52家，中小板13家，创业板11家），新增上市公司2家，共首发募集资金6.76亿元。1家公司被强制退市，1家公司迁址至外省。上市公司总股本1 140.88亿股，同比增加

5.29%，总市值8 283.41亿元，同比下降6.61%。2017年辽宁省上市公司共发生并购重组18起，涉及交易金额45.08亿元；募集配套资金38.70亿元。全年上市公司定向增发募集资金271.85亿元，3家公司通过非公开发行股票募集资金33.81亿元，1家公司通过非公开发行债券募集资金15亿元。全国中小企业股份转让系统234家，较上年增加29家。

经营机构数量增加，证券期货交易规模增长。截至2017年末，辽宁省共有法人证券公司3家，证券咨询公司3家，证券分公司45家，比上年增加15家，证券营业部353家，比上年增加27家。共有期货公司3家，期货分支机构104家（分公司14家，营业部90家），比上年增加8家。登记基金管理人158家，比上年增加31家，其中私募证券投资管理人61家，股权投资管理人91家，创业投资管理人4家。各类经营机构的增加为投资者和市场提供了更加丰富、多元化的金融服务。2017年，辽宁省证券交易规模增加显著，但各类证券交易规模分化明显。截至2017年末，辽宁省在沪深开户数1 319万户，同比增加18.4%；证券成交额103 730.04亿元，同比增加17.75%；股票交易额44 174.1亿元，同比下降16.44%；基金交易额大幅增加，达到2 526.79亿元，同比增加42.30%；期货开户数12.11万户，同比增加3.68%；成交量35 485.14万手，同比下降40.73%；手续费收入23 952.09万元，同比下降18.40%。

法人证券公司业务种类有所增加，经营业绩有所下滑。2017年，辽宁省3家法人证券公司稳固发展，业务种类不断增加，监管评级较上一年度有所提高。但受到监管从严、股市震荡、债市疲软等因素影响，券商业绩整体表现较弱，3家法人证券公司规模和经营业绩均有所下滑，资产总额188.53亿元，同比下降11.82%，负债总额92.87亿元，同比下降18.33%。2017年，三家法人证券公司共实现营业收入8.85亿元，同比下降27.22%，净利润-2 202.72万元，同比下降110.3%。

2. 需要关注的问题

债券存在较大兑付压力，潜在风险不容忽视。受部分大型企业债券违约事件影响，辽宁省企业发债难度加大，成本上升。随着债券兑付高峰期的到来，违约风险发生概率会进一步增加，一旦违约事件集中爆发，可能引发金融风险。

个别上市公司经营状况不佳，风险存在外溢可能。2017年，辽宁省个别上市公司经营风险较大，业绩下滑。个别上市公司因各种原因，被证监会处罚或警示。其中欣泰电气于8月摘牌退市，并于11月转入新三板市场，另有5家上市公司因连续几年亏损而被进行退市风险警示，新三板也存在4家高风险企业。从资产负债情况来看，这些公司大多数资产负债率较高，负债水平较高，流动性较差，且多数属于产能过剩行业，贷款和债券的偿还问题以及股权质押融资等金融产品的风险较为突出，可能波及相关银行等金融机构。

非法证券期货交易频发，风险隐患值得关注。近年来，非法证券期货交易活动频现，未经合法审批的交易场所及经合法审批但非法采取类期货交易方式的交易场所并存，有可能引发金融风险和社会风险。随着清理整顿“回头看”工作的不断深入，一些利益受损的投资者将继续通过上访、投诉、举报、起诉等多个渠道伸张权益，其中不乏集体上访、闹访甚至其他过激行为，给辖区金融、社会稳定带来一定风险。

（三）保险业稳健性评估

1. 运行状况

行业平稳发展，业务规模持续增大。截至2017年末，辽宁省共有省级以上保险公司115家，其中人身险法人公司3家，财产险法人公司1家，省级财产险公司49家，省级人身险公司62家。此外，2017年，新成立保险资管公司1家（百年人寿资管公司），1家财产保险公司（融盛财产保险股份有限公司）尚在筹建中。2017年，全省保险业共实现原保费收入1 275.42亿元，同比增长14.32%，其中人身险保费收入956.47亿元，同比增长16.73%，财产险保费收入318.95亿元，同比增长7.65%。全省保险业总资产2 949.48亿元，同比增长6.7%，其中人身险公司2 695.26亿元，同比增长7.54%，财产险公司254.22亿元，同比下降1.5%。

经济补偿功能有力发挥，服务实体经济能力增强。一是经济补偿作用持续发挥。2017年，全省财产险公司共发生赔付支出176.83亿元，同比增长5.24%；与国计民生密切相关的农业保险，责任保险赔付支出分别达到12.92亿元和6.63亿元，同比分别增加11.48%和11.62%。二是服务实体经济能力增强。一些与经济发展密切相关的新兴险种顺利推进，有效服务于全省实体经济发展。如保险业通过保险保障为小微企业提供融资增信服务，着力缓解小微企业融资难、融资贵问题。2017年，小微企业信用保证保险（不含大连）实现原保险保费收入513.2万元。

业务结构日趋优化，业务品质有所提升。在规范中短期存续期产品的监管政策引导下，各公司纷纷调整业务结构，人身险业务结构改善幅度加大，新单期趸比例保持上升趋势。全省人身险公司寿险业务实现新单保费收入490.29亿元，同比增长9.69%，其中新单期交保费184.15亿元，同比增长46.43%，期趸比例上升到1:1.64。

2. 需要关注的问题

面临非正常满期给付和退保风险，相关问题值得关注。一是流动性风险。保险公司资产错配或流动性不足无法满足短时间对现金的大量需要。二是舆情风险。部分媒体借个别、偶发事件发布不实报道宣传，极易造成风险在短时间内快速聚集膨胀，或诱发群体事件或诋毁行业形象；部分分红险产品由于到期保单实际收益与预期收益之间存在一定差距，加之销售时部分存在误导因素，客户极易产生利益诉求，一旦处置不当可能会引起客户情绪失控并进而发生群体性事件。

保险案件时有发生，防控工作应予重视。从案件风险的发案主体来看，分为保险机构案件风险和保险中介机构案件风险两大类。一方面是保险机构案件风险，从案件类型上看，诈骗类和侵占类案件高发多发。诈骗类案件不仅损害了保险机构的利益，一些业内人员通过盗取客户信息实施诈骗不仅危害范围广、查处难度大，也给行业声誉带来极大损害。一些侵占类案件更是隐蔽性强，持续时间长。另一方面是保险中介机构案件风险，既包括非法销售非保险产品引发的案件风险，也包括涉嫌非法集资、传销引发的案件风险。

法人保险机构业绩增长幅度较大，竞争力尚需提高。目前，辽宁辖内4家法人保险机构总体发展稳健，综合实力有所增强。2017年，法人保险公司共实现保费收入328.66亿元，同比增长46.46%。但个别公司受业务规模小、区域经济等因素影响，还需进一步提升品牌知名度和社会影响力，增强其核心竞争力。

三、非金融机构与金融稳定

（一）融资性担保机构

1. 基本情况

2017年，辽宁省融资担保行业继续保持平稳运行。截至2017年末，辽宁省共有法人融资担保机构373家，比上年减少2家，覆盖全省14个地级市；注册资本总额532.33亿元，同比增加2.97%，平均注册资本1.43亿元，比上年增加3.62%。2017年，辽宁省融资担保机构累计实现融资担保额662.26亿元，比上年减少18.55%；在保责任余额1 471.2亿元，比上年增长0.86%；全年实现净利润0.69亿元，比上年下降54%。

2. 风险状况分析

尽管在业务运行中，辽宁省各融资性担保机构普遍要求担保客户有抵（质）押物作为反担保措施，以有效覆盖担保风险，但总体上仍面临较大挑战。一是受实体经济和政策导向等因素的影响，银行和担保公司合作继续呈收紧态势，难度进一步加大，业务规模、盈利水平显著下滑；二是受实体经济活跃程度、企业贷款违约率及部分银行贷款限制等因素影响，融资担保机构代偿率有所增加。截至2017年末，辽宁省融资性担保公司担保代偿率达4.99%，比上年增加3.52个百分点。

（二）小额贷款公司

1. 基本情况

2017年，辽宁省小额贷款公司总体运行平稳。截至2017年末，辽宁省共有小额贷款公司568家，比上年减少17.08%。实收资本总额386亿元，贷款余额319.51亿元，其中农户贷款余额41.9亿元，个体工商户贷款余额159.4亿元，企业贷款余额118.2亿元。

2. 风险状况分析

2017年，小额贷款公司数量和盈利能力同比下滑。一是资产质量小幅攀升，不良贷款率3.63%，比上年下降1.13个百分点。二是民间资本发起设立或增资小额贷款公司意愿不强，受实体经济影响，部分小额贷款公司流动性不强，经营压力较大。三是受小额贷款公司数量减少的影响，行业整体盈利能力显著下降，2017年净利润为2.72亿元，比上年下降25.89%。

（三）典当行

1. 基本情况

截至2017年末，辽宁省共有典当行566家，比上年增加21家；资产总额60.12亿元，比上年下降1.7%；典当余额26.68亿元，比上年下降8.03%。

2. 风险状况分析

2017年，典当行业整体经营情况不佳。一是经营业绩持续下滑，全年实现净利润0.21亿元，比上年下降8.70%。二是行业管理体制落后，《典当管理办法》立法层级较低，部分规制内容滞后于行业发展需要，并且作为类金融企业，不能享受贷款损失准备金税前列支。

（四）非法集资

1. 基本情况

2017年，辽宁省继续加大对非法集资的防控和打击处置力度，各项指标显著上升。全年各类涉嫌非法集资案件及线索89起，涉案金额8.2亿元，参与集资人数9 171人。与2016年相比，新发案件数量64起，发案量比上年增长256%，涉案金额比上年增长203.7%，涉案人数比上年增长482.66%。

2. 风险状况分析

2017年，非法集资风险仍不容忽视。一是投资理财涉嫌非法集资案件占比较高。2017年全省新发案件中，投资理财涉嫌非法集资的案件为59件，占全年新发案件总数的66.3%。二是大连市、沈阳市涉嫌非法集资案件高发频发，是涉嫌非法集资案件重灾区。新发案件中，大连39起，沈阳15起，合计占比60.67%。三是非法集资额超过1 000万元人民币的案件较少，新发案件中有77起案件的集资额低于1 000万元人民币。四是全国性的非法集资案件省内涉案金额较高，处置、善后工作艰巨。

（五）金融权益类交易场所

1. 基本情况

截至2017年末，辽宁省共有4家金融权益类交易场所：辽宁股权交易中心、辽宁金融资产交易中心、辽宁北方金融资产交易中心和大连股权交易中心。辽宁股权交易中心注册资本1亿元，挂牌企业1 347家，实现各类融资331.5亿元。辽宁金融资产交易中心注册资本1 000万元，2017年挂牌金融资产39.1亿元，累计成交额42.3亿元。辽宁北方金融资产交易中心注册资本3亿元，2017年累计完成金融资产交易65笔，交易额52.73亿元。大连股权交易中心注册资本5 000万元，挂牌企业325家。

2. 风险状况分析

2017年，国务院、证监会相继出台了针对区域性股权市场的法规规章，明确了区域性股权市场作为服务于所在省级行政区域内中小微企业的私募股权市场的定位和功能，但仍需进一步完善相关法律法规和交易机制。一是配套政策机制仍存在不足，影响市场发展。多层次市场衔接机制未落实，难以吸引优质企业。二是挂牌企业质量参差不齐，市场参与者积极性不高。三是法律法规尚未执行到位，存量风险值得关注。四是政策依赖性强，可持续发展能力不足。

四、金融基础设施与金融稳定

（一）支付结算体系

2017年，辽宁省大、小额支付系统、网上支付跨行清算系统运行稳定，业务量稳定增长。

1. 支付环境与体系状况

支付系统业务量稳步增长。2017年，辽宁省大额支付系统共处理业务4 490.36万笔，金额138.84万亿元，同比增长11.06%和2.16%，日均处理业务17.89万笔，金额5 531亿元；小额支付系统共处理业务12 401.19万笔，金额12 668.18亿元，同比增长8.56%和6.75%，日均处理业务33.98万笔，金额34.71亿元；网上支付跨行清算系统共处理业务3 224.74万笔，金额2 414.34亿元，同比增长87.34%和59.30%，日均处理业务8.83万笔，金额6.61亿元。

支付系统建设不断提升。一是大连农村商业银行由间接参与者变更为直接参与者加入支付系统，辽宁省农村信用社联合社、辽阳银行、丹东银行、营口沿海银行和朝阳银行等5家机构加入网上支付跨行清算系统。二是营业管理部、阜新、辽阳、铁岭4家中心支行辖内银行机构全部采用联网方式办理取现业务；抚顺、本溪、营口、朝阳和盘锦5家中心支行辖内大部分银行机构实现了联网方式办理取现业务。

农村支付环境进一步改善。截至2017年末，全省农村地区银行共建立机构网点3 735个，同比增长3.02%，全省银行网点的乡镇覆盖率达100%。加入大、小额支付系统2 243个网点，同比增长8.46%。全省农村地区开立单位银行结算账户33.12万户，同比增长0.29%，开立个人银行结算账户9 547.49万户，同比增长23.68%。人均持卡量为3张，同比增长19.5%。

支付服务市场监管不断加强。全年对6家收单机构分公司和2家银行机构开展执法检查。加大对省内无证经营支付业务、电信网络新型违法犯罪、支付结算重大违法犯罪等违法违规行为的打击力度，极大地净化了辽宁省支付服务市场。

2. 需要关注的问题

目前，针对支付机构的相关规范要求主要以中国人民银行令、中国人民银行公告以及人民银行文件等部门规章和规范性文件为主，法律地位较低，在与其他法律相冲突时，执行力受到制约。

（二）法律环境

2017年，辽宁省法律制度逐步完善，金融消费权益保护机制不断健全，金融消费权益保护环境显著改善，金融消费者教育长效机制逐步形成。

1. 法律环境状况

辽宁省法制工作取得新成效。全年提请人大常委会审议地方性法规6件，制定政府规章9件，办理行政复议案件561件。全省受理各类案件1 017 701件，审结838 784件，同比分别上升8.2%和8.0%。营造公正、公开、规范、透明的法治环境，出台《助力优化营商环境的实施意见》，开展“规范司法行为、优化营商环境”专项活动。完善失信被执行人信息发布机制，促进社会诚信建设。

金融消费权益保护环境显著改善。一是辽宁省投诉处理工作稳步推进，全省共受理咨询6 725件，涉及支付结算、征信、人民币类等；受理有效投诉243件，其中办结221件，调解13件，对违法违规情况直接处理办结1件。二是辽宁省金融消费者教育长效机制逐步建立，开展宣传活动约39 286次，普及受众消费者约1 200万人，发放宣传材料约2 000余万份，媒体报道1 382次。形成以日常宣传教育为基础，“金融消费者权益日”和“金融知识普及月”为重点的多层次、全覆盖的宣传格局。

2. 需要关注的问题

一是关注辖内虚假违法金融广告治理问题，营造公平公正、诚实守信的市场环境；二是关注金融消费者的知识水平和自我保护能力；三是规范金融机构形成完善的金融消费权益保护制度，履行消费者保护义务。

（三）反洗钱

2017年，辽宁省反洗钱工作稳步推进，在协调机制、监督管理、制度建设、打击洗钱犯罪、公众参与等层面得到进一步有效提升。

1. 反洗钱工作状况

反洗钱合作机制不断强化。一是配合辽宁省反恐怖工作领导小组修订完善《进一步加强全省反恐工作的实施意见》。二是配合有关部门修订完善《关于金融支持中国（辽宁）金融自由贸易试验区建设的指导意见》，加强自贸区内金融机构在反洗钱、反恐怖融资、跨境资金交易等方面的风险防控制度建设。

反洗钱监管效率稳步提升。全年监管走访义务机构24家，现场评估40家，监管质询59次，约见谈话 115 次，执法检查 105 家。完成义务机构分类评级 1 162 家，实现了辽宁省反洗钱分类评级的全覆盖。

反洗钱监测调查水平提高。全年共接收义务机构重点可疑交易线索 427 条，协查案件 30 起，调查涉案人员 168 名，企业 14 家，账户 2 000 个，金额 141.41 亿元。直接或委托义务机构向公安机关报案 22 起，公安机关立案 5 起，破获案件 3 起。反洗钱、反恐怖融资、反逃税监管工作成果丰硕。

反洗钱宣传培训广泛开展。全年省内人民银行分支机构、金融机构、支付机构参与宣传活动 4 万人，受众 2 000 多万人，发放宣传材料 118 万份，走访社区、校园、机关、商铺等 13 640 多个，解答咨询 42 万人次，公众反洗钱意识进一步提高。

2. 需要关注的问题

一是特定非领域反洗钱监管工作面临挑战。贵金属交易场所、社会组织、房地产开发企业和房地产中介机构等领域的反洗钱工作刚刚起步，给反洗钱监管工作提出了挑战。二是洗钱犯罪入罪难问题有待解决。由于洗钱罪犯罪构成条件严、调查取证难、反洗钱情报信息共享机制缺乏，洗钱罪定罪工作难度大，需要有关各方加强协调，共同推进。

（四）征信体系

2017 年，辽宁征信体系建设积极推进，征信合规管理力度显著增强，金融信用信息基础数据库平稳运行，社会信用体系建设协调推进，征信服务水平进一步提升，征信宣传教育工作广泛开展。

1. 征信体系状况

征信监管力度显著增强。信息主体权益保护机制进一步完善，全年接受异议申请并及时办理业务 4 126 笔，未发生征信投诉和诉讼事项。稳妥做好机构备案工作，全省 6 家企业征信机构和 10 家评级机构完成机构备案工作。

金融信用信息基础数据库平稳运行。截至 2017 年末，企业征信系统共征集辽宁省 40 万户企业及其他组织的信用信息，开通查询用户 3 361 个，月均查询量 6.27 万次；个人征信系统共收录辽宁省 2 312 万自然人、7 117 万个信贷账户信息，开通查询用户 2.6 万个，月均查询量达 70 万次。大力推广中征应收账款融资服务平台，全省新开通平台用户 192 户，累计通过平台实现成交 333 亿元。

社会信用体系建设协调推进。截至 2017 年末，全省累计建立小微企业信用档案 8.7 万户。继续推进农村信用体系建设，为 7 万多农户、132 户家庭农场和农民合作社建立电子信用档案。依托涉农金融机构开展农户信用信息系统建设，全省农信社和邮政储蓄银行征集农户信用档案 448 万户，档案覆盖全省全部县（区），已评定信用农户数 358 万户，对已建立信用档案的 344 万农户累计发放贷款 5 842 亿元，贷款余额 758 亿元。

征信服务水平持续提升。全省人民银行系统年内累计提供查询服务 182 万次，同比增加 12%。辽宁省个人信用报告互联网查询服务平台申请查询服务 236 万次，同比增加 10%。4 家商业银行代理网点累计提供查询服务 4 993 次，查询量稳步增加。在沈阳、大连等地市引入 106 台自助查询终端提供信用报告查询服务，已累计提供个人信用报告查询服务 143 万次，同比增长 10%，有效满足了社会公众的征信需求。

征信宣传教育工作广泛开展。采取走进新闻直播间、依托大型体育赛事等方式开展形式多样的征信宣传活动。大力提升诚信文化教育水平，辽宁科技大学和辽东学院等 8 所大专院校将《现代征信学》作为选修课；东北大学、东北财经大学等 10 所大学以及中小学设立“银团金融服务站”。

2. 需要关注的问题

一是信息泄露给信息主体权益造成严重损害，如何严格规范各类征信业务，加强征信合规管理，切实保护信息主体权益成为征信监管面临的重大课题。二是金融科技时代，互联网金融业务的迅猛发展为征信行业提供了广阔的发展前景，将推动征信行业格局发生较大变化。

总　　纂：薛　静　于大鹏　金庆鹏
统　　稿：高　霞
执　　笔：由　华　高　鹏　许　胜　谭福梅　张新宜
　　　　　孟　楠　张继仁　刘晓东　纪　晗　田睿璇
其他参与写作人员：王占军　陈宁波　邓吉宁　李士涛　张　冰
　　　　　　　　　陈庆海　别　曼　阿　荣　郭宝华　龚珈玉

吉林省金融稳定报告摘要

2017年吉林省坚持以提高发展质量和效益为中心，稳步实施“十三五”规划，经济保持平稳增长，转型升级取得新进展，农业现代化扎实推进，城乡融合发展步伐加快，全面深化改革开放取得新进展。金融运行稳中向好，银行信贷结构不断优化，证券行业稳步发展，保险业实现较快发展，各金融市场平稳运行，金融基础设施建设不断完善，金融风险总体可控。

一、区域经济运行与金融稳定

2017年，吉林省实现地区生产总值15 288.94亿元，同比增长5.3%，增速比上年回落1.6个百分点，低于当期全国平均增速1.6个百分点。其中第一、第二、第三产业分别实现增加值1 429.21亿元、7 012.85亿元和6 846.88亿元，同比分别增长3.3%、3.9%和7.5%。三次产业比重为9.3:45.9:44.8。第一产业比重比上年下降0.8个百分点，首次降到10%以下；第二产业比重比上年下降1.5个百分点；第三产业比重比上年提升2.3个百分点，产业结构比例有所优化。

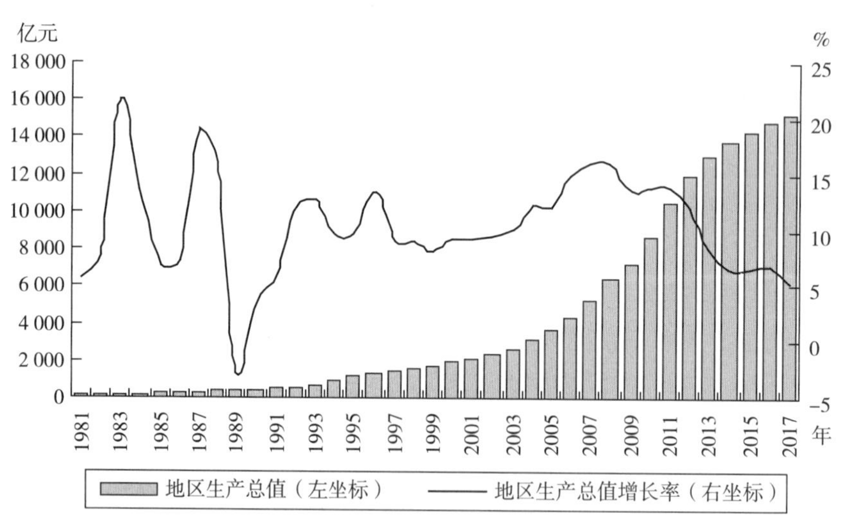

数据来源：吉林省统计局。

图1 1981—2017年吉林省地区生产总值及其增长率

（一）农业生产保持稳定

2017年，吉林省实现农林牧渔业增加值1 482.12亿元，同比增长3.3%，增速比上年同期回落0.5个百分点。全年全省农业生产再获丰收，全年粮食总产量达744亿斤，同比增长0.1%，总量创历史新高。粮食单产水平达到987.40斤/亩，居全国各省市区第2位。引导农民大力发展设施农业，种植面积增长27.9%，带动农民增收23.6亿元。建成高标准农田233万亩。农村土地确权登记试点工作基本完成，土地适度规模经营面积占比提高5个百分点。

（二）供给侧改革持续推进

2017年，吉林省坚持以供给侧结构性改革为主线，退出煤炭产能266万吨，全面完成“地条钢”取缔工作，商品住房“去库存”三年任务两年完成。“放管服”改革持续深化，企业投资项目审批流程再造扎实推进。驻吉央企综合改革试点进展顺利，一汽集团、吉化公司产值分别增长10.6%、19.5%。省属国企全面深化改革，吉煤集团产值增长35.1%。医药卫生、财税金融等重点改革深入推进。全年全省实现规模以上工业增加值同比增长5.5%，较上年回落0.8个百分点。全年列入吉林省产业跃升计划的八大重点产业增加值同比增长6.8%，对全省规模以上工业增长的贡献率达到81.4%，拉动增长4.5个百分点。其中，汽车制造业增加值同比增长13.9%，贡献率达到30.8%，拉动增长1.7个百分点。食品、石化和医药产业增加值分别增长7.4%、5.6%和1.9%。

（三）固定资产投资增速放缓

2017年吉林省完成固定资产投资（不含农户，下同）13 130.90亿元，同比增长1.4%，比上年同期回落8.7个百分点，低于当期全国平均增速5.8个百分点。全年全省第一产业投资852.91亿元，同比增长28.9%；第二产业投资6 351.31亿元，同比下降4.4%；第三产业投资5 926.69亿元，同比增长5.1%。工业投资增长回落，全年全省工业投资6 118.49亿元，同比下降5.7%。基础设施投资2 155.68亿元，同比增长8.3%。房地产开发投资910.14亿元，同比下降10.5%。民间投资规模保持稳定，增速明显回落。全年全省完成民间投资9 666.69亿元，同比增长1.3%，增幅较上年同期收窄10.7%，占全部投资的比重为73.6%。

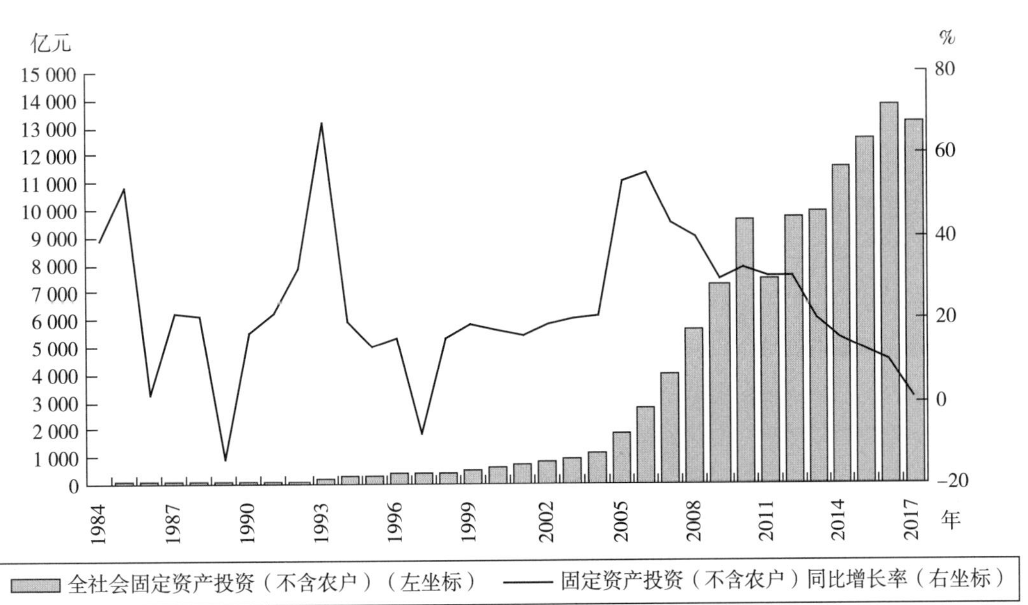

数据来源：吉林省统计局。

图2 1984—2017年吉林省全社会固定资产投资总额及其增长率

（四）消费需求增势有所放缓

2017 年，吉林省实现社会消费品零售总额 7 855.75 亿元，同比增长 7.5%，增速比上年同期回落 2.4 个百分点，低于当期全国平均增速 2.7 个百分点。实现限额以上社会消费品零售总额 2 862.01 亿元，同比增长 2.2%。重点零售商品增速向好。汽车销售保持较快增速，全年全省限额以上企业实现汽车类零售额 587.63 亿元，同比增长 5.0%。石油零售增速提升，全省限额以上企业石油及制品类零售额同比增长 4.8%。

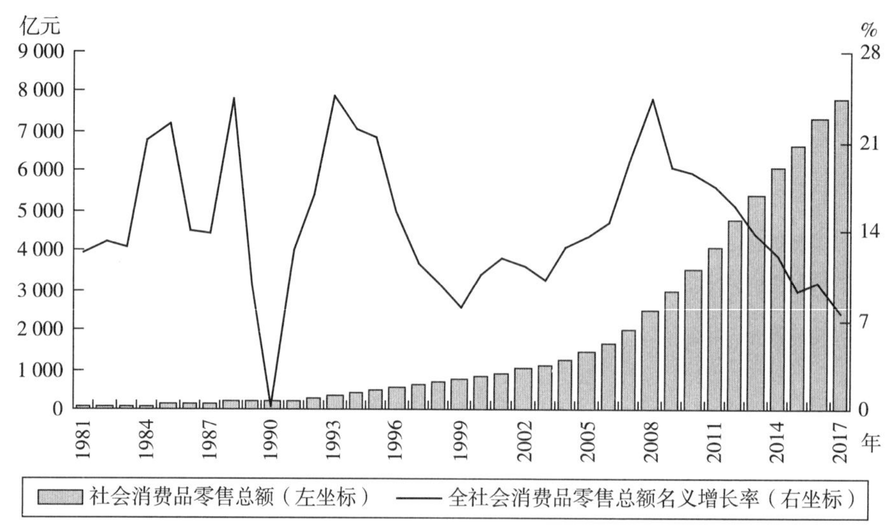

数据来源：吉林省统计局。

图 3　1981—2017 年吉林省社会消费品零售总额及其增长率

（五）外贸进出口企稳回升

2017 年，吉林省实现进出口总值 1 254.15 亿元，同比增长 3.0%，低于当期全国平均增速 11.2 个百分点。其中，出口总值 299.92 亿元，同比增长 8.2%；进口总值 954.22 亿元，同比增长 1.5%。一般贸易出口 204.88 亿元，同比增长 15.6%，占出口额的比重达到 68.3%。

（六）城乡居民收入稳步增长

2017 年，吉林省城镇常住居民人均可支配收入 28 319 元，同比增长 6.7%，比上年同期提升 0.2 个百分点；农村常住居民人均可支配收入 12 950 元，同比增长 6.8%，比上年同期回落 0.2 个百分点。

（七）物价水平稳定适度

2017 年吉林省通胀水平温和可控，工业生产者出厂价格指数（PPI）企稳回升。居民消费价格指数（CPI）累计同比上涨 1.6%，涨幅与上年同期和当期全国平均水平持平。分类别看，八大类商品“七涨一跌”，其中，食品烟酒类下跌 1.1%；医疗保健类上涨幅度较大为 10.9%，衣着、居住、

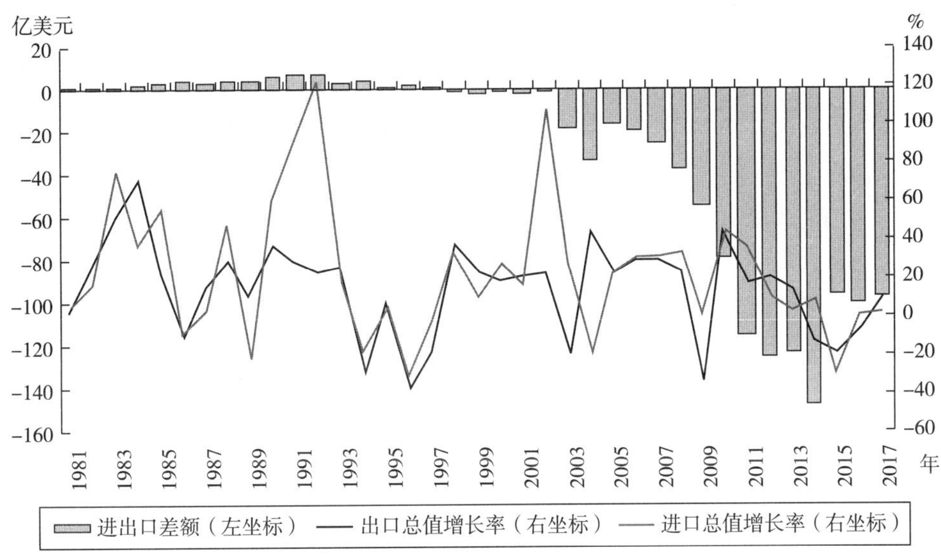

数据来源：吉林省统计局。

图4　1981—2017 年吉林省外贸进出口变动情况

生活用品及服务、交通和通信、教育文化和娱乐、其他用品和服务分别上涨 1.3%、0.9%、1.2%、1.5%、2.0%、1.6%。全年全省 PPI 累计上涨 3.1%，增速比上年回升 4.7 个百分点，累计增速实现正增长。其中，生产资料涨幅较大，达到6.7%，较上年同期升幅达9.3%。

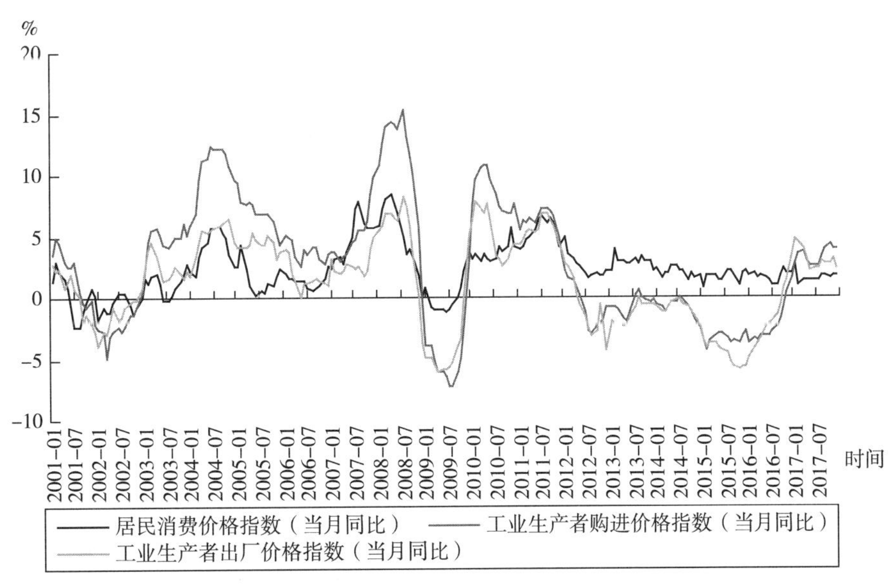

数据来源：吉林省统计局。

图5　2001—2017 年吉林省居民消费价格和生产者价格变动趋势

二、金融业与金融稳定

（一）银行业分析

1. 增长势头减缓，机构改革深入推进

2017 年，吉林省银行业机构积极落实金融“去杠杆”要求，规模增长减缓。截至年末，吉林省银行业金融机构资产总额 31 069.65 亿元，同比减少 3.3%；负债总额 30 022.16 亿元，同比减少 3.64%。东北地区首家民营银行亿联银行开业，广发银行、渤海银行在吉林省开设省级分行，年内 3 家农村商业银行开业，全省农村商业银行总数达到 38 家，占农合机构数量的 73%。设立村镇银行 2 家，已开业村镇银行 63 家，村镇银行实现全省县域全覆盖。

2. 存贷款稳步增长，信贷投向结构优化

吉林省银行业金融机构本外币各项存款余额 21 696.87 亿元，同比增长 2.6%，本外币各项贷款余额 18 010.34 亿元，同比增长 4.6%。受玉米临储粮收购政策变动和地方政府债务置换等因素影响，贷款增长放缓，但企业贷款保持稳定增长。年末全省各类企业贷款余额 11 659.2 亿元，同比增长 7.4%，高于同期全部贷款增速 2.8 个百分点。银行机构积极优化信贷结构，对重点领域和薄弱环节的支持力度不断增强。信息传输、软件和信息技术服务业贷款同比增长 378.8%，科学研究和技术服务业贷款同比增长 75.4%。小微企业贷款同比增长 14.2%，消费信贷同比增长 19.6%，精准扶贫贷款持续增加，年末余额达到 555.9 亿元。

3. 法人机构整体平稳，服务经济能力增强

2017 年吉林省法人银行业金融机构运行平稳，保持了贷款的较快增长，加大了对经济发展的信贷支持力度。截至年末，法人机构各项存款余额 7 894.47 亿元，同比增长 1%；各项贷款余额 4 910.67亿元，同比增长 14%。主要法人金融机构中，吉林银行年末不良贷款率 1.73%，资本充足率 10.54%，流动性比例 41.34%。农村商业银行年末整体不良贷款率 2.3%，资本充足率 12.91%，流动性比例 42.39%。

当前，银行业总体保持稳健运行，但是因经济转型和历史遗留形成的一些问题仍需密切关注。资产质量和经营效益面临下降压力，大型企业不良贷款处置进展缓慢，个别农合机构风险水平较高，部分中小法人金融机构流动性偏紧。

（二）证券业分析

1. 证券机构经营总体稳健

截至 2017 年末，吉林省共有法人证券公司 2 家，证券分支机构 171 家。吉林省辖内法人期货公司 2 家，境外期货业务持证企业 1 家，期货公司营业部 9 家。证券经营机构实现代理交易额 28 478.68亿元，比上年增长 14.30%；手续费收入 8.99 亿元，比上年下降 25.08%。年末辖区证券经营机构托管市值2 459.69亿元，比上年末增长 11.09%，客户交易结算资金余额 135.30 亿元，比上年末下降 14.01%。证券投资者开户数 276.72 万户，比上年末增长 12.05%。

2. 证券交易平稳增长

2017 年吉林省证券市场交易总额 41 971.64 亿元，同比增长 6.23%。其中，股票交易额

16 385. 29亿元，债券交易额 22 980. 20 亿元，基金交易额 2 998. 67 亿元。截至年末，辖区共有 94 家营业部开展融资融券业务，开立融资融券信用资金账户 12. 08 万户，同比增长 17. 70%，已获批可使用授信额度 1 332. 75 亿元，同比下降 40. 70%。

3. 直接融资业务发展缓慢

2017 年，吉林省辖区上市公司募集资金 109. 17 亿元，同比下降 47. 16%；其中，首发筹资金额 3. 32 亿元，同比下降 32. 93%；再筹资金额 105. 85 亿元，同比下降 40. 25%。发行公司债券 17. 30 亿元，同比下降 83. 17%。新三板挂牌公司通过定向增发募集资金 11. 06 亿元，同比增长 144. 15%；交易量 5. 23 亿元，同比增长 28. 19%。

4. 多层次资本市场体系不断完善

截至 2017 年末，吉林省共有 A 股上市公司 42 家，占全国上市公司总量的 1.34%，在 31 个省（区、市）中居第 19 位。全省共有新三板挂牌公司 88 家，在 31 个省（区、市）中居第 22 位，在审申请挂牌企业 1 家。区域股权市场方面。吉林股权交易所是吉林省非上市公司股权交易的场所。截至 2017 年末，吉林股权交易所累计挂牌企业 482 户，涉及股权总数为 733 725. 59 万。其中：吉林精选板 11 户，涉及股权7 807 万；吉林初创板 16 户，涉及股权 6 195 万；吉林展示板 455 户，涉及股权 719 723. 59 万。

5. 私募基金市场业务规模不断扩张

截至 2017 年末，在基金业协会登记的吉林省私募基金管理人 70 家，比上年同期增加 6 家，居东北三省第二位。吉林省私募基金管理人共管理私募基金 100 只，比上年同期增加 2 只；管理基金规模 293. 35 亿元，比上去年同期增加 38. 35 亿元。

吉林省证券业在发展过程中，上市公司后备资源不足，ST 上市公司退市风险较高等问题仍需要持续关注和重视。

（三）保险业分析

1. 资产规模稳步增长

截至 2017 年末，吉林省保险行业分公司以上资产总额达到 1 390. 99 亿元，较年初增长 80. 99 亿元，同比增长 6. 16%。辖内法人保险公司仍为 3 家，分别为安华农业保险公司、都邦财产保险公司以及鑫安汽车保险公司。省级保险分公司 35 家，比上年增加 1 家，按业务性质划分，财产险公司 17 家，人身险公司 18 家。各保险公司从业人员 17. 61 万人，同比增加 2. 54 万人，其中，保险销售从业人员 15. 56 万人，同比增加 2. 38 万人。

2. 保费收入快速增长，保险保障功能有效发挥

2017 年吉林省保险业实现原保险保费收入 641. 63 亿元，同比增长 15. 17%，保费规模和保费增速分别列全国第 21 位和第 28 位。其中，产险公司保费收入 162. 82 亿元，同比增长 18. 24%。人身险公司保费收入 478. 81 亿元，同比增长 14. 16%。保险保障功能进一步发挥，2017 年，吉林省保险业赔付支出 175. 14 亿元，同比增长 7. 95%，低于上年同期 19. 63 个百分点。其中，财产险公司赔款支出 87. 43 亿元，同比增长 12. 50%；人身险公司赔付支出 87. 72 亿元，同比增长 3. 76%。以巨灾保险为例，全年共对省内城乡居民提供保险保障 29. 9 亿元，针对 7 月中旬吉林省遭遇的暴雨洪涝灾害，截至年末已经赔付 1. 21 万件，支出赔款 4. 13 亿元，有效发挥了保险保障作用。

3. 保险市场结构持续调整

2017 年财产险市场方面，车险保费收入 116. 20 亿元，同比增长 29. 59%，车险业务占比达

71.37%，较上年下降4.58%，车险业务对财险市场的发展依旧起到支柱性作用；农业保险实现保费17.25亿元，同比增长16.32%，实现较快增长；责任险保费收入5.32亿元，同比增长50.71%。人身险市场方面，人身险市场保费合计478.81亿元，其中分红险与万能险业务分别实现保费收入149.66亿元和3.24亿元，增速为26.55%、7.64%。

4. 有效推进农业保险和保险扶贫工作

农险保障覆盖面进一步提高，2017年全省五大作物种植业保险提供风险保障123.06亿元，同比增长7.66%，承保面积达到4 431.13万亩，同比增长6.8%，启动农业即损即赔工作机制，全年农险赔付10.32亿元。推动杂粮杂豆等特色种植业保险发展，创新开办大豆收入、玉米价格等新型保险产品。对贫困人口实施大病保险倾斜性支付政策，对贫困人口起付标准下调40%，分段支付比例提高5%。全年累计为2.57万贫困人口提供赔款1.51亿元，贫困人口理赔金额占比达到38.14%。

三、金融市场与金融稳定

（一）社会融资情况

2017年，吉林省社会融资规模稳步增长，增速放缓。截至年末，吉林省社会融资规模存量22 374.9亿元，同比增长6.6%，增速较上年同期下降7.9个百分点。2017年的增量为1 568.5亿元，较上年同期少增1 221.2亿元；从结构来看，2017年对实体经济发放的人民币贷款累计新增817.7亿元，同比减少57.8%；外币贷款减少14.2亿元，同比减少64.8%；表外融资累计新增269.2亿元，同比减少51.1%；直接融资累计新增286.6亿元，同比增加55%。

（二）货币市场情况

2017年，货币市场继续平稳运行，各市场交易量活跃，交易额稳步攀升。全省拥有全国银行间同业拆借市场会员机构60家，场外融资电子备案系统备案的会员机构为78家，全国银行间债券市场会员机构75家。

1. 同业拆借市场资金面总体呈现趋紧局面，交易大幅回落

全年同业拆借累计成交2 629笔，累计净融入资金3 121亿元，同比下降39%。利率水平持续上扬，场内市场同业拆入加权利率3.22%，同比上升了0.77个百分点；同业拆出加权利率3.18%，同比上升了0.39个百分点。

2. 现券市场交易萎缩，交易额稳中回落

2017年现券市场累计成交42 417笔，交易金额52 453亿元，同比下降38%。2017年现券买入加权收益率4.29%，同比上升1.07个百分点，卖出加权收益率4.33%，同比上升1.06个百分点，平均收益率持续上行。

3. 回购市场资金紧张，逆回购持续上涨

2017年，吉林省银行间回购市场累计成交89 237笔，同比下降10%；累计成交金额16.29万亿元，同比下降21%；金融机构通过债券回购业务，累计净融入资金7.16万亿元。利率水平全面上行，质押式正回购、质押式逆回购加权利率分别为2.79%和2.95%，同比分别上升0.63个百分点和0.64个百分点；买断式正回购和买断式逆回购加权利率分别为3.26%和3.24%，同比上升0.65个

百分点和 0.62 个百分点。

（三）跨境收付及结售汇

1. 跨境收支总规模和逆差水平保持稳定

2017 年，吉林省跨境收支总规模 234.13 亿美元，同比上升 0.05%。其中，流入规模 49.56 亿美元，同比下降 0.66%。流出规模 184.58 亿美元，同比上升 0.25%。跨境收支逆差 135.02 亿美元，同比上升 0.58%。

2. 结售汇总规模上升，逆差小幅下降

2017 年吉林省银行结售汇总规模 193.92 亿美元，同比上升 2.08%。其中，结汇 44.72 亿美元，同比上升 6.35%，售汇 149.20 亿美元，同比上升 0.86%。结售汇逆差 104.49 亿美元，同比下降 1.32%。

3. 跨境人民币结算业务平稳发展

2017 年吉林省人民币跨境收支总规模 42.88 亿美元，同比下降 14.41%。其中，收入 6.22 亿美元，同比上升 19.25%；支出 36.66 亿美元，同比下降 17.43%。人民币跨境净流出 30.44 亿美元，同比下降 21.34%。全年新增办理跨境人民币结算业务企业 195 家。与吉林省发生跨境人民币实际收付业务的境外国家和地区累计达 103 个，对俄、对韩人民币跨境结算业务发展迅速。截至 2017 年末，吉林省进出口企业办理海外人民币借款 162.2 亿元，海外人民币贸易融资 157.6 亿元，企业海外贸易融资便利化提升。

四、金融基础设施与金融稳定

（一）征信体系建设

2017 年，吉林省信用体系建设工作持续推进，社会信用环境不断改善。充分发挥信用信息服务功能，通过信用吉林网站构建公共信用信息长效共享机制，向社会公众提供便捷公共信用信息查询渠道。截至 2017 年末人民银行征信系统接入 148 家机构，累积收录吉林省 17 万户企业、1 936 万自然人信用信息，全年提供个人信用报告查询 560.9 万次，企业信用报告查询 22.1 万次，为防范金融风险提供有力信息支持。加大信用信息保护力度，非现场监测手段日益多样，人民银行征信查询前置系统全面上线，个人信息科技防护水平进一步提高。信用体系建设全面推进，政府各部门加强沟通协调配合，出台涉及多领域合作备忘录，不断强化信用联合奖惩合力，持续开展信用建档评定工作，截至 2017 年末累计为全省 4.8 万中小微企业和 347 万农户建立信用档案，信用企业、信用农户等信用评定工作广泛开展。

（二）支付体系建设

2017 年吉林省支付体系持续稳定运行，支付业务量稳步增长，社会资金交易规模不断扩大。全省各支付系统全年共处理支付业务 6.82 亿笔、金额 50.28 万亿元，笔数同比增长 16.53%，金额同比下降 5.86%。

全年共发生票据、银行卡等非现金支付业务 26.25 亿笔、金额 44.76 万亿元，笔数同比增长

36.43%，金额同比下降8.62%。其中，票据业务395.94万笔、金额1.96万亿元，同比分别下降6.96%和9.68%；银行卡业务25.38亿笔、金额10.14万亿元，同比分别增长37.93%和下降0.09%。

银行卡受理环境持续优化，银行卡消费稳步增长。截至2017年末，银行卡跨行清算系统联网商户40.88万户、联网POS机具51.16万台、ATM1.71万台，同比分别增长39.47%、37.12%、6.21%。累计发行银行卡1.1亿张，同比增长13.96%，人均持有银行卡4.02张。全年银行卡消费8 986.77亿元，同比增长23.24%。

银行卡信贷规模稳步增长，授信使用率持续提升。截至2017年末，银行卡授信总额1 566.52亿元，同比增长40.30%；应偿信贷余额643.35亿元，同比增长31.88%。授信使用率达41.07%，较上年下降2.62个百分点。逾期半年透支余额10.37亿元，同比增长41.99%，占应偿信贷余额的1.61%，占比值较上年提高0.11个百分点。

（三）反洗钱体系建设

2017年，吉林省反洗钱工作紧紧围绕法人监管和风险为本的监管理念，积极应对新挑战、新形势，认真部署、扎实推进全年工作，进一步深化思想认识、规范监管制度、完善系统建设、优化监管方法，夯实履职基础。

开展可疑交易报告质量评价试点，推进3号令贯彻落实，督促义务主体报告质量提质升级；强化依法行政能力，开展反洗钱执法检查，对全省13家金融机构进行处罚，共处罚金286万元；反洗钱分类评级工作实现省、市、县三级全覆盖。

与吉林省国家税务局、公安厅、长春海关签署合作框架协议，启动“三反”合作机制；与吉林银监局、吉林证监局、吉林保监局签署《吉林省金融监管部门反洗钱监管合作备忘录》，深化金融监管部门间反洗钱合作机制。

2017年报送2条涉嫌虚开增值税专用发票可疑交易线索，均成功破案；完成案件协查17件，协助破获非法集资案件1起；在打击利用离岸公司和地下钱庄转移赃款专项行动中，移送疑似非法经营地下钱庄线索9条，协助破获非法经营地下钱庄案件34起。

（四）金融消费者权益保护

2017年，人民银行长春中心支行以提升消费者金融素养为主旨，以切实保护金融消费者合法权益为核心，扎实推进辖区金融消费权益保护工作。全年办理新设银行业金融机构金融消费权益保护工作开业审核事项25笔，全年办理新设银行业金融机构金融消费权益保护工作开业审核事项41笔，对辖区100家金融机构金融消费权益保护工作进行综合量化考评。继续加强“12363金融消费权益保护咨询投诉电话”及“金融消费权益保护信息管理系统”的管理和使用，全年共受理处置金融消费者咨询21笔，投诉44笔。利用“3·15金融消费者权益日”和“金融知识普及月”活动，全省组织宣传4 257场次，参与金融机构网点3 420个，发放宣传资料220万份，媒体报道140余次，微信推送10余万次。

大力推进普惠金融发展，成立吉林省推进普惠金融发展工作领导小组，制定并印发《吉林省推进普惠金融发展行动计划（2017—2020年）》。创新吉林省普惠金融发展模式，完成吉林省普惠金融信息管理系统的研发和推广；引导涉农金融机构推出“金穗增信贷”“惠农易贷”“助保贷”等10

余项扶贫信贷产品，进一步提高全省“村村通”综合性金融服务网点覆盖率，大力发展农村地区特约商户。

五、评估与政策建议

1. 合理优化金融资源配置，积极推动经济转型升级

坚持稳中求进工作总基调，以推进供给侧结构性改革为主线，贯彻落实稳健的货币政策，结合“去产能、去库存、去杠杆、降成本、补短板”的总体任务，抓住东北老工业基地振兴战略机遇，创新金融产品和服务提升金融服务实体经济的效能，促进经济发展模式转型升级，做好农村金融综合改革试点。助推经济实现稳增长、促改革、调结构、惠民生、防风险，促进形成金融和经济良性互动，金融系统内部良性互动的有利局面。

2. 防控金融风险，深入推进金融体制改革

综合整顿市场秩序，取缔违规金融活动，健全金融机构公司治理，加强金融机构内控，推进法人机构体制改革等多种方式，引导金融业回归本源，化解风险。引导银行机构专注主业，优化服务；加强资本市场直接融资工作，加快构建多层次资本市场体系；充分发挥保险业保障功能，实现行业稳健发展。集中力量解决一批主要风险问题，打好防范化解重大风险攻坚战。

3. 加强重点领域和高风险金融机构的风险监测排查

加强对产能过剩行业、大型有问题企业、高杠杆率企业以及房地产行业等领域的风险监测。丰富风险防控手段，动态监测高风险中小法人金融机构的风险状况，做好信用风险和流动性风险的预警；进一步完善对金融机构同业业务和交叉性理财产品的风险监督机制。加强各监管部门与地方政府之间的协调配合，健全和充分发挥金融稳定监管协调机制的作用，对风险隐患早识别、早发现、早报告、早处置。

4. 推进金融生态环境建设，完善金融安全网建设

加大金融监管和问责力度，大力整治金融乱象；强化信用卡风险管理，完善支付结算服务网络建设；构建全方位的反洗钱工作体系，严厉打击洗钱犯罪；不断完善和加强全社会信用环境建设；提高全社会对保护金融消费者合法权益的重视程度，打造健康、高效、稳定的金融生态环境，形成区域金融业稳健运行的良好基础。

主　　任：张文汇
副 主 任：裴绍军
总　　纂：梁　伟
统　　稿：刘　健
撰写人员：王伟树　王宇洋　毕　聪　任建春　佟训舟　金　博
杨　珩　张露文　赵雨丝　柴文梁　麻东露

黑龙江省金融稳定报告摘要

2017年，黑龙江省深入贯彻党的十九大精神和习近平总书记对黑龙江省重要讲话精神，坚持“稳中求进”工作总基调，树立新发展理念，以供给侧结构性改革为主线，转变思想观念，激发内生动力，转换发展动能，培育新增长点，经济实力不断增强，民生持续改善。宏观经济运行向好，金融业稳健发展，风险总体可控。

一、经济运行与金融稳定

（一）经济运行基本情况

1. 贯彻落实宏观政策，经济运行稳中有进

2017年，黑龙江省深入贯彻习近平总书记对全省重要讲话精神，贯彻落实党中央、国务院对东北振兴的重大决策和工作部署，坚持稳中求进工作总基调，转换发展动能，培育新增长点，经济实力不断增强，民生持续改善。初步核算，全年实现地区生产总值16 199.9亿元，同比增长6.4%，增速比上年提高0.3个百分点，低于全国平均水平0.5个百分点。

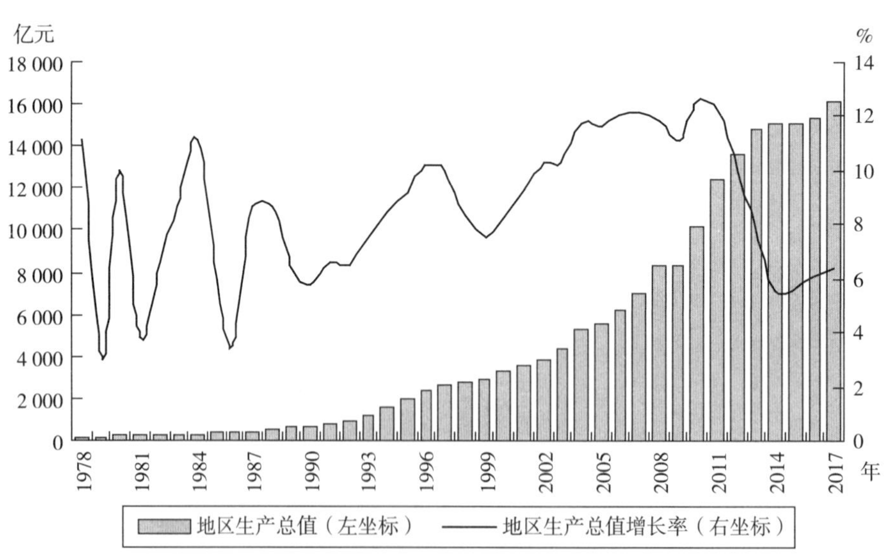

数据来源：《黑龙江统计年鉴》、《黑龙江统计月报》。

图1 1978—2017年黑龙江省地区生产总值及其增长率

2. 三次产业协调发展，产业结构进一步优化

2017 年，黑龙江省第一、第二、第三产业分别实现增加值 2 968. 8 亿元、4 289. 7 亿元和 8 941. 4 亿元。三次产业构成比由 2016 年的 17. 3:28. 9:53. 8 调整为 18. 3:26. 5:55. 2，总体呈现第一产业平稳发展、第二产业小幅回落、第三产业态势良好的特点。

农业综合生产能力持续提升。2017 年，黑龙江省继续深入推进“两大平原”现代农业综合配套改革，坚持市场导向，按照“稳粮、优经、扩饲”的原则，调适种植结构，农业综合生产力进一步提升。全年实现粮食总产量 1 203. 76 亿斤，实现“十四连丰”，连续七年居全国首位。主导工业产业明显回暖。全省规模以上工业增加值同比增长 2. 7%，增幅提高 0. 7 个百分点，为近三年以来最高。第三产业亮点突出。全省第三产业增加值同比增长 8. 7%，增幅高于全国平均水平 0. 7 个百分点。依托整体生态化优势和冰雪资源，强化营销，增加产品供给，推动旅游、健康养老、体育文化产业实现跨越式发展。

3. 财政收支合理增长，结构性减税政策效果显著

2017 年，黑龙江省实现公共财政收入 1 243. 2 亿元，同比增长 11. 0%，增幅回升 12. 1 个百分点，超年初预算收入的 7. 7%；公共预算支出 4 640. 7 亿元，同比增长 9. 8%，增幅回升 4. 6 个百分点，超年初预算支出的 37. 8%。其中，民生类支出占全省总支出的 86. 1%。全省地方财政收支差额为 3 397. 5 亿元，较同期增加 317. 9 亿元。结构性减税政策效果较好，增强经济增长的内生动力。

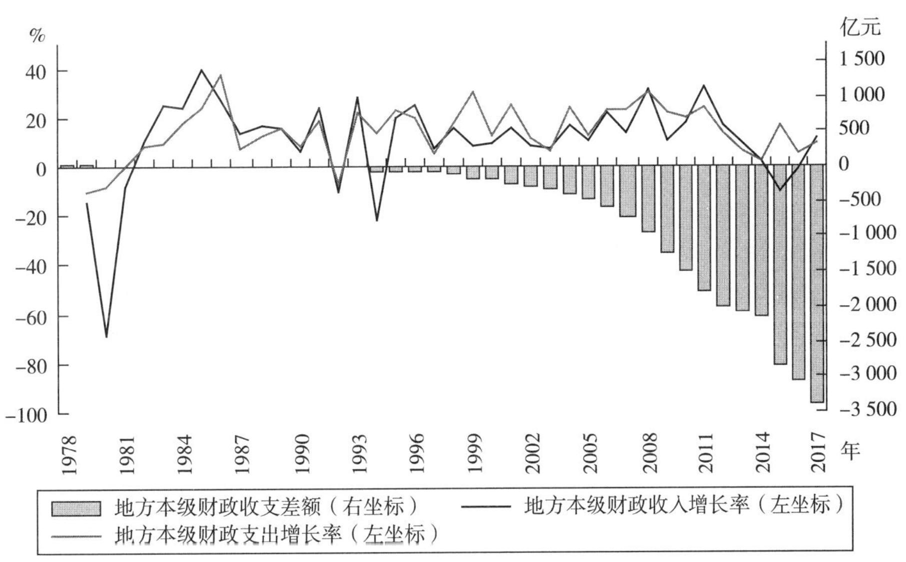

数据来源：《黑龙江统计年鉴》、《黑龙江统计月报》。

图 2 1978—2017 年黑龙江省财政收支状况

4. 固定资产投资增速提升，三次产业投资均呈增长态势

2017 年，黑龙江省完成固定资产投资 11 079. 7 亿元，同比增长 6. 2%，增速比同期提高 0. 7 个百分点，低于全国平均水平 1 个百分点。从三次产业投资看，第一产业完成投资 1 262. 9 亿元，同比增长 25. 2%，增速比同期提高 13. 6 个百分点；第二产业完成投资 4 113. 3 亿元，同比增长 3. 6%，增速比同期提高 1. 2 个百分点，其中，工业投资 3 959. 9 亿元，同比增长 5. 2%；第三产业完成投资 5 703. 5 亿元，同比增长 4. 6%。从经济类型看，民间投资 7 915. 9 亿元，同比增长 11. 3%，高于全省固定资产投资增速 5. 1 个百分点；国有控股投资 3 078. 3 亿元，同比下降 4. 6%。

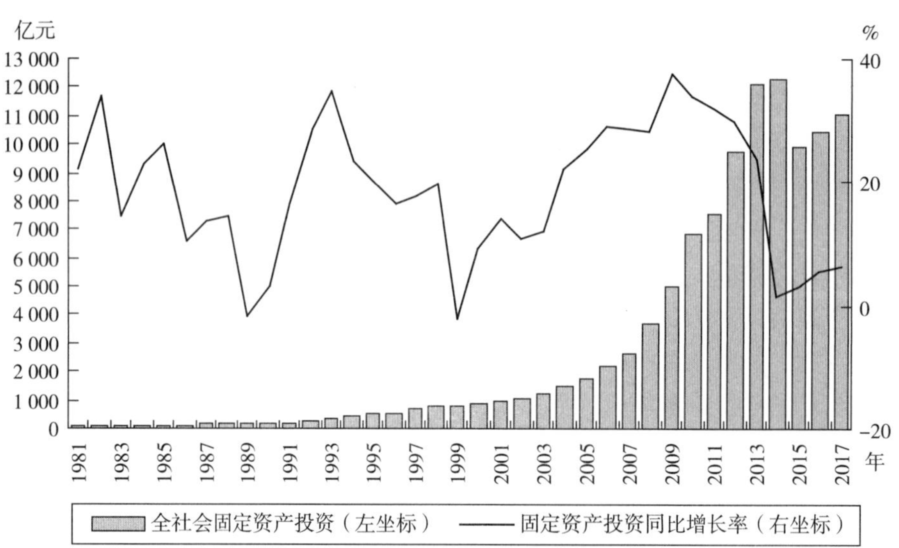

数据来源：《黑龙江统计年鉴》、《黑龙江统计月报》。

图3 1981—2017年黑龙江省全社会固定资产投资状况

5. 居民消费价格温和上涨，工业生产者出厂及购进价格增长较快

2017年，黑龙江省居民消费价格指数CPI同比增长1.3%，低于全国平均水平0.3个百分点。主要商品价格同比“6涨2降1平”，烟酒食品、交通和通信价格指数分别下降1.4个、0.5个百分点；医疗保健、教育文化和娱乐、居住、其他用品和服务、衣着、生活用品及服务等价格分别上涨10.4%、3.6%、1.7%、1.5%、0.7%、0.3%。工业生产者出厂及购进价格指数PPI同比上涨9.3%，工业生产者购进价格指数同比上涨10.2%，彻底扭转上年负增长态势。

6. 外贸进出口持续疲软，贸易逆差规模继续扩大

2017年，黑龙江省外贸回稳向好，实现进出口总额189.3亿美元，同比增长14.5%，扭转了此前连续三年下降的局面。其中，出口总额52.6亿美元，同比增长4.4%，主要是机电产品、农产品

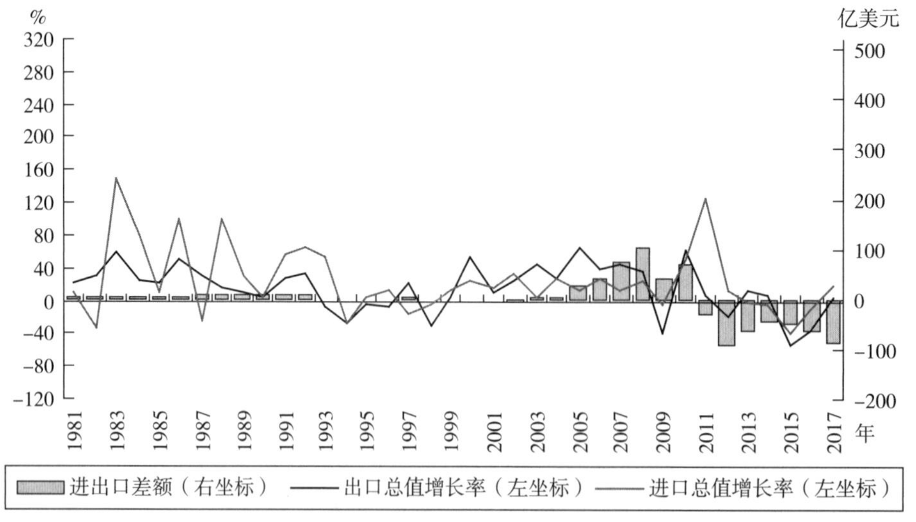

数据来源：《黑龙江统计年鉴》、《黑龙江统计月报》。

图4 1981—2017年黑龙江省外贸进出口变动情况

以及鞋类增长较快；进口总额 136. 7 亿美元，同比增长 18. 9%，主要是进口原油量大幅增加，对进口增长贡献占比近七成。对外开放通道进一步拓宽。2017 年，黑龙江省贸易伙伴达到 175 个国别和地区。其中，对俄罗斯进出口实现 109. 9 亿美元，同比增长 22. 5%；对“一带一路”沿线 58 个国家进出口 132. 3 亿美元，同比增长 16. 4%。

（二）宏观经济运行中影响金融稳定的风险因素

1. 农民收入渠道单一，营销增收能力较弱

目前，农民家庭经营性收入主要来自种植业和养殖业，这两个行业受市场波动和政策影响较大，农民抗风险能力不强，影响农民增收的稳定。同时，全省农民农产品销售渠道较为单一，电子商务等互联网影响手段应用较晚，树立品牌意识和能力不足，制约了农民营销增收的能力。

2. 传统产业负向拉动，资源型城市替代产业承载力仍然较弱

目前，传统产业持续负向拉动宏观经济，石油减产对全省经济影响较多。2018 年，大庆油田计划生产原油 3 210 万吨，年调减约 190 万吨产量。同时，资源型城市虽然大力发展服务业、替代和接续产业，但由于接续、替代产业起步较晚，规模有限，带动经济增长的能力不足。

3. 企业整体竞争力亟待增强，转型升级压力较大

全省传统企业占比较高，新兴产业发展起步较晚，在竞争日渐激烈的市场中整体竞争力不强，产品技术含量较低，影响企业经营效益，进而制约企业进行转型升级的潜力。同时，在原材料价格上涨较快、环保督察压力加大等因素的冲击下，部分企业经营形势仍然不乐观，影响其进行技改、转型的意愿。

二、金融业与金融稳定

（一）银行业

1. 银行业基本情况

2017 年，黑龙江省银行业金融机构认真执行稳健中性的货币政策，积极落实“脱虚向实”，努力提升服务实体经济的能力，优化信贷结构，加强风险管控，运行总体平稳。

行业整体规模继续扩大，存贷款余额保持增长态势。截至 2017 年末，全省银行业资产总额、负债总额分别为 3. 8 万亿元、3. 7 万亿元，同比均增长 4. 6%。全省金融机构本外币各项存款余额 2. 38 万亿元，同比增长 6. 3%，较上年同期提高 1. 8 个百分点，低于全国平均增速 2. 5 个百分点，占全国存款余额的 1. 41%；金融机构本外币各项贷款余额 1. 95 万亿元，同比增长 7. 6%，较上年同期回落 1. 1 个百分点，低于全国平均增速 4. 5 个百分点，占全国贷款余额的 1. 55%。

信贷资金“脱虚向实”，服务实体经济能力显著提高。2017 年，全省涉农、小微企业、工业等实体经济领域信贷投放力度保持稳定，产能过剩行业贷款余额明显收缩，金融机构“脱虚向实”步伐加快。截至年末，涉农贷款余额 8 518. 3 亿元，同比增长 6. 1%；当年累计发放扶贫小额信贷 33. 5 亿元，贷款户数 9. 3 万户，较上年分别增长 12. 5 倍和 10. 7 倍；小微企业贷款余额 4 418. 2 亿元，同比增长 18. 9%，高于各项贷款增速 11. 3 个百分点。制造业、电力、燃气及水的生产和供应业贷款出现可喜变化，工业贷款余额 2 381. 3 亿元，同比增长 8. 5%，增速比同期提高 1. 1 个百分点。产能过

剩行业中长期贷款持续下降，截至年末，全省过剩产能行业中长期贷款余额93.3亿元，同比下降9.2%。全省房地产贷款余额3 801.7亿元，同比增长25.3%，个人住房贷款和保障性住房开发贷款贡献较多。

金融改革持续深化，市场体系进一步完善。截至2017年末，全省银行业金融机构网点6 631个，比上年减少30个；法人银行机构109家，其中，城商行2家，农商行39家，农村信用社41家，村镇银行27家。民营银行组建进入论证实质进展阶段。大型银行普惠金融事业部全面落地。《存款保险条例》平稳实施，风险差别费率制度运行有效。

不良贷款加速暴露，潜在风险有所缓释。截至2017年末，全省银行业不良贷款余额688.6亿元，较年初增加38.1亿元；不良贷款率3.3%，比年初下降0.1个百分点，高于全国1.4个百分点。在强监管的态势下，全省信用风险得到比较充分的暴露，一些先行指标均已出现不同程度的下降，逾期90天以上贷款与不良贷款之比三年来首次低于100%，同比下降4.5个百分点，关注类贷款余额、逾期贷款占贷款比重等均有不同程度下降。

2. 银行业面临的主要问题

企业信贷投放不均衡。目前，全省国有和集体及其控股企业获得全省大部分信贷资源，贷款余额占全部大型企业人民币贷款余额的87.7%，占全部中型企业人民币贷款余额的87.3%，占全部小型企业人民币贷款余额的63%，占全部微型企业人民币贷款余额的71.1%。而民营企业获取信贷支持有限，直接影响民营企业持续发展和转型升级步伐。

信贷风险防控压力较大。目前，全省现有风险逐渐板结硬化，新的风险源从潜伏期进入暴露期，资产质量不断承压，不良贷款增长较快，不良贷款率下降较慢。批发和零售业、农林牧渔业、制造业、个人贷款、房地产业等行业不良贷款存量较多，在省内外复杂经济形势，环保、粮食、房地产政策调控，市场竞争加剧等多重因素影响下，上述行业经营前景仍不容乐观，部分企业经营困难，偿债能力受到影响，信贷资产质量将持续承压。

金融案件防控形势依然严峻。2017年，全省银行业金融机构案件呈多发趋势。从案件类型看，既有票据诈骗、代理理财产品兑付风险等外部案件，也有职务侵吞、银保合作业务人员挪用客户资金的内部案件；从案件性质看，既有企业与银行间因贷款偿还产生的案件，也有银行业同业之间因业务纠纷而产生案件。加之非法集资、电信诈骗等，总体来看，全省银行业案件防控形势依然较为严峻。

（二）证券期货业

1. 证券期货业基本情况

2017年，黑龙江省证券期货业运行总体平稳，各类市场参与主体严控风险，未发生影响区域金融稳定的事件。

（1）证券期货经营机构

截至2017年末，黑龙江省有法人证券公司1家，法人期货经纪公司2家；证券从业人员2 789人，期货从业人员154人；投资者股票账户数655.52万户，同比增加90.44万户，证券市场交易额为3.57万亿元，同比减少742.44亿元。

2017年，辖区法人证券机构——江海证券盈利情况继续回落，实现营业收入12.85亿元，同比增长7.23%；利润总额4.41亿元，同比下降14.56%；净利润3.38亿元，同比下降12.85%。

2017 年，辖区 2 家期货公司的总资产为 3.83 亿元，同比增长 1.07 亿元，两家公司于 2017 年均完成了增资，其中，时代期货增资 2 000 万元，大通期货增资 7 200 万元。营业收入为 1 157.34 万元，同比减少 98.38 万元；净利润 5.2 万元，同比增长 38.9 万元。

（2）上市公司

截至 2017 年 12 月末，黑龙江省共有 A 股上市公司 36 家，较上年增加 1 家（哈三联）。其中，主板公司 30 家（沪市主板 25 家、深市主板 5 家），中小板公司 4 家（誉衡药业、博实股份、葵花药业、哈三联），创业板公司 2 家（九洲电气、中飞股份）。A 股上市公司总市值 4 096.13 亿元，比上年同期下降 8.6%。

表 1　　2017 年黑龙江省证券业基本情况表

项目	数量
总部设在辖内的证券公司数（家）	1
总部设在辖内的基金公司数（家）	0
总部设在辖内的期货公司数（家）	2
年末国内上市公司数（家）	36
当年国内股票（A 股）筹资（亿元）	51.7
当年发行 H 股筹资（亿港元）	0
当年国内债券筹资（亿元）	109.5
其中：短期融资券筹资额（亿元）	—
中期票据筹资额（亿元）	—

数据来源：黑龙江证监局。

2. 证券期货业面临的主要问题

资本市场发展规模偏低。从总量分布看，2017 年，黑龙江省 GDP 约占全国总量的 1.96%，而全省上市公司总市值仅占 A 股总市量的约 0.72%，占比持续下降。全省 A 股上市公司总市值与刚刚回归 A 股的 360 公司（601360）市值基本相当，不足中国石油（601857）总市值的 1/3，资本市场发展水平与经济社会总体发展水平严重失衡。从机构分布看，截至 2017 年末，全国 A 股上市公司总数 3 485 家，全省只有 36 家，仅占全国总数的 1.03%，远远低于全国平均 112 家的水平；全国证券公司 131 家，而全省仅 1 家，低于全国平均 4.2 家的水平；全国期货公司 149 家，全省仅 2 家，低于全国平均 4.8 家的水平；基金公司尚处空白，没有具备证券期货业务资格的法人类会计师事务所和资产评估事务所。

风险管理能力与业务扩展能力不匹配。近年来，证券机构积极拓展新业务领域，以融资融券、代销金融产品等为代表的创新业务直接改善了行业的盈利模式，但很多创新业务对行业、对机构及监管部门，都处于不同程度的陌生领域，存在可能发生的未知风险。部分机构，定向资产管理等创新业务发展较为迅速，但其合规管理与风险控制部门的人才引进、系统配备等资源投入进展缓慢，合规与风险管理能力有待进一步提升。

（三）保险业

1. 保险业基本情况

2017 年，黑龙江省保险业机构认真落实监管要求，市场体系和保障功能进一步完善，保险业服务经济社会发展的能力进一步增强。

市场体系不断完善，整体实力有所增强。截至2017年末，全省共有保险市场主体48家，比上年同期增加1家。其中，财产险公司21家（含1家法人机构），人身险公司27家。保险公司省级以下分支机构2 488家，保险专业中介法人机构50家，保险兼业代理机构8 488家。全省执业登记保险销售从业人员执业登记人数为347 645人，较上年同期增加81 856人。

表2 2017年黑龙江省保险业基本情况表

项目	数量
总部设在辖内的保险公司数（家）	1
其中：财产险经营主体（家）	1
寿险经营主体（家）	0
保险公司分支机构（家）	48
其中：财产险公司分支机构（家）	21
人身险公司分支机构（家）	27
保费收入（中外资，亿元）	931.41
其中：财产险保费收入（中外资，亿元）	169.54
人身险保费收入（中外资，亿元）	761.87
各类赔款给付（中外资，亿元）	240.52
保险密度（元/人）	2 451.72
保险深度（%）	5.75

数据来源：黑龙江保监局。

保费收入高速增长，行业整体实力继续增强。2017年，全省共实现原保险保费收入931.41亿元，较上年同期增加245.89亿元，同比增长35.87%。其中，财产险业务原保险保费收入为169.54亿元，较上年同期增加20.64亿元，同比增长13.86%；寿险业务原保险保费收入为639.25亿元，较上年同期增加225.65亿元，同比增长54.56%。全年共为全社会提供风险保障137 604.28亿元，较上年增加34 240.53亿元，同比增长33.13%；保险业赔款与给付240.52亿元，较上年增加2.77亿元，同比增长1.17%，服务地方经济社会功能作用进一步发挥。

2. 保险业面临的主要问题

市场秩序仍待进一步规范。2017年，黑龙江省加大保险市场监管力度，重塑保险监管，市场秩序持续改善。但保险市场乱象仍时有发生，保险公司、中介机构及保险从业人员欺骗消费者，隐瞒重要合同信息，夸大保险责任或产品收益，偿付能力信息披露不及时、不真实、不完整；理赔手续多、流程长、到款慢，理赔尺度不统一、争议化解不及时等问题仍待解决。

保险资金运用违规。个别公司存在利用保险资金投资多层嵌套产品，模糊资金真实投向，掩盖风险真实情况；违规开展资金运用关联交易，向特定人群进行利益输送；将短期资金集中投向非公开市场的低流动性高风险资产。

（四）具有融资功能的非金融机构

小额贷款行业适度发展。截至2017年末，全省共有小额贷款公司374家，比上年同期减少16家，机构覆盖全省13个市（地）和74.6%的县（市）。贷款余额249.3亿元，其中，“三农”和小微贷款余额156.8亿元，占比62.9%，小额贷款行业已成为主流银行机构支持“三农”、小微企业融资的有益补充。融资担保行业发展平稳。截至2017年末，全省共有法人融资担保机构180家，比上年同期增加5家。其中，国有机构63家，占比35%；民营机构117家，占比65%；融资担保责任余额593.8亿元，按净资产计算融资担保平均放大1.48倍。政策性和政府性融资担保机构开展的融资担保业务占到全省业务总规模的70%，融资担保服务准公共产品属性初步显现。典当行业回落明显。截至2017年末，全省共有典当法人企业252家，比上年同期新增1家，机构覆盖全省13个市（地）及54.7%的县（市）。全年实现典当业务笔数9 113笔，同比下降23.8%；典当总额118 215.09万元，同比下降25.5%；年末典当余额81 343.96万元，同比下降21.0%。

具有融资功能的非金融机构在满足社会融资需求、形成传统金融有益补充的同时，行业内部存在的一些问题和风险隐患也不应忽视。一是缺乏专门法律法规，对小额贷款公司、融资担保公司、典当行等机构监管及其自身的发展和权益维护缺少必要的法律依据。二是小额贷款公司、融资担保公司、典当行等机构更容易受宏观经济发展状况的影响，“新常态”下其可持续发展能力普遍不足，经营理念和经营模式急需提档升级。三是市场环境亟待规范。目前，市场上存在大量以投资公司、理财公司、贷款咨询公司等名义进行非法集融资活动机构，这些公司没有准入门槛，登记注册手续简单，不受监管，逃避税收，极易扰乱正常的市场经营秩序。

三、金融市场与金融稳定

（一）金融市场平稳健康运行

2017年，黑龙江省金融市场运行总体平稳，各市场发展出现分化，金融市场对促进经济结构调整和转型升级发挥了积极作用。

1. 同业拆借市场交易规模回落

截至2017年末，黑龙江省累计进行信用拆借交易628笔，较上年同期减少82笔，同比下降11.55%。同业拆借市场累计成交金额933.42亿元，较上年同期减少850.96亿元，同比下降47.69%，其中，拆入金额566.75亿元，同比下降50.91%；拆出金额366.67亿元，同比下降41.79%。从交易品种看，拆借交易主要集中在短期品种，IBO001、IBO007两个品种成交金额分别为152.12亿元、651.95亿元，占总成交金额比重分别为16.30%、69.85%，合计达86.15%。从交易机构看，拆借交易主要集中在财务公司和农商行，交易量最活跃的三家机构分别为东方集团财务公司、伊春农村商业银行、黑河农村商业银行。

2. 银行间债券市场流动性合理充裕

2017年，黑龙江省银行间债券市场累计成交71 904笔，同比增加20 301笔，同比增长39.34%。金额165 948.05亿元，同比增加37 399.54亿元，同比增长29.09%，其中，融入资金金额81 479.76亿元，同比下降0.57%；融出资金金额84 468.29亿元，同比增长81.25%。

3. 票据市场交易量继续萎缩

2017年，由于全国票据业务风险监管力度加强，黑龙江省银行机构签发商业汇票余额、票据贴现余额分别为493.2亿元和426.0亿元，分别同比减少19.7亿元和239.4亿元。票据贴现利率和转贴现利率呈上行趋势，其中，2017年第四季度办理的银行承兑汇票贴现平均利率、商业承兑汇票贴现平均利率分别为5.01%、5.23%，分别比同年第一季度上升0.16个、1.26个百分点；2017年第四季度票据买断和票据回购转贴现平均利率分别为4.49%、5.06%，分别比同年第一季度上升0.49个、0.82个百分点。

（二）黑龙江省金融市场发展需关注的问题

1. 直接债务融资发展缓慢

全年非金融企业债务融资余额仅占当年全国发行量的0.4%、累计发行额仅占当年全国累计发行量的0.5%。从企业自身看，黑龙江省业务发展状况较好、财务制度健全的非公有制企业数量较少，一些企业不重视自身信用、信用等级低，在银行间市场发债时难以得到市场投资者的认可，部分已发行直融工具的企业进行违规操作受到交易商协会通报，影响全省企业信誉；从政策支持看，黑龙江省缺乏对直接债务融资工作的政策扶持，集合交易商协会、承销机构、中介组织、企业等各方资源配置金融市场资金的市场化运作模式尚不完善。

2. 债务融资发行主体较为单一

目前，黑龙江省发债企业仍然局限于省内已在公开市场发行过信用债的传统大型企业，其他更多类型的企业尚未纳入发债储备库及发债，例如内控规范管理、披露机制健全、经济增长点较突出的高新技术企业、小微企业、绿色食品企业等有待挖掘发债潜力。

四、金融基础设施与金融稳定

（一）金融基础设施建设情况

1. 支付清算体系

2017年，全省支付体系建设取得显著成效，为黑龙江省经济社会持续健康发展提供了高效安全的支付服务。支付系统平稳运行。截至2017年末，黑龙江省共有支付系统直接参与者4家、间接参与者3 337家。大小额支付系统共处理业务7 975.78万笔，金额53.66万亿元，同比分别增长4.18%和15.24%。同城票据清算系统共处理业务246.65万笔、金额7 237.84亿元，同比分别下降23.60%和14.78%。电子支付业务量持续稳步增长。2017年，黑龙江省共办理电子支付业务20.13亿笔，金额17.45万亿元，同比分别增长30.56%和4.74%。其中网上支付业务5.66亿笔，金额13.64万亿元，同比分别增长0.87%和3.56%。银行结算账户数量平稳增长。截至2017年末，全省共有各类银行结算账户1.40亿户，同比增加931.11万户，增长7.15%。非金融机构支付服务管理加强。截至2017年末，全省法人支付机构客户备付金总额为1 522.09万元；预付卡发行总量为1.5万张、金额0.1719亿元；互联网支付业务12.1万笔、金额63.29亿元。全省非银行支付机构共有存量银行卡收单特约商户23.72万户。共有存量POS终端28.93万台，全年共发生POS清算笔数8 921.57万笔、交易金额3 846.09亿元。

2. 征信体系

征信系统平稳运行。截至2017年末，企业征信系统已收录全省企业及其他组织18.07万户，提供企业信用报告查询13.4万份；个人征信系统共收录2579.6万自然人信息，同比增长1.3%，全年提供个人信用报告查询713.2万份。中小企业信用体系建设成效初显。大庆市“一库二网一平台”

中小企业信用体系进一步健全信用正向激励政策措施；齐齐哈尔市探索建立政银企信用信息交互平台，鼓励金融机构产品创新和服务创新。

3. 反洗钱工作

反洗钱监管全面推进。2017 年，共对 175 家义务机构进行了反洗钱专项现场检查，对 83 家义务机构进行了综合执法反洗钱现场检查，对 93 家义务机构进行了监管走访，对 484 家义务机构进行了分类评级，对 37 家义务机构进行了高管约谈，对 10 家义务机构进行了质询，对 21 家义务机构进行了风险评估。反洗钱处罚力度不断加大。2017 年，共对 3 家义务机构及其反洗钱高管进行了行政处罚，处罚金额 75 万元（其中处罚机构 72 万元，处罚相关高管人员 3 万元），较上年度增加 33 万元。重点可疑交易报告大幅提升。全年共接收辖内义务机构上报的重点可疑交易报告 98 份，较上年度增加 79 份，涉及地下钱庄、恐怖融资和非法集资等多个方面。反洗钱案件协查积极开展。全年共协助公安、税务等有关部门对 13 起案件开展反洗钱调查，涉案类型主要为毒品犯罪、恐怖活动犯罪、地下钱庄等。

4. 金融法治环境

2017 年，编辑出版《黑龙江省人民银行系统依法行政工作手册》，进一步完善依法行政工作机制，加大对执法检查和行政处罚的执法监督力度，提升行政执法水平。对辖区金融机构上一年度执行信贷政策和管理规定的情况开展综合评价。继续联合省公安厅、法院、检察院，在全省范围内组织开展打击利用离岸公司和地下钱庄转移赃款专项行动，全年共打掉地下钱庄 3 个，抓获犯罪嫌疑人 13 人，涉案流转资金 4 000 多亿元。畅通投诉渠道，积极稳妥处置金融消费纠纷。全省共受理投诉 63 起，解答金融消费者咨询 215 人次，没有发生群体性投诉事件。认真组织落实推进普惠金融相关工作，在全省范围内建立普惠金融指标体系。积极推动金融广告治理工作开展。进一步加强金融法治和消费权益保护宣传教育。黑龙江省各级人民法院进一步加强对金融支持力度，清理执结涉金融机构案件 9 147 件，标的额 24. 2 亿元。

（二）金融基础设施建设的薄弱环节

1. 新型支付技术快速发展，行业监管难度进一步加大

“十三五”以来，我国金融产业与科技产业融合发展速度不断加快，推动传统支付工具向条码支付、扫脸支付、拍卡支付、声波支付等新型支付方式转变，大幅提升支付便捷性，彻底转变了百姓的支付方式。但与支付便捷性随之而来的支付风险也大幅增加，监管范畴逐渐扩大，监管难度显著上升。

2. 信用意识培育仍需加强，信用信息规范使用亟待加强

目前，覆盖全社会的征信体系仍在建设中，社会成员信用记录不完善，守信激励和失信惩戒机制尚不健全，失信成本偏低；信用服务市场不发达，服务体系不成熟、服务行为不规范、信用信息主体权益保护机制不健全；社会诚信意识和信用水平偏低，履约践诺、诚实守信的社会氛围尚未形成。

3. 反洗钱制度体系尚需完善，新兴领域洗钱风险值得关注

近年来，洗钱与恐怖融资活动呈现出向非金融领域持续蔓延、加快渗透的趋势，为预防洗钱和恐怖融资活动，应进一步加强对特定非金融机构反洗钱及反恐怖融资监管，与特定非金融机构行业监管部门建立反洗钱协作机制，联合制定特定非金融机构反洗钱监管制度及实施细则，有序推进特

定非金融机构反洗钱监管。

4. 金融监管协调机制仍待理顺，金融消费保护处置机制有待完善

目前，“一行三局”关于金融消费权益保护工作的协调机制工作效果有待加强，信息共享存在一定的滞后性。投诉转办处理反馈机制不够流畅，部分投诉转交后不能及时反馈处置结果。针对金融广告治理工作，有待与相关监管机构进一步达成信息共享机制。

五、2018 年展望

2018 年是全面贯彻落实党的十九大精神的开局之年。黑龙江省以习近平新时代中国特色社会主义思想为指导，全面贯彻党的十九大精神和中央经济工作会议精神，深入落实习近平总书记对全省重要讲话精神，紧紧围绕“五位一体”总体布局和“四个全面”战略布局，加强党对经济工作的领导，坚持稳中求进工作总基调，坚持新发展理念，按照高质量发展的要求，以供给侧结构性改革为主线，统筹推进稳增长、促改革、调结构、惠民生、防风险各项工作，大力推进改革开放，激发内生动力，增强全社会创新创业活力，推动质量变革、效率变革、动力变革，在打好防范化解重大风险、精准脱贫、污染防治攻坚战方面取得扎实进展，切实保障和改善民生，促进经济社会持续健康发展。

综合考虑，2017 年经济社会发展预期目标为，地区生产总值增长 6% 以上，城镇登记失业率控制在 4.5% 以内，居民消费价格指数涨幅控制在 3% 左右，城乡居民可支配收入增长与经济增长基本同步，单位地区生产总值能耗下降 3% 以上。全省金融机构将保持对全省实体经济的信贷投放力度，积极支持经济转型升级，信贷资源将继续投向农业、基础建设、小微企业、服务业等领域。预计贷款余额同比增长 7% 以上，存款余额同比增长 6% 以上。

总　　纂：董建华
统　　稿：亢　玉
执　　笔：梁　蒙　董　磊　李卓南
参与写作人员（以姓氏笔画为序）：
王文博　包艳龙　那　颂　刘　帆　刘晓依
刘　爽　李　丹　李思媛　杨　捷　别丹丹
郭世东　高　磊　徐　扬　鲁　荣　宾凌蛟

上海市金融稳定报告摘要

2017年，上海市经济运行总体平稳、稳中向好，自贸区和科创中心建设两大国家战略加快推进，供给侧结构性改革持续深化，创新驱动发展、经济转型升级成效进一步显现。上海市金融业运行稳健，金融机构合规意识不断提升，转型创新持续推进，竞争力稳步增强。

一、经济与金融环境

（一）上海经济金融运行总体平稳有序

2017年，上海市经济运行总体平稳、稳中有进。全年实现生产总值30 133.86亿元，同比增长6.9%，与全国生产总值增速持平。

1. 固定资产投资增长基本稳定

2017年，上海市完成固定资产投资总额7 246.60亿元，同比增长7.3%。从三大投资领域看，城市基础设施投资发挥支撑作用，全年增长9.9%；基建投资占全社会固定资产投资的比重为23.5%，同比提高0.5个百分点；工业投资扭转了连续多年零增长或负增长的局面，全年增长5.3%。

2. 消费保持稳定增长

2017年，上海市商品销售总额为113 125.26亿元，同比增长12.0%；社会消费品零售总额11 830.27亿元，同比增长8.1%。

3. 进出口增速明显提高

2017年，上海市全年货物进出口总额32 237.82亿元，同比增长12.5%。其中，进口总额同比增长15.4%，出口总额同比增长8.4%，贸易逆差5 997.20亿元。利用外资出现下降。2017年，上海市外商直接投资合同金额401.94亿美元，同比下降21.2%；实际到位金额170.08亿美元，同比下降8.1%。

4. 财政收入平稳增长

2017年，上海市完成一般公共预算收入6 642.26亿元，同比增长9.1%；完成一般公共预算支出7 547.62亿元，同比增长9.1%。

5. 工业企业经济效益持续好转

2017年，上海市规模以上工业企业实现利润总额3 200.10亿元，同比增长10.5%。钢铁、石化行业效益明显好转，其利润分别增长31.3%和59.8%；电子行业利润较快增长27.5%；汽车、生物医药和成套设备利润分别下降0.8%、0.4%和3.7%。

6. 居民收入稳步提升

2017 年，上海市城镇和农村居民人均可支配收入分别为 62 596 元和 27 825 元，同比分别增长 8.5% 和 9.0%；扣除价格因素，实际增长分别为 6.7% 和 7.2%。就业形势保持稳定，截至 2017 年末，城镇登记失业人数 22.06 万人，比 2016 年末减少 2.20 万人；全年新增就业岗位 57.9 万个。

7. 金融业稳步发展

2017 年，上海市实现金融业增加值 5 330.54 亿元，同比增长 11.8%。银行间市场总成交金额 997.77 万亿元，同比增长 3.9%。上海黄金交易所总成交金额 9.76 万亿元，同比增长 11.9%。上海证券交易所总成交金额 306.39 万亿元，同比增长 7.9%。上海期货交易所总成交金额 89.93 万亿元，同比增长 5.8%。中国金融期货交易所总成交金额 24.59 万亿元，同比增长 35.0%。上海市保险公司原保险保费收入 1 587.10 亿元，同比增长 3.8%；保险赔付支出 548.93 亿元，同比增长 3.8%。

（二）促进经济增长和金融稳定的重要举措

1. 工业生产明显好于预期，二三产业协同增长

2017 年，上海市工业生产走出连续两年低位运行的状态，全年工业增加值同比增长 6.4%。新动能和传统行业共同支撑工业生产持续回升，实体经济向好的态势继续加强。战略性新兴产业制造业产值增长 5.7%，增速比 2016 年提高 4.2 个百分点。新兴服务业支撑作用明显增强。第三产业增加值同比增长 7.5%，占全市生产总值的比重为 69%，保持稳定。

2. 自贸区金融改革扎实推进，国际金融中心建设加速迈向新征程

进一步完善自由贸易账户服务功能。截至 2017 年末，共有 990 多家科创企业开立自由贸易账户 1 400 多个，获得境外融资 747 亿元。进一步推动贸易投资便利、外汇市场管理等方面政策完善和体制机制改革。取消对外担保行政审批，取消区内融资租赁类公司办理融资租赁对外债权业务逐笔审批；并向全国复制推广了八项外汇改革创新成果，有效发挥了全国金融改革“试验田”的作用。支持上海市各类金融交易平台依托自由贸易账户对外开放。上海清算所铜溢价、乙二醇掉期交易，以及自贸区大宗商品现货交易陆续开展，上海股权托管交易中心首单挂牌企业 FT 跨境债转股落地，“一带一路”熊猫债在自贸区银行间债券市场成功发行。总部型功能性金融机构进一步聚集，金融市场开放创新加快。金砖国家新开发银行、人民币跨境支付系统（CIPS）、全球清算对手方协会（CCP12）等一批重要金融机构或组织落户上海，内地与香港债券市场互联互通合作（债券通）上线试运行，票据、保险、信托登记市场在上海平稳起步，中债金融估值中心落户上海。一系列新兴市场要素的出现和集聚，推动上海国际金融中心基础市场功能得以进一步完善。

3. 继续实施稳健的货币政策，保持政策灵活适度

人民银行上海总部在人民银行总行指导下，围绕服务实体经济，贯彻执行稳健中性货币政策，开展宏观审慎评估（MPA）工作，并进一步完善宏观审慎框架，引导金融机构加强对表外业务风险的管理，以支持实体经济发展为出发点和落脚点，合力把控信贷投放节奏，不断优化信贷投放结构。引导辖内金融机构加大普惠金融支持力度，政策效应初步显现。发挥货币政策工具的结构性导向作用，盘活小微企业应收账款，推进小微企业信用体系建设，切实加大对小微企业的金融支持。

（三）经济金融运行中需要关注的方面

1. 实体经济能级有待进一步巩固提升

上海市工业持续回升的基础仍不牢固，传统产业优化升级步伐仍有待加快。新兴产业需加快培育提升，新旧动能接续转换压力依然较大，推动高质量发展的任务还很繁重。2008—2015 年，上海市工业投资连续 8 年下降或微增长；2017 年虽增长 5.3%，但技改投资占比占到六成，新项目储备不足、落地困难等问题仍较突出。

2. 营商环境有待进一步完善

2017 年，上海市外商直接投资合同金额和实际到位金额分别下降 21.2% 和 8.1%。发达经济体倡导产业回归，新兴市场经济体利用成本优势吸引资金，全球吸引外资竞争加剧。上海市的营商环境还存在不少短板弱项，城市创新活力、动力和能力仍需增强，科技成果转化效率有待提高，创新创业生态系统需进一步完善。

3. 货币市场利率向存贷款利率传导

2016 年第四季度以来资金市场利率持续攀升，客户对存款利率的预期提高，市场化定价的结构性存款利率逐步走高，加上存款出现理财化趋势，银行存款成本明显上升。自 2017 年第二季度开始，银行负债成本提高逐步传导至资产端，加上信贷额度收紧增强了银行的议价能力，贷款利率逐步上升。12 月，上海市新增贷款加权平均利率为 5.56%，较 2016 年末提高 51 个基点。

二、银行业

（一）银行业发展运行情况

1. 资产负债规模增幅放缓，结构趋于优化

2017 年末，上海银行业资产、负债增速创新低。截至 2017 年末，上海银行业总资产余额 14.75 万亿元，同比增长 2.26%，增速较 2016 年下降 9.02 个百分点；负债总额 14.09 万亿元，同比增长 1.67%。

资产结构优化调整，非信贷资产大幅收缩。截至 2017 年末，非信贷资产余额 8.03 万亿元，占比由 2017 年初的 58.75% 降至 54.46%。表外业务增速放缓，表外业务（不含金融衍生品）余额为 21.25 万亿元，同比增长 23.86%，增速较 2016 年下降 4.94 个百分点。批发性融资占比有所下降。辖内银行业各项存款占总负债比重为 66.50%，比年初上升 2.12 个百分点；同业负债总额 3.10 万亿元，占总负债的比重降至 22.00%，较年初下降 11.76%。

2. 银行业持续开放，改革进程加快

上海银行业持续开放。2017 年末，29 个国家和地区的银行在沪设立机构，外资银行营业性机构总数（含总行、分行和支行）已达 230 家。2017 年上海新设 3 家“一带一路”沿线国家的银行分行。外资银行与中资银行合作更加紧密。2017 年，上海外资法人银行与中资银行新开展合作项目共计 13 项，金额达 895 亿元。

银行业改革发展势头强劲，科技金融服务水平不断提升，科技金融生态系统持续优化。截至 2017 年末，上海科技型企业贷款存量户数为 5 235 户，较年初增长 22%；科技型企业贷款余额达

2 071亿元，首次突破2 000 亿元大关，较年初增长38%；投贷联动项下贷款余额61 亿元，较年初增长133%。

3. 信贷结构有所改善，积极支持实体经济

截至2017 年末，上海银行业各项贷款余额为6. 72 万亿元，同比增长12. 90%。与实体经济相关行业的贷款多增，信贷结构有所改善。2017 年投向租赁和商务服务业、房地产业、交通运输业、制造业的贷款分别较年初增长17. 86%、16. 71%、16. 02%、4. 17%。服务实体经济成效明显，2017 年末，上海“一带一路”贷款余额1 857. 79 亿元，较年初增长23. 21%，高于同期各项贷款增速10. 31 个百分点；优先支持保障房等民生工程，年末上海保障房贷款余额较年初增长15%。

（二）上海银行业机构稳健性评估

1. 风险抵补能力基本适度

上海市银行业机构资本充足率持续三年下降。截至2017 年末，上海市法人银行核心一级资本充足率为13. 26%，较2016 年同期下降0. 28 个百分点，较2015 年下降0. 77 个百分点。风险拨备水平大幅提高。2017 年末，上海市法人银行业机构拨备覆盖率为317. 19%，较2016 年同期增加21. 91 个百分点。上海市银行业整体拨备水平较高，远超监管要求，风险抵补能力保持较高水平。

2. 不良贷款余额和不良贷款率实现“双降”

2017 年，银行业资产质量向好，不良贷款余额和不良贷款率实现“双降”。截至2017 年末，不良贷款余额为380. 26 亿元，比年初减少23. 79 亿元；不良贷款率0. 57%，比年初下降0. 11 个百分点，创近四年来新低。资产质量前瞻性指标较年初双双回落，逾期贷款和关注类贷款余额分别为392. 82 亿元和685. 76 亿元，较年初分别减少71. 90 亿元和128. 53 亿元；关注类贷款率1. 02%，较年初下降0. 35 个百分点，表明后续风险压力趋缓，贷款质量趋稳。

3. 银行业盈利水平提高，法人银行净利润增幅超预期

2017 年，上海银行业金融机构累计实现净利润1 739. 53 亿元，同比多增233. 37 亿元，同比增长15. 49%，较2016 年同期上升6. 53 个百分点。盈利增长主要得益于存贷款利息收入的增加。随着贷款规模的扩大，存贷款利息净收入占营业收入比例由2016 年末的35. 50% 上升至2017 年末的41. 86%。

（三）上海银行业发展中需要关注的方面

1. 债务收缩引发的信用风险凸显

目前，上海市信用风险主要集中在房地产、个人贷款、政府债务等领域。一是房地产系统性风险。2017 年末，上海市房地产贷款余额占全部贷款余额的31%，项目资金链风险隐患值得关注。二是居民家庭债务风险。2017 年，全市一手房贷款平均单笔金额256 万元，相当于城镇居民家庭年均可支配收入的十多倍。消费贷款近两年加速增长，2017 年末同比增速接近40%。三是政府债务风险。全市信托公司信政合作规模2 658 亿元，其中事务管理类业务占84%，且全部信政合作业务均投向异地政府融资项目。

2. 流动性风险隐患加剧

2017 年末，上海市法人银行流动性风险可控，但法人银行对同业资金依赖程度和表外理财期限错配程度较高，流动性风险管理难度加大。一方面，外资法人银行同业资金依赖程度进一步提升，

2017年末全市外资法人银行同业资金来源中98.39%的增量资金来源于境外；另一方面，中资法人银行同业投资、理财业务等基础资产作为信贷资产受到规范后，可派生存款大幅收缩，资金来源减少，流动性比例较2016年末下降10.61个百分点。

3. 跨市场交叉性业务收缩可能引起并发风险

目前，交叉性金融业务风险主要集中在同业投资、理财的投资端，存在穿透管理不到位、资本和拨备计提不准确、交易结构多层嵌套、违规投向限制性领域、违反信贷资产转让监管要求等方面的情况。2018年，资管、委贷等新规的出台将对商业银行现有相关业务产生较大影响。一方面，部分表外类信贷资产面临回表压力，导致资本充足率、拨备覆盖率等监管指标大幅下降，严重影响风险抵补能力。另一方面，部分产品到期后可能出现资金续接困难，引发流动性风险。

4. 跨境融资业务风险上升

近三年，上海市中资银行分行对境外同业债权敞口的年复合增长率达80%。截至2017年末，境外贷款不良比年初增长近60%。伴随中资企业"走出去"步伐加快，全市跨境并购贷款、内保外贷等跨境联动融资业务量上升，风险加速聚集，由于项目在境外，银行的风险管控难度加大。未来需重点关注企业非理性海外投资风险、新兴市场国家国别风险、投向产能过剩领域贷款风险以及内保外贷业务相关风险隐患。

5. 操作风险和案件风险易发

当前，操作风险和案件逐渐复杂化、高科技化，内部员工参与率升高。此外，要关注基层网点合规和管理风险。从全国发生的重大案件和风险事件来看，基本都发生在基层网点，暴露出营运管理、轮岗等内部制度的重大缺陷，也反映出合规、审计等监督严重不力。

6. 警惕中小民营企业债券违约风险

2017年，全国共计44只债券违约，涉及金额392.9亿元。上海市新增1只违约私募债券，涉及金额9.6亿元，违约事项为发行人还款现金出现问题。这类中小型民营企业发行人多处于中下游竞争性行业，对经济波动承受能力较弱，为信用风险频发区，未来需提高风险监测预警水平，防范违约风险冲击。

7. 关注"互联网+金融"创新合作的相关风险

当前，互联网金融风险清理整顿进入分类处置攻坚阶段，特别是对现金贷、校园贷等重点领域风险清理力度加大，与互联网金融相关的风险将加快浮出水面，这类风险容易形成交织传染的群体风险。部分机构与第三方平台开展信贷业务，过度依赖各类助贷机构，甚至将贷款管理核心业务外包。个别城商行与多家网贷平台签订存管协议，风险隐患较大。部分平台、交易场所打着银行存管的名义对外虚假宣传，爆发风险事件后很可能对银行产生负面声誉影响。

三、证券业

（一）上海证券业发展运行情况

截至2017年末，上海共有证券公司25家（包括8家证券公司下属的资产管理公司），总资产14 059.69亿元、净资产4 451.81亿元、净资本3 928.91亿元，同比分别增长7.17%、15.37%和8.91%。共有基金公司49家，管理公募基金1 772只，基金总净值35 215亿元，同比分别增长

26.12%和26.09%。在基金业协会完成登记的上海私募基金管理人共4 581家，管理私募基金19 100只，管理规模为24 860亿元。共有期货公司33家，总资产（含客户权益）1 475.85亿元，同比下降6.53%，净资产247.83亿元，同比增长19.31%。

1. 行业规范情况

上海证券公司以落实合规办法为契机，进一步梳理完善合规制度，加强内部控制管理，切实提高合规管理有效性；不断加强全面风险管理体系建设，在制度体系、组织架构、人员管理、系统建设、指标体系、报告流程等方面已呈现逐渐完善的趋势。上海基金公司排查化解重点领域风险隐患，持续推进合规内控制度文化建设，落实投资者适当性管理新规，进一步加强投资者集中度管理、分红管理、流动性管理，限制私募产品多层嵌套、结构复杂的通道业务。上海期货公司进一步强化内生约束机制，完善内部合规体系建设，规范业务运作，提高合规管理能力；落实新的风险监管指标管理办法补充资本，加强保证金、自有资金的规范运用和管理。

2. 行业创新

上海证券公司服务业务规模进一步扩大，通过帮助企业IPO融资和并购重组，将企业产业链延伸至高端机械制造领域，并开拓了新能源汽车制造等创新发展空间。积极帮助中小微创新企业融资，为科创企业提供融资服务，为符合条件的企业发行绿色债券提供服务。上海基金公司不断丰富产品线，积极投身精准扶贫帮困、服务“一带一路”国家战略等具有社会责任属性的特色实践活动。上海期货公司向业务多元化、差异化、专业化方向发展，持续探索服务“三农”、服务实体经济的优秀做法，不断扩大“农业+保险+期货”业务试点范围，研究“保险+期权”方案。

3. 国际化

截至2017年末，上海共有合资证券公司6家，合资基金公司23家，外资代表处56家。多家企业和机构积极赴海外融资和开展国际化经营。4家证券公司实现了H股上市，5家证券公司、8家基金公司、2家期货公司在香港设立全资子公司并开展业务，8家基金公司在香港设立子公司并取得相关业务牌照，已设立香港子公司的8家基金公司共有16只基金产品在香港销售，3家基金公司获得香港基金内地销售代理资格。

（二）上海证券市场融资

1. 上市公司融资情况

截至2017年末，上海共有上市公司279家，市值约占全国的10.23%。2017年，上海上市公司境内股票市场直接融资2 072.65亿元，其中，IPO融资174.11亿元，同比减少3.74%，股票再融资1 898.54亿元，同比减少22.52%。

2. 公司债券融资情况

2017年，上海54家企业（其中上市公司16家，非上市公司38家）共计发行公司债券118只，合计金额2 371亿元，同比减少20.14%。其中面向公众投资者公开发行170亿元，占比7%；面向合格投资者公开发行1 173亿元，占比50%；非公开发行1 028亿元，占比43%。

3. 新三板挂牌公司融资情况

2017年，上海218家新三板挂牌公司共计实施234次股票增发，募集资金总额约为115亿元，增发股份约为16亿股，平均单次融资额约为4 915万元。

（三）上海证券机构稳健性评估

1. 总资产、净资产、净资本均小幅增加

2017 年末，上海证券公司总资产 14 059.69 亿元，同比增加 7.17%；总负债 9 607.89 亿元，同比增加 3.75%；净资产 4 451.81 亿元，同比增加 15.37%；净资本 3 928.91 亿元，同比增加 8.91%。

2. 风险管理水平持续提升

2017 年上海证券公司守住了风险底线，核心风控指标和流动性监管指标均符合监管标准。从财务杠杆来看，截至 2017 年末，上海证券公司杠杆率为 2.68 倍，基本与行业持平（2.75 倍），财务结构保持稳健。

3. 盈利水平小幅下降

2017 年，上海证券公司营业收入 708.78 亿元，同比下降 1.17%，净利润 294.05 亿元，同比下降 2.5%，从业务收入构成看，自营、资产管理、融资类业务收入同比分别上涨 89.77%、11.12%、11.99%，经纪、投行业务收入同比分别下降 21.84%、24.13%。

4. 收入结构持续优化，竞争力进一步提升

2017 年证券公司经纪业务收入下降，自营业务收入大幅提升，已成为证券公司占比第二的收入来源，以融资融券、股票质押回购业务为主的融资类业务利息收入继续增加，占比达到 37.3%，成为证券公司最主要的收入来源。

（四）上海证券业发展中需要关注的方面

1. 防范系统性金融风险

当前国际国内经济金融形势复杂严峻，金融领域的风险交叉渗透在加深，一些新的风险隐患在行业内逐步积聚，并与产能过剩、地方债务、影子银行、房地产等情况和问题交织叠加，呈现出更加复杂化的趋势。证券经营机构通过投行、资管、资产证券化、金融产品销售等业务，深入实体经济领域，并逐步向全能型投资银行转型，不同业务间渗透增加，金融行业间综合经营和业务交叉的趋势日渐明显，风险因素传递和叠加的可能性加大。

2. 信用风险逐渐累积，债市风险尤为突出

受宏观经济、实体产业以及融资主体自身经营情况变化等因素影响，2017 年我国债市出现大幅调整，面临较大的信用风险，债券领域已逐步打破“刚性兑付”的传统，债市风险事件可能持续爆发。单一领域的风险爆发或仅仅是一个“黑天鹅”事件，但却可能形成“蝴蝶效应”，向外渗透、传递，尤其是在经济增速结构调整时期，风险事件的爆发将不再是零星事件，证券公司难以独善其身、置身事外。

3. 融资类业务可能引发流动性风险

上海证券公司的优质流动性资产较为充裕，流动性风险基本可控，但行业的融资类业务尤其是股票质押业务规模大幅上升，股票质押业务呈现出整体规模大、规模增长快、中小创板块占比大因而波动率高且后续违约处置耗时较长、难度较大等特点，若市场波动加大或出现大规模的失信事件，则会影响证券公司的流动性。

四、保险业

（一）上海保险业发展运行情况

1. 助力上海国际金融中心建设，上海成为全国保险业最发达的地区

截至2017年末，上海共有55家保险法人机构，101家省级保险分支机构，225家保险专业中介法人机构，212家保险专业中介分支机构，此外还有来自14个国家和地区的25家外资保险公司上海代表处。全国唯一的上海保险交易所全面开展各项业务平台建设，制度规则不断完善。上海区域性再保险中心建设有力推进，再保险公司间市场主体已达27家。上海国际航运保险中心地位巩固提升。全国11家专业航运保险运营中心和全国唯一一家航运类自保公司——中远海运自保公司设立在上海。上海在我国保险资金运用领域发挥的作用日益重要。截至2017年末，注册在上海的7家保险资产管理公司合计受托资产6.04万亿元，约占全国总数一半；保险资金累计投资上海重大建设项目和民生工程1 633.65亿元。

2. 行业率先转型升级，上海保险业在全国的地位更加突出

2017年，上海实现原保险保费收入累计1 587.10亿元，同比增长3.78%。保险赔付支出累计548.93亿元，同比增长3.81%。截至2017年末，上海保险业总资产7 414.98亿元，较年初增长8.49%。财产险快速健康发展，结构效益实现双佳，财产险公司原保险保费收入482.67亿元，同比增长17.5%。人身险平稳转型发展，保障属性显著增强，人身险公司原保险保费收入1 104.43亿元，同比下降1.26%；但结构明显好转，保障型业务发展有力，渠道和期限结构优化。中介业务快速发展，保险专业中介机构在上海地区实现保费共计260.4亿元，银行类兼业代理机构实现保费合计2 888.43亿元。

3. 服务实体经济力度明显加大，支持上海发展成效显著

服务上海经济社会大局能力明显增强。2017年，上海保险业共提供风险保障1 158.33万亿元，是2016年同期的3.25倍。支持上海科创中心建设成效显著。保险业为国产大飞机C919首飞、系统实验、机载系统集成各阶段提供风险保障43.3亿元，科技型中小企业贷款履约保证保险累计为上海1 406家科技企业的50.37亿元贷款提供融资增信服务。支持上海“一带一路”桥头堡作用发挥成效显著。截至2017年末，上海保险业共为80余家“一带一路”所在国家和地区的客户提供出口信用风险保障，承保“一带一路”出口和投资项目85.9亿美元，同比增长13.4%。

支持上海改善民生保障和创新社会治理成效显著。大病保险在实现全覆盖的基础上不断优化升级，截至2017年末，累计赔付6.27万人次，赔款1.09亿元。

（二）上海保险机构稳健性评估

1. 整体实力稳步增强，盈利能力显著提高

截至2017年末，上海法人保险机构总资产共计12 959.61亿元，同比增长18.01%。2017年，上海市法人保险机构共实现净利润184.75亿元，同比增长33.24%，扭转了2016年上海法人保险机构净利润增速为负的局面。

2. 保费收入持续增长，业务结构不断优化

截至2017年末，上海法人保险机构实现原保费收入3 831.82亿元，同比增长22.10%。从财产

险公司来看，意外险和责任险保费收入增长迅速，成为财产险公司业务收入构成中仅次于车险的重要支柱。此外，货物运输险、工程险等其他险种也发展较快，业务占比不断提升，业务结构不断优化。从人身险公司来看，业务平稳转型发展，保障属性显著增强。人身险公司健康险业务发展迅猛，同比大幅增长47.11%，占人身险保费收入的比例达16.58%，较2016年上升2.78个百分点。

3. 偿付能力充足率总体良好，风险整体可控

截至2017年末，上海37家保险公司偿付能力充足率情况整体保持良好，有34家保险公司偿付能力充足率高于150%，仅有3家保险公司偿付能力充足率低于150%，但均高于115%。上海法人保险公司偿付能力充足率总体良好，风险整体可控，没有出现系统性和区域性风险。

4. 保险资金运用余额稳步增长，投资收益率小幅下降

截至2017年末，上海法人保险机构保险资金运用余额达11 012.97亿元，同比增长20.13%；实现投资收益540.81亿元，同比增长10.60%；投资收益率为4.80%，较2016年下降0.41个百分点。截至2017年末，保险资金在债券投资、基础设施投资、不动产投资和股权投资上的占比上升，增幅分别为2.44个、2.32个和1.73个百分点；在证券投资基金、银行存款和上市股票投资的占比明显下降，降幅分别为2.92个、1.84个和0.91个百分点。

（三）上海保险业发展中需要关注的方面

1. 保险业在风险总体可控情形下形势依然严峻

从外部环境看，国际国内经济金融形势错综复杂，各种风险和矛盾变化的不确定性可能给保险业带来较大的影响；从行业内部看，保险业正处于防范化解风险攻坚期、多年积累深层次矛盾释放期和保险增长模式转型阵痛期的“三期叠加”阶段，一些重点领域和重点公司的风险逐步暴露，各类违法违规现象时有发生，特别是少数问题公司风险、公司治理失效风险、资金运用风险、保险业务风险、资本不足风险等潜在风险因素不容忽视，行业风险防控形势依然严峻。

2. 跨领域、跨行业、跨市场风险的传导

保险业自身存在的短板、漏洞和空白使风险存在跨领域、跨行业、跨市场传递情形。随着保险资金运用与金融市场的深度融合交织，外部各类市场风险的冲击显著增强。近两年债券市场违约事件频发，在经济转型、去杠杆和打破刚性兑付背景下，保险资金运用面临的信用风险加大。部分保险资金通过投资信托、私募基金等产品违规开展多层嵌套、通道等业务，模糊资金真实流向，掩盖了风险真实状况。

3. 新业态和新形式带来新型风险

随着保险与实体经济、与其他金融业机构的接触面和渗透度大幅度提高，保险的经营方式、产品类型不断拓展，如部分市场主体在经营互联网保险、信用保证保险等业务中偏离“保险姓保”和合规经营的原则，给保险业引入了新的风险。互联网等信息技术与保险业务深度紧密融合，信息技术运维操作风险增大，保险信息系统的跨界关联不断加深，网络安全风险防护边界日趋模糊，已经成为保险业风险的重要部分。

4. 部分法人保险公司多年连续亏损值得关注

虽然相比2016年，2017年上海法人保险机构净利润出现了较大幅度的增长，但部分法人保险公司多年连续亏损值得关注。从财产险公司来看，2017年净利润继上年小幅下滑后出现大幅下滑，仅实现净利润7.04亿元，有6家公司出现不同程度亏损，较上年增加1家。人身险公司虽然盈利大幅

增长，有 4 家公司扭亏为盈，但仍有 6 家公司出现不同程度亏损。

五、金融基础设施建设

（一）健全支付体系，加强监督管理

2017 年，人民银行上海总部不断完善支付清算基础设施及其配套制度建设。加强支付清算系统业务管理，管控系统风险。推动非现金支付工具推广应用，推进银行卡刷卡手续费改革，依法开展空头支票行政处罚工作。落实账户实名制要求，开展账户信息安全管理。强化支付机构管理，加大与金融办、公安部门间的信息共享力度，加强支付机构风险研判和宣传教育，维护上海市支付服务市场良好秩序。稳妥开展无证经营支付业务整治、违规交易场所和微盘交易平台清理整顿。推动支付服务国际化，支持支付机构开展跨境人民币支付业务，截至 2017 年末，上海市 12 家支付机构跨境人民币业务已经涵盖中国香港、中国台湾、日本、韩国、英国、美国、澳大利亚等国家或地区。

（二）完善征信体系建设

2017 年，人民银行上海总部努力提升个人信用报告查询服务水平，稳步拓展征信系统接入范围，积极并稳步推动小额贷款公司、融资担保公司接入征信系统，目前上海有 30 家小额贷款公司，9 家担保机构，5 家融资租赁公司接入征信系统。大力推广应收账款融资服务平台，全年全市通过平台促成应收账款融资业务 777 笔，达成融资金额 9 018 294. 15 万元。完善评级机构考核机制，不断加强事中、事后监测。积极推动征信文化教育宣传工作，整合商业银行及其所辖支行及网点、在沪信用卡中心、征信机构、评级机构力量，形成多渠道、广覆盖的宣传网络。

（三）推进反洗钱工作深入开展

为实现长效监管，人民银行上海总部积极构建完善反洗钱分类评级机制，试点证券公司分类评级，探索引入外部专业机构。推进反洗钱新规章落地实施，积极督导义务机构切实履行大额交易和可疑交易报告义务。通过业务指导、监管传导、组织交流、宣传督导等方式，督促义务机构严格开户审核，强化洗钱风险防范。调动义务机构积极性，做好可疑交易甄别分析，从公安、海关等合作单位邀请办案专家，为义务机构授课讲解，答疑解惑，提升其反洗钱意识和技能。深化反洗钱跨部门合作，提升可疑线索情报价值。指导和部署辖内反洗钱义务机构做好金融情报分析，依法加强对侦查机关办案的信息支持力度，2017 年有 2 件线索成功破案。

总　　纂：杜要忠
统　　稿：谢　斌　张雅楠　苗冬骁　黄雪莹
执　　笔：谢　斌　张雅楠　苗冬骁　黄雪莹　张国文　郭　芳
参与写作人员（按姓氏笔画为序）：
万阿俊　马　克　何彬彬　张　希　李　倩　李腾飞　李冀申
沈　澍　陈　露　林春山　郭　涵　钱国根　董红蕾　董宝茹
雷宗怀

江苏省金融稳定报告摘要

2017年，江苏省坚持稳中求进工作总基调，以供给侧结构性改革为主线，全力推进稳增长、促改革、调结构、惠民生、防风险各项工作，经济发展总体平稳，就业形势保持平稳，消费价格温和上涨，对外贸易保持较快增速，财政收入稳定增长，居民收入持续增加，经济社会发展的稳定性协调性明显增强。全省金融机构综合竞争力和影响力进一步扩大，经营效益和风险控制能力稳步提高，金融基础设施不断完善，金融服务实体经济的效率和安全性提高，整个金融体系呈稳健运行态势。

一、江苏经济运行

2017年，江苏经济发展总体平稳，全年实现地区生产总值85 900.9亿元，比上年增长7.2%；就业形势保持平稳，年末全省就业人口4 757.8万人，城镇就业人口3 179.4万人，城镇新增就业148.6万人，城镇登记失业率2.98%；消费价格温和上涨，全年居民消费价格比上年上涨1.7%，其中城市上涨1.8%，农村上涨1.5%；对外贸易保持较快增长，全年货物进出口总额40 022.1亿元，比上年增长19.0%，其中，出口总额24 607.2亿元，比上年增长16.9%，进口总额15 414.9亿元，比上年增长22.6%；财政收入稳步增加，全年完成一般公共预算收入8 171.5亿元，同比增长4.6%，上划中央四税5 779.8亿元，比上年增长9.1%；居民收入持续增长，根据城乡一体化住户抽样调查，全年全省居民人均可支配收入35 024元，较上年增长9.2%。

二、企业与居民部门

（一）企业

2017年，江苏企业部门生产经营活动指标总体保持增长势头。工业生产平稳运行，全年规模以上工业增加值比上年增长7.5%，其中轻工业增长8.6%，重工业增长6.9%；固定资产投资平稳增长，全年完成固定资产投资53 000.2亿元，比上年增长7.5%。企业家对经济形势的判断及预期继续提升；企业生产经营小幅改善，上游企业感受更为明显；企业各项价格景气指数继续上升，未来价格上涨预期继续增强；国内订单、出口订单需求有所恢复；受上游行业及大中型企业盈利增长带动，实体投资意愿小幅回升；企业资金周转状况持续回升，融资成本上升感受有所增强。

（二）居民

2017年，江苏省住户部门贷款继续保持较快增长，负债规模增幅明显，杠杆率不断提升；居民经济增长信心继续提升，就业感受及预期同步回升；居民物价满意度延续低位，未来物价上涨预期有所增强；居民增收信心连续提升，当期消费情绪相应增强；居民储蓄意愿继续下滑，理财投资热情进一步升温；居民房价满意度再创新低，未来房价上涨预期高位趋缓。

三、金融业

（一）银行业

2017 年江苏省银行业经营总体稳健，资产负债规模不断扩大，存贷款总量保持平稳增长，金融机构盈利水平稳中有增，资产质量劣变态势有所放缓。截至 2017 年末，全省银行业金融机构资产总额 166 702. 60 亿元，比年初增加 10 514. 96 亿元，同比增长 6. 73%，负债总额 160 823. 57 亿元，比年初增加 9 663. 33 亿元，同比增长 6. 39%；人民币存款余额 122 480. 10 亿元，比年初增加 7 912. 19 亿元，增长 6. 91%，增速较上年同期下降 5. 96 个百分点，人民币贷款余额 102 096. 18 亿元，比年初增加 11 020. 78 亿元，增长 12. 10%，增速较上年同期下降 3. 44 个百分点。2017 年，全省银行业金融机构共实现净利润 1 755. 53 亿元，同比增加 194. 10 亿元；不良贷款余额比上年同期增加 36. 99 亿元，不良贷款率比上年同期下降 0. 11 个百分点。

（二）证券业

2017 年，江苏省证券期货业稳健发展。法人证券公司整体实力进一步提升，截至 2017 年末，全省 6 家法人证券公司资产总额 4 279. 49 亿元，净资产 1 252. 34 亿元，净资本 883. 98 亿元，全年实现营业收入 227. 73 亿元，实现净利润 108. 1 亿元，同比分别增长 17. 17% 和 39. 09%。期货行业稳步发展，截至 2017 年末，全省 9 家法人期货公司资产总额 190. 47 亿元，净资本 39. 74 亿元，全年实现净利润 4 亿元，同比增长 60. 63%，保证金余额 133. 46 亿元，同比增加 2. 12%。直接融资水平进一步提高，2017 年，全省境内主板上市公司 183 家，创业板上市公司 93 家，中小板上市公司 106 家。

（三）保险业

2017 年以来，江苏保险业发展保持良好态势，行业实力不断增强。截至 2017 年 12 月末，全省共有保险主体 102 家，其中总公司 5 家。102 家保险主体中，按业务性质划分，产险 41 家，寿险 61 家；按资本属性划分，中资 67 家，外资 35 家。全省共有专业中介法人机构 154 家，其中代理机构 131 家，经纪机构 7 家，公估机构 16 家。2017 年，全省累计实现保费收入 3 449. 51 亿元，同比增长 28. 22%，保费规模列全国第 1 位，增速列全国第 3 位。其中，财产险保费 856. 19 亿元，同比增长 11. 67%，人身险保费 2 593. 32 亿元，同比增长 34. 82%。全省赔款和给付支出 983. 62 亿元，同比增长 7. 48%。

四、金融改革与创新

（一）银行业

银行业金融机构组织体系不断完善。2017 年末全省银行业金融机构共有中资法人银行 141 家，一级分行 113 家，二级分行 205 家，支行 13 216 家，从业人员 238 847 人；外资法人银行 2 家，分行 39 家，支行 76 家，从业人员 2 229 人。

政策性金融改革继续推进。国家开发银行江苏省分行积极优化信贷投放结构，落实供给侧结构性改革发展任务，充分发挥了规模大、成本低、期限长的资金优势，大力推动特色田园乡村和特色小镇等政府热点领域建设、棚改项目和综合交通基础设施建设，大力支持了江苏加快推进城乡协调发展。中国进出口银行江苏省分行始终坚持政策性职能定位，运用投贷联动、非线性定价转型升级贷款等新型融资品种为实体制造业企业提供适合不同发展阶段的融资支持，认真贯彻落实化解产能过剩政策，促进产业转型升级，逆周期扶持中小微企业，全方位支持江苏实体经济发展。

大型商业银行改革进一步深化。中国农业银行江苏省分行深入贯彻落实“服务‘三农’、做强县域”战略定位，有序推进“三农金融事业部”改革，不断优化重点领域服务，完善管理架构，扩大“三农”服务覆盖面。中国银行江苏省分行继续扎实推进内控各项制度改革，在省行及二级分行均设置了风险管理与内部控制委员会，负责全面统筹协调风险管理与内部控制工作，定期召开风控会议，确保信息共享并能支持风险管理相关决策。

农村金融改革稳步推进。一是加快转型发展步伐，从结构调整、成本管理、网点转型、风险管理等各方面继续深化转型，促进健康可持续发展。二是进一步打造专业化为农服务体系，更好地践行普惠金融。三是加大信贷投放力度，优化信贷结构，创新金融产品和服务，不断提升服务地方经济、服务“三农”和小微企业的质量和水平。四是继续推进机关建设，通过机关决策水平、管控效率和工作规范的提高，全面提升内控管理水平。

（二）证券业

一是直接融资持续快速增长。2017 年全省股权融资达 1 850 亿元，全年共有 65 家企业成功在沪深交易所上市，共筹集资金 304 亿元，全年新增上市公司数量创历史最好水平，首发融资总额达历史第二高位；全年全省上市公司再融资 74 家次，其中定向增发融资 1 203 亿元，配股融资 36 亿元，发行优先股融资 200 亿元，发行可转债可交换债融资 108 亿元。二是上市后备资源丰富。截至 2017 年末，全省共有沪深交易所上市公司总数 382 家，另有辅导企业 238 家，其中在辅导企业 149 家，已申报发行企业为 81 家，过会待发行企业 8 家，为明年工作打下良好的基础。三是资本市场服务的广度拓宽。2017 年全省共有 126 家企业成功发行了公司债券，募集资金 1 735 亿元。股权融资和债券融资协同发展，拓宽了资本市场服务的广度，为各类企业融资提供了可选渠道，优化了企业融资结构。四是创新能力不断提高。2017 年江苏省证券公司在资产管理、股指期货、资产证券化及直接投资业务等方面，都走在全国前列，特别是江苏券商服务江苏企业上市的能力进一步提高。

（三）保险业

一是夯实农业保险承保理财基础工作。江苏建立了农险领导小组季度联席会议制度，“政银保”合作的涉农贷款保证保险发展取得初步成效，人保与邮储银行等多家农商行合作开展 794 笔涉农贷款保证保险，撬动 1.46 亿元涉农贷款；积极引入“险资直投”支农融资业务，为镇江、连云港两地 31 户农户和 4 家农企提供融资支持 5 543 万元，全方位支持农村经济发展。二是扩展重点险种服务实体经济的深度和广度。稳定推进首台（套）保险风险补偿机制，配合做好国家和省两个层面的重大技术装备首台（套）保险补偿试点工作。2017 年有 4 家保险公司为全省 670 余台（套）重大技术装备提供111.62亿元风险保障，累计赔款3 789.38万元。三是税优健康保险及护理保险试点不断引向深入。截至9月末，苏州税优健康险试点取得初步成效，新增保费1 915.72万元，保费规模位列全国试点城市之首。长期护理保险试点也在稳步推进，如南通市已覆盖市区全部职工医保和居民医保参保人员，共计112万人。

五、金融基础设施

（一）支付体系

一是推动多项金融基础设施建设进一步深化。调整大额支付系统即时转账业务办理流程，督促全省15家法人银行直接参与者按期完成行内系统改造；督促全省网上支付跨行清算系统直接接入者根据新增业务功能按期完成行内系统改造；组织全省支票影像业务平稳迁移至小额支付系统办理；做好电票系统移交切换前的银行、财务公司申请加入电票系统的处理工作，顺利实现电票系统由人民银行向上海票交所的移交切换。二是有效提升银行结算账户管理服务水平。省内人民银行分支机构开通账户行政审批的“绿色通道”，并对辖内银行业金融机构开展窗口指导，成功实现大部分银行开户受理时间由原来的3~5个工作日压缩为0.5~2个工作日。三是进一步优化农村支付环境。截至2017年末，全省共建成助农取款点34 435个，农村金融综合服务站12 918家，农村地区大小额支付系统覆盖比率达96.46%。

（二）信用环境

一是强化征信信息安全管理，切实保护信息主体权益。强化接入机构非现场监管，2017年人民银行南京分行组织对企业和个人征信异常查询开展核查，发现接入机构用户及安全管理不规范、档案管理不健全等五类风险点。二是深化地方信用体系建设，助推小微经济融资发展。加强与省信用办等相关部门的沟通交流，积极配合地方开展“双公开”“红黑名单”“联合惩戒”等相关工作，组织完成江苏省农村经济主体综合信息管理系统升级和全省上线运行工作。三是加强征信系统管理，切实提高征信服务水平。2017年，人民银行南京分行共指导60余家法人机构开展接入工作，25家法人机构完成接入工作，择优推动类金融机构接入征信系统。

（三）反洗钱

发挥职能优势，密切与司法、执法部门合作。人民银行南京分行与江苏省国家安全厅在无锡举办江苏省反恐怖融资工作研讨会暨表彰会，总结2016年江苏省反恐怖融资工作成效，对打击涉恐融资成功案例进行剖析，有效推动了人民银行和国安部门地市分支机构间的合作。南京分行营业管理部牵头各金融机构、公安和国安部门搭建顺畅有效的跨部门工作机制，打造三级沟通平台，稳定和扩大洗钱线索的来源。2017年，三方通力协作成功冻结涉及台湾人电信诈骗案件洗钱款项70万元。南通市中心支行突出长效机制建设，固化合作模式，先后回访了南通市公安、海关、检察、国税等6家签订合作备忘录的机构，进一步明确了充分发挥各自资源优势，以配合查线办案、互派专家教员等形式，组织涉嫌洗钱案例分析，共同提高遏制洗钱犯罪的能力。

（四）金融生态环境建设

一是强化问题导向，提升金融生态环境建设实效。对金融生态环境存在突出问题和综合排名大幅下降的县（市、区）加强督导，责成其有针对性地出台切实有效的整改措施，并及时上报整改情况。二是不断完善金融生态考核指标体系，提高考核针对性。会同省金融办、省公安厅并充分征求部分中支和县支行意见，进一步优化金融生态环境考核“打击非法金融”类指标的考核标准。三是加强组织协调，做好 2017 年金融生态县创建评审和综合评估工作。充分征集省金融稳定工作协调小组各成员单位和主要省级金融机构对各县（市、区）金融生态环境评价意见；组织开展金融生态县省级非现场审核和县域金融生态环境综合评估。截至 2017 年 9 月末，评定出 1 个 2014—2016 年度金融生态达标县，12 个 2014—2016 年度金融生态优秀县，11 个金融生态县创建工作先进单位。相关评估结果已报送省政府，同时通报各市政府。

总　　纂：李湘宁
统　　稿：何　敏
执　　笔：马军伟　宋　磊　杨　洋　郝雨时　肖龙铎　卜建明
其他参与写作人员：马智祥　周晨阳　倪海鹭　王　凡

浙江省金融稳定报告摘要

2017年，浙江省经济保持平稳发展势头，主要经济指标处于合理增长区间，“三去一降一补”成效显著，结构、效益持续向好，为区域金融稳健运行创造了良好的环境。银行业存贷款总量适度增长，信贷、业务结构持续优化，不良贷款持续“双降”，利润水平有所回升，总体运行情况良好。证券业保持平稳发展，业务量与利润有所下降，但资本市场支持实体经济力度不减，资本市场功能有效发挥。保险业资产规模稳步增长，服务领域持续拓宽，现代保险经济补偿和风险保障功能有效发挥，服务实体经济能力进一步增长。小额贷款公司、融资性担保公司、典当行等具有融资功能的非金融机构继续发挥补充作用，湖州、衢州绿色金融改革创新试验区和中国（浙江）自由贸易区纵深发展，温州、丽水、台州、义乌等区域金融改革工作不断深化，金融基础设施持续完善。总体来看，2017年浙江省金融稳定状况良好，但未来面临的形势仍需保持警惕。

一、浙江省经济运行情况

（一）经济运行概况

1. 经济实力持续增强，产业结构优化调整

2017年，浙江省实现地区生产总值51 768亿元，同比增长7.8%，快于全国0.9个百分点。人均地区生产总值92 057元。第一产业、第二产业和第三产业的增加值分别为2 017亿元、22 472亿元和27 279亿元，增速分别为2.8%、7.0%和8.8%，三次产业比重分别为3.9%、43.4%和52.7%。规模以上工业增加值14 440亿元，同比增长8.3%，增速回升2.1个百分点。

2. 投资稳中趋缓，消费和出口较快增长

2017年，浙江省全社会固定资产投资31 126亿元，比上年增长8.6%，增幅下降2.3个百分点。其中，制造业、基础设施和房地产开发投资分别增长5.9%、13.2%和10.1%。社会消费品零售总额24 308亿元，同比增长10.6%，高于全国0.4个百分点。出口19 446亿元，增长10.1%，出口规模居全国第3位，占全国份额为12.7%。

3. CPI基本稳定，PPI涨幅扩大

2017年，浙江省居民消费价格（CPI）上涨2.1%，涨幅扩大0.2个百分点。其中，居住类涨幅为5.1%，教育文化娱乐、医疗保健和衣着类涨幅分别为2.7%、2.3%、1.9%，交通通信、其他用品及服务类涨幅为1.3%和1.1%，生活用品及服务、食品烟酒类分别上涨0.7%和0.3%。工业生产者出厂价格（PPI）上涨4.8%，涨幅扩大6.5个百分点；购进价格上涨9.6%，涨幅扩大11.8个百分点。

4. 供给侧结构性改革持续推进，“三去一降一补”成效明显

2017 年，浙江省新产业、新业态、新模式为特征“三新”经济增加值 1.25 万亿元，同比增长 15.5%，占全省 GDP 的 24.1%，比重提高 1.2 个百分点，对生产总值的增长贡献率达 37.1%。“三去一降一补”取得新进展。规模以上工业产品中，平板玻璃、粗钢、钢材产量比上年分别下降 11.0%、10.8% 和 6.6%。产成品存货增速低于主营业务收入 3.5 个百分点。规模以上工业企业资产负债率为 54.8%，下降 1.1 个百分点。规模以上工业科技活动经费支出增长 22.3%。

（二）经济运行中需要关注的问题

1. 原材料价格上涨较快等使企业成本不降反升

原材料价格大幅上涨未完全传导到企业出厂产品价格，加大了企业的成本压力，下半年生产者购进价格和出厂价格的差距虽有缩小，但 12 月仍有 3.1 个百分点，对以中下游产业为主的企业效益造成一定压力。规模以上工业每百元主营业务收入中的成本从 2016 年同比下降 0.6 元到 2017 年同比上升 0.3 元，挤占了利润空间，也冲抵了部分降成本政策带来的红利。

2. 企业转型升级需要加力

2017 年，规模以上制造业 31 个行业中，非金属矿物制品、橡胶、化学原料、纺织服装、木材加工、农副食品加工、皮革、造纸、化纤等 16 个行业增加值增速低于 5% 甚至负增长。年末有亏损企业 5 698 家，亏损面为 13.9%。虽亏损总额比上年下降 2.1%，但仍有 13 个行业亏损额增长，5 个行业亏损额增长 20% 以上，转型升级力度不大的企业困难较大。

3. 固定资产投资下行压力较大

2017 年，浙江省固定资产投资同比增长 8.6%，增幅下降 2.3 个百分点，处于 2009 年以来的最低增长区间。特别是，2017 年，浙江省工业企业营业收入和利润均保持两位数快速增长，而工业投资 2017 年仅增长 6.1%，低于营收与利润增速 7.5 个和 10.5 个百分点。

二、银行业

2017 年，浙江省银行业金融机构存贷款总量合理适度增长，不良贷款持续“双降”，利润水平有所回升，总体运行平稳。但信用风险防控压力大，银行声誉风险以及监管政策对银行经营带来影响。

（一）银行业稳健性评估

1. 存款同比少增，存单发行规模扩大

年末，浙江省银行业金融机构本外币各项存款余额 107 321 亿元，增长 7.8%，增速回落 2.4 个百分点。全省具备大额存单发行资格的法人机构 86 家，占全国的 19%。全年法人金融机构同业存单、大额存单累计发行量分别为 14 808 亿元、1 007 亿元，分别是上年的 1.29 倍和 1.2 倍。

2. 贷款同比多增，信贷投放进一步优化

年末，浙江省银行业金融机构本外币各项贷款余额 90 233 亿元，同比增长 10.3%，增速比上年同期提高 3.3 个百分点。信贷投向呈现“两增两减”态势：两增是小微企业贷款较快增长，新动能领域贷款较快增长；两减是票据和广义信贷回落，个人购房贷款比重下降。

3. 盈利水平有所回升，中间业务收入率回落

年末，浙江省银行业金融机构盈利能力回升，全年利润增长 60.4%；资产利润率比年初提高 0.27 个百分点；成本收入比年初上升 1.03 个百分点。受监管政策影响，中间业务收入占比有所回落，中间业务收入率下降 0.85 个百分点。

4. 不良贷款继续“双降”，信用风险有所趋缓

2017 年，浙江省信用风险继续保持趋缓态势，不良贷款连续六个季度环比“双降”。截至年末，全省不良贷款余额 1 478.16 亿元，比年初减少 298.73 亿元，不良贷款率 1.64%，比年初下降 0.53 个百分点，银行业整体资产质量继续企稳回升。

5. 中小法人机构经营总体稳健

年末，浙江省中小法人银行业金融机构各项存款、贷款分别同比增长 14.59% 和 12.55%，高于全省增速 6.79 个和 2.25 个百分点。全年实现利润 486.5 亿元，同比上升 17.61%。不良贷款率 1.45%，比年初下降 0.19 个百分点。资本充足率、一级资本充足率和核心一级资本充足率分别为 14.05%、11.39% 和 11%，拨备覆盖率 321.88%，均高于监管要求，保持了较强的抗风险能力。

（二）银行业运行中需要关注的问题

1. 信用风险防控压力仍然较大

一是部分行业企业经营仍然困难。2017 年，浙江省监测到新出险企业数量和涉及银行贷款分别减少 22.4% 和 41.2%，但绝对数仍然处于高位。二是担保圈风险尚未有效化解。全省仍有三分之一以上的企业贷款为保证贷款，潜在担保圈风险仍然较大。三是部分区域信用环境有待改善。逃废债行为依然存在，且部分不诚信企业利用政府和银行帮扶提供的宽限期，转移资产逃废债务。

2. 监管政策对银行业务经营带来影响

2017 年，监管政策叠加效应及操作层面的短期影响，造成了商业银行对地方融资平台信贷支持的新增业务和公共设施建设新项目逐步收缩，部分项目后续提款也受到一定影响。

3. 银行机构声誉风险值得重视

据公安部门统计，2017 年，浙江省银行业涉嫌犯罪的案件金额和涉案人员数量依然较大，尤其是银行员工以高息为诱饵，向不特定对象非法吸收公众存款，以及银行机构与各类地方交易场所、互联网金融平台等非金融机构合作，一旦无法兑付，极易被要求兜底，对银行机构声誉造成影响。

4. 村镇银行的流动性风险不容忽视

村镇银行资产规模较小，不具备参与同业拆借和同业债券市场的资格，也较难以合理的成本从其他银行同业融入资金，对于外部环境和业务发展状况的变化难以做到及时调整。部分潜在流动性风险较大的村镇银行，超额备付率、流动性比例均处在下降通道。

三、证券业

2017 年，投资者投资意愿持续下降，浙江省内证券经营机构业务量与利润有所下降，但资本市场支持实体经济力度不减。资本市场结构性矛盾依然突出、上市公司并购重组风险与业绩兑现风险显现、私募基金有待规范等值得关注。

（一）证券期货机构稳健性评估

截至2017年末，浙江省共有法人证券公司5家；证券公司分公司77家，证券营业部925家，证券投资咨询机构3家。期货公司12家，期货分公司14家，期货营业部208家。

1. 证券行业经营形势下滑

2017年，受股票市场震荡行情影响，证券市场客户投资意愿减弱，市场交易量持续下滑，佣金率不断下降，证券经营机构收入下滑，浙江省证券经营机构累计代理交易额378 797.23亿元，同比下降0.55%；实现手续费收入94.24亿元，同比下降23.56%；利润总额31.70亿元，同比下降45.76%。

2. 期货行业业务量有所下降

2017年，浙江省期货经营机构累计代理交易额379 740.38亿元，同比下降9.9%；实现手续费收入20.41亿元，同比下降3.13%；全年实现利润总额18.14亿元，同比增长35.37%。全省期货公司累计代理交易额339 313.95亿元，同比下降15.62%；实现利润总额17.40亿元，同比增长35.51%。

3. 资本市场支持实体经济力度不减

截至年末，浙江省境内上市公司415家，位居全国第二。新三板挂牌企业1 032家，占全国总数的8.87%，位居全国第四。在浙江股权交易中心挂牌企业5 311家。2017年，浙江省境内上市公司累计融资9 077.27亿元，同比增长294.23%。

（二）证券业运行中需要关注的问题

1. 资本市场结构性矛盾依然突出

随着IPO持续提速，市场内存量资金博弈，导致市场持续震荡，投资者参与意愿更加低迷；加上市场投机氛围浓厚，个别上市公司“忽悠式重组”、“花样减持”、新股上市即变脸行为屡见不鲜，上市公司违规经营时有发生，资本市场扩容与稳定之间的结构性矛盾持续显现。

2. 市场重组中的违规行为时有发生

2017年，资本市场并购重组活动较为活跃，但其中存在的违规行为值得关注，如重组方为了实现上市目的，大肆进行财务造假；而上市公司为了卖“壳”，对重组方的财务信息不做核实；相关中介机构为了谋取利益为造假行为进行背书，与参与方共同合谋获益，损害了资本市场的公平公正。

3. 私募基金违法违规行为需要关注

一是大量机构游离于监管之外。浙江省一些私募机构未按要求在基金业协会登记备案，游离于监管之外。二是违规向非合格投资者募集资金。部分私募基金管理人通过互联网平台或关联方，向投资金额小于100万元的非合格投资者进行募集，再将资金汇集至关联人账户，以关联人的名义购买发行的私募基金产品。三是违规公开宣传推介私募基金。部分私募基金借助网站或互联网理财平台，公开宣传私募基金产品收益、投资标的等信息。部分私募基金违规开展通道业务，接受其他机构公开募集资金进行投资，并将资金投向限制性领域。

四、保险业

2017年，浙江省保险业资产规模稳步增长，服务领域持续拓宽，现代保险经济补偿和风险保障功能有效发挥，服务实体经济能力进一步增强。但机构流动性风险、互联网保险风险等需重点关注。

（一）保险业稳健性评估

1. 业务规模平稳增长

截至年末，浙江省共有各类保险机构 3 243 家，其中总公司 3 家，农村保险互助社 1 家，省级分公司 80 家（财产险 36 家，人身险 44 家）。保险公司资产合计 4 303.9 亿元，比年初增加 314.0 亿元。

2017 年，浙江保险市场实现保费收入 1 844.4 亿元，同比增长 20.8%。其中财产险业务保费收入 621.8 亿元，同比增长 9.2%；人身险业务保费收入 1 222.5 亿元，同比增长 27.6%。保险公司赔付支出 540.1 亿元，同比增长 4.3%。

2. 财产险公司非车险业务占比继续提升

2017 年，浙江省财产险公司实现保费收入 654.9 亿元，同比增长 10.2%。车险保费收入 491.3 亿元，同比增长 7.2%，险种占比同比下降 2.1 个百分点。非车险业务全年实现保费收入 163.6 亿元，同比增长 20.5%。

3. 人身险公司业务结构持续优化

2017 年，浙江省人身险公司实现保费收入 1 189.4 亿元，同比增长 27.5%。普通寿险占比达 43.2%，同比上升 1.7 个百分点，保费收入 513.8 亿元，同比增长 40.8%；分红险、健康险、意外险占比分别为 36.6%、17.3% 和 2.7%，保费收入分别为 434.9 亿元、205.6 亿元和 31.8 亿元，分红险、健康险同比增长分别为 25.73%、0.5%；意外险保费同比回落 6.13%。

4. 财产险公司效益良好

2017 年，浙江省财产险公司实现利润总额 30.6 亿元，同比增加 0.7 亿元；实现承保利润 30.3 亿元，同比增加 1.8 亿元。全省财产险公司综合成本率、综合赔付率、综合费用率分别为 94.9%、62.3% 和 32.6%，比上年同期分别变化 0.2 个、-0.5 个和 0.8 个百分点。

5. 人身险公司支出总体平稳

2017 年，浙江省人身险公司累计赔付支出 176.4 亿元，同比增长 2.2%，增速下降 18.1 个百分点。其中，满期给付 81.4 亿元，同比减少 17.8%；年金给付 45.7 亿元，同比增长 23.4%；死伤医疗给付 22.9 亿元，同比增长 37.4%；赔款支出 26.4 亿元，同比增长 32.9%。

（二）保险业运行中需要关注的问题

1. 保险市场发展不均衡问题日益突出

一是车险竞争持续白热化。浙江省车险综合费用率高达 32.8%，与上年持平。承保利润率虽创 5 年来新高，也仅为 3.7%；二是车险集中度进一步上升。超过 66% 的业务和 94% 的利润集中于前 3 大公司，81% 的业务和 110% 的利润集中于前 7 大公司。三是传统险种保费充足度不足。全省企财险、船舶险、工程险费率分别同比下降 0.5 个、1.4 个和 3.2 个基点，降幅分别为 7.8%、7.0% 和 9.4%。

2. 部分公司流动性隐患显现

一是保费增长后继乏力，现金流入放缓。6 家公司保费收入负增长，保户投资款全年新增交费 328.1 亿元，同比下降 74.1%。二是部分公司满期给付和退保压力较大。在行业满期给付负增长的背景下，部分公司满期给付压力陡增；17 家公司退保率超过 5% 的警戒线。

3. 互联网保险风险快速上升

一是寿险公司中短期万能险业务通过互联网销售总量占比虽不高，但存在销售误导、集中退保等风险。二是保险中介机构存在互联网销售平台未备案、宣传内容不实、保险业务与股东业务未严格拆分管理等风险。三是一些业外机构存在依托互联网变相开展保险中介业务，扰乱市场秩序，引发损害消费者权益的风险事件。

五、社会融资活动

2017 年，浙江省小额贷款公司支农支小力度有所减弱，典当行盈利能力复苏，融资性担保公司不良率和代偿率攀升。

（一）小额贷款公司稳健性评估

1. 机构数量和业务量持续减少

年末浙江省正式注册的小额贷款公司 326 家，较 2016 年末减少 6 家。贷款余额 668. 24 亿元，同比下降 4. 21%，全年累计发放贷款 1 224. 24 亿元，同比下降 6. 83%。同时，年末单家机构平均贷款余额 2. 05 亿元，同比下降 2. 39%；全年单家机构平均累计发放贷款 3. 76 亿元，同比下降 5. 17%。

2. 担保贷款和第二产业贷款占比下降

年末，抵押、质押和保证等非信用贷款余额合计 609. 74 亿元，占全部贷款余额的 91. 25%，占比同比下降 3 个百分点。投向第二产业的贷款占比为 46. 31%，同比下降 1. 8 个百分点。

3. 机构营收降幅收窄，盈利大幅增加

2017 年，浙江省小额贷款公司实现营业收入 50. 52 亿元，同比下降 11. 52%，降幅较上年同期缩窄 23. 93 个百分点。全年实现净利润 12. 22 亿元，同比增长 257. 31%，增幅同比扩大 340. 6 个百分点。

（二）典当行稳健性评估

1. 典当业务规模小幅下降

年末，浙江省典当企业共计 477 家，全年新增 10 家；资产总额 103. 28 亿元，同比增长 14. 64%；全年累计发放典当贷款 260. 13 亿元，同比下降 2. 19%，规模为近 6 年最低值；贷款余额 62. 33 亿元，比上年末增加 5. 08 亿元，同比增加 8. 87%。

2. 典当业务笔数总量减少

2017 年，浙江省典当企业共发生业务 178 509 笔，比上年减少 33 680 笔；同比下降 15. 87%。平均每笔典当金额为 14. 57 万元，同比增加 2. 04 万元。

3. 典当业利润总额大幅增长

2017 年，浙江省典当企业利润总额 1. 27 亿元，同比增长 89. 36%，实现税后利润 0. 62 亿元，同比增长 4. 29%，资本利润率为 1. 23%，同比上升 0. 12 个百分点。亏损企业 185 家，亏损面为 38. 78%，亏损总额 0. 61 亿元，同比减少 12. 06%。

（三）融资性担保公司稳健性评估

1. 担保业务规模减少

随着经济下行影响和担保行业的转型发展，融资性担保机构数量逐步减少，如宁波由2011年最多时的79家回落至45家，期末在保余额50.57亿元，同比下降19.44%。担保倍数（在保余额/资本金）从2011年的4.00降至2017年的1.18。

2. 不良率和代偿率攀升

受经济下行和企业逃废债影响，担保贷款不良双升，担保机构的代偿率也不断升高。如宁波银担合作贷款不良率由2015年的10.19%攀升至16.61%；金华融资性担保公司代偿率达21.36%，担保代偿余额从2013年下半年以来呈缓步上升态势。

（四）互联网金融稳健性评估

1. 互联网金融风险专项整治情况

2017年，浙江省积极开展互联网金融风险专项整治工作，全省实际从业机构数量大幅下降，风险总体可控。年末，全省尚在运营的互联网金融法人机构共计235家，清理整顿以来共有1 122家机构关停、注销、取缔或实际退出，退出率为82.7%；整改以来，存量违规业务规模降至117亿元，自整改以来下降290亿元，下降71.4%。全年共对杭州两家互联网资产管理机构和支付宝公司开展专项检查。

2. 互联网金融运行中需要关注的问题

一是存量风险仍然存在，各种新型业态不断涌现，长效监管机制有待进一步完善；二是部分非持牌机构从事互联网金融业务隐蔽性强，监管难以掌握所有风险隐患；三是部分互联网金融机构异地设立分支机构跨区经营，处于监管“盲区”，输入型风险管控较难。

六、金融改革与创新

（一）绿色金融改革

一是创新优化绿色金融产品和服务体系。加大货币政策精准支持，湖州发放具有支持绿色金融导向的再贷款5亿元；拓宽绿色金融直接融资渠道，湖州发行绿色企业债券37.5亿元，衢州累计发行绿色债务融资工具39.4亿元；创新融资对接模式，湖州建立7 399亿元总投资的重点绿色项目库，创新绿色金融产品94个。二是着力强化绿色金融组织和政策支撑体系。加强政策支持，湖州出台全国首个区域绿色金融发展“十三五”规划；深化绿色专营机制创新，湖州在全省率先实现城商行和农信机构绿色金融事业部制全覆盖；推进政银战略合作机制，2017年，湖州签订政银战略合作协议23个，规模超3 200亿元。三是深化完善绿色金融统计和信息共享体系。实现绿色统计指标体系率先突破，湖州建立全国首套区域绿色金融统计指标体系，发布首份绿色金融统计数据；创新绿色产业企业监测，年末，衢州报数企业达到185家；加快绿色信用体系建设。

（二）中国（浙江）自由贸易试验区

一是构建自贸区金融工作体系和政策体系。建立自贸区组织工作机制，协调推进金融创新工作；搭建平台，举办首届世界油商大会，承办“油品贸易与金融服务创新”平行论坛。二是加快推进自贸区金融政策实施落地。简化经常项目外汇收支手续；支持油品贸易项下跨境结算；积极实施外商投资企业外汇资本金意愿结汇政策；推动油品贸易采用人民币计价结算。三是协调引导金融机构自主创新和探索监管体系建设。推进自贸区专营分支行设立；引导支持商业银行优先将贷款投放绿色重点建设项目；探索自贸区事中、事后监管体系建设。

（三）温州综合金融改革

一是构建兜底机制，推进农房抵押贷款试点。截至年末，温州农房抵押贷款余额 114.87 亿元。二是加强地方信用体系建设，发挥征信分中心作用。开发建设温州企业信用信息辅助系统，累计采集公积金缴存、环保评审、银行授信、税务评价等信息 67 万余条。三是实施精准对接，服务供给侧结构性改革。瓯海区“农民资产受托代管融资”模式获批全国试点，2017 年累计发放贷款 27.89 亿元，全市小微企业贷款余额 1 894.93 亿元。

（四）丽水农村金融改革

一是深入推进“两权”抵押贷款、林权抵押贷款等优势项目。截至年末，“两权”抵押贷款累计发放 115 亿元，林权抵押贷款累计发放量达到 205 亿元、余额 60 亿元，居全省第一位。二是不断提升农村金融科技含量。全市 2 010 家农村金融服务站有 939 个开通电子支付业务，811 个加载电子商务服务，累计办理小额取现、代理转账业务 437 万笔、金额 24 亿元。三是稳步推进农村担保平台建设。年末，已组建政府出资（或部分出资）融资担保公司 11 家，行业协会担保组织 10 家，商业性担保公司 9 家，村级互助担保组织 202 家。

（五）台州小微金融改革

一是继续深化信用信息平台建设。年末，平台数据覆盖部门 15 个，信息量 7 682 万条，查询用户数 2 079 个，累计查询量 446 万次。二是积极探索解决抵押担保难问题。台州信保基金规模扩至 15 亿元。截至年末，累计办理商标专用权质押登记 1 071 件，约占全国总办理量的 27%，发放商标专用权质押融资 1 597 笔，金额 60.92 亿元，累计发放创业担保贷款 5.14 亿元，不良率为零。三是积极引导企业开展外债融资。共办理企业外债登记 28 笔、金额 2.53 亿美元，同比增长 108.33%、361.24%，平均借贷利率 2.52%。

（六）义乌金融专项改革

一是推进义乌市场采购贸易发展。推进外汇管理八条举措落地，年末，累计开立结算账户 85 户，结算金额 918 万美元。二是深化义乌个人跨境人民币结算试点。截至年末，累计办理个人跨境人民币结算 273 亿元；推动试点互联网支付机构跨境电子商务人民币结算业务。三是扩大义乌贸易供应链金融创新。积极搭建贸易金融平台，推进义乌产融结合试点，支持银行机构推出 30 多个贸易供应链融资产品与服务，累计融资达 60 亿元。

七、金融基础设施

（一）支付体系稳健性评估

一是支付清算和会计核算系统安全稳定运行。2017 年，浙江省支付系统处理业务 11.08 亿笔、金额 397.31 万亿元，同比分别增长 45.21% 和 13.75%，大、小额支付系统业务量分别居全国第一位和第二位。二是支付结算业务监督管理不断加强。杭州市 32 家主要银行机构上线浙江省网上预约银行开户系统，持续优化企业开户服务；落实支付机构客户备付金集中存管制度，浙江省 13 家法人支付机构共交存资金 9.5 亿元。三是城乡支付服务环境持续优化。全面推广实施“智慧支付工程”，启动“移动支付便民示范工程”建设，推进移动支付业务发展，杭州成为全国首个公交领域实现“闪付”全覆盖的城市，也是首个实现地铁领域“云闪付”联机交易的城市。

（二）征信体系稳健性评估

2017 年，浙江省社会信用环境不断改善。一是征信系统高效运行。全省共收录 3 792 万自然人和 142 万户企业及其他经济组织的信用信息，全年累计查询 5 754 万次。二是征信市场稳步发展。各征信机构合计采集 10.6 亿条自然人和 1.8 亿条企业信用信息，为 5 881 家市场主体提供了 262.37 亿次征信服务。三是地方信用体系建设扎实推进。创新开展省级“信用县”创建工作；通过浙江省企业信用信息服务平台采集 197.1 万户企业 1.5 亿条信息，为 22 家金融机构开通用户 1 万余个；累计为 1 070 万农户建立信用档案，评定信用农户 890 万户，对 594.4 万农户累计发放贷款 20 746.9 亿元。四是联合奖惩机制日臻完善。推动省工商、省税务、省电力等部门联合惩戒信息的应用，共同构建“守信激励、失信惩戒”信用约束机制。

（三）反洗钱体系稳健性评估

2017 年，浙江省反洗钱、反恐怖融资工作持续推进。一是监管体系持续优化。试点引入第三方专业审计评估机构作为现行监管补充，构建“现场检查 + 非现场监管 + 外部评估”三支柱监管体系；完成对全省 222 家法人机构的分类评级工作，实现全覆盖。二是严厉打击各类金融违法犯罪行为。2017 年，全省各级反洗钱部门向侦查机关移送可疑交易线索 472 起，破获 58 起，有效推动 5 起洗钱案件正式宣判，协助破获 3 起特大部督案件；有效推动《金融机构大额交易和可疑交易报告管理办法》（中国人民银行令〔2016〕第 3 号）在浙江省落地实施，全省 119 家法人机构实现按期完成监测系统升级改造任务。

八、金融稳定总体评估

2017 年，浙江省经济增长平稳，金融业总量合理增长，金融改革与创新不断推进，金融结构相对合理，社会金融活动补充功能有效发挥，金融基础设施较为完善，整体金融稳定状况较好。人民银行杭州中心支行运用区域金融稳定定量评估模型对浙江省 2017 年区域金融稳定状况进行定量评估，结果显示，总分较 2016 年增长 9 分，均为宏观经济得分增加，主要是国内生产总值增长率、城镇居民可支配收入增长率、农村人均纯收入增长率、城镇登记失业率和典型城市房地产销售价格指数得分增加；金融机构中银行业、证券业、保险业指标均明显优化，且大幅好于最低监管标准，因此得分继续保持满分，金融总体运行质量和效益保持平稳；金融生态环境得分与2016年持平，金融活动发展基础仍然稳固，区域金融稳定状况总体较好。

总　　纂：潘晓斌
统　　稿：吴　翔
执　　笔（以姓氏笔画为序）：
巴洪涛　王治政　吴　翔　吴伟歧　邵荣平
陈楠希　陈一稀　胡虎肇　骆帅韬　薛同锐

安徽省金融稳定报告摘要

2017年，国际上不稳定不确定因素仍然较多，国内经济金融领域的结构调整虽出现积极变化，但结构性矛盾仍较突出，防范化解重大风险压力持续增大。面对上述复杂多变的国内外经济金融形势，安徽省以习近平新时代中国特色社会主义思想为指引，深入推进供给侧结构性改革，着力促进实体经济和金融良性循环发展，实现了经济稳中有进、稳中向好，金融风险总体可控。经济运行方面，全省经济运行呈现出结构调整优化、发展活力增强的积极变化，财政收入较快增长，政府性债务风险总体可控，非金融企业效益水平和居民收入保持稳定。金融业方面，着力提升金融服务实体经济能力，加强金融风险管控，加大金融基础建设，完善金融消费者权益保护机制，优化金融生态环境，全省金融业运行整体稳健。但经济金融运行中的机遇与挑战并存，新老问题交错叠加，可能使潜在风险进一步暴露，防范区域金融风险压力不断上升。

一、区域经济运行与金融稳定

2017年，安徽省经济继续保持平稳较快发展态势，初步核算，全年实现地区生产总值（GDP）27 518.7亿元，按可比价格计算，比上年增长8.5%，增速高于全国1.6个百分点。其中，第一产业增加值2 611.7亿元，增长4%，增幅比上年提高1.3个百分点、比全国高0.1个百分点；第二产业增加值13 486.6亿元，增长8.6%，增幅比上年提高0.3个百分点、比全国高2.5个百分点；第三产业增加值11 420.4亿元，增长9.7%，增幅比上年回落1.2个百分点、比全国高1.7个百分点。

（一）区域经济运行情况

1. 经济运行总体平稳，发展活力不断增强

2017年，安徽省经济运行主要指标增速保持较快增长，按常住人口计算，全年全省人均GDP为44 206元，比上年增加4 645元；人均GDP折合6 547美元，比上年增加662美元。全社会劳动生产率62 975元/人，比上年增加6 889元/人。

2. 发展方式加快转变，产业和区域结构继续优化调整

2017年，第一、第二、第三产业比例由上年的10.5:48.4:41.1调整为9.5:49.4:41.5。重点地区优势保持，区域发展更加协调，皖江示范区继续领先，合肥经济圈稳中有进，皖北地区发展加快。

3. 三大需求平稳增长，结构持续改善

一是消费保持较快增长，消费结构优化。2017年，全省社会消费品零售总额达11 192.6亿元，比上年增长11.9%，增速比上年回落0.4个百分点，高于全国1.7个百分点，居全国第6位、中部

第2位。二是投资继续稳中趋缓，投资结构改善。2017年，全省固定资产投资29 186亿元，增长11%，增速比上年回落0.7个百分点，居全国第11位，中部第3位。三是对外贸易由降转升，质量效益不断改善。全省进出口总额536.4亿美元，比上年增长20.8%。其中，出口304.8亿美元，增长7.2%；进口231.6亿美元，增长45%。

4. 消费价格水平略有回落，生产价格水平由降转升

2017年，全省居民消费价格上涨1.2%，比全国低0.4个百分点。全年农业生产资料价格上涨1.3%，固定资产投资价格上涨7.4%。

（二）经济运行中需要关注的问题

1. 服务业增长有所放缓，金融、房地产业贡献减弱

2017年，全省服务业增加值增速虽分别高于同期GDP、工业增加值增速1.2个和0.8个百分点，但对经济增长贡献率由上年的49.9%回落到45%；拉动GDP增长3.8个百分点，比上年回落0.5个百分点。其中，金融业增加值增长10.9%，比上年回落4个百分点；对全省经济增长的贡献率为7.5%，回落2.1个百分点；拉动GDP增长0.6个百分点，回落0.2个百分点。房地产业增加值增长4.7%，比上年回落7.3个百分点；对全省经济增长的贡献率为2.2%，回落3.2个百分点；拉动GDP增长0.2个百分点，回落0.3个百分点。

2. 市场投资意愿仍未有效改观，民间投资和利用外资投资增速持续放缓

一方面，受投资回报偏低、资金来源难度加大等因素影响，投资增长后劲不强，民间投资存在“进入难、运行难”和“要素成本高、税费成本高、流通成本高”等问题，民间投资仅增长7.1%。另一方面，利用外部资金发展后劲仍显不足。全年实际利用外商直接投资增速继续放缓，同比增长7.6%，较上年下降0.8个百分点。

3. 房地产市场波动大，非住宅类商品房面临去库存压力

2017年，受合肥等重点城市房地产调控政策力度加大等因素影响，市场转而呈现出“合肥冷、地市热”，“住宅热、商铺冷”的格局，且全省商品房销售回落较大。全省商品房销售面积9 200.7万平方米，增长8.2%，增速比上年回落29.5个百分点；全省商品房销售额5 865.8亿元，增长16.5%，增速比上年回落32.9个百分点。值得关注的是，非住宅类商品房去库存压力仍然较大。截至2017年末，全省非住宅类商品房待售面积921.7万平方米，占库存总量的45.6%。

4. 人口红利呈持续削弱态势，就业结构矛盾较为突出

全省老年人口比重持续提高，人口老龄化程度不断加深。截至2017年末，全省老年系数（65岁及以上老年人口占总人口比重）为12.4%，比上年提高0.3个百分点；全省15~64岁劳动年龄人口4 317.1万人，占总人口比重69%，下降0.7个百分点。

二、非金融部门与金融稳定

（一）非金融部门财务收支情况

1. 政府部门财政收入稳步增长，财政支出增速加快

全年财政收入4 858亿元，增长11.1%，增幅较上年提高2.1个百分点。其中，地方财政收入

2 812亿元，增长7.9%，增幅回落1个百分点；财政支出6 204亿元，增长12.3%，增幅较上年同期提高6.7个百分点。

2. 非金融企业部门发展加快，经营效益持续改善

2017年，规模以上工业企业实现增加值增长9%，增幅比全国高2.4个百分点，比上年提高0.2个百分点，居全国第6位、中部第2位。全省规模以上工业企业主营业务收入增长12.4%，较上年提高4.1个百分点；实现利润增长19.7%，较上年提升7.4个百分点。

3. 住户部门居民收入继续增长，消费性支出增速回落

2017年，全省城镇居民人均可支配收入31 640元，实际增长7.1%；农村居民人均纯收入12 758元，实际增长7.7%。全年城镇居民人均消费性支出20 740元，增长5.8%，增幅较上年回落8个百分点。

（二）需要关注的问题

1. 政府性债务风险总体可控，但财政收支背离程度进一步扩大

截至年末，全省政府一般债务余额为3 415.27亿元，低于3 883.6亿元的限额。但未来地方财政稳健运行面临以下几个不利因素：一是“营改增”实施后，原作为地方重要财源的营业税不复存在，对地方财力影响不容忽视。二是从地方财政收支缺口看，已由2016年的2 857亿元扩大至3 392亿元。

2. 非金融企业成本费用有所下降，但维持企业成本继续下降难度较大

2017年，全省规模以上工业企业中，每百元主营业务收入中的成本费用为93.99元，同比减少0.58元。但随着去产能力度的加大，2017年以来钢铁、煤炭价格上涨较快，目前已接近历史高位，直接带动工业企业综合成本上升，规模以上工业企业财务费用、制造业原材料成本上涨明显，未来企业成本面临上升压力。

3. “僵尸企业”债务风险总体可控，但潜在风险仍需关注

从排查情况看，安徽省银行业金融机构对“僵尸企业”存量授信客户不到千家、贷款余额不到200亿元。但存在以下风险：一是国有“僵尸企业”社会负担重，民营企业自救能力弱。二是“僵尸企业”普遍生产经营困难、偿债能力较差。近七成“僵尸企业”处于停产半年以上或半停产一年以上的状态；超过30%的企业偿债能力较差，迫使银行必须运用再融资、贷款期限调整、贷款承接表外授信业务或调整结息方式等手段帮助企业缓解风险。

4. 住户部门收入分配不均衡，债务负担水平持续增加

城镇和农村居民绝对收入差距已由1985年的265元扩大至2017年的18 882元。同时，债务负担水平持续增加，截至2017年末，全省个人消费贷款余额同比增长24.14%，比全省常住居民人均可支配收入增速高14.84个百分点。

三、金融业与金融稳定

（一）银行业

1. 银行业发展基本情况

（1）资产负债增速放缓，同业业务明显收缩。截至2017年末，安徽省银行业资产总额5.99万

亿元，同比增长 10.3%，增幅较上年同期回落 9.6 个百分点；负债余额 5.76 万亿元，同比增长 10.1%，增幅较上年同期回落9.9 个百分点。全省银行业同业资产较年初降幅超过850 亿元，其中存放同业款项余额较年初下降 506.9 亿元。

（2）存款增速放缓，活期和定期存款少增明显。截至年末，全省银行业本外币合计各项存款余额4.6 万亿元，总量居全国第 14 位；同比增长 11.7%，增幅比上年回落 7 个百分点；全年累计增加 4 822.54亿元，同比少增 1 981.2 亿元。其中，活期存款同比少增 1 234.02 亿元，定期存款同比少增 379.74 亿元。

（3）各项贷款稳步增长，中长期贷款增加明显。截至 2017 年末，全省银行业本外币合计各项贷款余额 3.52 亿元，总量居全国第 14 位；同比增长 14.4%，增速较上年回落 3.4 个百分点。全年累计增加 4 388 亿元，同比少增 242.63 亿元。分期限结构看，中长期贷款余额和增量分别占全省银行业各项贷款余额和增量的 64.7% 和 90.9%。

（4）盈利水平增速加快，成本费用管控有所加强。2017 年，受不良贷款增势放缓、拨备增提压力下降以及部分机构投资收益较好等因素影响，全省银行业累计实现利润 636.82 亿元，同比增长 16.9%，增速比上年提高 2.5 个百分点，增速位列中部第三位。

2. 银行业稳健性评估

（1）账面不良贷款持续增加，隐性不良上升压力仍然存在。截至 2017 年末，安徽省银行业账面不良贷款余额较年初增加 49.7 亿元；不良贷款率 1.57%，较年初微降 0.06 个百分点。从监测和排查情况看，全省银行业不良贷款真实性问题仍较突出，部分机构资产质量分类不实，隐瞒信贷资产质量真实形态的问题仍不同程度存在。

（2）资产负债期限错配现象有所加剧，“短借长用”问题较为突出。全省中长期贷款增速达 21%，高出各项贷款增速 7 个百分点，而存款增势总体放缓，资金来源中过半为活期、同业、短期理财资金，同时，法人银行业金融机构对同业资金依赖较大，法人商业银行流动性缺口率较年初下降 5.18 个百分点；非银行机构特别是金融租赁公司、汽车金融公司同业拆入比偏高。

（3）银行业整体风险抵补能力有所增强，但法人机构资本充足水平继续下降。截至年末，全省银行业贷款损失准备余额 885.59 亿元，拨备覆盖率 160.11%，较年初分别提高 96.56 亿元和 3.37 个百分点。与此同时，法人机构各类风险资产规模持续扩大，但受制于资本补充渠道狭窄、非信贷资产回表等因素影响，资本充足率持续下滑。截至 2017 年末，全省法人银行业机构资本充足率和核心一级资本充足率分别为 13.4% 和 10.99%，较年初分别下降 0.29 个和 0.18 个百分点。

（4）房地产金融、地方政府债务等重点领域风险有所上升。房地产金融风险方面，年末全省房地产贷款余额 1.18 万亿元，占全部贷款的三分之一左右，余额较年初新增超 2 000 亿元，加上以房地产为押品的贷款、银行持有房地产公司的债券、非标资产等，据估算有接近 50% 的银行资金投向房地产领域；个人住房贷款高杠杆购房者比例上升，贷款价值比超过七成的个人住房贷款占比接近 35%，同比提高 17 个百分点；个人消费贷款快速增长，排查发现违规流入楼市充当首付等问题。地方政府债务风险方面，2017 年以来，财政部门持续加大对地方政府违规担保及隐性债务的清理力度。从排查情况看，2017 年的债务清理范围涉及面广，违规融资担保项目多、金额大，同时整改规范过程中不同地方还存在整改尺度不一致、处理手段不一致等问题，已经出现部分金融机构贷款的还款来源悬空，贷款可能出现风险等问题。

（二）证券业

1. 证券业发展基本情况

（1）证券期货营业机构持续增加，证券期货交投活跃度小幅回落。截至2017年末，安徽省共有2家法人证券公司、24家证券分公司、330家证券营业部；3家法人期货公司、37家期货公司营业部；全年各营业部合计开立资金账户524.37万个。全年全省证券累计交易量5.03万亿元，同比小幅下降1.15%；期货经营机构累计代理交易额15.31万亿元。

（2）证券期货机构资产规模稳步增长，盈利水平持续回落。截至2017年末，全省证券经营机构总资产6 875.74亿元。全年实现营业收入和利润总额分别为22.86亿元和8.37亿元，同比分别下降23.29%和42.67%。

（3）证券机构创新业务延续快速发展势头。2017年，辖内2家法人证券公司融资融券业务实现营业收入15.03亿元，占营业收入总额的32.33%，比上年提高1.33个百分点。资产管理类业务、股票质押回购业务、直投业务等创新业务保持较快发展，年末2家公司共管理集合资产管理计划56只，期末净值237.22亿元；股票质押式回购全年累计业务规模94.46亿元，实现利息收入5.68亿元；直投业务累计投资项目29个，累计投资金额9.38亿元。

（4）区域多层次资本市场体系建设稳步推进，场内场外市场发展齐头并进。2017年，全省共有9家企业实现IPO上市，首发融资额合计50.03亿元。截至年末，全省境内上市公司总数达102家，上市公司总股本1 209.77亿股、总市值1.35万亿元。新三板和四板方面，全年新增新三板挂牌公司80家，年末共有新三板挂牌公司358家，居全国第10位，其中创新层公司30家，基础层公司328家；安徽省股交中心共有挂牌企业1 859家，托管企业1 969家，全年累计实现融资29.87亿元。

（5）私募基金发展加快，管理规模和机构实力明显提升。截至2017年末，全省共有189家私募基金管理人完成备案登记。备案私募基金产品704只，实缴规模2 789.83亿元，其中管理规模在100亿元以上的私募基金管理人有5家。

2. 证券业稳健性评估

（1）证券公司负债规模由降转升，个别风险控制指标持续下滑。截至2017年末，2家法人证券公司负债额合计为566.26亿元，同比增长9.57%，较上年同期提高33.37个百分点。同时，受风控指标监管规则修订与经营指标下滑叠加影响，年末2家法人证券公司合并计算的净资本/各项风险准备之和为223.06%，较上年回落20.84个百分点。

（2）期货公司盈利能力有所回落，个别风控指标继续恶化。2017年，全省3家法人期货公司共实现营业收入7.94亿元，同比下降9.77%。年末3家期货机构合并计算的净资本/客户权益指标为19.32%，较年初回落1.58个百分点。

（3）部分业务潜藏风险需关注。一是上市公司股票质押业务可能引发违约风险，初步统计，目前安徽省上市公司开展的股票质押业务中仍有1 150亿元未解押，随着股票市场的波动加剧，已质押股票市场风险管理难度进一步加大。二是法人证券公司以通道类为主的资管业务转型风险上升，目前全省2家法人证券公司资管业务规模超过3 000亿元，其中以通道类为主的定向资产管理计划规模达2 855.22亿元，证券公司资管业务面临较大的转型压力。

（三）保险业

1. 保险业发展基本情况

截至2017年末，安徽省共有保险法人机构1家，省级分支机构64家，专业保险代理公司、经纪公司、公估公司分别达39家、6家和11家，保险从业人员超过30万人。全省保险业资产总额1 733.5亿元，同比增长8.66%。全省保险深度和保险密度分别为4.02%和1 770.1元/人，较上年同期分别提高0.42个百分点和344.1元/人，保险业服务实体经济能力显著增强。

（1）保费收入增长略有加快，财产险和人身险增速有所分化。2017年，全省保险业共实现原保费收入1 107.16亿元，同比增长26.4%，增速较上年提高1个百分点。其中，财产险业务实现保费收入366.28亿元，同比增长17.1%，较上年提高2.7个百分点；人身险业务实现保费收入740.88亿元，同比增长31.5%，较上年回落0.9个百分点。

（2）各项赔付支出增速明显放缓，风险保障能力持续增强。2017年，全省累计赔款与给付397.68亿元，同比增长11.24%，增速较上年回落17.86个百分点。其中，财产险和人身险业务赔付支出分别为187.03亿元、210.66亿元，同比分别增长6.81%、15.49%。全年累计提供风险保障超过38万亿元，较上年增加8万亿元。

（3）保险产品结构优化调整，人身险业务继续向传统业务回归。财产险方面，与国计民生密切相关的农业保险、责任保险、保证保险保持良好发展势头，原保险保费收入分别达24.2亿元、11.03亿元和11.3亿元。人身险方面，普通寿险业务、健康险业务分别实现保费收入607.53亿元和112.75亿元，占人身险公司全部业务收入的比重分别为82%和15.22%。

2. 保险业稳健性评估

（1）保险市场集中度由降转升，集中度风险需关注。从行业集中度看，财产险和人身险保费收入排名前10位的市场份额分别为92.8%和78.1%，较上年分别提高了7.3个和5.8个百分点。

（2）人身险业务偿付压力持续加大，退保率维持高位。2017年，人身险公司赔付总金额达210.66亿元，较上年增加28.26亿元。全年退保额较上年增加63.63亿元，同比增长48.91%；退保率较上年提高1.64个百分点。

（3）机动车辆保险集中度仍居高不下，区域发展不平衡问题仍较突出。2017年，全省机动车辆保险保费收入303.27亿元，同比增长16.4%；占全部财产险保费收入的82.8%，较上年仅微降0.5个百分点。分区域看，保费收入与人口相关性较高。全省保费收入规模前五名的地区分别为合肥市、阜阳市、亳州市、芜湖市和六安市，合计占全省保费收入的51.65%。

四、地方金融改革与金融稳定

（一）银行业改革稳步推进，服务地方经济发展能力增强

截至2017年末，安徽省共有银行业法人金融机构162家，其中，城市商业银行1家、农村商业银行83家、村镇银行66家、资金互助社1家、信托投资公司2家、财务公司6家、汽车金融公司2家、金融租赁公司2家、消费金融公司1家、民营银行1家。全省地方法人银行各项业务发展较快，整体风险可控，在支农、支小以及普惠金融等方面发挥了重要作用。截至2017年末，资产和负债总

额分别达20 861.17亿元和19 403.46亿元，同比分别增长15.79%和15.98%；存、贷款余额分别为14 900.40亿元和9 296.87亿元，同比分别增长11.94%和13.93%。

（二）证券期货机构创新加快，区域多层次资本市场建设逐渐形成

截至2017年末，安徽省共有2家证券法人公司、3家期货法人公司和2家证券投资咨询机构。证券法人机构不断加强业务创新，创新业务收入占比持续上升。同时，多层次资本市场体系发展不断推进，沪深交易所市场、新三板市场、区域性股权市场规模逐步壮大，“金字塔”格局初步形成。

（三）政策性农业保险较快发展，服务“三农”能力持续增强

2017年，国元农业保险股份有限公司实现保费收入40.28亿元，同比增长14.11%；保费收入占全省产险市场份额的10.19%。全省农业保险进入“2.0”模式，建立农险转型升级的“黟县模式”。

（四）准金融机构平稳发展，风险管理能力仍待加强

1. 地方金融控股公司稳健发展

国元集团是省属国有独资大型投资控股类企业，控股涉及证券、信托、保险、创投、投资等领域8家子公司，全资拥有3家实业子公司，参股徽商银行和8家农村银行业金融机构、省产权交易中心、安徽长江产权交易所、黄山（香港）有限公司、皖垦种业等。兴泰控股是市属国有独资公司，投资范围涉及银行、证券、保险、信用担保、资产管理、股权交易、信托、基金、融资租赁、典当、创投基金等13个金融和泛金融领域。

2. 具有融资功能的非金融机构继续在规范中发展

截至2017年末，全省共有小额贷款公司411家，较上年减少13家，贷款余额405.63亿元，同比增长3.06%。融资性担保机构344家，较上年末减少10家，融资性担保责任余额2 066.44亿元，放大倍数2.48倍，代偿率2.57%。

五、金融基础设施与金融稳定

（一）支付系统运行安全稳健

1. 各类支付系统安全稳定运行，交易金额保持较快增长

2017年全省通过大、小额支付系统处理往来业务9 805.2万笔，清算资金99.3万亿元，同比分别增长17.7%和16.5%。

2. 非现金支付工具业务量持续增长，电子商业汇票实现全省覆盖

截至2017年末，安徽省辖内所有县（市）支行全部接入电子商业汇票系统，开通电子商业汇票再贴现功能，着力推动电子商业汇票业务发展。

（二）征信体系建设不断完善

1. 中小微企业信用体系建设加快推进

截至2017年末，全省有14个地市建立中小微企业信用信息平台，已录入中小微企业40.13万

户，占全省中小微企业数的62.49%。

2. 应收账款融资平台应用积极推广

截至2017年末，平台累计注册用户8 964家，实现融资交易13 223笔，实现成交金额4 274亿元，均在全国名列前茅，成交金额中有七成的资金流向小微企业，有效缓解1 500多家小微企业融资难和融资贵问题。

（三）反洗钱工作成效显著

1. 加大反洗钱专项行动配合力度

一是配合开展“打击利用地下钱庄和离岸公司转移赃款”专项行动，已推动2起地下钱庄案件成功告破，涉案金额达数十亿元；二是配合开展“打击骗取出口退税和虚开增值税发票”专项行动，协助公安、税务等部门调查分析涉嫌骗税和虚开增值税专用发票等违法活动，协助破获涉税违法案件近30起。

2. 强化洗钱及其上游犯罪打击力度

2017年，反洗钱部门持续推动打击各类上游犯罪和洗钱犯罪，共将224份线索移交公安机关，涉及金额合计人民币448.24亿元，其中6起以“洗钱罪”立案。

（四）反假货币工作扎实推进

1. 完善假币监测体系，推动反假货币工作重心前移

2017年，全省银行假币监测点由19个增加为100个，并按月监测假币收缴信息；在全省开展假币报警信息收集和分析工作，逐步规范人民银行、商业银行与公安机关之间的信息传递流程，提升信息监测效率，全面形成防范和打击假币违法犯罪工作合力。

2. 依托联席会议机制，开展假币违法犯罪常态化打击

定期组织召开全省反假货币工作联络员会议，联合多部门共同谋划打击行动和实施方案。截至年末，全省假币违法犯罪立案数较上年明显增加；数十个城市破获假币违法犯罪案件，打印假币窝点案件数量显著上升。

（五）普惠金融服务水平持续提升

1. 扎实推进惠农金融服务室精品工程建设

截至2017年末，全省共建成惠农金融服务室1.3万个，在实现全省行政村全覆盖基础上，完成与乡村电商服务网点对接850个，建成“精品”服务室545个。

2. 持续推广金融IC卡和移动金融

2017年全省新增金融IC卡2 271.5万张，消费总额达9 577.3亿元；电子现金交易笔数3.14亿笔，居全国第一位。

六、总体评估与政策建议

（一）总体评估

2017年，安徽省经济持续健康发展，金融体系整体稳健。银行业机构资产负债规模不断扩大，

不良贷款率维持低位；证券期货业机构业务发展较快，直接融资规模持续增加，区域多层次资本市场建设稳步推进；保险业保持良好发展态势，服务领域继续拓宽，保障功能和服务作用进一步发挥。同时，在区域经济运行的外部环境复杂多变的情况下，经济结构调整过程中新老问题交错叠加，未来一段时间内金融运行中的潜在风险可能继续暴露，维护区域金融稳健运行面临新的压力和挑战。

1. 宏观经济方面

经济下行压力依然存在，结构调整和动能转换任务艰巨，投资增速继续回落，服务业贡献度有所下滑，外部贸易环境更趋复杂，人口红利呈削弱态势。房地产市场波动较大，结构性矛盾仍较突出。地方政府债务风险总体可控，但财政收入增收制约因素依然较多、仍需防范实体经济风险和财政风险向金融体系的传导。生产要素价格由降转升，维持非金融企业成本下降趋势难度较大。住户部门内部收入分配不均衡，债务负担水平不断上升。

2. 金融业方面

银行业方面，账面不良贷款持续增加，隐性不良上升压力仍然存在；地方法人银行流动性水平和资本充足水平持续下降，少数机构资产负债期限严重错配和流动性风险问题需高度关注；房地产金融、地方政府债务等重点领域风险防范压力有所上升。证券业方面，证券公司负债规模由降转升，个别风险控制指标持续下滑；期货公司盈利能力有所回落，个别风控指标继续恶化；股票质押回购、资产管理等部分业务潜藏风险需关注。保险业方面，保险市场集中度由降转升，集中度风险需关注；人身险业务偿付压力持续加大，退保率维持高位；保险业务结构和区域发展不平衡问题仍较突出。

（二）政策建议

2018 年，要全面深入贯彻党的十九大和中央经济工作会议、全国金融工作会议精神，坚持新发展理念，紧紧围绕服务实体经济、防控金融风险、深化金融改革三项任务，特别是要打好防范化解重大金融风险攻坚战，坚决守住不发生系统性区域性金融风险的底线，维护金融体系健康稳定运行。

1. 加快经济发展方式转变，为金融业稳健运行创造良好环境

一是继续深入推进重要领域改革，以简政放权为突破口，继续深化行政体制改革、财税体制改革、国企改革和金融综合改革，注重发挥经济体制改革的牵引作用，加快释放改革红利。二是全力推动产业结构优化升级，促进信息化与工业化深度融合，推动企业加快技术改造、提升精准管理水平，增强传统产业竞争力。三是大力实施创新驱动发展战略，继续推进创新试点省和合芜蚌自主创新试验区建设，积极争取建立绿色金融试验区，促进科技、环保和经济、金融紧密结合，发挥科技创新对产业升级的核心作用。四是大力发展民营经济，从体制障碍、政策落实等方面，解决民营经济发展面临的突出问题，激发民间投资潜力，促进民营经济快速发展。

2. 切实做好金融服务供给侧结构性改革工作，加大对重点领域和薄弱环节支持力度

一是加大金融支持乡村振兴发展力度。引导金融机构积极创新农村金融产品和服务，深入研究将融资支持同农村“两权”资产的盘活、农业结构调整结合起来的新路径，支持涉农主体在银行间市场发行债务融资工具，更好地满足乡村振兴多样化金融需求。二是稳妥推进金融精准扶贫。加强扶贫再贷款的使用管理，推动产业扶贫提质增效，加强与省扶贫办等部门的沟通协调，实现信贷投放与产业扶贫规划的深度对接。进一步加强金融扶贫效果评估工作，确保政策落细落实。开展金融扶贫领域作风问题专项治理，以此为契机摸底辖内金融扶贫工作开展情况，确保金融助推脱贫攻坚取得实效。

3. 推动金融机构持续深化改革，强化风险管控能力

一是巩固和深化金融改革成果，着力加强银行业金融机构公司治理，推进现代金融企业制度建设，强化资本配置和资产损失拨备制度，提高金融机构的稳健性和金融体系的抗风险能力。二是推动证券期货业机构加快业务转型，规范有序开展资产管理、股指期货、融资融券、直投等业务创新，不断提升风险管控能力。三是继续推动保险业机构开展产品与服务创新，推进保险业发展方式转变和结构调整；完善保险业基础设施建设，建立健全保险发展长效机制。四是持续推动融资性担保公司、小额贷款公司、典当行等具有融资功能机构规范发展。

4. 坚决打好防范化解重大金融风险攻坚战，充分发挥存款保险早期纠正与处置平台作用

一是建立健全以“早识别、早预警、早发现、早处置”为核心的一整套金融风险防控机制，不断完善已有的各类金融风险监测、评估、排查和预警机制，补齐防范金融风险的“短板”。持续强化对地方法人金融机构风险、影子银行风险、地方政府债务风险、房地产风险、互联网金融风险、非法集资风险等重点领域的排查力度，切实摸清真实风险底数，防患于未然。二是深入推进存款保险制度实施工作。继续探索对问题投保机构、关注类投保机构风险警示和早期纠正的有效手段，并定期对投保机构早期纠正措施落实情况进行现场督导和跟踪评估；加强问题机构风险的早提示早处置，推动地方政府、监管部门、金融机构大股东等有关方面形成合力，共同防范化解风险。

总　　纂：刘兴亚　陶　诚
统　　稿：潘力工　梁　斌　季　军
执　　笔：王　亮　张　媛　居　姗　孟慧燕
其他参与写作人员：孙　韦　鲁玉祥　石少功　陶　峰　王妍婷
许平洋　毛瑞丰　徐　惬　张一飞　张　瑜
李飞燕　周　浩　刘瑛娜　陆秉炜　徐继英
王　娅　王祥峰

福建省金融稳定报告摘要

2017 年，面对错综复杂的国际形势，福建省深入推进供给侧结构性改革，破解经济发展不平衡不充分难题，加快培育新动能，推动结构优化、动力转换和质量提升，全省经济实现了平稳健康发展。金融业总体运行稳健，银行业规模稳步增长，业务结构持续优化，不良贷款实现“双降”；证券业保持稳步发展，资本市场功能有效发挥；保险业保费收入增长较快，服务经济社会的能力日益提升。金融服务实体经济能力不断增强，全省经济金融运行总体呈现稳中向好的局面。

一、区域经济运行与金融稳定

（一）区域经济运行总体情况

2017 年，全省经济继续保持平稳较快增长。初步核算，全省实现地区生产总值 32 298. 28 亿元，增长 8. 1%，高于全国平均水平 1. 2 个百分点。产业结构不断优化，第一产业增加值 2 442. 44 亿元，增长 3. 6%；第二产业增加值 15 770. 32 亿元，增长 6. 9%；第三产业增加值 14 085. 52 亿元，增长 10. 3%，三次产业增加值结构由上年的 8. 3∶48. 8∶42. 9 调整为 7. 56∶48. 83∶43. 61。固定资产投资增速较快，全省完成社会固定资产投资 26 226. 60 亿元，增长 13. 5%，增幅比上年提高 5. 0 个百分点。消费品市场稳中有升，全省实现社会消费品零售总额 13 013. 00 亿元，增长 11. 5%，增幅比上年提高 0. 4 个百分点。进出口恢复性增长，全省进出口总额 11 590. 78 亿元，增长 12%，增幅比上年提高 13. 2 个百分点。其中，出口 7 114. 09 亿元，增长 4. 1%；进口 4 476. 70 亿元，增长 27. 5%。财政收支增速加快，全省公共财政总收入 4 603. 85 亿元，可比口径增长 7. 2%，增幅提高 3. 5 个百分点。全省一般公共预算支出 4 719. 29 亿元，增长 9. 9%，增幅提高 2. 8 个百分点。城乡居民收入继续增加，全省居民人均可支配收入 30 048 元，实际增长 7. 5%；农村居民人均可支配收入 16 335 元，实际增长 8. 0%。居民消费价格温和上涨，全年居民消费价格上涨 1. 2%，涨幅比上年缩小 0. 5 个百分点；工业生产者出厂价格比上年上涨 4. 1%，工业生产者购进价格上涨 5. 3%。新动能不断培育增强，符合产业升级和消费升级的新兴智能产品增势良好，全省平板电脑产量增长 127. 4%，新能源汽车增长 55. 3%，太阳能电池增长 40. 9%，集成电路增长 35. 3%。

（二）区域经济运行中值得关注的方面

2017 年，福建省经济运行总体平稳、稳中有进，但经济高质量发展仍面临不少挑战。一是经济增长新旧动能转换任务艰巨。长期以来，福建经济增长和对外贸易高度依赖传统制造业。受要素成本上升等多重因素影响，传统制造业经营面临较大困难。同时，经济增长对投资和房地产业依赖还比较大，高新技术产业、装备制造业等高端产业发展不够快。二是出口总体形势依然严峻。出口受发达国家制造业回流和新兴经济体中低端制造业崛起双重挤压影响逐渐加深，传统劳动密集型产品对全省出口数据的拖累仍将持续。同时，机电、高新技术产品对出口整体的贡献度较弱，两类产品占全省出口比重分别低于全国 21.9 个、15.1 个百分点。三是社会经济杠杆率总体保持高位。2017 年末，全省社会经济总杠杆率较上年末下降 8.02 个百分点，去杠杆取得初步成效，但宏观经济杠杆率仍处于高位，住户部门杠杆水平持续走高，非金融企业杠杆率仍然偏高，省属国有企业资产负债率高于全国平均水平，部分企业处于财务负担重、债务风险高的境地。

二、金融业与金融稳定

（一）银行业稳定评估

1. 银行业运行评估

截至年末，全省银行业机构 6 538 家，资产总额 95 475.53 亿元，增长 2.69%，其中，本外币各项贷款余额 41 899.68 亿元，增长 10.88%，各项贷款增速比资产增速高出 8.19 个百分点；负债总额 89 766.70 亿元，增长 1.78%，其中，本外币各项存款余额 44 086.83 亿元，增长 8.89%。理财业务增长放缓，年末处于存续期的银行理财产品本外币资金余额 9 569.32 亿元，同比增长 1.6%，比同期本外币各项存款增速低 7.29 个百分点。金融去杠杆取得初步成效，资金更多地回流实体经济。全省存款保险投保机构（不含兴业银行）整体运行稳健，年末存款保险投保机构共 125 家，比上年末增加 2 家，资产和负债总额分别为 17 757.39 亿元和 16 365.68 亿元，分别增长 10.5% 和 10.18%；实现净利润 142.02 亿元，增长 15.55%。金融支持“三农”和小微企业融资需求的力度继续增强，全年全省中资金融机构涉农贷款余额 12 586.67 亿元，增长 7.58%；小微企业贷款余额 8 063.2 亿元，增长 8.28%。农业银行福建省分行“三农金融事业部”改革不断深化，“三农”信贷投放持续增加，年末全省县域“三农金融事业部”各项贷款余额 1 785.84 亿元，增长 10.15%。银行业积极通过无还本续贷等金融创新产品切实解决一批实体企业担保难、融资难问题，目前无还本续贷已推广至全部银行业金融机构，无还本续贷在企业续贷余额中的占比 25.77%，同比提高 8.46 个百分点。

2. 银行业运行中需要关注的问题

一是不良贷款实现“双降”，但信贷风险防控压力仍然较大。截至年末，全省银行业机构不良贷款余额 821.82 亿元，同比减少 135.81 亿元，不良贷款率 1.96%，同比下降 0.57 个百分点，不良贷款实现“双降”。但从不良贷款先行指标看，年末全省银行业机构关注类贷款余额 2 245.88 亿元，增长 5.15%，部分关注类贷款仍有继续劣变的可能。同时，个别金融机构不良贷款分类偏离度仍然较高。二是金融机构流动性整体稳定，但流动性风险管理难度加大。全年全省新增中长期贷款占全部新增贷款的比重高达 88.68%，中长期贷款占比高企，期限趋于拉长。企业和个人活期存款增速明显快于定期存款增速，银行存款趋于活期化，资产负债期限错配明显。全省地方法人金融机构超额备付金率各月平均值比上年下降 0.37 个百分点，在银行间拆借市场净拆入资金同比增长 40.96%，质押式回购净融入资金同比增长 21.97%，地方法人金融机构过度依赖批发性融资，流动性管理难度加大。三是信贷资金流向房地产领域趋势有所放缓，但房地产信贷风险值得警惕。受房地产市场和信贷双重调控影响，信贷资金流向房地产领域趋势有所放缓，全年全省新增房地产贷款占全部贷款的37.5%，同比下降了11.5个百分点，但潜在风险仍值得警惕。年末全省房地产贷款余额同比增长13.99%，全省中长期个人消费贷款同比增长18.33%，在房贷调控趋紧背景下，部分资金违规流入房地产领域，与房价上涨相互作用，可能进一步加剧房地产信贷风险。

（二）证券业稳定评估

1. 证券业运行评估

截至年末，全省共有证券期货机构620家，其中，法人证券公司3家、法人期货公司5家、法人基金公司3家、区域性股权市场2家。全省法人证券公司资产总额1 696.11亿元，净资产449.08亿元、净资本485.14亿元，同比分别增长13.75%、8.31%和11.02%。全省法人期货公司总资产195.14亿元、净资产35.38亿元、净资本25.68亿元，同比分别增长-11.56%、15.55%、8.72%。全省法人基金管理公司资产管理总规模2 427.98亿元，总净值2 460.54亿元，同比分别增长19.79%和19.75%。全省在中国证券投资基金业协会登记的私募基金管理人539家，备案私募基金1 261只。法人证券公司通过发行公司债券、次级债、短期融资券等方式拓宽融资渠道，资本实力和抗风险能力显著增强。上市公司质量持续提升。截至年末，全省共有境内外上市公司284家，其中境内上市公司132家，当年新增25家，总市值1.68万亿元，全省上市公司数、新增数以及总市值分别居全国第7位、第5位和第7位。

2. 证券业运行中需要关注的问题

一是市场主体运作不规范。部分上市公司内控管理薄弱，信息披露不及时，个别公司出现控制权争夺，规范化运作水平有待提高。二是行业经营状况分化明显，经营风险凸显。上市公司行业分布不平衡，制造业净利润增长率低于其他行业。部分房地产上市公司资产负债率超过80%，财务风险较大。个别公司发行的大公募债券和中小企业私募债存在违约隐患。个别上市公司因连续两年亏损被实施退市风险警示存在退市风险。三是证券期货业转型发展任重道远。截至年末，全省法人证券公司通道类资管业务受托规模超3 000亿元，规模仍然较大，推进资管业务转型升级的措施仍不够有力。个别法人公司开展的集合资管业务还存在"类资金池"问题；投行业务尽职履责和投资者适当性管理不到位，合规内控依然存在薄弱环节。

（三）保险业稳定评估

1. 保险业运行评估

截至年末，全省保险业累计实现保费收入（指原保险保费收入，下同）1 032.1亿元，增长12.5%。其中，财产险保费301.4亿元，人身险保费730.7亿元，同比分别增长9.9%和13.6%。全省保险公司主体58家，其中，财产险公司27家，人身险公司31家。保险业总资产2 378.3亿元，较年初增长9.6%。保险业服务经济社会的能力不断增强，共承保建设工程投标保证保险等相关业务13.1万笔，释放建筑工程保证金约242.2亿元。小额贷款保证保险为全省227家小微企业提供2.5亿元贷款风险保障。出口信用险为全省230.9亿美元的出口贸易提供了收汇保障，通过保单融资协助出口企业获得银行贷款14.6亿美元。政策性农业保险实现保费收入6.9亿元，累计赔款支出4.6亿元。民生保障水平稳步提升，累计承担风险总额44.4万亿元，累计赔付支出325.7亿元，分别增长17.8%和2.6%。保险密度2 638.97元/人，增长11.41%，保险深度3.2%。全省城乡大病保险参保人数达2 093万人，保费收入7.94亿元，已为4.6万人次支付大病补偿金5.5亿元。商业健康保险累计赔付支出42.4亿元，增长26.9%。责任保险共提供风险保障达3.6万亿元。区域特色服务持续推进，2017年，福建（不含厦门）自贸试验区相关保险公司累计实现保费收入16.4亿元，增长26.4%。泉州金融改革试验区实现保费收入197.2亿元，增长9.9%。

2. 保险业运行中需要关注的问题

一是退保和满期给付高位运行。2017年人身险公司累计退保金仍处高位，综合退保率同比基本持平。随着前几年热销的短期分红险相继到期，满期给付压力依旧明显。2017年人身险满期给付同比略有下降，但仍维持高位。在行业规范中短期理财型保险后，部分保险公司将面临保费收入下降和退保支出增加的双重压力，潜在的流动性风险也应予以关注。二是财险公司业务稳增长压力较大。受汽车市场日趋饱和，商车费改后车均保费下降以及市场竞争加剧导致费用率居高不下的影响，车险保费增速逐步放缓。非车险业务一定程度受到宏观经济放缓影响，部分险种发展缓慢，整体规模较小，财产险公司承保利润率低位徘徊，盈利压力较大。

三、金融市场运行与金融稳定

（一）金融市场运行状况

1. 货币市场交易平稳增长

全年全省同业拆借、债券回购、现券交易三项成交总额590 973.13亿元，同比增长22.97%。其中，拆借市场成交40 902.75亿元，下降12.51%；债券回购成交419 868.26亿元，现券交易成交130 202.12亿元，分别增长32.88%和10.50%。受市场利率上升影响，企业在银行间市场发债融资986.7亿元，下降47.38%。全省企业在银行间市场发债融资金额986.7亿元，同比下降47.38%。票据融资总量3 118.98亿元，较年初下降39.67%，表现为商业汇票承兑未到期金额和贴现余额双下降。票据贴现加权平均利率4.71%，转贴现加权平均利率4.44%，分别上升1.4个和1.2个百分点。

2. 资本市场业务发展有序推进

2017年，全省境内上市公司、挂牌企业、非上市公司实现直接融资1 991.85亿元。其中，25家公司实现首发上市，首发融资110亿元，首发家数创历史新高，此外上市公司通过非公开发行普通股等方式实现股权再融资465.91亿元。全省新三板挂牌企业405家，区域性股权市场挂牌企业3 788家。兴业证券、华福证券全年为全省各类企业提供直接融资469.83亿元，协助8家企业上市、17家企业在新三板市场挂牌。

3. 外汇收支良好态势进一步巩固

全年跨境收支顺差214.53亿美元，增长93%；结售汇顺差279.57亿美元，增长2.5倍。全年月均跨境净流入为2015年8月以来新高，月均净结汇亦创下近3年以来高点。企业结汇意愿总体回升与进口需求增长主导货物贸易外汇收支，货物贸易结售汇顺差同比增长10.5%，跨境收支顺差同比下降19.6%。服务贸易逆差大幅收窄，净流出与净售汇同比分别下降21.5%和33.2%。外商直接投资资本金净流入同比增长55.2%，对外直接投资流出同比下降45.9%。直接投资借贷、联属企业借贷以及其他投资借贷项下跨境收支逆差同比下降99%。全年个人购汇下降25.1%。

4. 黄金市场交易快速增长

福建省银行业金融机构（不含兴业银行）在上海黄金交易所的黄金交易量达747.7吨，成交额

1 810.4亿元，增长79.6%。省内上海黄金交易所主要4家会员单位[①]黄金成交263.87吨，增长14.02%，其中，自营132.09吨，下降21.85%，代理131.78吨，增长111.18%。

5. 跨境人民币业务稳中趋降

全省共办理跨境人民币业务结算业务2 624.67亿元，下降43.66%，净流入332.23亿元，收付比为1:0.78。福建省经常项目人民币跨境收付额933.82亿元，下降46.48%，其中货物贸易人民币跨境收付额716.05亿元，下降52.29%。资本项目人民币跨境收付额1 689.68亿元，下降41.99%，其中直接投资人民币跨境收付额424.77亿元，下降69.95%；跨境融资1 220.17亿元，增长6.58%。自福建自贸区挂牌至2017年末，福建自贸区跨境人民币业务结算量达2 816.96亿元。

（二）金融市场运行中应关注的问题

1. 跨市场、跨行业风险不容忽视

企业信用风险跨市场传导，导致个别私募债、公司债、资管产品出现兑付风险。部分资管产品连通多个金融行业和金融市场，交易模式日趋复杂，通道业务层层叠加，资金链条冗长，风险节点增多，风险传导更具隐蔽性和破坏性；同时，期限错配的问题比较突出，需要通过连续滚动发行短期资管产品对接期限较长的资产，易引发流动性风险，并可能通过嵌套产品链条向其他机构蔓延。

2. 商业银行外汇业务违规经营时有发生

部分商业银行未能全面了解和准确把握监管政策，忽略了创新与合规的关系，为业务创新逾越合规底线；部分商业银行未根据监管政策的要求，及时更新内控制度和系统配置，业务审核流于形式；个别商业银行一味追求业绩和利润，重绩效轻合规，甚至出现协助配合、引导企业违规操作等现象。

3. 非法金融活动防控形势仍不容乐观

近年来，福建省不断加大非法金融活动打击力度，有效维护了金融市场的安定稳定。但利用互联网从事非法集资活动仍时有发生，并呈现涉众性强、风险积聚快、跨区域传导、危害性大等特点；非法集资案件风险持续暴露，犯罪形式变化翻新，隐蔽性高、欺骗性强；非法证券投资咨询活动活跃，交易场所风险持续释放，配资业务伴生涉非活动现象多发；地下钱庄、网络炒汇等犯罪活动依然存在，扰乱了金融市场秩序，对区域金融稳定造成一定的影响。

四、金融基础设施与金融稳定

（一）支付体系

2017年，全省支付体系继续保持平稳运行，支付服务环境不断得到优化。一是支付清算系统安全稳定高效运行。全年全省支付清算系统可用率达到100%，大额支付系统、小额支付系统业务量均居全国第7位，网上支付跨行清算系统业务量居全国第4位。二是农村普惠金融服务点建设取得关键性进展。在全国率先出台《农村普惠金融服务点规范指引》，被全国金标委列为2017年第六批国家级立项金融行业标准，全省54个助农取款点升级改造为普惠金融服务点，提升了农村地区金融服

① 包括紫金矿业、福州福辉、兴业银行、厦门银行。

务水平。三是移动支付便民示范工程建设全面推进。宁德环三都澳“海上移动银行”发展迅速，全年共办理业务 1.43 亿笔、金额 3 368.41 亿元，分别是业务发展之初的 18.83 倍、4.59 倍。福州地铁成为全国首个银联交通行业二维码支付项目，龙岩公交成为全国首例公交车 ODA 应用项目，泉州微笑自行车成为全国首例便民在线租车业务。四是支付领域风险防控取得成效。依法查处无证经营网络支付业务行为，严格账户实名制落实，加强电信网络诈骗犯罪资金流源头治理。2017 年全省电信网络诈骗发案量下降 24.38%，群众损失下降 27.53%。

（二）信用环境

2017 年，全省社会信用体系和社会守信激励、失信惩戒机制建设不断深化，征信服务经济社会发展的作用得到切实的发挥。一是金融信用信息基础数据库稳定运行，征信服务水平进一步提高。截至年末，金融信用信息基础数据库收录全省各类企业及其他组织 42.9 万户，涉及人民币贷款余额 3.1 万亿元，增长 5.5%，企业系统日均查询约 5 万次，增长 5.9%；收录全省自然人 2 613.1 万人，增长 3.1%，个人系统日均查询 18.2 万次，增长 75.2%。应收账款融资服务平台得到进一步推广应用。截至年末，全省完成平台融资金额 591.69 亿元。二是社会信用体系建设工作进一步推进。福州、厦门、莆田继续深入开展国家信用示范城市创建。公共信用信息交换共享应用稳步推进，年末省公共信用信息平台（一期）已汇集 893 万条信息入库，设区市的公共信用信息平台已全部建成。全省守信激励和失信惩戒的联动机制不断健全，依托“福建省征信业务综合平台”，为全省金融机构提供全方位信息共享。

（三）反洗钱

2017 年，福建省继续加大打击洗钱力度，积极推动区域金融生态环境的优化。一是在全国率先从省级层面探索启动典当业反洗钱工作，覆盖全省 233 家典当行；莆田市启动贵金属和珠宝业反洗钱工作，覆盖 535 家珠宝首饰加工企业、254 家珠宝首饰零售商店；三明市启动融资担保行业和小额贷款公司反洗钱工作，覆盖 15 家融资担保公司和小额贷款公司。二是加强高风险领域监管，对全省 2 084家义务机构开展分类评级，加大对违法行为查处力度，对 43 家机构实施反洗钱现场检查，检查发现重点可疑线索 7 条，报案 7 条。严肃查处违法违规行为，对 26 家机构共计处罚人民币 770.6 万元，同比增长 77.3%。三是加大打击洗钱及相关犯罪活动力度，向侦查机关报案 181 条、立案 62 起；开展反洗钱调查 460 次；推动“洗钱罪”立案 10 起、起诉 1 起、宣判 4 起。全省监测发现地下钱庄重点可疑交易线索 115 条，向公安机关报案 77 条，推动立案 17 起，协助破案 10 起。全省监测发现涉税重点可疑交易线索 24 条，向公安机关报案 20 条，推动立案 14 起，协助破案 3 起。

（四）金融司法环境

2017 年福建省金融司法环境进一步优化。福建省人民政府废除了 11 部涉及“放管服”改革的规章，进一步推进简政放权、放管结合、优化服务改革。执行联动机制建设继续推进，省执行联动机制工作领导小组下发《关于做好福建省失信被执行人联合惩戒系统相关事项的通知》，全省已有 74 个市、县（区）建立了本地区失信被执行人联合惩戒平台，有 2 555 家联动参与实施联合惩戒。2013 年以来，全省法院系统共审结非法集资、金融诈骗、走私等经济犯罪案件 17 414 件，金融、借贷案件 696 017 件、标的总额 5 426.11 亿元，强制清算与破产案件 345 件。

（五）金融消费权益保护

2017 年，福建省继续畅通金融消费者投诉咨询渠道，不断完善金融消费权益保护咨询投诉处理机制。全省人民银行系统共受理金融消费者投诉345 件，咨询2 355 件，办结率和满意度均达95%以上。深入开展违法违规金融广告专项治理，探索建立治理金融广告长效机制。构建省级金融教育合作机制，推进金融知识教育纳入国民教育体系试点，提升了金融知识普及的针对性和有效性。截至年末，全省试点学校358 所，受教育学生约11.5 万人次。同时，以服务实体经济、防控金融风险、深化金融改革为主线，全面开展金融安全宣传教育活动，构建金融宣传教育和普法长效机制，参与宣传的金融机构网点达3 100 多个，举办现场宣传6 662 场次，发放宣传材料246 多万份，受众量累计超过349 万人次，为全省金融稳定营造了良好的舆论环境。

五、政策建议

（一）进一步加强金融监管协调，打好防范化解重大金融风险攻坚战

进一步健全和发挥金融监管协调机制的作用，强化金融综合监管，推进金融业综合统计和监管信息共享。把主动防范化解系统性金融风险放在更加重要的位置，加强重点领域金融风险防控，密切关注银行业资产质量、金融机构流动性、房地产金融、互联网金融、金融控股公司、民营企业参股金融、资产管理业务、同业业务、表外业务、影子银行等领域风险。充分发挥存款保险早期干预功能，对金融风险做到早识别、早预警、早发现、早处置，守住不发生系统性金融风险的底线。

（二）加快培育经济增长新动能，努力实现经济高质量发展

深刻把握经济社会主要矛盾的变化，坚持新发展理念，切实贯彻中央关于福建加快发展的重大决策部署，坚持高质量发展与实现赶超有机统一，形成以先进制造业和现代服务业为主体、特色现代农业为基础的现代产业体系。进一步深化供给侧结构性改革，推动经济发展质量变革、效率变革、动力变革。坚持海陆统筹，用好用足中央赋予的先行先试政策。深化开放发展，加快21 世纪海上丝绸之路核心区和自贸试验区建设，深化闽港闽澳经贸合作，以中央对台大政方针为指引，继续深化闽台各领域交流合作。

（三）认真贯彻执行货币政策和宏观审慎政策双支柱调控要求，有效支持实体经济发展

进一步发挥货币政策工具作用，促进特定领域实体的融资成本下降。综合运用常备借贷便利、中期借贷便利等货币政策工具，满足法人金融机构短期流动性需求。运用再贷款、再贴现等工具引导金融机构加大对经济重点领域和薄弱环节的支持力度。进一步支持供给侧结构性改革，充分发挥信贷政策结构引导作用，推动金融机构稳妥退出过剩和落后产能领域贷款，推动经济提质增效和转型升级。

（四）持续深化金融机构改革，构筑金融业发展稳固的基石

持续深化大型商业银行和其他金融企业改革，完善公司治理，形成有效的决策、执行、制衡机

制；推动地方中小法人银行机构加快完善管理体制和经营机制，强化资本配置，提高经营管理水平和风险控制能力。推动证券期货业机构加快业务转型，规范有序开展业务创新，实现差异化、专业化、特色化发展。促进保险机构业务结构优化升级，培育新的业务增长点，拓展服务深度和广度。

（五）进一步完善金融服务体系，营造良好金融生态环境

进一步完善支付体系、反洗钱、金融科技、征信体系等金融基础设施建设，规范对各类新兴金融业态的管理。大力发展普惠金融，加强金融知识普及教育和舆论引导，增强社会公众金融素养和风险识别防范能力，坚决打击非法集资、非法证券期货活动等行为，不断优化全省金融生态环境。

金融稳定分析小组组长：单　强
副 组 长：杨长岩
执　　笔：杨　民　杨　敏　沈理明　林　晖　郑镜辉
江　颖　陈江宁

江西省金融稳定报告摘要

2017年，江西省积极贯彻党的十九大精神，以习近平新时代中国特色社会主义思想为指引，坚持稳中求进工作总基调，统筹做好稳增长、调结构、优生态、惠民生、防风险各项工作，经济发展稳中有进、稳中向好，金融业总体运行平稳，金融稳定基础更加巩固。但不良贷款隐性风险较大、互联网金融和非法集资等领域风险易发等问题需重点关注。

一、区域经济运行与金融稳定

经济增速位居前列，产业结构更加合理。全省生产总值首次突破2万亿元大关，达到20 818.5亿元，增长8.9%。规模以上工业增加值增长9.1%，高于全国2.5个百分点。供给侧结构性改革进展顺利，钢铁、煤炭去产能年度任务全面完成，商品住宅库存平均去化时间下降到5.8个月。城镇新增就业55.8万人、新增转移农村劳动力60万人，分别完成年度计划的123.9%和119.9%；城镇登记失业率3.34%，低于4.5%的控制目标。城镇居民人均可支配收入31 198元，首次跨越3万元台阶，农村居民人均可支配收入13 242元。CPI保持温和上涨，涨幅与上年持平。产业发展更趋协调，第一、第二、第三产业增加值分别增长4.4%、8.3%和10.7%，产业结构由2016年的10.3:47.7:42.0调整为2017年的9.4:47.9:42.7，第一产业增加值占比首次降至10%以下。

需求结构不断优化，消费市场保持活力。全省固定资产投资21 770.4亿元，增长12.3%，高于全国5.1个百分点。其中，民间投资在投资增速趋缓的大环境下仍增长13.0%，比上年提高3.2个百分点。同时，消费市场保持活力。全省社会消费品零售总额7 448.1亿元，增长12.3%，高于全国2.1个百分点。其中，网络消费快速增长，同比增长39.4%，高于限额以上零售额增速25.3个百分点。全省进出口总额3 020.0亿元，增长14.5%，高于全国0.3个百分点。

创新驱动加速发力，新旧动能转换尚需时日。高新技术产业增加值占规模以上工业增加值比重30.9%，同比提高0.8个百分点；高新技术产业、战略性新兴产业增加值分别增长11.1%和11.6%。新增国家级创新人才29位、国家级科技企业孵化器6个、国家级创客空间32个、高新技术企业682家；国家级绿色金融改革创新试验区、“双创”示范基地、通用航空产业综合示范区、“中国制造2025”试点示范城市等成功获批。但产业层次偏低，发展质量仍然不高。全省主营业务收入排名前六位的产业都分布于有色、钢铁等传统领域；新经济总量仍然偏小，短期内难以成为支撑工业增长的主导力量。

质量效益有效提高，财政收支平衡难度较大。全省财政总收入3 447.4亿元，增长9.7%，其中一般公共预算收入同口径增长9.5%；税收收入占财政总收入比重78.8%，同比提高0.4个百分点；规模以上工业利润总额增长18%。全年一般公共预算支出增长11.0%，其中民生支出4 057.9亿元，占支出总量的79.2%，比上年提高1.5个百分点。教育、社会保障和就业、医疗卫生与计划生育支出分别增长10.9%、15.1%和12.5%。财政收支差额比上年拉大411.7亿元。

二、金融业发展与稳定状况

（一）银行业

存款增速稳中趋缓，位次排名保持前列。全省金融机构本外币各项存款余额32 535.69亿元，比年初增加3 430.46亿元，同比少增631.79亿元。存款余额同比增长11.79%，增速排名全国第3位、中部第1位。全年存款增速呈现下降趋势，4月、8月、12月存款出现负增长。全年住户存款同比少增69.6亿元，非金融企业存款同比少增183.8亿元，广义政府存款同比少增150.2亿元。

信贷支持效果明显，投向结构尚需优化。全省金融机构本外币各项贷款余额25 900.44亿元，比年初增加4 053.01亿元，同比多增766.67亿元；贷款余额同比增长18.55%，贷款增速排名全国第2位、中部第1位。重大项目和重点领域信贷支持有力，其中精准扶贫贷款余额1 367.4亿元，同比增加528.6亿元，占同期新增各项贷款的13.04%，同比增速高于全省各项贷款平均增速44.6个百分点；绿色信贷余额超过1 700亿元，信贷增量占各项贷款增量超过7%，高于同期信贷余额占比；“两权”贷款余额突破12亿元，同比增加8.21亿元；“一带一路”融资余额169.63亿元，较上年末增加81.87亿元，同比增长93.29%；涉农和小微企业贷款余额同比分别增长22.8%、23.9%，分别高于同期全省贷款平均水平4.2个和5.3个百分点。但信贷结构仍不合理，房地产等行业信贷资金占比仍然较高，增长速度依旧较快。新增贷款投向房地产比例比上年同期提高7.1个百分点，房地产贷款增速高于全省贷款增速13.6个百分点。制造业和农业贷款占全部贷款比重分别下降1.36个和0.51个百分点。

银行改革持续深入，创新力度继续加大。全省银行业金融机构体系进一步完善，平安银行南昌分行开业，国有大型银行、农村商业银行实现了县域全覆盖，村镇银行县域覆盖率达到91%。江西银行和九江银行启动上市融资步伐。赣江新区绿色金融改革创新试验区建设稳步推进，赣州、吉安创建国家普惠金融改革试验区申报进展顺利，南康等6个县（区）启动县域金融改革试点。市场化债转股破冰，3家银行先后与江西高速集团等3家公司签订285亿元债转股合作框架协议。金融技术和产品创新不断涌现，区块链票链业务全国率先上线，资金互转、APP收款、手机秒贷等互联网产品相继推出，科贷通、税易贷、循环贷等新型产品推向市场。

资产质量趋势向好，风控压力仍然较大。全省银行业不良贷款风险暴露趋势放缓，资产质量向好趋势得到巩固。年末全省银行业金融机构不良贷款率同比下降0.23个百分点，关注类贷款余额占比、逾期90天以上贷款余额与不良贷款比例同比分别下降0.54个、6.7个百分点，低于全国平均水平1.2个、3.17个百分点。但受行业分布、客户结构等因素影响，地区之间、机构之间风险分化进一步加大，风险的隐蔽性、复杂性和传染性在继续上升。批发零售业、制造业和农、林、牧、渔业等传统行业风险仍在暴露，房地产、产能过剩行业、政府类项目及融资平台等领域贷款集中度较高，影响贷款质量的不确定性因素增多。交叉性金融业务拉长融资链条，部分机构资金进入限制性行业。全省法人银行机构公司治理机制整体仍较薄弱，风险管控水平有待提高。随着金融产品及业务日趋复杂，各类风险因素交织传递，流动性、案件等领域风险管控难度加大。

从严监管有效落实，督促机构稳健经营。全年针对金融风险防控工作的监管动作和系列部署密集出台，全面整治金融市场乱象。监管部门部署银行业风险防控排查，重点开展“三三四”系列专项整治活动，督促银行机构加强内控管理，提升经营规范水平，全年下发行政处罚决定书187份，处罚机构84家、人员103人次，处罚案件数、罚款金同比增长3.5倍和4倍。人民银行组织开展银行机构不良贷款风险等八大金融风险专项现场评估，以法人银行机构为主体开展不良贷款核销抽样调查，摸清银行机构风险底数，不断加大风险预警提示和问题整改督促力度，有效促进银行机构实现稳健经营。

（二）证券期货业

市场交易较为清淡，总体规模仍然偏小。全省累计证券成交51 352.68亿元，同比下降3.91%；代理期货成交18 271.84亿元，同比下降8.05%。目前，全省资本市场规模总体偏小的现状仍未改变，全省证券成交额仅占全国的1.42%。省内A股上市公司数量和市值仅分别占全国的1.11%和0.67%，且以钢铁、煤炭、有色等传统制造业企业为主，高科技企业数量存在明显劣势。期货市场累计成交额仅占全国的0.49%；全省新三板挂牌企业数量和资产分别仅占全国的1.37%和1.0%。上述比重与全省GDP占全国2.52%的比重极不相符。

法人机构资本提升，业务创新能力不足。国盛证券增资扩股全面完成，注册资本由20.35亿元增至46.95亿元；中航证券积极配合股东推进增资扩股，议定增资30亿元方案；瑞奇期货注册资本由0.64亿元增至3.46亿元，资本实力行业排名大幅前移。两家法人证券机构监管评级均为B类，其中国盛证券评级为BBB类、中航证券为BB类。但受人才、地域和监管评级等因素限制，全省证券期货机构业务创新能力不足，产品和业务同质化现象明显，业务拓展缺乏特色和规模效应。

市场层次更为健全，融资规模大幅缩减。全省境内上市公司39家，新增3家，融资金额4.69亿元。新三板挂牌企业159家，新增24家，融资金额24.75亿元，同比增长154.63%。“新四板”挂牌展示企业4 665家，登记托管企业222家，累计登记托管股本334.38亿股。全省共210家私募基金管理人在中国证券投资基金业协会备案，同比增加90家；备案基金产品395只，同比增加165只；管理基金1 064.99亿元，同比增加419.78亿元。辖区上市公司、新三板公司、债券发行人共在资本市场实现融资208.95亿元，同比下降49.56%，其中股权融资93.47亿元，同比下降53.56%，主要原因是并购重组监管政策收紧；债券融资103.68亿元，同比下降49.10%，主要原因是市场疲软的大环境影响下，债券发行承销业务缩减；资产支持证券融资11.8亿元，同比增长27.57%。

重要业务外延加快，风险管控难度上升。近来国盛证券和中航证券两家法人证券机构加快重要业务异地经营布局，通过设立全资子公司、另设专营总部等形式将资产管理、投资银行、自营等重要业务向北京、上海和深圳等发达地区转移，进一步拉长了风险管理链条。管理人员由于缺乏面对面沟通，难以对异地项目和人员信息进行实时动态更新，容易导致信息失真和管理失控，出现激励机制扭曲、行业竞争加剧等问题。特别是全面监管、从严监管的大背景对证券机构合规经营、风控信息化程度和风险管理人才素质提出更高要求，合规风险管控压力进一步加剧。

非法活动仍有发生，监管力度不断加大。全省非法证券期货活动仍时有发生，全年发生非法证券投资咨询举报事项同比增加5起，主要涉及私募机构互联网公开宣传销售、以代客操盘、推荐股票提供非法咨询以及非法股票期货配资等违法违规行为。为营造良好发展环境，监管部门依法从严强化监管，严厉打击各类非法证券期货活动。全年对 14 家互联网金融机构进行排查，现场检查上市公司 5 家次，开展各类交易场所、股权众筹领域风险专项整治，推动交易场所“黑名单”向社会公布。共对 25 件举报事项启动核查；办理各类案件数量同比增长 55. 55%，完成协查案件数量同比增长 43. 75%。

（三）保险业

行业实力不断增强，法人机构发展平稳。全省法人公司 1 家，与上年持平；省级产险公司 21 家、省级人身险公司 25 家，同比分别增加 1 家、3 家；资产总额 1 195. 72 亿元，同比增长 7. 40%。保费收入 727. 56 亿元，同比增长 19. 50%。其中，产险公司实现保费收入 235. 34 亿元，同比增长 20. 60%，增速排名全国第 3 位，较上年同期提升 5 位。保险密度 1 584. 31 元/人，同比增加 258. 80 元/人；保险深度 3. 49%，同比上升 0. 18 个百分点。法人公司恒邦财险发展总体平稳，全年实现利润同比增加 5 356 万元；偿付能力充足率 1 024. 1%，同比上升 118. 65 个百分点；资金运用资产市值 230 819 万元，投资综合收益 10 858 万元。市场份额达 2. 20%；保费收入全国排名第 61 位、省内排名第 8 位。

业务结构调整推进，创新产品不断涌现。人身险中个险、期交、健康险等业务比重均有所上升。个险渠道保费收入占比 49. 55%，同比上升 4. 9 个百分点；新单期交保费收入占比 36. 1%，同比上升 6. 7 个百分点；健康险保费收入占比 16. 27%，同比上升 0. 9 个百分点。财产险中非车险保费收入占比 22. 9%，同比上升 4. 2 个百分点。新型保险产品不断涌现，专利权质押贷款保证保险、专利执行保险等知识产权险种相继推出，“返贫责任险”试点在全国率先启动，重点新材料首批次应用保险成功落地，农业大灾保险、“小贷银保通”和长期护理保险试点正式启动，悬赏保险和诉讼财产保全责任保险在全省范围内推行。

支持发展成效明显，保障功能有效发挥。全省保险业全年累计赔付支出 216. 79 亿元，同比增长 4. 80%；累计提供 30. 97 万亿元的风险保障，同比增长 21. 70%。其中，农业保险扩面提标增品，为 506. 1 万农户提供风险保障 941. 5 亿元；出口信用保险帮助 1 200 余家企业减少和降低损失 9 796. 4 万元，支持企业信用保险项下融资约 39. 2 亿元；城乡居民大病保险向 21. 95 万人支付补偿金 7. 59 亿元，建档立卡贫困人口精准扶贫医疗保险已向 33. 62 万人次赔付 5. 0 亿元。“险资入赣”累计达 401. 94 亿元，全年成功落地 203. 54 亿元。

行业监管力度提升，相关风险仍需关注。监管部门严查重处违法违规经营行为，坚决整治市场乱象，规范市场秩序，全年开展商业车险、农业保险、大病保险、中介业务等重点领域现场检查，共对 17 家机构和 24 名责任人员实施行政处罚 70 项次。处理各类保险消费投诉 1 801 件，同比增长 27. 5%，投诉举报案件实现零诉讼；调解案件数量同比增长 34. 1%。但保险领域制度短板和风险隐患仍较明显。退保风险持续加大，全省人身险公司退保金同比增长 69. 10%，退保率超出警戒线 4. 64 个百分点。

三、融资性准金融机构发展与稳定状况

小额贷款公司网贷业务发展迅速，风险总体可控。全省小额贷款公司 185 家，同比减少 26

家，注册资本 251.4 亿元，累计发放贷款 547.6 亿元，同比增长 215.3%。其中网络小额贷款公司 24 家，注册资本 93 亿元，累计发放贷款 365.61 亿元，占全部小额贷款公司贷款的 66.77%。网络小额贷款业务活跃，快速发展势头明显。但小额贷款公司行业风险隐患仍然存在。部分小额贷款公司贷款利率过高、业务流程不审慎等风险隐患逐渐暴露，监管部门已全面介入，行业风险总体可控。

融资性担保公司稳步发展，经营问题时有显现。全省再担保公司 1 家，实收资本 7 亿元；融资担保公司 134 家，实收资本 171.42 亿元，其中法人 133 家；年末在保责任余额、再担保余额分别为 387.46 亿元、5.94 亿元，同比增长 23.28%、6.4 倍。赣州、鹰潭等地担保体系综合改革试点启动，其中赣州金盛源担保公司通过市县资源整合成为全省最大的融资担保公司。整体来看，全省融资担保行业风险基本可控，但少数担保机构代偿率偏高，部分融资担保机构存在公司治理结构不健全，内部风险控制较为简单以及可持续发展能力偏低等问题。

典当行经营规模依旧偏小，同质化竞争较为激烈。全省典当行共 217 户，其中新设 5 户。从已填报数据的 176 户典当行看，单家平均注册资本 1 236 万元，只有全国平均水平的 61.5%，其中，约有 30% 的典当行注册资本在 1 000 万元以下。全年典当总额 28.01 亿元，同比下降 25.88%；105 家典当行实现盈利，其中 1 家利润超过 200 万元，66 家典当行发生经营亏损。典当动产、房地产、财产权利三大业务结构占比分别为 30.12%、59.69%、10.19%，财产权利占比小，房地产典当仍是主要业务，风险较为集中。

其他融资性准金融机构有所发展，相关风险仍需关注。全省融资租赁企业 19 家，其中内资 3 家，外资 16 家，企业总数占全国总数的 0.3%；运作融资租赁项目 142 个，投放资金 54.81 亿元，同比减少 15.18%。商业保理公司 1 家，注册资本 1 亿元，累计完成业务额 3 785 万元。值得关注的是，融资租赁企业在坏账准备金提取等方面难以获得与金融租赁公司同等待遇，对外融资面临较大困难。保理公司资金实力薄弱，全省尚未出台相应支持政策以及管理办法，影响了保理业务开展。此外，由于缺乏统一监管平台，全省要素市场相对混乱，“微盘”交易风险、非法集资风险等隐患仍较明显，风险管控难度加大。

四、金融市场与金融稳定

债券发行大幅下降，债务违约风险加大。全省非金融企业累计发行各类债券 479.10 亿元，同比减少 486 亿元，下降 50.36%。债务融资工具、地方企业债券、上市企业公司债发行量同比分别下降 46.50%、56.82% 和 52.27%。萍乡市汇丰投资公司发行 20 亿元首单绿色企业债券，上饶投资集团境外公开发行无评级不超过 2 亿美元债券。但少数发债企业净利润亏损，可能加大债务违约风险。

债券交易量小幅增长，收益率整体上行。全省债券成交额 16.53 万亿元，同比增长 4.31%，增幅较上年下降 22.26 个百分点，其中质押式回购占比 82.34%，成交量 13.61 万亿元，同比增长 15.56%，加权平均利率上升 0.63 个百分点；买断式回购成交量 0.87 万亿元，同比下降 19.52%，加权平均利率上升 0.68 个百分点；现券交易量 2.05 万亿元，同比下降 30.73%，加权平均利率上升 0.81 个百分点。

同业拆借市场交易活跃，利率呈现上行趋势。随着同业拆借市场准入的放开，同业拆借市场交易活跃，总成交额 2 142.34 亿元，同比增长 105.62%。受市场资金面趋紧及 MPA 考核等因素影响，同业拆借利率呈上行趋势，全年拆借利率加权平均 2.79%，同比上升 30 个基点。

票据业务总量同比下降，贴现利率震荡上行。在流动性管理新政、资管新政和营改增等多重因素叠加下，票据业务总量同比下降，累计签发银行承兑汇票 1 857 亿元，同比下降 17.39%；票据贴现余额 805 亿元，同比下降 74.57%。受全年货币政策和资金市场影响，票据利率整体呈现逐步走高趋势，票据直贴和转贴全年加权利率水平分别为 4.93% 和 4.16%，较上年分别上升 1.78 个、1.17 个百分点。

黄金市场需求疲软，金价延续上涨趋势。全省金融机构各类黄金业务累计成交 116.52 吨，同比下降 7.37%；累计成交金额 321.34 亿元，同比下降 3%，其中黄金租赁和黄金代理是主要的业务品种，成交额市场占比分别为 32.08% 和 23.42%。各类黄金业务交易平均价格 275.77 元/克，同比上涨 4.72%，其中实物黄金涨幅最大，达 8.42%。

跨境收支有所上升，外向压力仍然存在。全省跨境收支和银行结售汇总额同比分别增长 2.8% 和 7.2%，跨境收支净流入大幅增长 67.0%，结售汇净结汇同比增长 2.9 倍，经常项目和资本项目实现双顺差。资金流出压力得到显著缓解，外汇收支状况明显好于全国形势，但全省货物流资金流缺口仍较大，人民币汇率双向波动下企业汇兑损益承压。

五、金融基础设施建设与金融稳定

金融基础设施建设进一步完善。全省“12363”金融消费者投诉咨询热线平稳运行，受理有效投诉 453 件，咨询 949 件，办结投诉 447 件，投诉结案率为 98.67%。普惠金融工作持续推进，全省农村普惠金融服务站创建全面启动。支付体系更趋完善，支付服务市场监管不断加强，组织开展违规微盘交易平台、违规“聚合支付”服务、预付卡违规经营、无证经营支付业务的清理整顿工作。反洗钱监管持续加强，完成 820 家反洗钱义务机构分类评级非现场监管以及 41 个双随机现场检查项目，推动洗钱罪判决 11 起，掩饰、隐瞒犯罪所得罪和转移毒品毒赃罪 8 起，居全国首位。打虚打骗取得丰硕成果，协助查补税款 5.89 亿元。金融 IC 卡和移动金融技术应用领域不断拓展，银行业重要信息系统等级保护工作有序开展。人民币流通环境不断优化，其中反假工作成效明显，公安机关破获假币案件 31 起，同比增长 63.16%，全省各类机构共收缴假币 27.9 万张。国库信息化建设稳步推进，财税库银横向联网业务量迅速增加，全省通过 TIPS 办理收入业务 1 001 万笔、金额合计2 728.96 亿元，TIPS 业务量占国库办理的全部收入业务量比例超过 90%。征信信息安全管理不断加强，农村信用创建工作实现县域全覆盖，累计为省内 5.4 万中小企业、496.3 万农户建立了信用档案，应收账款融资服务平台促成应收账款融资成交金额 768 亿元。

金融稳定长效机制进一步健全，非稳定因素仍需关注。全省金融风险监测预警和处置体系更趋完善，金融风险防控基础更加牢固。全省区域金融稳定协调合作机制正式实施，重点企业金融风险早期识别工作实现在全省范围部署推广，银行业债权人委员会机制有序运行。存款保险风险核查和预警体系进一步完善。首个设区市级应急预案出台实施，妥善应对江西赛维 LDK 公司破产重整风险等突发事件，区域金融风险不断缓释。防范非法集资开展网格化管理试点，大数据非法集资监测预警系统基本建成。但互联网金融、非法集资、舆情管理等领域风险易爆点较为活跃，给区域稳定带来不利影响。

六、总体评估与政策建议

（一）总体评估

2017年江西省经济运行持续平稳，经济总量迈上新台阶，主要经济指标增幅位居全国前列。金融业持续快速健康发展，金融产品日益丰富，金融体系不断完善，金融创新有序推进，金融监管得到改进，金融的普惠性以及人民群众获得感认同感逐步增强，全省金融稳定基础更加夯实，未出现明显突出的风险隐患或事件，守住不发生系统性金融风险底线的能力持续增强。根据《江西省金融稳定状况评价办法》，全省金融稳定综合评价得分同比增加，全省金融状况处于稳定区域。但经济发展新旧动能转换尚需时日，不良贷款隐性风险较大，非法证券活动仍有发生以及影子银行业务、互联网金融和非法集资等领域风险易发等问题需要重点关注。

（二）政策建议

深化供给侧结构性改革，推动经济转型升级。加快构建现代化经济体系，实现更高质量、更可持续发展。全面推进"三去一降一补"措施落地实施，大力实施创新驱动发展和工业强省战略，推动产业迈向价值链中高端，实现传统产业优化升级。深化重点领域市场化改革，促进对内对外双向开放，积极融入"一带一路"和"长江经济带"建设，让"走出去"和"引进来"更好结合。加快推进赣江新区和赣南等原中央苏区发展建设。大力实施乡村振兴战略，推动农业农村全面发展。扎实推进国家生态文明试验区建设，加快打造美丽中国"江西样板"。

严格落实稳健中性货币政策，进一步优化信贷结构。探索货币政策和宏观审慎政策"双支柱"调控框架，综合运用宏观审慎评估等多种货币政策工具组合，保持货币信贷和社会融资规模合理增长。引导金融机构加大对国民经济重点领域和薄弱环节的支持力度，加强对全省中医药、新材料等战略性新兴产业金融服务支持，推动钢铁、铜、陶瓷、食品等传统产业转型升级，大力支持节能减排、污水垃圾处理等生态环保项目，加大扶贫开发、棚户区改造、保障房建设等领域的资金投放。进一步完善绿色金融、普惠金融、精准扶贫和"两权"抵押贷款等工作机制，大力支持赣江新区绿色金融改革创新试验区建设。

推动多层次资本市场发展，大力支持企业融资。支持全省法人证券期货机构通过增资扩股、引入战略投资者等多种形式进一步壮大资本实力。加快全省企业上市融资步伐，积极利用IPO绿色通道推动全省资本市场扶贫政策落地，加快江西联合股权交易中心、江西省产权交易所、赣南金融资产交易中心等区域性股权交易市场发展。积极引导和鼓励上市公司通过增发、配股、发行可转债等多种形式增强再融资能力。支持企业更多利用债务融资工具、企业债、公司债、中小企业私募债、股权众筹、私募基金、风险投资等手段，拓宽企业融资渠道。

加快保险市场发展，提升业务发展质量。推动建立有关改善保险业市场环境的沟通协调联络机制，促进支持保险业发展的政策落地实施。加快保险产品、销售等供给侧改革，推动保险公司开发新产品，提高差异化竞争能力。进一步优化保险业务结构，加快"险资入赣"落地进度。完善保险业市场风险监测排查机制，健全完善多维度满期给付及退保风险监测网。做大做强法人保险机构，在政策、税费和人员保障等方面继续给予支持，不断提升江西品牌和影响力。

加强风险监测预警，防范重点领域风险。深入贯彻落实党的十九大和全国金融工作会议决策部署，将金融风险防控放在更加重要的位置。加大金融风险监测预警力度，加强不良贷款、影子银行业务、房地产、政府债务、保险退保、互联网金融和非法集资等重点领域风险提示和防范处置，不断深化重点企业金融风险早期识别和银行业债权人委员会机制，进一步完善各类金融风险应急预案，守住不发生系统性金融风险的底线，切实维护区域金融稳定。

不断优化金融监管，有效提升监管合力。配合国家推进金融监管体制改革，持续加强和优化金融管理职能，创新监管手段和监管模式，推动提升地方金融监管水平，进一步完善全省金融监管体系，加强金融监管统筹协调，探索运行金融稳定发展协调合作机制，有效形成全省金融监管合力。突出法人金融机构监管重点，强化对银行理财、信托计划、券商资管、保险资管等金融机构资产管理业务穿透式监管，有效整治各类金融市场乱象，坚决打好全省金融风险防控攻坚战。

完善金融基础设施，优化金融生态环境。进一步完善支付、反洗钱、科技、征信等基础设施，规范各类新兴金融业态管理。综合运用资金补助、风险补偿等政策措施，加大对融资性准金融机构财税支持力度。大力发展普惠金融，加强金融知识普及教育和舆论引导，增强社会公众金融素养和风险识别防范能力。坚决整治严重干扰金融市场秩序的广告行为，严厉打击非法集资、非法证券期货活动等行为，优化全省金融生态环境。

总　　纂：陈　锋
统　　稿：杨文悦　刘向东
执　　笔：乐林平　易利华　丁小红　陈　朗
参与写作人员：胡　锐　朱合洪　衷新如　夏春雷　熊晓宇
花象清　肖　忠　熊卫东　汪逸群　贾　健
黄　晖　王晓峰　林　海　陈　源　李慧瑶
杨李娟　黄　昕　欧阳坚　冷　平　蔡　佳
胡　颖　黄　倩　黄春华　徐展峰　魏斯怡
邱艾晨　张丛煌

山东省金融稳定报告摘要

2017 年，山东省金融业认真贯彻落实党中央、国务院和省委省政府各项决策部署，区域金融运行总体平稳。全省社会融资规模平稳增长，贷款余额突破 7 万亿元，居全国第 5 位；实现直接融资 5 367 亿元；保险资金投资余额达到 1 561 亿元。省内首家民营银行开业运营。山东信托在香港联交所主板挂牌上市。经济金融运行中的结构性矛盾和薄弱环节仍然突出，全省经济增速有所下降，以传统重化工业为主导的产业结构和大型企业集团高投资、高负债发展模式，在经济下行背景下面临较大转型升级压力，大企业担保圈风险持续暴露，信贷违约率居高不下。部分中小法人银行经营风险较高。非法集资、金融诈骗、逃废银行债务等违法犯罪行为仍呈多发态势。

一、宏观经济与金融稳定

（一）经济运行基本情况

1. 经济运行稳中有进，产业结构继续优化

2017 年，全省实现地区生产总值 72 678.2 亿元，增长 7.4%，回落 0.2 个百分点。三次产业比例由上年的 7.3:45.4:47.3 调整为 6.7:45.3:48.0，“三二一”结构巩固确立。

2. 三大需求增长平稳，外需改善较为明显

固定资产投资 54 236.0 亿元，增长 7.3%；社会消费品零售总额 33 649.0 亿元，增长 9.8%；进出口总额 17 823.9 亿元，增长 15.2%，高于全国 1.0 个百分点。

3. 新旧动能转换不断加快，企业盈利能力显著提升

新旧动能转换重大工程启动实施，工业技改投资 16 728.6 亿元，增长 14.1%。规模以上工业企业全年实现主营业务收入 142 660.2 亿元，增长 6.8%，利润、利税均有大幅增长。

4. 供给侧结构性改革继续深化，供给质量明显提高

大力化解低端无效产能，完成 175 万吨生铁、527 万吨粗钢、351 万吨煤炭去产能任务，违法违规电解铝项目和“地条钢”清理整顿工作年内完成；年末商品房待售面积减少 22.0%；规模以上工业企业资产负债率 54.6%，同比回落 0.2 个百分点；规模以上工业企业每百元主营业务收入成本同比降低 0.4 元；规模以上工业产品销售率达到 98.9%，同比提高 0.1 个百分点。

5. 财政收支平稳增长，就业形势基本稳定

地方一般公共预算收入增长 6.6%；一般公共预算支出增长 5.2%。城镇新增就业 128.3 万人，增长 6.0%；城镇登记失业率 3.4%，低于 4% 的全年控制目标。

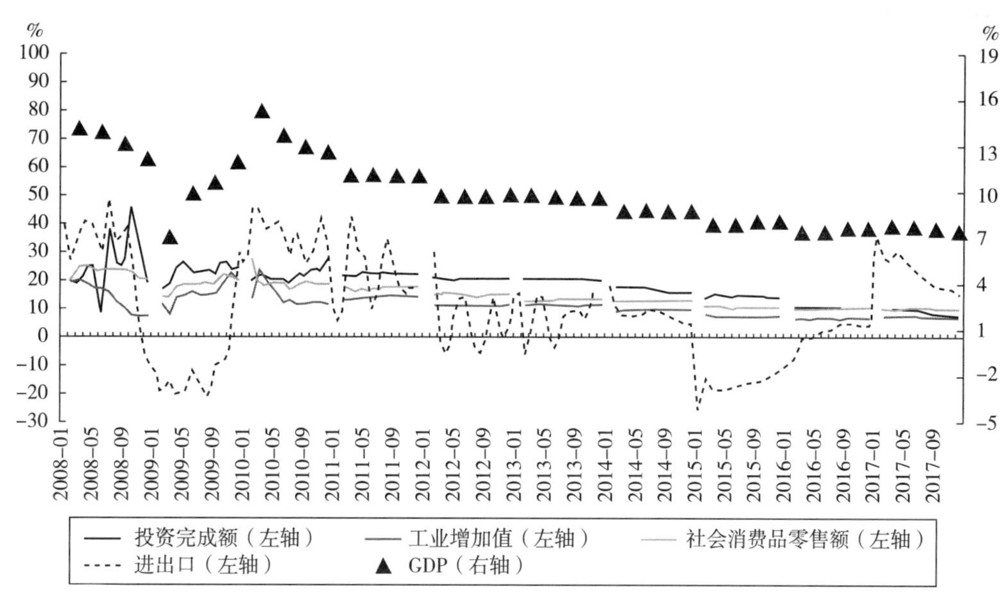

数据来源：山东省统计局。

图 1　2008—2017 年主要经济指标月度增速变动

6. 物价水平总体稳定，居民收入增速回升

全省居民消费价格上涨 1.5%，回落 0.6 个百分点。全省居民人均可支配收入增长 9.1%。其中，城镇居民人均可支配收入增长 8.2%；农村居民人均可支配收入增长 8.3%。

（二）经济运行中存在的突出问题

经济发展内生动力依然不足，受环保督察、化工产业整治与安全生产、重点行业去产能三大政策性因素叠加影响，生产总值增速有所下降。企业投资意愿有所下降，民间投资持续低位，利用外资增长后劲不足。一般公共预算收入面临较大增收压力，土地出让收入大幅增长趋势难以持续，且土地收储融资增加了未来财政支出压力。结构性和摩擦性失业增多，社保欠缴、社保基金收支不平衡等问题依然存在。贸易摩擦依然维持高位，外贸增长仍面临较多不利因素。

（三）经济运行对金融稳定的影响

金融风险呈易发高发态势，防控形势十分严峻，部分领域和地区风险较为突出。在工业企业投资意愿普遍下滑、有效信贷需求不足的同时，金融机构受信用风险上升等因素影响普遍提高了放贷门槛。财政融资新规影响值得关注，金融机构信贷投放行为变化明显。存续民营企业债务融资工具较多，部分续发困难企业的远期违约风险可能上升。

二、金融业与金融稳定

（一）银行业

1. 总体运行状况

（1）资产负债规模平稳增长。截至 2017 年末，全省银行业机构资产总额 114 886.8 亿元，增长

4.4%；负债总额111 078亿元，增长4.3%，增速同比均有所下降。各项存款余额91 018.7亿元，增长6.2%；各项贷款余额70 873.9亿元，增长8.6%。

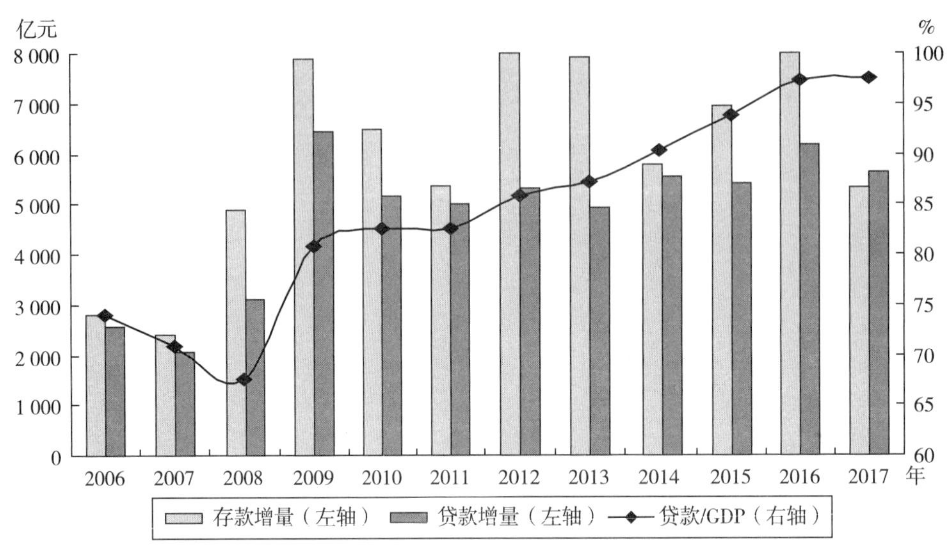

数据来源：中国人民银行济南分行。

图2 2006—2017年山东省存贷款增长状况

（2）地方法人银行机构市场份额保持稳定。资产、负债占比分别为34.09%和32.55%，新增存款和新增贷款市场份额分别为64.32%和33.73%。

（3）银行机构组织体系更加健全。全省国有银行、政策性银行、股份制银行、外资银行二级分行以上机构278家。法人银行业机构281家，其中新设民营银行、村镇银行和金融租赁公司各1家。银行业从业人员24.8万人。

（4）支持实体经济的力度进一步增强。重点行业的资金需求得到有力保障，制造业、批发零售业贷款合计22 770亿元，占各项贷款的33.02%。基础设施建设得到有效推动，电力热力燃气及水的生产和供应业、水利环境和公共设施管理业合计新增贷款1 609.53亿元，同比多增440.44亿元。全省扶贫贷款余额647.5亿元，较年初增加204.7亿元，惠及74.9万贫困人口，全省涉农贷款余额25 819.4亿元，比年初增加1 690.5亿元。

（5）监管有效性不断增强。金融管理部门对银行业金融机构现场检查力度不断加大，治理金融乱象成效初显，银行业务结构向传统业务回归，传统存贷款业务占比明显回升。受理金融消费投诉1 410件、咨询5 767件，商业银行对消保工作重视程度进一步提高、处理工作更加规范。

2. 需要关注的问题

（1）不良贷款连续四年"双升"，信用风险管控形势依然严峻。全省不良贷款余额1 813.2亿元，较年初增加416.1亿元，不良贷款率2.56%，较年初上升0.42个百分点，不良贷款余额和不良贷款率连续四年"双升"。全年贷款质量向下迁徙率高于向上迁徙率1.53个百分点，未来信用风险管控形势仍然严峻。

（2）资本充足状况有所改善，个别农村金融机构风险抵补能力较差。全省法人银行业机构资本净额4 880.85亿元，增加554.73亿元。统算的资本充足率和一级资本充足率分别为13.41%和

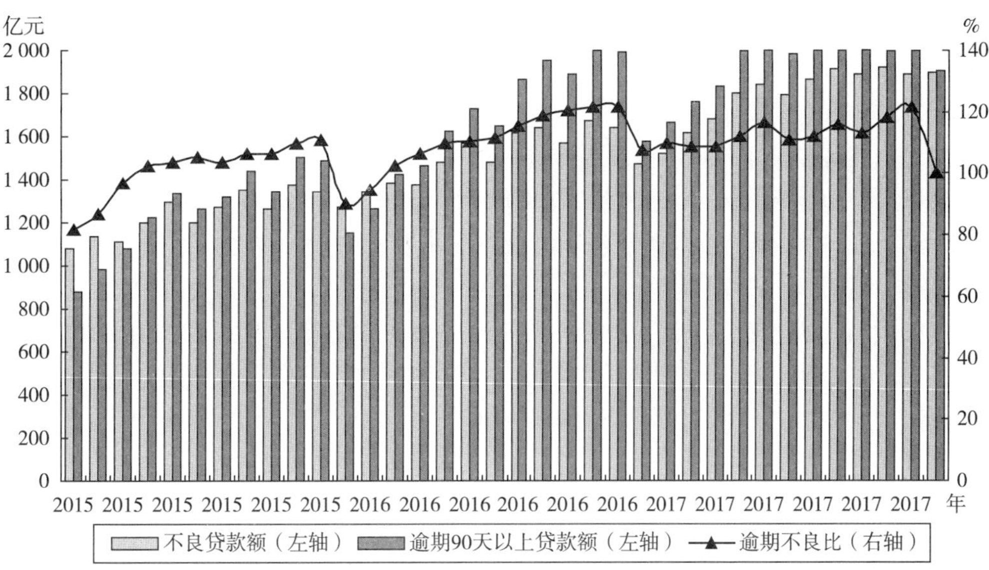

数据来源：中国人民银行济南分行。

图3 2015—2017年山东省银行业逾期及不良情况

10.9%，分别上升0.33个和0.03个百分点，核心一级资本充足率为10.65%，下降0.16个百分点。拨备覆盖率139.88%，下降12.28个百分点。

（3）法人机构流动性状况保持稳定，部分机构风险管理能力亟待提高。全省法人银行业机构统算流动性比例为59.26%，下降1个百分点；核心负债依存度63.77%，上升5.68个百分点；人民币超额备付率4.27%，上升0.65个百分点。

（二）证券期货业

1. 总体发展状况

（1）证券市场运行平稳。2017年，全省证券期货业总资产2 035.24亿元，证券期货分公司和营业部950家，新增89家。2家法人证券公司各项风控指标均远高于预警和监管标准；代理证券总交易额为11.8万亿元，增长0.82%。中泰证券公司新三板推荐挂牌企业67家，累计挂牌523家，行业排名第3位。

（2）上市公司融资规模扩大。2017年，上市公司新增30家，总数达294家。新三板挂牌企业新增118家，总量达636家。全省已登记私募投资基金管理人443家，管理私募基金757只，基金实缴规模1 568亿元。

（3）期货市场建设步伐加快。全省共有期货公司3家，期货分公司13家，期货营业部104家。3家法人期货公司资产总额105.76亿元，增长7.69%；客户保证金余额77.87亿元，增长8.42%；国内三大商品期货交易所累计在全省设立了26个期货品种的90家交割库。

（4）区域股权市场不断壮大。齐鲁股权交易中心挂牌企业达到2 270家，累计帮助企业实现融资350.69亿元。新设山东齐鲁农产品、国商商品、东营新华福岛能源等3家介于现货与期货之间的大宗商品交易市场，总量达到11家，实现交易额2 451.7亿元，同比增加1 267.4亿元。

2. 需要关注的问题

（1）上市公司产业结构不合理，市场竞争力不高。截至2017年第三季度末，上市公司净资产收益率为8.30%，低于全国平均水平0.15个百分点，28家上市公司营业收入低于上年同期，5家下滑幅度超过50%，14家上市公司出现亏损，累计亏损额17.31亿元，宝莫股份、山东地矿、新能泰山等面临特别风险提示，山东墨龙被山东证监局立案调查。

（2）法人券商业务发展不均衡，业务竞争力需进一步提升。2家法人券商经纪业务佣金收入占总收入的比重分别为51%和44%，均大幅高于全国平均水平。投行业务发展仍然滞后，中泰证券公司全年完成股票主承销15家，债券主承销135家，行业排名仅位列第23位和第17位；中信证券（山东）公司承销和资管收入仍然为零。

（3）证券机构新兴业务增速下滑。2家法人证券公司A股股票业务托管市值、成交金额分别为8 154.36亿元、65 821.11亿元，分别增长7.28%、下降13.75%。全年融资融券业务累计对客户授信297.48万笔，同比减少36.30万笔，下降10.76%。

（4）私募和债券市场风险显现。根据山东证监局债券违约企业的信息渠道，2017年共收到违约提示函9件。年内山东证监局对12家债券发行人实施现场检查，对3家债券发行人下发警示函。

（三）保险业

1. 总体发展状况

（1）保险市场规模不断增长。年末，全省共有法人保险公司5家，省级分公司以上保险主体94家，保险公司分支机构6 900家。全省保险业总资产5 298.1亿元，全年实现保费收入2 738.1亿元，居全国第3位，同比增长18.9%。财产险公司保费收入增长11.8%，寿险公司保费收入增长21.8%。

（2）各项业务结构继续改善。寿险业务转型取得实效，普通寿险对保费增长的贡献率50%以上。保证保险、健康保险、意外险、责任保险等非车险继续保持较快增速，分别增长66.7%、28.4%、27.4%和18.3%。农业保险实现保费23.6亿元，增长18.5%。

（3）服务经济社会发展能力增强。全年责任保险赔付13.18亿元，同比增长27.66%。保险业为全省（不含青岛）117万户、234万建档立卡贫困户提供12 046亿元的风险保障，共支付赔款3.51亿元。大病保险实现居民和职工全覆盖。保险资金投资山东累计达到1 560亿元。

2. 需要关注的问题

（1）商车改革以来车险行业经营压力加大，保险公司的费率一路走低，利润空间缩小，赔付率明显上升。个别适应能力不强的中小公司经营将更加困难。

（2）赔款给付和退保压力仍然较大。全省保险业赔付支出共计831.3亿元，同比增长5.7%。全省寿险累计退保396.8亿元，同比增长37.5%，增幅较上年提高25.6个百分点。

（3）外部风险向保险业传递增多。受利率环境影响，部分投资型寿险的回报水平降低，如处置不当，潜在集中退保、群体事件和流动性风险。与经济关联度较高的企财险、工程险呈低迷态势，信用保证保险风险较大。年末，企财险下降2.1%，工程险下降15.5%。

（4）保险机构经营管理风险突出。全年山东保监局共对34家机构和59名个人实施行政处罚，罚款金额同比增长21.15%。

（5）区域保险业发展水平有待提升。2017年全省保费规模居全国第三位，但保险深度3.77%，低于全国0.66个百分点。省内保险法人机构规模偏小，保险业资源聚集和辐射能力不强。

（四）金融业综合经营

1. 金融控股公司

（1）总体发展状况。截至2017年末，山东省有2家由人民银行总行认定的金融控股公司，分别为山东省国际信托有限公司（简称山东信托）和莱芜钢铁集团有限公司（简称莱钢集团）。山东信托控股泰信基金，参股7家金融机构；莱钢集团控股中泰证券，参股2家金融机构。2017年，两家公司总体运行平稳，山东信托资产规模同比增长49.05%，净利润同比下降29.27%；莱钢集团主营业务收入同比增长30.4%，净利润同比增长194.43%。

（2）需关注的问题。一是山东信托盈利能力持续下降，伴随着未来资管新规的出台，信托业面临更大的改革转型及产品创新压力。二是环保限产及生产成本波动给莱钢集团带来经营风险，集团负债规模相对较高，财务管理压力较大。

2. 交叉性金融业务

（1）整体发展情况。2017年，金融机构理财产品销售、代理类业务持续增长。一是银行理财产品销售额快速增长。全省银行机构发行及代销理财产品累计募集资金增长31.89%，手续费收入增长20.98%。二是同业投资规模基本稳定。标准化资产投资占比为58.26%；非标资产中，信贷类资产和债券类资产投资占比分别达到42.29%和31.65%。三是代理类业务持续增长，其中信托产品和基金产品增长迅速，增幅分别达197.85%和156%。四是法人机构同业资产有所下降，同业负债小幅增长。融资性同业资产同比下降18.41%，同业负债同比增长2.52%。

（2）需关注的问题。一是理财业务潜在风险隐患。目前实体经济领域风险不断暴露，理财产品基础资产违约事件时有发生。部分银行理财产品在投资过程中无信息披露，存在合规问题。二是部分银行资金借道非标业务，投向房地产行业、“两高一剩”行业，弱化宏观调控效果。三是委外业务底层资产管理不到位。委托方易忽视对底层资产的及时分析，特别是结构复杂、层层嵌套的产品，底层资产模糊化，委托方不掌握底层资产清单，易形成实际风险。四是银保合作中纠纷处理机制不健全，保险产品代销领域投诉问题集中，投诉比例与销售比例明显不匹配。

三、金融市场与金融稳定

（一）货币市场与债券市场运行平稳

2017年，全省共有189家市场成员和非法人投资主体参与货币市场和债券市场交易，比上年增加23家。全年，市场流动性总体偏紧，加之监管层面一系列文件新规的出台，市场交易活跃度下降、交易量减少。全省全年二级市场总成交量为49.8万亿元，同比减少6.1万亿元。货币市场和债券市场日均融入资金1 182.2亿元，日均净融入资金364.3亿元。

（二）票据业务签发规模持续下滑

受市场资金面紧张和票据贴现持续收缩的影响，票据签发规模持续下滑。2017年12月末，山东省金融机构银行承兑汇票签发余额10 071.89亿元，同比减少1 541.89亿元。票据市场利率高位震荡，票据价格水平比2016年整体大幅上涨150个基点以上。总体来看，上半年价格呈走高趋势，下半年前半段价格有所下降，后半段又继续回升。

（三）债务融资工具发行量同比下降

2017 年，受市场流动性和风险因素影响，山东省债务融资工具发行规模同比下降，发行成本仍处高位，部分潜在风险事件的发生增加了省内民营和低评级企业的发行难度和发行成本。2017 年，全省共发行债务融资工具 258 单，同比减少 68 单；融资 2 613. 75 亿元，同比减少 512. 05 亿元，融资额排名居全国第 4 位。截至 2017 年末，全省存续期内债务融资工具 431 单，余额 4 324 亿元。

（四）黄金市场交易量同比减少

截至 2017 年末，山东省共有 12 家上海黄金交易所会员企业，其中综合类会员 11 家，金融类会员 1 家。2017 年，全部会员总成交量同比减少 1 117. 6 吨，下降 25. 1%。全年金矿开采产量增加，8 家重点监测企业开采金矿较上年同期增加 20. 61 万吨，增长 1. 2%。

四、金融服务与金融稳定

（一）金融法治环境不断优化

金融管理部门新制定或修订了多部与金融业和金融基础设施相关的重要制度性文件，规范了债券市场互联互通合作、政策性商业银行监管、期货公司风险监管指标管理、保险业行政处罚程序等方面的业务。人民银行济南分行充分发挥辖区金融消费权益保护协会体系和多元化纠纷解决机制等工作机制的作用，稳步推进金融消费者权益保护工作，共受理金融消费投诉 1 410 件，咨询5 767件。

（二）有效促进存款保险履职工作

2017 年末，山东省共有地方法人投保机构 251 家，投保机构家数居全国第一位。人民银行济南分行扎实做好存款保险现场评级工作，稳步推进风险差别费率管理，顺利完成全省投保机构的保费归集，认真做好投保机构风险监测、现场核查、早期纠正等工作，推动投保机构风险早发现特别是问题投保机构有效处置，充分发挥了存款保险维护金融稳定的平台作用。

（三）支付体系建设持续深入

进一步完善支付结算制度体系，有针对性地加强支付结算服务，更好地发挥了对精准扶贫、精准脱贫的基础支撑作用。2017 年，山东省大、小额支付系统处理业务笔数同比分别增长 16. 1% 和 3. 7%；金额同比分别增长 3. 1% 和 19. 3%。非现金支付工具应用领域和使用量持续扩大，全年累计办理票据、银行卡等非现金支付业务同比分别增长 35. 9% 和 2. 1%。银行卡业务保持较快增长态势。截至 2017 年末，全省银行卡在用发卡量 5. 0 亿张，人均持卡 5 张。

（四）信用体系建设深入推进

截至 2017 年末，企业征信系统共为山东省 70. 65 万户企业和其他组织建立了信用档案，个人征信系统为6 096.55万自然人建立了信用档案。全面建成地市级小微和农村征信数据库并全省联网运行，基本实现对有信贷需求的小微主体全覆盖。规范推进中小机构接入征信系统，指导中小机构全面实现征信数据质量达标要求。引导征信市场规范有序发展，2017年，征信机构推出了贷前调查、信用监控、客户筛选等特色产品，征信服务水平不断提高。

（五）反洗钱工作力度不断加大

反洗钱监管部门继续贯彻落实风险为本监管理念，充分发挥现场检查对义务机构履职的促进作用。2017年，共对92家县级以上金融机构开展了现场检查，依法依规对32家金融机构进行了处罚。反洗钱监测与协调机制有效运行，人民银行济南分行与山东保监局签署反洗钱监管合作备忘录，构建保险业联合监管机制；加强与公检法等部门的沟通协作，联合山东省公安厅、山东银监局、青岛银监局建立完善非法资金监测预警机制。全年共立项开展行政调查35个，实施调查422次，涉及金额1 627.8亿元。

（六）货币流通管理水平不断提升

坚持以强化“四票”管理为主线，以改善现金服务为中心，以加强农村地区现金管理为突破口，不断优化全省现金流通环境。流通人民币整洁度平均水平达93.7%。推进反假货币宣传重心“线下向线上，城市向农村”转变，引导涉农金融机构利用农村营业网点、助农取款点开展面向农村地区的反假货币知识和人民币知识普及。强化反假货币联动机制建设，构建完善反假货币综合治理长效机制，促进完善政府、政法、宣传、金融“四位一体”反假货币工作机制。全年收缴假币总额同比下降70.4%。

（七）金融知识宣传培训和投资者风险教育成效显著

人民银行济南分行积极开展金融支持全省新旧动能转换专题宣传，组织新华社山东分社等多家省级媒体赴淄博、临沂开展金融支持新旧动能转换、金融精准扶贫专题采访。组织开展了2017年山东省征信和反洗钱专业劳动竞赛，充分调动了辖区征信和反洗钱从业人员学习法律法规的积极性。组织全省开展“信用信息安全宣传教育专项行动”，提高了征信从业人员的法制意识和红线意识。

五、总体评估与政策建议

按照统一的层次分析模型和权重，对山东金融稳定状况定量评估显示：2017年综合评分74.99分，比上年上升0.03分。具体分析：一是金融业回归本源，有力支持了实体经济发展。全省社会融资规模同比多增，产业结构继续优化，三大需求增长平稳，定量评估中宏观经济得分较上年上升1.31分。二是全年集中处置了一批风险点，金融风险总体可控。山东省组建风险处置工作专班，防范化解金融风险的工作机制进一步健全。进一步加强存款保险、支付结算、反洗钱、外汇管理等领域监管力度，深入开展证券期货机构和上市公司风险排查，针对农业保险、大病保险、中介机构等开展专项检查，对担保圈、企业债券、非法集资等重要风险点，实行工作台账“销号”管理。区域金融风险防控化解工作成效明显，有效维护了辖区金融稳定。三是金融风险形势依然严峻，金融风险防控难度加大。受实体经济风险传导渗透影响，银行业信用风险形势较为严峻，资本充足水平、资产利润率等指标持续下降，定量评估得分下降0.76分。证券期货业机构新兴业务有所萎缩，部分上市公司违法违规问题突出，债券违约形势严峻，得分下降0.31分。保险业风险管控难度增大，车险竞争激烈，寿险给付和退保压力持续上升，得分下降0.38分。

2018年，全省金融业面临的风险防范与化解形势依然复杂。从有利因素看，辖区宏观经济有企稳向好迹象，国务院批复《山东新旧动能转换综合试验区建设总体方案》，为金融业加快转型发展带来新空间和新机遇。但当前全省新旧动能转换还处于初期，经济持续回升的基础仍不牢固。实体经济运行中的各种矛盾和压力仍持续向金融业传导，不良贷款较快暴露的趋势仍将持续。妥善应对当前面临的困难和问题，应继续以习近平新时代中国特色社会主义思想为指引，深入贯彻党的十九大、中央经济工作会议、全国金融工作会议精神和省委、省政府有关决策部署，积极推进金融领域各项改革，坚决打好防范化解重大金融风险攻坚战，牢牢守住不发生系统性金融风险的底线。

努力防范化解重点领域风险。充分发挥政府主导作用，积极稳妥化解大企业担保圈风险，因企施策，因地制宜，探索形成一套成熟的、权责明确的金融风险处置法律框架和工作机制，增强风险处置成效。

认真贯彻稳健中性货币政策，落实货币政策和宏观审慎政策双支柱调控框架，综合运用多种货币政策工具，加强对金融机构宏观审慎管理，把支持新旧动能转换重大工程作为优化信贷结构的总抓手，促进全省社会融资规模与贷款合理增长，为化解风险创造稳定环境。

强化对法人银行机构的金融安全网建设。坚持金融风险监测全覆盖，深入推进央行金融机构评级与宏观审慎评估，引导法人银行加强自我约束。扎实做好存款保险制度实施各项工作，强化存款保险的早期纠正功能，发挥好存款保险制度金融安全网作用。

稳步推进区域重点金融改革创新。围绕新旧动能转换重大工程，组织开展银企对接，保障新旧动能转换重点领域合理金融需求。深入推进普惠金融发展，推广社会效应债券，支持绿色金融发展。深入推进农村商业银行改革，支持民营银行创新发展，推动青岛财富管理金融综合改革试验区建设取得更大突破。

大力改善区域金融生态环境。严厉打击逃废金融债务行为，为金融机构依法清收处置不良贷款提供良好的法治环境。大力推进社会信用体系建设。加强对金融风险防控工作的舆论引导，防止恶意炒作，维护市场信心。

总　纂：董龙训
统　稿：苑治亭　徐迎军
执　笔：于明星　孔　哲　林　毅　王　冠　张　宁
孙　毅　凌　云　孙艳云　袁　征

河南省金融稳定报告摘要

2017年，河南省以习近平新时代中国特色社会主义经济思想为指导，贯彻新发展理念，深入推进供给侧结构性改革。全省经济运行总体平稳、稳中向好，转型升级取得积极进展，新旧动能接续转换，为全省金融稳定奠定了基础。河南省“一行三局”及地方政府金融监管部门把防控金融风险放在更加重要位置，强化金融监管，全年全省金融运行总体平稳，金融风险总体可控，贷款保持高位增长，银行体系运行稳定；多层次资本市场建设加快推进，服务实体经济能力进一步增强；保险市场较快发展，服务能力持续提升；金融市场稳健发展，金融基础设施建设步伐加快；全省金融稳定性进一步增强。但全省经济金融运行中仍然存在一些风险隐患和风险因素。

一、宏观经济与金融稳定

（一）经济运行基本情况

1. 经济增长平稳向好，转型升级取得积极进展

2017年，河南省生产总值44 988.16亿元，同比增长7.8%，增速高于全国平均水平0.9个百分点；人均生产总值47 130元，同比增长7.4%。三次产业结构优化调整为9.6:47.7:42.7，第一产业比重首次降至个位数，第三产业对GDP增长的贡献率达到48.4%，拉动GDP增长3.8个百分点，高于第二产业拉动0.2个百分点。常住人口城镇化率50.16%，同比提高1.66个百分点。

2. 农业生产总体稳定，工业生产平稳增长

2017年，河南省粮食总产量1 194.64亿斤，同比增产5.38亿斤，为历史第二高年份。全年全省规模以上工业增加值同比增长8%，高于全国水平1.4个百分点；五大主导产业、四大新兴产业、高新技术产业呈现快速增长态势，全年增速分别为12.1%、11.8%、16.8%。全省规模以上工业企业利润总额增长8.5%，同比提高2.1个百分点。

3. 固定资产投资增速基本平稳，消费升级态势明显

2017年，河南省固定资产投资增长10.4%，增速高于全国水平3.2个百分点。其中：基础设施投资同比增长30.4%，较上年提高1.4个百分点；房地产开发投资同比增长14.7%，高于全国水平7.7个百分点，较上年回落13.5个百分点；工业投资同比增长3.5%，较上年回落5.4个百分点。全年全省社会消费品零售总额同比增长11.6%，高出全国水平1.4个百分点。新业态消费蓬勃发展，全年全省电子商务交易额增长24.9%；网上零售额增长51.5%；消费升级类商品较快增长，全年电子出版物及音像制品类零售额增长28.2%。

4. 进出口形势较好，开放水平不断提升

2017年，河南省货物进出口总值5 232.8亿元，同比增长10.9%，增速较上年提高8.3个百分

点，总量稳居全国第十位，中西部第一位。全年对外开放进一步扩大，全省深度融入“一带一路”建设，郑州、洛阳成为重要节点城市，河南自贸试验区建设成效显著，郑欧班列运营综合指标居中欧班列领先水平，郑州跨境贸易电子商务服务试点综合指标居全国试点城市首位。

5. 财政收入持续增长，民生支出有效保障

2017 年，河南省一般公共预算收入 3 396. 97 亿元，同比增长 10. 4%，增速较上年提高 2. 4 个百分点，税收收入占一般公共预算收入的比重为 68. 6%，同比提高 1. 8 个百分点。全省一般公共预算支出 8 224. 66 亿元，同比增长 9. 8%，增速较上年提高 0. 4 个百分点，财政民生支出占一般公共预算支出的比重为 77. 7%，教育、医疗等各项民生政策得到较好保障。

6. 居民收入较快增长，物价水平温和上涨

2017 年，河南省居民人均可支配收入 20 170 元，同比增长 9. 4%，增速较上年提高 1. 7 个百分点，高于 GDP 增速 1. 6 个百分点。其中，城镇、农村居民人均可支配收入同比分别增长 8. 5%、8. 7%，增速较上年分别提高 2 个、0. 9 个百分点。全年全省居民消费价格指数同比上涨 1. 4%，涨幅同比回落 0. 5 个百分点。全年工业生产者出厂价格指数、购进价格指数在能源原材料价格大幅上升带动下保持在高位，同比分别上涨 6. 8%、7. 3%。

7. 供给侧结构性改革深入推进，新动能较快增长

2017 年，河南省煤炭行业去产能任务提前完成，22 家“地条钢”企业全部拆除到位。12 月末全省商品房待售面积下降 16. 2%，其中商品住宅下降 21. 1%。企业负债率持续下降，环境治理初见成效。短板领域投资快速增长，生态保护和环境治理业、互联网和相关服务业、公共设施管理业投资分别增长 78. 3%、67. 1%、34. 7%。全年全省高新技术产业增加值、战略性新兴产业分别增长 16. 8%、12. 1%；工业机器人产量、锂离子电池产量、太阳能电池、新能源汽车分别增长 19. 1%、229. 4%、84. 3%、17. 1%。

（二）经济运行中需要关注的问题

1. 经济发展不平衡不充分问题仍较突出

一是结构性矛盾仍然突出。河南省第一产业、第二产业占比过高、第三产业占比偏低问题依然存在，其中：第一产业、第二产业占比分别高于全国平均水平 1. 7 个、7. 2 个百分点，第三产业占比低于全国平均水平 8. 9 个百分点。二是科技创新能力有待提高，新旧动能接续转换有待加速。全年全省研究开发费用投入强度不到全国平均水平的 60%，科技创新能力短板突出。全省规模以上工业中战略性新兴产业占比只有 12. 2%，传统产业占比高达 44. 2%，新旧动能转换较慢，经济增长还是以传统产业为主。三是民生领域还存在一些短板。全省脱贫攻坚任务艰巨，教育、医疗卫生、养老等民生领域面临难题较多，城乡居民收入偏低，公共服务水平有待进一步提升。

2. 地方政府债务风险隐患需高度关注

由于多数基础设施项目由地方政府主导，由平台类公司等参与承建，在获取银行贷款、信托资金、发债等方面具有很大的优势，导致信贷资金向该领域过度集中，潜在的风险隐患不容忽视。2015—2017 年，全省基础设施行业、租赁和商务服务业（主要是平台类公司）新增贷款合计占全部行业贷款增量的比重依次为 27. 6%、34. 1%、41. 9%，呈现持续升高态势，信贷资金向该领域高度集中。另外，局部地区政府债务规模偏大，隐性债务底数也需要进一步摸清，存在的风险隐患需要关注。

（三）经济运行对金融稳定的影响

2017年，河南省经济运行总体平稳、稳中有进、稳中提质，呈现向好发展态势，为全省金融稳定运行创造了良好的外部环境。但河南省也存在结构性矛盾突出、增长动力不足、风险隐患增多等问题，加大了维护金融稳定的压力，需引起高度关注，应着力在推动全省经济高质量发展过程中切实维护好金融稳定。

二、银行业与金融稳定

（一）总体发展情况

1. 机构实力持续增强，信贷结构逐步优化

目前全省银行业金融机构门类基本齐全，2017年末，全省政策性银行、大型商业银行、股份制商业银行、外资银行、资产管理公司、财务公司等省级分支机构30家、地方法人银行业金融机构238家（包括城商行5家、省联社1家、农商行77家、县域农信社62家、村镇银行79家、农村资金互助社3家、信托投资公司2家、消费金融公司1家、财务公司6家、金融租赁公司2家），全省银行业机构网点13 071个，当年新增营业网点89个，全年新设村镇银行2家，中原银行成功在港交所上市，金融服务体系进一步完善。2017年末，河南省银行业资产总额、负债总额分别为75 966.61亿元、73 033.26亿元，同比分别增长9.14%、8.85%。资产结构中传统信贷业务占比提高，贷款占比56.05%，同比上升2.65个百分点；表内投资、同业资产（含同业存单）同比分别增长12.82%、8.29%，增速同比分别下降40.17个、28.23个百分点。

2. 存款保持平稳增长，贷款保持高位增长

2017年末，河南省银行业金融机构本外币存款、贷款余额分别为60 037.60亿元、42 546.79亿元，同比分别增长9.20%、14.6%，增速分别高于全国平均水平0.4个、2.5个百分点，存、贷款余额均排在全国第9位，其中贷款排名上升2位。薄弱领域贷款增长加快，全省小微企业、涉农贷款余额同比分别增长19.4%、11.6%，增速同比分别提高9.3个、1.2个百分点；全省金融精准扶贫贷款余额同比增长71%。全年全省社会融资增量6 801.7亿元，居中部六省第3位。

3. 不良贷款实现双降，账面盈利低速增长

2017年末，河南省银行业金融机构不良贷款余额较年初减少86.69亿元；不良贷款率较年初下降0.57个百分点。其中，农信社改制农商行工作稳步推进，农信社系统（含农商行）不良率较年初大幅下降3.42个百分点。全年全省银行业机构累计实现盈利686.25亿元，增长2.65%，增速同比上升5.83个百分点。

4. 金融机构改革有序推进，兰考普惠金融改革试验区建设取得初步成效

2017年，河南省有序推进政策性和开发性金融机构、大型商业银行、地方法人银行机构改革工作，推动农业银行“三农金融事业部”改革工作。2017年末，农信社组建农商行三年行动计划基本完成，挂牌和批筹的农商银行接近百家，省联社改革步伐进一步加快。兰考普惠金融改革试验区探索形成了“以数字普惠金融为核心，以金融服务、普惠授信、信用建设、风险防控为基本内容”的“一平台四体系”普惠金融落地模式；2017年末，兰考县金融机构人民币存、贷款余额同比分别增

长 18.8%、27.9%，分别高于全省增速 9.4 个、13.5 个百分点；兰考县普惠金融指数在全省各县中居首位。

5. 存款保险工作扎实推进，早期纠正工作积极探索

2017 年，河南省继续扎实做好存款保险制度实施各项工作，创新建立和持续完善多项存款保险基础工作制度，认真做好保费归集，主动拓宽存款保险核查覆盖面，加大现场核查力度，深入开展存款保险宣传。探索开展早期纠正工作，对早期纠正内容、开展形式以及制度创新等方面进行积极探讨，在全国率先制定早期纠正实施办法，推动部分投保机构化解风险。

6. 从严监管有效落实，银行体系运行稳定

2017 年，全省认真做好金融风险防控工作，加强银行体系风险的监测、评估和重点领域风险排查，加大县域维护金融稳定工作力度，完善风险应对和处置机制，推动银行业金融机构稳健经营。强化银行业监管，坚决整治各类金融违法违规行为，重点开展“三三四十”专项整治活动，加大整治银行业市场乱象力度，保证了银行体系的稳健运行。

（二）需要关注的问题

1. 信用风险防控仍需高度关注

2017 年末，河南省银行业金融机构账面不良贷款率高于全国；信用风险先行指标逐步攀升，全省关注类贷款率较上年上升；部分区域担保圈风险形势复杂，全省银行业涉及担保圈不良贷款率明显高于各项贷款不良贷款率，信用风险防控压力依然较大。

2. 流动性风险防控压力加大

2017 年以来，受利率市场化深入推进、互联网金融发展、房地产首付比例提高等因素影响，河南省银行存款流失严重，银行业负债端承压加大。全年全省住户存款、非金融企业存款、非银行业金融机构存款增速同比分别回落 3.2 个、5.3 个、17.9 个百分点。另外，部分法人机构流动性比例出现下降，个别法人机构存款波动性较大，资金期限错配严重，存在短期流动性风险隐患。

3. 影子银行风险隐患仍需警惕

影子银行业务往往具有跨市场、跨行业等特征，部分存在多层嵌套、交易链条长、结构复杂、底层资产不明、资金流向不清等问题，容易隐匿风险。监管部门在案件核查及现场检查中发现，辖内机构不同程度存在同业业务机制不健全、利用同业和理财业务监管套利、违规接受第三方担保、资金投放不合规等问题，需要引起高度重视并依法重点整治。部分机构理财产品存在滚动发行、短发长投、期限错配等问题，潜在风险隐患不容忽视。

4. 银行机构声誉风险防范不能放松

在当前经济下行、社会经济环境复杂、非法集资问题暴露、金融生态环境劣化、银行涉案事件多发的环境和形势下，银行机构声誉风险隐患增多。比如，2017 年，监管部门收到的信访件也比上年增加较多，其中与贷款有关的问题和纠纷占大多数。加之互联网时代，信息发酵传播加快，银行机构在日常经营和提供金融服务过程中，因内部管理不善、服务不到位、对来自客户和社会各方面的诉求处置不妥当等造成的负面信息容易快速引发连锁反应，造成不良后果，引发声誉风险。因此，当前形势下，对银行机构声誉风险防范问题应予高度重视。

三、证券期货业与金融稳定

（一）总体发展情况

1. 市场主体持续增多，多层次资本市场建设加快推进

2017年末，河南省共有境内上市公司78家，新增4家。其中：主板公司40家，新增2家；中小板公司25家，新增1家；创业板公司13家，新增1家。另有7家企业IPO在审，31家企业在辅导。全省新三板挂牌公司378家，新增50家。中原股权交易中心挂牌展示企业2 395家，新增1 354家。境外上市公司38家，新增4家。2017年末，A股上市公司流通股市价总值7 307.38亿元，同比增长10.85%。

2. 直接融资渠道更加丰富，服务实体经济能力进一步增强

2017年，河南省企业累计通过境内资本市场实现融资718.85亿元。其中，IPO融资40.14亿元，上市公司股权再融资342.68亿元，上市公司债券融资63亿元，新三板挂牌公司通过定向增发实现融资33.09亿元，非上市公司发行公司债实现融资172.5亿元，资产证券化融资25.28亿元，证券公司发行次级债融资25亿元，中原股权交易中心挂牌及展示企业实现融资17.16亿元。

3. 证券期货基金机构综合竞争力显著提升，金融服务覆盖面持续扩大

2017年末，河南省共有已开业证券期货经营机构475家，全年新增证券期货分支机构65家。全省私募基金管理人107家，同比增长36家；管理基金164只，同比增长73只；管理资金规模433.50亿元。中原证券在上交所主板上市，募集资金28亿元；华信期货注册资本增至18.30亿元，居全国第二位，净资产和净资本居全国第一位；中原期货申请在新三板市场挂牌。

4. 监管执法与风险防范并举，证券市场运行平稳

一是依法全面从严监管，强化稽查执法，严厉打击非法证券期货活动，做好交易场所清理整顿工作。2017年，共计下发行政监管措施15份；办理稽查案件25件，同比增加47.05%；下发行政处罚决定书3份，罚没款同比增加14%；配合有权机关出具涉非案件认证意见26份，移交或移送涉非线索6件；会同相关部门对122家交易场所进行处置。二是加强风险防控，稳妥处置市场风险。加强监管和风险防控协作，及时化解1家公司债券发行人兑付危机，风险防控能力不断提升，证券市场稳健发展。

（二）需要关注的问题

1. 上市公司数量较少、增速缓慢，部分公司风险增加

2017年末，河南省境内上市公司共计78家，居全国第12位、中部六省第4位，数量仅相当于广东省的13.66%。全年全省新增4家，新增量居全国第12位、中部六省第3位，较广东省少94家，资本市场发展水平与经济发展水平不匹配。全省上市公司中煤炭、钢铁、有色和传统制造业等行业占比较大，转型升级、去产能和环保压力较大，经营风险增大；部分上市公司股权之争、控股股东高比例股权质押等问题时有发生，规范运作风险增大；少数新三版挂牌公司因信息披露不及时被强制摘牌。

2. 证券期货基金经营机构内部管理亟须强化，监管难度加大

证券期货基金分支机构合规意识和管理水平参差不齐，违规经营问题仍然突出，需要进一步加强管理。随着互联网等技术的应用，一些侵害投资者权益、破坏市场秩序的行为变得更加隐蔽，监管及取证难度加大。

四、保险业与金融稳定

（一）总体发展情况

1. 行业实力不断增强，保费收入持续增长

2017 年末，河南省共有省级分公司以上保险公司 78 家，新增 1 家；保险公司分支机构 6 450 家，同比增加 188 家。全省保险资产总额 3 664.73 亿元，同比增长 12.82%；保费收入 2 020.07 亿元，同比增长 29.90%，增速同比提高 5.36 个百分点。保险密度 2 113.26 元/人，同比增长 29.53%；保险深度 4.49%，同比上升 0.62 个百分点。

2. 加快回归本源，发展结构持续优化

2017 年，河南省财产险方面，工程保险、保证保险呈现高速增长，增速分别达到 53.2%、34.12%；农业保险、责任保险业务继续保持较快增长，增速分别达到 23.29%、18.57%。全年全省人身险方面，普通寿险业务保费占比稳步提高，达到 47.97%；万能险业务占比大幅下降至 0.41%；分红险业务占比 34.83%，较上年同期下降 2.34 个百分点；健康险、意外险加速发展，增速分别达到 58.75%、32.62%。业务品质持续提升，人身险新单折标率、10 年期以上期交业务占比较上年分别提升 7.26 个、4.4 个百分点，主要监管指标呈现出近 5 年未有的全面改善局面。

3. 保障额度同比增长，服务能力显著提升

2017 年，河南省保险业累计为经济社会发展和人民生产生活提供各类风险保障额度 76.21 万亿元，同比增长 15.26%。全年赔付支出同比增长 14.20%，其中农业保险赔付支出同比增长 54.24%。保险赔偿在京昆高速“8·10”重大交通事故善后处理、豫北地区“5·22”风灾和豫南地区 9 月涝灾等自然灾害救助中，发挥了重要作用。工程保险、出口信用保险支持河南机场集团等重点项目和“一带一路”沿线国家对外项目。“困难群众大病补充保险”作为精准扶贫重要举措，覆盖全省 805 万群众，被国务院医改办评为 2017 年医改典型案例。

4. 行业监管力度提升，保险市场稳健发展

2017 年，监管部门认真贯彻落实“1+4”系列文件精神，有序推进强监管、治乱象、补短板、防风险、服务实体经济等各项工作任务，不断提高监管能力，加大监管力度，切实履行好监管职责。全年保险市场运行稳健，人身险有序完成满期给付和退保金 372.93 亿元，各类潜在风险始终处于可防可控状态，全行业未发生重大风险事件。

（二）需要关注的问题

1. 业务发展不平衡不充分

一是人身险占比高、增速快，财产险占比低、增速慢。全年人身险业务占比 78.04%，增速 33.35%；财产险业务占比为 21.96%，增速 18.94%。二是人身险内部结构有待优化。普通寿险占比

虽已接近50%，但新单中10年以下期交产品仍占比近40%，长期保障功能有待增强；健康险、意外险合计占比仅16.8%，在社会保障体系中发挥作用有限。三是财产险中车险独大问题突出，渠道结构不合理。一方面车险占比高达79.19%，另一方面财产险的间接业务签单保费占比高达79.78%。四是可持续发展能力和服务水平有待提高。粗放式的保险代理人增长模式影响保险业的可持续发展能力，业务发展中保险服务不到位、理赔难等问题仍然存在。五是违规经营和非理性竞争等问题仍然存在。全年全省车险综合费用率仍高达42.61%，保险市场虚列费用、账外暗中支付不当利益等违法违规问题仍较普遍。

2. 潜在风险依然较多

寿险退保和满期给付总量依然居高位，人身险防范给付退保风险的压力和难度依然较大。全省部分资产驱动负债类险企因销售渠道单一、产品单一，转型风险较大。2017年末，财产险风险指标有所上扬，应收保费率较上年提高2.76个百分点，高于全国平均水平2.09个百分点。跨市场跨领域传递风险逐渐增多，带来大量潜在风险，防控难度加大。

五、金融市场与金融稳定

（一）总体运行情况

1. 货币市场交易量平稳增长，资金流向以净融入为主

2017年，河南省货币市场业务累计成交29.82万亿元，同比增长19.76%。其中，银行间市场质押式回购成交21.10万亿元，同比增长33.31%；买断式回购成交1.63万亿元，同比增长23.1%；同业拆借成交1.09万亿元，同比增长19.82%；全省资金净融入6.65万亿元，其中质押式回购净融入占比为68.08%。

2. 债券发行量保持增长，现券交易同比下降

2017年，河南省非金融企业债务融资工具累计发行816.7亿元，同比增长4.77%，其中：短期融资券372.5亿元、中期票据184亿元、非公开定向债务融资工具260.2亿元；全年全省发行金融债券84亿元。银行间债券市场交易现券成交6.0万亿元，同比下降12.3%。

3. 票据市场回归理性，交易量小幅下降

2017年，在金融去杠杆、强监管等因素作用下，河南省票据市场成交量有所下降。2017年末，全省金融机构银行承兑余额4 310.82亿元，同比减少3.67%，其中电子商业汇票余额2 394.76亿元，承兑保证金存款余额1 967.88亿元。全省金融机构票据贴现余额1 007.53亿元，其中电子商业汇票贴现余额占比83.3%。

4. 黄金价格震荡走高，期货交易同比下降

2017年，黄金价格同比上涨3.6%，河南省金融机构黄金交易量同比下降16.9%，成交金额同比下降9.39%。全年郑州商品交易所累计成交量和成交金额同比分别下降34.15%、31.15%。PTA、甲醇MA、菜籽粕RM和白糖SR是主要的交易品种，成交量占比在10.45%~24.02%。

5. 涉外收支总规模同比增长，结售汇同比由逆转顺

2017年，人民币对美元汇率在双向波动中升值，河南省涉外收支总规模923.33亿美元，同比增长14.3%，净流入同比下降57.9%。全年全省结售汇总规模337.3亿美元，同比增长15%，结售汇

由上年同期逆差27亿美元扭转为顺差63.2亿美元。

（二）需要关注的问题

1. 票据市场操作风险应予以关注

一是票交所交易以电子化票据为主，纸票电子化过程中潜藏因录入错误而产生的操作风险较之前显著提高。二是河南省金融机构科技水平参差不齐，特别是中小银行及非银行金融机构在科技系统衔接、维护、升级过程中可能存在的操作风险需引起重视。

2. 个人分拆影响外汇收支平衡仍需引起重视

2017年，河南省个人购付汇快速攀升的势头得到遏制，个人对外付汇出现下降，但个人对外支出净流出仍高达21.5亿美元，是河南省主要资金流出项目之一。鉴于个人“蚂蚁搬家”式汇出外汇的意愿仍然较为强烈，存在的风险隐患需要关注。

六、金融基础设施与金融稳定

（一）“一行三局”加大金融知识宣传力度，稳步推进金融消费权益保护工作

2017年，河南省人民银行普惠金融建设、金融知识普及教育、金融消费者投诉受理处理等工作取得了新成效，探索金融知识纳入国民教育体系，更加完善投诉受理处理机制，全年共受理处理咨询投诉1 912起，投诉处理满意率达到97%以上。河南银监局加强消费者保护工作能力建设，推动金融机构履行主体责任，全年办理消费者各类投诉5 829件、信访件264件。河南证监局强化中小投资者权益保护，通过开展多项活动提高投资者对资本市场的认识和风险意识，建立投资者教育和保护长效机制，有效落实投资者保护主体责任。河南保监局强化消费者教育和消费者服务工作，全年成功调解涉保诉讼案件7 130件，涉及诉讼金额3.7亿元，累计处理保险消费投诉8 587件，有力维护了金融消费者权益。

（二）农村支付环境建设提质增效，支付服务水平持续提升

2017年，河南省支付清算系统和中央银行会计核算数据集中系统安全平稳运行。全省共建成助农取款服务点4.6万个，其中综合金融服务站4 000个，银行卡助农取款笔数连续3年居全国第1位，农民工银行卡特色服务交易量连续10年居全国第一位；实施“普惠金融一网通”移动金融服务平台市场化运营，上线运行“普惠通”手机APP。全省开展多项专项整治行动，有力维护了支付市场秩序，持续提升支付服务水平。

（三）征信系统有效运行，中小企业和农村信用体系建设取得明显成效

2017年，河南省征信系统收录全省企业和其他组织50.8万户、自然人5 520.46万个，137家村镇银行、小额贷款公司和融资性担保机构等经营金融业务的小机构接入金融信用信息基础数据库。全年分别受理个人、企业信用报告查询324万余人次、4.98万笔，同比分别增长34.4%、21.3%。开发河南省农村和中小企业信用信息系统，上线并在全省推广征信查询前置系统，有效提升查询风险的技防水平。

（四）强化反洗钱监管，增强反洗钱合力

2017年，河南省加强反洗钱监管，推进《金融机构大额交易和可疑交易报告管理办法》的落地实施工作，在全省推广使用反洗钱大额交易筛查系统，设计开发反洗钱执法监督管理系统，做好168家机构的执法检查工作，完成225家法人机构及3 025家非法人机构的考核评级工作，全年共对67家机构、99名个人实施行政处罚。加强协调和配合，召开全省反洗钱工作联席会议，配合开展反洗钱调查和案件协查，增强监管合力。

（五）优化货币发行体系，反假货币工作持续推进

2017年，河南省稳妥推进“一库（重点库）、五点（东、南、西、北、中五个发行中心）”货币发行体系优化建设。全年全省共收缴假币2 913.85万元，同比增长45.26%，其中：公安机关破案没收假币828.01万元，同比增加95.17%；银行业金融机构发现收缴假币2 040.87万元，同比增加30.68%。

七、总体评估与政策建议

（一）总体评估

从定量评估的结果看，2017年河南省金融稳定综合评价分值对应评估表中所属类别为“B类地区较好”，但分值较上年有所下降，影响综合评价的主要因素为河南省经济正处于经济结构转型升级的关键时期，经济下行压力依然较大。整体来看，河南省金融稳定状况保持良好。从指标权重来看，“经济增长”“资本充足性”“地方政府财政”依次分别是对“宏观经济”“金融机构”“金融生态环境”等项影响最大的因素。

（二）政策建议

1. 健全货币政策与宏观审慎政策双支柱调控框架，营造适宜的货币金融环境

结合河南省实际，贯彻执行稳健中性货币政策，实施好宏观审慎评估，综合运用多种货币政策工具，顺应经济新常态要求，按照深化供给侧结构性改革的要求，优化融资结构和信贷结构，提高直接融资比重，加强利率管理，引导辖区货币信贷和社会融资规模合理增长，为经济高质量发展营造适宜的货币金融环境。

2. 加强流动性监测管理，提高金融机构服务实体经济能力

完善覆盖全省各类型金融机构的流动性监测分析框架，完善流动性风险突发事件应急机制，加强日常监测，充分考虑国库现金管理、地方债发行和置换情况对流动性的影响，加强预调微调与市场沟通，确保流动性合理稳定。进一步提高金融服务实体经济的能力，引导更多金融资源配置到经济社会发展的重点领域和薄弱环节，避免金融脱实向虚和自我循环滋生、放大和扩散风险。

3. 健全金融监管体系，加强统筹协调

要加强金融监管统筹协调，完善金融稳定协调合作机制，消除监管盲点，增强监管合力。结合辖区实际加强与地方金融管理协调，充分调动和发挥地方积极性，全方位增强监管效果，进一步增

强监管合力。立足河南省县域金融监管特点，因地制宜完善县域金融监管体系建设，提高监管能力。

4．提高风险防范和化解能力，守住不发生系统性金融风险的底线

督促金融机构切实履行好金融风险防控的主体责任、第一责任，持续完善内部管理体系，督促其稳健、合规经营，不断提高风险防控和化解能力。健全系统性金融风险监测评估体系和应急处置机制，充分发挥存款保险市场化风险处置机制的作用，严格防范跨市场、跨行业风险传染扩散，筑牢金融风险“防火墙”，守住不发生系统性金融风险底线。

5．从严监管，保障证券市场平稳健康发展

依法全面从严监管，强化问题和风险导向，加大非现场检查和现场检查力度，提高监管针对性和有效性，严厉打击各类违法违规行为，维护良好市场秩序，保障证券市场稳健运行。

6．加强保险市场风险排查和监测预警，依法整治市场乱象

加强风险监测，及时发现和报告风险苗头，确保问题公司风险处置工作顺利有序开展。做好辖内满期给付和退保风险、司法案件风险、非法集资等外部传递性风险防控，特别强化对群体性事件、声誉风险的防范和处置。从源头消除各类风险隐患，突出整治各种市场乱象，坚持从严整治、从快处理、从重问责。

7．完善金融基础设施，维护良好的经济金融秩序

着力构建高效、透明、规范、完整的金融基础设施，进一步完善支付清算体系建设，提高支付服务水平；持续推进征信市场和社会信用信息体系建设，继续推动非银行机构接入征信系统，不断扩大征信系统覆盖面，推动全省农村和中小企业信用体系建设取得新成效；提高反假货币工作水平，保持打击制贩假币活动高压态势；加大反洗钱工作力度，抓好金融消费权益保护工作，提高网络和信息系统应急管理能力，维护良好的经济金融秩序。

总　　纂：周　波
统　　稿：戚兴如　张明辉
执　　笔：陈晓燕　琚亚利
其他参与写作人员（以姓氏笔画为序）：
王　莎　王　晗　孙心怡　许尚超
张　宇　宋　杨　李　孜　李　琨
陈　洁　周永锋　武宵宇　苗晓艳
郜丽敏　赵泽宇　徐红芬　顾佳君
曹琳琳

湖北省金融稳定报告摘要

2017年，湖北省上下深入贯彻落实以习近平同志为核心的党中央和省委省政府的各项决策部署，坚持稳中求进工作总基调，坚持新发展理念，坚持以供给侧结构性改革为主线，牢牢把握推进高质量发展的根本要求，统筹推进“五位一体”总体布局和协调推进“四个全面”战略布局，扎实推进“建成支点、走在前列”、“全面小康”和“五个湖北”建设，湖北省经济社会发展取得新成绩。

一、经济与金融稳定

（一）运行状况

经济总量稳中有进，产业结构持续优化。2017年，湖北省完成生产总值36 522.95亿元，增长7.8%。其中：第一产业完成增加值3 759.69亿元，增长3.6%；第二产业完成增加值16 259.86亿元，增长7.1%；第三产业完成增加值16 503.40亿元，增长9.5%。三产业结构由2016年的11.2:44.9:43.9调整为10.3:44.5:45.2。

居民收入稳定增长。2017年，湖北全体居民人均可支配收入23 757元，增长9.0%，其中，城镇常住居民人均可支配收入31 889元，增长8.5%；农村常住居民人均可支配收入13 812元，增长8.5%。

固定资产投资企稳回升。全年湖北省完成固定资产投资（不含农户）31 872.57亿元，增长11.0%，其中房地产开发投资完成4 574.89亿元，增长6.5%。商品房销售面积8 155.21万平方米，增长9.8%，实现商品房销售额6 258.92亿元，增长25.3%。按产业划分，湖北省第一、第二、第三产业投资分别为912.24亿元、13 236.47亿元和17 723.86亿元，分别增长2.5%、12.1%和10.6%。

进出口增长保持良好态势。湖北省实现外贸进出口总额3 134.3亿元，增长20.6%，其中：进口1 070.2亿元，增长21.4%；出口2 064.1亿元，增长20.2%。新批外商直接投资项目272个。全年外商直接投资109.94亿美元，增长8.5%。

价格总体保持稳定。居民消费价格上涨1.5%。其中，农村上涨1.2%，城市上涨1.7%。分类别看，八大类商品服务价格中，除食品烟酒价格比上年下降0.6%外，其余七个大类均有不同程度的上涨。

财政收入稳步增长。全年湖北省完成财政总收入5 441.42亿元，增长9.4%，其中地方一般公共预算收入3 248.44亿元，增长8.4%。在地方一般公共预算收入中，税收收入2 247.6亿元，增长 11.5%。

金融业规模增长较快。年末湖北省金融机构本外币各项存款余额 52 352.43 亿元，比年初增加 5 067.49亿元。其中：住户存款 24 012.51 亿元，增加 1 946.03 亿元。金融机构各项贷款余额 39 571.11亿元，比年初增加 5 040.39 亿元。其中：住户贷款 11 671.37 亿元，增加 2 331.73 亿元；非金融企业及机关团体贷款 26 741.48 亿元，增加 2 691.00 亿元。

（二）经济运行稳健性分析

1. 贷款持续较快增长存在较大压力

2017 年湖北省贷款增速同比回落 1.7 个百分点，是 2015 年以来首次回落。预计 2018 年湖北省贷款增速还将继续放缓。除全国性因素外，导致湖北贷款增长放缓的因素包括：一是东部省份对信贷资源的虹吸效应正在显现。前些年，东部省份经济回落，使湖北获得了更多信贷资源。二是基础设施贷款收缩对贷款总量增长影响较大。近年来，湖北省基础设施贷款占比高、增速快，在地方政府债务管理新规实施背景下，基础设施贷款增长将放缓，湖北省贷款受影响较大。三是金融生态环境因素。2017 年，湖北省金融积案执行率 12.7%，同比下降 2.5 个百分点。部分地方政府对金融机构干预较多，影响了其贷款积极性。

2. 信贷结构有待优化

2017 年末，湖北省制造业贷款余额 3 408 亿元，下降 5.3%，制造业贷款占比为 8.9%，为 2014 年以来最低水平。2016 年湖北省制造业贷款净下降 190 亿元，自 7 月起连续 6 个月负增长。制造业贷款下降的原因，一是有效信贷需求不足。银行家问卷调查也显示，2017 年制造业贷款需求指数为 63.9%，低于全行业贷款总需求指数 10.9 个百分点。二是部分制造业贷款被其他融资方式替代。2017 年，湖北省制造业上市公司股票融资 325 亿元，同比多增 154 亿元，占全部股票融资的 56.4%，同比提高 30.3 个百分点。制造业企业债券融资 642 亿元，占比 42.5%，比上年提高 9.1 个百分点。部分优质制造业企业将间接融资转换为直接融资，导致制造业贷款减少。三是制造业中“两高一剩”行业较多，高新科技企业规模不大，金融机构退出“两高一剩”贷款后，又难以从高新企业贷款中得到补充。四是制造业贷款风险大，管理成本高，银行发放制造业贷款的内生动力不足。

3. 风险压力持续加大

一方面，不良贷款虽然可控，但真实风险压力仍然较大。12 月末，湖北省逾期 90 天以上企业贷款不良贷款偏高。湖北省到期贷款中展期和借新还旧比例均高于上年，形势不容乐观。另一方面，法人机构风险较高，维护区域金融稳定的不确定性增大。据调查，部分法人机构存在金融市场业务期限错配情况，部分机构债券投资和资管产品杠杆过高。

二、银行业与金融稳定

（一）运行状况

资金脱实向虚势头得到扭转。随着供给侧结构性改革的深入和金融监管力度的加强，辖内银行业信贷资金脱实向虚的趋势逐渐扭转。一是贷款增长低于资产增长的势头得到扭转。2017 年 12 月末，全省银行业各项贷款增长快于资产规模增长 2.96 个百分点。二是同业业务增速同比回落。2017

年 12 月末，辖内银行同业负债同比下降 8.82%，同业业务持续收缩。三是银行间理财占比下降。截至 2017 年 12 月末，辖内银行业金融同业专属理财产品余额占比较年初下降 60.4 个百分点，理财资金空转现象得到扭转。四是票据业务下降明显。2017 年 12 月末，全省票据融资余额同比下降 25.7%，票据资金空转情况明显减少。

信贷结构持续调整。一是更多投向小微企业。2017 年 12 月末，全省银行业小微企业贷款余额 10 379.03亿元，同比增长 17.40%；占各项贷款的比重为 26.23%，同比上升 0.63 个百分点。二是更多投向县域。2017 年 12 月末，全省县域贷款余额 12 329 亿元，同比增长 18.45%，与 2011 年“县域资金回流工程”建设初期相比增幅达 200%。三是更多投向新兴产业。2017 年 12 月末，辖内银行业战略性新兴产业贷款余额 611.2 亿元，较年初增加 97.2 亿元，增幅为 18.9%，高于同期各项贷款平均增幅 4.3 个百分点。四是信贷区域投放向均衡发展。从地区看，潜江、黄冈、仙桃贷款增长较快，同比分别增长 30.3%、21.3%、18.2%。

盈利能力持续向好。2017 年，在息差、利差收窄的背景下，辖内银行业主动调整业务结构，拓宽收入来源，截至 2017 年 12 月末，全省银行业实现利润 719 亿元，居中部六省第 1 位，同比增长 26%。

服务质效稳步推进。一是减费让利成效显著。全省银行业全年取消收费 9 800 万元，涉及项目 96 个，降低收费 10 890 万元，涉及项目 38 个。二是债委会组建成效显著。目前，湖北银行业已成立银行业债委会 92 家，涉及金额 1 295 亿元，较好地发挥金融“稳定器”的作用。三是债转股成效显著。支持引导农业银行湖北省分行、建设银行湖北省分行设立总金额 300 亿元的武钢转型发展有限合伙制基金和契约性基金，有力支持了国有企业供给侧结构性改革，降低了资产负债率近 10 个百分点。四是投贷联动试点成效显著。截至 2017 年末，3 家试点银行与 39 家投资公司开展合作，投贷联动贷款余额 7.38 亿元，同比增长 84.3%。

（二）改革进展与成效

金融改革力度持续增强，金融组织体系不断完善。一是金融组织体系不断完善。众邦银行开业，成为湖北首家民营银行；恒丰银行武汉分行开业，12 家全国性股份制银行齐聚湖北；富邦华一银行武汉分行、航天科工金融租赁公司、三环财务公司获批开业营运，区域金融中心影响力不断提升。二是体制机制不断完善。五大行在省分行层面设立了普惠金融专门机构，大型银行“领头羊”作用充分发挥；邮储银行湖北省分行成立“三农金融事业部”，坚守普惠金融定位；省联社体制改革继续深化，稳妥推进去行政化和履职规范化。三是自贸区银行业服务不断推进，截至目前，全省三地自贸片区内共有银行业金融机构 67 家，总授信额 1 331.5 亿元，推出了“熊猫债”等 30 余种创新产品，自贸区金融聚集效应已逐步显现。

农行“三农金融事业部”改革试点工作持续推进，服务“三农”效力进一步提升。截至 2017 年末，湖北省农行“三农金融事业部”县域贷款余额 1 263.34 亿元，涉农贷款余额 1 206.89 亿元。2017 年，县域贷款、涉农贷款、重点扶贫县贷款分别净增 218 亿元、221 亿元、97 亿元，均创事业部改革以来增量新高，比年初增速分别为 20.9%、22.5%、21.6%。完善农村金融服务渠道，推动农村基础金融服务三个全覆盖。到 2017 年末，全行“惠农通”服务点 2.2 万个，行政村覆盖率为 91%，比全国平均水平高 16 个百分点。“惠农通”上线“E 农管家”1.6 万个，流通领域上线率 88%，累计发放社保卡 2 915 万张，拓展社保类代理项目 265 个，代发资金 116 亿元。

普惠金融工作稳步推进。一是金融网格化稳步推进。2017 年末，全省共建立普惠金融网格化工作站 3.23 万个，发放贷款 1 302.8 亿元，服务普惠群体 114 万户，户均贷款 11.43 万元，实现网格站和建档面的“两个 100%”全覆盖目标。二是金融精准扶贫稳步推进。截至 2017 年末，全省银行业扶贫开发贷款余额 484.09 亿元，同比增长 124.63%，其中到户扶贫小额信贷余额 103.58 亿元，同比增长 248.12%。三是校园金融服务稳步推进。督导辖内各银行机构按每所高校平均 5 000 名学生一个校园工作站、每所高校进驻 2～3 家银行的标准，建立银行机构“认领”制度，截至 2017 年末，22 家商业银行与 68 所高校签订合作协议，设立校园金融服务网格化工作站 338 个。

（三）银行业稳健性分析

2017 年，湖北省银行业整体运行平稳，但部分领域潜在风险不容忽视。不良贷款反弹压力不减。12 月末，全省银行业不良贷款率虽然比年初下降 0.16 个百分点，但不良贷款余额 601.85 亿元，比年初增加 22.60 亿元，较年初增长 3.9%。

多头过度授信风险防控难。截至 2017 年 11 月末，22 家银行贷款余额 1 000 万元（含）以上客户中，涉及 3 家（含）以上银行授信（仅指贷款，以下口径相同）的企业有 1 865 户，占授信企业总数的 14.22%。从近年全省发生的大额信贷风险事件看，企业集团授信的风险防控也一直是监管难点，主要是真实负债水平难以掌握、外部社会融资难以穿透、信贷资金流向难以监控等。

信贷结构调整任重道远。贷款行业集中度仍然较高。截至 2017 年 12 月，全省银行业新增房地产业及个人住房按揭贷款当年新增占全部新增贷款的 46%；交通运输、仓储和邮政业和水利、环境和公共设施管理业当年新增贷款占新增贷款的 32%，两者合计占比高达 78%。

外部风险传染压力增大。2017 年，以金融自由化、影子银行、资管繁荣为特征的金融扩张周期迎来转折点，强监管环境下，影子银行和互联网金融等金融乱象面临全面清理，外部风险暴露和风险传染压力急剧上升。一是非法集资风险渗透压力较大。从日常监测情况看，非法集资涉及部门多、链条长、地域广，互联网新型非法集资不断涌现，涉案范围更具广泛性，潜在风险更具传染性，极易引发严重社会问题。二是民间借贷风险与银行信贷高度关联。涉民间借贷企业一旦经营发生问题，风险极易传染至银行。三是部分担保公司出现流动性风险，无力代偿和不愿代偿情况较为普遍，导致融资性担保项下贷款不断发生逾期和不良，或形成经济纠纷。

财政新政使银行信贷质量承压。2016 年财政部先后下发文件对政府举债融资和购买服务提出严格要求，但相关政策细则尚不明朗，缺少相应的配套操作规程，在规范地方政府举债融资行为的同时，对金融机构政府平台类信贷业务产生了较大影响，政府类债务管理难度增大，或对部分存量平台类客户的可持续融资能力产生影响，存量项目的建设资金来源、平台类客户的经营周转情况等或将出现不确定性因素，尤其是外部评级较低且融资渠道单一的平台公司，偿债压力较大。

监管新规对银行业影响巨大。近期，金融管理部门相继出台了资管新规、股权管理、流动性管理、委托贷款、大额风险暴露、银信业务等监管制度，旨在规范市场秩序，治理金融乱象，引导资金脱虚向实。但在短期内也会对社会融资及银行业务产生巨大影响，如资管新规禁止资金池和期限错配，可能会对非标业务以及银行表内业务造成冲击；股权管理办法仅允许“两参一控”，多头持股的存量股东必须在过渡期内整改到位；银信业务和委托贷款管理办法对贷款投向进行严格限制，地方政府融资平台、房地产、产能过剩等领域的融资渠道将进一步收紧。

三、证券业与金融稳定

（一）运行情况

2017 年，全国资本市场主要指数稳中有进，行情结构性分化明显，IPO 提速但趋严，监管力度不断加强。稳改革、严监管、控风险成为关键词。湖北资本市场延续稳中向好良好态势，全省资本市场直接融资总额达到 1 945.01 亿元。新增 2 家上市公司，上市公司总数达 97 家。新增 71 家新三板挂牌企业，退市 12 家，挂牌企业总数 406 家。区域股权市场全年新增托管登记企业 1 865 家，新增挂牌企业 1 636 家，托管登记企业总数 4 736 家、总股本 1 464.28 亿股；挂牌交易企业 3 869 家、挂牌项目 6 个。

直接融资同比增长。湖北资本市场全年直接融资总额达 1 945.01 亿元，较上年同期上升 41.31%。其中 IPO 融资 13.80 亿元，上市公司增发和债券融资 669.97 亿元，非上市公司通过债券融资 249.51 亿元，新三板定向增发融资 36.33 亿元，区域性股权市场直接融资 26.40 亿元，湖北省累计在交易所市场发行政府债 949 亿元。

上市公司效益持续向好。截至 12 月末，湖北上市公司总股本 923.09 亿股，同比上升 15.46%；总市值 11 375.23 亿元，同比上升 3.29%。已披露的三季报显示，上市公司总体经营呈现出四大特点：一是经营规模持续增长，4 家公司晋级百亿元公司行列，全省资产过百亿元上市公司总数 27 家，占比达 27.8%；二是收入同比大幅增长，半数公司第三季度收入环比增长；三是总体效益大幅提升，亏损公司家数大幅减少；四是经营现金流减少，投资规模扩大。

新三板挂牌公司稳健发展。新三板累计增速、融资规模及挂牌企业总数均为中部第一，逐步扩大在中部地区优势。2017 年，部分发展较好的新三板企业积极启动上市申报工作，目前在辅的 27 家企业中，12 家为新三板挂牌企业；新增 12 家报会企业中，5 家为新三板挂牌企业，在报辅报会企业中已接近半数。

区域性股权市场走在前列。2017 年，湖北四板市场积极服务县域金融，不断提升服务地方经济广度和深度。挂牌企业区域分布已遍及全省 17 个市、州、林区，覆盖率达到 100%；县域挂牌企业覆盖全省 103 个县级行政区域中的 99 个，县域覆盖率达到 96.12%；县域挂牌企业 3 509 家，占中心挂牌企业总数的 90.7%。截至 2017 年末，已陆续形成通山、红安等 84 个县（市）域特色产业板块，各项业务进入全国区域性股权市场前列。

行业机构实力增强。机构数量持续增长，2017 年，全省新增证券期货基金经营机构 69 家，证券期货基金经营机构达 494 家。新增私募基金管理人 98 家，私募基金管理人总数达 318 家，排名全国第十一位，中部第一位。机构资产规模持续扩大，核心竞争力不断增强。长江期货挂牌新三板，增加注册资本 2 490 万元，天风证券上市工作稳步推进。

（二）证券业风险分析

上市公司风险。部分上市公司潜在风险较大。部分上市公司及其子公司持续亏损，存在被 ST 风险，可能引发债券违约等问题。部分上市公司还存在实际控制人失联、并购重组项目持续盈利能力存疑等违规或经营方面的潜在风险。

公司债券风险。债券发行人主要集中在产能过剩行业和房产行业，到期日集中在2018年和2020年，考虑现阶段整体经济运行状态和国家调控政策的持续加码，全国债券市场违约事件不断爆发，湖北公司债券潜在违约风险较大。

证券期货经营机构风险。证券期货机构合规风控基础不牢固，部分机构内部控制不健全，管理缺失，制度执行不严，合规管理与业务发展不匹配，机构设立缺乏统筹规划，盲目新设；投行风控缺失；有的机构落实投资者适当性不到位，风险揭示不充分导致客户亏损，引发投诉。同时经营受市场波动影响较大，极端行情下可能存在大额亏损等经营风险。

私募基金风险。目前，湖北私募基金管理人数量大幅减少，执业质量明显提升，但规范运作风险仍然存在。部分管理人内控制度流于形式，高管及员工合规风控意识淡薄。部分私募基金涉足债券投资、民间借贷，偏离主业。部分管理人存在重募集轻管理的问题，投资决策委员会形同虚设，投后管理仅停留在报表层面。从现状看，虽然以私募基金名义从事非法集资活动的违法乱象已得到初步遏制，但仍不能排除部分管理人为利益铤而走险，以身试法。

非法证券活动风险。当前，非法证券投资咨询活动频发；配资纠纷引发投诉。部分公司游走在法律边界地带，利用司法空白，以出借账户形式经营股票配资业务，一旦强平极易产生纠纷，影响市场稳定。

四、保险业与金融稳定

（一）运行情况

2017年全年，湖北保险业牢牢把握提质增效的总基调，行业内在发展动力和市场自我调节能力不断增强，全省保险市场总体平稳、稳中有进、稳中向好。

发展速度居全国前列。2017年，全省全年累计实现原保险保费收入（以下简称保费收入）1 346.77亿元，保费规模在全国排名第10位，位次较上年保持不变；保费收入同比增长28.05%，较上年上升3.38个百分点，高于全国9.89个百分点；同比增速在全国排名第4位，较上年上升13位。

服务大局成效显著。2017年，保险业渗透度不断提高，保险深度达3.69%，较上年提高0.43个百分点；保险密度达2 281.89元，较上年增加494.7元。全省保险金额及责任限额首次突破百万亿元（100.85万亿元），同比增长41.75%；累计支付赔付支出406.53亿元，同比增长9.18%。

回归本源，产品保障功能更加凸显。2017年，以万能险为主的投资型业务大幅收缩，全年保户储金及投资款本年新增交费（含投连险账户）174.7亿元，同比减少236.48亿元，降幅为57.51%；保障型业务收入占比达85.2%，较上年上升20.21个百分点。全省42家人身险公司中，有31家公司保障型业务收入占比较上年上升。

保险支农效果显著。全省农业保险累计实现保费收入9.23亿元，同比增长65.21%；提供风险保障294亿元，同比增长41.16%。

（二）保险业风险分析

产险市场惯有风险依然存在。一是市场恶性竞争的风险。车险市场仍然停留在依靠拼费用的低层次竞争上，容易引发无序竞争。具体反映为费用的增幅高出保费的增幅。二是公司内控不到位引发风险。保险公司内部管控、内部审计运行中仍存在欠缺。反映在运营中引发操作风险、案件风险。有的公司出现内外勾结骗保等案件。三是保险服务不到位引发风险。有的公司经营中漠视消费者的合理诉求，一些苗头性问题没有得到妥善处理，引发消费者上访、上诉。四是部分财险公司存在经营风险。由于财险市场竞争加剧，财产险行业承保盈利主要集中在几家大公司，逾半财产险公司承保亏损，全省部分财险公司 2017 年全年亏损较为严重，经营压力较大。

寿险市场部分风险依然比较突出。一是满期给付与退保风险。主要集中在银邮代理渠道，以分红型两全保险为主。主要是因为近年来，多家人身保险公司陆续推出中短存续期产品，客户持有期间多为 2 年。二是业务合规风险。个别人身保险公司仍然存在未按规定对人身保险新型产品进行信息披露、未按规定对投保人进行回访、客户信息不真实、财务数据不真实等违法违规行为。三是案件风险。比如发生涉及保险诈骗、挪用保费等违法行为司法案件。现阶段比较突出的风险就是第三方理财机构以高回报为诱饵招募保险营销员，冒用保险公司名义怂恿、欺骗保险客户购买理财产品。甚至涉及非法集资风险，引起风险的跨行业传递和蔓延，造成群体性事件。

五、金融基础设施与金融稳定

（一）金融基础设施建设与运转情况

1. 支付体系

支付体系建设日益完善。2017 年，湖北各类支付清算系统安全无事故运行。其中，银行机构通过现代化支付系统、同城清算系统、银行机构行内支付系统和银行卡跨行支付系统共处理支付业务 22.1 亿笔，金额 112.4 万亿元，同比分别增长 11.57%、4.61%，是湖北省同年 GDP 的 30.79 倍，各项支付结算业务总体发展态势良好。

农村支付服务环境显著改善。湖北省涉农银行机构借助自建平台与电商企业合作，打造“金融服务”和“网络购销”一体化服务，以特色农业产业上下游供应链交易信息、新型农业经营主体转账电话或手机银行交易流水、金融扶贫工作站建档立卡贫困户及相关征信数据等为信息源，创新支付、信贷、征信融合类金融服务产品。截至目前，全省 4.89 万个村级惠农金融服务联系点中，已建成近万个“支付 + 电商”融合型服务点，初步培育以 E 农管家、裕农通、村邮乐购、利农购等为代表的融合发展模式；农村地区人均持有银行卡 2.4 张，累计发展网上支付用户 1 852.76 万户；逐步推出“升易兴”“升易隆”等涉农融资性信用卡业务，以及“惠农贷”“兴业贷”“牵手贷”等涉农信贷产品。

非现金支付工具得到广泛应用。湖北辖内人民银行以再贴现业务为杠杆推动电票业务发展，电子商业汇票业务发展稳步进行。截至目前，湖北辖内 13 家人民银行地市中心支行全部开通电票再贴现功能，55.41% 银行机构网点可办理电票业务。在示范城市武汉的基础上，稳步推进移动支付便民示范工程建设，将范围扩大到全省，符合银行卡联网通用标准的手机闪付、二维码等移动支付业务得到全面推广。目前，湖北省移动支付便民示范工程取得阶段性成效。截至 2017 年末，银联 IC 卡和手机闪付在公共交通、医疗健康、公共事业缴费等重点便民领域均有突破性进展；武汉市 2.29 万家示范商户中，80% 的商户可受理手机 PAY，66% 的商户可受理双免功能，64% 的商户可受理二维码支付功能。

2. 法律环境

金融领域制度体系不断完善，金融支持实体经济和创业创新的能力进一步提升。2017 年，湖北省制定了《湖北省服务业发展“十三五”规划》，确定湖北省“十三五”期间的金融业的发展目标。出台《中国（湖北）自由贸易试验区建设管理办法》，印发《湖北自贸区金融改革综合实施方案》，按照风险可控、服务实体经济的原则，稳步开展扩大金融领域对外开放、增加金融服务功能、推进科技金融创新和金融风险防控体系等试点工作。出台《湖北省人民政府关于规范政府举债融资行为防范和化解债务风险的实施意见》，进一步加强政府性债务管理，提升区域性、系统性风险防控能力。

多方合力，金融服务市场秩序不断规范，区域金融环境更加健康稳定。联合公安、工商部门持续打击无证经营支付结算业务违法违规行为，对向无证机构提供交易通道，以及市场反映违规行为较多的持牌机构进行现场检查，无证机构清理力度进一步加大。截至目前，湖北辖内确认 3 家无证机构，其中 1 家被公安机关立案查处，并对为无证机构提供交易通道的持牌机构共处罚款 90 万元。湖北省电信网络新型违法犯罪交易风险事件管理平台功能不断完善，有效提升国家公安机关查询、止付和冻结涉案账户效率，电信网络新型违法犯罪得到有效遏制。截至 2017 年末，湖北省电信网络诈骗案件共立案 18 477 起，破案 7 422 起，刑事拘留 3 785 人；累计冻结可疑资金 2 301 笔，涉及金额 1.08 亿元。

强力推进金融债权执结，筑牢金融司法安全底线。开展按季度监测考核，调高金融债权案件指标权重，推动各地加快执结进度，对执结进度较慢的地区点名通报。湖北各地加强银法联系机制，组织辖内金融机构联合人民法院等相关部门，开展金融案件“飓风行动”、打击“老赖”、“百日攻坚”等金融维权行动。截至 12 月末，湖北省执结积案金额已达 139.88 亿元，较 2016 年增加 82.47 亿元。其中武汉市共执结 108.64 亿元，占全省全部执结金额的 77.67%；随州市新增金融案件执结率达 62%，同比上升 34 个百分点；十堰、鄂州等多地执结率超过 40%，完成全年执结目标任务。

3. 金融生态环境和征信体系建设

社会信用体系建设稳步推进。出台《湖北省社会信用信息管理条例》，为湖北省社会信用体系建设奠定了法律基础；发布《湖北省政务信息资源共享管理暂行办法》及一系列平台数据交换标准，为省信用平台建设提供了制度保障；加快推进省信用信息公共服务平台建设，推动行业领域信用信息汇集系统建设和信息共享，2017 年实现 42 家省行业主管部门、17 个市州和 70 个县市的信用信息汇集系统与省信用平台的连通和数据交换，省信用平台累计归集 6 400 万自然人基本信息、539 万法人和其他组织基本信息，共 5 亿条信用记录。同时加大守信激励和失信惩戒机制建设，印发了《省人民政府关于建立完善守信联合激励和失信联合惩戒制度加快推进社会诚信建设的实施意见》等系列文件，推进部门间失信联合惩戒和协同执法监管。据统计，2017 年，省高级人民法院公布失信人名单 26.7 万人次，共有 6.3 万多名失信被执行人迫于压力主动履行义务，修复个人信用。

强化金融信用信息基础数据库查询服务执法检查，维护征信信息安全。截至 2017 年底，人民银行金融信用信息基础数据库录入湖北省企业及各类机构户数 37.96 万户；收录自然人数 4 202 万人，同比增长 3.82%。2017 年全省各查询机构共查询企业征信系统 51 万次，同比减少 48%，查询个人征信系统 1 090 万次，同比增长 28.8%，为防范金融风险、改善社会信用环境发挥了重要的作用。2017 年，按照“依法依规、从严从快”的原则，加大监管和处罚力度，对湖北辖内 19 家征信系统接入机构的共计 1 635 家分支机构及网点数量进行了现场检查，对其中 7 家分支机构进行了行政处罚，处罚金额共计193万元，对其中3家涉及违规查询并对外提供个人信用报告的银行机构从严从重进行了行政处罚，有力地震慑了辖内非法获取征信信息的违法、违规行为。

金融服务渠道不断拓宽，金融生态环境保持良好。2017年，全省共实现保费收入9.23亿元，其中主要政策性农业保险保费收入7.51亿元，同比增长67.41%；提供风险保障329.17亿元，农户累计获赔4.27亿元。全年全省新增6家涉农企业登陆新三板；有7家成功实现融资，共融得资金近1.3亿元。统筹推动县域地区搭建以“数据库+网络”为核心的农村信用信息平台，目前有42个县已建成，28个县在建。2017年，全省共评定信用农户652.75万户，占比66.2%；信用村17 745个，占比79.77%；信用乡镇1 008个，占比97.86%。

4. 反洗钱、反假货币工作

反洗钱履职能力不断提升。2017年，湖北辖内各级人民银行共发现和接收案件线索243起，其中接收金融机构重点可疑交易线索213起，接收并处理群众举报线索2起，接收人民银行总行来函跨省协查7起，受理公安、安全、检察院、海关、国税等单位来函协查21起；案件和线索共立项22起，组织实施反洗钱调查268次。向公安、国安等部门移送重点线索16起，涉及金额逾10亿元；协助破获各类案件14起，其中5起以第312条、第349条洗钱相关罪名宣判。

反洗钱从业人员履职水平不断提高。制定《湖北省重点可疑交易报告处理操作规程》（武银反洗钱〔2017〕18号），从职责分工，分析研判、移送上报、档案管理等方面进行了明确，规范全省反洗钱人员对可疑线索的分析研判。

反假货币宣传工作持续推进。创建了城市“地铁电视”宣传长效机制；完善了银行网点日常反假宣传机制；建立了城市“四进”宣传机制，组织反假宣传员和青年志愿者，进社区、进企业、进校园、进集市，面对面、手把手地教群众识别假币方法；创建了人民币知识“电影下乡”宣传长效机制；创建了“农村电视台”反假货币知识宣传机制；建立了“部门联动”长效机制，联合十个部门，构建齐抓共管、立体推进的反假货币知识宣传格局；抓好春节返乡季、秋收农产品收购季、反假货币宣传月“三个关键环节”，建立了“集中重点宣传”体系。2017年湖北省人民币知识宣传“电影下乡”活动覆盖行政村4 238个，观影人数达1 200万多人次；“农村电视台”反假货币宣传覆盖全部65个县市，覆盖人口达4 000多万；宣传月期间全省共34 402人次参与宣传，覆盖城乡群众1 000余万人次。

（二）金融基础设施稳健性分析

支付服务市场两类风险问题需密切关注。一类是无证经营风险，即部分机构完成工商注册后即以技术创新、服务便捷、成本低廉等噱头无证经营支付业务，游离于监管体系外，严重扰乱市场秩序。另一类是混业经营风险，即一些持牌支付机构通过股权投资、关联企业等广泛涉足金融行业，金融产品交叉嵌套、业务综合经营的趋势加剧，金融风险跨市场传染的可能性显著增加。需进一步加强部门工作协调，发挥工作合力，共同防范支付业务风险。

非法集资问题需高度重视。由于互联网、金融支付手段的快速融合发展，依托互联网实施的犯罪迅猛增加，同时向省内二三线城市和农村地区辐射的案件也越来越多，房地产开发、投资入股、商品销售等结合网络、电信等科技手段之后，低成本、低风险、高收益、跨地区等特点更加突出，迷惑性更强，社会危害更大。如恩施州利川“优尚生活网络商城”涉嫌“购物返全款”式非法集资案。此外，犯罪手法变化，隐蔽欺骗性更强，从早期的商品营销、资源开发、种植养殖等所谓的实体经济向理财、期货等资本运作转变，非法集资与传销相互交织、相互勾连。相关职能部门要加强对非法集资犯罪特点的研究，充分利用大数据、云计算和人工智能技术，研发部署监测预警模型，提升对风险隐患的洞察能力和预警水平，根据其行为性质、资金规模和涉及人数等，划分风险等级，及时采取分级处置措施。

六、区域金融定量评估与对策建议

2017 年，面对日趋严峻的经济金融形势，湖北省加强重点领域信贷投放和金融支持力度，优化金融服务质量，切实防范金融风险，促进了经济金融提质增效升级发展。为全面、客观评估 2017 年湖北省金融稳定性总体状况，本报告采用综合分析法和压力测试，以区域金融稳定的影响因素为主线，结合宏观经济和金融业发展状况，量化评估区域金融风险程度。

（一）湖北省金融稳定性量化评估

1. 总体评估

2017 年 GDP 增长率创近年低点 7.8%，导致宏观经济金融稳定性得分为零，呈现大幅下降趋势；银行业的稳健的发展态势为湖北省较高的金融稳定性奠定了基础；证券业金融稳定性得分也出现反复下探；保险业相比上年，情况有所改观（银行业得分高达 89.11 分，证券业、保险业得分仅 51.54 分和 49.39 分）。2017 年，整体宏观经济形势趋稳影响，湖北省金融稳定性得分超过 2015 年、2016 年。

2. 分项评估

宏观经济方面，2017 年，湖北省实体经济增速继续放缓，投资增速同比下降 2.1 个百分点，消费、城镇居民收入增速、消费价格指数同比也有所下降，宏观经济类得分下降至零，是导致 2017 年金融稳定性得分较低的直接原因。银行业方面，近年来，湖北省银行业综合实力不断增强，但是面临复杂的经济金融形势，风险和挑战也加大，核心资本充足率、资产利润率等指标都有所改善，不良率同比上年略低，银行业 2013—2017 年得分分别为 88.50 分、88.68 分、87.89 分、88.18 分、89.11 分。证券业方面，2017 年，证券业资产利润率、流动性指标也相应下降，证券业总体得分由上年的 59.45 分降至 51.54 分。保险业方面，保险密度增长率高于全国，应收保费率下降，得分相比上年显著提高至 49.39 分，超过 2014 年。金融生态环境方面，2017 年，金融债权执结率大幅提高，得分从上年的 59.66 分升至 83.24 分。

（二）湖北省城市商业银行压力测试

2017 年末，湖北城商行出现了不良贷款率和不良贷款余额双增的现象，信贷风险有上升的趋势，资产质量的变化值得密切关注。

信贷风险压力测试：

截至 2017 年末，湖北城商行不良贷款率 2.18%，比 2016 年末上升 0.22 个百分点；不良贷款余额 45.95 亿元，相比 2016 年末增加 10.23 亿元，继续出现不良贷款率和不良贷款余额双升的现象。假如未来一年内，不良贷款率继续上升造成一定规模的新增不良贷款，通过准备金计提将压力传导至资本，进而影响资本充足率的下降。

情景设置：

新增不良贷款上升，假设轻度、中度、重度三种情景。

参数设置：

1. 全部新增不良贷款按照50%的比例扣减资本；

2. 轻度、中度、重度情景分别为新增不良贷款上升比率为100%、150%、200%。

在轻度、中度、重度的情景下，未来湖北城商行整体的资本充足率分别为12.55%、12.26%、11.97%，相比目前13.12%分别下降0.57个、0.86个、1.15个百分点。测试结果显示，不良贷款的增长会对湖北城商行的信用风险产生一定影响，但总体风险可控。

随着宏观经济增速放缓，湖北城商行风险指标下滑幅度较大，对资本补充形成一定压力。当前宏观经济形势更趋复杂，发展方向存在不确定性，这将对各银行机构资本充足情况形成一定冲击，对城商行加强信贷资产质量的能力和手段提出了更高要求。因此，城商行应积极拓展资本补充渠道，不断提高信贷资产的管理能力，确保经营的稳健性。

（三）进一步提高湖北省区域金融稳定性的相关建议

根据上述量化分析结果，结合当前我国经济金融面临的严峻形势：宏观经济增速放缓、证券业波动加大、保险业务结构欠佳，湖北省金融体系未来存在潜在的金融风险，维护金融稳定面临较大挑战，建议从以下几个方面加强区域金融稳定性。

落实金融宏观调控政策，加大对实体经济的支持力度。调整资源分配方式以更好地促进长期增长动力，继续加大对重点领域和薄弱环节的金融支持，要引导资金更多流向小微企业、“三农”领域、“双创”工作以及绿色经济、科技创新、战略性新兴产业等实体经济中的重要领域和薄弱环节；要加大对先进制造业、新经济等领域的金融支持，主动对接长江经济带等重大发展战略，积极支持湖北经济转型升级。针对去产能、去杠杆和处置僵尸企业过程中可能出现的一些新的风险点，以及房地产市场可能出现的波动；要优化消费供给，以服务消费、信息消费、时尚消费、品质消费、绿色消费、农村消费为重点，促进消费结构升级，加快培育形成新供给新动力。

继续落实稳健中性的货币政策，加强信贷结构调整。处理好稳增长、调结构、控总量的关系，调节好本地区货币闸门，保持货币信贷适度增长和流动性基本稳定，做好对湖北主要法人金融机构的信贷调控。灵活运用货币政策工具，加大再贷款、再贴现运用力度，疏通货币政策传导机制，全面提升金融服务实体经济的效率和水平。进一步加强信贷资产质押再贷款试点和央行内部评级工作，充分运用常备借贷便利工具。继续加强辖内流动性监测工作，重点关注金融机构流动性来源和期限结构、资产负债期限错配、表外业务发展、杠杆率水平，以及流动性覆盖率（LCR）等监管指标达标情况，及时了解金融机构和地方法人金融机构表内和表外资金的运用、杠杆率变化情况。着力做好金融精准扶贫工作，加大扶贫再贷款额度向深度贫困地区倾斜力度，支持深度贫困地区符合条件的企业发行债务融资工具筹集资金。努力推进小微企业金融服务工作，指导金融机构利用大数据、云计算等技术手段，加快小微企业信贷产品创新和服务机制再造，为小微企业提供低成本、便捷的综合性金融服务。持续完善房地产信贷宏观审慎管理，继续做好差别化住房信贷政策实施工作和重点城市个人住房信贷宏观审慎管理工作，指导金融机构把握好工作方式和方法，切实掌握好个贷投放的节奏和尺度，优先满足居民合理自住贷款需求。积极推动跨境人民币业务增量扩面，制订出台跨境人民币新客户拓展专项行动实施方案，明确新客户培育名录、工作措施和阶段目标，采取正向激励和反向考核约束相结合的方式，推动金融机构重点挖掘跨境人民币潜在客户，有针对性地开展“一对一”上门业务营销和辅导。

加强证券业风险治理，促进资本市场健康发展。有力防控上市挂牌公司风险，通过日常监管抓早抓小，持续跟踪风险苗头，强化过程监管，及时揭示化解风险。督促上市挂牌公司充分履行信息披露义务。及时将股权质押等重大风险处置情况报送各级政府及有关部门，防止风险蔓延。切实防控公司债违约风险，加强与证券交易所的监管协作，及时共享债券风险信息；督促重点债券发行人和受托管理人履行法定义务，加强与证券交易所和地方政府的沟通，做好违约处置和维稳工作。有序做好交易场所清理整顿工作，推进清理整顿“回头看”中存量风险化解，协同省政府金融办加强对合规交易场所规范发展的指导。加强证券期货经营机构、私募股权投资机构风险防控，加大现场检查工作力度，督促规范运营；加大私募基金非法集资整治力度，净化市场环境；推动私募基金管理机构不断提高风险意识，加强管理水平。严厉打击以私募基金之名，行违法之实的市场乱象。

加强保险市场风险治理，促进保险业健康发展。产险市场风险治理方面，一是加强监管，划定监管红线，凡违反红线者，一律依法从严处理，主要采取停止接受新业务、撤换高管、高额罚款等顶格处罚为主；二是加强信息披露，通过第三方机构对保险公司进行评价，及时向社会公布公司经营行为、服务水平的评价结果，运用市场机制督促公司提高经营管理水平；三是加强保险公司内审指导，严格保险公司内部审计工作规范，对审计内容、审计对象、发现问题、整改措施等统一标准，切实发挥内审作用；四是进一步发挥行业自律作用，行业协会应修订完善自律公约，持续开展市场巡查、自律检查，从快、从重查处扰乱市场秩序行为。寿险公司风险治理方面，一是加强风险监测和处置，动态甄别出满期给付与退保风险较为集中的重点公司、重点地区、重点渠道、重点产品和重点客户，及时发现风险苗头；密切关注市场动态和舆情热点，一旦发现风险苗头，第一时间督促相关公司快速处置，切实做好风险排查，通过开展应急演练和客户大走访活动，提高行业风险防范意识及应急处置能力，提升服务满意度；二是通过抓源头、建机制、严监管、强自律，进一步推动各人身保险公司建立治理销售误导的长效机制，进一步加强对销售误导等违法违规行为的查处力度，一经查实必将对保险机构和相关责任人员实行“双罚”，切实规范市场秩序；三是落实保险机构防范案件风险的主体责任，要求各公司建立系统性的风险预警机制，牢牢抓住风险管控的源头，加强内部管控和风险排查，制定切实有效的应急处置机制，一旦发生案件，要防早防严、随发随报、分类施政、积极应对，依法、有序、稳妥处置风险，事后要强化追责、落实整改。

加强金融基础设施建设，不断优化区域金融环境。立足风险防范，强化支付市场监管，着力构建健康有序支付生态。深入开展无证经营支付业务整治工作，维护消费者合法权益。坚持服务宗旨，深化支付环境建设，统筹推进支付服务普惠进程。深入开展移动支付便民示范工程，引导条码支付等创新支付业务规范发展。进一步促进农村支付服务与农村电子商务融合发展，探索支付数据服务增信、授信。搭建平台，引导义务机构开展反洗钱工作规范建设，深入推进客户洗钱风险评估、风险等级划分，提高风险防控精准度。以案倒查，建立反洗钱案件倒查机制，发现义务机构风险防范漏洞，适时开展风险提示，加大对涉案机构的处罚力度。以重点可疑交易报告为主要样本，实施质量评价，督促义务机构提高可疑交易报告质量，依法合规，加大执法检查力度。进一步加强征信信息安全管理，维护信息主体合法权益；进一步明确信用信息的收集、使用规范，保护信息主体权益。加强市场综合管理，多部门共同治理征信乱象。疏导结合，建立征信机构辅导机制，培育一批合格的市场主体按照监管要求开展征信服务。大力加强中小微企业和农村信用体系建设，集中建设全省统一的金融信用信息平台，建立与相关部门的信息共享机制，并试点开展类金融机构的信息共享，归集中小微企业及农户信用信息，促进金融机构平等地为中小微企业和“三农”提供丰富、无歧视、便捷的金融服务。探索具有当地特色的中小微企业或农村信用体系建设新路子，支持“大众创业、万众创新”及金融精准扶贫。持续推进农村金融服务全覆盖“升级版”，促进农村普惠金融发展。进一步提升金融服务“三农”水平，增强金融服务乡村振兴战略的能力，加大金融精准扶贫工作力度。强化重大事项报告制度，完善应急管理体系，提高防范、化解、处置风险能力。促进金融机构规范经营行为，提升金融服务质效，切实保护金融消费者权益，维护金融稳定，构建和谐有序的金融消费环境。

总　　纂：谢崇礼
统　　稿：刘威林　王邦武　计惠龄　瞿森垓
执　　笔：方爱国　王鹏程　陈　亮　陈　娟　陈　楠
　　　　　刘鸿伟　彭　慧　陈　阳　方　敏　徐　融
其他参与写作的人员（以姓氏笔画为序）：
王春元　孙　妍　李　倩　李作峰
李政为　陈　波　陈立高　杨　亮
周永胜　周远慧　贺　杰　郑光勇
袁　征　聂文斌　麻景豪　熊艳春

湖南省金融稳定报告摘要

2017年，湖南省贯彻新发展理念，推进供给侧结构性改革，全省经济稳中向好、稳中趋优，经济总量跨上新台阶，产业结构持续优化。全省金融系统积极应对复杂的经济金融形势，银行业运营稳健，积极服务实体经济，证券融资功能有效发挥，保险保障能力不断增强，金融市场稳步发展，为全省经济转向高质量发展提供了有力支撑。

一、区域经济运行与金融稳定

（一）区域经济运行状况

经济运行稳中向好，产业结构持续优化。2017年，湖南省实现地区生产总值（GDP）34 590.6亿元，同比增长8.0%，增速与上年持平，高于全国平均水平1.1个百分点。三次产业结构比例为10.7:40.9:48.4，第三产业比重同比提高2.1个百分点，产业结构持续优化。

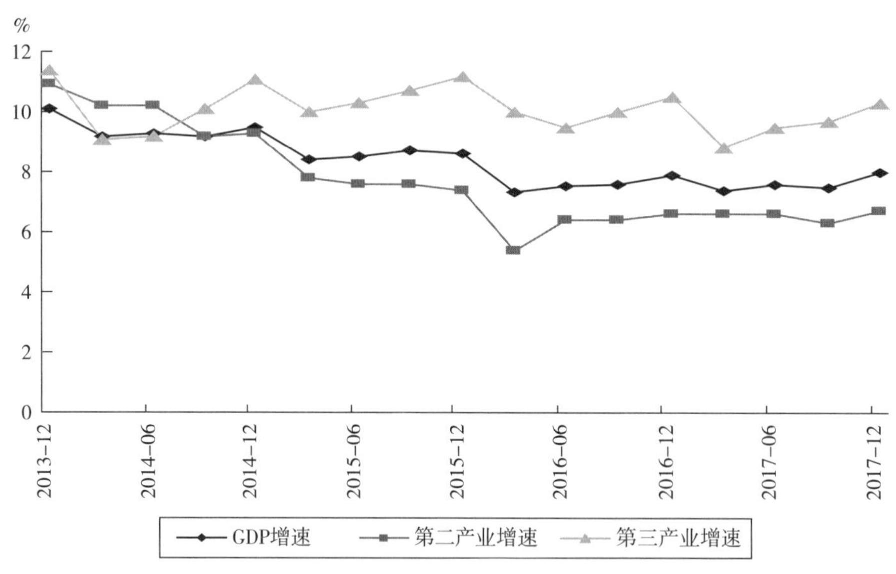

数据来源：湖南省统计局。

图1 湖南省GDP增速走势

固定资产投资首次突破3万亿元，基础设施投资贡献率超三成。2017年，湖南省固定资产投资完成额31 328.1亿元，同比增长13.1%。其中，全省基础设施投资同比增长15.9%，对全部投资增长的贡献率 32.1%；战略性新兴产业投资和工业投资分别拉动投资增长 3.1 个和 2.8 个百分点，较上年提高 1.5 个和 4.2 个百分点。

消费增速放缓，升级型消费、新业态消费提升明显。2017 年，湖南省累计实现社会消费品零售总额 14 854.9 亿元，同比增长 10.6%，增速较上年回落 1.1 个百分点。升级型消费来势较好，家具类、建筑装潢类商品及文化办公用品类分别增长 26.6%、29% 和 21.7%。消费新业态蓬勃发展，全省限额以上法人单位中①，网上零售额增长 40%。

进出口增长较快，增速居全国前列。2017 年，湖南省进出口总额 2 434.3 亿元，同比增长 39.8%，增速较上年提高 41.9 个百分点，居全国第 4 位、中部第 1 位。其中，全年完成出口1 565.5 亿元，同比增长 33.3%；全年完成进口 868.8 亿元，同比增长 53.3%。

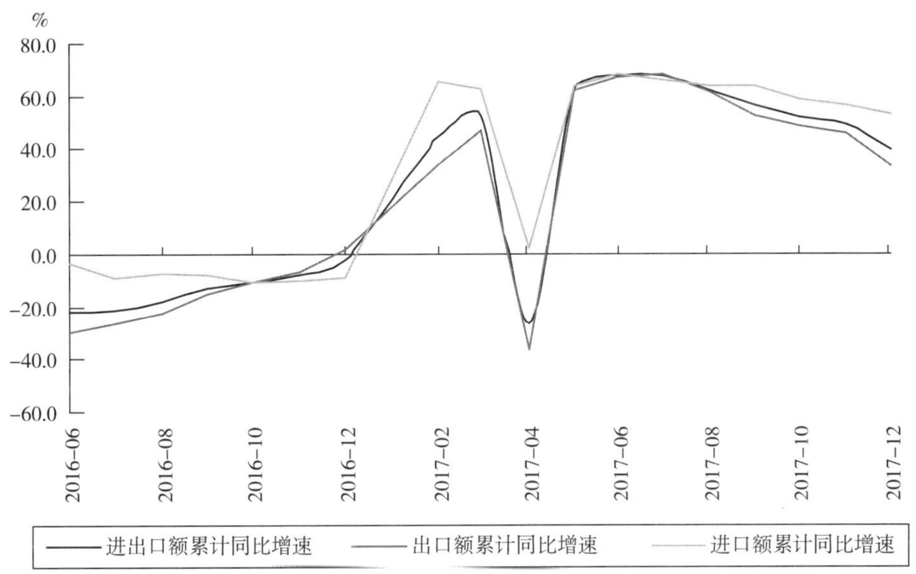

数据来源：长沙海关。

图 2　湖南省进出口增速

财政收支矛盾较为突出，居民收入稳步增长。2017 年，湖南省一般公共预算收入 4 565.7 亿元，同比增长 7.4%；全省一般公共预算支出 6 857.7 亿元，同比增长 8.2%，快于收入增速 0.8 个百分点。全省居民人均可支配收入 23 103.0 元，同比增长 9.4%，增速较上年提高 0.1 个百分点。

CPI 涨幅回落，PPI 当月涨幅持续超过 CPI。2017 年，湖南省 CPI 累计同比上涨 1.4%，低于全国平均水平 0.2 个百分点，比上年回落 0.5 个百分点。八大类价格指数“七涨一降”，其中食品类价格累计下降 0.7%，降幅较上年扩大 5.0 个百分点。全省 PPI 累计同比上涨 5.8%，增幅比上年提高 6.9 个百分点。PPI 当月涨幅全年持续超过当月 CPI，上游价格上涨态势明显。

① 限额以上法人单位指年主营业务收入 2 000 万元及以上的批发业、年主营业务收入 500 万元及以上的零售业法人单位、年主营业务收入 200 万元及以上的住宿和餐饮业法人单位。

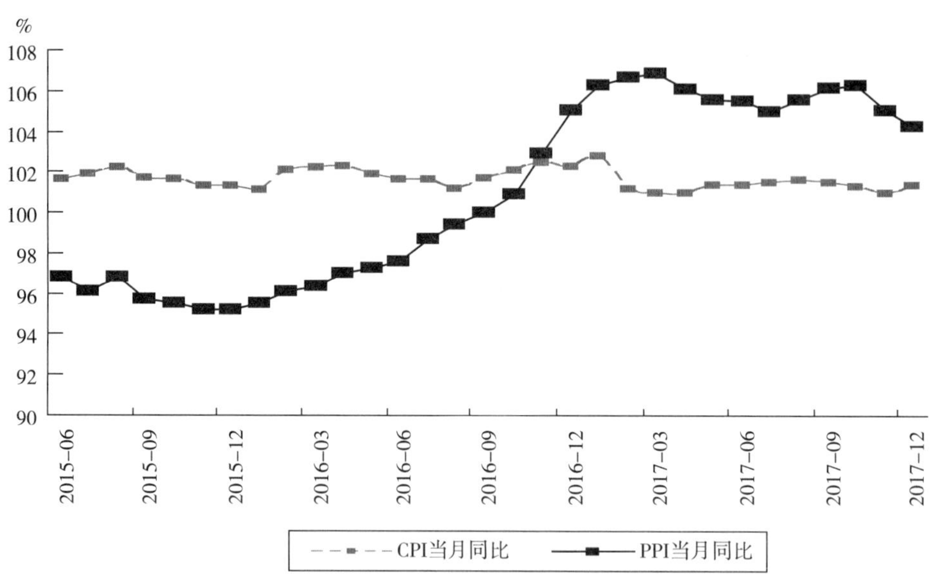

数据来源：国家统计局湖南调查总队。

图3 湖南省 CPI 及 PPI 当月同比变动

（二）区域经济运行需要关注的问题

新旧产能转换不畅，工业持续回升的基础不牢。一是传统支柱行业仍然处于深度调整期。如全省有色金属全产业链呈负增长态势，采矿业拖累工业增加值增速 0.7 个百分点，钢铁、石化及化工行业累计拉动工业增加值仅 0.2 个百分点。二是前期培育的工业新动能后续增长放缓。如全省汽车制造业增加值增长 44.8%，但增速已连续 6 个月下降。随着国家相关购车补贴政策力度减弱或退出，后续汽车制造业对工业经济的拉动作用可能进一步减弱。三是房地产开发和销售初现高位回落，房地产调控长效机制逐步建立和完善，未来房地产行业及其上下游对工业的拉动作用可能逐步减弱，进一步拖累全省工业增加值增速。

重大投资项目占比远低于全国平均水平，投资增长后劲不足。一是投资项目规模偏小，重大项目完成投资占比偏低。2017 年，湖南省在建项目平均完成投资居中部六省第 5 位，全省 5 000 万元以上重大投资项目完成投资占比 49.1%，较全国平均水平低 30.9 个百分点。二是政府类基建投资项目资金来源趋紧，部分省级重点项目未开工或欠进度，进一步影响了投资增长后劲。全省基础设施投资同比增速较上年下降 10.3 个百分点，全省新开工项目完成投资同比下降 2%。其中，5 000 万元以上新开工项目计划总投资同比下降 16.7%，完成投资同比下降 16.3%。

税收收入来源单一，财政收支缺口扩大。湖南省税收收入依赖“一桶油、一支烟、一间房”，2017 年前三季度全省房地产相关税收收入占地方税收收入的 51.3%，1－11 月中烟公司入库税收占全省税收收入的 37.3%，长岭炼化、巴陵石化停产检修拉动全省税收同比下降 2%。同时，全省一般公共预算支出同比增速快于收入增速 0.8 个百分点，财政收支缺口 2 292.0 亿元，较上年增加 207.1 亿元。

二、银行业与金融稳定

（一）银行业运行状况

金融实力不断增强，服务实体经济力度加大。2017 年末，湖南省银行业各项存款余额 4.7 万亿元，比年初增加 4 733 亿元，同比增长 11.3%，高于全国平均水平 2.5 个百分点。全省银行业各项贷款余额 3.2 万亿元，同比增长 15.7%，比上年提高 2 个百分点，快于全国 3.6 个百分点；全年新增贷款 4 318 亿元，同比多增 1 007 亿元。全省新增社会融资规模 6429.6 亿元，同比多增 1 993 亿元。其中，全省间接融资新增 5 114.9 亿元，同比多增 2 335.6 亿元，占社会融资规模比重由上年 62.7% 上升为 79.6%；直接融资新增 1 083.9 亿元，同比少增 392.9 亿元，占社会融资规模比重由上年同期 33.3% 下降至 16.9%。全省银行业信贷投放结构进一步优化，金融支持供给侧结构性改革力度加大。全省基础设施类贷款增速快于全部贷款增速 6.4 个百分点；工业贷款增速比上年提高 0.3 个百分点；涉农贷款、小微贷款、精准扶贫贷款同比分别增长 15.9%、30.1% 和 72.8%，高于全部贷款增速 0.02 个、14.4 个和 57.1 百分点；煤炭、钢铁等重点去产能行业中长期贷款全年净下降 19.5 亿元，比上年多降 1.4 亿元；个人住房消费贷款增速同比下降 5.4 个百分点，连续 10 个月回落。

存贷款利率水平保持稳定，小微企业融资成本降低。2017 年末，湖南省金融机构活期存款加权平均利率较上年下降 1 个基点，定期存款加权平均利率较上年上升 3 个基点。全年新放贷款加权平均利率较上年上升 10 个基点，小微企业贷款加权平均利率较上年下降 2 个基点。全省银行业规范服务收费，降低企业融资成本，全年主动减费让利 18.5 亿元。

不良贷款同比双升，盈利能力出现分化。2017 年末，湖南省银行业不良贷款余额较年初增加 97.8 亿元，不良贷款率较上年上升 0.05 个百分点。2017 年，全省银行业实现盈利 705.3 亿元，同比多增 77.9 亿元，较上年增长 12.4%，增速较上年提高 1.2 个百分点。全省 27 家中资金融机构中，18 家同比增盈，9 家同比减盈。

区域金融改革持续深化，金融服务供给体系逐步完善。2017 年，湖南省银行机构 183 家，较上年增加 14 家。其中，浙商银行获批在湘筹建分支机构，12 家全国性股份制银行齐聚湖南；法人银行机构 154 家，较上年增加 13 家。全省全年新开业农商行 7 家，累计开业 100 家；全年新开业村镇银行 13 家，累计开业 49 家；“一县两行”覆盖率达 78%，实现“一县两行”县（市）年末存贷比高于其他县（市）6.6 个百分点。同时，推动金融服务进村入户，全省 6 923 个贫困村建立金融扶贫服务站。

（二）银行业需要关注的问题

部分银行资金滞留金融体系，金融“脱实向虚”风险值得关注。一方面，湖南辖内部分银行以债券投资、同业存放等形式扩张同业资产，同业资产再对接理财产品、资管计划、信托产品，最终流向股票市场、货币市场。上述业务链条长、交易环节多、产品层层嵌套，导致资金在金融系统内部滞留时间延长，甚至部分资金滞留金融体系，未投入实体经济。另一方面，金融同质化趋向比较严重，金融服务实体经济的渠道较单一，银行差异化经营特征不明显，金融资源配置有待进一步优化。

银行资产质量承压，信用风险上升。2017 年末，湖南省银行业不良贷款余额和不良贷款率同比双升，特别是地方法人银行信用风险防控压力加大，部分机构不良贷款余额和不良贷款率高企，贷款迁徙率上升。同时，对部分商业银行资产质量真实性现场评估显示，当前商业银行普遍存在账面数据与实际情况偏离度较大，主要利用监管盲点及表外业务监管空缺人为掩盖不良，通过同业投资、向企业发放贷款、表外理财承接不良，不良资产转让及处置不真实。

部分地方政府债务率偏高，警惕向金融体系传递风险。当前地方政府债务统计口径不一致，地方政府存量债务和隐性债务规模不清楚。部分地方政府负债率偏高，偿债能力较弱，可能对银行资产质量、盈利水平带来影响，要警惕地方政府债务风险向金融体系转移。

法人银行资产流动性下降，理财期限错配潜藏流动性风险。当前，湖南省法人银行机构短期流动性整体充裕，但债券资产流动性下降，银行理财产品期限错配，未来流动性管理压力较大。一是全省法人银行持有到期剩余期限一年以上的债券占比较上年上升 3.7 个百分点；二是全省法人银行发行三个月内的理财产品资金占比超过 60%，到期期限在一年以上的理财资产占比超过 60%；三是部分机构同业拆入、同业存放、发行同业存单等批发性负债占负债比例超过 20%。

非金融企业投资入股金融机构，谨防交叉性风险传染。当前，民营企业集团型的金控公司快速扩张，路径及手法复杂，金融风险隐患不容忽视。湖南辖内部分非金融企业金融股权投资活跃，参股多家中小法人银行、证券、期货等金融机构，通过融资募集入股本金，利用股东权利追求投资回报，在参股银行融资满足经营及集团扩张需要，要密切关注并保持警惕。

三、证券业与金融稳定

（一）证券业运行状况

证券公司网点数量增加，经营效益下滑。2017 年末，湖南省辖内共有法人证券公司 3 家，与上年持平；下设营业部合计 384 家，较上年增加 25 家。非法人证券公司 30 家，较上年增加 8 家；在湘设营业部 410 家，较上年增加 40 家。全省证券公司全年共实现利润 33.1 亿元，同比下降 32.7%。其中，法人证券公司利润总额 25.4 亿元，同比下降 26%。

期货公司资产负债同比下降，交易萎缩。2017 年末，湖南省法人期货公司 3 家，辖内期货营业部 18 家，较上年减少 2 家。全省期货公司总资产和总负债分别为 35.9 亿元和 26.3 亿元，同比下降 7.8% 和 10.6%。全省全年期货交易 4 056.6 万手，同比下降 6.8%；实现盈利 0.1 亿元，同比下降 67.7%。

上市公司盈利增长较快，募集资金同比上升。截至 2017 年末，湖南省全年新增国内上市公司 17 家，上市公司合计 101 家；上市公司资产合计 9 151.3 亿元，同比增长 27.14%；实现净利润 182.8 亿元，同比增长 81.3%；总市值 9 513.8 亿元，同比增长 5.8%；累计募集资金 660.5 亿元，同比增长 16.3%。

区域股权市场服务效率偏低，平台建设较为缓慢。湖南省股交所挂牌企业中，近半数企业未获得股权融资，整个市场的交易信息较少，缺乏足够活力。股交所交易平台基础设施建设较为缓慢，互联网行业、农业、农产品开发、食品加工、新材料制造、母婴六大行业中，只有三分之一的挂牌企业可以在网站上获得财务数据，不利于投资者掌握信息。

（二）证券业需要关注的问题

法人券商投资行业过度集中，资管业务投后管理不到位。一是湖南省法人券商自营投资集中投向城投类债券及涉政府信用项目，部分平台公司逐渐进入偿债高峰期，偿债压力较大，信用违约风险上升。二是湖南省法人证券公司定向资管计划多为被动管理通道业务，按照委托人指令投资操作，及时化解存续期内的项目投资风险难度大，投后管理压力加大。三是湖南省法人证券公司部分定向资管计划投向房地产业，受房地产行业融资整体收紧和国家去库存、控房价的影响，部分底层资产存在一定的市场风险。

部分上市公司财务风险上升，加剧股价波动。2017 年，全国 A 股上市公司中共有 11 家因财务造假收到证监会发出的行政处罚书。其中，湖南辖内一家上市公司因财务数据问题先后接到深交所函询和证监会调查通知。上市公司财务造假引发股价异常波动，给投资者造成巨大损失；折损整个中国资本市场的信用，传染声誉风险。同时，当前财务数据造假违法成本过低，易滋生道德风险。目前，我国《证券法》对上市公司虚假披露信息的顶格处罚仅为 60 万元。

股票质押爆仓事件频发，上市公司经营风险隐患加大。2017 年，全国 A 股市场共发布补充质押公告 56 份，其中，质押比例超 50% 的 10 家上市公司发布补充质押公告 17 份，股票质押“爆仓”风险陆续引发。一方面，上市公司股价大幅下跌，加之企业主要管理人员被司法起诉、企业被监管部门立案调查等随之发生，质押方无法强制平仓，形成业务损失。另一方面，一旦质押股权被冻结拍卖，将会引起控制权转移，影响上市公司经营战略、管理规划，造成公司经营不连贯和管理动荡。

四、保险业与金融稳定

（一）保险业运行状况

市场服务主体增多，保险深度和保险密度同比上升。2017 年末，湖南省共有法人保险公司 1 家；省级保险分公司 55 家，较上年增加 3 家。其中，财产险公司 23 家，与上年持平；人身险公司 32 家，较上年增加 3 家。保险专业中介法人机构 37 家，较上年增加 1 家。全省保险深度 3.2%，较上年上升 0.4 个百分点；保险密度 1 617 元/人，同比增长 23.5%。

保费收入增长较快，区域差异明显。2017 年，湖南省原保险保费收入 1 110.2 亿元，同比增长 25.2%，保费规模列全国第 11 位。其中，财产险保费收入 314.2 亿元，同比增长 15.1%；人身险保费收入 796.0 亿元，同比增长 29.8%。全省 14 个市州保费收入均呈正增长。其中，长沙、常德和衡阳保费收入规模列全省前三位；郴州、长沙和益阳增速列全省前三位。

赔付及费用支出大幅提高，总体经营亏损。2017 年，湖南省保险公司赔付支出、手续费及佣金支出、业务及管理费分别为 376.7 亿元、152.8 亿元和 110.7 亿元，同比增长 10.8%、43.3% 和 9.9%。全省保险公司预计利润亏损 97.8 亿元，较上年少亏损 1.2 亿元。其中，财产险公司预计利润 15.7 亿元，同比上升 34.9%；人身险公司预计利润亏损 113.5 亿元，亏损同比上升 2.6%。

（二）保险业需要关注的问题

财产险保费收入增长分化，与经济周期相关的险种保费收入下滑。分机构看，市场份额占比高的机构保费收入增长较为稳定，市场份额低于2%的机构保费收入增减幅度较大。分险种看，与经济周期密切相关的产险保费收入下滑，其中，企财险和工程险收入分别为8.4亿元和2.5亿元，同比分别下降10.3%和24.0%。

人身险退保金额加速上升，近五成人身险公司退保率超监管标准。2017年，湖南省退保额同比增长36.6%，增速较上年上升34.8个百分点。受前期中短存续期保险产品占比较高的影响，全省32家人身险公司中，近五成公司退保率高于5%的监管标准，个别保险公司退保率高达42.4%。

部分保险机构银行化，“以保险之名，行投资之实”问题突出。2017年，湖南人身保险公司非普通型寿险①保费收入同比增长31.1%，占寿险保费收入的41.6%，占比较上年上升1.0个百分点。投资型寿险保费收入占比偏高，脱离“保险姓保”的根基，忽视保险保障功能，与设计保险产品的补偿损失原则相违背，不利于保险业健康可持续发展。

五、金融市场与金融稳定

（一）金融市场运行情况

同业拆借市场成员稳步增加，交易下滑明显。2017年末，湖南省共有全国银行间同业拆借市场成员76家，成员家数较上年增加13家。受金融去杠杆、强监管等因素影响，市场流动性收紧，银行间市场业务交易下滑。2017年，全省金融机构银行间同业拆借业务累计成交金额7 960.0亿元，交易金额同比下降17.9%。

债券市场交易大幅收缩，利率震荡上行。2017年末，湖南省共有银行间债券市场成员107家，较上年同期增加8家，全年市场交易额19.1万亿元，同比下降9.3%，同比增速较上年下降100.7个百分点。1－12月，全省回购式债券交易利率在2.5%～3.1%波动，12月末利率3.1%，较上年末提高58个基点。2017年末，全省质押式回购累计加权利率2.903%，较上年末上升67.5个基点；买断式回购加权利率3.810%，较上年提高112.3个基点。

非金融企业债务融资工具发行创历史新高，融资成本上升。2017年，湖南省累计发行非金融企业债务融资工具981.8亿元，同比多发296.6亿元，发行额占全省企业债券发行额的59.5%，较上年提高29.6个百分点。全省非金融企业债务融资工具发行加权平均票面利率5.81%，较上年提高180.0个基点，但低于全省贷款加权平均利率33.0个基点。

黄金市场业务增长较快，场内代理及实物黄金业务加速增长。2017年末，湖南省已开办黄金业务的商业银行20家，较上年末增加2家。全省各金融机构全年开展黄金市场业务286.6亿元，同比增长26.3%，较上年提高36.2个百分点。其中，黄金场内代理和实物黄金累计成交金额同比增长54.0%和35.8%，增速较上年提高52.4个和39.6个百分点。

银行间外汇市场交易持续负增长，交易品种日趋多元化。2017年，湖南省银行间外汇市场交易14.7亿美元，同比下降75.6%，增幅较上年下降42.7个百分点。从交易品种来看，“美元/人民币”交易8.6亿美元，占全省外汇交易额的58.3%，较上年下降38.4个百分点；港元、日元、欧元、英镑、加元等外汇品种交易6.1亿美元，占全省外汇交易额的41.7%，较上年提高38.4个百分点。

---

① 非普通型寿险包括分红险、投连险、万能险等，具有一定投资功能。

（二）金融市场运行需要关注的问题

发债成本上升，谨防企业资金链断裂风险。截至2017年末，全国49只债券违约，违约规模近230亿元。其中，仅26只约170亿元违约债务融资工具实现延期兑付或完成重整。债券违约导致投资者投资意愿下滑，企业发债成本上升，部分企业推迟或取消债券发行，可能引起资金链断裂风险。2017年末，湖南省企业债券发行平均票面利率5.78%，较上年提高232个百分点；企业债券新增融资731亿元，同比少增497亿元。

外债规模创历史新高，集中偿付可能加剧国际收支波动。2017年，湖南省登记外债余额同比增长39.1%。一方面，短期外债占比高，将集中到期，跨境资金控流出压力大；另一方面，外币外债余额占比高，受汇率波动影响大，外币升值可能导致企业提前偿债，加剧国际收支波动。

六、金融基础设施与金融稳定

（一）金融消费权益保护持续深化

2017年，湖南省开展金融消保工作评估及现场检查，成立“湖南省金融消费纠纷调解中心”，妥善处置大宗商品交易人员集中投诉事件，着手金融广告治理工作，提升金融消费纠纷调解效果。推动印发《湖南省推进普惠金融发展实施方案》，积极承接世界银行（平江）普惠金融综合试点项目。规范行使执法裁量权，开展行政执法随机抽查130余次，实现人民银行行政审批事项网上办理，全面优化金融法治环境。

（二）支付系统运行高效

支付基础设施建设持续加强。2017年，湖南省支付系统办理各项支付业务28 232万笔，清算金额78.96万亿元，业务笔数同比增长32%，ACS业务成功率99.81%，安全运行率100%。全省电票系统共办理电票承兑业务153 792笔，金额1 934亿元，同比增长193%和72%。全省金融IC卡公共服务业应用公交项目39个，覆盖全省绝大部分城市，新增交易3 811万笔，同比增长30%。全省农村地区人均银行卡持卡达3.2张，逐步接近城市水平，累计安装POS机具24.62万台，布放ATM机具13 128台。全省建成金融扶贫服务站、助农取款服务点和村级电商服务站三站融合站点2 172个。

支付市场风险管控力度进一步加大。2017年，湖南省全面开展支付领域实名制落实年活动，对全省新增的2 654万条个人银行账户进行筛查，中止可疑账户非柜面服务36万户，撤销虚假账户近3.5万户，拒绝异常开户4 000余人次。贯彻落实备付金集中交存的监管新政，指导备付金存管银行及支付机构全年按时按量累计完成交存超过110亿元。持续开展互联网金融风险整治，对确认的15家非银行支付机构领域整治对象、已督促14家无证机构停止违规业务完成整改，1家失联的无证机构被工商纳入失信名录。印发《湖南省签发空头支票行政处罚裁量权实施细则》，建立湖南省银行卡收单市场投诉举报机制、湖南省预付卡业务监管协调机制，为有效开展支付结算业务管理奠定制度基础。

（三）征信体系建设纵深推进

2017年，湖南省实现证券、融资租赁等新类型机构全面接入金融信用信息基础数据库，将企业拖欠电费、水费信息纳入征信系统。全省累计布设自助查询机102台，全年提供个人信用报告查询服务165万次、企业信用报告查询服务4.9万次，实现国家级贫困县自助查询全覆盖，并首次明确省内人大代表、政协委员的信用审查标准，征信服务能力继续提升。推动建设应收账款融资综合服务体系，破解中小企业融资困境。以公众号“三湘征信”为平台，发挥诚信文化教育基地的作用，拓展征信宣传的广度和深度。同时，强化征信合规监管，征信前置系统构建了省、市、县三级的运行与管理体系，精准定位用户操作、准确识别申请人身份、及时预警异常情况、电子化存储业务档案。

（四）反洗钱工作水平持续提升

2017年，湖南省指导、督促辖内义务机构贯彻落实《金融机构大额交易和可疑交易报告管理办法》要求，对2 211家义务机构分类评级，深入组织开展反洗钱宣传活动，全面提升社会公众的反洗钱意识。同时，发布相关犯罪可疑交易识别点，督促加强对可疑资金交易监测，积极协查涉案可疑账户，继续开展打击利用离岸公司和地下钱庄转移赃款专项行动、打击骗取出口退税和虚开增值税发票专项工作，协助破获常德“4·18”、邵阳“11·30”地下钱庄案、“12·1”骗取出口退税专案等多起案件。

（五）反假币工作成效突出

2017年，湖南省设立131个省级银行假币监测站点，假币监测覆盖到省内所有区县，加强重点地区假币犯罪监测，完善农村反假货币机制，深入打击假币犯罪，提升反假货币宣传效果。同时，促使银行业金融机构交存现金进行全额清分，提高流通中现金质量，开展银行业金融机构人民币收付及反假货币业务执法检查、对外支付现金清分工作检查，进一步促进银行业金融机构反假货币工作管理。

（六）金融生态建设稳步推进

2017年，湖南省连续十年开展金融生态评估，其中，长沙市、湘潭市、株洲市、岳阳市、常德市综合排名前5位。修订省级金融安全区创建考核办法，重点强化“金融精准扶贫”考核要求，指导推动县域金融生态建设。永州蓝山、怀化洪江、湘西凤凰3个县市顺利创建为省级金融安全区达标单位。2017年末，全省省级金融安全区数量共计31个，占全省县市总数的35%。

（七）金融基础设施建设需要关注的问题

部分非银行支付机构内控管理不到位，合规风险值得关注。2017年末，湖南省共有38家机构从事互联网支付、移动电话支付、银行卡收单以及预付卡发行与受理等业务，合规性问题突出。一是客户账户管理机制不健全，客户身份有效验证方式不足，账户关联及限额控制欠缺，单位支付账户审慎核查不到位。二是部分收单支付机构执行商户实名制度不到位，违规拓展证照不全或者没有资质证明的商户入网，未了解商户依法设立、合法经营等情况，违反监管法规规定的“了解客户”原则。

县域金融基础设施存在短板，金融生态环境有待优化。一是部分地区金融基础设施较为薄弱，金融服务组织体系不够完备，功能过于简单，担保、资产评估、会计师事务所、律师事务所等中介机构数量少、实力较弱、费用高，滞后于经济金融的发展。二是部分地方社会诚信意识淡薄，信息共享机制建设缓慢，未能形成覆盖全社会的征信数据系统，守信联合激励和失信联合惩戒的有效机制尚不健全。三是金融司法环境有待优化，金融案件结案率、金融案件执结率下滑，严重损害金融债权人的合法权益。四是部分行政事业单位及国家公职人员拖欠银行贷款，企业逃废债时有发生，行政环境需进一步改善。

七、总体评估

2017 年，湖南省经济运行保持“稳中有进、稳中向好、稳中趋优”的总体态势，全省经济转向高质量发展的步伐加快。金融整体实力持续增强，聚焦湖南经济发展的重点领域和薄弱环节，积极支持供给侧结构性改革，较好地发挥了金融服务实体经济的血脉作用，金融体系整体运行稳健。同时，也存在银行资产质量承压、中小法人银行风险上升、非金融企业参股金融传染风险、证券资管产品投向集中、保险退保率高企等一些影响金融稳定的不确定性因素，但风险整体可控。

2018 年，国际国内经济金融环境依然复杂严峻，各类矛盾和困难相互交织，金融风险隐患不可忽视，维护金融稳定面临较多挑战。湖南省应积极贯彻全国经济金融工作会议精神，引导金融机构回归本源，加大服务实体经济金融支持力度，认真落实稳健中性的货币政策和宏观审慎政策，强监管、补短板、促发展，将金融风险防控放在极端重要的位置，不断提升风险防范和处置能力，牢牢守住不发生区域性系统性金融风险的底线。

总　　纂：侯加林
统　　稿：魏祖元　许均平
执　　笔：常　皓　夏　颖
参与写作人员：王　敏　邓　婷　左淋丞　任中红
李文政　刘孟飞　吴玉梅　陈　帆
张丽康　陈　昊　吴　敏　胡丕吉
殷南明　徐爱华　彭于彪　魏思龙

广东省金融稳定报告摘要

2017年，广东经济继续保持平稳健康发展，经济结构持续优化调整，经济活力、动力和潜力不断释放。金融业持续快速发展，金融改革创新取得积极进展，金融稳定工作机制建设持续强化，区域金融体系总体保持稳定。与此同时，受国内外复杂经济金融环境影响，广东金融运行中仍面临诸多挑战，需引起关注。

一、金融业发展环境

2017年，广东经济总体延续稳中有进、稳中向好的良好态势，结构调整持续深入推进，内外需潜力持续释放，物价涨幅平稳，房地产市场总体运行态势较为稳定，经济发展稳定性、协调性和可持续性明显增强。

（一）宏观经济保持平稳增长

2017年，广东实现地区生产总值89 879.23亿元，比上年增长7.5%，增幅与上年持平。从年度增速来看，2012—2017年，经济增速在7.3%～8.2%波动，经济增速转为中高速增长且波动不大。从各季度情况来看，四个季度增速分别为7.8%、7.8%、7.6%、7.5%，经济增速较为平稳。

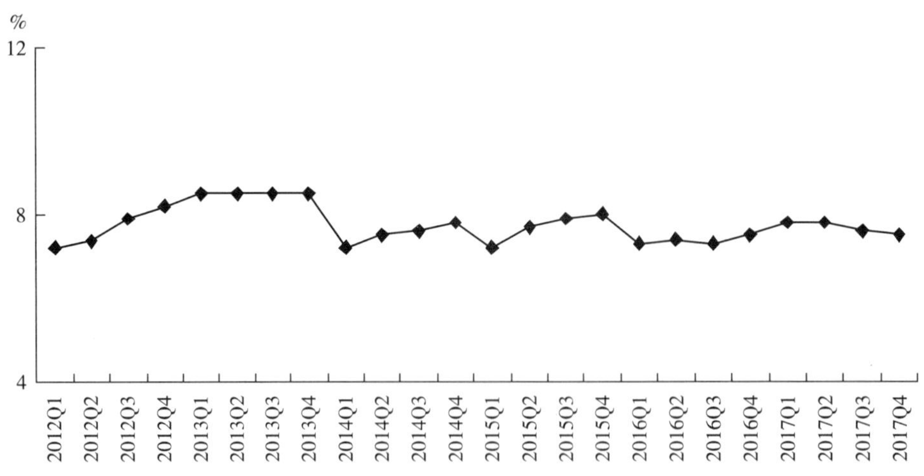

数据来源：广东省统计局。

图1 2012—2017年各季度广东GDP累计增速

（二）结构调整深入推进

2017 年，广东第一、第二、第三产业增加值分别为 3 792.4 亿元、38 598.55 亿元和 47 488.28 亿元，分别比上年增长 3.5%、6.7%和 8.6%。三次产业结构为 4.2:43:52.8。第三产业的比重比上年提高 0.8 个百分点，对经济稳定增长的贡献加大。电子、电器和汽车三大支柱产业对规模以上工业增加值增长的贡献率达 62.6%，比上年提高 4.9 个百分点。高技术制造业和先进制造业增加值占规模以上工业增加值比重分别为 28.8%和 53.2%，同比上升 1.2 个和 1.6 个百分点。从经济类型结构看，民营经济增加值占 GDP 比重为 53.8%，同比增长 0.2 个百分点。从进出口结构看，一般贸易进出口占进出口比重为 46.1%，高于加工贸易比重 9 个百分点。

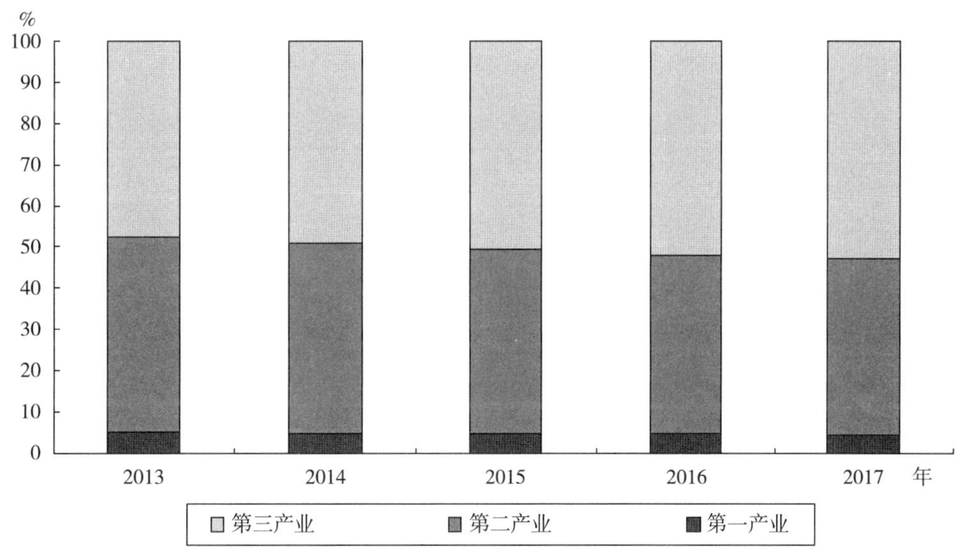

数据来源：广东省统计局。

图 2　2013—2017 年广东三次产业比重

（三）内外需潜力持续释放

2017 年，广东实现社会消费品零售总额 38 200.07 亿元，比上年增长 10.0%，增幅同比回落 0.2 个百分点。完成固定资产投资 37 477.96 亿元，增长 13.5%，增幅比上年提高 3.5 个百分点。实现进出口总额 68 155.9 亿元，同比增长 8.0%，增幅同比提高 8.8 个百分点，占同期我国进出口总值的 24.5%。其中，出口 42 186.8 亿元，同比增长 6.7%；进口 25 969.1 亿元，同比增长 10.1%，实现贸易顺差 16 217.7 亿元，上升 2.1%。

（四）物价涨幅平稳

2017 年，广东居民消费价格指数全年累计上涨 1.5%，涨幅比上年下降 0.8 个百分点，消费端通胀水平温和可控，涨幅平稳。工业生产者出厂价格指数和工业生产者购进价格指数持续回升，12 月当月同比分别上涨 1.9%和 3.5%，全年累计分别上升 3.3%和 5.3%，均已实现趋势性转正。

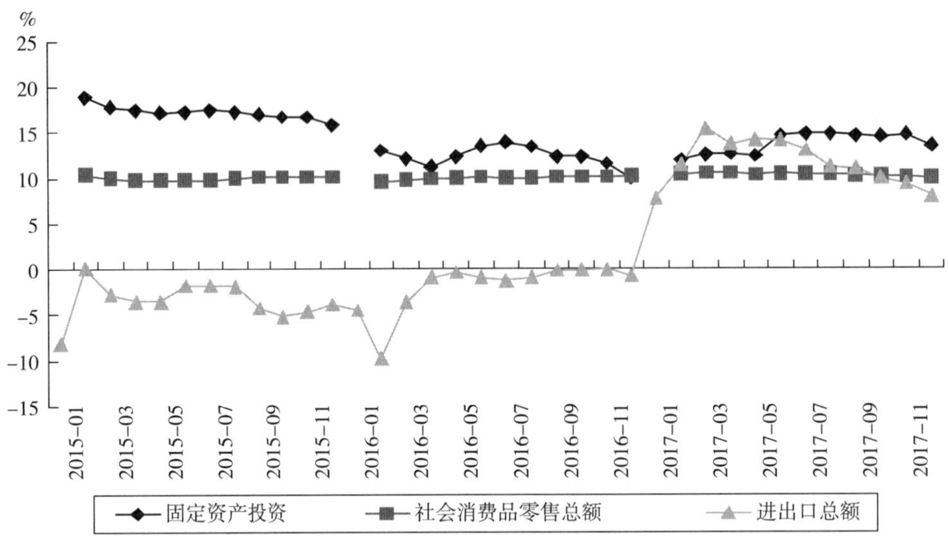

数据来源：广东省统计局。

图3 2015—2017 年各月广东投资、消费和进出口同比增速

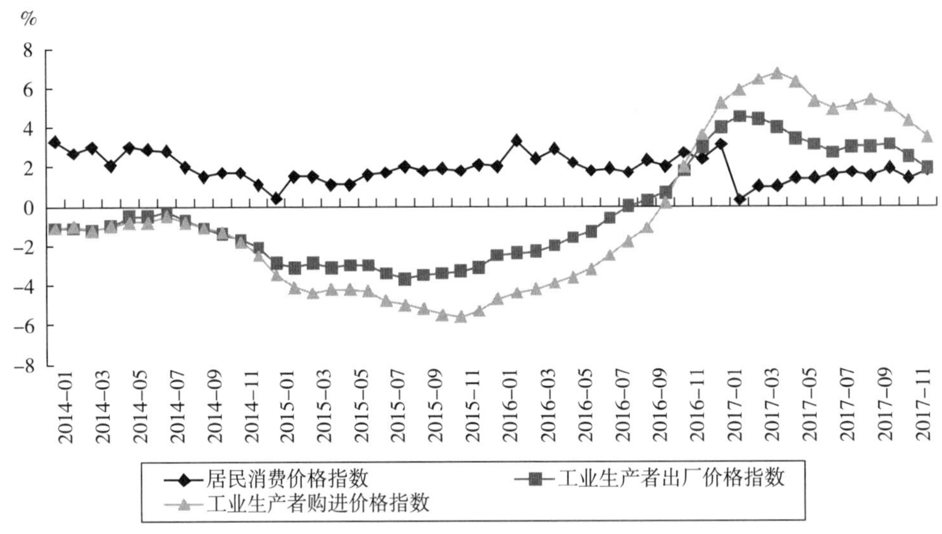

数据来源：广东省统计局。

图4 2014—2017 年各月广东各类价格指数同比增幅

（五）房地产市场总体运行态势较为稳定

2017 年，广东房地产开发企业共完成开发投资 12 075.69 亿元，累计增长 17.2%，增幅比上年下降 3.5 个百分点。商品房销售面积和销售额分别为 15 958.81 万平方米和 18 792.76 亿元，分别同比上升 9.2% 和 15.9%。广东房地产市场需求持续旺盛，但受“分类调控、因城施策”的调控政策影响，商品住宅市场持续分化，粤东西北各地区市场活跃度明显高于珠三角地区，但珠三角地区仍然是商品房销售的核心区域。

二、银行业

2017 年，广东银行业机构认真贯彻执行稳健货币政策以及各项金融宏观调控措施，不断加强对实体经济和薄弱环节的金融支持力度，努力提高银行业经营管理水平，扎实推进机制体制改革，着力提升金融服务水平。总体来看，各项业务继续保持稳健发展的良好态势。

（一）改革发展情况

业务发展保持稳健。2017 年末，全省银行业机构总资产余额 227 155.64 亿元，比年初增长 2.73%，增速较上年回落 10.3 个百分点；本外币各项存款余额 194 535.75 亿元，比年初增长 8.18%，增速较上年回落 3.94 个百分点；本外币各项贷款余额 126 031.95 亿元，比年初增长 13.62%，增速较上年回落 2.34 个百分点（见图 5）。

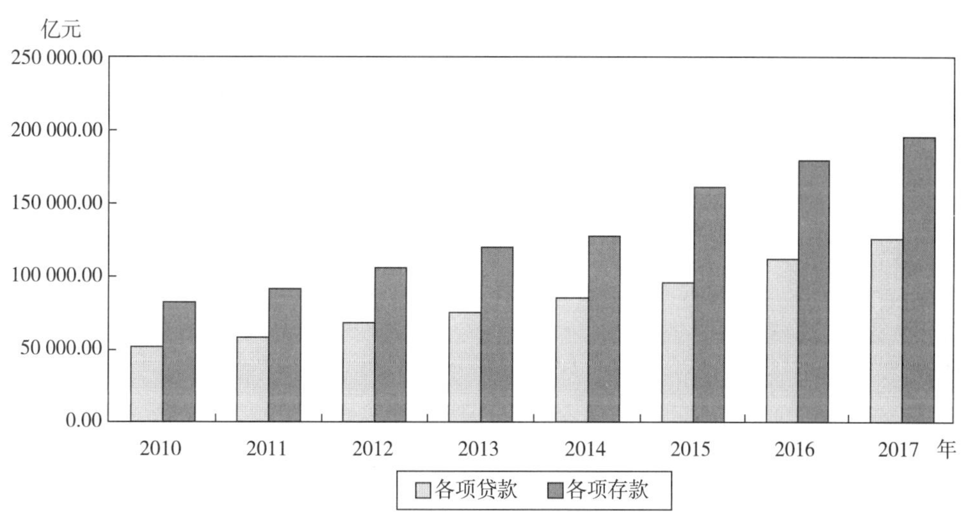

数据来源：人民银行广州分行。

图 5　2010—2017 年广东银行业机构存贷款情况

不良贷款余额继续增长，但不良率有所下降。受经济下行压力影响，广东省银行业机构的不良贷款余额持续增长，但不良贷款率有所下降。按五级分类口径，2017 年末广东银行业机构不良贷款余额为 1 794.44 亿元，比上年末增加 134.41 亿元，比上年末增长 8.1%；不良贷款率为 1.45%，比上年末减少 0.07 个百分点（见图 6）。

拨备水平小幅上升。2017 年末，广东银行业机构各项贷款损失准备余额为 2 773.54 亿元，拨备覆盖率达到 154.56%，拨备贷款比为 2.2%（见图 7）。

银行业利润总额大幅增长，利润率小幅上升。2017 年，广东银行业机构实现税前利润 3 163.99 亿元，比上年增加 391.55 亿元，同比多增 110.42 亿元。资产利润率为 2.21%，比上年上升 1.13 个百分点（见图 8）。

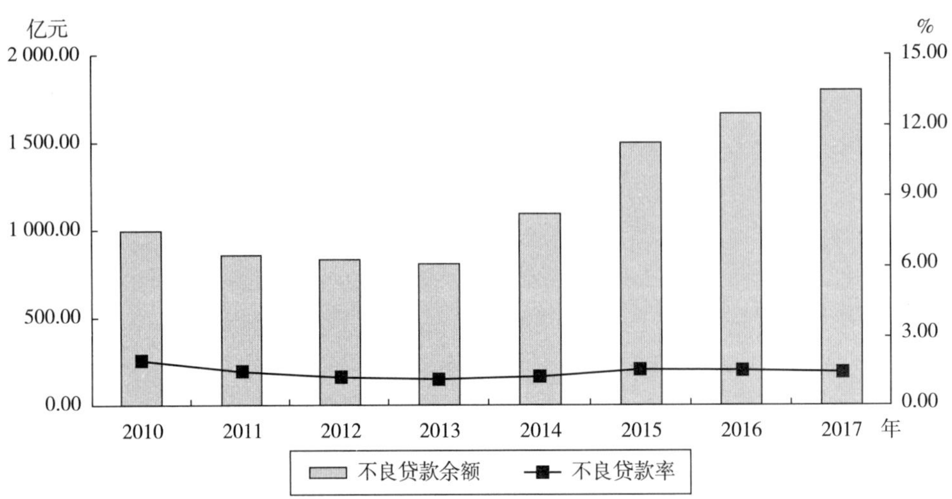

数据来源：广东银监局、深圳银监局。

图 6 2010—2017 年广东银行业机构资产质量情况

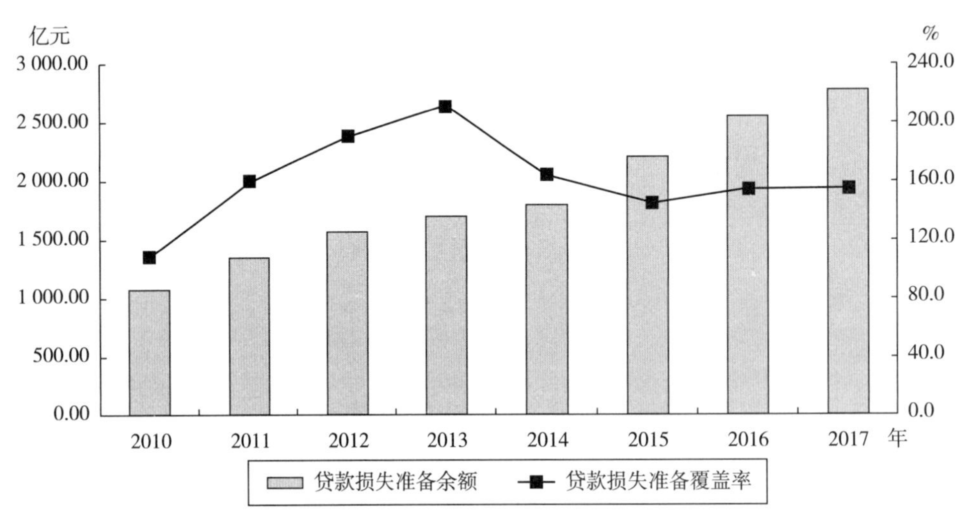

数据来源：广东银监局、深圳银监局。

图 7 2010—2017 年广东银行业机构贷款损失准备情况

流动性趋势向紧。2017 年末，广东银行业机构存贷比为 64.79%，比上年增加 3.1 个百分点。新增贷款与新增存款之比为 99.16%，比上年增加 20.63 个百分点，流动性趋紧（见图 9）。

银行业改革稳步推进，组织体系不断完善。2017 年广东省政策性、开发性金融机构继续落实机构改革，以服务实体经济为导向，加大对重点领域和薄弱环节的资金运用力度，充分发挥其政策性功能。金融机构体系不断丰富完善，广东（不含深圳）全年新开业法人农村商业银行 1 家、集团财务公司 1 家、金融租赁公司 1 家。农村信用社改制平稳推进，2017 年有 1 家农商银行挂牌开业、4 家农信社完成批筹、4 家城区机构合并改制完成申筹。

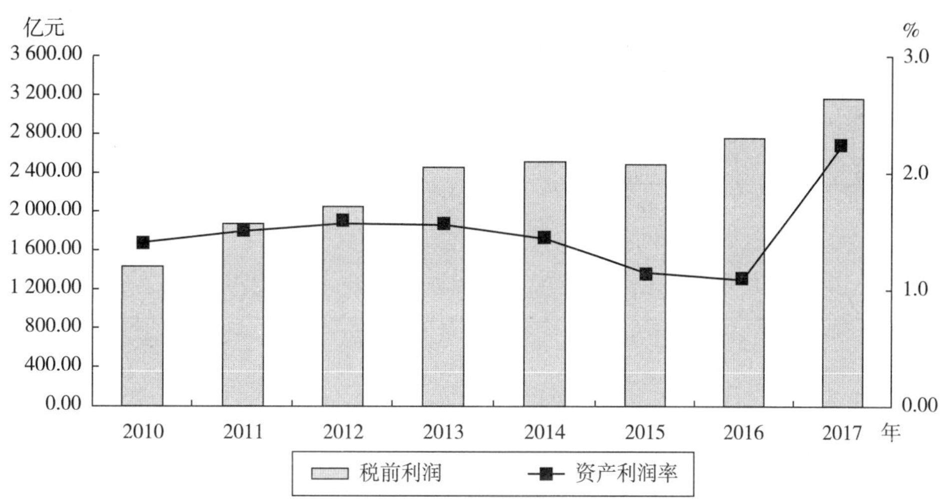

数据来源：广东银监局、深圳银监局。

图 8　2010—2017 年广东银行业机构盈利情况

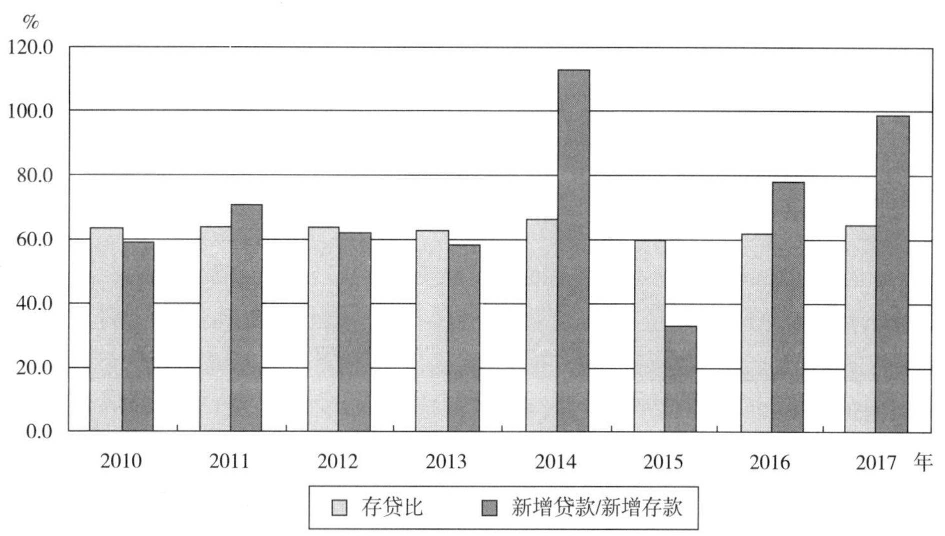

数据来源：人民银行广州分行。

图 9　2010—2017 年广东银行业机构存贷比情况

（二）主要风险特征

农村中小金融机构不良呈“双升”态势。受银监部门对隐性不良贷款真实入账要求影响，2017 年末广东省内农村中小金融机构不良贷款余额 537. 91 亿元，同比增长 30. 06%；不良贷款率 4. 24%，同比上升 0. 67 个百分点。

村镇银行风险规模上升较快。截至 2017 年，广东省 49 家村镇银行不良贷款余额 5. 7 亿元，较上年增加 1. 1 亿元；不良贷款率 2. 3%，同比上升 0. 24 个百分点，不良贷款率略高于全省其他类型银行机构平均水平。其中不良贷款率高于 3% 的 9 家村镇银行中，6 家分布在珠三角地区（其中 3 家在广州地区），且不良贷款率还有继续上升的趋势。

粤东西北地区部分机构资本充足率远低于监管标准。2017 年末，广东省 153 家地方法人银行业机构资本充足率低于 2017 年过渡期标准（10.1%）的机构有 21 家，主要原因是受不良资产增长及监管部门隐性不良入账影响，拨备缺口有所扩大，资本充足率相应下降。从地区分布来看账面资本充足率低于 2017 年过渡期标准的 21 家地方法人银行机构均分布在粤东西北地区，其中账面资本充足率为 2% ~10.1% 的地方法人银行业机构共 9 家，账面资本充足率低于 2% 的地方法人银行机构共 12 家。

表 1 账面资本充足率低于 2017 年过渡期标准银行业机构分布情况

	总机构数
满足监管标准但低于 2017 年过渡期标准（8% ~10.1%）	5
小幅低于监管标准（6% ~8%）	2
大幅低于监管标准（2% ~6%）	2
严重低于监管标准（小于 2%）	12
合计	21

三、证券业

（一）改革发展情况

2017 年，我国证券市场整体稳定，股指稳升，证券机构经营情况较为平稳。总体来看，广东证券期货业机构经营状况趋于稳健，各项经营指标稍有下滑，综合实力和持续发展能力保持稳定，抗风险能力有待提升。

证券公司各项经营指标有所下降，但综合实力保持稳定。2017 年度，全省 26 家证券公司共实现营业收入 904.10 亿元，同比下降 5.89%，实现税后净利润 345.37 亿元，同比下降 5.70%。截至 2017 年末，全省证券公司总资产 17 626.21 亿元，比上年末下降 4.41%，净资产 4 965.42 亿元，比上年末下降 12.14%。总体来看，证券公司收入和利润有所下降，但综合实力和抗风险能力仍保持稳定（见图 10 和图 11）。

期货公司总体经营保持稳定，但受市场行情影响，期货公司总资产规模同比略有下降。2017 年末，全省共有期货公司 22 家，比上年增加 1 家；总资产 1 100.04 亿元，比上年末下降 6.19%，净资产 207.34 亿元，比上年末增长 20.52%；全年实现营业收入 44.62 亿元，同比增长 10.83%；实现净利润 14.07 亿元，同比增长 2.80%；全年期货代理交易额 65.74 万亿元，同比增长 2.64%（见图 12）。

基金公司规模和所管理的基金净值均实现稳步增长。2017 年末，全省共有基金管理公司 31 家，比上年末增加 2 家；所管理的基金数量 1 817 只，比上年末增加 312 只；基金规模 34 708.92 亿元，比年初增长 12.13%；基金净值为 37 440.55 亿元，比年初减少 14.58%，基金行业总体实力稳步增长，抗风险能力持续增强（见图 13）。

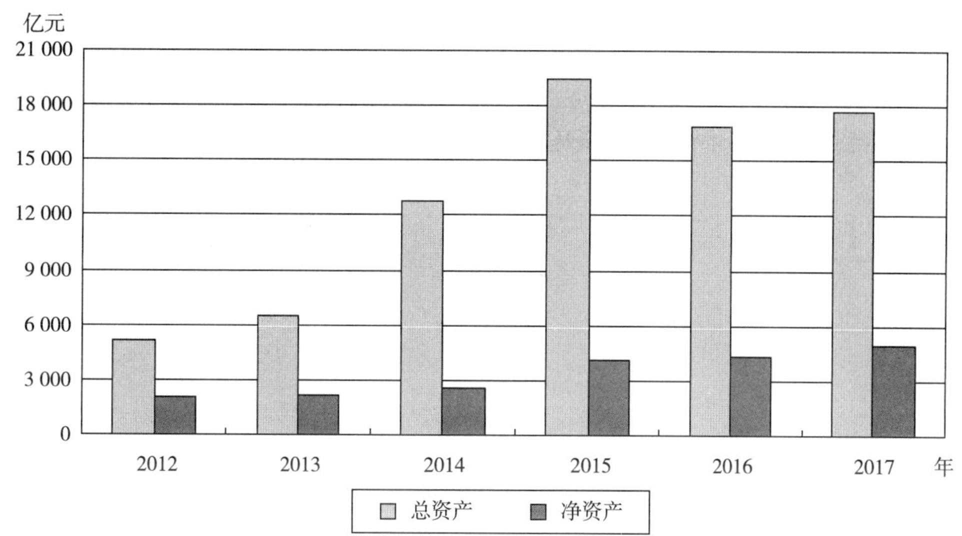

数据来源：广东证监局、深圳证监局。

图10　广东法人证券公司资产规模

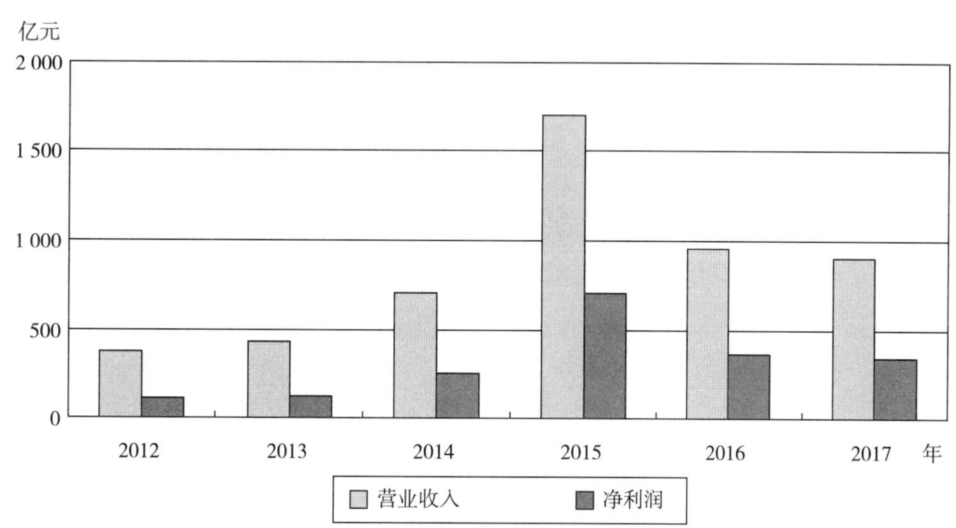

数据来源：广东证监局、深圳证监局。

图11　广东法人证券公司收入及利润

（二）主要风险特征

证券机构抗风险能力有待提高。证券经营机构的经营状况仍然在较大程度上依赖市场行情，抗风险能力不足。2015 年股灾以来，投资者对股市的信心尚未得到根本性修复，证券市场依然脆弱。受市场环境影响，证券公司收入和利润等经营指标出现下滑，证券市场风险不容忽视，证券机构抗风险能力有待提高。

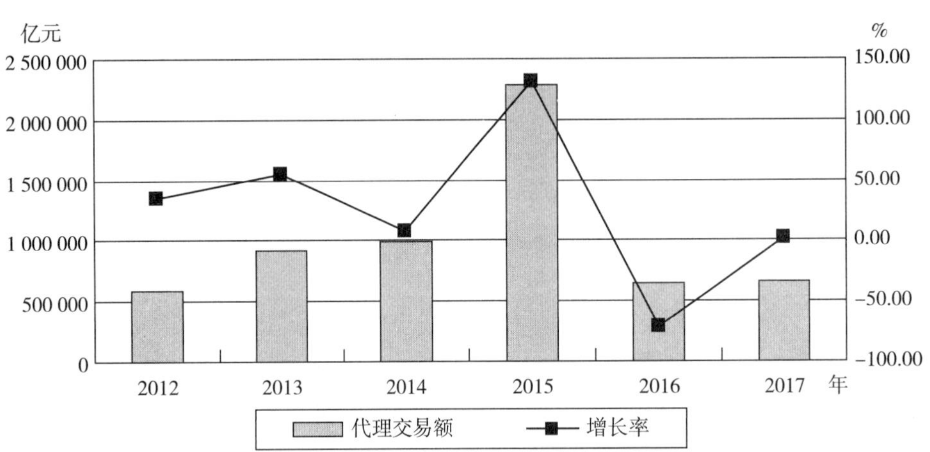

数据来源：广东证监局、深圳证监局。

图 12　广东法人期货公司代理交易额和增长率

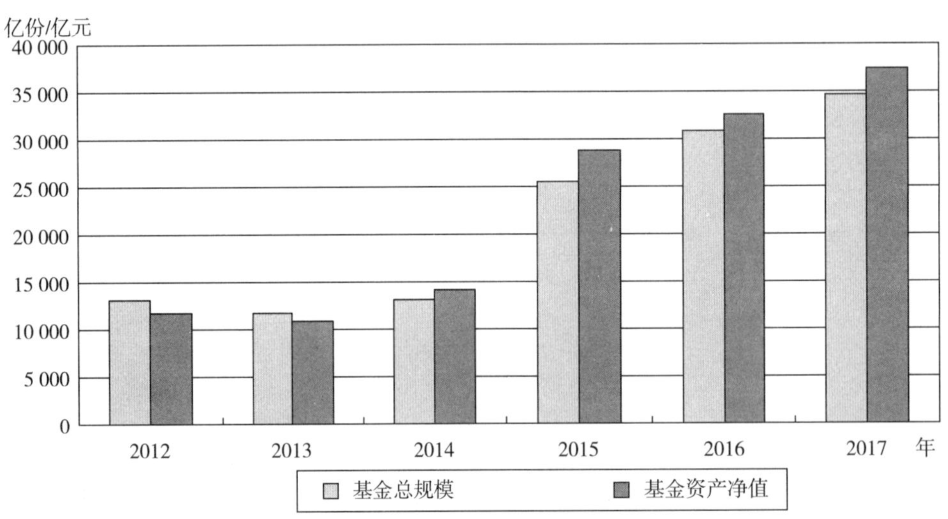

数据来源：广东证监局、深圳证监局。

图 13　广东法人基金公司经营情况

券商资产证券化产品结构复杂，风险传导链条较长，存在潜在风险。资产证券化产品结构复杂，产品涉及信用评级机构、信用增级机构、原始权益人、机构投资者、资产服务机构等多家机构。通过资产证券化业务运作，缺乏流动性的基础资产风险从最初的融资方传递到金融机构，基础资产的真实风险被掩盖，各个嵌套环节中的风险状况难以掌握，加大了风险跨行业传递的可能性。

资产管理业务的交叉金融风险较为突出。证券公司通道类资产管理业务资金大部分源自银行，资金在证券公司、信托公司、商业银行、私募基金等机构之间流动，层层嵌套的产品结构增加了风险跨行业传递的可能性，且部分资金进入房地产、中小矿业及政府融资平台等限制性行业和领域，存在规避信贷投向管控等问题。

（三）风险结构特征

截至2017年末，除深圳外，广东范围内共有5家法人证券公司，广州3家，东莞和惠州各1家。风险总体可控，总体稳健性良好。

表2　　2017年12月31日证券公司风险监控指标情况　　单位：%

机构名称	净资本/各项风险资本准备之和	净资本/净资产	净资本/负债	净资产/负债
	预警标准＞120%	预警标准＞48%	预警标准＞9.6%	预警标准＞24%
	监管标准＞100%	监管标准＞40%	监管标准＞8%	监管标准＞20%
证券公司平均值	280.98	95.11	57.55	61.42
其中：指标最大值	338.00	108.09	87.85	101.12
指标最小值	244.16	83.83	38.96	46.48

数据来源：各证券公司2017年12月31日报表。

四、保险业

（一）改革发展情况

2017年，广东省保险业保持良好态势发展，实现了规模、速度、质量协调发展，保险市场业务发展稳中向好，风险保障水平快速提升，服务经济社会能力不断增强，保险市场日渐成熟和完善。

保险业务实现快速增长。2017年，广东省保险业继续保持良好发展势头，业务呈现稳定增长，保费规模稳居全国首位。2017年全省保险公司资产总计为12 101.88亿元，比年初增加1 290.74亿元，同比增长11.94%；保费收入4 304.60亿元，同比增加484.09亿元，同比增幅12.67%。其中，财产险业务保费收入1 105.34亿元，同比增长16.90%；人寿险业务保费收入2 533.14亿元，同比增长24.29%；健康险和意外伤害险保费收入666.13亿元，同比减少20.40%（见图14）。

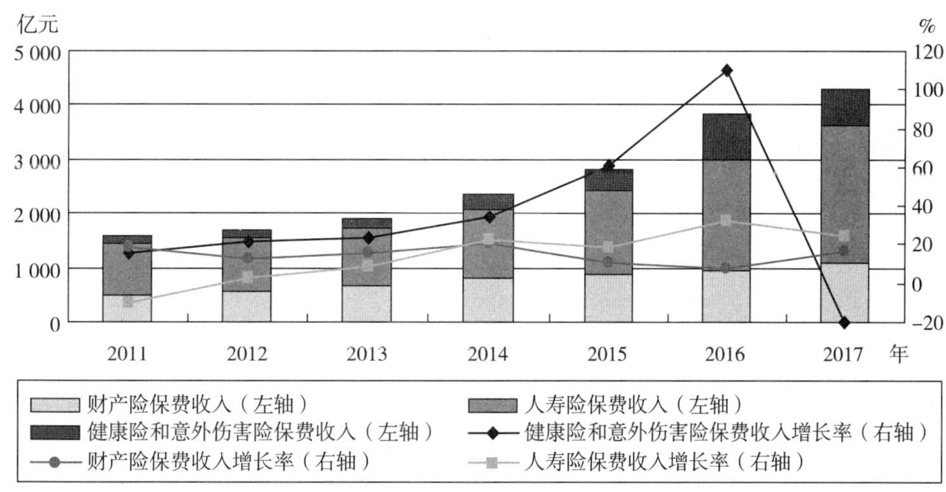

数据来源：广东保监局。

图14　2011—2017年广东保险业保费收入情况

赔付支出增长较快。2017 年，广东省保险业赔付支出为 1 142. 38 亿元，同比增加 106. 96 亿元，同比增幅 10. 33%，比 2011—2016 年平均增速低 11 个百分点。其中，人寿险年累计赔付支出为 450. 70 亿元，同比增长 0. 27%；财产险年累计赔付支出为 549. 07 亿元，同比增长 17. 06%；健康险和意外伤害险年累计赔付支出为 142. 61 亿元，同比增长 22. 03%（见图 15）。

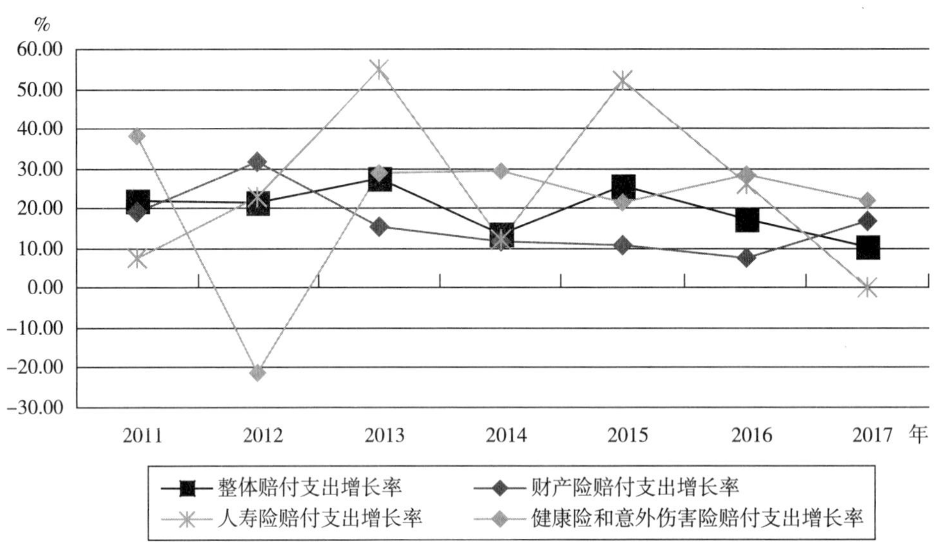

数据来源：广东保监局。

图 15 2011—2017 年广东保险业赔付支出增长情况

经营效益大幅提升。2017 年，广东省保险业承保利润 71. 34 亿元，同比增加 1. 07 亿元，增幅 1. 52%。

各项准备金保持充足。2017 年，广东省产险公司各项准备金保持充足，未到期责任准备金余额与财产险保费收入之比达到 54. 49%，同比下降 1. 12%；未到期责任准备金余额与财产险赔款支出之比为 109. 70%，同比下降 2. 40%；未决赔款准备金与财产险保费收入、财产险赔款支出之比分别为 52. 46% 和 105. 60%，分别比上年上升 1. 00 个和 1. 88 个百分点。寿险公司责任准备金余额自 2011 年以来呈逐年上涨趋势，2017 年寿险责任准备金为 8 819. 46 亿元，同比增长 18. 44%；长期健康险责任准备金为 1 002. 48 亿元，同比增长 17. 78%（见图 16 和图 17）。

（二）主要风险分析

保险业退保压力较大。退保和满期给付风险压力持续上升，2017 年广东省寿险公司累计退保金 628. 12 亿元，同比增长 23. 82%。其中，寿险退保金为 608. 94 亿元，同比增长 21. 87%；长期健康险退保金为 19. 18 亿元，同比增长 1 52. 61%；退保金持续大幅增加或引发寿险公司流动性风险，退保风险压力不断增大。

保险公司直销占比较低，销售渠道有待完善。2017 年全省寿险公司直销原保费收入 181. 07 亿元、个人代理原保费收入 1 521. 22 亿元、保险专业代理原保费收入 20. 55 亿元和银邮渠道原保费收入 1 333. 92 亿元，分别占原保费收入的 5. 79%、48. 63%、0. 66% 和 42. 64%。销售渠道主要为个人代理和银邮渠道，合计共占原保费收入的 91. 27%，保险公司自主营销拓展能力不足，业务结构有待进一步完善，经营管理水平仍需提高。

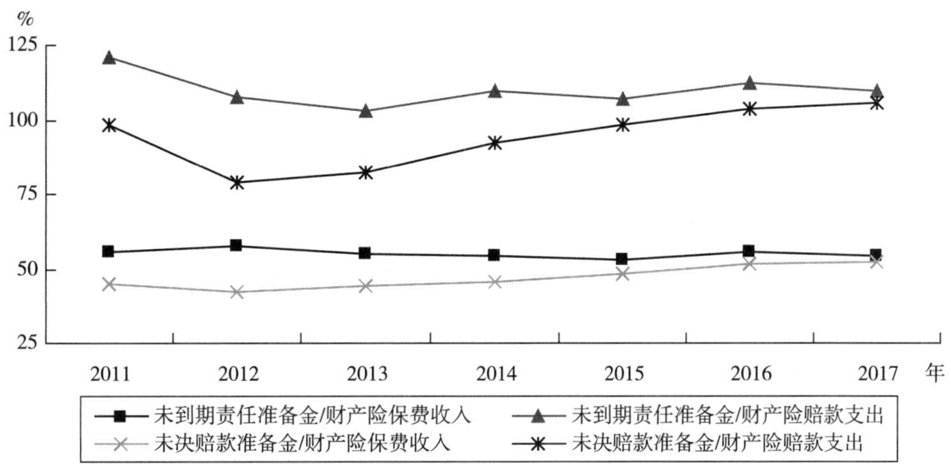

数据来源：广东保监局。

图 16　2011—2017 年广东产险公司各项准备金情况

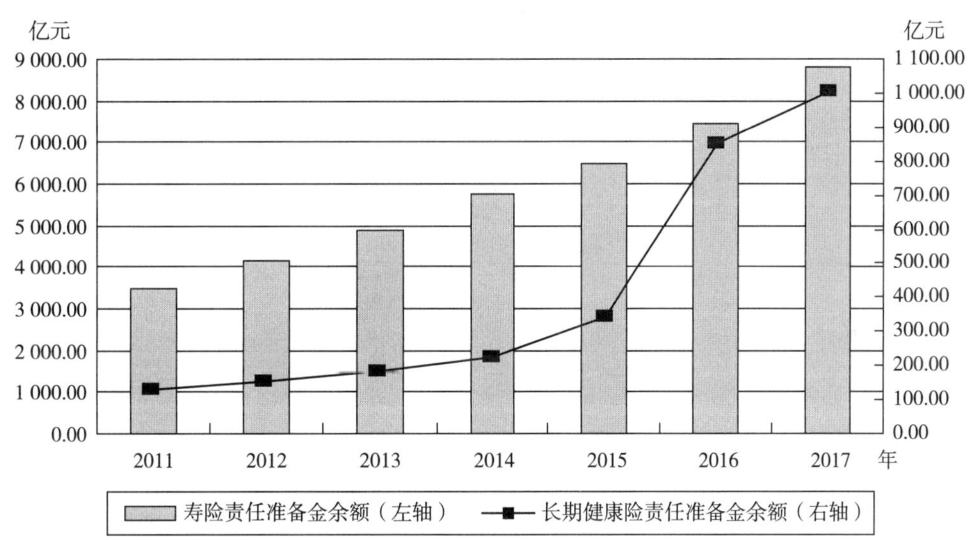

数据来源：广东保监局。

图 17　2011—2017 年广东寿险公司各项准备金情况

保险资金不动产投资比例较大，集中度风险较高。现场评估发现，部分保险资金通过投资信托和基金，流入房地产、不动产等领域，且按“实质重于形式”的基础资产穿透性原则，实际投资不动产类资产占比已超过相关监管规定，集中度风险较高。

五、具有融资功能的非金融机构

（一）小额贷款公司发展有所放缓

截至 2017 年末，全省（不含深圳）共有小额贷款公司 408 家，比上年增加 14 家，其中新设 21

家，注销（或退出市场）7 家；注册资本 522.94 亿元，同比增长 6.9%；全年累计投放贷款总额达 824.46 亿元，同比增长 45.4%；年末贷款余额 469.33 亿元，同比增长 5.0%；不良贷款 33.6 亿元，同比增长 19.1%；不良贷款率 7.2%，比年初提高 1.1 个百分点。

（二）融资担保公司规模萎缩，代偿风险上升

截至 2017 年末，广东省（不含深圳）融资性担保法人机构 261 家，比上年减少 48 家；注册资本 535 亿元，同比下降 9.3%；在保余额 2 300 亿元，同比增长 18.2%；从业人员 5 870 人，同比减少 0.93%；在保户数近 13 767 户（含个人消费金融担保客户），同比增加 43.3%。全年全省融资性担保公司累计代偿 46.6 亿元，同比增加 240.1%，其中融资性担保代偿 45.2 亿元，同比增加 236.0%，代偿风险大幅上升。

六、金融生态状况

2017 年，广东继续优化金融业发展的政策环境，加强金融法制和金融业信用体系建设，稳健运行支付体系，深入推进反洗钱工作，有力地促进了广东金融生态环境的改善。

（一）区域政策环境继续优化

2017 年，广东出台了金融支持农业供给侧结构性改革、支持制造业发展等指导性文件，举办了“金融与双创对话”、科技金融对接会、全省小微企业金融服务工作会议等产融对接活动，对经济发展重点领域和薄弱环节的支持力度不断加大。大力推进“两权”抵押贷款试点工作，深化农村金融改革创新，金融改革创新环境持续改善。截至 2017 年末，试点地区累计发放“两权”抵押贷款 1 355 笔，合计金额 11.9 亿元，其中：农地抵押贷款 873 笔、金额 9.8 亿元，农房抵押贷款 462 笔、金额 2.1 亿元。

（二）金融法治状况不断改善

2017 年，广东金融法治状况进一步改善。金融法治建设方面，人民银行广州分行积极配合总行立法和制度建设，对“放管服”改革涉及的规章、规范性文件清理以及《关于开展空头支票行政处罚试点工作的通知》等工作制度、文件征求意见稿提出建议，进一步完善了广东的金融法制体系。金融消费权益保护方面，妥善处置金融消费投诉，进一步完善金融消费纠纷化解机制。2017 年，全省各地（不含深圳）“12363”热线共受理金融消费投诉 2 622 件，办结 2 471 件，结案率 94.24%，受理金融消费者咨询 1 627 件，同比增长 182.47%。

（三）信用体系建设日益完善

2017 年，广东稳步推进社会信用体系建设。一是推动中小微企业和农户信息征集体系建设，促进中小微企业和农户融资。2017 年末，广东省中小微企业信用信息和融资对接平台累计实现融资对接 2.6 万笔；农户信用信息系统已采集 520 万户农户数据，在全省县域实现 100% 覆盖。二是不断扩大征信系统信息采集面，着力提升征信系统应用服务效能，积极推进深化信贷行业信用建设试点，探索建立与政府部门之间信用信息交换共享机制，促进了守信激励机制和失信惩戒机制

的完善。三是注重发挥市场机制的导向作用，积极培育信用服务市场，以市场为导向，积极引导新型征信业态有序发展，繁荣征信市场。截至2017年末，广州分行备案企业征信机构4家，信用评级机构15家。

（四）支付体系稳健运行

2017年，广东支付体系运行稳健。一是中央银行会计核算数据集中系统（ACS）综合前置及信息管理子系统顺利推广上线，共完成15家法人金融机构ACS综合前置子系统推广上线工作，完成129家法人机构ACS综合前置客户端升级换版工作。二是各支付清算系统安全平稳运行。2017年，广东省（不含深圳）各支付清算系统共处理业务12.37亿笔，金额435.89万亿元。其中，大额支付系统共处理业务1.65亿笔，金额418.93万亿元，笔数、金额同比分别减少2.69%和0.87%，笔数、金额分别占支付清算系统业务的13.30%和96.11%，笔数、金额排名分别居全国第三位和第四位；小额支付系统共处理业务4.63亿笔，金额5.81万亿元，笔数同比减少3.78%，金额同比增长0.75%，笔数、金额分别占支付清算系统业务的37.43%和1.33%，笔数、金额排名居全国第一位和第二位。

（五）反洗钱工作实效性进一步增强

一是深入开展风险领域反洗钱现场检查。2017年，广东累计对51家金融机构进行反洗钱执法检查，依法对违法情节较为严重的14家机构和10名相关责任人作出行政处罚。二是反洗钱案件调查工作的有效性进一步凸显，全年分行辖区共接收重点可疑交易报告1 398份，开展案件调查350宗，经甄别分析向侦查机关移送线索278条，成功破获各类型案件78宗，其中主动移送线索破获案件39宗，占比50%，取得了显著成效。三是反洗钱各项基础性工作稳步推进，2017年，广东共举办各类宣传活动3 000余场次，媒体宣传500余次，发放宣传材料200余万份，有效地提升了社会公众对反洗钱的认识。

七、金融稳定工作实践与探索

2017年，面对国内外错综严峻的经济金融形势，人民银行广州分行不断创新工作机制和工作方式，探索构建维护辖区金融稳定安全制度框架体系，确保广东辖区未出现区域性系统性金融风险，为金融支持实体经济发展营造了良好的金融环境。

（一）健全金融稳定制度框架体系

完善金融风险防控体系，向辖内金融机构和地市中支印发《关于切实加强金融风险防控维护金融稳定的意见》（广州银发〔2017〕162号），构建由金融机构与人民银行有机联合、共同协作的金融风险防控体系；建立金融风险监测台账管理制度，完善金融风险事件的跟踪处理机制，规范辖区各级人民银行对金融风险事件的监测、跟踪和报告，最大限度地防范和减少金融机构突发事件对社会造成的危害和损失，维护金融稳定。

（二）加强风险监测评估与风险提示

加强重点领域风险监测和排查，累计开展金融机构资本充足水平等20多项重点领域风险排查；

深入开展稳健性评估，对辖内证券、保险公司开展非现场稳健性评估，对部分证券、保险公司开展稳健性现场评估，对评估中发现的问题，约谈金融机构高管，提出整改意见和要求，促进金融机构稳健经营。

（三）扎实实施存款保险制度

组织对辖内153家地方法人投保机构开展存款保险风险评级现场核查，高效优质完成存款保险风险评级；扎实做好存款保险制度相关基础工作，按月收集统计投保机构账户信息和存款结构等数据，按时保质完成保费收缴；平稳有序开展问题投保机构风险监测工作，对问题投保机构开展深入现场核查工作，指出存在的问题并要求整改。

（四）规范开展“两管理，两综合”工作

2017年，人民银行广州分行辖区为新设20家银行机构、14家证券机构、17家保险机构顺利加入人民银行金融服务与管理体系提供指导和支持；组织开展对广东辖内400多家中外资银行业机构开展综合评估，引导银行业机构按照更加符合宏观审慎管理要求的方向开展业务。人民银行广东省内各级分支机构继续对金融机构开展综合执法检查共60余次，并加大了对新开业金融机构经营合规性的执法检查力度。

八、总体评估与趋势展望

（一）总体评估

2017年，面对错综复杂的国内外形势，广东着力推动结构优化、动力转换和质量提升，国民经济运行好于预期，经济活力、动力和潜力不断释放，稳定性、协调性和可持续性明显增强，经济综合实力再上新台阶，金融业稳健运行的宏观经济基础得到进一步巩固。金融业继续保持快速发展，银行业、证券业和保险业多数稳健性指标持续改善，抗风险能力保持良好。金融机制体制改革进一步推进，金融生态环境不断优化。总的来看，广东整体金融稳定状况保持在较好水平。

同时，应该注意到，广东省内实体经济仍存在一定困难，结构性矛盾较为突出，地方法人金融机构的不良率继续攀升，农信社改制进展缓慢、互联网金融风险、票据业务风险等金融风险有所抬头，人民币汇率贬值压力增加背景下，跨境资金异常流动风险增加，做好宏观调控和金融改革发展稳定工作仍面临不少挑战。

（二）趋势展望

2018年，全球经济以制造业复苏为支撑逐步步入上行周期，但美国等国家的政策措施也增加了中国经济发展的外部不确定性。国内经济正处于转变经济增长方式、优化经济结构、转换增长动力的攻关期，金融稳定运行的基础还不够牢固，区域和行业走势持续分化，挑战和风险不容低估。面对日趋复杂的经济形势，广东经济虽然面临下行压力，但总体上仍有望保持平稳向好的发展态势。从2017年的运行情况来看，广东经济增长仍保持在中高速水平，工业和出口回升，有力支撑了整体经济的平稳运行。同时，供给侧结构性改革深入推进，创新发展和民营经济成为广东省经济发展的两大亮点，通过持续推进全面深化改革各项措施，激发经济活力，金融系统可以继续保持稳健运行。

总　　纂：王景武　彭化非
统　　稿：吴燕生　张　皓　郑楚琳
执　　笔：庄礼焕　陈育穗　苏宏召　吴　进　郑　勇
高思劼　覃麒桦　孙鸣蔚

广西壮族自治区金融稳定报告摘要

2017年，广西经济增速缓中趋稳，金融运行呈现“增量创新高、信贷增长快、利润稳回升”的特点，金融业持续快速发展，金融改革创新取得积极进展，金融基础设施建设稳步推进，区域金融体系总体保持稳定。但是，受到国内外复杂多变的经济金融环境影响，广西金融发展仍存在诸多不确定因素，金融稳健运行面临诸多挑战。

一、广西经济运行总体情况及主要特点

（一）经济运行基本稳定，产业结构持续优化

2017年，广西地区生产总值（GDP）为20 396.25亿元，首次突破2万亿元大关，同比增长7.3%。三次产业结构为14.3∶45.6∶40.2，产业结构进一步优化。固定资产投资19 908.27亿元，同比增长12.8%。其中，工业投资触底回升，同比增长6.7%，比上年提高6.5个百分点，投资增长的内生活力增强。进出口总额3 866.34亿元，同比增长22.6%，比上年同期提高23.2个百分点。社会消费品零售总额7 813.03亿元，同比增长11.2%。由于经济回暖和政策落实到位，财政收入回归平稳，全年财政收入2 604.21亿元，同比增长6.1%；全年全区居民人均可支配收入19 905元，名义

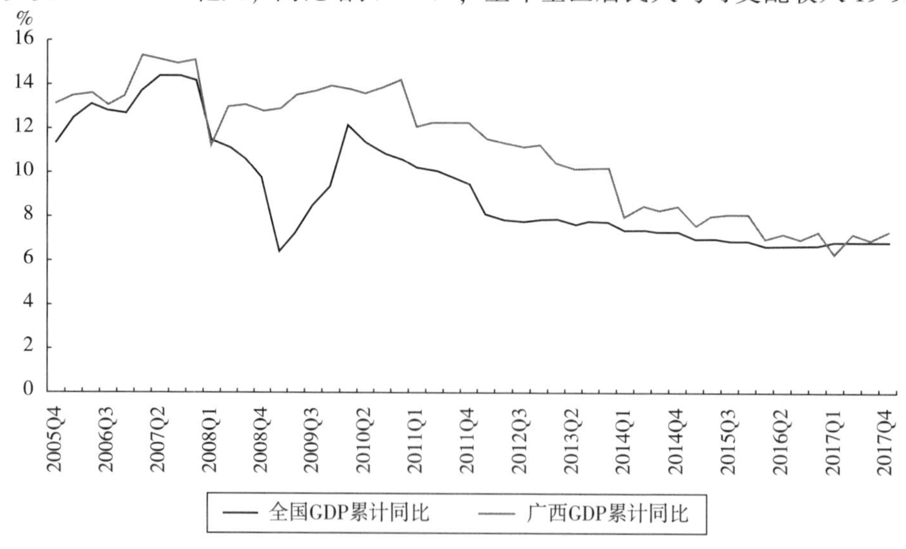

数据来源：广西统计局。

图1　全国和广西季度GDP累计增速

同比增长8.7%；CPI同比增长1.6%，与上年持平；上游价格上涨明显，工业生产者出厂价格（PPI）同比增长7.6%。就业保持稳定，年末城镇登记失业率2.2%，同比下降0.69个百分点。

（二）影响金融稳定的经济因素分析

2017年广西经济运行总体平稳，但也稳中有忧。一是部分工业企业经营不景气，不良贷款风险较高。部分下游粗加工企业由于原材料价格上涨经营困难，受去产能及环境保护影响，水泥、冶金等行业停产半停产企业较多，制造业不良贷款率居高不下。二是融资渠道受限，基建投资增速放缓，隐藏新的金融风险。财预50号、87号文对基建项目银行融资影响较大，短时间内其他融资模式难以弥补这一缺口，部分基建项目存在进度放缓和暂停开工的现象，个别项目面临资金链断裂风险，潜在金融风险不容忽视。

二、金融业与金融稳定

（一）银行业

1. 银行业金融机构经营总体情况及其特点

（1）组织体系不断健全，机构数量持续增加。2017年，广西银行业新增1家政策性银行和4家村镇银行，4家农村信用社成功改制农村商业银行。截至2017年末，广西辖内银行业非法人机构22家：3家政策性银行、5家国有商业银行、8家股份制商业银行、4家外资银行、1家邮政储蓄银行、1家财务公司；银行业法人金融机构140家：城市商业银行3家、农村商业银行30家、农村合作银行16家、农村信用社45家、村镇银行41家、农村资金互助社3家、财务公司1家、金融租赁公司1家。

（2）资产负债规模增速放缓。2017年末，广西银行业金融机构资产总额35 891.46亿元，同比增长8.51%；负债总额34 546.21亿元，同比增长8.23%。全行业资产总额比年初增加2 815.97亿元，增速同比下降0.52个百分点。其中，政策性银行和城市商业银行资产总额增速分别高于全行业平均水平1.27个和6.57个百分点，股份制商业银行资产规模出现收缩，比年初减少187.17亿元。全行业负债总额较年初增加2 626.16亿元，增速同比下降0.81个百分点，股份制商业银行负债规模出现收缩，比年初减少218.79亿元。

（3）存款增速放缓，贷款增量创历史新高。2017年末，广西金融机构本外币各项存款余额27 899.64亿元，同比增长9.51%，增速同比回落2.27个百分点。全年新增存款2 420.84亿元，同比少增263.42亿元，主要是金融市场资金紧张，广西非银行业金融机构存款比年初减少321.57亿元。广西金融机构本外币各项贷款余额23 226.14亿元，同比增长12.53%。全年新增贷款2 585.60亿元，同比多增64.45亿元，增量创历史新高。从行业看，广西交通、水利、电力三大基础设施行业新增贷款844.88亿元，同比多增66.91亿元。

2. 银行业稳定性评估

（1）不良贷款规模持续高位运行。2017年以来，受国内外经济环境复杂严峻、经济下行压力持续较大的影响，广西银行业不良贷款仍处于高位运行。截至2017年末，广西银行业金融机构不良贷款余额396.37亿元，同比增加1.13亿元，增长0.29%；不良贷款率1.71%，同比下降0.21个百分点。从不良贷款增量上来看，农村合作金融机构、城市商业银行和新型农村金融机构不良贷款增加较多，同比分别新增 28.9 亿元、4.74 亿元和 2.24 亿元。从不良贷款的行业分布来看，金融业和电力、热力、燃气及水的生产和供应业不良贷款余额增幅最大，分别为 957.37% 和 98.67%。

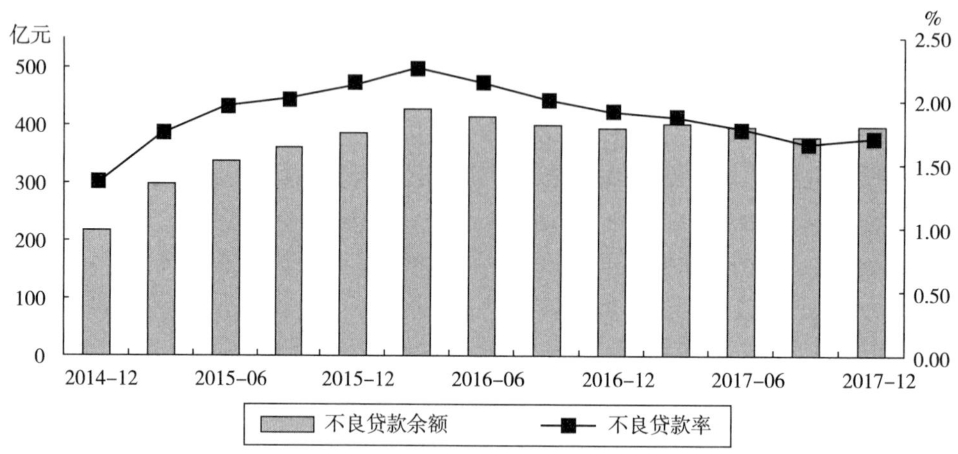

数据来源：广西银监局。

图 2 广西银行业不良贷款趋势

（2）金融机构流动性有趋紧态势。2017 年，广西新增存款 2 420.84 亿元，在住户及非金融企业新增存款中，定期存款占比 22.47%；新增贷款 2 585.60 亿元，中长期贷款占比 109.35%，“短存长贷”特征明显，期限错配扩大，流动性有趋紧态势。法人机构流动性比例同比提高 0.35 个百分点，存贷比同比下降 6.88 个百分点，其中城市商业银行和农村合作金融机构流动性比例分别提高 0.35 个和 3.39 个百分点，城市商业银行存贷比下降 8.1 个百分点。部分城市商业银行流动性比例和流动性缺口率下降明显，流动性出现紧缩现象。

（3）资本充足水平略有下降。2017 年末，广西银行业法人金融机构资本充足率 12.89%、核心一级资本充足率 11.83%，同比分别下降 0.27 个和 0.26 个百分点。分机构看，城市商业银行除桂林银行资本充足率同比提高 0.19 个百分点以外，其他城市商业银行的资本充足指标均出现不同程度的下降；农村合作金融机构中，农村信用社资本充足率和核心一级资本充足率同比分别提高 0.28 个和 0.23 个百分点，农村商业银行和农村合作银行资本充足情况均出现不同程度的下降。

（4）经营效益大幅提升。2017 年末，广西银行业金融机构实现税后净利润 379 亿元，同比增长 21.19%。其中，利息净收入 848.47 亿元，同比多增 44.53 亿元；利息收入率 89.87%，同比下降 3.02 个百分点；手续费净收入 83.98 亿元，同比少增 6.89 亿元，中间业务收入率 10.64%，同比下降 1.49 个百分点。净息差 2.77%，同比下降 0.59 个百分点。截至 2017 年末，广西银行业金融机构资产利润率 1.1%，同比下降 0.05 个百分点。

（二）证券业

1. 证券类金融机构经营总体情况及其特点

（1）市场主体快速增加。截至 2017 年末，广西有 36 家境内上市公司，2 家 IPO 在审企业，5 家辅导备案拟上市企业；72 家新三板挂牌公司，新增 12 家；2 721 家广西区域股权市场挂牌企业，新增 384 家；1 家证券公司，1 家基金管理公司，27 家证券分公司，新增 8 家，194 家证券营业部，新增10家；2家期货分公司，31家期货营业部，减少1家；71家已登记私募基金管理人，新增29家。

（2）直接融资显著减少。2017年，广西资本市场累计直接融资总额179亿元，同比下降70.2%。其中上市公司股权融资10.97亿元，公司债券融资163.75亿元，新三板挂牌企业定向增发融资4.28亿元，同比分别下降91.82%、63.06%和52.13%。

（3）市场交易量有所下降。2017年，广西证券交易总额3.37万亿元，同比下降2.53%，融资融券余额104.38亿元，投资者开户数368.18万户；证券分支机构实现营业收入12.94亿元，同比下降22.47%，实现净利润3.14亿元，同比下降43.45%；客户交易结算资金余额108.52亿元，托管证券市值2 107.47亿元；期货成交量3525.04万手，成交金额1.84万亿元，同比分别下降27.22%和14.7%，期货开户数4.48万户；期货营业部实现营业收入0.58亿元，同比下降13.43%，实现净利润-0.14亿元，亏损幅度同比有所扩大，客户保证金余额24.46亿元。公募基金管理规模291.59亿元，备案私募基金规模279.75亿元，分别同比增长44.81%、62.31%。

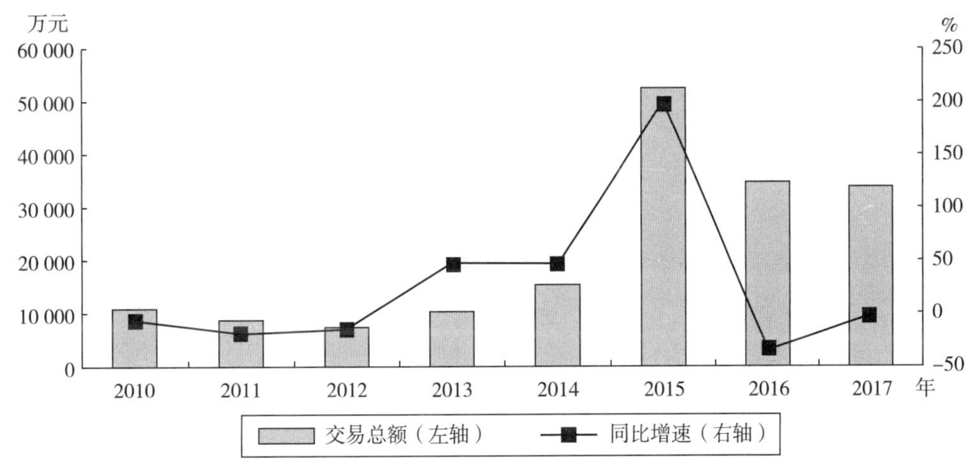

数据来源：广西证监局。

图3　广西证券经营机构代理证券交易总额和增速

2. 证券业稳定性评估

（1）少数上市公司存在较大风险。根据上市公司2017年三季报，广西36家上市公司前三季度亏损的有9家，扣非后连续3年以上亏损的有8家，面临持续经营困难。还有少数公司经营机制不健全，投资管理不善，资产质量差，不良资产历史包袱重，影响融资发展能力。个别公司治理运作不规范，信息披露透明度不高，潜在风险较突出。

（2）少数公司债券存在潜在的兑付风险。2018年，广西公司债券将进入第一个回售或到期兑付高峰期，但是部分公司债券发行人在公司治理、信息披露、日常经营等方面存在较多问题，个别公司资产负债率较高，融资渠道受限，经营现金流吃紧，主要以政府补贴和非经常性收益维持业绩，依靠借新债、偿旧债的方式维持运转，偿债能力和抗风险能力较弱。

（3）少数交易场所违规经营风险较为突出。近年广西少数交易场所违规行为死灰复燃，有的涉嫌从事非法证券期货活动，造成当事人严重财产损失，一定程度上给广西金融生态带来不良影响。

（4）上市挂牌资源培育不足，市场发展后劲乏力。辖区上市公司、拟上市公司和新三板挂牌公司数量总体偏少，上市挂牌后备资源匮乏，企业上市没有形成“培育一批、挂牌一批、辅导一批、申报一批、上市一批”的良性梯次结构，导致资本市场发展后劲明显不足。

（三）保险业

1. 保险类金融机构经营总体情况及特点

（1）市场体系不断完善。截至2017年末，广西共有保险经营主体40家，同比增加1家，其中法人财产险保险机构1家，省级分公司39家（财产险公司22家，人身保险公司17家）。保险公司各级分支机构2 151家，同比增加69家，专业保险中介机构351家，同比增长47家，另有1家法人人身险公司在筹建，广西保险机构市场主体不断丰富，保险服务基本实现全区覆盖。广西保险从业人员数量达到21.45万人，同比增长2.63万人，服务人员队伍进一步扩大。

（2）业务平稳较快发展。截至2017年末，广西保险业累计实现原保险保费收入565.1亿元，同比增长20.4%，其中，财产险保费收入196亿元，同比增长18.3%；人身险保费收入369.1亿元，同比增长21.6%。保险密度为1 156.8元/人，同比增长19.3%；保险深度为2.8%，同比上升0.2个百分点。保险业总资产达到1 049.1亿元，同比增长11.8%。

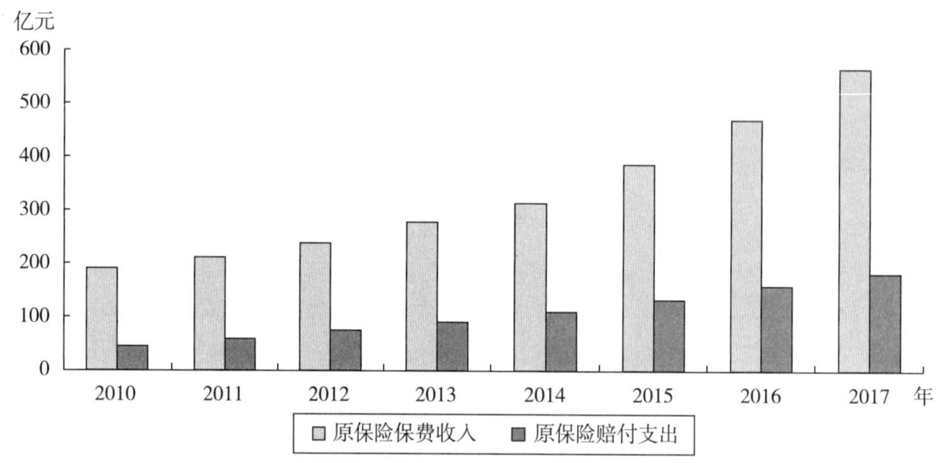

数据来源：广西保监局。

图4 广西保费收入和赔付支出情况

（3）风险保障功能不断增强。截至2017年末，广西保险业共为全区提供财产和人身保险保障39.3万亿元，同比增长22.8%，广西保险赔付支出181.8亿元，同比增长14.4%，其中，财产险赔付支出85亿元，同比增长11.8%；人身险赔付支出96.8亿元，同比增长16.7%，“社会稳定器”和“经济助推器”功能得到有效发挥。

2. 保险业稳定性评估

（1）车险市场恶性竞争难以遏制。随着广西商业车险条款费率改革不断推进，车险市场价格战仍在激烈持续，恶性竞争未能得到有效遏制，财产险公司以下浮到底的最低折扣价格吸引客户，有的甚至采取虚列业务及管理费、账外支付等不法手段争夺车险市场份额，出现明显违反了监管要求的给予投保人合同约定以外的利益。如向投保人提供返现和返油卡等优惠进行车险销售。非正常市场价格竞争和非正常优惠政策极大程度上破坏了区域车险市场的良性竞争，市场秩序亟待整治规范。

（2）警惕保险欺诈风险。随着保险业的不断发展，保险欺诈风险也不断凸显。其中，车险骗赔行为占保险欺诈的80%，仅2017年上半年，广西涉嫌保险诈骗的车险案件有600多起，涉案金额约

4 500万元，同比增长22%。此外，2017年广西成功侦破首起大病保险系列诈骗案，涉案医疗发票金额226.78万元，已追回新农合赔款71.6万元、大病医保赔款22.85万元。保险欺诈案件增多的风险隐患不能忽视。

（3）保险业沿边金改取得新突破。崇左市积极推进跨境车辆保险，中国人保财险广西分公司通过与政府相关部门沟通调研、凭祥市保税区短期短途跨境机车试点等形式，积极推动《出境车示范条款》的形成。2017年《机动车出境综合商业保险示范条款》正式发布，2017年9月5日中国人保财险广西分公司出具的机动车出境综合商业保险全国首单签发仪式在崇左市凭祥市举行。2017年，崇左市跨境车险业务累计5 042辆次，保费17.65万元，为投保人提供2.5亿元的风险保障。

三、非金融机构与金融稳定

（一）小额贷款公司发展平稳，潜在风险不容忽视

截至2017年末，广西小额贷款公司372家，与年初持平；注册资本325.88亿元，同比增长9.42%；贷款余额521.46亿元，同比下降4.04%；全行业实现总收入42.5亿元（其中贷款利息收入40.63亿元），同比增长1.13%；利润总额19.23亿元，同比下降0.13%。主要存在以下问题：一是逾期贷款占比增长较快。截至2017年末，3个月以上逾期贷款189.38亿元，占全行业贷款余额比重达36.32%，同比增加15.25个百分点。二是减资注销持续增加。2017年度累计11家公司申请减资，合计减资4亿元，另有9家公司注销退出。截至2017年末，全行业累计已减资金额20.72亿元，累计55家公司注销退出。三是部分民营公司盈利能力堪忧。2017年度账面累计亏损公司共计185家，同比增加11家，其中民营公司占比高达97.3%。

（二）融资性担保行业规模下降，融资担保作用有待进一步发挥

截至2017年末，广西融资性担保公司共122家，其中法人机构102家，同比减少43家；注册资本合计184.87亿元，同比下降6.13%。开展业务的融资性担保公司在保余额为250.36亿元，同比下降9.05%，其中，国有担保机构在保余额233.7亿元，占比达93.35%；本年度累计代偿额14.67亿元，同比下降22.63%。2017年，广西区市县三级财政加大了对融资担保行业的投入，新设立国有法人公司12家，共增资注册资本31.87亿元，融资担保行业结构逐步优化，但仍存在如下两方面问题：一是政府性融资担保公司资本金和规模偏小，业务需有效拓展；二是广西再担保公司作为政府性融资担保体系的核心，资本金不足，政策性业务规模仍处于刚起步阶段，全区政府性融资担保资源有待进一步整合。

（三）典当行业务规模和经营效益持续下滑，风险传导性较低

截至2017年末，广西共有典当行162家（含3家分支机构），从业人员870人，同比减少9.28%；资产总额13.35亿元，较上年基本持平；负债总额0.15亿元，同比下降21.05%。业务规模方面，全行业典当总额加速下滑，2017年度累计完成典当总额17.38亿元，同比下降20.58%，降幅同比增加5.58个百分点。其中，动产典当总额4.97亿元，同比下降22.85%；房地产典当总额9.84亿元，同比下降24.01%。经营效益方面，全行业营业收入大幅下降，全年共实现营业收入

4 016. 63万元，同比下降27. 48%；全行业利润大幅下滑，且连续两年总体亏损，2017年共实现营业利润-697. 77万元，较2016年度多亏损240. 73万元；共实现净利润-724. 32万元，较2016年度多亏损89. 32万元。目前广西典当行主要利用自有资金进行经营，未从银行获得贷款，风险传导性较低。

（四）非银行支付机构业务快速发展，但风险仍需持续关注

截至2017年末，广西共有非银行支付机构37家，其中法人机构3家；共发生支付业务1. 88亿笔，金额4 125. 83亿元，同比分别增长45. 9%和38. 33%。2017年，人民银行南宁中心支行持续采取有力措施规范非银行支付机构经营，全面整治无证经营支付业务，严格开展支付结算执法检查。但个别非银行支付机构违规经营、无序竞争、侵害消费者权益等问题依然存在，特别是无证从事支付业务，以及一些持证机构为无证机构提供资金清结算通道、开展代收付业务、开立内部过渡户等违法违规行为仍然没有根除，亟须重点予以关注和整治。

四、其他金融风险与金融稳定

（一）涉企金融风险呈现多发态势，累积隐患不容忽视

在经济下行压力较大的背景下，企业财务风险逐步向金融领域传导，广西涉企金融风险呈现多发态势。截至2017年末，广西涉企金融风险事件涉险金额272. 73亿元，涉险企业主要分布于制糖、有色、房地产业、工程机械等传统支柱行业；涉险金融机构主要为地方法人机构，截至2017年末，地方法人机构涉险金额占比高达54. 34%。广西涉险企业风险形成原因主要有：一是宏观经济低位运行，市场行情较为低迷，导致部分企业经营陷入困境，无法偿还到期债务。二是部分企业激进发展，盲目扩张，对外负债过高，且普遍存在短债长用的情况，最终出现资金链断裂。三是部分企业偏离主业，参与民间融资，大量资金脱实向虚，增加企业坏账风险。四是部分企业的法定代表人或实际控制人涉及刑事案件，导致企业无法正常运转，持续经营受到影响。

（二）债券市场呈熊市格局，企业融资量有所减少

2017年，广西企业发行各项债券686. 85亿元，其中广西交通投资集团成功发行全区首单扶贫中期票据15亿元，企业到期债券全部如期兑付，未发生新增违约事件，投资者对广西的投资信心显著增强。但是，受市场利率走高以及国海证券风险事件和广西有色金属集团债券违约事件影响，债券市场形势仍不容乐观。一是企业融资步伐有所放缓。2017年广西企业取消或延期发行债券141亿元，各项债券累计发行量同比大幅减少387. 15亿元，降幅达36. 05%。二是二级市场潜在风险值得关注。受经济基本面向好、市场资金面趋紧及强监管政策等多重因素影响，2017年债券市场呈现明显的熊市格局，债券利率大幅上行，辖内债券市场成员需合理改善持券结构，切实加强资金头寸管理，防范流动性风险。

（三）互联网金融专项整治初见成效，风险案件仍时有发生

经过一年多的互联网金融风险专项整治工作，互联网金融风险高发频发的势头得到初步遏制，但互联网金融存量风险仍然存在，风险案件还时有发生，如个别平台发布清盘公告导致投资者连日到自治区人民政府、公司现场聚集，上访并拉横幅，给辖内社会稳定及金融稳定带来了严重影响。当前互联网金融仍存在两方面风险隐患，一是从业机构信息披露机制不完善，绝大多数机构只是在互联网平台上发布简单的标的信息，未详细介绍资金流向、用途等，导致资金使用存在道德风险；二是仍未落实资金银行存管制度，多数机构仍以第三方支付机构为资金托管机构，导致投资者及监管机构难以对资金形成合理监管，资金安全存在较大隐患。

（四）政府融资平台贷款占比回落，贷款质量总体良好

截至2017年末，广西政府融资平台贷款余额3 593.69亿元，同比减少4.03亿元，平台贷款余额占全区人民币贷款余额的15.77%，占比较年初降低2.06个百分点。从贷款方式看，抵（质）押贷款占比最高。截至2017年末，抵（质）押贷款余额2 734.05亿元，占比为76.08%，较年初降低2.48个百分点；信用贷款余额占比为20.12%；保证贷款余额占比3.8%。从贷款质量看，政府融资平台贷款风险较低。截至2017年末，融资平台正常类贷款余额占比98.38%，关注类贷款余额占比为1.54%；不良贷款余额2.83亿元，占比0.08%，比年初降低0.22个百分点，其中，可疑类贷款余额占比为0.06%，损失类贷款余额占比为0.02%。

（五）房地产信贷政策效果显著，住房信贷需求得到有效满足

2017年，人民银行南宁中心支行贯彻落实中央“房子是用来住的，不是用来炒的”精神，按照“分类指导，因城施策”的原则，落实好差别化住房信贷政策，房地产信贷政策调控效果进一步巩固，住房信贷需求得到有效满足。2017年，房地产贷款余额6 866.45亿元，同比增长22.43%，增速同比回落5.14个百分点。其中，个人住房贷款余额同比增长27.82%。但受2017年以来房地产市场持续升温影响，居民加杠杆投机购房意愿增强，房地产市场防范化解风险不容忽视。一是房地产不良贷款余额上升较快。2017年末，广西房地产业贷款不良率为0.44%，不良贷款余额30.11亿元，同比增长16.61%；二是消费贷款违规进入房地产市场。广西个别金融机构存在消费贷款违规进入房地产市场等领域的情况，金融机构需加强贷前贷后管理，防范信贷风险。

（六）跨境资金流动日益活跃，风险隐患仍然存在

2017年，国内外经济运行平稳，进出口贸易回暖，跨境资金流动日益活跃。全年广西银行结售汇总计213.46亿美元，同比增长17.88%，产生结售汇逆差75.08亿美元，同比增长9.67%。广西跨境收支总量443.8亿美元，同比下降4.98%，净流出99.75亿美元，同比增长12.72倍。其中，跨境人民币净流出折合47.71亿美元，上年为净流入折合26.72亿美元；外汇净流出52.04亿美元，同比增长53.15%。“一带一路”倡议激发企业境外投资热情，国民收入增长使得个人境外旅游留学、投资消费成为常态，人民币加入“SDR”让跨境人民币结算更加普及。但是，本外币监管不一致、银行展业自律执行不严、企业伪造虚假贸易单证骗取政府补贴、地下钱庄交易活跃、异地购汇频繁、个人分拆购汇团伙化等风险隐患仍然存在，维持国际收支平衡任务艰巨。

五、金融基础设施与金融稳定

（一）支付市场制度持续规范，行业发展健康平稳

2017 年，广西银行卡收单业务监管平台建成，实施非银行支付机构客户备付金集中存管，持续协助打击防范电信网络新型违法犯罪，开展无证经营支付业务专项整治，持续规范支付服务市场秩序。不断优化支付系统功能并确保安全稳定运行，推进个人账户分类管理制度改革，启动实施移动支付便民示范工程，大力普及新型非现金支付工具，切实提升支付便民惠民服务水平。深入改善农村支付服务环境，巩固支付服务行政村全覆盖成果，有效提高城乡支付服务的可获得性和可持续性。

（二）征信体系建设有序推进，金融生态环境持续改善

截至 2017 年末，金融信用信息基础数据库收录广西企业和其他经济组织 16.07 万户，收录广西 3 016 万自然人信息。持续推进广西社会信用体系建设，沿边金改六市建立信用信息共享平台。中小企业和农村信用体系建设稳步推进，全区创建诚信园（商）区 36 个，金融机构给予未与银行建立信贷关系的 3.24 万小微企业信贷支持；探索推进“信用 + 信贷”联动模式、广西农村信用大数据平台建设，全区 4 个市、68 个县（市）、20 个区建立或在建农户信用信息系统，金融机构向 371.6 万信用农户累计发放贷款 2 924 亿元，农户贷款满足率超过 90%，营造良好的县域金融生态环境。

（三）反洗钱工作有效性提升，风险防控能力增强

2017 年，《金融机构大额交易和可疑交易报告管理办法》（中国人民银行令〔2016〕第 3 号）在广西顺利实施。制定广西非法人金融机构反洗钱分类评级标准，完成对辖内全部金融机构的反洗钱分类评级。灵活运用差别化监管措施提升反洗钱监管有效性，开展反洗钱执法检查 84 项，监管走访、质询、约谈义务机构 420 家。加强部门间反洗钱工作合作，协助破获多起地下钱庄案、虚开增值税发票案、特大传销案。互市贸易跨境资金监测服务平台反洗钱监测模块一期基本建成运行，沿边金改试验区洗钱风险防范能力进一步增强。

（四）金融消费权益保护进一步强化，金融服务履职成效明显

2017 年，人民银行南宁中心支行组织全辖开展“3·15 金融消费者权益日”及“金融知识普及月”等金融知识普及活动 3 920 余场，发放宣传资料约 157 万份，受众消费者约 156 万人次。构建广西普惠金融指标体系，开展普惠金融发展评估，完成自治区、市、县三级普惠金融指标体系分析报告。部署对辖内 82 家银行业金融机构及非银行支付机构共 155 个网点开展支付服务领域金融消保专项检查。稳妥开展金融消费者投诉受理、处理工作，全年受理投诉 242 件，群众满意率 100%。

（五）存款保险各项制度稳步推进，风险防控防线不断巩固

一是推进存款保险基金稳步积累。2017 年组织投保机构按时足额交纳近 1.55 亿元保费，全区累

计收取保费 2. 97 亿元。二是统筹推进存款保险评级。2017 年全区对所有投保机构实现现场评级，差别费率机制约束风险、正向激励的作用逐步显现，筑牢差别费率基础。三是强化风险监测与识别。加大核查力度，已对 37 家投保机构开展现场核查，摸清风险底数。四是探索存款保险处置功能。主动适时采取有效措施防控风险，推进风险有效处置化解。

六、总体评估与政策建议

（一）辖区金融稳定状况总体评估

2017 年，面对复杂严峻的国内外经济环境和持续较大的经济下行压力，广西以供给侧结构性改革为主线，推动结构优化、动力转换和质量提升，全年经济运行总体平稳、稳中提质、稳中增效，金融业持续快速发展，金融改革创新取得积极进展，金融基础设施建设稳步推进，区域金融体系总体保持稳定。但是广西金融发展仍存在诸多不确定因素，各类金融风险也在集聚。银行业不良贷款规模持续高位运行，流动性有趋紧态势；少数上市公司存在较大风险，公司债券存在潜在兑付风险，交易场所违规经营风险较为突出；车险市场恶性竞争难以遏制，保险欺诈案件增多的风险隐患不能忽视；小额贷款公司后续发展能力不足，融资性担保行业规模下降，典当行业务规模和经营效益持续下滑；涉企金融风险呈现多发态势，债券市场呈熊市格局，互联网金融风险案件时有发生，跨境资金风险隐患仍然存在，风险防控能力面临新挑战。总体来看，2017 年，广西金融稳定状况良好，全年未发生系统性风险事件，金融体系保持了稳健运行。2018 年，应把防控金融风险作为工作主线，力求准确识别、妥善化解各类金融风险点，牢牢守住不发生系统性金融风险的底线。

（二）化解金融风险、增强金融业稳健性的政策建议

1. 大力发展实体经济，为金融业稳健运行创造良好环境

深化经济结构调整，转变经济发展方式，新旧动能协同发力，促进实体经济稳中向好。优化投资结构，激发民间投资活力，大力推广股权投资和融资租赁等模式，促进民间投资稳步回升。改善消费环境，加快发展服务消费，增加高品质消费产品供给，满足多元化消费需求。优化招商、行商、边贸环境与相关政策，推动外贸稳步增长。

2. 发挥监管合力，有效防控辖区金融风险

强化监管协调，健全金融监管信息共享和协调机制。科学防范金融风险，构建全区金融风险“大监测”格局，有效识别重大风险隐患，对金融活动的全流程、全链条动态监测预警，对苗头性、倾向性问题早发现、早预防、早处置。着力整治金融乱象，加强风险源头管控，积极稳妥防范化解重点领域风险。有效发挥存款保险制度早期纠正和处置平台作用，完善应急处置机制，切实维护全区金融稳定。

3. 健全金融服务体系，营造良好生态环境

强化无证经营支付业务整治，探索建立支付结算违法违规行为分类处置机制，完善非银行支付机构监督；强化征信合规管理，从严查处征信违法违规行为，共同培育规范有序的征信市场；促进金融业综合统计体系建设，强化数据整合利用；加强金融消费者教育与金融知识普及，增强社会公

众金融素养与风险识别防范能力。

总　　纂：罗跃华
统　　稿：黎　宇　朱燕宇
执　　笔：王　涛　农　婧　吴　强　农丽娜　徐小瑛
其他参与写作人员：韦诗婷　江东阳　胡欢欢　吴　丹　黄　敏

海南省金融稳定报告摘要

2017年，面对复杂多变的外部环境和经济下行压力，海南省坚持稳中求进工作总基调，以供给侧结构性改革为主线，践行新发展理念，充分发挥生态环境、经济特区、国际旅游岛三大优势，妥善应对各类风险挑战，全省经济运行呈现稳中有进、稳中向好、稳中提质的良好态势。海南省金融业认真落实各项金融调控政策，着力提升金融服务水平，金融业助推社会经济发展作用有效发挥，全年金融业完成增加值318.21亿元，增长11.2%，占全省GDP的7.13%，比上年提高0.21个百分点，有力地支持了海南国际旅游岛建设。

一、区域经济运行与金融稳定

2017年，海南省经济保持健康运行，产业结构调整和区域协调发展取得积极进展，固定资产投资平稳增长，消费增速小幅提升，财政收入增长提速，惠民力度稳步加大，工业企业经济发展提质增效，为金融业稳健运行提供了良好的经济环境。

（一）经济运行总体情况

1. 经济平稳增长，产业结构进一步优化

2017年，全省地区生产总值4 462.51亿元，同比增长7.0%，增速比上年降低0.5个百分点，高于全国平均水平0.1个百分点。三次产业结构由上年的24.01:22.29:53.70调整为21.95:22.34:55.71。十二个重点产业增加值增长10.1%，高于地区生产总值增速3.1个百分点，产业支撑作用增强。

2. 固定资产投资平稳增长，经济发展改革力度加大

2017年，全省固定资产投资完成总额4 125.40亿元，同比增长10.1%，高于全国平均水平2.9个百分点。其中，房地产开发完成投资2 053.11亿元，增长14.9%（见图1）。按地区分，海澄文一体化综合经济圈投资增长11.2%；大三亚旅游经济圈增长10.2%，东部地区增长10.6%，中部地区增长5.6%，西部地区增长9.3%。创新经济社会发展考核办法，取消12个市县地区生产总值、工业产值、固定资产投资的考核。

3. 消费增速小幅提升，去库存成效明显

2017年，海南省社会消费品零售总额1 618.76亿元，同比增长11.4%，增速比上年增加1.7个百分点，高于全国平均水平1.2个百分点。海南省实施美丽海南“百镇千村”建设、“共享农庄”建设等乡村振兴战略，乡村经济不断向好，全年乡村零售额增长13.9%，较上年提高2.4个百分点，增速比城镇快3个百分点。房地产销售金额2 713.7亿元，同比增长82.1%；商品住宅库存去化期约11个月，比上年末减少12个月，去库存速度加快。

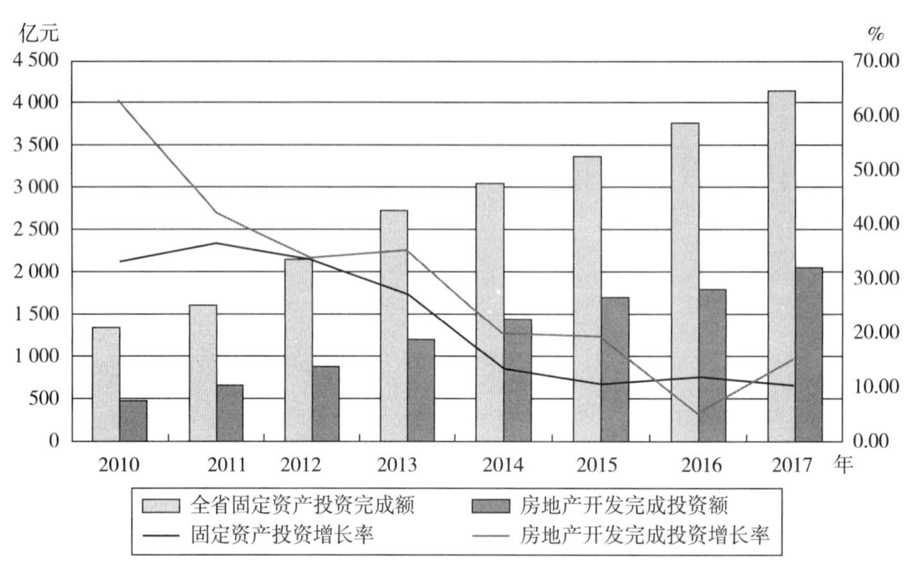

数据来源：海南省统计局。

图1 2010—2017年全省固定资产投资和房地产开发完成投资数据统计情况

4. 出口快速增长，利用外资规模回升

2017年，海南省对外贸易进出口总值702.37亿元，同比下降6.5%。其中，出口总值295.66亿元，同比增长110.4%；进口总值406.71亿元，同比下降33.4%。全省实际利用外资总额23.06亿美元，同比增长4.1%。其中，外商直接投资23.06亿美元，同比增长8.2%。

5. 财政收入增长提速，惠民力度持续增强

2017年，海南省全口径一般公共预算收入1 222.24亿元，同比增长12.8%。其中，地方一般公共预算收入674.08亿元，增长11.5%。全省地方一般公共预算支出1 444.49亿元，同比增长4.3%。其中，民生支出1 109.3亿元，同比增长5.2%，占地方一般公共预算支出的76.8%，财政支持民生力度不断加大。全年安排财政专项扶贫资金28.47亿元，同比增长46%；实际脱贫20.8万人，117个贫困村脱贫出列，脱贫攻坚工作成效明显。

6. 旅游业快速发展，工业企业经济发展提质增效

2017年，全域旅游建设成果明显，接待游客人数6 745.01万人次，增长12.0%；旅游总收入811.99亿元，增长20.8%。得益于去产能、去库存等供给侧结构性改革措施，产品价格较上年有所提高，海南省规模以上工业企业的综合经济效益好转。2017年，规模以上工业企业主营业务收入1 831.48亿元，同比增长10%；规模以上工业综合效益指数384.1%，同比提高31.3个百分点。

7. 居民收入稳步提高，消费价格持续上涨

2017年，海南省常住居民人均可支配收入22 553元，扣除价格因素实际增长6.2%。其中，城镇和农村常住居民人均可支配收入分别为30 817元和12 902元，实际分别增长5.0%和6.9%。城镇新增就业人数12万人，比上年增长30.4%；城镇登记失业率2.33%，同比减少0.03个百分点，就业形势总体稳定。居民消费价格（CPI）同比上涨2.8%，涨幅与上年同期持平，但高于全国平均水平1.2个百分点。从构成的八大类指数来看：医疗保健类和居住类价格涨幅较大，同比分别上涨11.1%和6%。

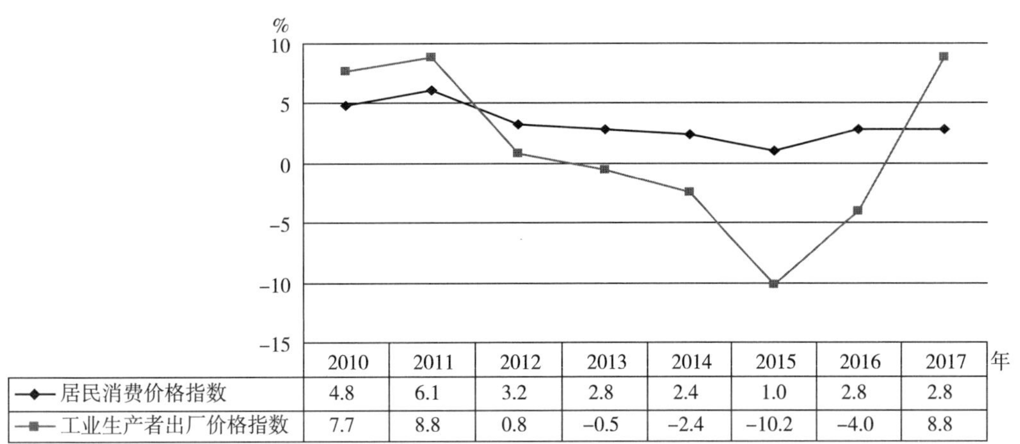

	2010	2011	2012	2013	2014	2015	2016	2017
居民消费价格指数	4.8	6.1	3.2	2.8	2.4	1.0	2.8	2.8
工业生产者出厂价格指数	7.7	8.8	0.8	−0.5	−2.4	−10.2	−4.0	8.8

数据来源：海南省统计局。

图 2　2010—2017 年海南省居民消费价格和生产者价格指数变动情况

（二）经济运行中需关注的问题

1. 地区经济对房地产业较为依赖

近几年海南省房地产业占地区生产总值比重较大，2017 年房地产业完成增加值 437.54 亿元，占地区生产总值的 9.8%。自 2010 年以来（除 2016 年增速较低外），房地产开发完成投资增长率均高于全省固定资产投资增长率，房地产开发完成投资额在固定资产投资额中占比不断提升，2017 年达到 49.77%；房地产相关行业税收在全省占比 50.3%。随着房地产调控力度不断加大，海南省经济增长将面临较大压力。

2. 价格调控措施效果不明显

2017 年，海南省 CPI 在全国 31 个省份 CPI 涨幅排名中，除 2 月和 9 月外，其余月份 CPI 同比涨幅排名均居首位，在全国平均水平之上叠加 0.8～1.7 个百分点运行，物价涨幅较高，居民购买力下降。

3. 经济增长需考虑可持续发展问题

海南省积极淘汰高投入、低产出和高污染的落后产能，但烟草制品、有色金属冶炼和压延加工业的产出量仍不断增加，产成品增速分别达 172.7% 和 147.2%，且化学等耗能产业的投资不断加大。2017 年，石油加工、炼焦和核燃料加工业增速为 710.9%，电力、热力生产和供应业投资增速为 457.8%，制造业碳排放将对海南省环境造成影响，可持续发展问题值得关注。

二、金融业与金融稳定

（一）银行业与金融稳定

2017 年，海南省银行业金融机构认真落实国家宏观调控政策，着力推进金融改革和创新，风险管理持续加强，经营效益稳步提升，有力推动了全省经济平稳增长。

1. 银行业整体运行情况

（1）银行改革继续深入，经营效益良好。2017 年，海南省开发性、政策性金融机构改革稳步推进，在支持重大项目和重点产业等方面发挥了积极的作用；邮政储蓄银行改革继续深化；农行“三农金融事业部”管理体制不断完善；农信社改革继续推进，临高县农村信用合作联社改制为农村商业银行。2017 年末，海南省有法人银行业金融机构 45 家、一级分行 18 家（含外资机构 1 家）。银行业金融机构资产总额 14 653. 38 亿元，同比增长 2. 89%；负债总额 14 276. 04 亿元，同比增长 2. 65%（见图 3）。全年共实现净利润 168. 67 亿元，同比增盈 19. 60 亿元，同比增长 13. 15%。

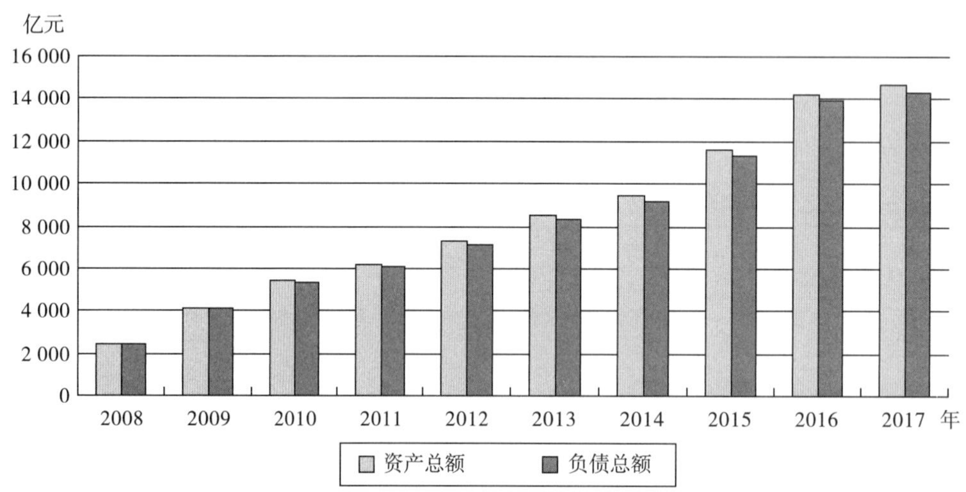

数据来源：中国人民银行海口中心支行。

图 3 2008—2017 年海南省银行业金融机构资产负债变动情况

（2）存款增速放缓，同比少增。2017 年末，全省本外币存款余额 10 096. 38 亿元，同比增长 10. 70%，增速较上年同期下降 8. 72 个百分点，比全国平均增速高 1. 90 个百分点。全年新增本外币存款余额 976. 21 亿元，同比少增 506. 7 亿元。境内存款余额 10 069. 10 亿元，同比增长 10. 82%。其中，住户存款、非金融企业存款、广义政府存款分别为 3 815. 80 亿元、3 710. 76 亿元和 2 333. 31 亿元，同比分别增长 11. 66%、15. 47% 和 12. 32%（见表 1）。

表 1　　2017 年海南省金融机构存款结构分析

栏目 项目	2017 年末	比年初增加（亿元）	同比增长速度（%）
各项存款	10 096. 38	976. 21	10. 7
（一）境内存款	10 069. 10	983. 77	10. 8
1. 住户存款	3 815. 80	398. 07	11. 7
2. 非金融企业存款	3 710. 76	499. 01	15. 5
3. 广义政府存款	2 333. 31	255. 23	12. 3
4. 非存款类金融机构存款	253. 32	-178. 47	-41. 3
（二）境外存款	27. 28	-7. 56	-21. 7

数据来源：中国人民银行海口中心支行。

（3）贷款增速回落，贷款均衡性有所改善。2017 年末，全省本外币贷款余额 8 459. 27 亿元，同比增长 10. 04%，比上年同期下降 5. 55 个百分点，比全国平均增速低 2. 06 个百分点（见图 4）。贷款均衡性有所改善，表现为固定资产贷款同比少增，经营贷款同比多增，个人贷款快速增长。2017

年末，全省固定资产投资贷款余额 3 927.46 亿元，比年初增加 48.28 亿元，同比少增 287.73 亿元；经营贷款余额 1 702.27 亿元，比年初增加 95.70 亿元，同比多增 55.30 亿元；个人贷款 1 941.28 亿元，比年初增加 661.65 亿元，同比多增 285.16 亿元。扶贫贷款、“两权”抵押贷款投入力度加大。全省金融精准扶贫贷款余额 135.17 亿元，惠及贫困人口 20 多万人；试点市县累计发放农地抵押贷款 1.1 亿元，发放农房抵押贷款 1.5 亿元。

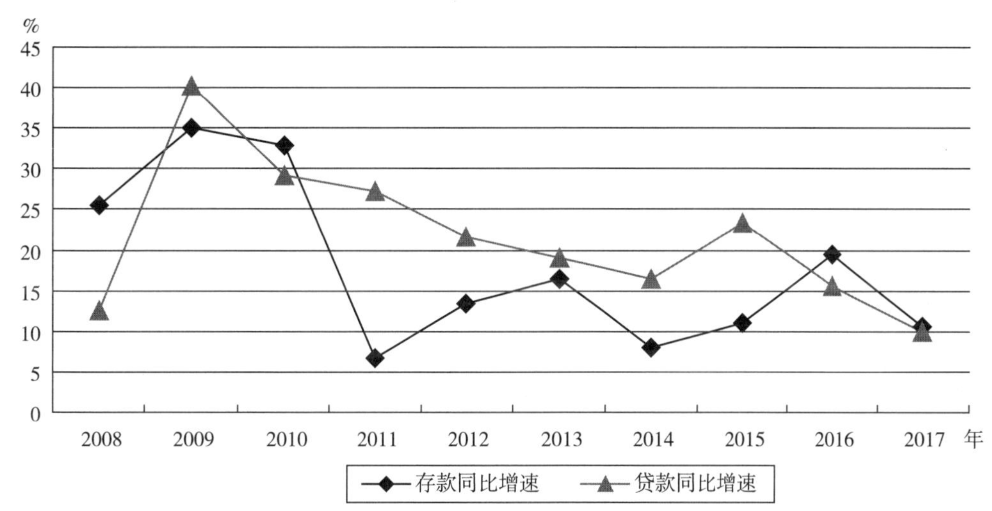

数据来源：中国人民银行海口中心支行。

图 4　2008—2017 年海南省银行业金融机构存贷款增速情况

（4）房地产贷款增速下降，不良贷款率保持低位。2017 年末，全省房地产贷款余额 2 792.04 亿元，同比增长 21.03%，增速比上年同期回落 23.21 个百分点。房地产不良贷款余额 10.25 亿元，比上年减少 6.80 亿元；不良率 0.37%，比上年下降 0.37 个百分点，比全省银行业金融机构不良贷款率低 1.09 个百分点，房地产贷款质量有所改善。

2. 银行业发展中需关注的问题

（1）不良贷款反弹，信贷风险防控压力大。受宏观经济周期和产业结构调整影响，信贷风险逐渐显现，部分银行业金融机构的不良贷款增加。2017 年末，全省银行业金融机构不良贷款余额 123.79 亿元，比年初增加 19.97 亿元；不良贷款率 1.46%，比年初提高 0.11 个百分点。其中，住宿和餐饮业、交通运输仓储和邮政业的不良贷款余额分别比年初增加 5.23 亿元和 2.77 亿元。

（2）贷款集中度较高，信贷投放有待优化。从贷款客户分布来看，全省银行业金融机构最大十家客户贷款余额 2 189.89 亿元，占全省贷款余额的 25.89%。从贷款投放行业看，运输仓储和邮政、电力燃气及供水、房地产分别占全省新增贷款余额的 25.82%、10.56% 和 10.35%，合计占比达 46.73%。农林牧渔行业占全省新增贷款余额的比例仅为 1.33%，“三农”支持力度有待加强。

（3）部分法人银行机构资本充足水平较低，资产质量下行。2017 年末，全省农信社系统仍有 12 家机构资本充足率低于 8%，占其机构数的 63.16%。农信社系统不良贷款率 3.22%，比年初上升 0.83 个百分点，其中有 10 家机构不良贷款率较年初上升，占其机构数的 52.63%。

（4）法人银行机构同业资产及同业负债占比偏高，弱化对地方经济支持力度。2017 年末，全省地方法人银行机构同业资产占其资产总额的 40.27%，其中最高的一家机构占比为 56.07%。全省地方法人银行机构同业负债占其负债总额的 21.94%，其中最高的一家机构占比为 48.05%。大量资金投向省外金融机构同业产品，减少了对当地实体经济的支持。

（二）证券期货业与金融稳定

2017 年，海南省证券期货业平稳发展，各类市场主体持续增加，证券期货交易下滑明显，资本市场融资功能继续发挥，多层次资本市场稳步推进。

1. 证券期货业整体运行情况

（1）证券交易量持续萎缩，证券机构经营压力增大。2017 年末，海南省共有法人证券公司 2 家、分公司 19 家和营业部 59 家，分公司和营业部分别比上年各增加 5 家。2017 年证券市场交易活跃度下降，辖区证券公司分支机构证券交易金额 8 292.80 亿元，同比下降 9.07%；管理客户资产余额 1 248.62 亿元，同比增长 8.87%；手续费及佣金净收入 3.64 亿元，同比下降 24.14%；净利润 0.99 亿元，同比下降 59.41%。证券公司分支机构盈利面 35.14%，较上年下降 13.01 个百分点。

两家法人证券公司盈利分化，利润同比一增一减。法人证券公司共实现营业收入 10.17 亿元，同比下降 4.90%。其中，手续费及佣金净收入、利息净收入同比分别下降 9.92% 和 20.20%，投资收益同比增长 29.71%。净利润合计 1.97 亿元，同比下降 3.87%。

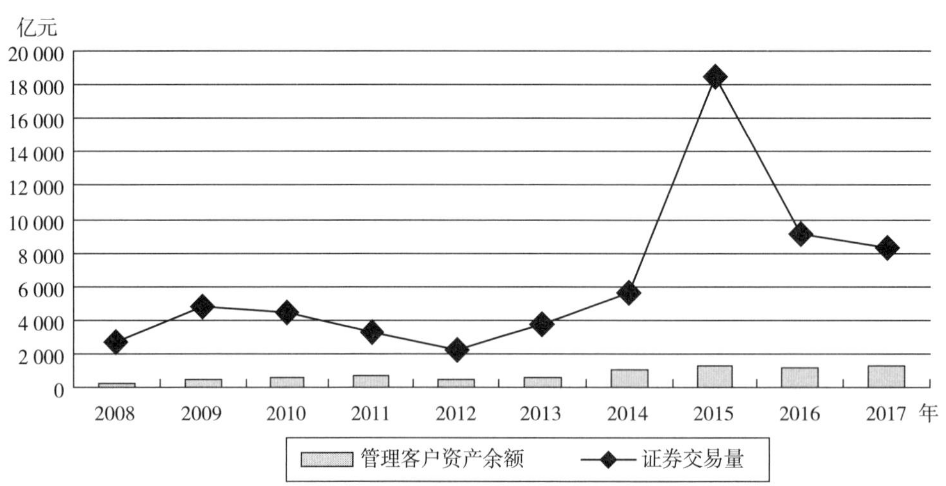

数据来源：海南证监局。

图 5　2008—2017 年海南证券营业部证券交易量与管理客户资产趋势

（2）法人证券公司资产规模稳步扩大，资本实力持续增强。2017 年末，两家法人证券公司资产总额 251.31 亿元，同比增长 19.51%；净资产 102.4 亿元，同比增长 55.60%；净资本 95.52 亿元，同比增长 59.87%。2017 年，万和证券进行增资扩股，持续深化“全牌照”经营格局，公司发展基础更加坚实，服务市场能力提升。

（3）期货市场交易活跃度大幅下降，期货机构利润水平下滑。2017 年，全省共有法人期货公司 2 家、期货分公司 2 家和期货营业部 12 家，比上年增加 1 家期货分公司。金元期货在新三板挂牌上市，是海南省首家挂牌的期货公司。两家法人期货公司资产总额 8.16 亿元（不含客户权益），同比下降 8.21%；净资产 6.44 亿元，同比增长 3.04%；净资本 4.05 亿元，同比下降 39.28%；客户权益总额 12.47 亿元，同比下降 53.40%；累计代理交易量、代理交易额同比分别下降 42.35% 和 28.10%；营业收入 1.43 亿元、净利润 0.26 亿元，同比分别下降 3.75% 和 27.16%。期货公司分支机构累计代理交易量、代理交易额同比分别下降33.11%和10.54%；营业收入0.14亿元，同比下降30.21%，亏损0.05亿元。

（4）资本市场主体数量不断增加，融资渠道呈多样化。2017年，海南省有两家公司实现首发上市。30家境内上市公司总股本473.57亿股，同比增长2.84%；总市值3 574.01亿元，同比下降7.85%。全省共有43家企业挂牌新三板，比上年增加13家，总股本64.65亿股，同比增长104.65%。海南股权交易中心累计挂牌企业1 409家，比上年增加351家。其中交易板挂牌企业65家。

全年海南企业在资本市场累计融资114.37亿元，融资额同比大幅下降。其中IPO融资6.22亿元；上市公司非公开发行股票融资40.95亿元；挂牌公司非公开发行股票融资2.49亿元；发行公司债券融资27.50亿元；发行可交换公司债券融资3.10亿元；发行资产支持证券融资34.11亿元。

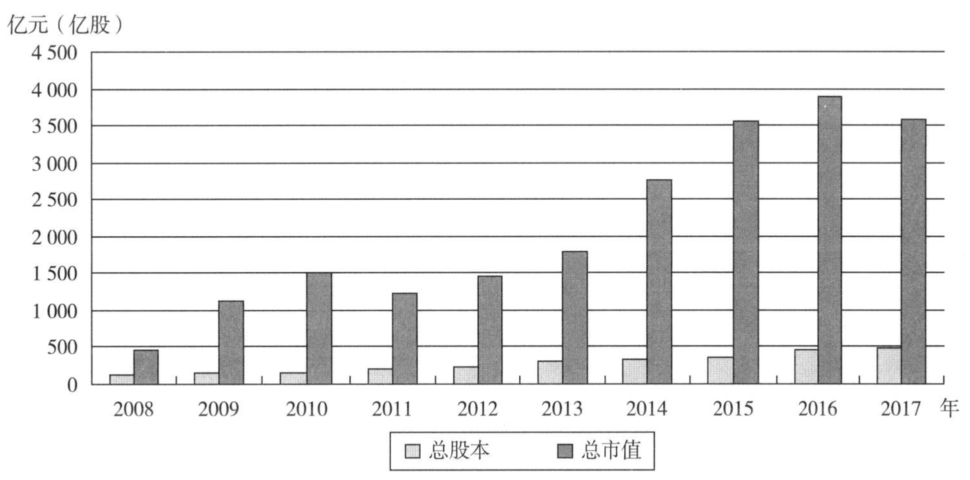

数据来源：海南证监局。

图6 2008—2017年海南上市公司总市值及总股本情况

2. 证券期货业发展中需关注的问题

（1）期货公司盈利水平低，整体实力有待增强。当前海南省法人期货公司的净资产、净资本仍低于全国平均水平，资本实力不强，降低其应对经营风险的能力，失去开展创新业务的市场先机，制约公司业务的发展，盈利能力有待提升。近两年，法人期货公司总体处于亏损状态。

（2）上市公司竞争力整体偏弱，质量有待提升。海南省部分上市公司资产规模小，缺乏规模优势和核心竞争力，日常经营业务盈利情况不佳，依靠非经常性损益实现盈利的现象较为普遍，基本面没有根本改变。2017年第三季度披露数据显示，有9家上市公司亏损，亏损面30%。另有部分盈利公司扣除非经常损益后净利润降为负值。辖区上市公司治理结构对股东决策参与权的保护程度、公司经营活动对股东投资收益权的保护程度有待提升。

（三）保险业与金融稳定

2017年，海南省保险市场总体运行稳健，保险公司业务收入平稳增长，保险覆盖面扩大，“社会稳定器”和“经济助推器”功能有效发挥。

1. 保险业整体运行情况

（1）保险业运行平稳，服务范围稳步扩大。2017年末，全省有法人保险公司1家、保险省级分公司24家，其中：财产险公司12家、人身险公司12家。专业保险中介机构166家，较上年增加48家；兼业保险代理机构1 640家，较上年减少104家。全省保险公司资产总额2 325.76亿元（含阳光人寿总公司），同比增长10.6%。保险深度3.69%，同比提高0.4个百分点；保险密度1 778.86元/人，同比提高326.43元/人。

2017年，海南省保险业实现原保险保费收入164.83亿元，同比增长23.74%。其中：财产险、人身险保费收入分别为59.75亿元和105.08亿元，同比分别增长20.13%和25.89%。各保险公司赔付支出49.08亿元，同比下降0.32%。其中：财产险公司赔付支出28.29亿元，同比增长2.07%；人身险公司赔付支出20.79亿元，同比下降3.4%。

（2）财产险业务发展稳健，人身险业务风险可控。2017年，海南省财产险公司大部分业务稳步增长，车险、家财险、责任险、特殊风险保险、保证险和农业保险等主要险种的保费收入规模增长较快。车险、保证险、农业保险、特殊风险保险保费收入分别为38.61亿元、5.28亿元、4.62亿元和1.93亿元，同比分别增长16.7%、64.09%、24.55%和31.93%。人身险业务实现快速增长，寿险满期给付支出规模下降，未发生满期给付与退保群体性事件。寿险业务保费收入87.18亿元，同比增长27.87%；意外伤害险保费收入2.73亿元，同比增长15.06%；健康险保费收入15.17亿元，同比增长17.43%。寿险期交业务占新单业务比例44.96%，同比提高6.47个百分点。寿险公司满期给付支出11.39亿元，同比下降0.64%。

（3）农业保险保障作用增强，产品创新能力提高。2017年末，海南省农业保险为73.02万户次农户提供风险保障387.14亿元，同比增长12.72%；农业保险赔付支出2.92亿元，受益农户20.19万户次。农业保险改革力度加大，推动农业保险产品创新步伐加快。2017年6月，海南省政府出台《2017年海南省农业保险工作实施方案》，明确了创新险种保费补贴政策，全年新开发并签单的险种达到14个，累计开办险种43个，农业保险服务领域逐步扩大。在特色农险产品开发方面，全国首张天然橡胶期货价格保险保单在国家贫困县白沙县南开乡正式签发，随后在临高、琼中、五指山、保亭和乐东5市县开始试点，累计为6 146户次农户提供风险保障1.78亿元，赔付支出307.06万元。

2. 保险业发展中需关注的问题

（1）车险占比较大，部分险种费用率偏高。2017年，海南省财产险公司车险业务保费收入占比较高的老问题和财产险公司费用率较高的情况需引起关注。车险业务保费收入38.61亿元，同比增长16.7%，增速同比提高2.37个百分点，占财产险业务保费收入的64.62%。2017年，财产险公司费用率有所上升，部分险种费用率偏高，造成承保业务出现亏损。家财险综合费用率78.47%，赔付率与费用率严重倒挂，整体承保亏损0.07亿元；责任险综合费用率44.24%，整体承保亏损0.14亿元。

（2）人身险产品供需有所失衡，退保金规模明显攀升。目前，城乡居民对人身保险产品的需求正从保障需求为主向保障和储蓄快速转变，从家属保障向自我保障逐步转移，健康保障和养老储蓄等多元化、个性化需求显著增多。然而人身险公司大而不强、产品多而不优的问题仍较为突出，主流产品供给与客户需求的趋势错位的矛盾较为明显，客观上导致了产品退保情况增多。2017年，海南省中短存续期产品进入退保高峰期，退保规模大幅攀升，人身险公司退保压力明显加大，全年退保金总额27.75亿元，同比增长117.31%，增速同比提高95.82个百分点；综合退保率7.93%，同比提高3.48个百分点。

三、社会金融活动与金融稳定

2017 年，海南省小额贷款公司、融资性担保公司、典当行等具有融资功能的非金融机构继续发挥自身优势，加大有效金融供给，一定程度上缓解了小微企业、个体工商户、“三农”融资难问题，是金融供给体系重要的补充力量，支持了海南省实体经济发展。

（一）发展现状

1. 小额贷款公司稳步发展

截至 2017 年末，全省 68 家小额贷款公司贷款余额 79.86 亿元，比上年增加 14.48 亿元，同比增长 22.15%。全年累计发放贷款 78.37 亿元，同比增长 11.98%；累计回收贷款 64.95 亿元，同比增长 8.14%。2017 年小额贷款公司每月贷款加权平均利率波动平缓，介于［14.5%，18%］。从投放对象看，个人贷款、个体工商户贷款和企业贷款分别占全部贷款余额的 65.16%、4.85%、27.44%。从行业分布看，农业贷款、工业贷款和服务业贷款分别占全部贷款余额的 22.09%、18.49%、39.69%。信贷投放以短期贷款为主，1 年期以内（含）的贷款占比 70.11%，资金周转较快。净利润 2.20 亿元，同比增长 8.14%。

2. 融资性担保公司平稳运行

截至 2017 年末，全省共有法人融资性担保公司 25 家、分支机构 4 家，比上年减少 2 家法人机构和 1 家分支机构。在保责任余额 57.64 亿元，同比增长 17.05%；担保准备金余额 2.34 亿元，同比增长 1.74%；担保代偿余额 2.00 亿元，同比下降 25.57%。2017 年新增担保业务 47.44 亿元，同比增长 15.71%。其中，新增融资性担保业务 46.26 亿元，同比增长 19.46%；新增非融资性担保业务 1.18 亿元，同比下降 48.17%。2017 年新增融资性担保代偿 0.33 亿元，同比下降 59.75%。全年担保业务收入 1.13 亿元，同比下降 7.50%；净利润 0.51 亿元，同比增长 4.08%；资产利润率 1.99%，同比上升 0.17 个百分点。

3. 典当行业务发展速度放缓

截至 2017 年末，全省共有法人典当行 166 家、分支机构 4 家，与上年持平。全年典当行发放典当贷款总额 13.37 亿元，同比下降 6.39%。其中，房地产典当、动产典当、财产权利典当贷款总额分别占全部典当贷款总额的 73.09%、19.53%、7.37%。典当贷款余额 7.65 亿元，同比下降 3.5%。典当行共发放典当贷款业务 23 458 笔，同比下降 9%，典当业务量持续下降。典当逾期贷款余额 0.26 亿元，占典当贷款余额的 3.46%，资产质量有所改善。

（二）应关注的问题

1. 小额贷款公司不良贷款率连续七年攀升，信用风险加大

截至 2017 年末，全省小额贷款公司不良贷款余额 7.35 亿元，比上年增加 4.97 亿元；不良贷款率 9.20%，同比提高 5.56 个百分点，高于全省银行业金融机构不良贷款率 7.74 个百分点，风险控制能力较为薄弱，经营风险逐渐暴露。

2. 融资性担保业务放大倍数较低，杠杆作用发挥有限

2017 年末，全省融资性担保公司净资产 25.61 亿元，融资性担保责任余额 55.74 亿元，融资性

担保业务放大倍数为2.18倍，同比提高0.44倍，但仍远低于《海南省融资性担保公司管理办法》规定的10倍上限，资本杠杆率较小，助推市场融资功能未充分发挥。

3. 典当业务结构不合理，经济效益不佳

房地产典当、动产典当、财产权利典当三大业务结构不平衡现象明显，房地产典当贷款业务占比较高。2017年，全省房地产典当贷款总额占全部典当贷款总额的73.09%。一般来说，房地产典当回报收益会比较高，但资金周转速度较慢，违背了典当业务短、频、快的安全理念。2017年，全省典当行业主营业务收入0.71亿元，同比下降11.9%；主营业务利润0.13亿元，同比下降41.84%，盈利能力有待提升。

四、总体评估与政策建议

（一）总体评估

2017年，海南省经济平稳较快增长，金融改革与创新继续推进，金融机构实力增强，金融服务质量持续提升，支持实体经济发展的精准度和有效性不断增强，为供给侧结构性改革提供良好的金融环境。具有融资功能的非金融机构稳步发展，对传统金融业形成良好的补充。总体来看，海南省金融稳定状况良好，风险可控，全年未发生系统性、区域性金融风险。但是经济金融体系中仍存在潜在风险隐患，区域金融运行面临不少困难和挑战。

（二）政策建议

1. 引导银行机构优化信贷结构，支持实体经济发展

一是引导银行业金融机构继续做好普惠金融工作，加大金融精准扶贫力度，加强对“三农”、小微企业、民生金融等薄弱环节的金融支持。二是引导银行业金融机构充分认识信贷投放过于集中的潜在风险，防范信贷集中于产能过多、库存过大、杠杆过高的产业，重点支持12个重点产业、五网基础设施建设、六类产业园区、美丽海南百镇千村、全域旅游等建设项目，完善信贷风险防范机制，提高风险管理水平。三是引导银行业金融机构助力实体经济，防止同业业务、理财业务等业务的发展脱离经济社会的发展，防止资金脱实向虚。

2. 加强重点领域风险监测和管控，防范系统性风险

一是加强对地方政府融资平台、房地产、跨境资金流动、影子银行、非法金融活动等领域的风险监测；密切关注地方高风险中小法人机构的风险状态，切实做好信用风险和流动性风险防范工作。二是关注银行业金融机构资产质量风险，引导其加大风险排查力度，防止关注类贷款向下迁徙，避免出现大面积不良债权。三是推动地方法人银行机构加快管理体制和经营机制转型，重点推进农信社改制，健全法人治理结构，严控经营风险，增强服务能力。

3. 加快非车险业务发展，推进人身险业务供给侧结构性改革

一是因地制宜推进财产险产品和服务创新，大力发展企财险、工程险和责任险等非车险业务，为实体经济稳定运行提供风险保障。二是财产险公司应及时调整经营思路，将经营管理重点放到自身的核心业务及承保业务，扩大优势产品的市场份额，注重风险管理和风险保障的核心价值，提高承保盈利能力和抗风险能力。三是推进人身险供给侧结构性改革，完善人身险产品结构，创新产品

供给，用供给推动潜在需求向现实需求转变，为消费者提供更丰富、更优质和更适销对路的人身险产品。四是人身险公司应完善风险防范与应急管理体系，做好退保风险的监测评估工作，落实重大事项报告制度。

4. 加快多层次资本市场建设，提升服务实体经济能力

一是提升证券期货机构执业质量，健全风险管理体系；支持辖区证券公司做大做强，促成证券公司回归本土；支持辖区证券公司为辖区企业在资本市场融资提供服务。二是提高上市公司质量，提升主营业务盈利能力、核心竞争力和可持续发展能力，夯实投资者回报基础；支持上市公司利用定向增发、发行可转债、优先股等方式实现再融资；扶持龙头上市公司进行市场化并购重组，实施低成本扩张和产业转型升级。三是加快培育符合条件的涉旅、涉农企业和创新型、成长型中小微企业到多层次资本市场 IPO、挂牌融资，培养本地区的产业优势，整合特色产业资源，提高区域经济发展后劲。

总　　纂：张华强
统　　稿：鄂　锋　黄明理
执　　笔：陈太玉　王　宇　符瑞武　邝继彬
其他参与写作人员：蓝文兴　邓启峰　邢福炯

重庆市金融稳定报告摘要

2017年，重庆市全面贯彻新发展理念，深入推进供给侧结构性改革，经济发展新动能不断累积，经济运行的活力和韧性不断增强，经济金融协调发展局面持续向好。同时，面对错综复杂的国内外经济形势，并随着去杠杆、去产能各项改革深入推进，金融领域新情况、新问题不断增多，金融体系潜在风险持续积聚，地方政府债务管控、金融机构资产质量、交叉性金融业务、区域性股权市场运行、影子银行体系以及互联网金融渗透传统金融等问题需重点关注。

一、区域经济运行与金融稳定

（一）经济运行情况

1. 经济增速居全国第四位，产业和需求结构向好

2017年，重庆实现地区生产总值19 500.27亿元，同比增长9.3%，居全国第4位，高出全国平均水平2.4个百分点。三次产业增加值占比分别为6.9%、44.1%和49.0%，较上年分别下降0.5个、下降0.1个和提高0.6个百分点。固定资产投资17 441亿元，同比增长9.47%；社会消费品零售总额8 068亿元，同比增长10.95%；进出口总额4 508亿元，同比增长8.90%，扭转了连续两年的负增长态势。

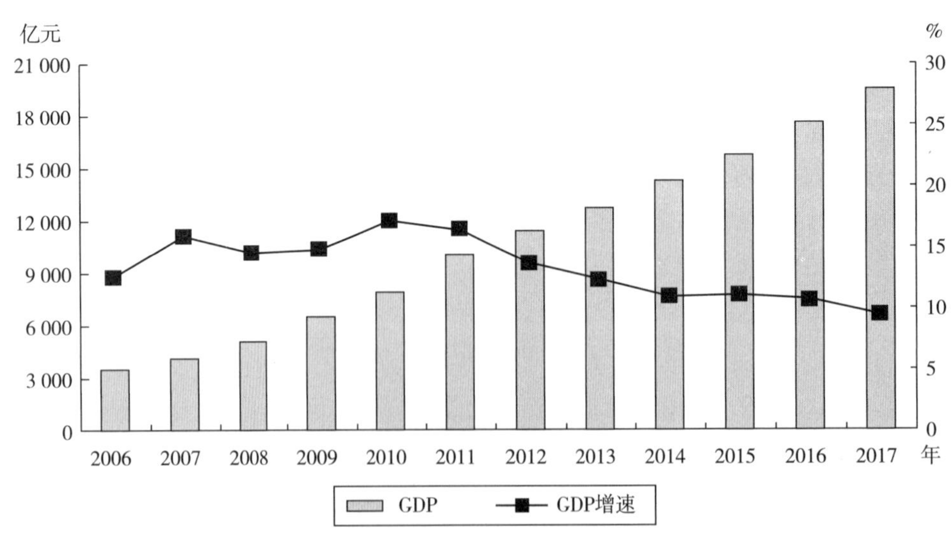

数据来源：重庆市统计局。

图1 2006—2017年重庆市经济增长情况

2. 供给侧结构性改革不断深化，“三去一降一补”成效明显

去产能方面，钢铁、煤炭去产能完成国家下达任务，处置僵尸企业160户。规模以上工业产能利用率达77.0%，较上年提高1.8个百分点。去库存方面，1－11月，规模以上工业企业产成品存货平均周转天数为7.8天，同比减少0.5天；商品房待售面积下降11.1%。去杠杆方面，11月末，规模以上工业企业资产负债率为60.2%，同比下降2.2个百分点。降成本方面，1－11月，规模以上工业企业每百元主营业务收入中的三项费用为7.73元，同比减少0.60元；全年累计减免企业税金370亿元。补短板方面，民生领域类投资快速发展，科学、教育、文化行业投资分别增长47.6%、20.2%、20.3%；精准扶贫有效开展，万州、黔江等5个贫困区县顺利脱贫摘帽。

3. 传统与新兴制造业加快发展，现代服务业快速增长

2017年，重庆制造业增加值增长11.2%，高于经济增速1.9个百分点，其中，传统制造业中的通用设备制造业增长11.4%，化学原料和化学制品制造业增长14.0%，增速分别高于经济增速2.1个百分点和4.7个百分点。新兴制造业中，战略性新兴制造业增加值同比增长25.7%，电子制造业增加值增长27.7%，增速分别高于经济增速16.4个百分点和18.4个百分点。现代服务业中的其他服务业①同比增长13.9%，对服务业增长的贡献度达到53%。

4. 三大部门收入增长总体较快，就业形势好转

2017年，重庆一般公共预算收入2 252.38亿元，同比增长3.0%。其中，税收收入1 476.33亿元，同比增长7.3%；基金预算收入2 251亿元，同比增长52.5%。1－11月，规模以上工业主营业务收入同比增长14.3%，利润总额同比增长21.5%。居民人均可支配收入24 153元，同比增长9.6%。其中，城镇常住居民人均可支配收入32 193元，同比增长8.7%；农村常住居民人均可支配收入12 638元，同比增长9.4%。全市城镇新增就业人员同比增长3.0%，较上年提高2.6个百分点。

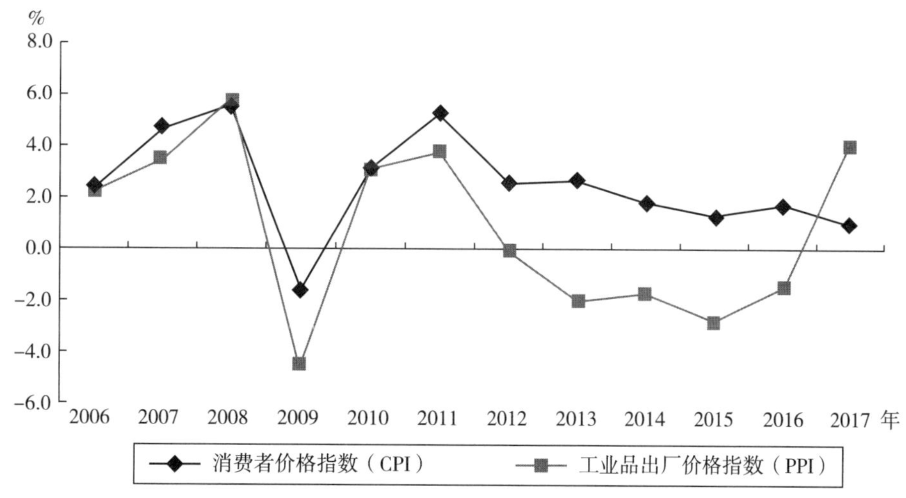

数据来源：重庆市统计局。

图2　2006—2017年重庆市物价变动情况

① 包含科学研究和技术服务业，水利、环境和公共设施管理业，居民服务、修理和其他服务业，教育，卫生和社会工作，文化、体育和娱乐业，公共管理、社会保障和社会组织等7个门类行业。

5. 居民消费价格涨势平稳，工业生产价格较快上涨

2017 年，重庆地区居民消费价格总水平同比上涨 1.0%，八大类商品和服务价格“七涨一降”，其中，食品烟酒价格下降 1.8%，衣着上涨 2.8%，居住上涨 1.9%，生活用品及服务上涨 0.7%，交通和通信上涨 1.5%，教育文化和娱乐上涨 3.3%，医疗保健上涨 4.2%，其他用品和服务类价格上涨 0.8%。工业生产者出厂价格和购进价格同比分别上涨 4.1% 和 4.4%。

6. 房地产市场逐步趋稳，房地产投资明显恢复

2017 年，政府部门及时采取相关调控政策有效遏制投机和炒房，房地产市场逐步趋于稳定。全年商品房销售面积 6 711.00 万平方米、销售额 4 557.85 亿元，同比分别增长 7.3%、32.8%，涨幅较 1－2 月分别回落 34.1 个百分点、32.9 个百分点。全年房地产开发投资 3 980.08 亿元，占固定资产投资的 22.8%，增速从 1－2 月的－1.8% 回升至全年的 6.8%。

（二）需要关注的问题

1. 固定资产投资增速回落削弱经济增长动能

2017 年，重庆社会投资结构优化调整，工业投资 5 880.7 亿元，占全部投资的 33.7%，比重较上年提高 1.1 个百分点；基础设施投资 5 659.12 亿元，占全部投资的 32.4%，比重较上年下降 0.2 个百分点；房地产开发投资 3 980.08 亿元，占全部投资的 22.8%，比重较上年提高 1.3 个百分点。但工业投资增速下滑明显，投资额同比增长 8.9%，增速较上年回落 4.6 个百分点，这也使全市固定资产投资增速较上年下滑 2.6 个百分点，不利于经济稳增长形势稳固向好。

2. 汽车产业进入深度调整期，电子制造业高增速逐步趋缓

随着全球汽车产业新技术、新产品、新业态不断涌现，汽车产品更迭进一步加快，行业竞争不断加剧，2017 年，重庆汽车制造业增加值同比增长 6.2%，较上年回落 5.1 个百分点，低于全国水平 6 个百分点。同时，受电子产业饱和度逐步提高、基数不断攀升、新增项目不足等影响，尽管全年电子产业增加值增速仍明显高于全市水平，但较第一季度和上半年分别回落 3.9 个和 0.2 个百分点。

3. 原材料价格上涨对中下游工业企业影响较大

2017 年以来，汽车制造业主要原材料钢材、铝、橡胶、线缆、塑料等价格普遍上涨，整车综合成本上涨 10%～15%。电子制造业企业反映占总成本 90% 的原材料出现上涨，装备制造业企业原材料综合成本上涨 10%。化工行业普遍反映上游原材料价格涨幅较大，PTG 和 MDI 涨幅均达 50%。消费品行业中牛皮纸、瓦楞纸等包装用纸价格涨幅普遍高于 40%。由于原材料价格高位运行，使得企业利润受到较大挤压，从而影响企业扩大生产。

4. 大型实体商贸增长乏力，线上消费存在外流效应

2017 年，重庆大型批发和零售企业实现零售额 1 190.61 亿元，同比增长 7.2%，低于全市社会消费品零售总额增速 3.8 个百分点。重庆电子商务发展与发达地区相比起步较晚，实力较弱，缺乏具有全国影响力的地方大型电子商务平台，本地购买力很大部分通过淘宝、京东等线上平台分流到沿海及电子商务发达地区。

二、金融业与金融稳定

（一）银行业稳健性

1. 银行业运行分析

银行业资产负债规模稳步增长，表外业务增长放缓。2017 年末，重庆银行业金融机构总资产 4.72 万亿元，同比增长 8.84%，总负债 4.52 万亿元，同比增长 8.22%。同业业务规模有所下降，同业资产余额 3 167.1 亿元，同比减少 0.2%；同业负债余额 4 666.6 亿元，同比减少 10.5%。表外业务收缩明显，表外资产余额 3.25 万亿元，同比增长 4.7%，低于上年同期 41.8 个百分点。

信贷资产质量保持稳定，不良处置力度加大。2017 年末，重庆银行业不良贷款余额 332.75 亿元，同比增长 14.55%；不良贷款率 1.16%，较上年末提高 0.02 个百分点。全年处置不良资产 274.0 亿元，同比增长 22.5%，较上年同期多处置 50.3 亿元。其中，处置方式以现金清收、贷款核销为主，处置金额同比分别增长 6.8%、45.5%；批量转让力度有所加大，处置金额在全部不良处置中占比 33.9%，较上年同期提高 12.1 个百分点。

行业利润继续同比下降，整体经营转型压力较大。2017 年，重庆银行业累计实现税后净利润 478.62 亿元，较上年减少 3.05%，降幅同比收窄 6.0 个百分点。资产利润率、净息差、净利差、存贷利差分别为 1.06%、2.23%、2.09%、3.18%，4 项指标均同比下降，部分银行利润同比降幅超过 100%，行业面临经营转型压力增大。

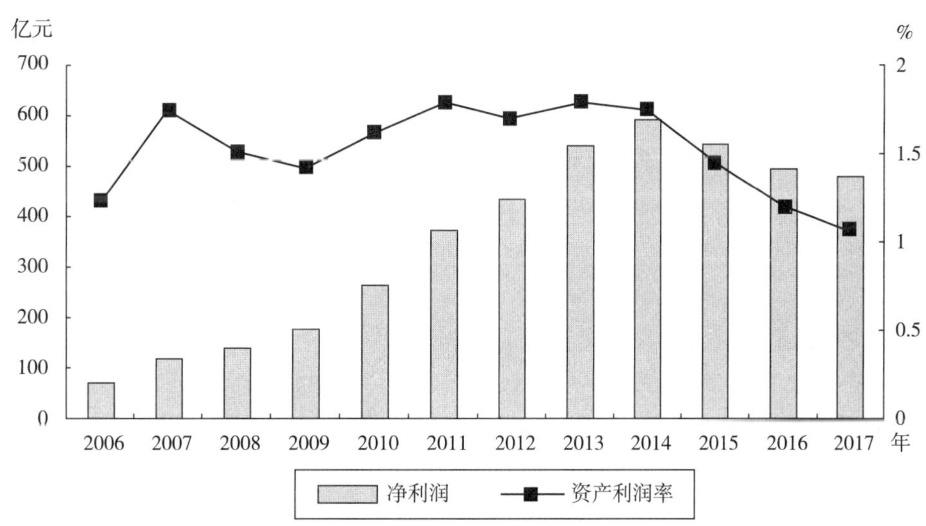

数据来源：重庆银监局。

图 3　2006—2017 年重庆银行业盈利水平情况

法人机构资本实力增强，经营保持稳健。2017 年，重庆 42 家法人银行资产总额 15 517.29 亿元，实现税后净利润 148.55 亿元，同比增长 9.94%；资本充足率 13.21%，较上年末提高 0.61 个百分点。

2. 需要关注的问题

银行业资产质量下行压力犹存，村镇银行经营风险相对突出。2017 年末，全行业不良贷款余额较上年末提高 0.02 个百分点。中小微企业是不良的主要来源，不良贷款余额集中的批发零售业风险暴露仍未见顶，不良贷款率较上年末上升 0.12 个百分点至 4.53%。部分村镇银行前期业务发展比较粗放，内控和风险管理环节薄弱，风险暴露明显。

交叉性金融领域潜在问题增多，风险防控难度增大。一是交易操作风险突出，如某理财产品发行方否认该笔业务存在、否认合同印章真实性，造成产品偿付存在较大不确定性；二是同业多层嵌套导致风险交叉传染，如某银行为他行同业投资提供通道，最终因标的资产企业违约卷入法律纠纷，对声誉遭成影响；三是资管业务规范中存在风险隐患，大量长久期配置存量资产可能面临资金接续、流动性转换等问题。

体系外金融活动监管薄弱，须关注相应风险传染效应。一是地方交易所发展不平衡，有的交易所尚未形成可持续的商业模式和盈利能力，还有一些交易所已经由区域要素市场转变为全国性交易场所，但相关监管部门对其相关信息掌握不足。二是互联网金融高杠杆、跨区域经营风险，相关监管规制和地方金融监管执行方面均未跟上。三是融资担保公司全行业整体在保客户质量下降，代偿余额大幅增加。

（二）证券业稳健性

1. 证券业运行分析

证券业机构稳步增加，市场交易活跃度提升。2017 年，重庆新增 36 家证券业机构，其中，证券分公司新增 14 家，证券营业部新增 18 家，期货营业部新增 1 家，新增 3 家证券投资咨询分公司。全年证券经营机构累计代理证券交易额 4.47 万亿元，同比增长 10.56%，期货经营机构累计代理商品期货交易量 1.63 亿手、交易额 9.17 万亿元，分别较上年同期下降 6.95%、增长 15.81%。

上市公司总市值回落，IPO 数量创 5 年新高。2017 年末，重庆上市公司市价总值 6 129.17 亿元，同比下降 8.4%。境内上市公司（境内 A 股、B 股）50 家，全年新增 6 家，为近 5 年来最多，6 家公司募集资金总计 34.19 亿元；境外上市公司 19 家，全年新增 1 家。新三板挂牌企业 142 家，全年新增 26 家。

直接融资平稳较快增长，资产支持证券融资势头迅猛。2017 年，重庆证券市场累计直接融资金额 2 853.85 亿元，同比增长 55.35%。其中，在沪深股票市场融资 102.97 亿元，公司债融资 358.37 亿元，股转系统融资 26.93 亿元，在支持企业盘活存量、降杠杆政策导向下，资产支持证券化融资 2 365.58亿元，同比增长 199.71%，融资金额占比达 82.89%。

OTC 市场平稳发展，市场容量持续提升。2017 年末，重庆股份转让中心累计托管和挂牌企业 1 804家，较上年末增加 515 家。其中，累计挂牌企业 711 家，股权交易额 326.77 亿元。累计为企业实现各类融资 705.09 亿元，推动挂牌企业实现股票增发融资 23.27 亿元，位居全国前列。

2. 需要关注的问题

行业整体实力仍然偏弱，易受市场环境变化的冲击。目前，重庆证券业机构总体经营实力仍然不强，法人机构主业缺乏核心竞争力，且数量众多的营业部经营业务范围较为单一，缺乏各自的差异化竞争优势，持续盈利难度增大。与上年相比，辖区法人证券经营机构经纪业务下滑趋势未见好转，盈利增长显著放缓，未来一段时间业绩增长前景仍不明朗。

证券经营机构合规管理滞后于业务发展，全面风险管理手段不足。目前，证券公司日常经营重量轻质、规模为先的经营导向较为突出，致使内部规章实际执行效果欠佳，长此以往将降低执业人员风控意识。此外，证券公司全面风险管理体系不够健全，主要表现为在业务条线上缺乏相应的流动性管理措施，风险控制的前瞻性不足；客户信用评级手段欠缺，信用业务授信机制不完善；对创新业务的流程管理还较薄弱，前中后台分离后的信息整合存在盲点，不利于及时发现并处置风险。

证券市场违规违法行为仍时有发生，操作风险值得警惕。随着辖区证券期货经营机构数量的不断增加，辖区证券期货业的竞争日益加剧，部分证券期货经营机构采用不合规手段获取市场份额，损害投资者利益，对市场秩序造成了一定的不良影响。此外，一些行业从业人员无视监管法律法规，利用制度或管理漏洞攫取利益，破坏了市场秩序。

区域要素市场发展不平衡。目前，经重庆市政府批准的在营交易场所 14 家，有的市场定位不清晰，尚未形成可持续的商业模式和盈利能力，有的交易所发展很快却监管滞后，还有一些交易所已经由区域要素市场转变为全国性交易场所。

（三）保险业稳健性

1. 保险业运行分析

市场体系不断完善，主要指标整体向好。2017 年末，重庆共有法人保险公司 5 家，市级保险分公司 51 家，中心支公司及以下机构 1 283 家，各类保险中介机构 6 502 家，有效持证营销员 27. 89 万名。保险公司总资产 1 375. 82 亿元，同比增长 9. 59%。全市保费收入 744. 75 亿元，同比增长 23. 79%。保险深度 3. 8%，较上年提高 0. 37 个百分点；保险密度 2 418 元/人，较上年增加 445 元。

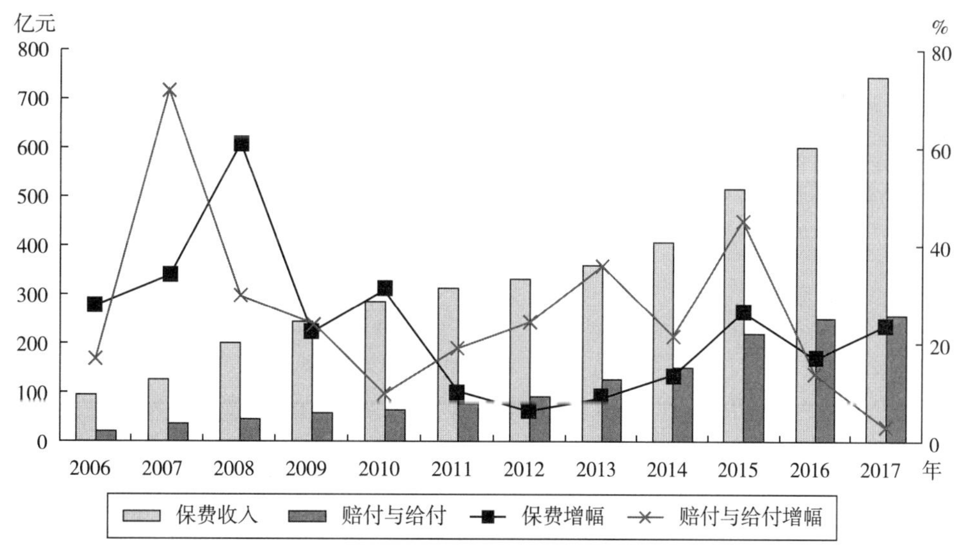

数据来源：重庆市统计局。

图 4　2006—2017 年重庆保险业发展基本情况

产品结构持续优化，“回归本源”成效显现。2017 年，保障属性较强的普通型产品保费收入同比增长 35. 2%，成为拉动人身险业务较快增长的主力，在人身险公司业务中占比达到 58. 7%，同比提高 2 个百分点；兼顾保障与理财的分红型产品保费收入同比增长 24. 5%，在人身险公司业务中占比为 40. 3%，同比下降 2 个百分点；而保障属性较弱的万能产品保费收入同比增长仅 3. 1%；纯投资的投连产品保费收入在全市人身险业务中占比几乎为零。

法人机构综合实力不断增强。2017 年末，重庆保险业法人机构数量居中西部地区首位，保险法人机构总资产 1 157.31 亿元、资本总额 189.69 亿元，同比分别增长 34.79%、39.19%。三峡人寿顺利开业，成为第一家总部位于重庆的中资人寿保险公司，安诚产险、利宝产险、恒大人寿、阳光信保四家法人保险机构的偿付能力充足率均高于监管标准，较上年有不同程度的提高。

风险保障水平不断提升。2017 年，重庆保险业为全社会提供保险总额达 33.62 万亿元，同比增长 13.9%，其中，人身保障 25.84 万亿元、财产保障 7.78 万亿元；全年累计赔付支出 257.14 亿元，同比增长 2.7%。年末，人身险业务期末有效保单件数 1 726.58 万件，同比增长 15.55%，其中，寿险期末有效保单件数 1 004 万件，人均寿险保单持有量 0.3 件。

2. 需要关注的问题

期满给付和退保压力增大，流动性风险凸显。近年来，在资产驱动型发展模式拉动下，非寿险投资型和寿险中短存续期产品快速发展，随着期满给付高峰期的到来，部分公司现金流管理和退保应对工作将面临现实的流动性考验。同时，万能险结算利率打破“刚性兑付”，与消费者预期存在偏差，须警惕引发矛盾纠纷。

市场主体之间竞争加剧，车险市场秩序有待整顿。商业车险改革两年多来，市场竞争日趋白热化，存在和暴露的问题也不断增多，各家保险公司单纯以低价抢占市场，为了争抢客户资源，客户赠礼、虚挂中介、虚列支出，以高费用的竞争方式造成车险盈利空间整体下降，导致市场秩序受到破坏，不利于车险市场的健康平稳发展。

互联网保险业务存在风险。一方面，互联网保险出现新的违规行为。如未取得经营保险中介业务许可证的机构和未经备案披露的第三方网络平台通过互联网销售保险；或利用自媒体向社会公众进行不实保险产品宣传，误导消费者。另一方面，互联网保险的经营模式包括产品、渠道、消费者区域、后续服务等方面与传统保险经营不同，所隐藏的风险不易掌握。

三、金融基础设施与金融稳定

（一）支付清算体系

支付清算渠道不断丰富，支付结算服务能力进一步优化。2017 年，重庆富民银行和 6 家村镇银行成功加入网上支付跨行清算系统，助推民营银行发展和改善县域农村支付环境。重庆银行、重庆农村商业银行首次通过代理方式成功办理 CIPS 往账业务，进一步提高跨境支付服务能力。

农村支付服务环境建设综合试点深入推进，普惠金融协调发展。人民银行重庆营业管理部会同当地社保部门开辟“新农合”缴费新渠道，成为全国率先开展同类业务的 2 个省市之一。打造农村地区支付服务新模式，创建农村移动支付无障碍示范区、银行卡助农服务农村电商结算示范区、手机支付产业链应用示范区。2017 年末，重庆设立服务农村的银行和支付机构达 40 余家，银行卡助农取款服务点 1.17 万个，村级行政区覆盖率达 100%，惠及农村人口 2 000 余万人。

非现金支付工具使用不断拓展，满足社会公众多样化支付需求。一是集电票签发使用便捷化服务、票据资金融通、政策宣传指导等功能为一体的集中服务平台推出，有效破解中小微企业电票“签票难、流转难”问题。二是重庆富民银行加入电子商业汇票系统，成为中西部首家加入电票系统的民营银行，2 家财务公司以直连方式接入电子商业汇票系统，进一步丰富电票系统参与主体，持续优化流通环境。三是银行、银联与公共交通、社会公共事业等领域合作不断深化，县域银行卡市场稳步发展，新兴电子支付发展取得进展。

（二）征信体系

1. 征信体系建设及运行情况

征信系统覆盖面显著提升，防范信贷风险作用进一步增强。2017 年末，重庆累计有 232 家机构接入征信系统，涵盖银行业金融机构、财务公司、汽车金融公司、消费金融公司、金融租赁公司、贷款公司、证券公司、小额贷款公司、融资性担保公司、融资租赁公司等各类机构，其中小额贷款、融资性担保机构接入数量居全国前列。个人征信系统累计收录重庆市 1 873 万自然人，开通重庆查询用户 1 905 个；全年共计查询个人信用报告 5 085 万次，同比增长 2. 86 倍。企业征信系统累计收录重庆市企业及其他组织 24. 4 万户，开通重庆查询用户 1 707 个，共计查询企业信用报告 53. 2 万次。

农村和中小微企业信用体系建设持续推进。2017 年，在人民银行重庆营业管理部部署下，“重庆农村信用信息基础数据库”顺利上线运行。信用村（镇）创建示范工作全面展开，全市累计评定信用村（镇）370 余个。征信机构积极参与中小微企业信用体系建设，已有 23 个区县与 2 家企业征信机构签订合作协议，共建辖区中小微企业信用信息服务平台。

征信市场、评级市场规范发展。备案企业征信机构积极参与全市中小企业信用体系建设，依法采集信息并提供社会化征信服务。2017 年末，重庆 2 家备案企业征信机构采集所涉企业数 2 307 万户，提供企业信用报告查询 6. 7 万次。接入机构全年累计录入债券市场评级资料 264 笔，信贷市场评级、跟踪评级报告 22 笔。

2. 需要关注的问题

小微企业和涉农信息安全监管与宣传有待加强。一是缺乏制度法律的保障。小微企业和涉农信息需求巨大，但信息平台建设的合法性、信息采集、使用和安全问题都缺少相关法律制度保障；二是宣传力度不够。小微企业和农村信息平台还需要进一步加大面向金融机构、面向区县、面向周边的宣传。

（三）反洗钱体系

1. 反洗钱体系建设及运行情况

义务机构覆盖面拓宽，反洗钱监管框架不断完善。2017 年，在国务院出台“三反意见”下，根据总行统一部署，要求消费金融公司、贷款公司、保险专业代理公司、保险经纪公司、房地产开发企业、房地产中介机构、社会组织等履行反洗钱义务，同时，探索典当行、小额贷款公司等其他特定非行业的反洗钱监管试点，防范行业洗钱风险。反洗钱监管部门严格落实“双随机”、处罚裁量基准和信息公示等要求，加强执法检查力度，全面开展分类评级，并综合运用监管走访、约见谈话、质询、风险评估等监管措施促进义务机构有效履职。

调查协查深入推进，金融情报职能有效发挥。一是建立同业交流、情况通报、“一对一”指导机制，深化可疑交易报告质量评价试点工作，可疑交易报告质量持续提升。二是在国家反恐、反腐、禁毒、维稳等工作部署下，反洗钱主管部门加强重点领域调查分析，全年接收、分析可疑交易线索 225 条，反洗钱调查 332 次，移送线索 194 条，同比增长 88. 4% 。三是加强跨部门情报会商，全力开展打骗打虚、地下钱庄等领域专项行动，深度挖掘犯罪线索，协作破获多起重大案件，金融情报职能有效显现。

部门协作持续深化，反洗钱合力有效增强。一是义务机构认真贯彻落实“3 号令”系列文件要求，改进流程机制，完善指标体系，强化系统建设，加强开户管理和可疑交易报告监测分析及后续管控，反洗钱第一道防线得以筑牢。二是反洗钱联席成员单位开展多层级跨部门协作，打击洗钱犯罪成效显著，全年 1 起贪污贿赂洗钱案宣判，5 起“洗钱罪”立案侦办、其中 2 起破案。三是反洗钱主管部门加强与各金融行业监管部门的会商座谈、通报监管信息、互助传导政策，反洗钱监管协作机制不断健全完善。

2. 需要关注的问题

“3 号令”新增义务机构履行反洗钱义务基础薄弱。消费金融公司、贷款公司、保险专业代理公司、保险经纪公司四类新增义务机构的反洗钱意识和能力较为薄弱，尤其是保险中介机构数量多、规模小、管理散、变动快，监管难度较大，需进一步加强培训和指导，稳步推动其建立反洗钱工作系统机制。

特定非行业反洗钱监管工作有待深化。房地产开发企业、房地产中介机构、社会组织等特定非机构刚纳入反洗钱监管，履职基础欠缺。此外，特定非行业反洗钱监管试点工作有待通过增加机构类型、扩大试点区域、推进履职深度“横纵竖”三维深化，进一步突出实效。

（四）金融消费者权益保护

1. 金融消费者权益保护机制建设及运行情况

金融知识宣传教育工作有成效。一是覆盖重庆全市的金融知识与金融法治知识宣传网络体系已初步形成，已建成 1 284 个宣传站。二是宣传平台工作开展成效明显，全年共举办各类宣传活动 6 336场，发放宣传资料 240 万份，宣传受众达 300 万人次。三是宣传载体不断丰富，在全市 12 个区县中小学校开展人民币知识教学试点，编写的《小学生诚信知识读本》已面向全国公开发行，《金融生活指南》作为首本地方特色诚信读物受到当地老百姓的好评。

投诉受理处理工作取得新突破。一是参与《金融消费者投诉分类标准》的行业标准起草工作取得进展。辖区 2 家分支机构分别依托三峡金融网和区政府门户网创建金融消费者投诉互联网受理平台，实现了金融消费者全天候投诉的线上受理。三是高效处理金融消费纠纷，全年受理处理金融消费者投诉 544 笔，消费者满意度达 99% 以上。

2. 需要关注的问题

个人金融信息保护有待加强。部分金融机构存在信息安全隐患排查不及时；相关外包协议中未明确外包服务供应商对个人金融信息的保护职责和义务；格式合同中采用概括授权的方式获取个人金融信息等情况。

四、总体评估与政策建议

（一）总体评估

2017 年，重庆金融业积极适应经济发展新常态，在坚持稳健合规经营的基础上，支持实体经济发展力度更大，金融市场运行体量增大，金融业核心竞争力进一步增强，为重庆经济社会平稳较快、结构优化、增长质量提升、民生持续改善提供了良好金融支持。虽然面临去杠杆、去产能改革举措深入推进、金融领域新情况、新问题不断增多的局面，但通过金融严监管不断深化，各种冲击辖区金融稳定的不利因素和苗头性问题得以减弱和消除，风险总体平稳可控，坚守住了不发生区域性金融风险、不引发系统性金融风险的底线。

（二）政策建议

一是回归本源，精准科学服务实体经济。以服务实体经济为宗旨，围绕“三大攻坚战”、“八项行动计划”和破解“三农”、小微企业融资难配置金融资源，提升对经济供给侧结构性改革的服务能力。

二是强化监管，加强金融风险预警防控。深化地方金融监管体制改革，进一步加强跨部门金融监管协调，加强对交叉性金融业务、金融控股公司、互联网金融、民间借贷等领域的风险监测预警；严控地方政府债务风险，摸清地方政府隐性负债，有针对性地制订整体防控和化解方案；大力整治金融乱象，严厉打击非法集资等违法犯罪活动。

三是优化结构，构建更具竞争性和包容性的金融体系。健全金融机构、要素市场、基础设施体系；培育发展普惠金融、绿色金融、科技金融，增加上市企业数量，增强上市企业融资能力；按照实体经济、科技创新、现代金融、人力资源协同发展的要求，持续深化金融改革，做强做优金融产业。

总　　纂：楚龙春
统　　稿：杨育宏　刘　林　冯春江
执　　笔：刘　林　冯春江　钱东平　刘科星　吴　斯　刘姝姝
其他参与写作人员：冯黎黎　吴恒宇　李高亮　邹芳莉　谭明红
王　芮　罗　顶　杜　穗　邓静远　霍文波
曾　明

四川省金融稳定报告摘要

2017年，面对艰巨繁重的改革发展稳定任务，四川省坚定推进供给侧结构性改革，统筹做好稳增长、促改革、调结构、惠民生、防风险各项工作，经济持续健康发展，转方式调结构取得明显成效，消费需求持续扩大，对外贸易大幅反弹，社会民生事业全面进步，全省金融业总体保持平稳发展，质量效益明显提高。但是，全省经济运行的分化格局不断加剧，面临的一些问题依然突出。全省金融系统整体杠杆率偏高，信贷资产质量不容乐观，中小金融机构流动性管控压力加大，券商业绩下滑明显，寿险退保金规模快速攀升，民间融资领域司法审理和处置工作压力较大，金融体系潜在风险持续积聚，防控和化解金融风险的压力较大。

党的十九大报告和中央经济工作会议都多次强调防范化解金融风险，并把防范化解重大风险作为三大攻坚战之一。2018年是贯彻党的十九大精神的开局之年，是决胜全面小康、实施“十三五”规划承上启下的关键一年。在面临内外部错综复杂环境挑战的同时，四川省经济社会也正处于西部大开发、“一带一路”、长江经济带、天府新区、自贸试验区等一系列历史机遇期，将释放出推动经济发展的强劲动能，预计全年四川省经济发展将继续保持平稳较快增长。同时，要切实提高和改进金融监管能力，强化地方金融风险监测分析，妥善应对各类风险挑战，主动处置好突出的风险点，切实防范和化解区域金融不稳定因素，牢牢守住不发生系统性区域性金融风险的底线。

一、经济环境

2017年，四川省经济保持平稳较快发展，产业升级步伐加快，工业企业效益明显好转，PPI指数持续攀升。

（一）经济运行特点

1. 经济企稳回升，增速高于全国平均水平

2017年，四川实现地区生产总值（GDP）3.7万亿元，比上年增长8.1%，同比提高0.4个百分点，比全国平均水平高1.2个百分点，2011年以来首次实现回升。第一产业增加值4 282.81亿元，增长3.8%；第二产业增加值14 293.99亿元，增长7.5%；第三产业增加值18 403.42亿元，增长9.8%；产业结构为11.6:38.7:49.8。其中，第一产业、第二产业增速与上年持平，服务业增加值增速较上年回升0.7个百分点。规模以上工业增加值增长8.5%，高于全国平均水平1.9个百分点，较上年回升0.6个百分点，结束长达六年的阶梯式回落态势。全年城镇居民人均可支配收入30 727元，同比增长8.4%；农村居民人均纯收入12 227元，同比增长9.1%。

2. 内需平稳增长，对外贸易大幅反弹

2017年，全社会固定资产投资完成3.2万亿元，同比增长10.2%，高于全国平均水平3个百分

点，增幅回落1.9个百分点。社会消费品零售总额1.7万亿元，同比增长12%，高于全国平均水平1.8个百分点，增幅回升0.3个百分点。全年实现进出口总额4 606亿元，居中西部首位。其中，出口2 539亿元，增长37.4%；进口2 067亿元，增长46.2%，外需对经济增长拉动作用增强。合同利用外资44.9亿美元，增长48.6%；实际利用外资71.6亿美元，同比增长6.3%。跨境人民币结算金额761亿元，与"一带一路"沿线国家实现跨境人民币结算量105亿元，同比增长10.5%，跨境人民币业务覆盖3 956户企业，比上年增加708户。

3. 政府债务总体风险可控，工业企业效益明显好转

2017年，四川地方公共财政收入3 579.78亿元，同比增长5.62%；地方公共财政支出8 686.1亿元，同比增长8.46%。全年发行地方政府债807.5亿元，较上年同期减少2 082.5亿元。其中，一般债券发行498.5亿元，较上年同期减少1 125.51亿元；专项债券发行309亿元，较上年同期减少957.61亿元。2017年规模以上工业企业利润总额为2 610.6亿元，同比增长29.0%，高于全国平均水平8.0个百分点，较上年同期大幅回升23.6个百分点。

4. 物价运行总体分化，PPI指数持续攀升

2017年，全年居民消费价格（CPI）同比上涨1.4%，增速较上年回落0.5个百分点，较全国平均水平低0.1个百分点，多数月份CPI运行在均值附近。工业生产者出厂价格指数（PPI）累计同比上涨6.5%，较上年提高7.6个百分点，彻底扭转2012年以来连续53个月通缩局面，从年内走势看，年初以来PPI逐月攀升，10月涨幅达8.3%，创2011年9月以来新高，11月开始PPI增速有所回落。工业生产者购进价格指数（IPI）全年累计同比上升8.3%，自上年10月由负转正以来平稳上升，经济呈现企稳回暖迹象。

（二）2018年经济展望

当前，国内外环境依然错综复杂，从国际看，世界政治格局正加速演变，美欧日及我国等世界主要经济体制造业呈现筑底回升态势，全球经济以制造业复苏为支撑逐渐步入上行周期，经济活力将继续增强。从国内看，我国经济发展正处在结构调整关键期，供给侧结构性改革红利加速释放，新动能新动力不断积聚，外需对经济增长将继续发挥正向拉动作用，经济有望保持在中高速增长区间，但国内经济深层次结构性矛盾仍较突出，各类风险隐患仍然不可忽视。从四川省情况看，尽管面临结构性矛盾突出、高杠杆、区域城乡发展不平衡等问题，但总体上仍处于大有可为的历史机遇期。面临融入"一带一路"建设、长江经济带发展等国家战略和国家系统推进全面创新改革试验、获批设立自由贸易试验区、天府新区获批成为国家级新区、加大脱贫攻坚支持力度、大力实施乡村振兴战略，供给侧结构性改革持续深入等一系列历史性机遇交汇叠加，将释放出推动经济发展的强劲动能，有望引领四川经济在2018年保持平稳较快增长。

二、金融业

2017年，四川金融业总体运行稳健，对地方实体经济发展支持力度不断加大。2017年四川金融业增加值3 303.27亿元，增长6.8%，增速比上年下降3.8个百分点。但银行业金融机构不良贷款处于高位，资产质量整体承压，证券公司业绩下滑明显，寿险公司退保金规模快速攀升，金融风险持续积聚，防控压力较大。

（一）银行业

2017 年，四川银行业金融机构保持平稳发展，组织体系更为健全，金融改革成效显著，但不良贷款高位运行，资产质量整体承压，中小法人机构流动性风险管控压力增大。

1. 运行情况

（1）资产负债增速放缓。2017 年末，四川银行机构资产总额 9.28 万亿元，同比增长 9.05%，增速较上年同期下降 2.98 个百分点；负债总额 8.98 万亿元，同比增长 8.91%，增速较上年同期下降 3.16 个百分点。政策性银行、大型国有商业银行、城商行、农村合作金融机构资产余额分别同比增长 5.94%、10.04%、17.22% 和 7.05%。

（2）存贷款增速有所减弱。2017 年末，各项存款余额 7.08 万亿元，同比增长 8.91%，增速较上年同期下降 3.64 个百分点，与负债增速持平；各项贷款余额 4.94 万亿元，同比增长 12.91%，增速较上年同期上升 0.42 个百分点，高于资产增速 3.86 个百分点。

（3）组织体系健全。2017 年末，四川银行业机构共计 232 家，其中省外机构一级分支机构 67 家（国有银行 5 家、政策性银行 3 家、股份制银行 12 家、省外城商行 8 家、邮储银行 1 家、外资银行 15 家、非银行金融机构 2 家、金融资产管理公司 4 家），法人机构 182 家（其中城商行 13 家、农村合作金融机构 104 家、新型农村金融机构 56 家、非银行金融机构 8 家、民营银行 1 家）。全省银行机构网点 14 249 个，增加 66 个，从业人员 23.11 万人。

（4）社会薄弱环节保障有力。金融助推脱贫攻坚，精准扶贫贷款余额为 3 812.7 亿元，同比增长 35.4%，高于同期各项贷款增速 22.5 个百分点，其中建档立卡户扶贫小额信贷 311.23 亿元，同比增长 49.35%。“小微企业金融服务提升工程”深入推进，对优质诚信小微企业建立“一对一”融资帮扶顾问工作机制，小微企业贷款余额达 10 545 亿元，同比增长 20.8%，高于各项贷款增速 7.9 个百分点。“三农”领域持续发力，全年新增涉农贷款 1 406.1 亿元，占全部新增贷款的 23.2%；12 个试点县（市、区）累计发放农村“两权”抵押贷款 42.1 亿元，支持 4 884 户新型农业经营主体和农户。

（5）银行业机构改革有序推进。国家开发银行、进出口银行和农业发展银行在川分支机构继续落实开发性、改革性金融改革方案，积极支持棚改、脱贫攻坚、“一带一路”等重大项目和重点企业“走出去”。大中型商业银行在川分支机构相继设立聚焦小微企业、“三农”创业创新和脱贫攻坚等领域的普惠金融事业分部，邮储银行四川“三农金融事业部”改革取得阶段性进展，有效落实回归服务实体经济的改革总方向。出口信用保险公司、资产管理公司等重点机构在川分支机构继续深化商业化、市场化改革，业务运行效率和风险管控能力明显提升。13 家城商行不断完善法人治理机制，多渠道壮大资本实力，提高抗风险的能力和水平。农村信用社商业化改革工作有序推进，全年改制成立 14 家农村商业银行。首家民营银行新网银行稳健发展，四川金融控股集团正式挂牌成立，四川在发展壮大金融产业、推进“西部金融中心”建设方面持续推进。

（6）成都农村金融服务综合改革成效明显。农村金融服务体系不断完善。全年建成 2 153 个农村金融综合服务站；成都农交所累计实现各类农村产权交易 673 亿元，农村资源的市场化配置效率提升。农村金融创新和服务加强。涉农贷款余额达 6 014 亿元，财政惠农补贴担保、集体资产股权抵押等融资新模式不断涌现。“农贷通”融资综合服务平台全面推广，全年推送 407 个金融产品、实现融资 41 亿元。“三农”融资渠道逐步拓宽。涉农企业银行间市场融资 178 亿元，发行私募债 52 亿元；成都市财政出资设立的农业产业发展引导资金、耕地质量提升基金等涉农基金规模合计达55亿元，有效发挥了放大撬动效应。

（7）存款保险的风险化解和处置功能有效发挥。2017年，对173家地方法人银行业金融机构开展存款保险风险评级，全面、准确把握机构经营和风险状况，进一步差别化核定地方法人投保机构适用费率；建立辖区法人银行业金融机构存款保险风险监测机制，切实把握地方法人银行业金融机构的风险变化；突出问题导向，建立关注类和问题类地方法人银行业金融机构风险管理制度，积极探索存款保险的风险识别和处置功能，存款保险早期纠正功能有效发挥。加大存款保险宣传力度，存款保险意识得到社会公众更多的认可，人民银行公信力得到有效维护，有力地促进地方法人银行业金融机构的稳健经营。

2. 稳健性评估

（1）不良贷款呈现双升，信用风险管控压力较大。2017年末，四川省银行业金融机构不良贷款余额1 287.62亿元，较年初增加185.42亿元，同比多增35.27亿元；不良贷款率2.61%，较年初上升0.09个百分点，同比多上升0.02个百分点。不良贷款增速有所加快，部分原因在于四川省联社对农信系统“双逾”贷款集中调账，农信机构不良资产暴露。2017年末，全省关注类贷款余额2 505.05亿元，同比增长10.7%；表外垫款余额42.21亿元，同比下降67.17%。随着供给侧改革的持续推进，关注类贷款的下迁、表外垫款的转化，都将对银行业金融机构信贷资产质量形成现实压力。

（2）净利润增长较快，盈利能力有所提升。2017年，四川银行业机构实现净利润805.95亿元，比上年增加84.98亿元，增长11.79%，增速上升6.26个百分点。资产利润率0.91%，同比上升0.01个百分点；资本利润率27.12%，同比下降0.39个百分点。今年在市场利率上行，机构净息差出现好转，过剩行业盈利扭转，机构主动调整经营方向等因素综合影响下，财务状况总体呈现利好局面。但机构之间分化较为明显，政策性银行、国有银行、城商行和农商行盈利增加，股份行、农信社和村镇银行盈利有较大程度下滑。

（3）法人银行机构拨备压力增大，资本充足率小幅下降。2017年末，四川中小法人银行机构贷款损失准备余额694.83亿元，同比增加114.59亿元，增长19.75%，但拨备覆盖率118.47%，同比下降42.6个百分点。资本充足率12.87%，同比下降0.7个百分点。分机构来看，除农合行资本充足率上升5.67个百分点外，城商行、农商行、农信社和村镇银行资本充足率均下降，分别下降0.4个、1.27个、1.33个和0.02个百分点。

（4）法人机构流动性状况总体正常，个别机构风险显现。2017年末，四川中小法人银行机构流动性比例60.59%，同比上升4.35个百分点。其中，城商行、农商行、农合行和村镇银行流动性比例分别为62.17%、57.9%、90.68%和69.95%，分别同比上升10.17个、0.97个、16.45个和4.81个百分点，农信社流动性比例56.95%，同比减少5.32个百分点，流动性状况基本正常。随着利率上行、融资成本提高，部分法人机构过于依赖同业资金融入，在市场价格波动时极易出现流动性风险，个别机构因市场资金趋紧出现了线上交易违约。

（5）同业业务规模继续增大，潜在风险不容忽视。2017年，四川省法人机构同业业务先抑后扬，业务规模继续增长，但增速低于上年水平。2017年末，法人机构同业负债余额5 726.86亿元，较上期增长11.34%，同业资产余额14 319.33亿元，较上期增长4.97%，整体以资金融出、持有同业资产为主。业务结构调整明显，负债方面，同业存单发行量2 573亿元，比上年增加66.96%，机构主动负债能力增强；资产方面，由于市场资金紧张，机构加大买入返售操作，买入返售较上年增长55.8%，投资特定目的载体逆势增长，比上年增长超过20%，在资管新规征求意见阶段，该类资产仍快速增长，反映出部分机构运营不审慎。

（二）证券期货业

2017年，四川证券业总体风险可控，但受市场行情影响较大，经营指标有所下滑。

1. 运行状况

（1）证券期货机构数量持续增长。2017年末，四川证券期货经营机构全年新增76家，总家数536家，总量继续居中西部第一位。其中，法人证券公司4家、法人期货公司3家、证券公司分公司47家、证券营业部415家、证券投资咨询公司3家、期货公司营业部53家、基金公司分公司14家。

（2）法人证券公司、期货公司资产负债缩表。受资本市场波动和监管措施趋严影响，四川证券期货业经营机构资产负债规模均有所下滑，2017年末，4家法人证券公司资产总额1 007.23亿元，同比下降4.11%；负债总额657.67亿元，同比下降8.85%。3家法人期货公司资产总额53.72亿元，同比下降11.16%；负债总额42.27亿元，同比下降17.04%。盈利方面，4家法人券商全年净利润总额23.04亿元，下降11.62%；3家法人期货公司共实现净利润0.79亿元，同比增长23.44%。

（3）资本市场大力发展创新支持金融扶贫模式。2017年，辖区首个服务国家级贫困县鸡蛋产业的“期货+保险”项目在仪陇县落地；全国首单精准扶贫资产证券化项目在国家级贫困县阆中落地，实现融资5.25亿元；易地扶贫搬迁项目收益债发行第二期，实现融资5亿元；9家证券机构围绕12家凉山重点企业开展“一对一”规范改制培育；设立总规模100亿元的“三州”产业投资基金，对“三州”特色优势企业进行精准投资，首期资金已经到位。

（4）私募基金和区域性股权市场稳步发展。2017年末，四川省经备案的私募基金管理机构355家，管理基金542只，管理基金实缴规模1 297亿元，规模同比增长35%。2017年6月12日，天府（四川）联合股权交易中心召开特色板开板仪式暨挂牌企业融资对接会，标志着天府股交中心改革进入新阶段，全年天府股交中心挂牌展示企业合计6 359家，多层次资本市场塔基进一步夯实。

2. 稳健性评估

证券机构经营总体稳健，风控指标均符合监管要求。2017年，辖内4家法人券商发展整体平稳，各项风险监测指标互有升降，其中，流动性覆盖比率相对波动幅度较大，但仍处于合规区间，均符合监管标准。整体来看，国金证券和华西证券2家上市公司监管指标总体上优于宏信证券和川财证券2家规模较小的非上市公司。

（三）保险业

2017年，四川保险业紧紧围绕服务实体经济、防控金融风险、深化金融改革“三大任务”，着力提高保险供给质量，全省保险业继续保持稳中向好发展态势。

1. 运行状况

（1）市场主体继续增加，产、寿险市场竞争格局分化。2017年末，四川省已开业保险公司达93家。其中，产险公司40家、寿险公司44家、养老险公司5家和健康险公司4家；按资本国别分，中资公司69家、外资公司24家。全省共有法人保险机构3家，各级保险分支机构5 071家。2017年，保险密度2 347元/人，比上年增长260元/人；保险深度5.24%，与上年持平。产险市场集中度依然较高，大型产险公司凭借规模和网点优势进一步巩固市场份额，中小产险公司在车险领域的市场份额正逐步丧失。国家市场化费率改革政策影响持续发酵，寿险市场竞争更加充分和激烈。

（2）承保业务增长势头有所放缓，健康险保持高速增长。2017年，全省承保业务保持增长态势，但增速明显放缓，全年共实现原保险保费收入1 939.39亿元，同比增长13.28%；保费规模全国排名第6位。其中，全省财产险公司实现原保费收入533.99亿元，同比增长9.51%；人身险公司实现原保费收入1 405.4亿元，同比增长14.78%。全省健康险实现原保费收入59.26亿元，同比增长32.32%。2017年末，全省保险公司总资产3 474.93亿元，较年初增长9.36%，共管理保户储金及投资款1 236.84亿元，较年初增长4.13%。

（3）保险风险管理与保障功能逐步发挥，服务实体经济能力不断增强。2017年，四川保险业在支持实体经济发展、支持农险创新、脱贫攻坚、构筑民生保障等方面进一步发力，服务实体经济能力不断增强。全年保险业共提供风险保障68.62万亿元，同比增长25.56%。农业保险领域价格指数保险、保险+期货、土地履约保证保险等新型农险产品不断推出，四川农业保险保障范围进一步扩大。全年共为2 622.7万户农户提供风险保障2 314.1亿元，支付农业保险赔款23.1亿元，同比增长27.97%，受益农户319.6万户。

2. 稳健性评估

（1）人身保险逐步回归保障功能，业务品质不断改善。在“强监管、治乱象、补短板、防风险和服务实体经济”的监管理念指引下，四川省人身险公司加强保障型产品的开发与推动，保障功能逐渐回归。2017年全省人身保险业共新增承保2.66万亿人次，较上年增加3765.65万人次，增幅16.45%；各险种保障功能均有所提升，全年新提供风险保障1.05万亿元，同比增长25.14%。随着调结构促转型的监管力度加大，行业主体加快转型步伐，全省人身险业务结构不断改善。

（2）寿险满期给付规模有所下降，退保金规模快速攀升。2017年，全省寿险满期给付规模同比下降10%，但绝对值依然达203.44亿元。全省人身险公司退保金快速增长，全年达到346.4亿元，同比增长26.1%。推动当前退保规模快速攀升的主要原因是高现金价值的万能险因素。退保金额大幅度增长和满期给付规模持续高位的叠加影响，给部分人身险公司的现金流带来压力。

（3）互联网保险风险需要持续关注并及早处置。2017年，四川省互联网保险领域专项清理整顿工作稳步推进，整治工作初见成效。但当前以传统保险机构为主导的互联网保险产品创新不断，一些新的商业模式和手段层出不穷，省内也出现了一些意外事故、重大疾病等网络互助保险计划，少数还涉及车辆风险及家庭财产风险等领域，需要予以高度关注，及时预判风险、打早打小。

三、金融市场

2017年，四川金融市场总体平稳运行，但受国内外经济和市场影响，各市场交易情况出现较大分化，外汇市场和股票市场快速增长，黄金市场基本保持平稳，货币市场、票据市场、期货市场则出现回落。

（一）货币市场

2017年，四川货币市场整体运行平稳，资金呈净融入态势，受市场利率上行影响，交易规模有所下滑，以短期交易为主。四川共有56家非金融企业在银行间债券市场发行111只债务融资工具，金额共计1 014.4亿元，其中，城建、交通、电力等基础设施建设领域企业融资712.6亿元，制造业企业融资228亿元。全年货币市场净融入金额5.4万亿元，同比上升2%。市场利率呈现稳中有升的态势，第一到第四季度辖内市场成员同业拆借市场加权平均利率分别为3.15%、3.38%、3.46%、3.55%。四川辖内货币市场成员累计成交43.5万亿元，同比下降10.92%，其中，同业拆借累计成交0.73万亿元，同比下降27.12%，银行间市场债券回购累计成交42.73万亿元，同比减少10.57%。交易期限短期化趋势较为明显，隔夜和7天期交易分别占总交易量的82%和11%。

（二）票据市场

2017年，受监管加强等多重因素影响，四川金融机构票据签发规模有所下降，累计签发银行承兑汇票3 398.1亿元，同比下降29.81%；商业承兑汇票累计签发72.7亿元，同比下降5.51%。办理银行承兑汇票贴现6 490.3亿元，同比下降40.97%；办理商业承兑汇票贴现316.5亿元，同比下降40.2%。受流动性相对趋紧影响，票据贴现利率持续上行，12月金融机构贴现加权平均利率4.9%，同比上升40个基点；第一到第四季度，四川辖内金融机构转贴现加权平均利率分别为4.11%、4.33%、4.35%和4.57%。

（三）股票市场

2017年，辖内企业实现资本市场直接融资1 681.38亿元，同比增长73.0%，结构调整较为明显，市场股权融资回落，私募股权融资快速增长；公司债券融资回落，地方政府债大量发行。股票市场融资总体规模保持平稳，股权融资共计432.98亿元，同比增长9.2%，其中，首发融资17.68亿元，同比下降56%；上市公司股权再融资319.57亿元，同比下降5%；新三板股权融资22.3亿元，同比增长12%；天府股交中心股权融资3.43亿元，上年为零；私募股权基金投向辖区企业70亿元，同比增长3倍。全年共实现全国交易所和地方交易所债权融资1 248.40亿元，同比增长118.8%。其中，在沪深交易所发行公司债券实现融资350.88亿元，同比下降39%；发行资产证券化产品实现融资55.27亿元，同比增长10倍；发行地方政府债822.54亿元，上年为零。另外，在天府股权交易中心实现债权融资19.71亿元，上年为零。

（四）外汇市场

2017年，外汇市场交易规模增长迅猛，人民币对主要国家货币呈现震荡升值态势。四川银行间外汇市场全年成交180.84亿美元，同比增长286.58%。交易币种以美元为主导，成交132.84亿美元，同比增长189.54%，占成交总量的73.46%；欧元位居第二位，成交46.59亿美元，占成交总量的25.76%。成都银行交易量增长迅速，继续保持第一位，交易量占比达93.77%。受国内外多重因素影响，人民币兑美元汇率打破2015年“8·11”汇改后单边下跌趋势，呈现出震荡升值态势，人民币兑美元汇率双向波动弹性明显增强，全年人民币中间价兑美元汇率累计升值6.16%。

（五）黄金市场

2017年，四川辖内金融机构积极推动黄金市场业务创新发展，黄金交易品种不断丰富，交易量稳中略降。全年代理上海黄金交易所黄金业务成交量38 333.55千克，同比减少5%；实物黄金成交量 11 352. 95 千克，同比下降 29%；账户黄金成交量 35 299. 49 千克，与上年基本持平。黄金租赁、黄金远期等衍生品业务稳步开展，黄金租赁业务成交量 31 647 千克，同比上涨 22. 18%，黄金远期业务成交量 8 686 千克。

（六）期货市场

2017 年 12 月末，四川期货投资者开户数 8. 36 万户，同比减少 6. 38%，主要原因为年内对违规账户进行了清理；期货公司市场交易额 5. 7 万亿元，同比大幅下降 26. 26%，主要原因为满足降低资金杠杆率要求，提高了保证金比率，部分交易因此受限。

四、金融基础设施建设

2017 年，四川金融基础设施建设持续深入推进，服务范围不断扩大，服务质量持续提高，运行管理水平进一步提升，为辖内金融体系平稳运行提供了有力保障。

（一）金融法治环境建设

1. 深入推进金融消费权益保护工作

2017 年，人民银行四川各级机构进一步加强金融消费纠纷投诉处理，全年受理咨询 7 557 件、消费者投诉 1 439 件，投诉办结率 99. 03%。深入推进金融消费权益保护示范网点建设，全年参与创建示范网点 236 个，覆盖全省所有市州主要金融机构。对 19 家金融机构开展金融消费权益保护现场检查，督促金融机构加强内控管理、依法合规经营。继续推动金融消费纠纷非诉讼解决机制构建完善，深入开展金融消费者宣传教育，因地制宜、因城施策积极推动金融知识进课堂、进课程，构建宣传教育立体格局。

2. 切实加强金融综合管理

2017 年，人民银行四川各级机构受（办）理新设银行业机构开业管理申报 147 件；收到和处理重大事项报告 4 025 期；对 1 035 个金融机构网点开展专项执法检查 531 次，对 70 个金融机构网点开展综合执法检查；实施行政处罚 100 件，处罚金额 1 373. 85 万元。

3. 积极稳妥开展互联网金融风险专项整治

2017 年，按照专项整治各项工作要求，四川省积极动员部署，强化组织领导，建立重大事项快速协调、整治效果督察评估、整治工作通报等工作机制，落实责任分工，制订印发实施方案，扎实开展摸底排查和状态分类。对重点机构逐一实施现场检查，确定业务属性和违规违法事实，全年共排查机构 4. 8 万家。组织开展实地督察，对各市州工作推进情况进行督导。并将代币发行融资活动纳入专项整治工作内容，开展虚拟货币交易场所清理整顿。目前互联网金融风险专项整治各项工作在有序推进中。

（二）支付体系建设

1. 支付系统平稳运行

2017 年，四川支付系统运行平稳，有力保障了日趋增长的支付业务需求，全年发生业务 3. 05 亿笔，同比增长 40. 55%，金额 157. 61 万亿元，同比下降 3. 07%。其中，大额支付系统发生业务 0. 63

亿笔，金额155.67万亿元；小额支付系统发生业务2.42亿笔，金额1.94万亿元。

2. 账户管理制度有效落实

改善账户核准服务，开展人民币单位银行结算账户核准辅助子系统、电子传输开户资料试点建设，提高开户效率。对49家银行机构开展单位银行结算账户检查，对105家银行机构落实261号文件情况开展专项检查，组织建设开户信息共享平台，推动藏区寺庙账户纳入监管。

3. 农村支付环境建设纵深推进

推动农村地区银行网点、助农取款服务点、金融机具的综合发展。截至2017年末，四川农村地区8 838个银行网点全部接入现代化支付系统，8.1万个助农取款服务点全部加载转账、缴费功能，1.2万个服务点加载电商平台，部分服务点加载扫码支付功能。全年消除集中连片贫困地区基础金融服务空白行政村1 532个，在1 825个易地搬迁安置点新布放2 351个助农取款服务点，继续提供基础金融服务。

4. 非现金支付环境持续改善

开展移动支付便民示范工程试点，丰富移动支付在交通、医疗、高校、公共事业缴费等领域的消费支付场景。组织打造“非现金支付生产生活示范区”，四川多地陆续打造新农村、贫困村、城镇社区、旅游景点、自驾环线、龙头农企、大型农家乐等多种非现金支付示范区。四川85%的市州人民银行开通电票再贴现业务，293个银行网点申请加入电票系统，推广使用电票的硬条件大幅改善。

5. 支付机构监管持续加强

有序开展支付牌照续展和分类评级工作，探索建立四川省支付机构分类评级系统，促进行业稳健发展；完善支付机构监管制度，组织开展多用途预付卡业务、银行卡收单业务、互联网支付业务以及客户备付金管理专项检查，组织开展商户实名制定期巡检，处置违规事件，维护社会公众权益；持续开展无证经营支付业务整治工作，依法合规对排查出的机构和业务进行清理和处置。

（三）征信体系建设

1. 信息平台规模不断壮大，基础数据库持续扩容

全面推进以核心企业带动为特点的应收账款融资新模式，中征平台供应链规模不断壮大，全年新增16条规模以上供应链，全年实现融资交易1 450笔，金额1 319.39亿元。金融信用信息基础数据库覆盖范围不断扩大，截至2017年末，104家地方法人机构接入数据库；收录四川6 396.2万个自然人、160.49万户企业和其他组织信息，同比分别增加4.18%和18.27%。强化接入机构信息安全与合规管理，征信系统接入机构数据质量管理成效显著。

2. 个人信息查询量大，互联网服务平台有效推广

2017年，人民银行和接入机构全年查询个人信用报告1 407.9万次，同比增长39.9%；企业信用报告74.57万次，同比下降19.97%。互联网服务平台新注册用户和查询数显著增加，新注册互联网用户252.3万，查询互联网个人信用报告644万次，同比分别增加54.15%和14.73%。

3. 社会、中小微企业和农村信用体系建设持续深化

持续推动四川省政务诚信、商务诚信、社会诚信、司法公信建设，开展21个市州和178个县（区、市）金融生态环境评价。优化重建中小微企业信用信息数据库，在全省范围内以市州为单位部署农村信用信息数据库，20个市（州）搭建融资对接平台，开展金融守信红名单企业评选，777家名单企业贷款余额380.85亿元。推广“银税互动”，166家银行机构开发了“税金贷”“税易贷”等

产品，2 546 户纳税诚信中小微企业获得银行融资 123. 37 亿元。

（四）反洗钱

保持反洗钱监管高压态势，全年对 1 630 家义务主体开展工作考评，约见谈话 116 家，监管走访 471 家，发出质询书 39 份、监管意见书 219 份，对 76 家机构开展现场检查。对 45 家机构和 74 名责任人处罚款 1 025. 3 万元。升级优化反洗钱监管系统，推动省内 10 家法人银行机构建成反洗钱监测中心。创新开展“特定非”反洗钱工作试点，完善反洗钱联席会议核心成员单位合作机制，健全反洗钱风险防控体系。四川各义务主体报送重点可疑交易报告 341 起，其中，向有关部门移送案件线索 239 起，立案 104 起；协助破获案件 116 起，推动洗钱案件立案、公诉和审理 10 起。

总　　纂：李　铀　方　昕
统　　稿：温茹春
执　　笔（以姓氏笔画为序）：
丁惠强　王大波　毛　慧　李　昕　李岷檐　刘　敏
张柏杨　苟于国　高　翼　聂　荣　蒋　平　蒋先明

贵州省金融稳定报告摘要

2017年，贵州省坚持守好发展和生态两条底线，强力推进“大扶贫、大数据、大生态”三大战略行动，着力稳增长、调结构、促改革、惠民生、防风险，国民经济在克服多重困难中实现新发展，经济结构呈现积极变化，改革创新取得明显进展。全省金融业整体运行平稳，银行业在改革中稳步发展，信贷结构持续优化；证券业市场保持稳健发展，上市公司整体经营状况良好；保险业市场组织体系不断完善，保险功能有效发挥；支付、征信、反洗钱、跨境资金结算等金融服务及基础设施继续改善。但是，银行业局部资产质量下滑、部分中小法人银行机构风险凸显、上市公司后备资源不足、公司债兑付压力加大、保险业务发展不平衡等问题需要关注，区域金融稳定仍面临一定挑战。

一、区域经济运行

（一）运行情况

1. 综合实力稳步提升，经济总量不断扩大

2017年，贵州省地区生产总值突破1.3万亿元，财政总收入突破2 600亿元，规模以上工业增加值、社会消费品零售总额均突破4 000亿元，金融机构人民币各项存款余额突破2.6万亿元，贷款余额突破2万亿元。

2. 经济增速平稳较快

2017年，贵州省地区生产总值13 540.83亿元，同比增长10.2%。其中，第一产业增加值2 020.78亿元，同比增长6.7%；第二产业增加值5 439.63，同比增长10.1%；第三产业增加值6 080.42，同比增长11.5%。

3. 工业经济稳中有进，传统行业发展出现分化

贵州省酒、煤、电、烟四大传统支柱行业中，除煤炭行业增加值降幅收窄外，酒、电、烟三大行业增加值分别同比增长13.5%、13.0%和2.0%，增速分别比上年加快0.7个、3.3个和10.9个百分点。

4. 农业生产稳定向好，结构调整成效明显

一是种植业结构调整成效明显，2017年，贵州省粮食总产量1 178.54万吨，比上年下降1.2%。种植业增加值1 287.17亿元，同比增长7.4%。二是农业有效供给增加，2017年，贵州省无公害农产品、绿色食品、有机农产品产地认定面积占耕地面积的比重提高到51.2%；新增19个农产品获地理标志登记保护，总数提高到54个。

5. 财政收入稳步增长

贵州省财政总收入 2 650.02 亿元，同比增长 10.1%。其中，一般公共预算收入 1 613.64 亿元，同比增长 7.2%。收入质量稳步提升，税收收入占一般公共预算收入的比重为 73.1%，所占比重较上年提高 1.3 个百分点。

6. 居民收入增长较快

贵州省全体居民人均可支配收入 16 704 元，同比增长 10.5%。其中，城镇常住居民人均可支配收入 29 080 元，同比增长 8.7%，增速居全国第 4 位；农村常住居民人均可支配收入 8 869 元，增长 9.6%，增速居全国第 2 位。

7. 企业收入快速增长

贵州省规模以上工业企业主营业务收入 11 300.95 亿元，同比增长 18.7%，增速高于上年 5.8 个百分点；实现利润总额 886.32 亿元，同比增长 46.4%，增速比上年加快 40.8 个百分点。

（二）需要关注的问题

1. 工业投资增速回落

受实体经济市场需求不足影响，加上部分行业产能过剩、产业结构转型较慢，导致工业投资意愿有所下降。从 2017 年 9 月开始，贵州省工业投资增速回落到 12% 以下，并出现四个月持续回落。2017 年工业投资占贵州省固定资产投资的比重为 16.6%，占比较上年下降 2.4 个百分点。酒饮料精制茶制造业、非金属矿制品业、化学原料及化学制品制造业、煤炭开采和洗选业等主要工业行业投资出现负增长。

2. 房地产开发投资增速前高后低

2017 年，受到房地产市场宏观调控、大项目收尾、商品房销售增速回落等多重因素影响，贵州省房地产开发投资增速整体呈现前高后低，增速回落明显。在第一季度实现今年 14.6% 的最高增速后出现较大幅度回落，8 月到 11 月出现连续 3 个月负增长，1－12 月，贵州省房地产开发完成投资 2 201亿元，同比增长 2.4%，增速低于全国平均水平 4.6 个百分点。房地产开发投资对贵州省投资增长贡献下降，2017 年，房地产开发完成投资占贵州省投资比重为 14.4%，比上年下降 2.5 个百分点。

3. 民间投资活力有待激发

2017 年，虽然贵州省民间投资增速高于全国平均水平，但贵州省民间投资规模相对偏小，增速出现回落，投资结构有待进一步优化。2017 年贵州省民间投资同比增长 8.7%，增速高于全国平均水平 2.7 个百分点，占固定资产投资的比重为 33.8%，低于全国平均水平 26.6 个百分点。贵州省民间投资主要集中在房地产业和制造业。2017 年，房地产业民间投资占贵州省民间投资的比重达 36.5%，制造业民间投资占贵州省民间投资比重达 24.3%，两者合计占到贵州省民间投资的 60.8%。

4. 投资项目资金保障需重点关注

2017 年，受监管部门加大风险防控、金融领域去杠杆、地方政府投融资能力下降等因素影响，贵州省固定资产投资本年到位资金增速在 4 月以前均出现负增长，5 月初步扭转负增长态势后持续回升，但投资到位资金总量持续低于投资完成额，表明投资资金来源趋紧，对后续投资影响较大。2017 年，贵州省投资资金到位 13 263.63 亿元，增长 19.1%，投资资金到位总量低于贵州省固定资产投资额 2 024.39 亿元，投资资金到位增速低于投资增速 1 个百分点。

二、银行业

（一）运行情况

1. 存贷款规模稳步增长

截至2017年末，全省银行业金融机构人民币各项贷款余额20 860.3亿元，同比增长16.8%。其中，住户贷款余额6 200.6亿元，同比增长19%；非金融企业及机关团体贷款余额14 658.8亿元，同比增长15.9%。人民币各项存款余额26 088.9亿元，同比增长9.8%。其中，住户存款余额9 580.3亿元，同比增长12.3%；非金融企业存款余额10 059.6亿元，同比增长8.2%；广义政府存款余额5 339.3亿元，同比增长3%；非银行业金融机构存款余额1 104.1亿元，同比增长47.8%。

2. 净利润增速小幅下降

截至2017年末，全省银行业金融机构实现净利润376.3亿元，同比增长7.22%，增速比上期下降1.49个百分点。利息净收入300.1亿元，同比增长15.11%；手续费及佣金收入27.14亿元，同比增长5.89%；资产利润率1.52%，同比增加0.26个百分点。分机构看，政策性银行利润增长较为稳定，为70.5亿元，同比增长19.79%；大型国有商业银行利润为168.73亿元，同比增长16.83%；股份制商业银行扭亏为盈，为1.95亿元；地方法人金融机构利润为116.95亿元，同比略有下降。

3. 资产质量有所下滑

截至2017年末，全省银行业金融机构不良贷款余额550.67亿元，同比增加218.62亿元，同比增长65.84%；不良贷款率2.63%，比上一年增加0.78个百分点。分机构看，仅政策性银行和国有商业银行的不良贷款率有所下降，其余类型商业银行均存在不同程度的反弹，其中，农村中小机构的不良贷款反弹压力较大。

4. 服务实体经济质效提升

一是重大基础设施建设支持力度加大。截至2017年末，基础设施建设贷款余额6 391.33亿元，同比增长11.22%；易地扶贫搬迁贷款余额372.68亿元，同比增长83.11%；棚户区改造贷款余额1 361.7亿元，同比增长54.09%。二是小微企业和涉农金融服务工作向好。截至2017年末，贵州省小微企业贷款余额5 334.07亿元，同比增长25.78%；涉农贷款余额8 747.1亿元，同比增长20.51%。三是绿色节能环保项目支持力度加大。截至2017年末，贵州省支持节能环保项目及服务贷款余额1 807.84亿元，同比增长29.04%。

（二）需要关注的问题

1. 不良贷款持续攀升，信用风险隐患加大

截至2017年12月末，全省银行业金融机构不良贷款余额550.67亿元，同比增长65.84%，不良贷款率2.63%，同比提高0.77个百分点，资产质量不断承压，信用风险积聚。从行业看，不良贷款主要集中在批发和零售业、制造业、采矿业及农林牧渔业等四个行业。从机构看，全省主要银行业金融机构不良贷款出现“双升”；从地区看，全省各地区资产质量差距扩大，区域性信用风险防范和化解困难加剧。

2. 部分中小法人银行风险凸显

一是资产质量下滑明显。截至2017年12月末，贵州省地方法人农村中小金融机构不良贷款余

额同比增长119.38%，不良贷款率同比增长4.66个百分点，信贷风险持续暴露。二是盈利能力下降，个别机构出现亏损。截至2017年12月末，贵州省地方法人农村中小金融机构本年利润合计为41.41亿元，同比下降31.92%，部分机构资产利润率不到1%，个别机构出现亏损，盈利能力堪忧。三是部分村镇银行内部管理和风险防控能力不足。部分村镇银行规章制度不完善，风险意识薄弱，风险识别、计量与监测能力明显滞后。

3. 重点领域风险严峻

2017年12月末，全省煤炭、钢铁、电解铝等六大能源矿产行业的不良贷款率仍居高位。受经济增速放缓和产业结构调整等因素影响，商业银行不良贷款持续暴露，白酒、煤炭、钛等重点领域仍未能有效扭转企业大范围亏损的局面。特别是对于以煤炭、钢铁等为支柱产业的地区，产业经济不景气所导致的信用风险及企业债违约风险的防控压力仍然存在。

4. 外部不确定因素增加

一是经济转型升级、产业结构调整对银行业等深层次影响继续显现。二是投融资体制改革进入深化时期，新型融资模式配套改革相对滞后，客观上加大了参与银行面临的不确定性。三是房地产行业融资度较高，若未来房地产市场出现大幅波动可能对银行资产质量造成影响。四是小贷公司、融资担保机构等内部管理薄弱，互联网金融平台、非法集资等隐患较大，存在风险向银行体系传导的可能。

三、证券业

（一）运行情况

1. 证券行业发展整体平稳

截至2017年12月末，贵州辖区共有法人证券公司2家，证券分公司23家，证券营业部103家，期货营业部10家。全省证券从业人员4 059人，期货从业人员62人。2017年贵州证券经营机构全年实现营业收入20.28亿元，同比减少4.63%；实现净利润3.14亿元，同比减少16.16%。2017年贵州期货经营机构全年实现营业收入1 997.14万元，同比减少3.8%；实现净利润10.18万元，同比增长241.39%。

2. 法人证券公司竞争力逐步提升

贵州省证券法人公司华创证券、中天国富证券发展势头良好，截至2017年12月末，2家法人证券公司资产总额379.67亿元，同比增长24.91%；负债总额221.35亿元，同比增长57.29%，2017年实现营业收入17.58亿元，同比增长15.85%。两家法人证券公司积极通过增资扩股方式增加注册资本，证券公司行业竞争力和抵御风险能力得到提升。其中，中天国富证券增加了业务范围，从“证券（限股票、上市公司发行的公司债券）承销与保荐”增加为“证券承销与保荐”。

3. 上市公司稳健发展

截至2017年12月末，贵州省共有上市公司27家，比上年增加4家，总市值11 306.92亿元。共有新三板挂牌公司59家，比上年增加12家。从融资情况看，2017年贵州辖区上市公司和新三板挂牌公司累计实现股权融资总额30.61亿元，其中，4家IPO公司募集资金总额17.79亿元，上市公司通过再融资募集资金1.55亿元。

4. 期货市场交易出现萎缩

截至 2017 年 12 月末，贵州期货总资产 3. 33 亿元，客户保证金 3. 24 亿元。2017 年全年完成期货成交量 579. 48 万手，成交金额 3 275. 55 亿元，同比分别减少 34. 94% 和 12. 18%，交易量较上年有所下滑。其中，上海期货交易所全年完成期货成交额 1473. 43 亿元、大连商品交易所全年完成期货成交额 1 059. 75 亿元、郑州商品交易所全年完成期货成交额 491. 49 亿元、中国金融期货交易所全年完成期货成交额 239. 28 亿元。从交易品种来看，螺纹钢、橡胶、冶金焦炭、铁矿石等传统品种交易活跃，成交量较大，而金融期货、期权等新兴品种交易量较小。

5. 区域性股权市场进一步发展

贵州省政府正式批复的唯一一家区域性股权市场运营机构为贵州股权金融资产交易中心。该中心主要股东为贵州白酒交易所、贵州省金融控股有限责任公司和金汇财富资本管理公司，分别持股 40%、30% 和 14. 5%。贵州股权金融资产交易中心股权业务展示企业 1 391 家，注册资本合计 857. 21 亿元。

（二）需要关注的问题

1. 资本市场规模仍然偏小，直接筹资能力较弱

一是上市公司再融资规模大幅下滑，重大资产重组推进缓慢。2017 年，贵州省上市公司 2017 年再融资规模总额为 13. 82 亿元，同比下降 82. 23%。二是上市公司数量偏少。截至 2017 年末，全省上市公司数量仅 27 家，整体规模落后于全国，与贵州省经济的快速发展相比，增长速度也较为滞后，上市公司后备资源不足。

2. 法人证券公司竞争力有待提升

一是法人公司规模仍然较小。贵州省法人证券公司虽然通过增资扩股方式增加注册资本，但与其他地区上市券商相比，在员工队伍、网点数量、营收规模等方面仍然存在一定差距。二是专业人才缺乏。贵州省法人证券公司高端领军人才和专业人才不足，资源整合与协同配合方面的挑战严峻。三是中天国富证券业务牌照相对单一。目前中天国富证券只有证券承销与保荐业务，其申请增加经纪业务、资产管理业务范围事项仍在推进中，受牌照限制，公司进一步发展将受到一定影响。

3. 融资主体方面潜在风险需要关注

一是 2018 年贵州省公司债集中兑付压力较大。截至 2017 年末，贵州省公司债存续规模为 1 176. 25亿元，存续 123 只，兑付期限主要集中在 2018—2021 年，规模占比为 78. 05%，其中，2018 年到期占比达 24. 39%。二是贵州省内部分公司债发行人缺乏债券管理基础知识、存在违规使用募集资金情形，信息披露和规范运作意识不强，需要重点关注。

四、保险业

（一）运行情况

1. 业务发展平稳增长，保险保障不断夯实

2017 年，贵州省实现保险保费收入 387. 73 亿元，同比增长 20. 68%，连续 3 年保持 20% 以上增速。其中，财产险保费 179. 26 亿元，同比增长 17. 05%，高于全国 4. 33%；人身险保费 208. 47 亿

元，同比增长23.99%，高于全国3.7%。全行业全年累计提供各类风险保障24.21万亿元，同比增长57.34%；支出赔款和给付金153.81亿元，同比增长16.94%，保险保障增速大幅超过保费收入增速。

2. 优化调整业务结构，发展质量不断提升

不断收缩保障程度弱、内含价值低的业务占比，初步显现多元化的业务增长格局。一是人身险公司万能险规模占比下降5.25%，中短存续期业务规模占比下降9.16%。二是寿险期交业务好于全国平均水平。寿险新单期交率58.19%，增长7.46%，是2010年实施统计新口径以来最好水平。其中，十年期及以上业务占比60%，高于全国8%。三是财产险公司非车险业务占比不断提升。非车险保费增长27.88%，占比提高1.81%达到23.39%，连续4年实现占比提升。

3. 大力推进脱贫攻坚，服务能力不断增强

助推脱贫攻坚取得一定成效，与国计民生密切相关的农业保险、工程保险、保证保险、健康保险业务发展较好，分别增长24.81%、69.31%、41.14%和47%。一是全省所有贫困人口至少拥有大病、农房两份政策性保险保障。"黔惠保"系统扶贫小额人身保险覆盖全省49%的贫困人口，提供保险保障748.12亿元，为5 604人次赔款1 671.37万元。二是全年农业保险为697.91万户次农户提供风险保障1 076.95亿元，为33.56万户次农户支付赔款3.28亿元。三是在中国保险资产管理业协会"资产管理信息交互系统"开通贵州旗舰店，全年新增61.04亿元保险资金投资铁路、棚改项目。

（二）需要关注的问题

1. 期满给付和退保风险压力依然较大

一是期满给付风险存在较大不确定因素，特别是部分特定销售渠道的期满给付风险更为突出。二是部分人身险业务赔付支出增速加快，部分寿险机构资金流动性压力增大。抵御风险能力相对薄弱的公司退保风险需高度防范。

2. 发展不平衡问题较为突出，服务能力有待进一步提升

财产险公司部分领域仍存在非理性竞争行为，保险产品服务创新不够，销售误导和理赔难情况时有发生，还不能较好地满足经济社会发展、城乡居民多元化保险保障需求。行业服务能力与水平有待进一步提升，一些影响行业长期健康发展的风险因素值得关注。

五、金融市场

（一）货币市场及票据市场

1. 直接融资规模占比下降明显

2017年，贵州省社会融资规模同比少增165.9亿元。其中信贷融资（含本外币贷款）占比较上年下降7.6个百分点。受去杠杆监管政策和债券市场利率上升影响，多数企业推迟发行计划，或通过信贷方式进行融资。贵州省直接融资（含企业债券、非金融企业境内股票融资）占比较上年下降15.8个百分点。

2. 金融机构货币市场交易量稳步增长

2017年，贵州省银行间市场成员债券回购累计成交11.6万亿元，同比增长18.9%；资金净融出

1.4 万亿元，交易产品以隔夜为主，交易规模占比达 84.7%；现券交易 1.3 万亿元，同比增长 13.6%，非金融企业信用类债券占比 23.3%，风险偏好较上年下降明显。全年信用拆借规模 1 929.9 亿元，与上年同期基本持平，其中以隔夜和 7 天两个期限为主，拆借规模占比分别为 56.6% 和 36.4%。

3. 票据市场融资规模下降

2017 年，贵州省银行承兑汇票累计签发量 1 497.3 亿元，同比下降 18.2%。贴现累计发生额为 638.2 亿元，同比下降 10.5%。票据市场银行承兑汇票贴现利率全年运行平稳。商业承兑汇票贴现利率在第二季度出现较大幅度上扬，下半年有所回落；票据转贴现利率自年初以来逐季小幅上涨。

4. 直接融资创新发展

银行间债券市场支持全省金融精准扶贫取得创新突破，贵州高速公路投资有限公司发行全国首批、全省首只专项扶贫中期票据，募集资金全部用于扶贫用途。贵阳银行、贵州银行、遵义汇川农商行积极筹备绿色金融债券发行工作。

（二）跨境资金市场

1. 跨境外汇收支总额与银行结售汇均创历史新高

2017 年，贵州省跨境外汇收付总额 111.23 亿美元，较上年同期增幅 63.06%，实现顺差 32.32 亿美元，呈现经常项目、资本与金融项目“双顺差”态势；其中，跨境外汇收入、支出分别增长为 84.39% 和 34.70%；经常账户中货物贸易收汇同比增长 69.60%，净流入 24.75 亿美元，是全年顺差大幅增长的主要原因；资本和金融账户净流入 15.14 亿美元，且直接投资、其他投资主要项目均为净流入态势。银行代客结售汇与跨境收付变动趋势保持一致，2017 年，贵州省代客即远期结售汇总额 68.72 亿美元，同比增长 24.86%。其中，结汇 46.65 亿美元，同比增长 57.33%；售汇 22.07 亿美元，同比下降 13.06%，顺差较上年增长 4.7 倍至 24.58 亿美元。

2. 跨境人民币业务稳步发展，参与机构不断增加

截至 2017 年末，贵州省跨境人民币累计结算量突破 1 600 亿元，达到 1 630.5 亿元；当年实际收付金额 161.0 亿元，同比下降 48.2%。当年结算量占国际收支的比重为 17.5%，人民币仍为涉外结算重要货币，暂排在美元之后。跨境人民币参与机构不断增多，受益主体范围不断扩大，在业务办理过程中，商业银行积极性明显提高，贵州省已有 21 家省级商业银行、172 家省内分支机构开展了跨境人民币结算业务，分别较上年增加 4 家和 23 家；受益主体进一步增加到 760 家，较上年末新增 166 家；与全省企业发生人民币结算的境外地域范围扩大到 67 个国家（地区），较上年增加了 4 个，业务覆盖面日益扩大。

六、金融基础设施和金融改革创新

（一）支付结算体系

1. 支付体系建设进一步拓展，支付市场有序运行

一是支付体系建设取得新进展，截至 2017 年末，贵州省支付系统参与者达 4 337 家；支付系统业务 8.8 亿笔，清算资金 64 万亿元；移动支付业务有序开展，“云闪付”业务得到大力推广，截至

年末，全省“云闪付”受理终端达18万台，日均“云闪付”交易笔数1.1万笔，日均交易金额117万元。二是持续整治支付市场秩序，2017年，及时关闭了7家银行机构为9个违规从事“微盘”类交易平台提供的支付结算服务；联合公安、工商部门对无证经营支付业务，涉嫌违规伪造、变造银行卡的“YY微支付”进行了处置，防止了风险和重大舆情的发生。

2. 农村支付服务产品多样化，支付服务水平进一步提高

一是助农取款业务健康发展，截至2017年末，全省共有3.8万个助农取款点，村级行政区覆盖率100%，业务4.8万笔，金额320亿元，约为全省农村居民节约资金14.4亿元。二是城乡社保金融一体化试点工作出成效，通过在助农取款智能终端上开通社保身份认证、参保登记、社保查询、养老金领取、社保缴费等功能，实现社保金融一体化，500个终端中243个有业务发生。三是成功实现非现金支付工具收购农副产品试点，采取手机银行、自助机具、移动POS机具等方式为企业向农户支付货款，解决了企业资金安全保障难、农户经营成本高、金融机构货币回笼难等问题。

（二）信用体系

1. 金融生态环境建设扎实推进，农村信用体系建设引领精准扶贫

一是完成对贵州省9个市（州）和74个县（市）的金融生态环境测评工作，首次将贵州省大扶贫战略相关指标和情况体现在测评报告中，金融机构、地方政府将金融生态环境测评结果作为业务发展规划、考核评价的重要指标。二是立足大扶贫战略和农村产业发展，建设“农村信用信息管理系统”为金融机构、地方政府提供农村信用信息支持，截至2017年末，全省农村信用社已为723.93万农户建立了信用档案，评定信用农户702.28万户，对信用农户发放贷款余额1 748.51亿元。

2. 强化评级机构监管，促进应收账款融资发展

一是针对2016年考评结果为B类的评级机构进行重点监管，对不合规的评级机构要求停业整改或劝退。二是依托“贵州省第三方信用评级管理系统”实现评级业务全过程实时监管，截至2017年末，全省共完成第三方信用评级187笔；金融机构通过系统查询企业信用评级报告共5 495笔，并对其中的53笔评级报告进行了评价。三是开展贵州省应收账款融资专项行动，加大金融对实体经济和小微企业支持力度，截至2017年末，应收账款融资服务平台新增融资交易1 167笔，实现融资1 258.26亿元，同比分别增长70%和11%。

（三）反洗钱

1. 反洗钱跨部门协作加强，案件侦破取得新突破

2017年，贵州省共接收重点可疑交易线索123条，较上年同比增长146%，金额共计284亿元；上报反洗钱监测分析中心可疑线索7条，涉及金额46.75亿元，向公安、国安等执法部门移送线索89条，涉及金额179亿元；移送线索已立案6起，移送线索立案率为6.74%。通过密切“警银协作”，成立了“1·14”省级督办案件专案组，历经8个月缜密侦查，成功告破该案，实现了贵州省非法汇兑型地下钱庄案“零”的突破。

2. 实施反洗钱分类监管和指导，依法开展现场检查

2017年，对贵州省1 382家机构反洗钱工作进行考核评级，评级面连续8年实现全覆盖，结合考核评级结果及日常监管情况，采取差异化监管措施，持续加强对高风险机构和低评级机构的监管力度，提高分类监管有效性。全年共对112家金融机构实施了约见谈话，监管走访242家，质询10

家；对36家机构开展反洗钱现场检查，对其中17家违规行为较为严重的金融机构实施了行政处罚。

（四）金融消费权益保护

一是开展金融消费权益保护工作全面评估，首次实现贵州省银行业金融机构金融消费权益保护现场评估全覆盖，评定6家银行业金融机构等级为A，12家银行业金融机构等级为B。二是构建金融知识普及长效机制，推进金融知识普及纳入国民教育体系，深入开展“小手拉大手”“蒲公英”等金融志愿服务专项行动。三是金融消费权益咨询、投诉、专项检查有序开展，全年共受理金融消费者有效咨询2 438件、有效投诉177件，开展专项检查47次，有效保护金融消费者的合法权益。

（五）贵安新区绿色金融改革创新试验区

2017年6月，贵安新区获国务院批准，成为全国五个绿色金融改革创新试验区之一。截至2017年末，共有13家金融机构已在贵安新区设立或正在筹备绿色分支机构（或绿色金融事业部）；全省节能环保项目及服务贷款余额达1 807.8亿元，同比增长29%，分别高于上年和同期各项贷款增速23.1个、12.3个百分点，占全省金融机构本外币各项贷款余额的8.6%。贵州银行、贵阳银行积极围绕城市垃圾治理、节水节能、环境治理等方面的绿色项目筹备发行规模共计180亿元的绿色金融债券。全年60家绿色企业在贵州股交中心挂牌。设立4只绿色基金，募集规模达38亿元以上。

七、总体评估与政策建议

（一）总体评估

总体来看，面对经济发展新常态和贵州省既要“赶”又要“转”的经济发展要求，2017年贵州省通过深化供给侧结构性改革，改造升级传统产业，巩固现有生产力，实现经济平稳较快增长，增速高于全国、西部平均水平，排位稳定靠前。但应该注意到，贵州省经济发展中不平衡、不协调、不可持续的矛盾仍然突出；企业经营形势分化，传统煤、酒等行业经营困难问题较大，新经济增长点有待进一步挖掘；经济结构调整、经济发展提质增效的任务压力较大。

2017年，从贵州省金融稳定综合评价值来看，区域金融整体处于平稳状态。金融业组织体系进一步完善，金融业总体呈现稳健发展态势，服务经济社会发展的作用日益突出。金融市场稳步发展，融资功能和资源配置效率持续提升，金融基础设施建设不断完善，服务保障功能继续强化。地方金融改革持续推进，绿色金融改革试验区建设稳步迈进。但是，改革发展过程中所累积的问题已逐步显性化，银行业机构不良贷款压力上升，部分中小法人机构风险防控压力加大，证券期货经营机构服务能力有待提升，保险寿险业务退保率依然较高，跨市场、跨区域金融风险有所增加，非法集资等风险不容忽视。

（二）政策建议

1. 主动适应经济发展新常态，加快经济结构转型步伐

加大传统产业转型升级，化解煤、酒等产业的过剩产能，鼓励煤炭产业实行升级改造，形成绿色循环产业链。促进新兴产业发展壮大，提升服务业规模和水平，大力发展文化旅游、大数据和健

康产业等现代服务业。实施创新驱动，积极培育新兴业态。稳步提高经济发展质量，为区域金融平稳运行奠定坚实基础。

2. 全面深化金融改革，正确处理好改革创新和风险防范的关系

进一步完善和发展金融组织体系，积极推进国有银行改革，推动地方法人金融机构改革重组，规范中小金融机构业务发展。指导督促金融机构转变经营理念，在速度与效益、规模与质量、风险与利润之间取得新的平衡。加快技术端、产品端、服务端的创新，强化机构自身内控机制建设，树立全面风险管理理念和前瞻性风险评估系统，切实提高风险防范和处置能力。

3. 强化重点领域风险防控，做好突发事件应急管理

加强对重点金融机构、重点区域、重点行业、重点企业的风险监测，引导商业银行严格按照国家信贷政策开展业务。密切关注金融机构，特别是金融控股公司的综合经营情况，防止金融风险跨行业、跨市场传染，严防局部风险演化为系统性、区域性风险。积极引导金融机构牢固树立案件防范意识，严格执行重大事项报告制度。密切关注权益类交易市场清理整顿工作情况，严厉打击非法集资、非法理财等违法金融活动。

4. 强化监管合作，形成维护区域金融稳定的合力

加强“一行三局”与地方政府部门在执行货币政策与财政政策、监管政策与产业政策等方面的协调配合，协调推进地方金融信息共享和金融业综合统计，探索跨市场、跨部门金融大数据合作共享模式，形成维护区域金融稳定的合力，牢牢守住不发生系统性、区域性金融风险的底线。

总　　纂：孙　涌
统　　稿：邓承红　舒　勤　刘利红
主执笔：袁　燕
执　　笔：石　实　陈　羲　陈红宇
其他参与写作人员：黄　洲　陈孝佳　龙胜安　刘　爽　孔艳彦
程剑波　车　浩　白　捷　刘　鎏　赵　鑫

云南省金融稳定报告摘要

2017年，面对错综复杂的国内外经济金融形势，云南省全面贯彻落实党中央、国务院重大决策部署，推进供给侧结构性改革，部分低质、无效产能得到有效出清，工业经济平稳较快运行，固定资产投资和消费市场快速增长，对外贸易持续回升。云南省经济运行呈现总体平稳、转型加快、质量提升的良好发展态势，为云南省金融发展和稳健运行提供良好基础。金融业主动适应经济新常态下经济结构转型升级、经济下行压力增大和利率市场化等挑战，转变增长方式，金融基础设施建设和服务不断加强，布局进一步优化，强化风险管理，积极应对挑战，坚守不发生系统性风险的底线，金融总体保持稳健运行态势。但大型企业债务违约风险、类金融机构风险处置带来的舆情风险，还会持续加大风险防范压力。

一、区域经济

（一）宏观经济运行

2017年，云南省经济运行总体平稳向好，主要经济指标增速排位靠前，工业经济平稳较快运行，固定资产投资和消费市场快速增长，对外贸易持续回升。云南省经济运行呈现总体平稳、转型加快、质量提升的良好发展态势。

1. 经济运行稳中有升，产业结构继续优化

2017年云南省国民生产总值16 531.34亿元，同比增长9.5%，增速高于全国平均水平2.6个百分点，增速排名全国第三位。其中，第一产业增加值2 310.73亿元，增长6.0%；第二产业增加值6 387.53亿元，增长10.7%；第三产业增加值7 833.08亿元，增长9.5%。产业结构不断优化，一是非公经济对经济增长的贡献度上升。2017年云南省非公经济占GDP的47.2%，同比提高0.4个百分点；二是三次产业结构继续优化。2017年云南省三次产业增加值比重为13.98:38.64:47.38，第三产业增加值比重同比上升0.70个百分点，服务业对经济增长的拉动作用进一步加大。

2. 农业生产持续向好，结构调整加快推进

2017年，云南省农林牧渔业实现总产值3 808.3亿元，2013—2017年年均增长6.2%，全年实现农林牧渔业增加值2 360.99亿元，同比增长6.0%。一是粮食生产持续丰收，连续6年保持增长，全年粮食综合平均单产289.3公斤/亩。二是高原特色农业发展动能增强。目前，烟草、花卉、咖啡、核桃等作物种植面积居全国第1位，烟叶、鲜切花、咖啡、核桃等产量居全国第1位；糖料、茶叶产量和面积均居全国第2位。三是畜牧业、林业、渔业实现较快增长。畜牧业增加值631.67亿元，

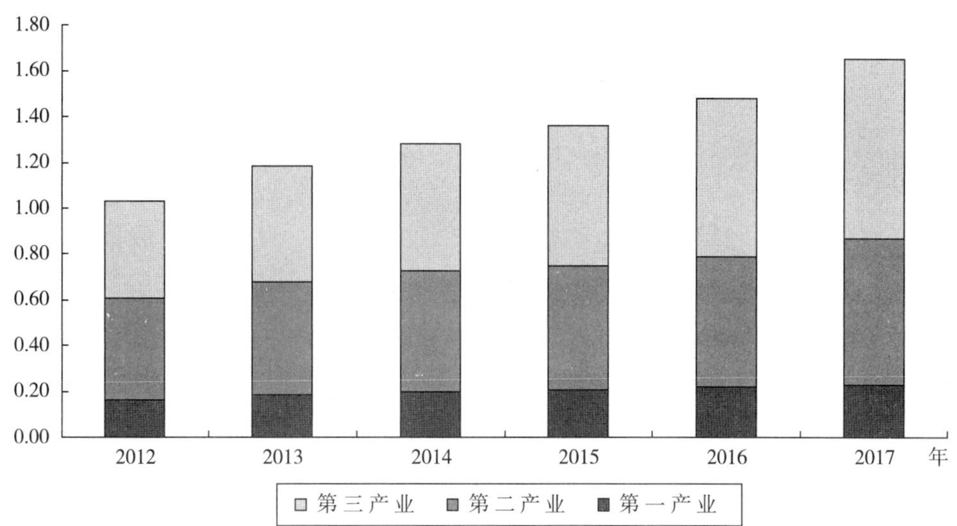

数据来源：云南省统计局。

图1　2012—2017 年 GDP 及其构成比例图

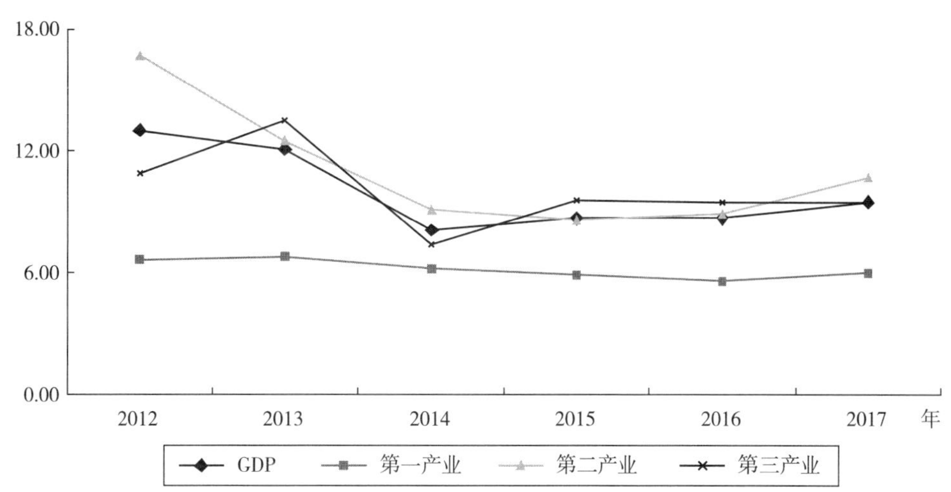

数据来源：云南省统计局。

图2　2012—2017 年 GDP 及三次产业同比增速图

同比增长 4.4%；林业增加值 250.25 亿元，同比增长 10.4%；渔业增加值 65.71 亿元，同比增长 9.4%。

3. 工业经济平稳增长，企业效益继续改善

2017 年云南省规模以上工业扭转了连续三年多的低速徘徊，全年实现增加值 3 876.34 亿元，同比增长 10.6%，增速高于全国平均水平 4.4 个百分点，比云南省 GDP 增速高 1.1 个百分点。三大工业门类均实现增长。其中，规模以上采矿业增加值同比增长 9.3%，增速同比下降 8.0 个百分点，拉动规模以上工业增长 0.7 个百分点；制造业同比增长 8.5%，增速同比上升 2.9 个百分点，拉动规模以上工业增长 6.2 个百分点；电力、热力、燃气及水生产和供应业同比增长 19.5%，增速同比上升 14.6 个百分点，拉动规模以上工业增长 3.7 个百分点。

4. 固定资产投资增速位列全国前列，基础设施建设引领投资增长

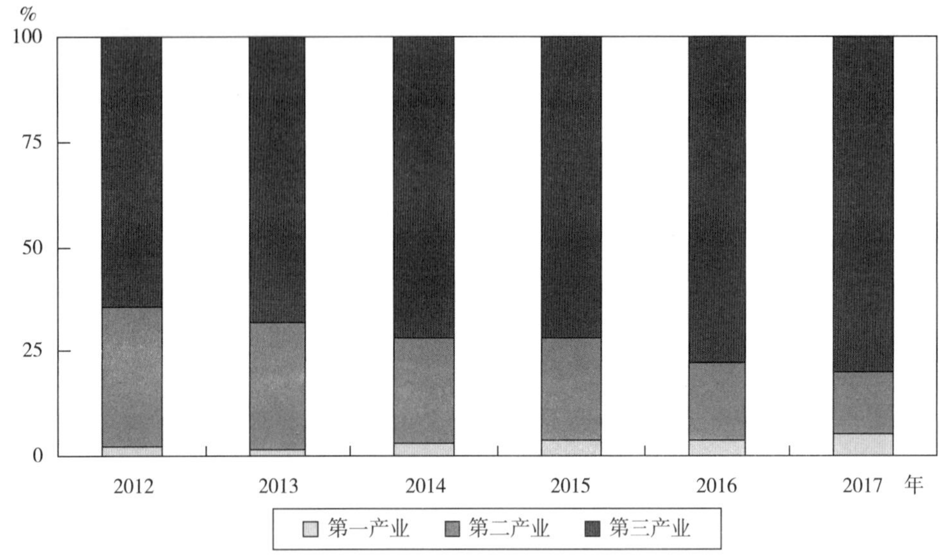

数据来源：云南省统计局。

图 3　2012—2017 年固定资产投资构成比例图

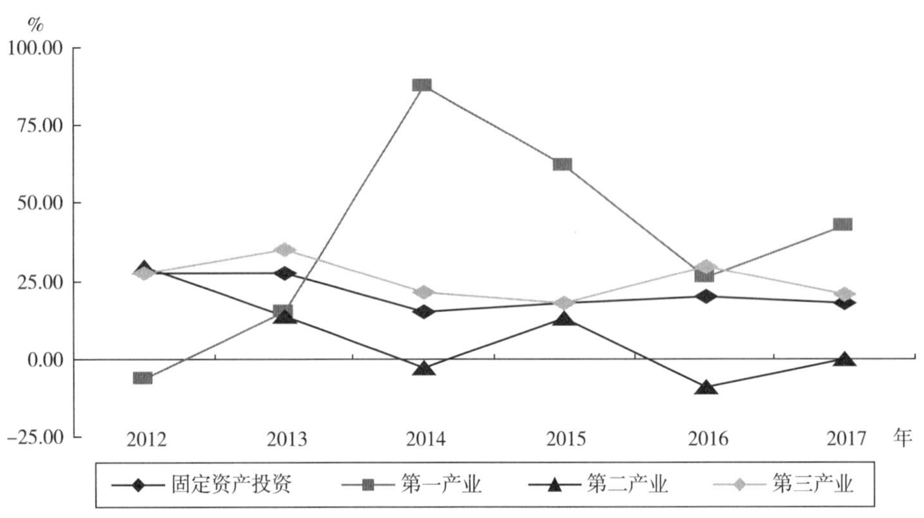

数据来源：云南省统计局。

图 4　2012—2017 年固定资产投资同比增速图

2017 年，云南省投资规模持续扩大，对经济稳增长起到了关键的支撑作用。全年实现固定资产投资（不含农户）18 474.89 亿元，同比增长 18.0%，增速比全国平均水平（7.2%）上升 10.8 个百分点，在全国和西部地区均名列第 4 位。第三产业投资 14 731.99 亿元，占全部固定资产投资的 79.74%，投资额同比增长 20.9%，拉动投资增长 16.3 个百分点；基础设施建设投资 7 364.87 亿元，同比增长 32.3%，占全部固定资产投资的 39.9%，同比提高 4.4 个百分点，拉动云南省投资上升 11.5 个百分点。

5. 消费市场稳中向好，对外贸易稳定增长

2017 年云南省实现社会消费品零售总额 6 423.06 亿元，同比增长 12.2%，增速同比上升 0.1 个百分点，高于全国平均水平 0.2 个百分点，居全国第 3 位，西部地区第 2 位。城镇市场社会消费品零售总额 5 534.08 亿元，占社会消费品零售总额的 86.2%，同比增长 12.1%，拉动云南省社会消费品零售总额增长 10.4 个百分点。

2017 年云南省外贸进出口总额 1 578.7 亿元人民币（折合 233.9 亿美元），同比增长 19.9%。其中，出口总额 772.1 亿元人民币（折合 114.3 亿美元），同比增长 1.5%；进口总额 806.6 亿元人民币（折合 119.6 亿美元），同比增长 45.0%，贸易逆差 34.5 亿元人民币。

（二）需要关注的方面

1. 工业经济回暖受益于价格因素，增长内生动力依旧不足

2017 年，受益于供给侧结构性改革、环保限产等政策影响，部分低质、无效产能得到有效出清，产品供给收缩导致价格上升，带动了工业企业经营效益的回暖。从 PPI 价格指数看，2012—2017 年，云南省工业生产者价格在持续了 55 个月的下跌之后，逐渐好转，2017 年全年保持稳定增长的良好态势。工业经济回暖背后，制约云南省工业经济长期可持续发展的因素依然存在。一是工业投资持续低迷，科技创新投入不足仍然是制约制造业企业转型升级发展的主要问题。二是工业产业结构不合理的情况依然突出。云南省工业产业结构单一，集中度高，工业生产依然过度依赖烟草和电力行业，工业经济稳增长压力较大。三是新兴产业规模小，新建纳规企业对工业经济增长的贡献度降低，难以为工业转型升级提供充足的产业支撑和调控空间，制约了工业整体发展层次的进一步提升。

2. 固定资产投资增速逐步放缓，2018 年保持投资稳增长面临的不确定性增加

2017 年，云南省固定资产投资增速保持了中高速的增长，同比增长 18.0%，但制约云南省固定投资稳定增长的因素依然较多，投资增长面临更多的不确定性。一是投资资金到位率低影响项目建设进度。固定资产投资项目（不含房地产）资金到位率为 73.0%，同比下降 7.6 个百分点。二是基建投资的资金来源不确定性增加。财政部对地方政府融资平台公司、PPP、政府购买服务等融资渠道的规范，使得基建项目融资渠道进一步收窄，融资规模进一步收紧。三是投资项目支撑力度不足。云南省投资储备项目中 500 万元以上新开工项目 2018 年计划投资仅为 6 185 亿元，大项目少，工业项目投资少，新的投资增长点较少，增长动力不足的问题突出。

3. 房地产市场仍然存在区域性和结构性失衡问题

2017 年，云南省商品房销售向好，商品房销售面积 4 327.18 万平方米，同比增长 18.9%，增速同比回升 3.2 个百分点。销售情况好转带动房地产开发投资增速回升。房地产开发投资完成 2 786.25亿元，同比增长 3.6%。从房地产开发投资对固定资产投资的贡献度看，房地产开发投资对云南省投资的支撑力度有所下降。云南省房地产市场仍然存在区域性和结构性失衡问题，一是云南省除昆明市外其余 15 个州（市）房地产开发投资比重明显偏低，二是销售结构不合理现象突出。办公楼销售低于云南省商品房销售面积增速 17.4 个百分点，待售面积同比增长 25.8%，库存量仍然较高。

二、银行业

（一）银行业运行

1. 资产负债规模增长出现分化，股份制机构指标全面下滑

2017 年，云南省银行业金融机构总资产 39 846. 54 亿元，同比增长 8. 16%，同比回落 2. 36 个百分点；云南省银行业金融机构总负债为 38 508. 73 亿元，同比增长 8. 15%，同比回落 2. 37 个百分点。其中，大型国有商业银行资产同比增长 7. 32%，较上年末增加 0. 13 个百分点；股份制商业银行资产同比下降 18. 04%，较上年末大幅下降 18. 97 个百分点；地方法人金融机构资产总额 15 079. 53 亿元，同比增长 14. 94%。中小地方法人金融机构数量和市场份额继续上升，竞争程度进一步提高，地方法人金融机构资产同比增速高于银行业资产增速 6. 78 个百分点，地方法人银行业金融机构资产占比 37. 84%，较年初提高 2. 23 个百分点。相较地方法人银行业金融机构资产规模不断增长，占比持续上升，股份制银行资产负债指标却表现为全面下滑。

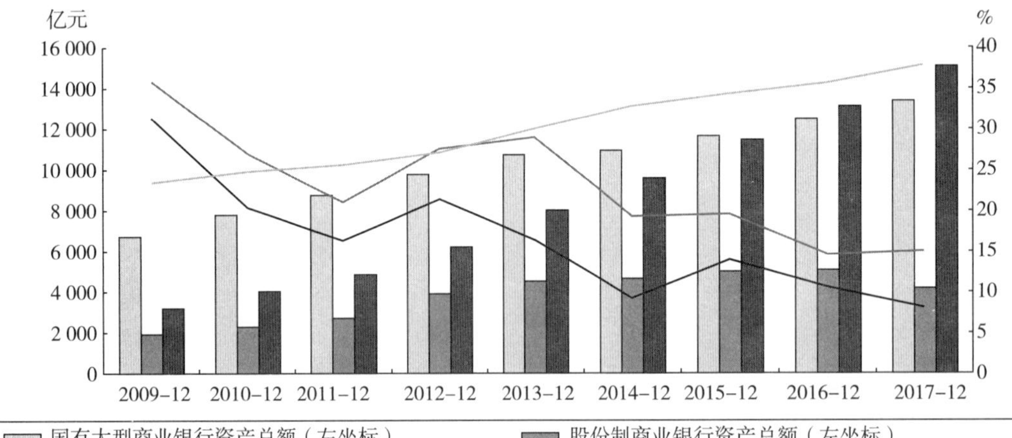

数据来源：中国银行业监督管理委员会云南监管局。

图 5　2009 年至 2017 年云南省银行业金融机构资产变化情况

2. 存款增速继续回落，法人机构对存款拉动效应突出

2017 年，云南省金融机构本外币各项存款余额 30 160. 74 亿元，较年初增加 2 239. 21 亿元，同比增长 8. 02%，较上年末回落 2. 76 个百分点，增速创两年来新低，较年初同比减少 477. 76 亿元。从机构类型看，股份制商业银行存款大幅下降，同比减少 11. 01 个百分点，10 家股份制商业银行有 7 家机构存款同比下降；地方法人金融机构存款增速回升明显，同比增长 12. 24 个百分点，拉动了金融机构存款总量的增长。其中城市商业银行存款同比增长 28. 04 个百分点，各类农村金融机构存款同比增长 8. 25 个百分点，成为云南省金融机构存款增长的有力支撑。

3. 中长期贷款成为主要支撑，助推经济转型升级

2017 年，在存款增长对贷款支撑力度减弱的背景下，云南省金融机构本外币各项贷款余额

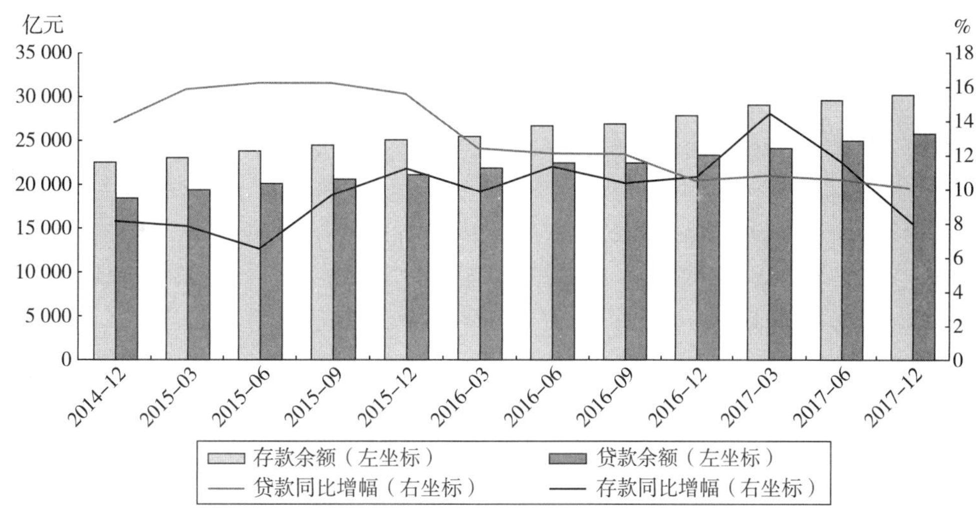

数据来源：中国人民银行昆明中心支行。

图6　2014—2017年云南省金融机构存贷款变化情况

25 857.58亿元，同比增长10.07个百分点，比年初新增2 366.20亿元；从贷款期限结构看，由于产业政策融合促进新旧动能转换，中长期贷款增长较快，本外币中长期贷款余额17 597.08亿元，同比增长13.90个百分点，比年初增加2 147.14亿元，比云南省各项贷款平均增速高3.83个百分点。从贷款投向来看，服务业中长期贷款快速增长。云南省本外币服务业中长期贷款余额7 089.90亿元，同比增长17.29%，全年累计新增1 038.41亿元；新增量占同期全部产业中长期贷款新增量的76.83%，同比上升7.42个百分点。其中，生态保护和环境治理业（42.65%）、电信、广播电视和卫星传输服务（36.52%）、汽车制造业（31.76%）等多个新兴子行业贷款增速高于各项贷款增速，助推云南省经济转型升级。

4. 大力支持实体经济发展，加大对薄弱领域信贷支持

2017年，云南省银行业继续加大对实体经济的金融支持力度，聚焦经济社会薄弱环节，助推云南省脱贫攻坚。一是小微企业贷款增量占比上升。云南省小微型企业贷款余额4 895.07亿元，同比增长22.46%，同比上升7.78个百分点；全年小微型企业贷款累计新增897.86亿元，同比多增372.66亿元；小微型企业贷款新增量占全部企业贷款新增量的45.75%，同比上升15.08个百分点。二是涉农贷款稳定增长。云南省涉农贷款余额8 996.48亿元，同比增长12.37%，同比上升0.14个百分点；全年涉农贷款累计新增1 129.81亿元，同比多增294.31亿元。三是精准扶贫贷款投放力度空前。截至12月末，云南省金融精准扶贫贷款余额2 518.44亿元，同比增长51.17%，高于云南省各项贷款平均增速41.1个百分点，全国排名靠前；当年累计发放1 369.50亿元，同比大幅增长91.26%，有力地支持了云南省脱贫攻坚工作稳步推进。

5. 机构改革持续推进，着力提高发展质量

2017年，云南省银行业进一步深化改革创新力度，国家开发银行、进出口银行、农业发展银行云南省分支机构根据改革方案及强化自身职能定位，合理界定业务范围，加大对重点领域和薄弱环节的支持力度；大型国有商业银行进一步优化网点布局，提高县级网点覆盖率；云南省农业银行“三农金融事业部”试点改革全面推进，金融支持“三农”和县域经济发展力度不断加强，“三农金融事业部”贷款余额1 422.85亿元，同比增长5.87%。地方法人金融机构改革稳步推进，在2016年

完成首批20家农村信用社县级联社改制为农村商业银行的基础上，2017年又完成了6家农信社的改制工作；村镇银行组建成效显著，年内新成立开业9家村镇银行。

（二）需要关注的方面

1. 资产质量持续下滑，拨备计提压力续增

2017年，受经济结构转型、外部需求萎缩、机构风险集中暴露等多方面因素影响，云南省银行业不良贷款持续“双升”，信用风险持续上升。截至年末，云南省银行业不良贷款余额860.86亿元，不良贷款率3.32%，分别较年初增加172.97亿元和0.4个百分点。从机构分布看，农村金融机构资产质量大幅下降，农村金融机构（7.31%）、村镇银行（5.90%）不良贷款率持续攀升，尤为突出；从行业分布看，不良贷款主要集中于批发零售业（13.89%）、制造业（5.96%）、采矿业（11.16%）和农林牧渔业（6.17%）等行业，上述行业不良贷款余额占全部不良贷款余额的68.27%。资产质量持续下降给银行带来的经营压力不断增加，对银行的拨备覆盖造成较大的侵蚀，整体拨备覆盖率已经低于监管红线，削弱银行对风险的抵御和处置能力，银行在防风险和稳增长之间把握平稳的难度不断加大。云南省银行业计提各项资产减值损失准备1 101.65亿元，较年初增加134.63亿元；拨备覆盖率117.50%，在同比大幅下降21.93个百分点的基础上继续同比下降16.79个百分点；贷款拨备率3.90%，较年初微降0.02个百分点。

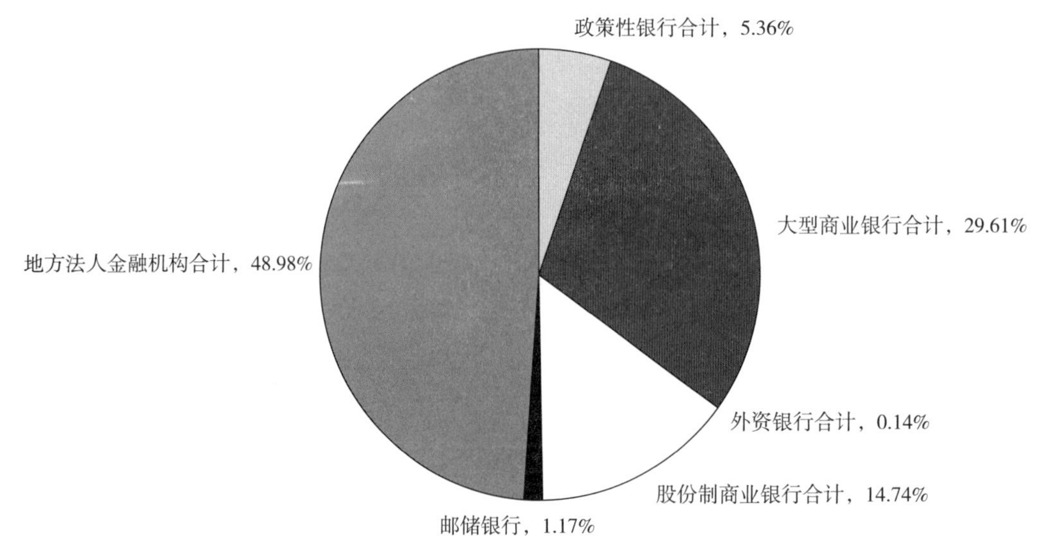

数据来源：中国银行业监督管理委员会云南监管局。

图7 2017年云南省银行业不良贷款构成

2. 利息中间收入双降，经营效益压力增大

受经济下行压力和利率市场化不断深入因素影响，云南省银行业面临利差收窄、风险资本占用上升、不良资产侵蚀利润等困难，盈利水平持续下降，转型发展压力凸显。2017年，云南省银行业实现利息收入1 985.18亿元，较上年末减少184.72亿元，同比下降8.51%；净息差2.75%，较上年末微降0.15个百分点；实现中间业务收入114.74亿元，较上年末减少13.25亿元；实现净利润255.83亿元，同比上升5.48%；资产利润率（税前经营）1.88%，较上年末微降0.15个百分点；成本收入比32.73%，较上年末上升2.3个百分点。

3. 地方法人金融机构资本充足率略有下降，负债依存度大幅上升

2017 年，云南省地方法人金融机构积极贯彻落实新资本管理政策，通过多种方式补充资本，整体资本充足水平在资产质量持续下降情况下仍然保持相对高位运行。云南省地方法人金融机构资本充足率和核心一级资本充足率分别为 13.19% 和 11.77%，分别较年初下降 0.35 个和 0.83 个百分点，仍然高于监管标准 3.49 个和 5.07 个百分点；核心一级资本净额占资本净额的 93.03%，总体资本质量仍然处于较高水平，但农村信用社由于潜在不良贷款大量暴露，资本充足下降水平较为明显，有 9 家农村信用社资本充足率为负数，需要密切关注。银行业存贷比 88.42%，较年初上升 16.12 个百分点，地方法人金融机构流动性比例为 54.99%，较年初上升 6.72 个百分点；核心负债依存度为 65.05%，较年初大幅上升 24.89 个百分点，尤其是农村合作金融机构风险集中暴露，核心负债依存度上升突出，大幅上升近 60 个百分点。

4. 企业债务风险延续，对金融体系传导风险不断凸显

随着经济下行压力的持续，企业盈利下降、亏损面不断加大，财务恶化，资金链紧张，向金融体系传导风险的可能性不断延续。一是小微企业不良贷款增长态势仍然严峻，截至年末，小微企业和个人经营性贷款不良贷款余额 314 亿元，较年初增长 124 亿元，在不良贷款余额中占比 36.51%，依然高居不下。二是风险开始逐步蔓延至中型企业，省内中型企业不良贷款余额为 228.27 亿元，较年初增加 24.65 亿元。三是企业高杠杆经营导致财务负担承重，部分企业进行债务扩张时过度负债、过度授信、短贷长用现象较为突出，财务负担增速高于效益增速，导致资产回报率下降，失去扩大债务融资的能力，依靠“借新还旧”甚至“借新还息”勉强维持，容易引发企业债务风险并可能沿债务链、产业链蔓延，由此传导到金融体系的风险将会持续显现。

三、证券期货业

（一）证券期货业运行

2017 年云南省证券期货业紧密围绕服务实体经济，深化资本市场改革发展，全力推进多层次资本市场建设，对实体经济发展、供给侧结构性改革的支持力度不断加大，总体运行平稳。

1. 证券期货业运行平稳，机构服务实体经济能力不断提升

2017 年，云南省各类证券期货机构数量稳步增加，布局向昆明集聚。新增 7 家证券分公司、8 家证券营业部、3 家期货营业部，证券期货经营机构达到 224 家，居西部第 5 位、全国第 21 位。证券市场累计总成交金额 24 669.11 亿元，同比增长 17.61%；新增证券资金账户 22.92 万户，累计证券资金账户达 211.64 万户。证券期货业服务实体经济能力进一步提升。太平洋和红塔两家法人证券公司合计净资本 229.19 亿元，同比增长 9.02%，红塔证券 IPO 在审；云南省证券机构通过中介服务和融资业务为企业融出资金 365.81 亿元；10 家证券期货公司结对帮扶贫困县，投入帮扶款 2 800 万元；“保险 + 期货”精准扶贫试点工作落地，惠及 14 个国家级贫困县；与郑州商品交易所签署《战略合作备忘录》，共同研发咖啡期货。

2. 直接融资供给持续增强，股票融资持续增长

2017 年，云南省企业新增交易所市场直接融资 591.41 亿元，居西部第 5 位、全国第 18 位，同比减少 14.87%。与上海证券交易所、深圳证券交易所签署《公司债券业务合作备忘录》，首次通过

交易所市场成功发行地方政府债400亿元，拓宽了政府债券发行渠道；云南水务成功发行1只可续期绿色公司债券和1只绿色企业债券，绿色债券发行取得突破。股票融资方面，共有26家次企业实现股票融资182.04亿元，居西部第5位、全国第19位。

3. 上市公司业绩加速改善①，供给侧结构性改革持续推进

云南省34家A股上市公司2017年前三季度实现营业收入2 260.03亿元，同比增长27.68%，上市公司归属母公司净利润77.35亿元，同比增长223.23%，27家上市公司实现盈利，为近五年来同期最好业绩水平。分行业看，今年以来受大宗商品价格上涨、需求回暖等因素影响，周期性行业上市公司业绩大幅回升，其中7家有色金属冶炼及压延加工业上市公司前三季度实现归属母公司股东净利润21.87亿元，同比大幅增长477.04%，占上市公司当期净利润的28.27%；重化工业上市公司大幅减亏甚至扭亏，未对上市公司当期净利润构成较大负拉动；其他行业上市公司，除*ST昆机等个别公司外，经营总体保持平稳。上市公司通过增发融资、重大资产重组、并购重组等改善资产质量、提升盈利能力，促进公司转型升级。

（二）需要关注的方面

1. 上市公司整体再融资能力不强，未充分利用资本市场优化资源配置

云南省上市公司两极分化严重，整体再融资能力不强，部分公司缺乏持续融资并快速发展能力，未充分利用资本市场优化资源配置。有7家上市公司自上市以来从未进行过再融资。筹划并购重组的上市公司较多，但成功完成的较少，上市公司通过并购重组转型升级做优做强的典型案例较少。上市公司主要集中在有色金属、化工、房地产等传统产业，其中21家公司属于制造业，占比61.76%；具有成长性、创新型的高新技术企业较少，创业板企业只有2家；与建设面向南亚东南亚辐射中心密切相关的交通、物流、文化等产业上市公司尚属空白；旅游文化、绿色资源等优势资源资本化程度仍然较低，资本市场助推产业结构调整和新兴产业发展的作用发挥不够。

2. 退市、债券违约、私募基金运作不规范等风险凸显

在当前实体经济困难时期，由经营风险转化为违法违规风险的风险显现。云南省个别上市公司涉嫌证券违法违规行为被证监会立案调查，由于经营的持续亏损，面临退市风险。云南省上市公司业绩回升的基础仍不牢固，仍需关注盈利水平下滑、经营压力不减、杠杆水平较高等问题。个别挂牌公司也因持续经营或盈利能力不足，主动摘牌或被强制摘牌。在下行压力不减、流动性趋紧的环境下，部分企业高杠杆经营，负债多、业绩差，资金链断裂和债务违约风险凸显，个别债券发行人出现债券兑付风险。部分私募基金日常管理和运作不规范，存在变相公开募集、违规代持、“名股实债”等违法违规行为，甚至涉嫌非法集资，隐含较大的风险隐患，个别私募股权基金出现兑付风险。

四、保险业

（一）保险业运行

2017年，云南保险业全面提高风险防控要求，行业结构升级成效显著，市场结构稳步改善，保

① 根据规定，上市公司2017年年报于2018年4月30日前披露完毕，此处取前三个季度数据。

险保障水平稳步提升，对云南省社会经济发展的支持作用显著增强。

1. 资产规模不断扩大，保费增速回调

2017 年，云南省共有 1 家法人保险公司、40 家保险公司省级分公司（年内新开业 1 家省级分公司）；保险公司职工 2.73 万人，营销员 16.2 万人，较年初增加 3.8 万人。保险公司资产总额 902.47 亿元，同比增长 11.6%，其中，财产险公司总资产 214.3 亿元，同比增长 15.6%；人身险公司总资产 688.17 亿元，同比增长 10.41%。累计实现保费收入 613.28 亿元，同比增长 15.85%，较上年同期回落 5.96 个百分点，保费规模居全国第 22 位。其中财产险公司实现保费收入 255.14 亿元，同比增长 13.69%，作为财产险公司主要收入来源的机动车辆保险实现保费收入 210.96 亿元，同比增长 13.14%；人身险公司实现保费收入 358.14 亿元，同比增长 17.45%，其中，人寿保险实现保费收入 260.55 亿元，同比增长 19.18%；健康保险实现保费收入 77.01 亿元，同比增长 13.59%；意外伤害保险实现保费收入 20.58 亿元，同比增长 11.15%。

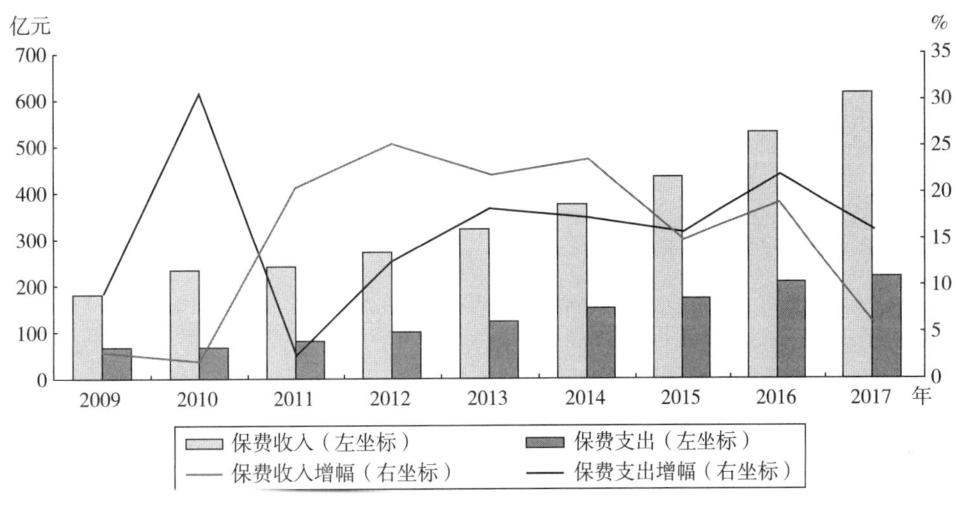

数据来源：中国保险监督管理委员会云南监管局。

图 8 2009—2017 年云南省保费收支增长情况

2. 保费结构稳步改善，经济补偿功能有效发挥

一是市场结构稳步改善。财产险公司综合成本率同比下降 4.68 个百分点，市场秩序明显好转。人身险公司在政策预期内加快调整节奏，新单期交业务保费同比增长 39.09%，新单趸交业务保费同比负增长 13.06%。二是保险业赔付支出平稳增长，经济补偿功能有效发挥。保险公司累计赔付支出 218.05 亿元，同比增长 5%，增速较上年末回落 13.18 个百分点。财产险公司累计赔付支出 115.06 亿元，同比增长 3.88%，其中，机动车辆保险赔付支出 94.14 亿元，同比增长 4.67%。寿险公司赔付支出 102.99 亿元，同比增长 8.03%，其中：人寿保险赔付支出 59.27 亿元，同比增长 5.57%；健康保险赔付支出 37.77 亿元，同比增长 10.79%；意外伤害保险赔付支出 5.95 亿元，同比增长 16.67%。

3. 保险支持扶贫取得积极成效

一是对接农业保险服务需求，保障贫困地区农业生产。2017 年种养两业保险平均保额上调了 15.62%，水稻、玉米等粮食作物的保额同比提高 72.12%、76.36%。全年新增农险险种 10 个，目前已开办品种达 40 个。引导行业开展价格保险、收入保险、“保险 + 期货”等新型险种试点。天然

橡胶“保险+期货+扶贫”项目已向勐腊、耿马等贫困县胶农支付赔款503.8万元，惠及462户建档立卡贫困户和1 538名少数民族农户。二是发挥健康保险功能，防止“因病致贫、因病返贫”。《云南省医疗保险扶贫工作方案》专门体现了大病扶贫的内容，推行贫困人口补充医疗商业保险，成为重要扶贫政策措施。三是注重结合贫困户切身需求，创新推动“保险保障套餐”。人口较少民族综合保险项目已覆盖10个州市，开办以来已为民族地区支付赔款2 060.42万元。

（二）需要关注的方面

总体来看，随着居民收入水平和保险保障意识的不断提高，保险业仍然处在难得的发展机遇期。但在当前经济由高速增长阶段转向高质量发展阶段，云南省保险业仍存在以下问题需要关注，一是服务实体经济和社会发展的能力仍需提升，云南省地处沿边经济欠发达地区，保险业整体规模小，覆盖面低，功能作用尚未得到充分发挥，服务实体经济和社会发展的能力有待提升。二是关注交叉传递风险，保险产品的不断丰富，保险资金运用领域的不断拓宽，使得保险与实体经济、与其他金融业的接触面和渗透度大幅提高，保险业风险的产生，不仅给保险公司、消费者带来危害，也会加大整个经济运行的风险；同时，来自宏观经济运行和其他金融市场的风险因素，也可能通过多种形式和多种渠道对保险业造成影响，给保险业带来新的风险挑战。

五、金融基础设施

（一）金融基础设施运行

1. 支付清算体系建设不断完善，社会信用体系建设持续推进

2017年，云南省各类支付系统安全稳定运行，大、小额支付系统处理业务笔数分别同比增长9.1%和5.71%，处理业务金额分别同比增长3.2%和5.36%；建设普惠金融服务站助推农村精准扶贫，打造金融服务农村的普惠便民、绿色生态、精准扶贫的前沿基站，2017年完成了2 342个普惠金融服务站审批入网工作；创新境外边民账户管理，结合云南边贸经济及社会发展的现状，开拓实施了境外边民账户系统建设的三项创新：边民数字身份属性类别的分类管理创新，个人账户按经营属性的分类管理和账户异常开户及交易监测管理的创新，身份识别的核验技术标准的创新。征信系统覆盖面进一步扩大，已为云南省2 094.87万自然人、16.87万户企业及其他组织建立了信用档案。全年为金融机构提供信用报告查询831.2万次，实现不良贷款清收2.8万笔、金额29.53亿元，拒绝企业授信、个人贷款和信用卡申请4.75万笔、金额853.07亿元。

2. 反洗钱成效显著，全面推进反假货币工作

2017年云南省人民银行共协助侦查机关调查洗钱相关案件155件，涉及交易金额6 000亿余元。协助破获案件25起，涉及金额11.59亿元，成功堵截假名、冒名办理开户等金融业务861起，异常开户2 159起，协助公安机关抓获嫌疑人8人；参与“打击利用离岸公司和地下钱庄向境外转移赃款专项行动”中，协助有关部门追回“红通”人员3人（2017年追回2人）、中央追逃办名单人员23人，追赃2.18亿元。2017年完成了8个沿边州市跨境反假货币工作分中心、5个县区工作站的挂牌，加强与老挝、缅甸、泰国等周边国家的反假货币合作，加大对境外假人民币监测力度，在普洱东盟学院建立了全国第一个具有国际性意义的高校反假货币工作教育基地。

（二）需要关注的方面

随着近年来信用环境建设力度的不断加大，公众信用水平持续提升，社会各界对诚信问题的关注度达到前所未有的高度，政府部门的公共政策、服务体系以及各类市场交易等日益需要信用信息服务的支持。一方面，征信市场发展还处于起步阶段，征信服务与产品难以满足社会经济发展对征信产品和服务的需求；另一方面，信用信息共享、联合奖惩及对信息主体权益保护机制尚不健全，一旦发生信息泄露倒卖，对信息主体乃至社会稳定都可能带来严重影响。

六、稳定评估

（一）定量评估

运用区域金融稳定定量评估模型对2017年云南省金融稳定状况进行定量评估，基于评价指标的可比性和可获得性，从宏观经济运行、银行业、证券业、保险业和金融生态环境五个方面选取了27个指标进行量化评价。从定量评估的结果来看，受银行资产质量下降、保费收入增长趋缓的影响，云南省金融稳定状况综合得分78.44分，较上年下降1.98分，属于“B类地区较好地区+”。从具体指标变动来看，固定资产投资增长率等10项指标较上年改善，社会零售品消费总额等7项指标与上年持平，银行不良贷款率等10项指标较上年下降。从分项指标看，宏观经济运行方面，第三产业增加值增长乏力、城镇居民可支配收入增长放缓、城市房屋销售价格指数居高不下，宏观经济得分较上年略降0.38分；银行业方面，资产质量、流动性持续下滑，资本充足率、利润率指标保持稳定，得分较上年下降5.97分；证券业方面，股市波动逐渐常态化，市场预期逐渐成形，得分与上年基本持平；保险业方面，保费收入增长放缓，赔付支出持续上升，得分较上年下降4.05分；金融生态环境方面，银行服务密度和征信数据库覆盖率继续改善，但金融债权案件执行面临较多困难，执行率有所下降，得分较上年下降0.21分。

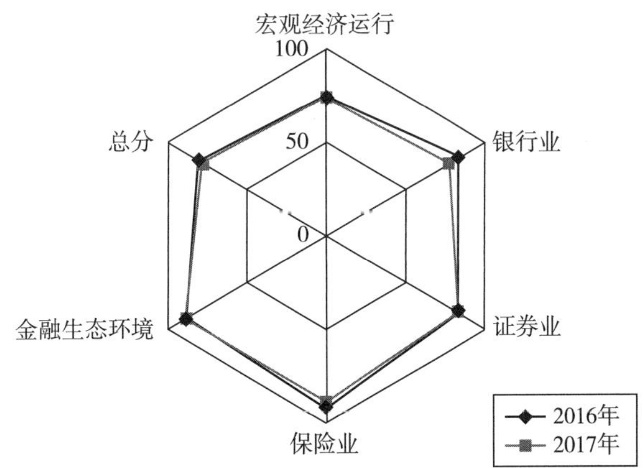

图9 2016年和2017年云南省金融稳定定量评估情况

（二）总体评估

2017年，云南省经济运行总体平稳向好，主要经济指标增速排位靠前，工业经济平稳较快运行，固定资产投资和消费市场快速增长，对外贸易持续回升。云南省经济运行呈现总体平稳、转型加快、质量提升的良好发展态势。2017年云南省经济保持稳定增长的同时，产业结构不断优化，非公经济对经济增长的贡献度有所上升，三次产业结构继续优化。但长期以来，云南省经济表现为投资拉动型和工业带动型增长，而工业主要依靠烟草、电力、有色等传统行业，资源型和周期型特征明显，极易受经济周期波动以及宏观调控政策的影响。工业增长乏力，以基础设施建设投资为主的固定资产投资成为经济“稳增长”的重要抓手，而非金融企业杠杆率仍然处于高位，去杠杆仍任重道远。同时，银行业由于前期经营风险的延续以及监管机构的对风险全面暴露的监管要求，资产质量继续下滑，但伴随经济筑底企稳，预计未来各项经营指标将逐步改善。云南省证券期货市场总体运行平稳，但受云南省产业结构持续调整，证券行业延续全面、从严监管等多方面因素影响，仍然面临一定的困难和挑战。云南省保险业保费收入增长放缓，赔付支出持续上升。大型企业债务违约风险、类金融机构风险处置带来的舆情风险，还会持续加大风险防范压力。总体来看，云南省经济金融呈现经济发展平稳向好、金融业规模日益扩大、支持实体经济发展能力不断提高的良好局面，区域金融在改革发展创新中继续保持稳健运行。

总　　纂：杨小平　王建东
统　　稿：段　云　杨百昕
执　　笔：许黎华
其他参与写作人员（以姓氏笔画为序）：
毛　颖　李　捷　张　琦　张建伟　芦江波
陈　娟　和治臣　杨信信　洪丕莉　康晓虹
谢　琼　雷一忠　穆海韬

西藏自治区金融稳定报告摘要

2016年，西藏自治区面对全国经济下行压力，坚持和深化“663”发展思路，稳增长、调结构、强支撑、促改革、惠民生、防风险，保稳定，务实创新、真抓实干，保持了辖区经济社会持续快速健康发展，实现了“十三五”良好开局。在良好的经济环境下，全区金融运行平稳，社会融资规模平稳增长，金融业资产规模持续扩大，金融业成为西藏经济社会发展的重要引擎，对全区经济平稳较快发展起到了重要支撑作用。

一、区域经济运行与金融稳定

（一）区域经济运行情况

1. 经济持续快速增长，产业结构持续优化

在国内宏观经济下行压力不减、政策扩张力度持续加大的情况下，2016年，西藏地区生产总值1 150.07亿元，同比增长10%，较同期全国经济增速高出3.3个百分点，连续24年实现两位数增长。其中，第一产业实现增加值104.98亿元，同比增长4.0%；第二产业实现增加值429.92亿元，同比增长12.1%；第三产业实现增加值615.17亿元，同比增长9.6%。分别占GDP的比重为9.13%、37.38%、53.49%，产业结构持续优化。

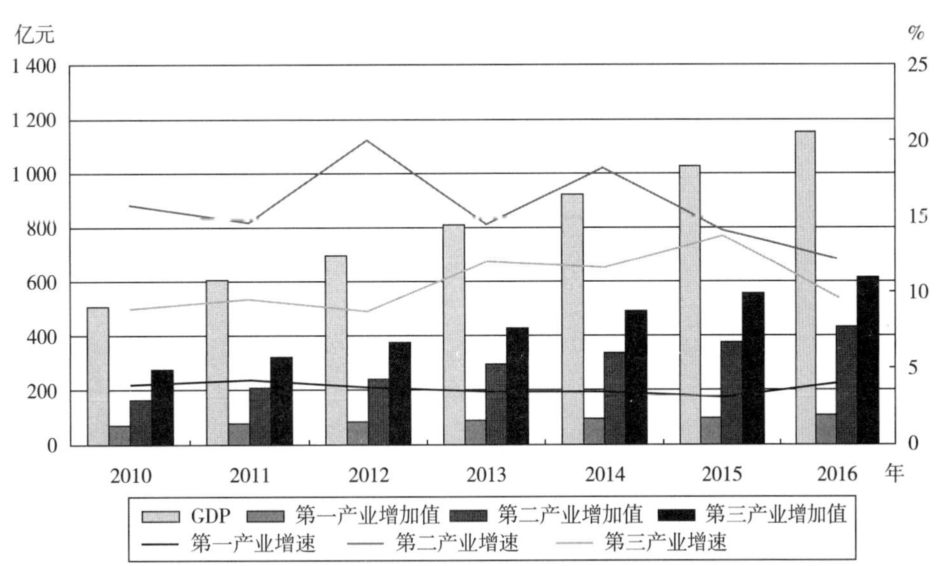

图1 2010—2016年GDP及三产增加值

2. 投资、消费保持增长，进出口贸易有所下滑

（1）固定资产投资增速提升。2016 年，西藏全社会固定资产投资 1 655. 50 亿元，同比增长 23. 3%，增速较同期全国平均水平高出 15. 2 个百分点，较上年同期提高 3. 4 个百分点。

（2）居民消费全面提升。2016 年，西藏社会消费品零售总额平稳增长，实现 459. 41 亿元，同比增长 12. 5%，增速较同期全国平均水平高出 2. 1 个百分点，较上年同期提高约 0. 5 个百分点。

（3）进出口贸易继续下滑。2016 年，西藏进出口贸易总额完成 7. 79 亿美元，同比下降 14. 40%。其中，出口额 4. 71 亿美元，同比下降 20. 17%；进口额 3. 08 亿美元，同比下降 3. 75%。全区对外贸易进出口总体表现为顺差格局，顺差额为 1. 63 亿美元，同比下降 39. 63%。

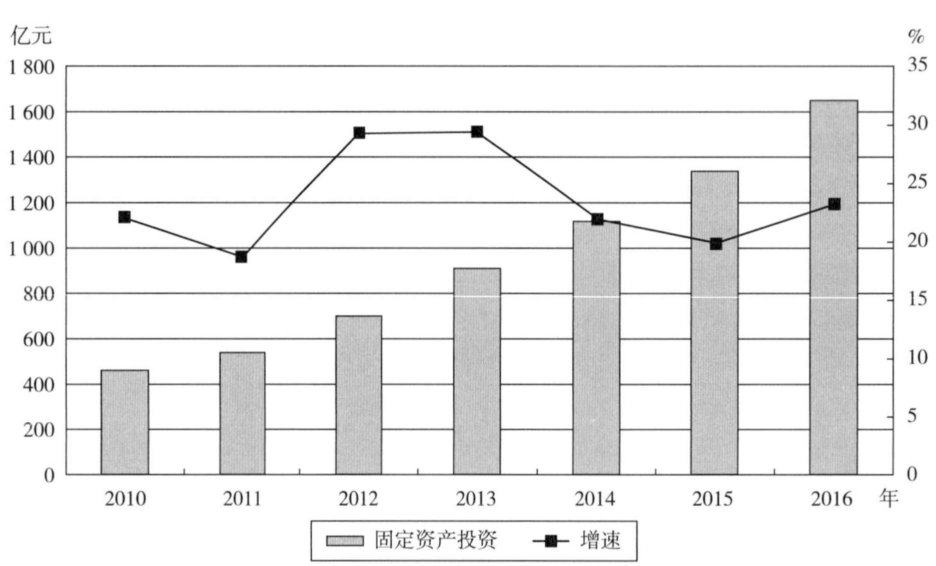

图 2 2010—2016 年固定资产投资及增速变化情况

3. 三产生产水平稳步提升

2016 年，西藏完成粮食播种面积 257. 90 千公顷，同比增加 2. 0%。实现农林牧渔总产值 160. 87 亿元，同比增长 4. 5%，农牧业生产形势良好；2016 年，规模以上工业实现增加值 75. 26 亿元，同比增长 12. 7%，工业生产平稳增长，西藏工业生产继续保持较快增长态势；2016 年，接待国内外游客 2 315. 94万人次，同比增长 14. 8%，增速较上年同期下降 15. 1 个百分点；旅游总收入 330. 75 亿元，同比增长 17. 3%，服务业持续稳步发展。

4. 物价水平基本稳定

2016 年，全区居民消费价格累计同比上涨 2. 5%，涨幅同比下降 0. 5 个百分点，较全国平均水平高出 0. 5 个百分点。

5. 财政收入快速增长，财政支出略有下降

2016 年全区实现一般公共财政预算收入 155. 61 亿元，同比增长 13. 5%。地方财政收入 206. 37 亿元，较上年增长 17. 4%。财政支出 1 640. 98 亿元，较上年增长 15%，增速与上年基本持平。财政支出向民生和交通基础设施建设等方面倾斜，投向社会保障及就业支出、城乡社区事务支出和交通运输的财政支出增长较多。

6. 金融撬动不断强化，社会融资规模快速增长

2016 年，西藏金融业增加值 96. 24 亿元，同比增长 37. 90%，占全区生产总值的比例为 8. 4%，

较上年提高 1.6 个百分点。金融业对西藏经济增长贡献率达 23.1%，较上年提高 9.4 个百分点；金融业拉动西藏经济增长 2.3 个百分点，较上年提高 0.8 个百分点，金融业对经济增长贡献率首次超过工业贡献率，成为拉动西藏经济增长的新引擎。同时，西藏社会融资规模累计新增 935.22 亿元，创历史同期最高水平，增长 17.8%。2016 年末，西藏社会融资规模存量 4 389.98 亿元，增长 35.01%。

（二）区域经济运行中值得关注的问题

从整体上看，西藏经济发展的初级性、依赖性、粗放性特征仍然明显，需求结构、供给结构、收入结构不合理问题依然突出，投资需求大、供给能力弱、创收渠道窄，尚未形成较强的自我财富创造能力。一是西藏经济长期依靠投资拉动的格局尚未改变，内生增长动力不足，经济增长方式仍处于粗放型增长阶段。同时，经济增长对投资和资源的依赖程度高。二是财政自给能力不足，经济发展过度依靠中央财政转移支付潜存风险。西藏财政自给能力不足，财政收支不平衡，财政支出远大于财政收入，经济发展过度依赖中央财政转移支付的现象较为突出。三是产业支撑能力较弱，“一产弱、二产散、三产层次低”，产业结构不合理、关联性差、组织化程度低、规模小，竞争能力弱。四是根据 2016 年人民银行拉萨中心支行对 20 家当地非金融企业进行的调查情况来看，西藏辖区非金融企业资产回报率低，杠杆率较高。

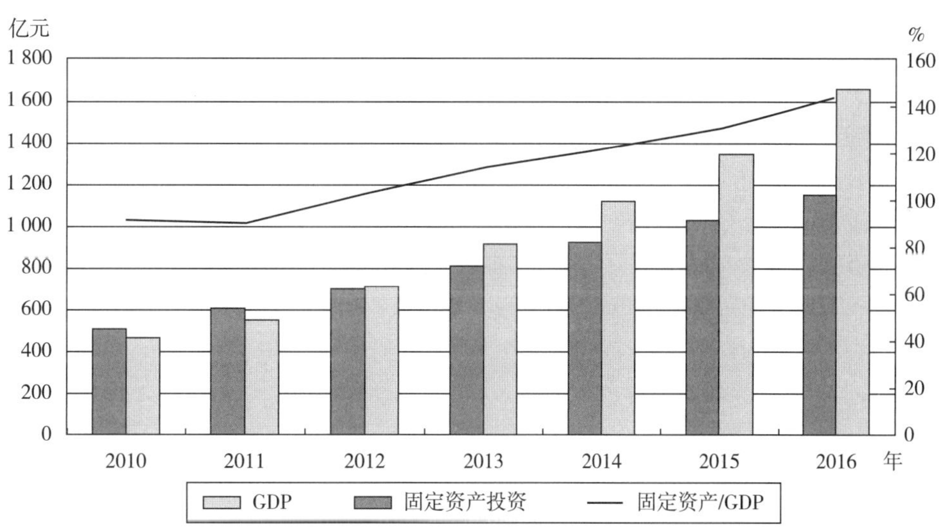

图 3　2010—2016 年 GDP 及固定资产投资变化情况

二、金融业与金融稳定

（一）银行业与金融稳定

2016 年，西藏银行业金融机构继续认真贯彻落实西藏特殊优惠金融政策，主动推进改革创新，改善金融服务，严格风险管理，银行业整体平稳健康运行。

1. 银行业发展概况

（1）银行业机构不断增加，组织体系不断完善

2016年，浦发银行拉萨分行正式开业、民生银行设立首家社区支行、中信银行信用卡中心正式对外营业、西藏银行那曲地区分行开业运营，光大银行正进行在藏设立分支机构的前期准备工作，辖区银行业金融机构数量不断增加，组织体系日趋完善，市场集中度有所下降，竞争程度进一步提高。截至2016年12月末，西藏银行业金融机构各级机构数达679家，银行业组织体系不断完善。

（2）资产负债规模稳步扩大，盈利能力显著提高

截至2016年12月末，西藏银行业金融机构总资产5 233.26亿元，比年初增加1 182.75亿元，增长29.20%；总负债为5 056.53亿元，比年初增加1 136.74亿元，增长29%；2016年，实现净利润89.15亿元，比上年同期增加9.89亿元，增长12.48%。

（3）各项存款平稳增长，各项贷款快速增长

截至2016年12月末，西藏金融机构本外币各项存款余额为4 379.66亿元，比年初增加708.43亿元，增长19.30%。截至2016年12月末，西藏金融机构本外币各项贷款余额3 048.64亿元，比年初增加924.15亿元，增长43.50%。

（4）落实特殊优惠金融政策，加大对薄弱环节的信贷投入

2016年1－12月，累计发放扶贫贴息贷款226.61亿元、易地扶贫搬迁贷款151.18亿、抵押补充贷款（PSL）250.85亿元。截至2016年12月末，全区扶贫贴息贷款余额423.09亿元，比上年末增加130.01亿元，增长44.36%，增速同比上升11.13个百分点；小微企业贷款余额765.10亿元，比上年末增加441.86亿元，增长136.70%，增速同比上升105.82个百分点。

（5）推动“两权”抵押贷款和林权抵押贷款工作，提升金融服务“三农”工作力度

2016年，全区金融机构累计发放农村承包土地经营权抵押贷款29万元、农民住房财产权抵（含宅基地使用权）押贷款273万元，截至2016年12月末，全区农村承包土地经营权抵押贷款余额113万元、农民住房财产权抵（含宅基地使用权）押贷款余额273万元。年内，发放了西藏首笔林权抵押贷款800万元。截至2016年12月末，全区涉农贷款余额859.80亿元，比上年末增加446.76亿元，增长108.16%，增速同比上升69.16个百分点，其中：农牧民小额信用贷款余额122.40亿元，比上年末增加11.69亿元，增长10.56%。

（6）不良贷款略有反弹，资产质量总体向好

2016年，银行业面临的风险因素增多，新增不良贷款呈上升态势。截至2016年12月末，西藏银行业不良贷款余额9.81亿元，是近三年最高位，比年初增加2.01亿元，增长25.71%；不良贷款率0.32%，比年初下降0.05个百分点。

（7）地方法人银行业机构发展迅速，经营状况良好

截至2016年12月末，西藏4家地方法人银行业机构资产总额684.43亿元，同比增长45.10%；负债总额575.15亿元，同比增长45.29%；资本净额113.11亿元，同比增长44.02%。本外币各项存款余额414.63亿元，同比增长30.97%；各项贷款余额410.65亿元，同比增长62.65%。截至2016年12月末，累计实现净利润14.39亿元，同比增长35.12%。在地方法人银行业机构中，西藏银行及西藏信托两家机构不良贷款有所攀升。

2. 银行业值得关注的问题

（1）银行业机构稳健性有待进一步提高

根据人民银行拉萨中心支行对西藏银行业金融机构进行的稳健性定量评估，2016 年西藏 12 家银行稳健值平均分为 62. 56 分，整体处于稳健区间。具体来看，12 家参评机构在最大十家集团客户授信集中度、行业贷款集中度、存贷款增长均衡性、贷款投放节奏、风险管理人力保障程度等方面得分较低，稳健性有待进一步提高。另外，根据 2016 年人民银行拉萨中心支行对辖区部分银行业金融机构资产质量现场评估以及同业业务督察情况来看，西藏辖区各银行业金融机构资产质量总体良好，分类基本准确，同业业务经营总体规范。但仍存在部分机构资产质量分类不到位，个别制度执行不到位，以及个别同业业务会计核算不准确和超授信开展业务等问题。

（2）存款过度依赖单位存款现象仍未改善

截至 2016 年 12 月末，非金融企业存款余额为 979. 20 亿元，比年初增加 343. 15 亿元，增长 53. 95%；广义政府存款余额为 2 609. 23 亿元，比年初增加 233. 03 亿元，增长 9. 81%；非银行业金融机构存款余额为 3. 74 亿元，比年初减少 0. 40 亿元，下降 9. 56%，三项共计 3 592. 18 亿元，占全部存款余额的 82. 02%，全年新增 575. 78 亿元，占全部新增存款的 81. 28%。银行业金融机构存款过分依赖单位存款，不利于业务的长足发展。

（3）资产负债期限结构错配问题较为突出

贷款以中长期贷款为主，而存款以活期存款为主，期限错配问题突出。截至 2016 年 12 月末，西藏金融机构中长期贷款余额 2 462. 08 亿元，占各项贷款的 80. 76%，同比上升 4. 51 个百分点。住户存款中，活期存款余额 543. 52 亿元，占住户存款余额的 69. 10%；非金融企业存款中，活期存款余额 723. 78 亿元，占非金融企业存款的 73. 91%。存款以短期为主，短存长贷的资产负债期限错配较为明显，易引发流动性风险。

（4）地方法人银行业机构授信集中度较高

截至 2016 年 12 月末，西藏银行单一行业授信集中度为 38. 02%，单一客户授信集中度为 55. 45%，最大十家集团客户授信集中度为 112. 65%；西藏信托单一客户授信集中度为 28. 48%，最大十家集团客户授信集中度为 100%；西藏金融租赁公司单一客户授信集中度为 19. 93%，均超过或处于监管临界值上，存在风险隐患。

（二）证券期货业与金融稳定

2016 年，西藏资本市场运行平稳，证券期货市场主体进一步增多，盈利能力增强，上市公司再融资、并购重组得到有力推动。

1. 证券期货业发展概况

（1）证券业改革稳步推进，市场主体日益增多

截至 2016 年 12 月末，西藏有 2 家法人证券公司，3 家证券公司分公司，14 家证券公司营业部；1 家期货公司营业部；1 家公募基金管理机构，177 家登记备案的私募基金管理机构。截至 2016 年 12 月末，西藏辖区共有 14 家 A 股上市公司，1 家 H 股上市公司，新三板挂牌公司 13 家，拟上市公司 10 家、拟挂牌企业 1 家，后备企业 22 家。

（2）证券机构稳健经营，利润不断提高

截至 2016 年 12 月末，2 家法人证券机构资产总额 309. 55 亿元，同比增长 7. 29%；负债总额

216.44 亿元，同比下降 11.81%。截至 2016 年末，客户交易结算资金余额 128.44 亿元，同比上升 0.63%。

截至 2016 年 12 月末，辖区 17 家证券分支机构合格资金账户数 1 239 550 户，代理买卖证券款 45.66 亿元，客户资产 503.60 亿元。2016 年，辖区各证券分支机构证券交易量 16 954.90 亿元，营业收入 6.16 亿元，同比增长 103.30%；实现净利润 3.98 亿元，同比增长 101.01%。

（3）基金管理业务不断发展，规模快速增长

截至 2016 年 12 月末，泓德基金管理有限公司管理公募基金产品 15 只，管理规模 179.55 亿元，管理专户产品 13 只，管理规模 133.98 亿元；已在中国证券投资基金业协会进行登记备案的各类私募基金管理机构 177 家，管理基金 674 只，管理基金规模 1 997.26 亿元，同比增长 169.18%。

（4）上市公司经营状况较好，利润进一步提高

2016 年，华钰矿业挂牌上市，首发融资 3.7 亿元，西藏高争民爆股份有限公司、西藏易明西雅医药科技股份有限公司也于 12 月挂牌上市，首发融资分别为 3.8 亿元和 2.9 亿元。2016 年第三季度末，辖区 A 股上市公司总资产合计 512.30 亿元，同比增长 5.90%，平均总资产 42.69 亿元；上市公司净资产合计 270.73 亿元，同比增长 15.23%，平均净资产 22.56 亿元；平均资产负债率为 47.15%，同比下降 8.32%；实现营业总收入 164.50 亿元，平均营业收入 13.71 亿元，同比下降 0.72%；实现净利润 21.58 亿元，平均净利润 1.80 亿元，同比增长 38.71%。[①]

2. 证券期货业发展中值得关注的问题

（1）资本市场总体规模较小

西藏资本市场在经济结构中所占的比例还比较低，拉动经济发展的作用有限。上市公司平均股本、总资产、收入、利润以及每股收益等主要指标均明显低于全国平均水平。资本市场总体规模较小，在结合西藏独特的资源优势和区位优势方面涉及的深度和广度还不够，对西藏国民经济的带动作用依然有限。

（2）直接融资能力仍显不足

二十多年来，西藏 A 股上市公司累计融资 272.53 亿元，直接融资比率仍然很低，远小于银行贷款等间接融资方式，未能很好地利用资本市场将资源优势转化为资本优势。

（3）市场要素有待进一步完善

目前西藏还没有创业板上市公司、有证券从业资格的会计师事务所、律师事务所和资产评估机构，市场主体要素不齐备也在一定程度上制约了西藏资本市场的发展。

（三）保险业与金融稳定

2016 年，西藏保险市场运行稳健，机构不断丰富，业务规模持续快速增长，经济补偿能力显著提高。

1. 保险业发展概况

（1）保险业机构不断增多，组织体系逐步完善

2016 年，西藏首家法人保险业金融机构珠峰财产保险有限责任公司正式成立并对外营业。全年新增产险公司 1 家，寿险公司 1 家。截至 2016 年末，共有各级保险机构 63 家，其中，法人保险公司

---

① 上市公司年报一般于次年 4 月公布，所以此处采用第三季度数据。

1 家，省级分公司 8 家。

（2）保费收入不断增长，赔付能力进一步提升

2016 年 12 月末，西藏保险市场实现原保险保费收入 22.25 亿元，同比增长 28.18%。其中财产险业务 13.90 亿元，同比增长 24.82%；人身险业务 8.35 亿元，同比增长 34.21%。累计赔付支出 10.08 亿元，同比增长 25.28%。其中，人身险业务赔款支出 3.11 亿元，同比增长 39.68%；财产险业务赔款支出 6.97 亿元，同比增长 19.77%。

（3）农业保险覆盖面继续扩大，保额进一步提高

2016 年，西藏农业保险覆盖面不断扩大，已有大棚蔬菜、大棚主体、马铃薯、青稞、小麦、油菜、玉米、水稻、藏系牛（牦牛、犏牛、黄牛）、藏系羊（绵羊、山羊）、农房、农机具、能繁母猪、野生动物肇事责任保险等 14 个承保品种。另外，保险金额有所增加，牦牛保额由 4 000 元提升至 4 200 元，农房保额由 12 000 元提升至 14 000 元，羊的保额由 300 元提升至 400 元。

（4）首家法人保险公司正式成立，各项业务平稳发展

2016 年 5 月，西藏首家法人保险业金融机构珠峰财产保险有限责任公司正式成立并对外营业。截至 2016 年末，珠峰财产保险总资产 98 819.84 万元，总负债 5 925.18 万元。公司原保险保费收入 2 459.98 万元，自留保费 1 638.70 万元。各项业务均平稳发展。

2. 保险业发展中值得关注的问题

（1）保险业市场发展的基础较薄弱

由于受文化、地域、经济发展水平等综合因素的影响，占西藏人口 80% 以上的广大农牧民保险意识相对淡薄，很多农牧民仍然喜欢单纯依靠政府救济和投入，缺少风险分散和风险共担的意识，缺乏对保险这种风险防范手段和方式的认识。保险业市场发展的基础较薄弱，保险市场有待进一步培育。

（2）保险公司服务能力有待进一步提升

西藏保险业市场规模还不大，保险服务能力不强，城乡发展水平差距较大，在全区 74 个县（区）中，设有保险机构的仅占 1/3，而乡镇乃至村这一层级则基本为空白区域，机构设置和人才队伍建设不足，保险服务半径小，各类查勘、理赔等数据显示，西藏的保险服务能力、服务时效还处于较为落后的状态，与辖区保险需求还有差距。

（3）西藏保险机构经营风险较大

西藏高寒缺氧、气候恶劣，生态环境脆弱，灾害种类多、范围广，干旱、地震、低温冷冻和雪灾、山体滑坡和泥石流等各类巨灾频繁发生，给西藏经济社会发展和人民生命财产带来严重影响，一定程度上增加了保险公司的经营风险。

（四）影子银行、互联网金融与金融稳定

截至 2016 年 12 月末，西藏辖内已设立小额贷款公司（以下简称小贷公司）62 家①，其中 16 家已向人民银行拉萨中心支行报备。截至 2016 年 12 月末，报备的 16 家小贷公司注册资本金共计 11.21 亿元②，贷款余额总计 8.96 亿元，贷款余额占注册资本金的 79.93%。截至 2016 年 12 月末，融资性担保公司共计 11 家。注册资本合计 144 008 万元，从业人员 137 人，累计担保金额 351 307.4

① 数据来源：西藏自治区人民政府金融办。

② 数据来源：因未能取得最新数据，此处注册资本金采用人民银行拉萨中心支行统计研究处 2016 年 3 月数据。

万元，在保余额243 523万元①。截至2016年12月末，西藏共有典当行12家。注册资本共计1.9亿元②。目前，随着西藏经济跨越式发展，西藏“影子银行”机构不断增多，规模逐渐壮大。

2016年，根据互联网金融风险排查情况，在西藏辖内注册的业务范围包含网络借贷的企业达到27家，实际营业并开展相关业务的企业数3家，开展的业务均为P2P网络借贷。三家公司2016年累计交易金额为1 636.27万元，交易笔数为166笔，借款人有110人，出借人823人。经排查，全区未发现互联网股权众筹、互联网保险、第三方支付、通过互联网开展资产管理及跨界从事金融业务的机构。

目前，西藏辖区影子银行及互联网金融存在地方性监管细则未落地，监管责任不明确，监管主体监管力量较弱，重准入轻监管问题较为突出，后续监管不到位的情况。因此，加强对影子银行机构及互联网金融机构的监管，规范业务经营活动显得刻不容缓。

三、金融基础设施与金融稳定

2016年，西藏自治区金融基础设施建设进一步优化，存款保险各项工作扎实有效推进，金融生态环境持续向好，有力推动了西藏经济金融的健康发展。

（一）存款保险各项工作扎实有效推进

为完善存款保险工作机制，先后制定《中国人民银行拉萨中心支行办公室关于存款保险评级审核工作小组的通知》《中国人民银行拉萨中心支行办公室关于成立存款保险费率审核工作小组的通知》。成立中国人民银行拉萨中心支行存款保险评级审核工作小组及存款保险费率审核工作小组。做好存款保险评级前期投保机构基础信息采集、定量数据报送、评级简易工具测试、定量得分情况核对、辖内投保机构定量得分情况核对。首次开展对辖区两家投保机构即西藏银行股份有限公司、林芝民生村镇银行的正式评级工作；存款保险评级审核工作小组的评级结果审核会议；对两家投保机构适用费率的核定。积极督促、指导辖内两家投保机构及时完成保费交纳工作，并向投保机构发放保费收缴凭证。

（二）支付清算体系建设日趋完善

2016年，全年处理新增和变更行名行号业务共计16笔，新开立结算账户企业中70%以上已变更为“三证合一”或统一社会信用代码，建成17个“金融综合服务站”。2016年全年，单位结算账户存量6.5万户，同比增长22.64%，个人结算账户存量679万户，同比增长44.78%。2016年全区助农取款交易金额90 700.40万元，较2015年增长7.03倍；助农取款业务笔数为40.07万笔，较上年增长2.25倍；查询笔数为2.29万笔，较上年增长2.14倍。2016年，西藏辖区共处理大小额支付业务478.39万笔、共32 467.73亿元，同比分别增长51.44%和31.2%，为辖区经济社会发展提供了优质的金融服务。

---

① 数据来源：西藏自治区工信厅中小企业处。

② 数据来源：西藏自治区商务厅商服处。

（三）征信系统建设稳定运行

山南地区琼结县被评为西藏首个信用县，西藏中小企业信用信息服务系统于11月上线试运行平稳。截至2016年末，企业征信系统共收录企事业单位及其他经济组织8 113户，同比增长3.63%；个人征信系统收录全区自然人约132.92万人，同比增加4.87%。2016年全区新增7台个人信用报告自助查询机，目前全区7个地市共设立了23处个人信用报告自助查询点。

（四）反洗钱反恐怖融资工作有效性提升

2016年，辖区人民银行分支机构对27家金融机构进行了现场检查，共接收重点可疑交易报告47份，对其中2笔重点可疑交易上报反洗钱监测中心，开展案件协查18起。山南市中支在拉萨中支的授权指导下，积极配合山南市公安处禁毒支队成功破获了“12·10”特大运输毒品案，有力地保障了人民群众财产安全，维护了辖区金融秩序的安全稳定。

（五）反假币工作取得成效

截至2016年12月末，西藏辖区全年收缴假人民币8 514张，共计701 621.00元，收缴总量同比上升了7.3%。制定《西藏自治区反假货币工作联席会议制度》。辖区各级反假办、银行业金融机构联合公安机关开展宣传9次，在辖区人流量集中地开展反假货币集中宣传34次。

（六）国库服务水平显著提升

截至2016年12月末，全辖各级国库共办理9.96万笔业务，将10.24亿元各项补贴资金拨付到农牧民个人账户上。目前，西藏辖区实现84个国库机构（含代理）、111个国税机构、9个财政机构横向联网系统全覆盖，参与系统清算银行及其分支机构达25个。2016年10月25日，林芝、昌都、那曲、阿里4家中心支库成功上线“财政支出电子化”项目。全年拒绝办理不合规业务303笔，合计金额68.89亿元。10月末，国库监管子系统在西藏全辖范围成功上线并稳定运行，国库资金风险控制由传统的人工审核转变为系统监控。

（七）金融消费者权益保护工作深入推进

开展与广大居民日常金融消费活动密切相关知识的宣传活动：5月15日“打击和防范经济犯罪宣传日”活动、9月“金融知识宣传月”活动。截至2016年12月末，向总行消保局上报辖区金融机构案例分析16起。2016年全年，辖区人民银行共受理咨询投诉102起，其中，投诉85起、咨询17起，投诉办结率100%，通过回访，办结满意81起，办结满意率95.29%。

（八）普惠金融发展相关工作稳步推进

通过向30余家单位征求意见后，人民银行拉萨中心支行结合西藏实际继续修改完善《西藏自治区普惠金融发展规划（2016—2020年）》。探索建立符合西藏实际的普惠金融指标体系，印发《西藏辖区普惠金融现状评估试点方案》《中国人民银行拉萨中心支行办公室关于在全区开展普惠金融现状评估工作的通知》，完成山南市、阿里地区普惠金融现状评估试点各项工作和《西藏自治区普惠金融现状评估报告》。目前人民银行拉萨中心支行在积极借鉴内地行成功经验基础上，完成《西藏自治区普惠金融发展实施方案》，力争尽快出台。

（九）金融生态环境良好

2016年西藏地方金融生态环境建设工作不断推进，全区金融生态良好。中央第六次西藏工作座谈会明确提出“十三五”时期继续对西藏实施特殊优惠金融政策具体措施，区党委八届八次全委会对推进金融领域创新、完善金融体系、建立信贷持续增长机制、推进机构网点和服务下沉提出了具体要求。以严格规范、提升效率为原则，“两管理、两综合”工作有效督促了金融机构合规审慎经营。西藏社会法律体系不断健全，金融法治环境进一步改善，打击经济金融犯罪行为的力度不断增强，违约失信行为受到制裁，金融案件发案率逐步降低，金融秩序得到良好维护。辖内人民银行各分支机构积极开展了形式多样的诚信文化教育活动，各类经济主体守信践约、良性互动的良好社会信用环境逐步形成，全社会信用意识显著提高。不断完善处置非法集资工作机制，非法集资案件在前两年发案较为集中、金额较大的情况下，通过相关各部门的共同努力，发案势头得到遏制。

四、总体评估与政策建议

（一）总体评估

2016年，西藏自治区经济保持了持续快速健康发展的良好态势。全区金融业在良好的经济环境和和谐稳定的社会环境下，全面贯彻落实国家宏观调控政策和中央赋予西藏的特殊优惠金融政策，大力实施“金融撬动”战略，对全区经济平稳较快发展起到了重要的支撑作用。2016年西藏自治区金融业做到了“突发事件零发生、应急预案零响应”，守牢了不发生区域性系统性金融风险的底线。从西藏辖区人民银行系统对金融机构开展的稳健性评估、存保核查、同业督察、综合执法检查、非现场的风险监测、快速调查以及对辖区宏观经济形势的分析研究，以及与“三局一办”交流情况来看，西藏辖区金融运行平稳，风险可控。

从西藏经济金融稳定监测分析系统①对2016年辖区经济金融总体景气状况的监测情况来看，2016年西藏经济金融总体运行平稳，但增速持续放缓，经济仍呈现出不景气状态，而金融呈现出景气的状态。

（二）政策建议

2017年是实施“十三五”规划的重要一年，西藏自治区应认真贯彻落实中央第六次西藏工作座谈会和人民银行金融业支持西藏经济座谈会精神，大力实施金融撬动战略，推动金融改革发展，加强金融监管，防范金融风险，改善金融生态环境，促进西藏经济持续发展和社会长治久安。

---

① 2013年，人行拉萨中支研究开发了“西藏自治区金融稳定监测分析系统”。该系统首先依据灰色关联分析方法，选取了第一产业增加值、第二产业增加值、第三产业增加值、固定资产投资总额、社会消费品零售总额、进出口总额、CPI、一般预算收入、一般预算支出、工业产品销售率、各项税收、发电量、储蓄存款、各项贷款余额、中长期贷款余额等15个具有代表性的经济金融指标建立西藏金融稳定监测分析指标体系；其次采用国际较流行的景气预警监测分析技术，构造CI（合成指数）和DI（扩散指数），构建出西藏经济金融稳定监测分析系统，按季度监测并分析辖区经济金融总体景气状况。

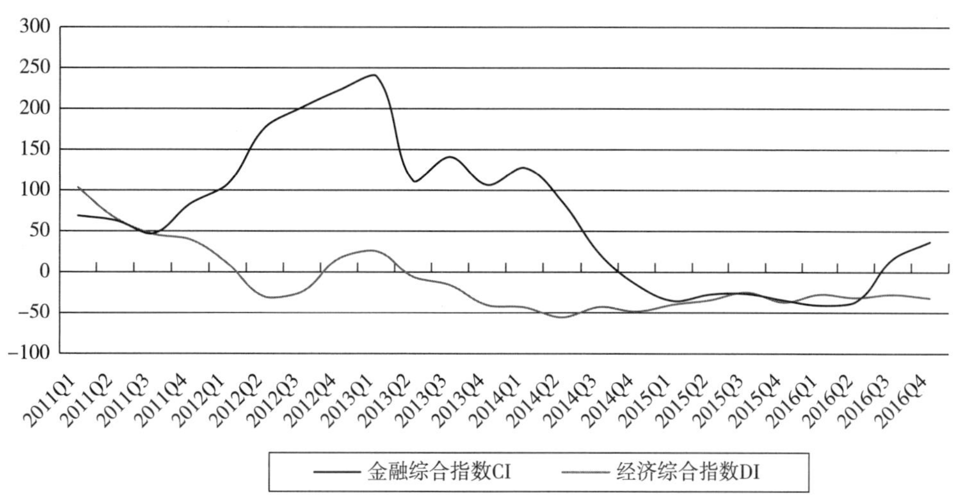

图 4　西藏自治区经济金融景气 CI 和 DI 指数变动

1. 全面落实金融优惠政策，发挥“金融撬动”作用

2017 年，在藏银行业金融机构将认真贯彻落实西藏特殊优惠金融政策，全面实施金融精准扶贫，合理把握信贷投放，优化信贷结构，将更多金融资本、社会资本投向西藏基础设施、“三农”、小微企业、生态环保等领域，构建多元化的金融业态，多渠道扩大金融资源投入，提高信贷资金使用质量和效率，发挥好“金融撬动”作用，更有力地支持西藏经济快速发展。

2. 继续深化改革，增强可持续发展能力

密切关注全区金融机构改革情况，促进区内金融组织体系发展，督促农业发展银行、国家开发银行西藏自治区分行设立“扶贫金融事业部”，为支持打赢脱贫攻坚战、全面建成小康社会提供有力的支撑和保障。积极推动农业银行“三农金融事业部”改革，不断提高服务“三农”和县域的能力和水平，支持邮政储蓄银行建立“三农金融事业部”，深入推进“三农金融事业部”改革，在网络建设、产品研发、服务升级等方面加大力度，为广大农牧户、新型农村经营主体，农牧业产业化龙头企业等提供更加优质的金融服务。

3. 进一步优化金融生态环境，营造良好的金融发展环境

良好的金融生态环境是金融产业赖以生存和发展的基础条件，是金融与经济良性互动的重要基础，建设良好的金融生态环境对于促进地方经济发展具有重要意义。一是辖区各级金融机构要继续加强与司法部门的沟通协调，积极运用法律手段维护金融债权，营造良好的金融法治环境。二是进一步完善信贷征信体系和担保体系建设，规范中介市场。三是探索建立“中小企业贷款风险补偿”机制，通过政策激励机制，有效分散信贷风险，充分调动商业银行支持中小企业发展的积极性。四是积极发挥各级政府主导作用，健全社会信用的正向激励和逆向惩戒机制。五是继续帮助企业提高管理水平，引导企业练好内功，逐步提升经营效益，使之尽快达到间接融资的基础条件，逐步增加有效信贷需求。

4. 加强风险防控，确保区域金融稳定

2017 年，要把防控金融风险放在重中之重的位置，充分利用金融机构稳健性评估、景气监测预警、存保核查、快速调查等多种现场和非现场的监测手段，进一步完善金融监管合作机制，实现信息共享，充分发挥各监管单位监管合力。加强辖内经济金融风险研判和预警，关注银行业资产质量、

地方法人流动性、企业杠杆、地方政府债务、房地产泡沫、影子银行体系等领域风险，摸清辖区风险底数，及时进行风险提示。

总　　纂：张　伟
审　　核：尼玛潘多　王书碧
统　　稿：扎西坚才
执　　笔：扎西坚才　冯　兰　玉　珍　旦增曲珍　孟凡春
其他参与写作人员（以姓氏拼音为序）：
德吉央宗　杜虹霖　李　亮　刘永红　孟令训
尼　珍　申　霞　唐　平　王明月　肖　筱
杨新标

陕西省金融稳定报告摘要

2017年，陕西经济稳定增长，金融业总体稳健运行，金融市场平稳发展，金融基础设施不断完善，金融机构改革全面深化，服务实体经济的能力进一步增强。但陕西经济金融发展中，产业结构调整存在一定压力，部分地区、机构和领域风险较大等问题值得关注。

一、区域经济发展与金融稳定

（一）区域经济发展概况

1. 经济运行平稳，增长动能有所增强

2017年陕西经济平稳增长，主要经济指标普遍好于预期目标，呈现出工业和农业加速增长，服务业稳步发展，投资、消费、进出口持续向好的态势。2017年，全省实现生产总值21 898.81亿元，同比增长8.0%，高于全国平均水平1.1个百分点（见图1）。第一产业增加值1 739.45亿元，同比增长4.6%，占GDP比重为7.9%；第二产业增加值10 895.38亿元，同比增长7.9%，占GDP比重为49.8%，其中，规模以上工业增加值同比增长8.2%，较上年同期加快1.3个百分点，高于工业增长预期目标0.7个百分点，处于2015年以来最好水平；第三产业增加值9 263.98亿元，同比增长8.7%，占GDP比重为42.3%。全省固定资产投资（不含农户）23 468.21亿元，同比增长14.6%，

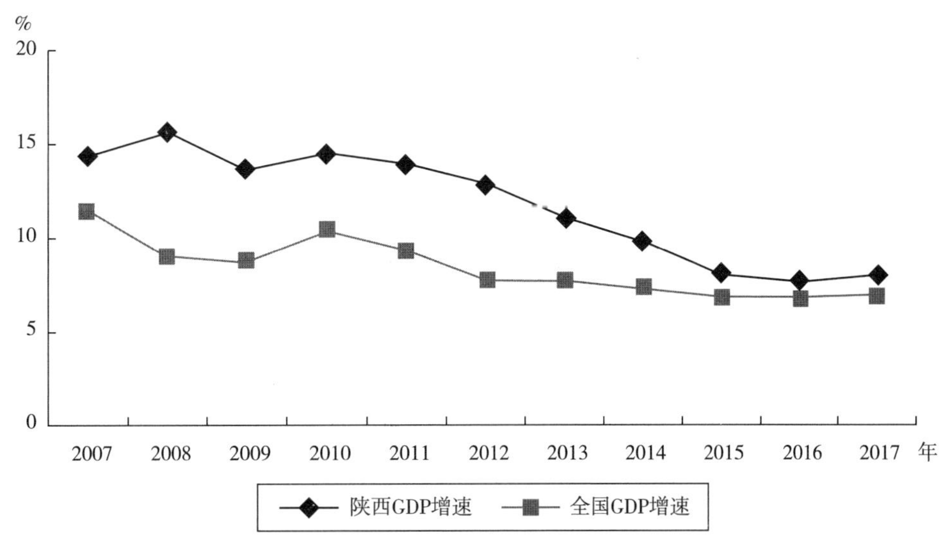

图1　陕西省国内生产总值增速与全国比较

较上年同期加快2.3个百分点，高于全国平均水平7.4个百分点（见图2）；社会消费品零售总额8 236.37亿元，同比增长11.8%，较上年同期加快0.8个百分点，高于全国平均水平1.6个百分点；受自贸区设立和“一带一路”建设带动，进出口贸易高速增长，2017年实现进出口总额2 714.93亿元，同比增长37.4%，较上年同期加快33.2个百分点。供给侧结构性改革的深入推进和三大需求的稳步上升，为经济持续增长提供了动力，也为地区金融稳健运行和金融改革深化提供了良好的外部环境。

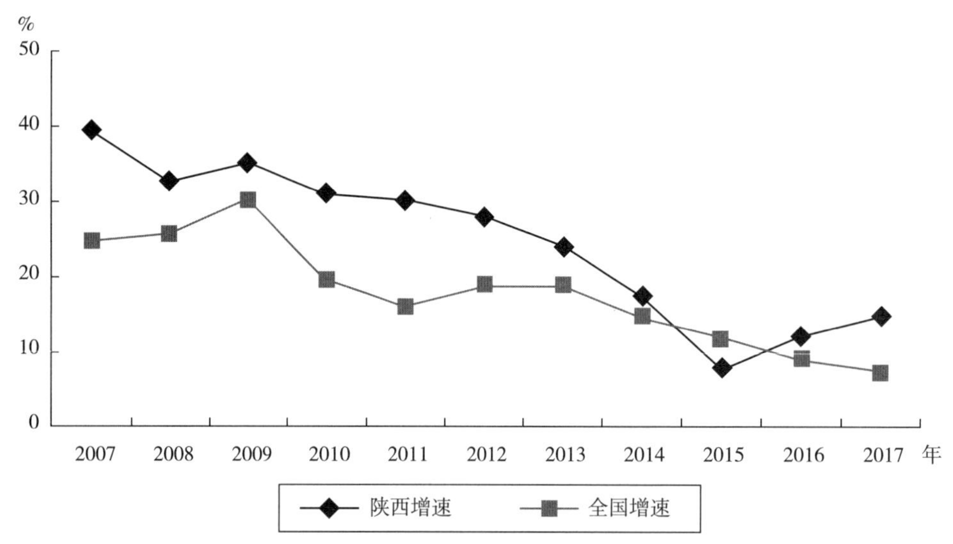

图2 陕西省固定资产投资增速与全国比较

2. 财政收支稳步上升，财政支持和保障能力进一步提高

2017年全省地方财政收入2 006.39亿元，剔除“营改增”等不可比因素后，同口径增长11.9%，较上年加快5.9个百分点。其中，各项税收收入1 485.45亿元，同比增长23.3%，非税收收入520.95亿元，同比下降17.3%。全省财政支出4 833.08亿元，同比增长10.1%。其中，民生支出3 970.8亿元，同比增长10.4%，用于脱贫攻坚的财政专项扶贫资金达103亿元，省级财政安排22.99亿元，同比增长83.9%，保障了农业、教育、社会保障、医疗卫生、移民搬迁、环境保护等民生支出的需要。

3. 深入推进供给侧结构性改革和创新动能培育，经济增长质效双升

2017年全省继续推进“三去一降一补”工作，煤炭去产能完成“十三五”任务的64%，化解钢铁过剩产能210万吨，取缔“地条钢”企业18家，商品房去库存周期降至12.5个月，政府举债行为进一步规范，企业税费、物流等成本降低300亿元。积极推进科技创新，加快平台建设，省部共建国家重点实验室2个，民参军单位达589家，全省技术合同交易额达到921.55亿元，居全国第四位。实施民营企业创新发展工程和民营经济转型示范工程，新增市场主体55.19万户，注册资本增长71.1%，创新供给能力进一步提升。

（二）区域经济发展中需要关注的问题

1. 基础设施建设投资压力增大，投资对经济持续拉动的后续力量不足

调查发现，全省基建投资增长压力加大。一是基建项目储备不足。2017年，全省新开工项目计

划总投资同比增长 7.3%，增速比上年下降 39.0 个百分点，表明在 2018 年转化为续建项目的投资偏少。二是基建投资融资约束更加严格。2017 年以来，为严防地方政府债务风险和金融风险，严禁地方政府利用 PPP、政府出资投资基金等方式变相举债，国资委对央企参与 PPP 项目加强规范管理。这些政策的出台，对地方政府融资能力影响较大，后期基础设施建设资金或将处于偏紧状态。三是 PPP 项目推进缓慢。调查发现，全省 PPP 项目在推进和运营中存在项目直接融资比例低，融资途径单一，部分项目操作不规范，重建设轻运营等问题，将制约 PPP 项目推进进程。

2. 非公有制经济和非能源经济发展相对落后，产业结构调整压力仍存

2017 年全省非公有制经济的投资占比为 41.3%，而非公有制经济 GDP 占比为 54.1%，投资落后于产出可能对未来非公有制经济持续增长造成一定的制约，存在非公有制经济产出占比下降的可能。2017 年，陕西省能源工业实现利润总额 1 100.50 亿元，同比增长 102.3%，拉动全省规模以上工业企业利润总额增长 38.0 个百分点，非能源工业实现利润总额 1 085.20 亿元，同比增长 18.0%，拉动全省规模以上工业企业利润总额增长 11.3 个百分点。能源行业受经济周期和国际市场价格变化影响较大，2017 年能源企业利润增长主要源于煤炭价格复苏，从提高经济效益和熨平周期波动的角度来看，未来陕西省产业结构调整的压力仍然较大。

3. 企业流动性紧张，潜在风险值得关注

2017 年在去杠杆和强监管背景下，市场流动性有所收紧，部分实体企业流动性状况值得关注。首先，部分房地产企业资本金不足，企业实力较弱，流动性压力上升。特别是部分民营房企为了满足银行贷款资本金比例要求，通过挪用流动资金贷款代替开发贷款，或由施工企业垫资的方法，增加其自筹资金比例，而房地产开发周期长，资金回笼较慢，这种短贷长用的方式，在流动性收紧的背景下面临较大的风险。其次，受应收账款拖欠账期偏长等因素影响，部分非公有制企业流动资金匮乏，制约企业发展。调查显示，陕西某市 50% 以上企业的应收账款被拖欠期限达 6 个月以上，被拖欠企业多为中下游服务企业或配件供应商，市场议价谈判能力差，受流动性冲击影响更大。

二、金融业稳健性

（一）银行业稳健性

1. 银行业运行状况

业务规模平稳增长，抵御风险能力较强。2017 年末，陕西省共有银行业金融机构 182 家，其中地方法人机构 143 家。各级机构及营业网点 7 231 家，同比增加 53 家。从业人数 103 639 人，同比增加 1 720 人。银行业机构资产总额 4.74 万亿元，同比增长 4.80%；负债总额 4.58 万亿元，同比增长 4.55%。全省人民币各项贷款余额 26 679.06 亿元，在全国排第 17 位，同比增长 11.53%；人民币各项存款余额 37 784.01 亿元，在全国排第 15 位，同比增长 7.17%（见图 3）。全省银行业机构资产质量整体较上年有所提升，不良贷款实现“双降”，拨备覆盖率 141.93%，同比上升 21.69 个百分点，各项资产减值准备同比增长 5.05%，地方法人银行业机构资本充足率同比上升 1.03 个百分点。

支持地方经济转型升级成效显著，普惠金融服务水平进一步提高。一是大力支持国家战略实施和重点工程建设。2017 年银行业金融机构支持陕西省重点建设项目 98 个，支持资金余额合计 2 542.72亿元，保障性安居工程贷款余额 1 801.84 亿元，同比增长 45.49%。其中棚户区及垦区危房

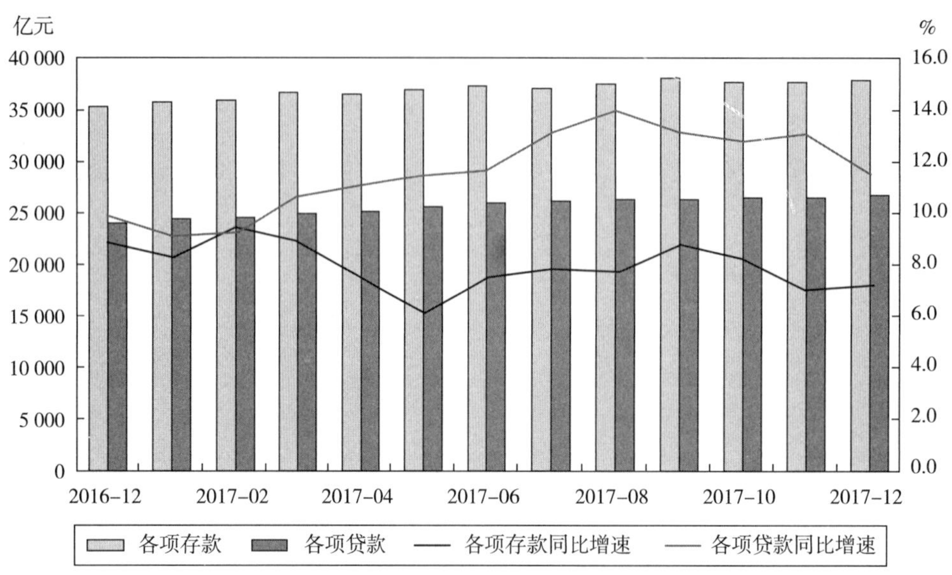

图3 陕西省银行业金融机构存贷款变化趋势

改造贷款1 765.08亿元，同比增长49.37%。二是小微企业金融服务再上新台阶。2017年末，小微企业（不含个体工商户和小微企业主）贷款余额为4 004.17亿元，同比增长20.14%，高于人民币各项贷款增速8.61个百分点。三是涉农金融服务水平持续提升。全省涉农贷款余额6 594.58亿元，同比增长12.58%。

银行业利润总额大幅增长，盈利能力有所改善。2017年，陕西省银行业金融机构实现利润487.01亿元，同比增加103.44亿元，增长26.97%，其中，商业银行净利润同比增长19.64%，经营下滑局面有所改善。全省银行业金融机构资产利润率1.05%，同比上升0.17个百分点。

2. 影响银行业稳健性的主要因素

银行业金融机构不良贷款“双降”，但部分地区、机构风险较大。截至2017年末，全省银行业金融机构不良贷款余额同比减少77.91亿元，不良贷款率同比下降0.57个百分点，扭转了两年来不

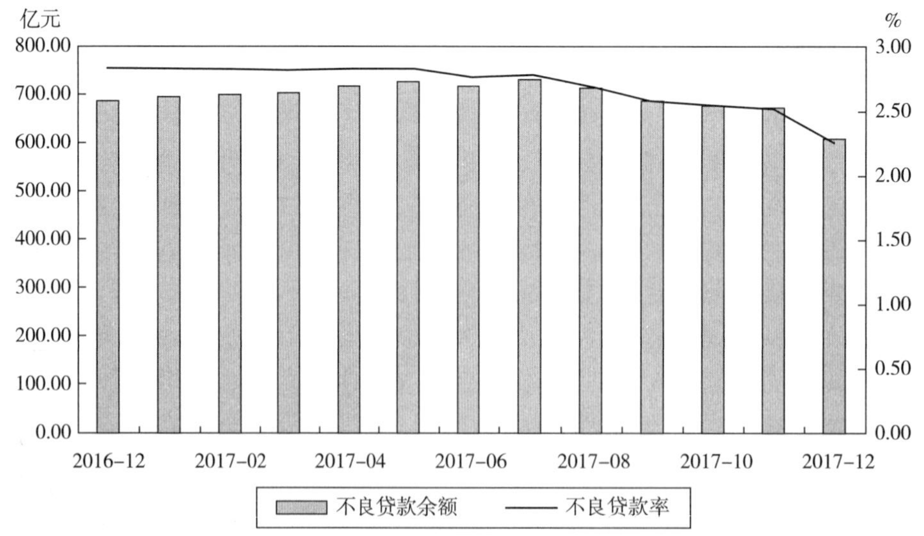

图4 陕西省银行业金融机构不良贷款变化情况

良贷款率持续上升的态势。但省内部分地市信用风险较为集中，全省地方法人银行业金融机构不良贷款余额保持高位，抗风险能力较弱。同时，反映资产质量的先行指标未出现明显好转，2017 年末陕西省银行业金融机构逾期贷款余额同比增长 6.27%，关注类贷款余额同比增长 15.06%。

交叉性金融存在风险隐患，管控难度较大。2017 年，陕西省交叉性金融业务快速发展，增速高于表内资产及各项贷款，个别机构交叉性金融业务占表内资产比例较高，业务发展速度与内控和风险管理能力不匹配。交叉性金融业务涉及银行、证券、保险等多个行业，横跨货币市场、债券市场、资本市场，交易结构复杂，交易链条较长，且信息不透明，容易引发跨行业、跨市场的风险隐患。

（二）证券业稳健性

1. 证券期货业运行状况

证券交易活跃度上升，区域股权市场快速发展。截至 2017 年末，陕西省累计代理证券交易额 46 812.95亿元，同比增长 9.05%，累计代理期货交易额 69 251.68 亿元，同比增长 7.72%。在陕西省股权交易中心业务合作企业共计 1 497 家，累计融资金额 42.44 亿元。

法人证券机构资本实力不断增强，但盈利能力有所下降。2017 年，3 家法人证券公司通过多种方式增强资本实力，持续扩大资产规模。西部证券向全体股东配股募集资金 48.52 亿元，开源证券在新三板定向增发募集资金 14.7 亿元，中邮证券顺利完成股东增资 11 亿元。截至 2017 年末，3 家地方法人证券公司总资产 661.24 亿元，同比增长 8.38%；净资产 256.67 亿元，同比增长 51.67%；净资本 231.10 亿元，同比增长 44.91%；实现营业收入 41.84 亿元、净利润 10.46 亿元，同比分别下降 5.53% 和 26.27%。

法人期货机构资产规模缩小，但盈利能力有所提高。截至 2017 年末，3 家法人期货公司总资产 56.80 亿元，同比下降 20.57%；净资产 12.08 亿元，同比增长 5.03%；净资本总额 9.21 亿元，同比增长 14.25%。实现营业收入 3.25 亿元、净利润 0.74 亿元，同比分别增长 27.72% 和 84.87%。

上市公司经营情况整体向好，2 家公司实现 IPO。截至 2017 年末，陕西省内上市公司 47 家，市价总值 6 297.11 亿元，同比下降 2.19%。全省上市公司股票市场融资 376.96 亿元，其中盘龙药业和惠康制药 IPO 筹资 5.81 亿元。截至 9 月末，全省上市公司分别实现营业收入 1 775.73 亿元、净利润 165.43 亿元，同比分别增长 42.03%、165.24%。

2. 影响证券期货业稳健性的主要因素

法人证券期货机构盈利模式单一，创新能力不足。全省证券期货机构主要收入和利润来源仍以手续费为主，以经纪业务为主的盈利模式尚未根本改变。全省证券期货机构高端人才缺乏，产品创新、服务创新能力明显不足，难以满足企业和居民多元化的投融资需求。

上市公司数量少，整体规模小，竞争力弱。2017 年陕西省上市公司仅占全国总数的 1.36%，居第 18 位。上市公司整体规模偏小，资产规模、盈利能力与全国平均水平差距明显。上市公司虽然行业门类比较齐全，但行业竞争力、行业地位普遍薄弱。全省优势产业未能与资本市场形成有效对接，汽车制造、创意文化等优势产业至今没有企业在 A 股上市。

证券公司资管业务发展粗放，部分产品资金最终用途不够审慎。法人证券公司定向资管业务资金流向、最终用途不审慎问题依然突出。部分资管业务底层资产潜在风险较大，导致金融机构未来面临的违约风险有所上升。

（三）保险业稳健性

1. 保险业运行状况

保险市场规模持续扩大，风险保障功能不断强化。截至2017年末，陕西省拥有法人保险机构1家，省级分公司59家，同比增加4家。保险行业总资产1 710.91亿元，同比增长10.22%。全年实现保费收入868.69亿元，同比增长21.54%。全省保险业共提供各类风险保障32.28万亿元，赔付支出260.01亿元，同比增长9.04%，经济补偿功能得到有效发挥。

业务结构调整持续深化，发展稳定性不断提高。从财产险来看，2017年陕西省非车险业务快速增长，增速为17.46%，高于车险业务增速5.96个百分点，占比21.6%，同比上升0.88个百分点。从人身险来看，2017年陕西省普通寿险业务占比51.6%，较上年同期提高0.71个百分点。另外，全省寿险业务新单期交业务同比增长34.69%，业务占比较上年同期提高9.61个百分点。

保险功能不断发挥，服务经济社会能力增强。一是大力助推脱贫攻坚。2017年，农业保险为324.97万户次农户提供风险保障金额788.78亿元，同比增长23.81%；支付赔款4.27亿元，增长31.07%；48.43万农户受益，增长59.05%。二是积极支持“一带一路”建设。2017年，出口信用保险累计支持陕西省外贸出口17.4亿美元，通过保单融资功能带动陕西省外贸企业获得银行融资约4 744万美元，支付赔款211.8万美元。对陕西省一般贸易出口的支持比重为29.7%。三是切实支持实体经济发展。截至2017年末，保险资金已累计在陕投资708.4亿元，社会融资规模中保险业资金达140.02亿元，同比增长21.7%，保单质押贷款59.98亿元，同比增长28.38%。

2. 影响保险业稳健性的主要因素

寿险业退保率逐月上升，现金流压力加大。2017年，陕西省寿险业退保金额152.12亿元，同比增长47.26%，增速较上年同期上升36.78个百分点；退保率6.67%，同比上升1.3个百分点，呈现出逐月上升的态势（见图5）。全省寿险业退保主要集中在银邮渠道，以往年度销售的高现价产品所致的退保金快速增长可能会给寿险业带来一定的现金流压力。

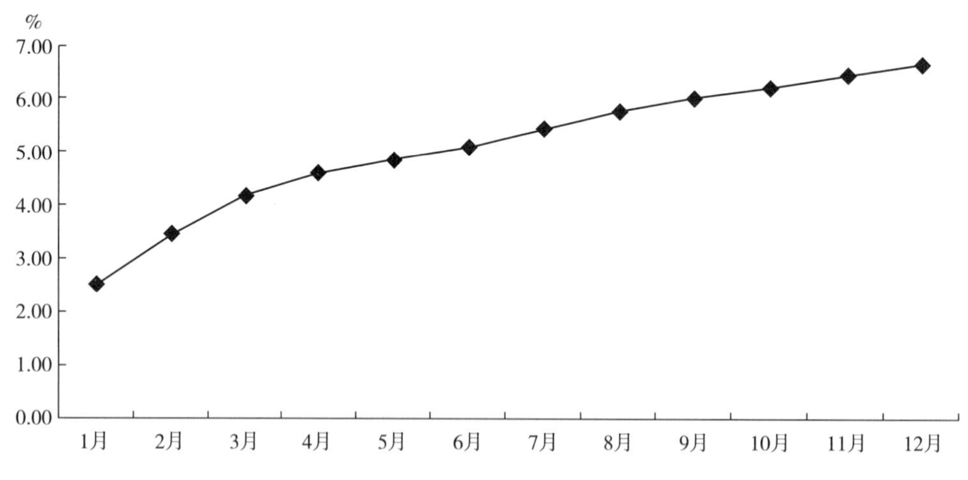

图5 2017年1－12月陕西省寿险业退保率变动情况

车险市场持续低迷，违规风险值得关注。2017年以来，在新车保险业务增长较弱，商车费改带来的车均保费持续降低等因素影响下，全省机车险业务发展压力增大。费改后车险业务综合赔付率持续下降，承保利润大幅上升，一些保险公司将改革红利作为费用资源投放市场以争取更大的市场份额，个别产险公司基层经营单位为快速扩大业务存在虚列费用、给予合同约定外其他利益等问题。

部分中小型保险公司成本上升，发展的稳定性存在问题。从产险公司看，商车改革深化正在推动市场由“价格战”“费用战”向以产品和服务为核心的良性竞争转变，中小财险公司面临较大的成本上升压力。车险业务占比过高的部分中小公司，保持业务规模平稳增长存在较大压力。保险公司落实保险业姓保，回归保障本质要求，按照中短存续期产品、万能型保险产品等相关监管政策规范，全面调整销售产品结构，部分寿险公司新产品的销售额不能覆盖产品停售所产生的缺口，保费收入下滑较大。银行系保险公司银邮渠道保费收入负增长问题值得关注。

三、金融市场与金融稳定

2017 年，陕西省金融市场运行平稳，直接融资持续发展，融资结构不断优化。陕西省社会融资规模增量 5 925. 99 亿元，增幅 68. 56%，同比多增 2 410. 28 亿元，创历史新高。

（一）融资结构

2017 年，陕西省表内信贷增加 2 721. 98 亿元，同比多增 618. 21 亿元，增幅 29. 39%；占社会融资规模比重为 45. 93%，同比下降 13. 91 个百分点。陕西省信托贷款增长显著，表外融资增加 2 662. 08亿元，同比多增 1 797. 51 亿元，为上年同期的 3. 08 倍，占社会融资规模比重为 44. 92%，同比上升 20. 33 个百分点；陕西省直接融资净额增加 403. 46 亿元，同比少增 25. 66 亿元，与上年同期基本持平，占社会融资规模比重为 6. 81%，同比下降 5. 4 个百分点；直接融资中，企业债券融资 83. 48 亿元，同比少增 267. 37 亿元；全年非金融企业境内股票融资 319. 98 亿元，同比多增 241. 71 亿元。陕西省首只、全国第 7 只专项扶贫债券“陕西省交通建设集团公司 2017 年第一期扶贫中期票据”在全国银行间市场公开发行。

（二）货币市场交易情况

2017 年，陕西省全国银行间同业拆借市场成员共 45 家，较上年增加 27 家。金融机构通过全国银行间同业拆借市场累计成交 262 笔，成交金额 489. 7 亿元，同比减少 92%。其中，同业拆入发生额 314. 2 亿元，同业拆出发生额 175. 5 亿元，净拆入 138. 7 亿元。2017 年，陕西省金融机构债券回购累计成交 51 062 笔，成交金额 107 637. 54 亿元，同比减少 10. 9%。其中，质押式回购累计成交 39 217笔，成交金额 97 754. 31 亿元，同比减少 2. 8%；买断式回购累计成交 11 845 笔，成交金额 9 883. 23亿元，同比减少 58%；正回购累计成交 29 148 笔，成交金额 56 041. 83 亿元，同比减少 8. 6%；逆回购累计成交 21 914 笔，成交金额 51 595. 71 亿元，同比减少 15. 1%，市场整体通过回购交易融入资金 4 446. 13 亿元。债券回购市场交易加权平均利率基本呈现窄幅震荡态势并逐步走高，1 月为 2. 1444%，9 月升至 3. 1219%，10 月有所回调，但整体仍处于高位。

（三）债券市场交易情况

2017 年，陕西省加入全国银行间债券市场的成员共 67 家，较上年同期增加 29 家。全年共发生现券交易 9 693. 37 亿元，同比减少 82. 53%。从交易结算来看，现券买入 5 063. 18 亿元，现券卖出 4 630. 19亿元，净买入 432. 99 亿元。从交易券种看，2017 年现券交易券种中新增了绿色债务融资工具、保险公司资本补充债和项目收益债券。从成交占比看，政策性金融债、同业存单、商业银行普通金融债和国债占比较大，分别占总成交量的33.6%、21.45%、9.24%和8.03%，国债交易量占比首次下滑，而同业存单交易量较之前大幅增长。

四、金融基础设施与金融稳定

（一）支付体系建设有效推进，支付服务效率持续提升

1. 支付系统推广应用力度增强，支付服务能力显著改善

截至2017年末，陕西省支付系统参与者达5 712家，全年新增支付系统参与者99家，为67个银行网点开通了电子商业汇票业务，全省支付清算系统覆盖率达97%。开展移动支付便民示范工程，助推银行卡助农取款与农村电商融合发展，全省共建立银行卡助农取款与农村电商融合发展服务点4 970个，银行卡助农取款服务点46 607个，农村居民基础金融服务可获得性显著提升。

2. 监督执法检查力度增强，支付服务环境持续优化

强化支付系统日常运行监控，实行支付清算规则执行情况监管机制，维护良好的支付清算秩序。开展了多用途预付卡和银行机构支付结算业务现场执法检查、无证机构清理整治、违规交易所和“微盘”交易平台清理整顿，全省支付结算环境得到有效净化。

3. 支付体系风险管理力度增强，应急处置能力不断提升

组织开展防范和打击电信网络新型违法犯罪、银行卡助农取款服务点风险排查，建立村镇银行支付结算业务和非银行支付机构分公司监管机制，防范支付服务市场风险。组织开展支付系统、中央银行会计核算数据集中系统（ACS）、账户管理系统和联网核查系统突发事件应急演练，支付清算系统危机处置能力不断提升。

（二）征信服务水平显著提高，信用体系建设富有成效

1. 征信网络更加完善，征信服务水平明显提升

2017年全年累计布放个人自助查询机127台，实现信用查询业务在县级行政区域的全面覆盖。共提供征信信息查询服务118万笔，同比增长46.42%，其中个人查询115.7万笔、企业查询2.3万笔。公积金中心、村镇银行等16家机构接入征信系统。大力推广应收账款融资平台，累计为个人和企业提供融资1 326亿元。陕西省征信查询监测系统开发上线，保障了征信信息安全。

2. 深化社会信用体系建设，支持地方经济发展

累计为7.7万户尚未与商业银行发生信贷关系的中小微企业及615.8万个农户建立了信用档案，农村金融机构累计为273万农户发放贷款，余额达1 228亿元。在铜川市宜君县探索贫困户信用重建，打通信用体系建设与金融扶贫的连接点，形成信用良性循环通道。截至2017年末，共为失信贫困户发放贷款2 166万元，帮助542人重获信用，占全县失信贫困户的80%以上。

3. 营造社会诚信氛围，优化金融生态环境

建立了由陕西省发展和改革委员会和人民银行西安分行“双牵头”的陕西省社会信用体系建设联席会议制度，通过“信之风”主题征文、新媒体宣传、征信讲座进校园等形式，加大征信宣传教育工作力度，营造良好的社会诚信氛围。

（三）反洗钱工作机制持续完善，监管和执法力度增强

1. 创新品牌，区域洗钱风险评估监测实现重大突破

陕西省洗钱风险监测与评估系统建成并推广运行，涵盖风险信息持续监测、洗钱风险评估、反洗钱现场检查等多个功能，基本实现省、市、县三级监管全覆盖，推动了反洗钱检查效率和监管实效的跨越式提升。下发《洗钱风险提示》32 期，堵截虚假冒名、虚假证件开户 100 余起，堵截涉嫌从事出借出卖账户 600 余个，堵截涉嫌电信诈骗、非法集资、网络赌博等案件 20 余起，金融机构对省内重点类型洗钱监测的准确性和风险防范能力进一步提升。

2. 创新手段，反洗钱监管问责工作取得积极进展

突出对全省高风险机构的检查与问责，执法检查的威慑力得到提升。2017 年检查金融机构 64 家，处罚 23 家，处罚金额共计 866.45 万元。共接收重点可疑交易线索 201 份，向公安机关移送线索共计 68 份。向中国反洗钱监测分析中心上报涉嫌地下钱庄线索 6 份、涉税洗钱 1 份、非法传销洗钱 1 份。共开展反洗钱调查 12 起，完成调查任务 22 次，涉及交易金额近 144.65 亿元。

（四）金融法治环境持续改善，消费者权益得到切实保障

1. 执法制度进一步完善，行政执法严格规范

2017 年，法治央行建设全面加快，行政执法工作全面规范。人民银行西安分行新建和修订涉及行政执法 5 项制度，全省各级行共制定印发规范性文件 7 份，参与地方金融立法 18 件。行政执法检查更加严格规范，在全省全面推行“双随机一公开”检查监督机制，全年共计公示行政许可信息 299 856 条、行政处罚信息 18 条，推进了阳光执法。2017 年，共开展执法检查 39 次，没有发生行政复议或行政诉讼。

2. 大力普及金融知识，消费者投诉办结满意率高

人民银行西安分行联合银证保监管部门统筹开展 2017 年“金融知识普及月”活动和“3·15 金融消费者权益日”活动，全省共开展各类宣传活动 2 756 次，发放宣传资料 256 万余份，投入宣传人员近 1.6 万余人次，惠及群众 200 万余人。2017 年，陕西省金融消费者投诉形势整体平稳，投诉总量稳中有降，全年共受理投诉 419 件，办结率为 99%，办结满意率 100%。

（五）存款保险制度深入实施，有效保障银行体系稳定运行

1. 加大监测核查力度，存款保险风险识别效能显著提升

构建全省投保机构月度、季度监测框架，实现了对投保机构风险状况持续性、常态化、有重点的监测，非现场监测效果显著提升。组织全省开展了为期 5 个月的投保机构风险状况现场核查，实现了投保机构核查的全覆盖，做到对投保机构情况清、底子明。

2. 开展风险警示与早期纠正，投保机构风险防控取得实效

针对投保机构风险状况，全年共对投保机构进行风险警示 81 次，约见谈话 21 次，对部分机构探索开展早期纠正，采取多种措施督导机构落实早期纠正，有效推动了风险的化解工作。风险差别费率制度深入实施，准确核定辖区 134 家投保机构的风险差别费率，对投保机构的正向激励、反向约束作用进一步凸显。制定《陕西省地方法人投保机构风险应对和处置工作预案》，明确了投保机构风险应对与处置的体系和流程。组织开展全省投保机构全流程突发事件应急演练，提升了应对处置

金融突发事件能力。

3. 多种途径开展宣传，提升存款保险制度公众认知度

组织存款保险知识进社区、进学校、进广场等“三进”活动，全省共开展大规模现场宣传活动53次，发放宣传材料21 660份。借助2017中国（西安）金融博览会、新丝路金融微信公众平台等，宣传陕西存款保险知识以及实施情况，受到广泛关注。前后两次借助新媒体组织开展存款保险知识有奖答题活动，参与人数达5万余人，极大提升了存款保险制度的社会影响力。督导投保机构加强存款保险知识的培训和宣传，在人民群众中营造“存款有保障”的稳定预期。

五、地方金融改革与金融稳定

（一）法人银行机构改革全面深化，服务地方经济的能力不断增强

1. 城市商业银行稳步发展，业务转型成效显著

省内2家地方法人城市商业银行持续深化经营转型，取得突出成效。西安银行加快推进公开上市步伐，在全国城商行中率先推出分离式保函业务，拓展中间业务新增长点。长安银行资产规模突破2 000亿元，获批银行间市场非金融企业债务融资工具承销商资格，发起设立的天水秦州长银村镇银行开业。在2017年中国商业银行价值论坛上，长安银行荣登“2017中国中小银行普惠金融先锋榜”。

2. 农村合作金融机构股份制改革不断推进，农商行业务发展势头强劲

2017年全省共有5家农信社转制为农商行，其中，秦农银行并购重组户县、蓝田、周至3家农信社并组建县级法人农商行。此外，秦农银行与陕西省农信社牵头发起筹建的陕西省第一家具有全国影响力的金融合作平台——“丝绸之路农商银行发展联盟”正式成立。由秦农银行倡导发起并作为管理行的“丝路联盟—联合投资计划”项目（第一期）成功发行，认购金额共计10亿元。

3. 新型农村金融机构组建步伐继续加快，金融服务触角不断向基层延伸

2017年全省新增村镇银行5家，截至年末共有村镇银行30家。村镇银行总资产、存款余额和贷款余额分别达到116.77亿元、83.24亿元和56.29亿元，同比增长44.32%、38.11%和44.26%。

（二）法人非银行机构快速发展，地区金融业创新力度不断加大

陕能集团财务公司正式开业，陕西省内法人财务公司数量增至4家。地区金融业不断创新，延长石油集团与工商银行等14家金融机构成功签署总规模700亿元的市场化债转股项目协议，成为国内单户企业规模最大的市场化债转股项目，构建了投贷联动、债权与股权紧密结合的新型银企战略合作关系。

（三）准金融机构发展趋缓，机构类型更加丰富

截至2017年末，陕西省共有小额贷款公司289家，较上年末增加3家，贷款余额220.38亿元，同比减少10.65%；全省共有融资性担保公司169家，较上年末增加4家，注册资本共计387.96亿元；融资性担保公司在保余额942.96亿元，同比增长6.09%；全省共有典当企业228家，较上年增加10家，典当总额37.43亿元，同比减少2.3%；全省共有融资租赁法人企业90家，较上年增加41家，融资租赁业务规模为528.40亿元，同比增长72.12%；全省共有商业保理公司66家，较上年增

加53家，资产总额25.74亿元，同比增长230.80%。

2017年4月，由陕西金融资产管理公司与榆林市政府共同出资组建的榆林金融资产管理公司成立，这是全省首家市级资产管理公司。此外，目前陕西省正积极组建第二家省级金融资产管理公司——长安金融资产管理公司。该公司拟定注册资本30亿元人民币，将以保全、盘活资产为重点，开展多元化投资经营和综合化金融服务。

六、总体评估与政策建议

（一）总体评估

2017年，陕西省持续深化供给侧结构性改革，稳工业，促投资，强消费，加快培育发展新动能，全省经济呈现稳中向好、动力增强、质效提升的态势，为区域金融发展和稳定奠定了良好基础。全省金融体系平稳运行，社会融资规模增量创历史新高，银行业资产质量有所好转，资金脱实向虚得到初步遏制，支持实体经济力度增强。证券交易活跃度上升，业务结构调整持续深化，保险业服务经济社会能力提升。地方金融改革稳步推进，化解重点地区不良贷款、改善金融生态环境方面的措施逐步落地。互联网金融风险专项整治取得明显成效。同时，金融运行中长期积累的问题和风险隐患依然存在，反映银行业资产质量的先行指标未出现明显好转，资管业务通道类产品兑付压力加大，保险业仍然面临一定的退保压力。地方法人金融机构盈利能力、抗风险能力还有待增强，个别地区金融风险仍需高度关注。

（二）政策建议

1. 加快培育经济发展新动能，充分发挥金融支持引领作用

一是以创新推进产业转型升级，按照“稳能化、兴电子、强制造、促新兴、优传统”思路，加快构建现代产业体系。二是继续抓好“放管服”改革，深入推进国有企业改革，促进非公有制经济发展。通过经济发展来为存量风险化解争取时间、腾挪空间。三是深入推进“三去一降一补”，提升金融服务实体经济能力，加大对全省经济发展重点领域和薄弱环节的支持，优化金融服务，拓宽直接融资渠道，降低融资成本，进一步丰富地方金融组织体系，落实转贷基金、担保基金等风险分散缓释机制，继续做好对小微企业、贫困地区、扶贫事业等普惠金融领域的支持力度。

2. 完善宏观审慎管理，打好防范化解金融风险攻坚战

一是加强和改进宏观审慎管理，强化影子银行、房地产金融、资管产品等领域宏观审慎管理，坚持金融监管的统一性、穿透性，化解以高杠杆、泡沫化为特征的各类金融风险。二是完善金融风险监测、评估和预警体系，突出重点地区、行业和领域的风险防控，做好跨市场、跨业态、系统性风险防范应对工作。三是全面发挥存款保险制度功能，切实推动高风险投保机构风险化解和处置工作。四是进一步加强人民银行与“三局”及地方金融监管部门之间的沟通协调力度，增强监管协调的权威性、有效性。五是完善跨部门风险联合处置机制，妥善处置各类金融突发事件。

3. 深化地方金融改革，优化金融生态环境

一是充分发挥地方金融监管部门作用，构建对小贷公司、融资担保公司等七类机构统一全面监管的地方金融监管体制，落实市、县两级政府防范、化解、处置区域金融风险的主体责任。二是在

保持农信社县域法人地位和数量总体稳定的前提下，制定农信社风险防范和处置的具体办法，采取切实有效措施化解高风险农信社存量风险，抓紧研究制定农村信用社省联社改革方案。三是加强金融生态环境建设，做好部分地区的金融生态环境修复。加大金融知识宣传和普及力度，营造良好的金融生态环境。

总　　纂：白鹤祥
统　　稿：郑　锋　刘旭华　肖瑞婷　王　青
执　　笔（以姓氏拼音为序）：
包　琼　方　蕊　焦少飞　刘天宇　李　彦　孙庆卫
王　敏　王　青　王　蓉　仵永恒　张志暹
其他参与写作人员（以姓氏拼音为序）：
陈朝雨　黄　丹　连太平　刘晨晨　刘佳珍
刘胜军　孙炎炜　王　宇　温秋鹏

青海省金融稳定报告摘要

2017 年是实施“十三五”规划的重要一年，也是供给侧结构性改革的深化之年，青海省坚持稳中求进工作总基调，以供给侧结构性改革为主线，统筹推进稳增长、促改革、调结构、惠民生、保生态、防风险等各项工作，经济社会发展总体平稳、稳中有进；金融机构资产规模进一步扩大，金融基础设施建设继续增强，金融生态环境进一步改善，服务实体经济能力持续增强。结合区域实际，重点加强金融机构信用风险、流动性风险监测，持续关注大型有问题企业、具有融资功能的非金融机构风险，及时防范风险隐患，辖区金融业整体保持稳定。

一、区域经济运行与金融稳定

2017 年，青海省实现地区生产总值 2 642. 8 亿元，同比增长 7. 3%，增速比全国平均水平高 0. 4 个百分点。其中，第一产业增加值 238. 41 亿元，增长 4. 9%；第二产业增加值 1 180. 38 亿元，增长 7. 2%；第三产业增加值 1 224. 01 亿元，增长 7. 9%。

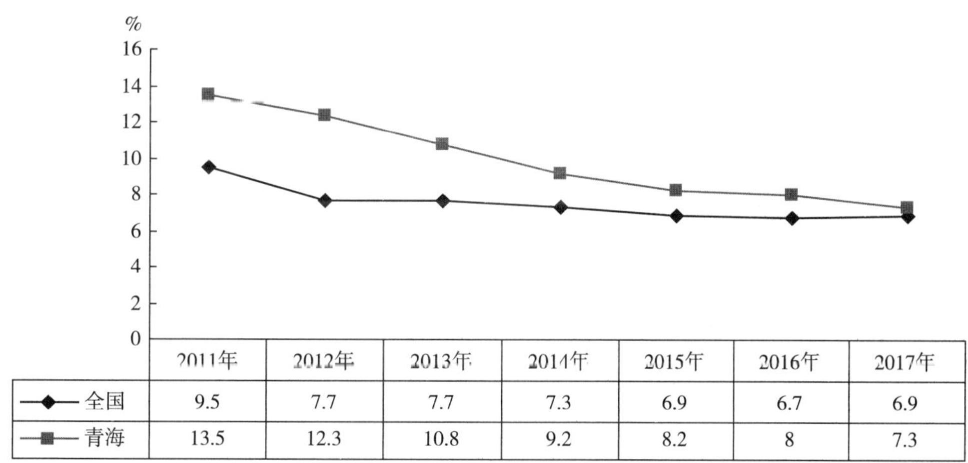

数据来源：国家统计局。

图 1　近年来青海省与全国生产总值增速对比情况

（一）区域经济运行特点

1. 经济运行总体平稳

农牧业丰产丰收，粮油产量稳定，菜肉产量小幅增长。工业基本面平稳，规模以上工业同比增长 7%，36 个大类行业中 24 个增长，用电量、货运量分别同比增长 7. 5%、6. 2%。服务业增长贡献率达45.1%。地方财政收入246.1亿元，同比增长9.3%。居民收入增速9.8%。全年CPI上涨1.5%，为十二年来最低。

2. 基础设施建设加快

西成铁路先导工程开工，花久、共玉等高速建成通车。新改建农村公路8 600公里。格尔木机场改扩建工程竣工投运，祁连机场实现校飞。那棱格勒河水利枢纽开工，黄河沿岸四大水库灌区主体工程建成。西宁北750千伏输变电开工，青海电网750千伏骨干网架初步形成，建设与改造农网9 176公里。

3. 新兴产业快速成长

高新技术产业、装备制造业产值分别同比增长21%和16%，新能源装机接近1 000万千瓦，发电量占比达到20%。在全国首次实现连续168个小时全清洁能源供电，建成全国首座百兆瓦太阳能光伏发电实证基地。12条循环产业链初步形成，循环工业占比达60%。高原、绿色、有机品牌带动效应明显，有机枸杞产量全国第一，农畜产品加工转化率达54.2%，生态生产生活良性循环的局面加快形成。

4. 民生福祉持续增进

惠民生投资达1 857.8亿元，同比增长16.7%。精准扶贫成效显著，落实各类专项扶贫资金105亿元，7个贫困县、525个贫困村、15.8万贫困人口脱贫摘帽，对2.5万户实施了易地扶贫搬迁。城镇新增就业6.1万人，农牧区转移就业108万人次。成为全国第二个中职免费教育省份。全面实现异地就医无障碍直接结算。新建城镇公共租赁住房和棚户区改造7.2万户，完成农牧区危旧房改造6万户。

5. 绿色发展亮点纷呈

三江源国家公园体制试点进展顺利，祁连山国家公园体制试点方案获批，可可西里申遗成功。三江源二期完成投资9亿元，造林面积突破400万亩。全省空气质量优良天数比例达92.4%，湟水河出省断面Ⅳ类水质达标率100%，工业固废综合利用率52.5%，单位GDP能耗进一步下降。

（二）需要关注的问题

1. 经济下行总体压力仍然较大

投资、消费和出口“三驾马车”增长全面放缓。一是投资增速连续6年下滑，较2011年最高点降幅达23.9个百分点，第二产业投资同比仅微增0.5%，对经济发展支撑作用逐年衰减。二是消费表现整体温和，增速同比回落1.7个百分点，限额以上增幅明显减缓，拉动消费能力逐步减弱，石油、汽车类等占限额以上企业零售近70%的商品销售增幅进一步回落，消费转型升级有较大空间，动力活力亟待加强。三是外贸出口降幅明显，出口增速同比下降68.15%，较全国平均水平低78.95个百分点，对经济增长贡献的短板急需补强。

2. 工业经济发展面临困难较多

一是企业生产压力加大。虽然目前部分工业品出厂价格有所上涨，但由于生产所需的原材料价格上涨较快，加之企业物流、用工等成本上升，企业盈利仍然很低。二是工业经济增速下滑。受市场制约、部分原材料供应不足、原辅材料价格上涨等因素影响，有色和黑色冶炼、石油加工等重点行业增速放缓，停产企业增多。三是工业新增长点少。受多种因素影响，工业项目建设进度较慢，新投入生产运行的项目少，大项目、新企业支撑不足。

3. 结构调整转型升级任重道远

一是轻重工业结构仍待优化，目前比例为20.5∶79.5，虽较以前有所改善，但短期内比例失衡问题难以彻底解决。由于重工业集中于高能耗和资源性行业，随着青海绿色发展和生态文明建设步伐的加快，其发展面临的掣肘和局限必将日益增多。二是传统产业腾挪空间小、转型升级难度较大。由于企业生产经营困难，技术改造和创新投入严重不足，传统产业积蓄力量、转型发展依然步履维艰，动能转换非一朝一夕能够完成。三是“三去一降一补”虽取得一定进展，但不稳定、不确定性因素较多，市场调节长效机制尚未真正建立，成果固化时效尚待观察，供给侧结构性改革需进一步深化。

（三）经济运行对金融稳定的影响评估

2017 年，青海省地区生产总值增速仍处于下滑通道，传统产业转型发展步履艰难，新兴产业体量有限难挑大梁，工业发展面临短稳长忧的问题。经济下行压力全面下沉，部分企业经营压力加大，融资成本上扬，投资信心和动力不足，资金链条绷紧，风险加速暴露，并通过信贷渠道等持续将风险向金融体系传导渗透，制造业、批发零售业等不良重灾区形势严峻，个人不良贷款有所抬头，对地区金融稳定的影响不容忽视。

二、金融业与金融稳定

（一）银行业

1. 银行业运行特点

（1）资产负债规模略有增长。截至2017年末，青海省银行业金融机构资产总额8 973.69亿元，同比增长6.90%，增速同比下降2.67个百分点，低于全国平均水平1.78个百分点。负债总额8 622.14亿元，同比增长6.27%，增速同比下降3.46个百分点，低于全国平均水平2.13个百分点。

（2）存贷款增速继续放缓。截至2017年末，青海省本外币各项存款余额5 843.21亿元，比年初增加257.03亿元，同比增长4.60%，增速同比回落2.25个百分点，低于全国平均水平4.20个百分点。各项贷款余额6 353.05亿元，比年初增加635.89亿元，同比增长11.12%，增速同比回落0.45个百分点，低于全国平均水平0.98个百分点。

（3）服务实体经济的质效不断提升。一是对重点领域和薄弱环节的信贷支持力度加大。截至2017年末，青海省涉农贷款、小微企业贷款、科技型企业贷款余额同比分别增长13.04%、29.19%和57.19%，增速分别高于全省贷款平均增速1.92个百分点、18.07个百分点和46.07个百分点。二是扶贫贷款增长强劲。各项金融精准扶贫贷款余额1 125.96亿元，同比增长21.38%；其中个人精准扶贫贷款余额35.88亿元，同比增长64.74%。三是“两高一剩”行业贷款持续萎缩。“两高一剩”行业贷款余额189.63亿元，较年初减少7.62亿元，同比下降4.19%，“两高一剩”行业贷款占比由2012年的7.2%下降至2017年的3.3%，有力地支持了供给侧结构性改革。

（4）部分资金脱实向虚势头得到遏制。一是同业资产负债不断收缩。截至2017年末，青海省银行业同业资产298.91亿元，较年初减少246.95亿元，同比下降45.24%，增速同比下降177.98个百分点；同业负债485.99亿元，较年初减少3.31亿元，同比下降0.67%，增速同比下降36.35个百分点。二是同业理财规模大幅下滑。银行业机构同业理财投资余额67.52亿元，比年初减少216.55亿元，同比下降75.69%。三是表外业务增速回落明显。银行业表外业务余额2 655.72亿元，比年初增加427.28亿元，同比少增364亿元，增速同比回落25.01个百分点。

（5）银行机构改革稳步推进。一是组织体系更加完善。光大银行、华夏银行入驻青海，全省股份制银行达到7家。5家农村商业银行改制，全省农村商业银行数量达到14家。5家大型商业银行均成立普惠金融部，邮政储蓄银行成立“三农金融事业部”，农业发展银行成立服务脱贫攻坚执行委员会，发展普惠金融的专业化能力进一步提升。二是治理体系更加科学。各银行机构按照监管政策和规章制度要求，开展专项治理活动，针对薄弱环节，补齐制度短板，提高了经营管理和内控合规水平。三是服务体系更加多元化。各银行机构结合禀赋优势和市场定位，设立多只产业投资基金，研发推出多种支农惠农信贷产品、小微金融服务产品和绿色发展信贷产品，服务能力进一步增强。

2. 需要关注的问题

（1）银行业信用风险上升较快。2017年，青海省银行业不良贷款指标继续“双升”，信贷资产质量劣变明显。截至2017年末，银行业金融机构不良贷款余额170.62亿元，比年初增加51.71亿元；不良贷款率2.69%，比年初上升0.61个百分点。自2015年以来，全省银行业不良贷款指标已经连续3年“双升”，不断侵蚀银行业资本金和风险抵御能力。同时，逾期贷款等不良先行指标呈现上升趋势，逾期贷款余额195.78亿元，同比增长70.66%，未来不良贷款增加压力较大，潜在信用风险值得警惕。

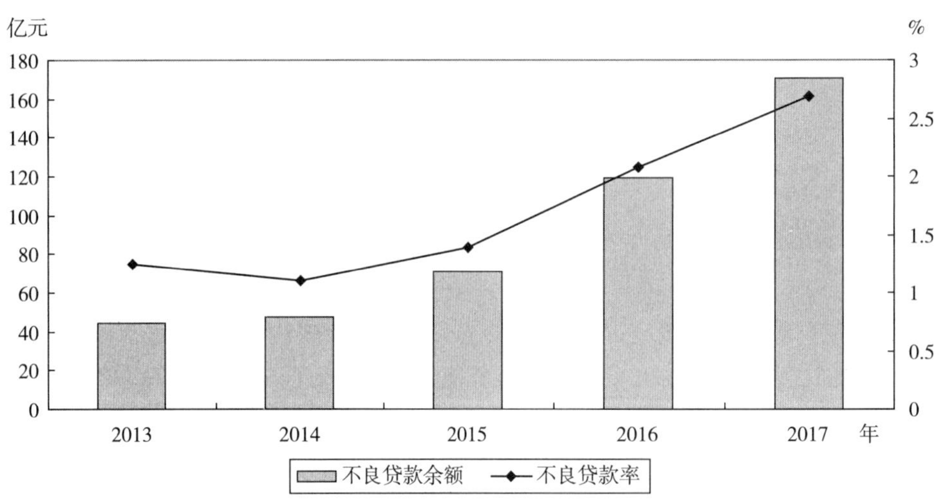

数据来源：青海银监局。

图2 近五年来青海省银行业不良贷款变化情况

（2）银行业利润增长面临挑战。2017年，青海省银行业金融机构实现利润91.46亿元，同比增长11.54%。虽然全年盈利状况较为可观，但今后一段时期银行业利润增长仍面临严峻挑战。一是随着利率市场化进程的加快和市场竞争的加剧，银行业净息差和净利差不断收窄，全省银行业净息差已由2010年的3.93%下降至2017年的2.39%，净利差已由2010年的4.49%下降至2017年的2.31%，传统盈利模式越来越难以为继，亟待培育新的利润增长点。二是随着信贷资产质量不断恶化，为满足监管要求，银行机构将不得不继续加大拨备计提力度，拨备增加对银行利润的侵蚀作用会越来越明显。

（3）地方法人银行机构流动性风险不容忽视。一是部分机构对理财和同业业务依赖程度较高，期限错配问题突出。二是部分机构流动性指标未达到监管要求。村镇银行和农村信用社的核心负债依存度分别仅为13.20%和48.05%，均低于60%的监管要求，流动性水平有所降低。三是部分机构流动性指标劣变明显。村镇银行和农村商业银行的流动性比例分别较年初下降42.75个百分点和7.42个百分点，村镇银行的流动性缺口率较年初下降16.15个百分点，流动性风险值得关注。

（二）证券期货业

1. 证券期货业运行特点

（1）证券期货机构业务持续分化。2017年，青海省法人证券公司业务发展良好，而证券营业部和法人期货公司业务规模则持续下滑。其中：法人证券公司累计代理交易额7 916.68亿元，同比增长83.80%；客户资产总额273.53亿元，同比增长65.30%；实现营业收入11.09亿元，同比增长29.10%。证券营业部累计代理交易额2 507.98亿元，同比下降11.38%；客户资产总额352.67亿元，同比下降5.63%。法人期货公司累计代理交易额2 895.88亿元，同比下降11.94%；客户保证金余额24.78亿元，同比下降34.76%。

（2）上市公司运行平稳。截至2017年末，青海省上市公司总股本137.54亿股，同比增长6.13%；总市值1 585.16亿元，同比下降4.35%。2017年前三季度，上市公司实现净利润7.66亿元，同比下降41.39%；平均每股收益0.08元，同比减少0.03元，下降27.27%。截至第三季度末，上市公司总资产1 889亿元，同比增长8.05%；净资产678亿元，同比增长6.03%。

（3）多层次资本市场建设稳步推进。一是“新三板”挂牌工作取得较大突破，2017年青海省新增3家“新三板”挂牌企业，挂牌企业达到6家。二是加大拟上市挂牌企业培育力度，已进入青海省拟上市挂牌企业储备库的企业20余家，实现登记备案企业2家。三是区域性股权市场建设有序推进，青海股权交易中心挂牌托管企业351家，同比增加28家。

2. 需要关注的问题

（1）部分证券期货机构经营业绩持续下滑。受资本市场不景气等影响，2017年，辖区部分证券期货机构经营业绩持续下滑。其中：证券营业部实现营业收入1.49亿元，同比下降32.27%；净利润0.41亿元，同比下降53.41%。期货公司实现营业收入0.79亿元，同比下降3.60%；净利润0.26亿元，同比下降34.76%。

（2）上市公司经营风险值得关注。一是部分上市公司受宏观经济环境、增长动能转换缓慢、研发基础薄弱等影响，核心竞争力不强，盈利的可持续性值得关注。二是部分上市公司负债较多，且债务集中到期，偿债压力较大，债务违约风险较高。三是部分上市公司公司治理结构不完善，内部控制存在缺陷，存在大股东股权质押占比过高、大股东非经营性资金占用等问题。

（三）保险业

1. 保险业运行特点

（1）保险业实力持续增强。一是保险业资产规模不断增加。截至2017年末，辖区保险公司资产总额达153.47亿元，同比增长15.78%。二是保险深度与保险密度持续双提高。其中：保险密度1 339.68元/人，同比增加187.12元/人；保险深度3.03%，同比上升0.36个百分点。

（2）保险市场业务结构进一步优化。一是产险领域内非车险业务发展速度加快，财产险业务增速高于同期车险增速1.51个百分点，车险保费收入占财产险保费收入比重同比下降1.05个百分点，车险“一险独大”的局面得到缓解。二是人身险领域内保障型险种发展较快，健康险保费收入达10.29亿元，占人身险保费收入的21.96%，占比同比上升0.96个百分点。

（3）农业保险保障“三农三牧”水平进一步提升。一是农业保险品种新增中草药保险和家禽保险，承保品种增加至21个；蔬菜价格指数保险新增3个保险品种，承保面积扩大至2万亩；二是森林保险计划投保面积为2 800万亩，同比增长超过20%；三是农房保险（附加地震责任）覆盖范围由9个区县扩展至全省。

2. 需要关注的问题

（1）人身险公司退保压力进一步上升。2017年，青海省人身险公司退保金额达7.13亿元，同比增长72.74%；退保率4.77%，同比上升1.48个百分点。由于辖区人身险公司2015年、2016年通过银邮渠道销售的多为中短存续期产品，2017年出现集中退保现象，退保支出大幅上升给人身险公司现金流带来较大压力，相关风险值得关注。

（2）财产险公司应收保费大幅上升。2017年，青海省财产险公司应收保费金额1.38亿元，同比增长38.45%；应收保费率3.42%，同比上升0.51个百分点。应收保费大量积累会减少公司现金流，影响公司资金周转速度，给公司的日常管理和财务稳健性带来风险隐患。

（四）金融业运行对金融稳定的影响评估

2017年，青海省金融业运行平稳，金融风险总体可控，为辖区金融稳定奠定了重要基础。同时，银行业信用风险和流动性风险相互交织，上市公司经营风险和债务违约风险有所显现，保险公司退保支出和应收保费大幅上升，银担合作、银保合作等跨市场、跨行业业务不断增多，部分金融风险通过资金链、担保链或金融产品等在不同金融机构之间传导，给辖区金融稳定带来一定挑战。

三、金融市场运行与金融稳定

（一）区域金融市场运行特点

1. 货币市场交易活跃，净融入资金较多

截至2017年末，青海省机构银行间市场交易量共计23 878.57亿元，同比增长9.72%。其中：同业拆借累计成交296.6亿元，同比下降3.67%；质押式回购累计成交16 723.77亿元，同比增长8.28%；买断式回购4 873.09亿元，同比增长41.53%；现券交易量1 985.11亿元，同比下降22.68%。

2. 银行间市场利率上升，债务融资工具发行量增长放缓

2017年，青海省非金融企业在银行间市场上的债务融资工具发行量下滑。截至年末，全省5家企业在银行间市场发行各类债券105.5亿元，同比少增44.5亿元。全年，青海省投资集团有限公司共成功发行12亿海外美元债，实现了海外债券融资零的突破。

3. 实物黄金交易回落，美元账户金涨幅明显

截至2017年末，青海省人民币账户金买卖13 639.48千克，成交金额37.23亿元，同比分别减少36.2%和17.8%；美元账户金交易3 441.7盎司，成交金额437.83万美元，同比均增加1倍；实

物黄金交易 951.26 千克，金额 2.88 亿元，分别同比下降 25.8% 和 15.5%。

4. 跨境收支总量增两成，跨境人民币结算项目更趋多元

截至 2017 年末，青海省跨境收支总额 168.22 亿元，同比增长 27.88%，实现跨境收支顺差 85.9 亿美元，同比增长 17.46 倍。全省跨境人民币收支额 26.93 亿元，占跨境收支总额的 15.94%，占比同比下降 23.01%。货物贸易人民币结算额为 7.05 亿元，同比下降 79.92%，占全省跨境人民币结算总额的 26.18%。跨境人民币资金池结算金额 17.40 亿元，占全省跨境人民币结算总额的 64.61%，资金池业务发展较快。

（二）金融市场运行状况对金融稳定的影响评估

2017 年，青海省金融市场交易活跃度进一步提升，有效支持了地方经济发展。但相较全国其他省份，青海省金融市场规模依然偏小，金融市场工具种类较少，金融市场层次不够丰富。

四、金融基础设施与金融稳定

（一）运行状况

1. 支付服务质量持续提高

一是加大支付市场监管力度。开展全省联合整治预付卡违规经营专项行动及非银行支付机构风险专项整治。二是持续深化农牧区支付服务环境建设，发挥网络普惠助力金融精准扶贫的作用。截至 2017 年末，全省共设立惠农金融服务点 4 967 个，业务累计达 35.3 亿元。三是辖区支付清算、会计核算系统安全稳定运行。全年共处理大、小额支付系统业务 1 702.51 万笔，金额 67 110.72 亿元。四是移动支付业务增长迅速。全年共办理移动支付 19 818.09 万笔，金额 4 518.87 亿元，同比分别增长 239.40% 和 31.82%。

2. 征信体系建设扎实推进

一是建立健全广覆盖的征信数据库和服务网。累计录入全省 2.52 万户企业、407.6 万自然人信用信息，全省共开通征信查询网点 537 个、配置个人信用报告自助查询机 18 台，累计查询个人信用报告 122.9 万次、企业信用报告 3.7 万次。二是全面建立可持续的“信用普惠”工作体系。持续推动应收账款融资服务，探索构建贫困户“谅解 + 救济”信用修复机制。2017 年促成应收账款融资 124 亿元，近四年年均增速 59.40%。为全省 1 186 户失信贫困户修复信用并发放“530”精准扶贫小额贷款 3 631.4 万元。三是持续深化征信宣传和诚信文化教育，打造“幼儿、小学、初中、高中、职业学校、大学”六级诚信文化教育体系。

3. 反洗钱履职效能不断提升

一是区域反洗钱和反恐怖融资风险评估机制成效凸显。在部分地区试点基础上，形成少数民族地区县域洗钱风险评估体系，实现评估地区发现并向侦查机关移送可疑交易线索和立案的双突破。二是加大监管力度，着力提升法人监管有效性，实现义务机构差别化监管。三是强化监测分析，增强成果转化。全年向侦查机关移送可疑交易线索 80 余份，开展反洗钱调查协查 47 起，支持有关机关办案 30 余起，立案 6 起，立线 1 起，破案 1 起。

4. 金融消费权益保护工作有序开展

一是助力全省普惠金融试点工作。印发了《青海省银行业金融机构普惠金融工作评估暂行办

法》，完成省、市（州）、县三级普惠金融数据填报并形成分析报告。二是加强机构消保业务管理与培训。建立银行业投诉数据统计监测制度，实现“金融消费者投诉分类标准应用”的全覆盖。三是履行金融消费者权益保护社会责任。全年共受理、处理金融消费者投诉100起，咨询33起，办结率100%。

5. 外汇市场运行平稳向好

一是银行结售汇总额大幅增长并创历史之最。全年结售汇总额20.6亿美元，同比增长1.1倍，出口不收汇问题得到遏制，货物流与资金流匹配度大幅改善。二是全省外汇市场体系建设不断完善。涉汇服务网点增加，服务能力进一步提升。辖区具有即期结售汇业务资格银行网点达到165家，实现了外汇业务机构全省8市（州）全覆盖。市场主体汇率风险意识增强，外汇衍生品业务增长。全省远期结汇履约1.98亿美元，外汇掉期履约0.15亿美元，远期售汇存续金额0.60亿美元，外汇掉期和货币掉期存续金额0.20亿美元，笔数和金额均出现了明显的增长。

（二）金融基础设施运行对金融稳定的影响评估

2017年，青海省金融基础设施不断完善，为金融市场安全高效运行提供了有效保障。部分领域服务效能和管理水平还有一定提升空间，尤其是在经济下行期，金融基础设施建设有待进一步加强，金融基础设施体系还需进一步完善，应对日趋复杂的金融形势和抗外部冲击的能力亟待提高。

五、总体评估与政策建议

（一）总体评估

2017年，青海省金融运行总体平稳。经济运行呈现大局稳定、效益回升的良好态势。经济增速虽同比回落，但仍高于全国平均水平。供给结构不断优化，新兴产业快速发展，投资和消费协同助推经济增长，惠民工程持续推进，居民收入稳步提高，金融业稳健运行的宏观经济基础得到良好提升。金融基础设施建设持续改善，银行业金融机构资产负债规模不断扩大，机构改革和引入稳步进行，服务实体经济的质效不断提升；法人证券公司业务开展良好，上市公司运行平稳，多层次资本市场建设稳步推进；保险行业实力持续增强，市场业务结构进一步优化，社会保障功能不断发挥。

但与此同时，青海省经济金融运行中仍面临着不少困难和制约，经济发展不平衡不充分，发展质量和效益有待提高，生态保护任重道远，脱贫攻坚任务繁重，金融业稳健发展面临挑战。

（二）政策建议

1. 发挥特色优势，持续推进供给侧结构性改革

一是认真贯彻落实国家加快发展绿色产业的意见，对接国家战略和区域政策机遇，巩固钢铁、煤炭、电解铝、水泥、铁合金等高污染行业去产能成果，利用地方特色资源，打造一批可持续发展的生态友好型项目，培养经济增长“新动能”；二是大力实施创新驱动发展战略，发挥科技创新在产业升级中的核心作用，全面提高传统产业的生产水平，推动企业加快技术改造升级，加快产业布局调整，积极发展新型业态，补齐产业协同发展的短板；三是健全企业帮扶机制，引导金融机构落实好差别化的货币信贷政策，进一步提高金融服务实体经济的能力。同时鼓励企业通过发行债务融资

工具等方式拓宽融资渠道，缓解企业融资难问题。

2. 加强基础设施建设，优化金融生态环境

加大非银行支付业务监管，保障辖区支付服务市场健康发展。大力推进社会信用体系建设，扩大信用信息在商业贸易、金融交易、生活消费等方面的使用广度，建立守信激励和失信惩戒联动机制。预防和遏制洗钱犯罪。继续完善金融消费权益保护工作体系，妥善处理消费者投诉，提升金融机构保护消费者权益的积极性。继续完善青海省外汇业务展业自律机制建设，指导辖区金融机构合规开办外汇业务。加大期货公司等金融机构引入力度，构建多层次金融组织体系，加快推进多层次资本市场体系建设。持续优化辖区金融生态环境，筑牢区域金融业稳健运行的基础。

3. 强化风险排查，提高风险预防处置水平

密切关注影子银行、互联网金融企业、房地产市场、债券市场、私募基金、地方政府融资平台等重点领域风险状况，做好非法集资风险整治和交易场所清理整顿工作，加强对辖区地方法人金融机构、上市公司、大型有问题企业、具有融资功能的非金融机构等的监测，做好应对风险和突发事件的应急准备，提升风险监测、预警和处置能力，加强金融监管部门间的协调合作，提升监管合力，防止风险跨行业、跨市场、跨区域传递，严守不发生系统性金融风险的底线。

总　　纂：曹建勋
统　　稿：潘　娟　苏中华
执　　笔：王建民　孙亚刚　吴俊成　席丹丹　常家升　郭建勇
其他参与写作人员：毛泽强　刘　涛　闫永晶　李道斌　邸小宁
赵爱珍　韩志宏　覃凌燕

甘肃省金融稳定报告摘要

2017年，面对复杂多变的内外部环境，甘肃全面贯彻新发展理念，深入推进供给侧结构性改革，经济运行质量及效益有所好转，触底回升的基础逐步夯实。全省金融业坚持稳中求进的工作总基调，认真贯彻落实稳健中性的货币政策，金融服务实体经济发展水平不断提升。总体来看，全省金融运行平稳。

一、区域经济运行与金融稳定

（一）经济运行情况

1. 经济增长趋于平稳，经济效益有所回升

2017年，甘肃省深入推进供给侧结构性改革，“三去一降一补”取得积极进展，经济增长有所放缓。全年实现地区生产总值7 677.1亿元，同比增长3.6%，增速较上年回落4.0个百分点。其中，第一产业增加值1 063.6亿元，同比增长5.4%；第二产业增加值2 562.7亿元，同比下降1.0%；第三产业增加值4 050.8亿元，同比增长6.5%。财政收入规模突破800亿元，税收收入同比增长10.4%，占财政收入比重较上年上升1.6个百分点，收入质量明显提升。工业企业经济效益持续好转，规模以上工业企业实现利润246.9亿元，同比增长112.0%。工业用电量同比增长9.3%，公路、铁路货运量同比分别增长9.8%、3.3%。同时，与经济增长密切相关的其他指标高于预期水平，表明全省经济效益出现明显好转。

2. 工业生产低位运行，服务业成为经济增长主要驱动力

受传统产业结构转型升级缓慢、企业对市场和政策反应不灵敏、资源环境约束趋紧等多重因素的影响，2017年6月以来，甘肃省规模以上工业增加值出现连续负增长，全年同比增长-1.7%。仅上半年近13%的规模以上工业企业停产，重要工业品产量持续下降，以原煤、水泥、粗钢和生铁等为主的原材料产品产量下滑最为显著。第三产业保持稳定增长态势，四个季度增速分别达到7.5%、7.5%、6.5%和6.5%，成为拉动经济增长的主要驱动力。2017年，甘肃省规模以上服务业营业收入740.7亿元，同比增长11.6%；其他营利性服务业实现营业收入241.7亿元，同比增长23.1%，其中，信息传输、租赁和商务服务业、交通运输和仓储对全省规模以上服务业营业收入的贡献率达到72.1%。

3. 消费增长基本稳定，投资增长呈下降态势

2017年，甘肃省消费市场基本稳定，实现社会消费品零售总额3 426.6亿元，同比增长7.6%。其中，城镇社会消费品零售总额2 729.9亿元，同比增长7.7%，农村社会消费品零售总额696.7亿元，同比增长7.4%。伴随产业结构调整升级，全省消费品市场结构持续优化。从商品消费情况看，

以食品、服装为主的生活类消费呈现下降趋势，以化妆品、金银珠宝、娱乐等消费升级类商品销售增长态势明显。同时，网上零售出现较大幅度增长，增速高达22.0%。受制造业投资增长乏力和房地产调控趋严的影响，2017年，全省基础建设投资增速回落，固定资产投资5 696.3亿元，同比下降40.3%。其中，三次产业同比分别下降43.7%、63.1%和26.8%；房地产投资增速持续回落，全年完成944.5亿元，同比增长11.1%，增速下降1.4个百分点。

4. 就业形势总体稳定，居民收入水平稳步提升

2017年，全省城镇就业累计达217.8万人，城镇失业率保持在3.0%以内。城镇居民人均可支配收入27 763.4元，同比增长8.1%，农村居民人均可支配收入8 076.1元，同比增长8.3%。城乡居民养老金、医疗保险补助分别增长55.0%、87.5%。全年共建设棚户区改造和各类保障性住房80.23万套，民生保障进一步加强。

（二）经济运行中需要关注的方面

1. 产业结构转型升级滞缓，新旧动能转换慢

近年来，尽管甘肃省产业结构优化取得一定成效，但受结构刚性、低水平均衡等因素影响，经济服务化进程缓慢。2006年以来，甘肃省经济服务化水平与全国平均水平一直保持较大差距。实际中，三次产业内部呈现低水平均衡状态，工业存量增长缓慢、增量规模过小，对资源和价格的依赖度较高；服务业呈现从传统服务业向现代服务业转型态势，而现代服务业中信息、科学技术等行业占比较低，相关企业经营规模整体偏小，缺少市场影响力大、竞争力强的大型企业。总体来看，全省产业结构表现出传统行业占比高、增长慢，新产业新业态占比低、增长快的特征，拉动经济增长的新旧动能转换亟待提速。

2. 投资增速持续回落，经济增长拉动作用减弱

经济企稳回升尚不明朗背景下，投资增速持续回落，制约经济的快速发展。一是项目个数大幅减少，后续项目储备不足。2017年，全省计划总投资500万元及以上项目个数13 541个，同比减少8 614个，完成投资4 751.8亿元，同比下降45.3%。二是制造业投资预期下降。据甘肃省工业企业景气问卷调查显示，经济总体状况尚未改观的情况下，企业家投资意愿下降。企业去杠杆过程中，尽管盈利状况有所改善，但为偿还信贷或其他投资需求，制造业或生产型企业进一步扩大投资的动力依旧不足。三是基础建设投资增速预期继续放缓。《关于进一步规范地方政府举债融资行为的通知》（财预〔2017〕50号）、《政府采购货物和服务招标投标管理办法》（财政部令第87号）的出台，进一步规范地方城投公司举债行为，但一定程度上增加了基础设施融资难度。地方债务严监管背景下，部分地方政府或其从属机构收回对金融机构的保函，金融机构停止贷款融资，如果缺少可接续的外部融资支持，大量基建项目将面临停工的风险。

二、金融业与金融稳定

（一）银行业

1. 银行业运行情况

（1）业务规模平稳增长，机构体系不断健全。截至2017年末，甘肃省银行业资产总额

25 701.27亿元，较年初增加1 208.27亿元，增长4.93%；其中，各项贷款余额17 707.91亿元，较年初增加1 779.28亿元，增长11.17%。负债总额24 502.96亿元，较年初增加1 041.06亿元，增长4.44%；其中，各项存款余额17 777.22亿元，增长1.49%。目前，全省共有银行业金融机构135家，其中法人银行业金融机构119家。全年通过改制组建农村商业银行13家，新设村镇银行4家，金融服务体系更趋完善。

（2）服务实体经济能力增强，精准扶贫力度加大。一是重点建设领域贷款快速增长。2017年末，全省单位中长期贷款余额8 491.10亿元，增长14.28%，有力地保障了基础设施建设等领域的资金需求。交通运输、仓储和邮政业贷款余额2 496.70亿元，增长14.20%，对全省经济增长的支撑作用进一步增强。二是精准扶贫、小微企业贷款增速持续高于全省平均水平。2017年末，全省精准扶贫贷款余额2 399.73亿元，较年初增加265.67亿元，增长12.45%；小微企业贷款余额4 203.63亿元，增长13.35%，占企业贷款余额的35.44%。

（3）拨备计提大幅增加，盈利水平持续下降。受信贷风险快速暴露、不良贷款持续攀升等因素影响，金融机构计提拨备大幅增加。全年计提减值损失准备230.14亿元，同比增加49.17亿元，减值损失准备占利润总额的46.30%，较上年上升6.48个百分点。但由于不良贷款增加较多，全省金融机构拨备覆盖率大幅下降，年末降至113.93%。受拨备计提大幅增加等因素影响，全省银行业金融机构盈利水平明显下降，全年实现利润219.04亿元，同比减少16.16亿元。

（4）金融改革继续深入，服务力度不断提升。农业银行甘肃省分行持续深化“三农金融事业部”改革，完善事业部组织架构和管理机制，加强产品服务创新，加大信贷支持力度，全年累计发放“三农”和县域贷款263.0亿元，向23个深度贫困县累计投放贷款75.0亿元。农村合作金融机构改革工作稳步推进，全省农村商业银行总数达到36家，新设立村镇银行4家，农村金融机构经营服务水平和支农服务力度持续提升。法人城市商业银行上市工作取得较大突破，兰州银行IPO进程顺利推进，甘肃银行正式在香港联交所挂牌上市，成为西北地区首家上市银行。

2. 银行业运行中存在的问题

（1）法人机构信贷风险持续暴露。2017年末，甘肃省银行业金融机构不良贷款余额621.04亿元，较年初增加297.81亿元；不良贷款率3.51%，较年初上升1.48个百分点。由于银行业金融机构盈利能力下降，存量不良贷款处置难等原因，不良贷款化解难度进一步加大。全省农信合系统信用风险更为严重，年末，农信合系统不良贷款余额327.47亿元，较年初增加229.28亿元；不良贷款率9.39%，较年初上升6.34个百分点，较全省银行业金融机构平均不良贷款率高5.88个百分点。

（2）流动性管理难度进一步加大。2017年，全省存款增长持续下行，年末全省各项存款余额17 777.22亿元，同比增长1.49%，增速同比下降5.97个百分点，存款增速下降到历史新低。2017年末，全省信贷期限结构失衡问题凸显，全省银行业金融机构中长期贷款增长14.88%，高于各项贷款增速3.71个百分点，占比达到65.48%，而短期贷款仅增长3.73%，低于各项贷款增速7.44个百分点。“短存长贷”使银行资产负债期限错配问题有所显现，商业银行流动性管理难度加大。

（3）房地产融资增速仍然较快。全省银行业金融机构房地产贷款增长主要满足了保障性住房建设和个人首套房资金需求，符合宏观调控政策。2017年末，全省房地产贷款增加432.64亿元，同比增长41.07%。其中，保障性住房贷款增加296.28亿元，同比增长45.22%；个人购房贷款增加326.87亿元，同比增长30.10%。

（二）证券业

1. 证券业运行情况

（1）证券期货经营机构规模有所收缩。2017 年末，甘肃省有 1 家法人证券公司，证券分公司 19 家，证券营业部 95 家，较上年共增加 8 家。全省有 1 家法人期货公司，8 家期货营业部，1 家境外期货持证企业，61 家从事 IB 业务的证券营业部，期货营业部家数较上年持平。法人证券公司华龙证券总资产 291.80 亿元，同比下降 9.89%；法人期货公司华龙期货总资产 9.39 亿元，同比下降 18.63%。

（2）证券经营机构盈利水平大幅下降。2017 年，全省证券经营机构①累计实现证券交易额 11 094.31亿元，同比下降 5.31%；股票交易额 8 097.20 亿元，同比下降 18.46%；实现营业收入 8.72 亿元，同比下降 28.17%；实现净利润 2.97 亿元，同比下降 42.77%。其中，法人证券公司华龙证券②累计实现营业收入 13.57 亿元，同比增长 8.91%；实现净利润 4.66 亿元，同比增长 15.96%。

（3）期货经营机构经营效益稳步增长。2017 年，全省期货经营机构③累计实现期货交易额 4 965.54亿元，同比下降 23.73%；实现营业收入 7 624.13 万元，同比增长 15.75%；实现净利润 3 182.76万元，同比增长 17.42%；其中，法人期货公司华龙期货④实现期货交易额 2 478.43 亿元，同比下降 12.20%；实现代理手续费收入 3 088.52 万元，同比增长 37.34%；净利润 3 247.64 万元，同比增长 32.83%，盈利水平大幅提升。

（4）法人证券期货机构抗风险能力整体较强。2017 年末，华龙证券净资产 140.68 亿元，同比增长 0.76%；净资本 106.75 亿元，同比下降 8.00%；风险覆盖率 427.66%，资本杠杆率 42.34%，流动性覆盖率 916.74%，净稳定资金率 170.83%。华龙期货净资产 6.03 亿元，同比增长 5.24%；净资本 4.69 亿元，同比下降 10.50%。法人证券期货机构各项指标均高于监管要求，抵御风险能力总体较强。

（5）上市公司实力有所提升。2017 年末，甘肃省共有 A 股上市公司 33 家⑤，较上年增加 3 家，其中 A+H 股上市公司 1 家。A 股上市公司总市值 3 408.74 亿元，同比增长 23.15%。2017 年，全省新增庄园牧场、国芳集团、白银有色等 3 家上市公司，IPO 数量创历史最高。全年全省 A 股上市公司募集资金 43.26 亿元，同比下降 67.82%；其中，首发上市融资 20.97 亿元，上市公司重大资产重组配套融资 8.09 亿元，发行公司债券融资 14.20 亿元。全省拟上市公司 9 家，兰州银行报送首发申请材料，西域新材、扶正药业、金昌宇恒镍网、清河源、巨鹏食品、金川科技、中天羊业、华龙证券 8 家处于辅导期，后备资源有所扩充。

2. 证券业运行中存在的问题

（1）全省优势产业借助资本市场发展空间有待提升。甘肃省上市公司主要分布在农林牧渔业、采矿业、制造业、房地产业、批发零售业、文化体育娱乐业、电力热力燃气及水生产供应业等产业

---

① 不包括华龙证券在甘肃辖外经营机构的数据。

② 此处华龙证券营业收入和净利润包括该公司在甘肃辖外经营机构的数据。

③ 不包括华龙期货甘肃辖外经营机构的数据。

④ 华龙期货交易额、收入和净利润三项指标包括该公司在甘肃辖外经营机构的数据。

⑤ 主板上市 24 家，中小板上市 6 家，创业板上市 3 家。

领域，其中制造业领域上市公司21家。全省传统优势行业油气、中药种植等领域上市公司数量较少，风光资源、文化旅游等领域缺乏优秀的上市公司，上市公司行业分布的领域有待拓展，传统优势产业借助资本市场发展尚有较大提升空间。

（2）上市公司和证券分支机构地区分布不均衡。目前，甘肃省33家上市公司主要分布在7个市州，其中兰州20家，占比60.61%，白银3家，酒泉、嘉峪关、武威、天水、陇南各2家；全省证券期货经营机构共124家，主要分布在兰州、白银、平凉、天水、酒泉、临夏等市州，其中兰州分布家数占比超过50%，甘南州尚未开设证券期货分支机构。证券业资源分布不平衡，全省资本市场参与主体分布不均衡，半数市州有待通过发展上市公司充分有效利用资本市场，进一步改善融资环境，拓展融资渠道，提升地区发展的金融支持效率。

（3）证券期货金融机构经营压力加大。互联网金融快速发展背景下，证券期货行业竞争与分化加剧，主营业务盈利情况与证券市场竞争程度和周期性变化密切相关，自营、资产管理业务等体现机构自身优势的业务发展相对缓慢，盈利模式单一，差异化、特色化发展的实际效果并不明显，对市场景气程度的依赖程度较高，潜存一定经营压力。

（4）证券期货经营机构服务实体经济能力不强。由于全省经济发展较为落后，各级政府及企业对资本市场认知程度和接受程度较低，加上传统经纪业务和通道类业务仍是全省证券期货分支机构的主要业务，业务创新能力不高，助力实体经济发展业务拓展难度较大，服务实体经济作用明显不足。

（三）保险业

1. 保险业运行情况

（1）市场运行稳中向好。2017年，全省保险业累计实现原保险保费收入366.38亿元，同比增长19.09%，增速较上年同期下降0.67个百分点。其中，产险公司累计实现原保险保费收入122.54亿元，同比增长12.24%，高于上年同期0.05个百分点，低于全国平均水平1.52个百分点；人身险公司累计实现原保险保费收入243.84亿元，同比增长22.85%，增速较上年同期下降1.53个百分点，高于全国平均水平2.81个百分点。全年累计发生赔付支出119.18亿元，同比增长8.96%。其中，产险公司累计发生赔付支出61.18亿元，同比增长7.54%；人身险公司累计发生赔付支出58.01亿元，同比增长10.51%。寿险退保率4.94%，低于全国平均水平1.58个百分点。市场未发生重大风险和非正常群体性事件。

（2）行业实力不断增强。2017年，黄河财产保险股份有限公司正式挂牌成立，实现了甘肃省保险法人机构零的突破。截至2017年末，全省共有财产险法人机构1家，省级分公司29家，其中，产险公司17家，人身险公司12家；较上年增加1家法人机构和4家产险分公司。保险业资产总额761.36亿元，同比增长10.44%。保险专业中介机构55家，较上年增加14家；保险兼业代理机构6 375家，较上年增加2 681家；保险营销员13.44万人，较上年增加2.55万人。

（3）发展质量稳步提高。2017年末，全省产险市场实现承保利润6.63亿元，同比增长0.89%；承保利润率居全国第8位，综合成本率居全国第29位。非车险业务占比达29.34%，高于全国0.69个百分点；与国计民生和社会治理密切相关的农业保险、责任保险和保证保险快速增长，增速分别为9.61%、15.62%和160.15%。寿险业务结构调整优化，保障类健康险业务累计实现保费收入36.28亿元，同比增长49.78%；中短存续期产品规模得到有效控制，全年保户储金及投资款净增加额 17.39 亿元，同比下降 39.65%。

（4）服务实体经济成效明显。2017 年，全省保险业为社会提供风险保障 20.21 万亿元。城乡居民大病保险覆盖人群稳定在每年 2 200 万人以上，年内为 22.03 万群众支付补偿 7.49 亿元。农业保险参保农户 150.5 万户次，保费收入 9.25 亿元，全年支付赔款 6.34 亿元，受益农户达 120.7 万户次。农村小额人身保险为全省 43.91 万人提供风险保障 395.95 亿元，赔款支出 3 881 万元。小额贷款保证保险支持 580 家涉农小微企业获得银行贷款超过 2 亿元。医疗责任险二级以上公立医院覆盖率达到 90%。首台重大技术装备保险稳步推进，为企业自主创新、技术改造和装备升级提供全方位风险保障。另外，“险资入甘”有序推进，年内引入项目 26 个，到账保险资金 102.53 亿元，累计已有 72 个项目获得保险投资 380.14 亿元。

2. 保险业运行中存在的问题

（1）产险市场业务发展速度放缓

受经济形势影响，全省产险市场发展放缓。2017 年，全省车险业务实现保费收入 86.59 亿元，同比增长 8.97%，增速较上年下降 3.22 个百分点。非车险业务发展缓慢，其中企财险、工程险、船舶险和特殊风险保险等险种均为负增长，增速分别为 -1.03%、-6.76%、-10.63% 和 -214.00%。

（2）产险公司承保利润增长缓慢

2017 年，全省产险公司累计实现承保利润 6.63 亿元，同比增长 0.89%，增速较上年下降 18.02 个百分点；承保利润率 6.14%，较上年下降 0.90 个百分点。从公司看，全省 17 家保险主体中有 8 家承保利润同比下降，其中部分产险分公司承保利润同比降幅高达 100% 以上。

（3）人身险市场退保率增速较高

随着 2012 年以来银邮渠道销售的 5 ~ 10 年期分红险和普通寿险陆续满期，2017 年退保和满期给付不断攀升。全省人身险公司退保 46.27 亿元，同比增长 73.05%，增速高于上年 70.01 个百分点；平均退保率为 4.94%，较上年上升 1.59 个百分点；满期给付 32.27 亿元，同比增长 1.79%。部分公司由于银保渠道占比较高，业务调整任务较重，现金流面临较大压力。

三、总体评估与相关建议

（一）计量分析

运用区域金融稳定定量评估模型对 2017 年甘肃省金融稳定状况进行量化评估，从评价结果看：2017 年甘肃省金融稳定综合评价得分 0.549 分，较 2016 年下降 0.098 分，金融稳定水平有所下降。分析板块组成时间序列变化，证券业板块、金融生态板块评价指数处于上升态势，宏观经济、银行业、保险业板块评价指数均有所下降，其中银行业板块评价指数下降幅度最为显著。宏观经济运行中，房地产处于合理增长区间，而经济增速持续下滑、全社会固定资产投资增长率进一步下降，对外经济负增长、城乡居民收入增速下降等因素对宏观经济稳健运行产生一定负面影响。银行业评价指数下降主要是全省银行业金融机构资产质量、资本充足率水平和盈利能力下降所致。证券业评价指数上升主要是省内法人证券公司资本充足率、资产安全性水平上升所致。保险业评价指数下降主要是应收保费率和寿险退保率上升所致，反映出全省保险业应对经济下行的实力有待增强。金融生态评价指数下降主要是地方财政收入占地区生产总值的比重大幅下降所致，反映出全省应对经济下行的经济实力有待加强，而法治信用环境的逐年向好、金融深化程度的不断提升对全省金融体系稳健运行发挥了良好的基础性作用。

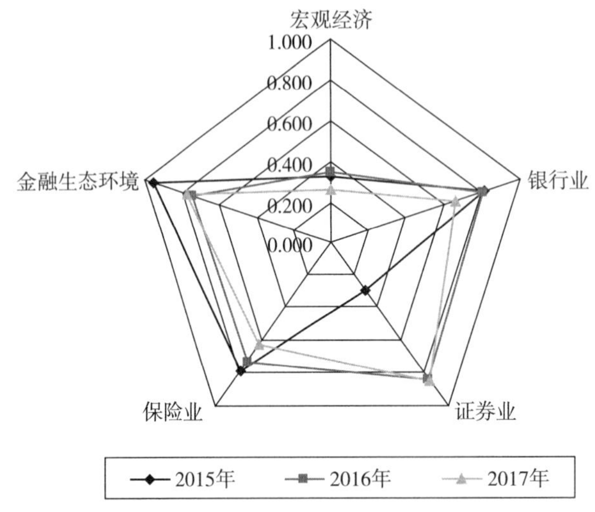

数据来源：计算所得。

图1　2015—2017 年甘肃省金融稳定总体状况及组成部分比较

（二）总体评估

2017 年，面对复杂多变的国内外环境，甘肃省全面贯彻新发展理念，以供给侧结构性改革为主线，统筹推进稳增长、促改革、调结构、惠民生、防风险各项工作，全省经济运行基本平稳，质量效益持续好转。服务业成为经济增长的主要动力，消费市场基本稳定，就业形势总体稳定，居民收入水平稳步提升，全省经济平稳运行有利于金融体系保持稳定。但是全省工业增长乏力，投资增长呈现下降态势，产业结构处于低水平均衡状态，经济发展中不平衡、不协调、不可持续的矛盾和问题依然存在。

全省金融业在改革中稳步发展，业务规模平稳增长，金融市场平稳运行，金融体系不断健全，金融业总体呈现稳健发展态势，服务实体经济能力不断增强，对重点领域的支持力度持续加大，有效地促进了全省供给侧结构性改革和经济转型发展。但经济增速下行等多种因素导致信贷风险持续暴露、银行业盈利能力持续下降、法人银行风险防控形势较为严峻；证券期货经营机构金融风险防范压力加大，上市公司行业分布和全省优势产业不匹配，服务实体经济能力仍待提高；产险市场业务发展速度放缓，承保利润增长较慢，人身险市场风险防范压力增大。金融市场的平稳有序运行，在调剂资金余缺、提高资金利用效率、优化资产负债结构、促进市场参与主体提升管理水平等方面发挥了积极作用，但地方法人金融机构创新能力不足，在金融市场的参与度较低，债券市场发行规模收缩，市场交易量继续回落。金融基础设施建设稳步推进，金融运行的各种软、硬件设施进一步完善，有力地支撑了普惠金融、绿色金融的有序推进。

总体来看，甘肃省经济金融运行中虽然存在一些不利因素和风险隐患，但是风险总体可控，区域金融发展继续保持稳定态势。

（三）相关建议

一是深入推进供给侧改革，着力培育经济增长新动能。深入实施“三去一降一补”，让市场在资源配置中发挥主导作用，有效化解供给结构和需求结构的矛盾，充分发挥有效投资的关键性作用，以重大项目为抓手，扩大合理有效投资，提高供给质量、优化供给结构，着力推动经济结构调整和转型升级。加快全省“去产能”进程，坚持因企施策、分类施策，大力关闭淘汰煤炭落后产能，坚决防止“地条钢”死灰复燃和其他产能过剩行业新增产能，积极稳妥处置“僵尸企业”，引导房地产增长保持在合理区间。将构建生态产业体系作为推进供给侧结构性改革的重要任务，优化农业内部结构，突出特色农业现代化发展，加快传统重化工业和制造业高新化、智能化、清洁化、绿色化改造，培育低碳环保新业态新产业，加快培育发展以文化旅游为主的现代服务业，推动旅游与文化、体育、农业、工业等深度融合，促进旅游业态升级，全面培育接续产业，促进全省产业体系平衡、协调、高效发展，切实防控实体经济风险向金融体系传递。

二是将防控金融风险放到更加突出位置，强化金融风险防控和处置。依托“一行三局”金融稳定协调工作机制，进一步加强人民银行与政府相关部门的信息共享，提升各部门防控金融风险的整体合力。加强风险监测预警，密切关注辖内实体企业尤其是产能过剩行业企业、房地产企业的经营及偿债情况和地方政府债务情况，及时发现和化解苗头性、趋势性风险隐患。督促辖内金融机构将防范化解金融风险作为当前的重点工作，摸清风险底数，多措并举化解存量风险，严控增量风险。重点监测地方法人金融机构、交叉性金融业务、影子银行体系等方面的突出问题和潜在风险，督促金融机构提高风险防控和审慎经营水平，防范金融风险跨市场传导、非法集资等金融体系外部风险向体系内传递。进一步建立健全各类金融风险应急预案，强化应急实战演练，推动建立健全地方金融风险处置机制，提升突发金融风险处置能力。

三是优化融资结构，提升金融服务实体经济发展质效。督导金融机构扩大服务覆盖面，提升专业化服务水平，加大对薄弱领域的金融支持，着力压降“三农”、民营企业、小微企业和社会弱势群体的融资成本。进一步拓宽直接融资渠道，推动金融机构和企业发行绿色债券，支持金融机构加快融资产品创新，推动融资租赁、产业基金等融资模式快速发展。推动符合上市条件的企业加快股改上市进程，进一步加大股权融资比重，优化全省融资结构，扩大社会融资总量，扭转信贷依赖度过高的局面，着力提高金融业的专业化服务水平和能力。

总　　纂：李文瑞
统　　稿：王宗祥
执　　笔：边永平　昝国江　杨　柳　景小娟
其他参与写作人员：李高元　赵林彪　张　莉　张　乾　王丽娟
张　峰　刘海申　孙雪峰　刘　蘅　杨召举
谢晓娜　孟秋敏　陈　全

宁夏回族自治区金融稳定报告摘要

2017年，宁夏认真贯彻落实国家宏观调控政策，坚持创新、协调、绿色、开放、共享的发展理念，深入推进供给侧结构性改革，统筹做好稳增长、调结构、促改革、惠民生、防风险各项工作，全区经济呈现稳中有升、稳中提质的良好态势。转型升级持续推进，新旧动能协同发展，质量效益明显好转，居民生活不断改善，供给侧结构性改革成效继续显现，为全区金融稳健运行创造了良好的环境。宁夏金融业深入推进改革创新发展，行业规模稳步扩大，组织体系日益完善，金融业总体保持稳健运行。银行业认真落实稳健中性的货币政策，优化信贷结构，支持实体经济的力度不断加大；证券业创新能力不断增强，上市公司并购重组步伐加快，多层次资本市场进一步健全，服务地方经济的作用日益显现；保险业快速发展，服务领域逐步拓宽，保障功能进一步发挥。

一、区域经济运行与金融稳定

2017年，宁夏经济运行总体平稳，经济结构不断优化，质量效益持续提升。初步核算，全年实现地区生产总值3 453.9亿元，同比增长7.8%。

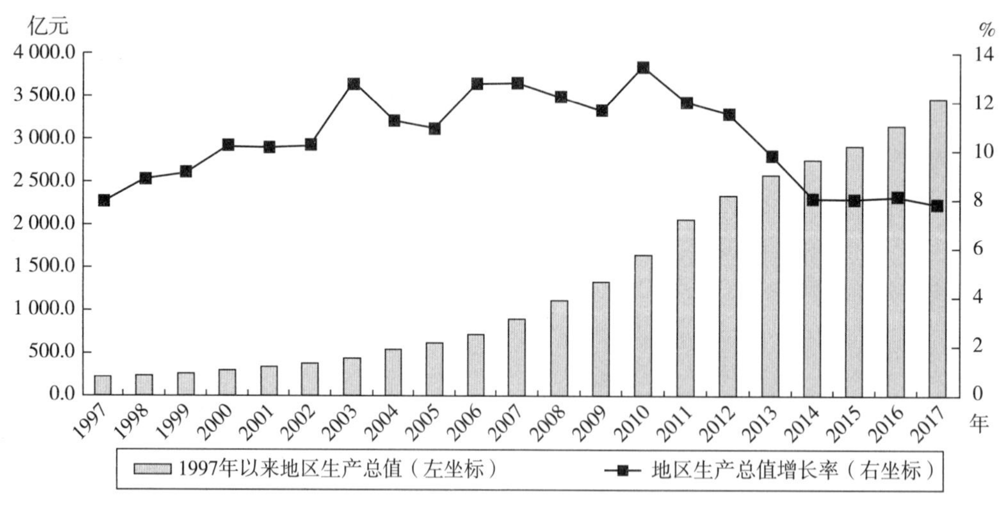

图1　1997—2017年宁夏地区生产总值及其增长率

（一）经济保持平稳发展

1. 内需平稳增长，外需增势强劲

（1）投资增速放缓，结构持续优化。2017年，宁夏完成全社会固定资产投资3 813.4亿元，同比增长4.2%，增速较上年低4.9个百分点。从产业看，三次产业投资比重为5.9:36.0:58.1，第三产业投资占比较上年提高5.1个百分点，投资结构进一步优化。

（2）居民收入不断提高，消费需求稳步回升。2017年，宁夏城镇常住居民、农村常住居民人均可支配收入同比名义增长8.5%和9.0%，城乡居民收入比与2016年持平。实现社会消费品零售总额930.5亿元，同比增长9.5%，比上年提高1.8个百分点。其中，乡村旅游和农村电子商务快速发展，带动乡村消费品零售额同比增长11.7%，占比逐年提升。消费升级和改善类商品呈现较快增长，化妆品类和体育、娱乐用品类零售额同比分别增长17.9%和35.4%。

（3）外贸增势强劲，利用外资大幅增长。2017年，宁夏对外开放不断深化，制定《内陆开放型经济试验区建设实施意见》，成功举办第三届中阿博览会、全国工商联常委会暨民营经济助推宁夏发展大会、网上丝绸之路大会等重大活动。全年实现外贸进出口总额341.3亿元，同比增长58.9%，比上年高71.5个百分点。其中，出口同比增长50.5%；进口同比增长86.7%。利用外资形势良好，全年批准项目24个，实际利用外资3.1亿美元，同比增长22.8%。

2. 三次产业协调发展，产业结构持续优化

2017年，宁夏加快推进经济转型升级，促进三次产业协调发展，三次产业比重由上年的7.6:47.0:45.4调整为7.6:45.8:46.6，第三产业比重上升1.2个百分点，产业结构持续优化。

（1）特色农业发展加快，产业规模不断扩大。2017年，宁夏紧紧发展“一特三高”现代农业，聚焦“1+4”特色优势产业，积极推进农业供给侧结构性改革。农林牧渔业增加值同比增长4.3%；粮食生产“十四连丰”，总产量368.2万吨，草畜、瓜菜、枸杞、酿酒葡萄等特色农业品牌效应显现，特色优势农业产值占比由上年的85.5%提高到87.0%。

（2）工业经济平稳向好，新兴动能发展较快。2017年，宁夏规模以上工业实现增加值同比增长8.6%，比全国平均水平高2.0个百分点。其中，重工业增加值同比增长9.8%，轻工业增加值同比增长2.6%。围绕创新驱动战略，落实“创新30条”，新产业、新动能快速成长，专业设备制造业增长24.4%，清洁能源发电量增长19.8%，数控技术切削机床增长35.7%，高新技术产业增加值占规模以上工业的比重较上年提高1.5个百分点。

（3）服务业快速发展，运行质量和效益不断提升。2017年，宁夏实现服务业增加值同比增长9.2%，增速比全国平均水平高1.2个百分点。全区旅游示范区建设稳步推进，全年接待游客和旅游收入分别增长21.7%和20.4%。中卫云计算、银川大数据中心、iBi育成中心等快速发展，电子商务、健康养老、文化创意等新业态蓬勃发展。

3. 居民消费价格保持稳定，工业生产者价格大幅上涨

（1）居民消费价格保持稳定。2017年，宁夏居民消费价格同比上涨1.6%，涨幅比上年提高0.1个百分点，八大类商品呈现“七涨一降”的态势。其中，医疗保健价格涨幅最高，同比上涨4.8%；食品烟酒价格同比下降0.5%。

（2）工业生产者价格大幅上涨。2017年，随着供给侧结构性改革效果逐渐显现，宁夏工业生产者出厂价格和原材料购进价格同比分别上涨12.1%和12.9%，涨幅比上年分别高13.0个和16.0个百分点。

（3）农民工工资稳步提高。2017年，宁夏农民工月均收入3 598元，同比增长6.9%，比全国平均水平高0.5个百分点。其中，外出农民工和本地农民工月均收入分别为3 758元和3 130元，同比分别增长5.0%和12.6%。

（4）推进输配电价格改革试点工作。2017 年，宁夏落实差别化电价电量 370 亿千瓦时，直接交易电量 280 亿千瓦时，累计降低企业用电成本约 11 亿元。

4. 财政收入较快增长，民生支出保障有力

2017 年，宁夏一般公共预算总收入 715.7 亿元，同口径增长 10.5%。其中，地方公共财政预算收入 417.5 亿元，同比增长 10.1%，较上年提高 2.1 个百分点。一般公共预算支出 1 375.9 亿元，同口径增长 8.7%。其中，教育、节能环保、医疗卫生与计划生育支出同比分别增长 12.4%、58.7%、21.7%。

5. 供给侧结构性改革成效突出

2017 年，宁夏继续深化供给侧结构性改革，“三去一降一补”取得积极进展。全年化解煤炭产能 593 万吨，取缔“地条钢”45.7 万吨，淘汰铁合金、电石等落后产能 93.1 万吨。积极推进棚改货币化安置，全区商品房库存面积同比下降 16.9%，去库存周期较上年减少 2.7 个月。降成本积极推进，出台《自治区人民政府关于降低实体经济企业成本的实施意见》，从用电、融资、物流、税费等方面入手，通过 30 条具体措施，有效降低实体经济成本，全年累计降低实体经济成本 85 亿元，规模以上工业企业每百元主营业务收入中的成本比上年下降 0.53 元，比全国平均水平低 1.10 元。补短板力度不断加大，信息传输、软件和信息技术服务业投资同比分别增长 16.3%、64.7%；坚持精准扶贫、精准脱贫，实施“脱贫富民 36 条”，减贫 19.3 万人，贫困发生率下降到 6%。出台“生态立区 28 条”，空气质量优良天数 279 天，比上年增加 4 天，完成营造林 107.6 万亩，黄河流域水质优良比例达 73.3%。

（二）区域经济运行中需要关注的问题

1. 地区经济发展不平衡

2017 年，宁夏各市县（区）经济发展差异较大，地区生产总值、投资、地方一般公共预算收入、规模以上工业增加值增速指标中，最高和最低之间分别相差 8.2%、39.2%、57.4%、26.3%，宁夏各地区发展不平衡问题较为突出。

2. 经济发展的结构性矛盾突出

受资源禀赋、发展基础、所处阶段等因素影响，宁夏经济结构性矛盾依然较为突出。从产业结构看，服务业占比不高，比全国平均水平低 5 个百分点；从工业结构看，高耗能行业占比达 56%，战略性新兴产业占比不足 16%。

二、金融业与金融稳定

2017 年，宁夏金融业主动适应经济新常态，组织体系日趋完善，机构改革稳步推进，整体抗风险能力和综合竞争能力不断提升，金融服务实体经济发展的作用更加突出。

（一）银行业与金融稳定

2017 年，宁夏银行业金融机构认真落实稳健中性的货币政策，稳步推进改革创新和战略转型，严守风险底线，为全区经济转型升级和平稳发展营造了适宜的货币金融环境。

1. 银行业发展基本情况

（1）资产规模稳步扩大，机构体系更趋完善。2017 年末，宁夏银行业金融机构资产、负债总额

分别为9 081亿元和8 695亿元，同比分别增长9.3%和9.4%。机构数量稳步增加，兴业银行分支机构落户宁夏，4家村镇银行顺利筹建和开业，截至2017年末，股份制银行数量增至7家，地方法人银行数量增至41家。

（2）存款增速明显放缓，贷款保持平稳增长。2017年末，宁夏银行业金融机构人民币各项存款余额5 848亿元，同比增长7.5%，较上年下降5个百分点。人民币各项贷款余额6 333亿元，同比增长11.7%，较上年末增加0.9个百分点。全年新增人民币贷款665亿元，同比多增115亿元，其中，个人消费贷款增长较快，同比增长24.6%。

（3）机构保持稳健运营，金融风险总体可控。2017年末，宁夏银行业金融机构不良贷款率为1.9%，较上年末上升0.11个百分点；关注类贷款余额同比减少1.8%，逾期90天以上贷款与不良贷款比值较年初下降17.2个百分点，信贷资产质量总体保持稳定。流动性比例同比上升2.93个百分点，机构流动性水平保持平稳。地方法人银行机构风险抵御能力较强，平均拨备覆盖率和平均贷款损失准备充足率分别为165%、313.71%。

（4）存款保险制度有效实施，利率市场化改革持续推进。初步探索建立存款保险早期纠正机制，明确各阶段触发标准和工作措施，前移风险防范关口，督促机构稳健审慎经营。完善宁夏市场利率定价自律机制，规范金融机构利率定价行为，存款利率分层差异化定价格局逐步形成。

（5）机构改革稳步推进，金融服务提质增效。农信社改革深入推进，4家农信社完成改制，全区改制机构占比超过一半。农业银行“三农金融事业部”改革持续推进，金融扶贫力度不断加大，“三农”金融服务水平进一步提升。政策性银行强化职能定位，优化资源配置，全力支持供给侧结构性改革。大型商业银行、股份制银行主动调整发展战略，优化组织架构，转变发展模式，服务实体经济水平不断提升。地方法人金融机构不断加强资产负债管理和金融服务创新，有效支持地方经济发展。

（6）跨境人民币业务结构优化，覆盖面持续扩大。2017年，宁夏跨境人民币收支32.5亿元。其中，经常项目业务占比40.8%，较上年提高27.1个百分点。全区办理跨境人民币业务的企业比上年末增加97家，业务涉及欧美、亚非拉等54个国家（地区）。

2. 银行业发展中需要关注的问题

（1）地方法人金融机构资本补充压力加大。2017年末，宁夏有7家机构资本充足指标未能达到监管标准。受盈利能力持续下降、资本过度消耗、股东注资积极性不高等因素影响，机构内源性资本补充数量受限，外源性资本补充渠道不足，未来机构资本补充压力较大。

（2）盈利能力持续下滑。受资产收益下滑、减值计提增多等因素影响，全区银行业金融机构整体盈利能力持续下降。2017年末，全区银行业金融机构实现税后净利润78.3亿元，同比下降16.9%，较2013年（利润历史最高年份）利润减少34.5亿元，降幅32.2%。

（二）证券业与金融稳定

2017年，宁夏证券市场交易趋于活跃，市场参与主体稳步增加，上市公司并购重组步伐加快，多层次资本市场进一步健全，服务水平持续优化。

1. 证券期货业发展基本情况

（1）证券期货经营机构继续增加，市场体系日趋完善。截至2017年末，宁夏证券分公司增至11家，证券营业部增至45家，期货营业部3家，其中28家证券营业部具备期货IB业务资格。开放式基金代销机构数量为40家，包括1家独立基金销售机构，26家证券类基金代销机构、12家银行类基金代销机构和1家期货类基金代销机构，市场服务体系不断完善。

（2）投资者队伍稳步扩大，市场交易活跃。受资本市场回暖影响，辖区投资者数量和市场交易额稳步增加。全年证券账户累计开户1 241 659户，分别较年初增长22.7%；期货账户累计开户6 862户，同比增长11.2%。市场交易额稳步增加，全年辖区证券市场交易额同比增长15.2%，期货市场交易额同比增长36.2%，基金账户数与保有量同比分别增长19.8%和31.2%。

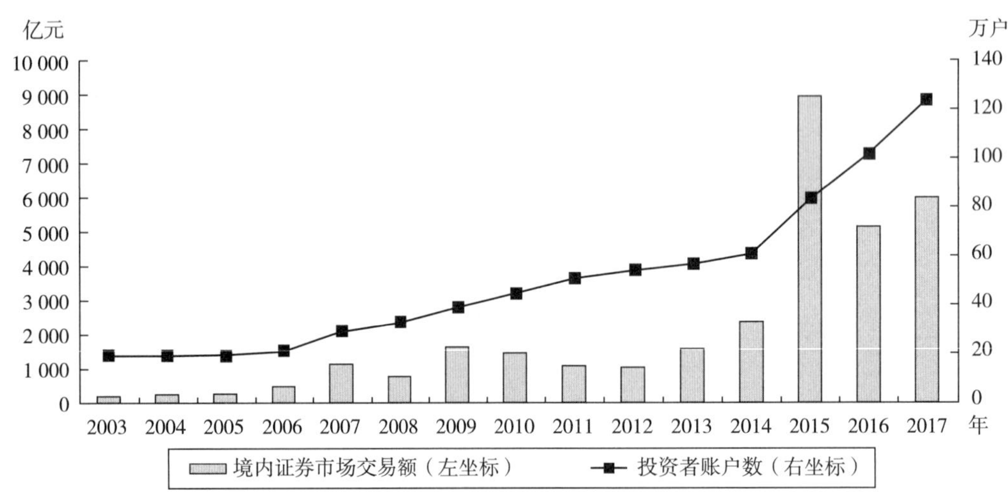

图2　2003—2017年宁夏资金账户数、证券交易变化情况

（3）上市公司并购重组步伐加快，企业效益不断提升。辖区上市公司积极落实宏观经济转方式、调结构的政策方向，不断加大并购重组力度，主动谋求企业自身实力增长。西部创业、银星能源、商赢环球、新日恒力等近半数上市公司实施并购重组、再融资，实现了资源的优化配置。同时经过近年来企业并购重组及公司治理结构的改善，东方钽业于近期实现了利润额增长，成功撤销了退市风险警示。

（4）企业上市取得突破，多层次资本市场进一步健全。嘉泽新能源在上海证券交易所成功上市，成为宁夏第13家上市公司，填补了宁夏14年来没有企业在主板上市的空白。上市公司后备资源有所扩充，上市辅导备案企业数量增至8家。新三板挂牌企业数量继续扩大，较年初增加12家。宁夏股权托管交易中心挂牌企业812家，涵盖22个行业，覆盖22个市县，实现了全地域全产业覆盖。

2. 证券业发展中需要关注的问题

经营机构盈利能力持续下降。目前宁夏辖区证券经营机构业务收入来源仍以证券经纪等传统业务为主，受互联网业务快速发展、新设机构不断增多等因素影响，证券市场竞争日趋激烈，交易佣金费率呈下降趋势，机构盈利压力不断加大。2017年，各证券经营机构实现主营业务收入2.5亿元，同比下降21.6%，实现营业利润0.4亿元，同比下降61.7%。

（三）保险业与金融稳定

2017年，宁夏保险业规模稳步扩大，业务结构持续优化，改革发展取得新突破，风险保障能力不断提升，服务经济社会发展的作用不断增强。

1. 保险业发展基本情况

（1）行业规模不断扩大，组织体系日益完善。2017 年，宁夏保险经营机构和从业人员数量持续增多，行业规模不断扩大。全区现有保险法人公司 1 家，保险省级分公司 22 家，其中，财产险分公司 10 家，人身险分公司 12 家；各级分支机构 501 家。保险从业人员 5. 71 万人，其中保险公司在职员工 6 288 人，高管人员 325 人，保险营销员 50 502 人。

（2）保费收入稳步增长，保险业务快速发展。2017 年，全区保险业共实现保费收入 165. 2 亿元，同比增长 23. 4%，高于全国 5. 2 个百分点。保险密度和保险深度进一步提高，年度保费收入占地区 GDP 的比重达到 4. 79%，较上年提高 0. 54 个百分点；人均保费 2 423. 2 元，较上年提高 22. 1%。

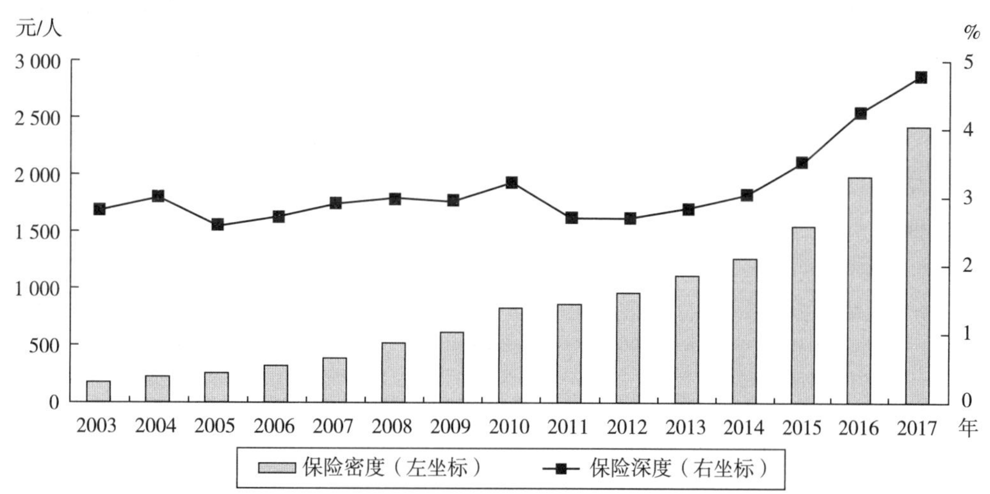

图 3　2003—2017 年宁夏保险深度、保险密度变动情况

（3）业务结构持续优化，保险功能作用有效发挥。2017 年，全区保险业资产总额 358. 3 亿元，较年初增长 16. 8%，为全社会提供了 13. 1 万亿元的风险保障，其中，财产险公司保险金额 11. 4 万亿元，人身险公司保险金额 1. 7 万亿元；全区城乡居民通过商业保险积累的养老和健康等长期风险准备金达到 303. 7 亿元；赔付支出总计 49. 6 亿元，同比增长 15. 7%，保险业风险保障能力不断提升。

（4）重点领域险种稳步发展，改革创新取得新突破。截至 2017 年末，农业保险承保种植业作物 949. 97 万亩、养殖业牲畜 449. 22 万头（只），参保农户 56. 01 万户次签单保费 5. 36 亿元，已决赔款 3. 55 亿元，承担风险总额 97. 87 亿元。城乡居民大病保险覆盖全区 488. 38 万城乡居民，累计为 131 122人次支付医疗费用 6. 41 亿元，受益人数 81 562 人。涉及交通、医疗、教育、旅游、安全生产等领域的责任保险，累计承担风险总额 3 101. 98 亿元。

2. 保险业发展中需要关注的问题

流动性管理压力不断加大。2017 年末，宁夏产险公司应收保费 6. 9 亿元，同比增长 27. 8%。寿险公司退保金支出 15. 5 亿元，同比增长 55. 4%；满期给付金额 10. 2 亿元，同比增长 16. 1%。产险应收保费的过快增长及寿险退保率与满期给付增速的高位运行，导致机构流动性管理压力不断加大。

三、总体评估与政策建议

（一）总体评估

运用区域金融稳定定量分析模型，从宏观经济、金融机构、金融生态环境三个方面构建指标体系，对2017年宁夏金融稳定状况进行量化评估。从总体评估结果看，金融稳定总体形势受宏观经济指标回升、金融生态环境优化和证券市场交易额增长的影响，2017年全区金融稳定综合评价评估值较上年值上升0.0291。从分析板块组成看，受到进出口总额增长率大幅上升、社会消费品总额增长率上升、城镇登记失业率小幅下降的影响，宏观经济评估值较上年上升0.0639；银行业受资产利润率指标下降的影响，综合评估值较上年下降0.0304；证券业由于境内证券市场交易额增长率大幅增长，综合评估值较上年上升0.2468；保险业在保费收入增长率下降的影响下，综合评估值较上年下降0.0225；金融生态环境评估值因法治环境、银行服务密度、征信数据库覆盖率等指标的小幅上升，较上年上升0.064。

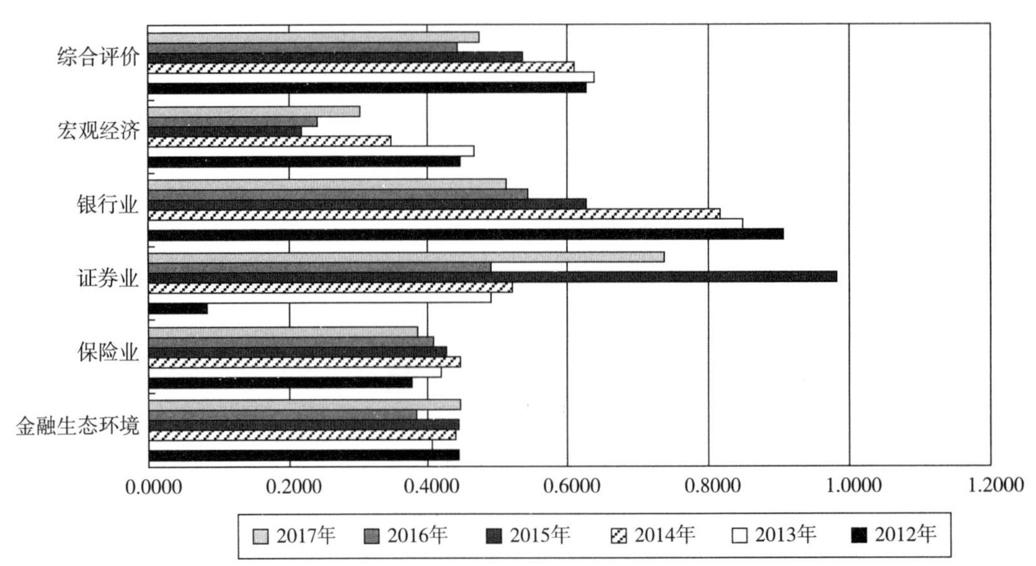

图4 2012—2017年宁夏金融稳定总体状况及组成部分对比情况

（二）政策建议

1. 加快推进供给侧结构性改革，促进经济提质增效

继续深化供给侧结构性改革，加快技术创新和工业改造提升，再造传统行业新优势。大力发展特色产业，着力培育经济增长新动能，让优势产业成为稳增长、促转型的助力。深入实施创新驱动战略，不断优化投资结构，加大对教育、科技、文化等短板领域投资，实现改善民生和促进经济增长的双重效应。加强铁工、水利等基础设施项目建设，促进互联互通，带动相关产业发展。

2. 发挥金融支撑作用，提升金融服务效率和水平

完善货币政策传导机制，健全宏观审慎政策框架，促进金融更好为实体经济服务。突出信贷重点，加大对基础设施、公共服务项目和重点产业项目的资金支持，助力经济结构调整和转型升级。

继续推动多层次资本市场体系建设，拓宽实体经济融资渠道，降低实体经济融资成本。加快产品创新，优化保险业务结构，进一步发挥保险保障和融资功能，促进经济社会稳定运行。

3. 完善风险防控体系，严守金融风险底线

加强金融风险研判及重点领域风险防控，完善金融风险监测、评估、预警和处置体系。督导地方法人金融机构加强流动性管理，稳健合规经营。完善风险应急处置机制，组织开展金融风险应急演练，提高金融风险突发事件应对处置能力。进一步完善存款保险制度功能，探索金融机构风险市场化处置机制，确保不发生系统性金融风险。

总　　纂：李　宁
统　　稿：冯爱华　刘　玲　李　斌
执　　笔：马　娟
其他参与写作人员：周　豹　吉　洁　刘江帆　陈　曦

新疆维吾尔自治区金融稳定报告摘要

2017年，新疆以迎接党的十九大胜利召开为动力，深入贯彻新发展理念，面对新疆经济社会两个“三期叠加”的严峻形势，坚持稳中求进总基调，统筹发展和稳定的关系，以推进供给侧结构性改革为主线，不断调整优化产业结构，经济保持了平稳发展态势。金融业改革平稳推进，经营实力不断提升。金融市场规模有序扩大，金融基础设施更趋完备，金融风险防控能力有效提升，金融整体保持稳定。

一、区域经济金融运行

（一）区域经济运行

2017年，新疆经济运行总体平稳，全年生产总值10 920.1亿元，同比增长7.6%，高于全国平均水平0.7个百分点。三次产业增加值分别为1 691.6亿元、4 292.0亿元、4 936.5亿元，同比分别增长5.6%、5.9%、9.8%，三次产业对经济增长的贡献率分别为12.1%、29.7%和58.2%，第三产业成为经济增长的第一动力。

1. 固定资产投资加速推进，基础设施投资拉动增强

2017年，新疆完成固定资产投资11 795.6亿元，增长20.0%，高于上年同期28.4个百分点。其中，六大高耗能行业投资下降28.0%；第三产业投资增长44.9%，高于上年同期38.3个百分点，占固定资产投资比重达67.9%；基础设施类投资增长42.4%，高于上年同期57.5个百分点，占固定资产投资比重为45.0%。

2. 消费保持稳定增长，网络消费快速发展

2017年，新疆实现社会消费品零售总额3 044.6亿元，增长7.7%。其中，限额以上石油及制品类消费零售额对全区消费品零售额增长贡献率达44.1%。乡村消费市场相对活跃，增速高于城镇市场3.1个百分点。新疆企业网络零售额76.7亿元，同比增长53.4%，新形式消费快速发展。

3. 外贸市场回暖，进出口快速增长

2017年，新疆进出口总额1 398.4亿元，同比增长19.9%。其中，进口总额198.0亿元，同比增长45.8%；出口总额1 200.4亿元，同比增长16.5%，高于上年同期51.4个百分点。利用外资2.34亿美元，同比增长0.6%；辖区企业境外投资支出4.38亿美元，同比增长30.5%。

4. 财政收支较快增长，收支差额持续拉大

2017年，新疆一般公共财政预算收入1 465.5亿元，同比增长12.8%，高于上年同期15.2个百分点。一般公共财政预算支出4 641.2亿元，同比增长12.2%，高于上年同期3.4个百分点。收支差

额同比增加了336.4亿元。

5. 工业企业利润增长较快，城乡居民收入稳步增长

2017年，新疆规模以上工业企业实现利润767.8亿元，增长1.2倍；实现主营业务收入8 655.2亿元，增长19.0%。全区城镇居民人均可支配收入30 775元，增长8.1%，农村居民人均可支配收入11 045元，增长8.5%。

6. 物价涨幅保持稳定

2017年，全区居民消费价格指数（CPI）累计上涨2.2%，全年涨幅连续保持在2.0%左右。工业生产者出厂价格指数（PPI）上涨13.7%，工业生产者购进价格上涨12.8%。

7. “去产能”显成效，经济发展质量有所提升

2017年，新疆钢铁去产能570万吨；煤炭去产能1 163万吨，原煤库存量较上年减少45.3%；全区商品房待售面积较上年减少99.6万平方米；全区规模以上工业企业资产负债率62.7%，同比下降1.9个百分点，每百元主营业务收入成本78.3元，同比减少2.4元。

（二）区域金融运行

1. 金融业稳步发展

2017年，新疆共有银行业金融机构149家、证券公司43家、保险公司33家、期货公司6家、信托投资公司2家、金融租赁公司1家、资产管理公司3家、小额贷款公司380家，融资担保公司170家，典当公司225家。截至2017年末，新疆银行业金融机构本外币各项存款余额2.2万亿元，同比增长12.7%，分别高于上年同期、全国平均水平4.4个和3.9个百分点，增速居全国第二位；本外币各项贷款1.7万亿元，同比增长15.0%，分别高于上年同期、全国平均水平3.7个和2.9个百分点，增速居全国第五位。2017年，新疆证券交易总额为1.8万亿元，同比增长14.3%；期货交易6 785.29亿元，同比下降4.1%。新疆保险业原保险收入523.77亿元，同比增长19.1%；保险赔付支出173.39亿元，同比增长11.9%。

2. 社会融资规模稳步扩大

2017年，新疆社会融资规模存量2.3万亿元，同比增长14.5%。其中，银行信贷新增2 298.0亿元，同比多增811.1亿元，增量占社会融资规模增量的75.6%；银行表外融资（信托、委托贷款，未贴现银行承兑汇票）新增350.2亿元，同比多增795.3亿元；非金融企业直接融资（债券、股票融资）新增273.3亿元；其他融资渠道新增117.3亿元。

3. 货币政策执行效率不断提升

2017年，新疆支农、支小再贷款及再贴现累计发放额246.9亿元；对119家金融机构执行优惠存款准备金率，释放法人金融机构可贷资金约40亿元；“两免”扶贫小额信贷基本实现以县为单位清零，全年累计发放“两免”扶贫小额信贷111.4亿元，惠及31.5万户；兵团10个师的企业累计发行各类债务融资工具996.5亿元，占全疆企业发债总量的32.7%。

4. 跨境人民币结算额大幅增长

2017年，新疆银行跨境人民币收付结算额378.1亿元，同比增长45.6%，净流入178.3亿元，同比增长91.3%。代客跨境收付（含外币现钞）167.5亿美元，同比增长4.8%，流入57.3亿美元，同比增长2.8%。新疆累计已与90个国家开展跨境人民币结算，金额突破2 600亿元。

5. 周边国家金融合作不断推进

近年来，我国已与周边部分国家签署了货币互换协议、监管合作谅解备忘录，中国人民银行加

入中亚、黑海及巴尔干半岛地区央行行长会议组织。中国银行、工商银行、建设银行等机构在周边国家设立分支机构。人民币对哈萨克斯坦坚戈实现双边直接挂牌交易，塔吉克斯坦货币索莫尼实现银行柜台现汇挂牌交易。哈萨克斯坦塔纳银行、吉尔吉斯斯坦瑞士银行作为间接参与者接入人民币跨境支付系统（CIPS）。

6. 丝绸之路金融核心区建设成效显著

2017 年，新疆已与 86 个国家和地区开展了跨境人民币实际收付业务，跨境结算实际收付累计达 2 528.4 亿元。金融支持喀什、霍尔果斯两个开发区工作持续推进，霍尔果斯边境合作中心成为全国首个“境内关外”跨境人民币创新试点政策落户地。绿色金融融资余额 2 147.63 亿元，同比增加 107.52 亿元。中国—亚欧博览会金融论坛成为新疆金融聚集资源、凝聚发展共识的重要国内国际平台。

（三）区域经济金融运行中存在的问题

2017 年，新疆经济金融总体运行平稳，随着国内经济逐步回暖，新疆经济发展保持平稳的增长态势，第三产业对经济的拉动作用进一步提升，固定资产投资大幅增加，投资拉动效果明显。金融业支持地方经济发展的能力进一步提升，各项货币政策的政策效应进一步显现，新疆金融对外合作逐步深入。但经济、金融在运行中仍存在一些需要关注的问题：一是固定资产投资大多集中在基础设施领域，资金使用周期长，增加了金融机构资产负债期限错配风险和贷款集中风险；二是工业增速放缓且结构不合理，重工业增加值占工业企业增加值的 87.7%，而高新产业仅占 6.7%，信贷需求缺乏新的增长点；三是企业高杠杆风险不容忽视，新疆非金融企业杠杆率高于全国平均水平 14.8 个百分点，钢铁、煤炭、电力等行业风险积聚；四是国家对地方政府债务管理的进一步收紧，导致部分已开工项目停工或后续资金供给不足，项目后期偿债压力加大，可能导致财政风险向金融风险转移。

二、金融业运行

（一）银行业

1. 银行业运行情况

（1）机构改革稳步推进，组织体系不断完善。2017 年，新疆农业银行“三农金融事业部”工作稳步推进；邮储银行新疆分行及 16 家二级分行、83 家一级支行挂牌成立了“三农金融事业部”；工行、农行、中行、建行、交行设立了普惠金融事业部，农业发展银行设立了扶贫金融事业部；7 家农信社改制为农商行；新设 3 家村镇银行。

（2）资产规模持续增长，盈利能力有所增强。截至 2017 年末，新疆银行机构资产总额、负债总额分别为 3.05 万亿元、2.92 万亿元，同比分别增长 13.8%、13.7%。其中，各项存款余额、贷款余额分别为 2.2 万亿元、1.7 万亿元，同比分别增长 12.4%、16%。2017 年，新疆银行业实现净利润 331.24 亿元，同比增长 14.01%，增速上升 10.81 个百分点。整体资产利润率为 1.2%，利息收入率为 89.7%，中间业务收入率为 10.4%。

（3）资产质量整体较好，不良贷款增幅“双降”。截至 2017 年末，新疆银行业金融机构不良贷款余额254.44亿元，较上年增长9.75%，增速回落17.14个百分点。不良贷款率1.42%，同比减少0.07个百分点，低于全国平均水平0.34个百分点。信用风险资产不良率为0.9%，同比下降0.09个百分点。资产不良率整体保持在较低水平。

（4）法人银行机构资本持续增长，拨备计提充分，流动性整体较为充裕。截至2017年末，资本净额为1 003.20亿元，同比增长26.1%；资本充足率和核心资本充足率分别为15.9%、14.8%，同比上升0.84个、0.65个百分点；贷款损失准备充足率和拨备覆盖率均在150%以上，拨贷比在3%以上；整体流动性比例超过40%，117家机构中116家机构的流动性比例满足监管要求。

（5）银行理财业务规模增幅放缓，同业投资业务增长较快。2017年，新疆银行机构理财业务资金余额3 145.68亿元，同比增长9.31%，增幅同比下降18个百分点。同业投资业务主要集中在法人银行机构，法人银行机构同业投资业务余额为1 654.78亿元，同比增长30.6%。

（6）表外业务规模增长较快，部分业务成倍增长。截至2017年末，新疆银行业金融机构表外业务余额11 230.89亿元，同比增长28.91%。其中，承诺类业务同比增长106.8%。表外业务主要集中在国有商业银行、股份制商业银行、城市商业银行和政策性银行。

2. 银行业稳健性评估

2017年，新疆银行业信贷规模较快增长；各项改革稳步推进，资产质量总体较好，盈利能力持续增强，内控管理有所加强，风险管理能力不断提升。银行业运行平稳，整体保持稳定。但银行业体系内部仍然存在一些风险因素，影响银行业稳健发展，需要密切关注。

（1）不良贷款持续增加，法人机构信贷风险凸显。截至2017年末，新疆银行业金融机构不良贷款余额为254.44亿元，同比增长9.75%。分机构看，农村商业银行、村镇银行和农村信用社不良贷款余额同比分别增长31.09%、47.91%和17.02%；农村信用社不良贷款率3.19%，高于新疆银行业整体不良贷款率1.77个百分点。分地区看，博州、哈密、喀什、和田不良贷款余额同比分别增长39.51%、74.1%、42.57%、29.7%，塔城地区不良贷款率超过了3%。国有商业银行、农村商业银行关注类贷款与不良贷款的比例分别为3.46倍、3.38倍，农村合作银行、村镇银行逾期90天以上贷款与不良贷款比例超过了100%。

（2）资金来源和运用期限错配显现，资金投向集中风险有所显现。2017年末，从资金来源看，新疆银行机构居民和非金融企业新增存款中63.81%为活期存款，政府部门新增存款中87.08%为短期机关单位存款。从资金运用看，新增中长期贷款占全区贷款新增额的65.39%，新增中长期贷款72%投向资金周期较长的行业。进出口银行、民生银行、新疆银行的最大十家客户贷款占各项贷款比例超过50%，贷款集中度风险较高。

（3）银行体系内的影子银行业务风险显现。2017年，新疆法人银行机构表内同业投资投向各类金融资产的占25%，表外理财募集资金投向各类金融资产的占76.8%，资金在金融体系内空转比例较高。法人银行理财业务中短期个人理财占62%，而理财投资长期化趋势明显，理财资金来源短期化和资金运用长期化矛盾加剧。

（4）法人银行机构潜在一定的流动性风险隐患。2017年，117家法人银行机构中存贷比超过80%的有29家，核心负债依存度在60%以内的有49家，流动性缺口率不足-10%的有14家，一定程度上存在存贷款规模匹配不合理、负债稳定性不足、短期资产负债规模匹配不均衡等流动性风险隐患。

（二）证券期货业

1. 证券期货业运行情况

（1）证券业机构稳步增加，市场交易回暖。2017 年末，新疆有证券业经营主体43 家，证券营业部 102 个，较上年增加 15 个。全年证券交易 18 010. 43 亿元，同比增长 14. 34%。其中，股票交易 10 714. 79亿元，同比增长 8. 27%。资金账户 229. 16 万户，同比增长 6. 9%，资金账户余额 191. 89 亿元，同比下降 22. 3%。2017 年，新疆证券机构实现利润总额 2. 28 亿元，同比下降 68. 6%。

（2）期货业机构相对稳定，业务规模大幅下降。2017 年，新疆有期货机构 6 家，另有 55 家证券营业部提供期货中间业务。2017 年，全疆累计期货交易量 1 116. 5 万手，同比下降 27. 8%，交易额 6 785. 29亿元，同比下降 4. 1%，交易额创 2010 年以来新低；期货市场共有 55 个期货交易品种，较上年增加 7 种。期货经营机构净亏损为 2 241 万元，亏损同比增长 652%。

（3）上市公司数量稳步增加，融资规模快速增长。2017 年，新疆熙菱信息在主板上市、德新交运、立昂技术在创业板上市。年末，新疆 A 股上市公司数量达到 52 家，总市值 7 523. 35 亿元，同比增长 20. 3%；融资总额 723. 93 亿元，同比增长 7. 5%。其中，IPO 融资 4. 35 亿元，再融资 433. 69 亿元。

2. 证券期货业稳健性评估

2017 年，新疆证券交易回暖，期货交易量和交易额同比“双降”，资金参与意愿处于较低水平，经营机构融资融券、股指期货业务巨幅下降，经营利润大幅下滑，但总体保持稳定。上市企业直接融资能力不断增强，但部分上市公司经营持续亏损，存在违规经营和内控管理等方面风险需要关注。同时存在后备上市资源相对匮乏、本地券商投行高端人才不足，深耕本地市场能力不够等突出问题。

（三）保险业

1. 保险业务运行情况

（1）保险体系不断健全，保险业规模持续扩大。2017 年，新疆保险主体机构共有 34 家，同比增加 3 家。其中财产险公司 20 家、人身险公司 14 家。分支机构 1 885 家，同比增加 51 家。保险业资产总额 1 011. 05 亿元，较上年增长 14. 6%，增速同比下降 4. 1 个百分点，增速高于全国平均水平 4. 5 个百分点。新疆保险密度 2 182 元/人、保险深度 4. 8%，较上年分别增加 318 元/人、0. 23 个百分点。

（2）保费收入快速增长，寿险增幅快于财产险。2017 年，新疆保险业实现保费收入 523. 77 亿元，同比增长 19. 1%。其中，财产险保费收入 196. 09 亿元，同比增长 14. 03%，增速同比上升 5. 65 个百分点。机动车辆保险、农业保险持续占据产险市场绝对地位，市场份额分别达到 52. 6%、20. 4%；寿险保费收入 327. 68 亿元，同比增长 22. 3%，增速同比下降 6. 04 个百分点。

（3）保险保障能力增强，服务社会力度加大。2017 年，新疆保险业赔付支出 173. 39 亿元，同比增长 11. 9%。其中，产险累计赔付支出 105. 8 亿元，同比增长 11. 1%，机动车辆险、农业险、健康险的赔付额占全疆产险赔付额的 90. 26%；寿险赔付支出 68. 43 亿元，同比增长 14. 55%，寿险满期、年金、死伤医疗的给付额占全疆寿险赔付额的 82. 9%。

（4）保险业服务经济社会能力不断提升。2017 年，新疆保险机构设立乡镇级“三农”保险服务站 615 个，村级“三农”保险服务网点 3 920 个，乡镇网点覆盖率达到 85%；13 个地州建立实施委托商业保险机构承办的城乡居民大病保险制度；出口信用保险为 189 家疆内企业对外贸易提供 64. 18

亿美元保险保障；保险业在疆投资运用金额超过360亿元，主要投向于交通、能源、市政等基础设施建设领域。

2. 保险业稳健性评估

2017年，新疆保险业市场运行平稳，整体市场秩序良好，偿付能力稳定、退保风险可控，主要监管指标稳健，规模实力持续大幅增强，整体保持平稳运行态势。但发展中信用保证业务领域显现的风险、人身险和财产险市场集中退保和满期给付风险，销售误导、骗保案件、违规经营等问题依然较为突出，互联网保险快速发展中出现的风险问题对新疆保险市场稳健发展带来潜在影响，需要不断加强监测预警。

三、准金融机构

（一）准金融机构运行情况

1. 小额贷款公司发展缓慢

2017年，新疆有小额贷款公司380家，同比减少2家。注册资本221.29亿元，同比增长6.3%。截至2017年末，新疆小额贷款公司贷款余额241.67亿元，同比下降1.21%，增速同比下降11.61个百分点。

2. 融资性担保公司业务持续下滑

2017年，新疆有融资担保公司170家，同比增加2家。资产总额225.09亿元，同比增长28.4%。截至2017年末，新疆融资担保公司担保责任余额185.03亿元，同比减少3.06亿元。

3. 典当业整体盈利下降，业务规模持续下滑

2017年，新疆有典当企业225家，同比增加7家。截至2017年末，新疆典当企业典当总额36.13亿元，同比下降9.3%。实现主营业务收入1.73亿元，同比下降1.7%，实现净利润0.29亿元，同比下降40.8%。

（二）准金融机构稳健性评估

2017年，新疆准金融机构整体业务发展不佳，潜在风险仍需要关注。一是小额贷款公司不良贷款余额同比增长20.22%，不良贷款率同比上升8.56个百分点，高达19.19%，22%的机构贷款损失拨备计提不足。二是融资担保业务开展困难，15%的机构三年未有新增业务，个别机构长期处于歇业状态。代偿余额同比增长28%，经营风险持续增加。三是典当企业融资渠道不畅，资本金规模较小，抵御风险能力有限，82家典当企业经营亏损。

四、金融市场

（一）金融市场运行情况

1. 银行间市场交易量持续回落

2017年新疆银行间市场债券交易累计成交50 217.06亿元，同比下降31.10%。其中，质押式回

购累计成交 43 965.76 亿元，同比下降 22.31%；买断式回购累计交易金额 1 540.28 亿元，同比增长 13.92%；现券交易累计交易 4 711.03 亿元，同比下降 68.48%。

2. 票据贴现、转贴现大幅下降，利率双双走高

2017 年，新疆金融机构票据贴现发生额为 549.01 亿元，同比减少 62.81 亿元。转贴现发生额 3 362.76亿元，同比减少 3 509.52 亿元。贴现、转贴现利率波动上行，且均在年内达到近两年的高点，最高时分别达到 6.0983% 和 5.0660%。

3. 黄金市场稳步发展

2017 年，新疆黄金累计交易量 75.59 吨，交易金额 209.14 亿元。其中，实物黄金、自营业务、代理业务和账户金交易量分别达到 4.59 吨、0.04 吨、39.08 吨和 27.73 吨，交易金额分别达到 13.62 亿元、0.12 亿元、108.05 亿元和 75.83 亿元。

4. 银行结售汇规模和差额持续增长

2017 年，银行结售汇总额 167.7 亿美元，同比增长 7.6%；结售汇顺差 87 亿美元，同比增长 17.8%。其中，结汇 127.4 亿美元，同比增长 10.9%，售汇 40.3 亿美元，同比下降 1.6%。经常项目结售汇差额 23.6 亿美元，同比下降 15.4%；资本项目结售汇差额 56.8 亿美元，同比增长 47.3%。

5. 企业债券发行逆势反弹

2017 年，新疆有 36 家企业实际发行 90 单债务融资工具 577.5 亿元，同比增长 6.6%。成功发行新疆首单非银行金融机构金融债、全国首批专项用于“一带一路”建设的中期票据以及昆仑银行绿色金融债券。

（二）金融市场稳健性评估

2017 年，新疆金融市场总体运行平稳，但近年来在我国宏观经济增速下行、市场利率走高的背景下，影响企业发债的不利因素增多，发债规模下降的同时，债务到期兑付规模有增无减，增加了企业触发债务违约的风险。截至 2017 年末，新疆存续债务融资工具规模共计 1 070.5 亿元，2018 年新疆到期的债务融资工具规模为 485 亿元，未来企业的偿债风险依然存在，资金密集性、高杠杆及产能过剩企业到期债务兑付风险加大。

五、金融基础设施建设

（一）金融基础设施运行情况

1. 存款保险工作持续推进，金融安全网初步形成

2017 年，完成 114 家投保机构存款保险评级工作，全年向 8 家投保机构下发了风险提示书，向 117 家投保机构征收保费 6 093.48 万元，客户覆盖率为 99.47%，资金覆盖率 39.63%。其中，个人存款客户覆盖率为 99.57%，资金覆盖率为 82.05%。

2. 支付体系运行正常，支付环境不断改善

2017 年，新疆大小额支付系统共办理业务 6 745.14 万笔，资金 33 万亿元。农村地区银行网点、助农取款点和自助机具分别较 2014 年增长 12.2%、2.76 倍、57.63%，解决了 800 余个村的支付服务空白问题；兵团地区银行网点、助农取款服务点、ATM、POS 机同比分别增长 39 个、23.53%、

6.8%、21%。配合公安机关侦破2起银行卡犯罪案件，处理电信诈骗业务1.3万笔，冻结账户2 232个，冻结金额5 189.24万元。

3. 社会信用体系不断完善

截至2017年末，全疆累计建立农户及中小企业信用档案340.9万户和2.9万户，为农户发放贷款3 819亿元，中小企业取得银行授信意向3 571户；为全疆17.4万家企业和1 200余万个人建立信用档案；通过中征应收账款融资服务平台办理3 420笔融资业务，金额975.5亿元，同比增长43.3%。2017年，完成13个诚信教育宣传基地和163个征信宣传工作站授牌和协议签订事宜；依靠"访惠聚"工作，构建农村征信宣传长效机制；举办征信宣传活动4 100余场，较好地营造了诚实守信的社会氛围。

4. 反洗钱监管日益加强，反恐怖融资工作成效显著

2017年，全疆人民银行开展涉恐案件协查175起，协助公安部门破获和田"6·30"专案、喀什阿某以物资资助恐怖活动案、克州"10·31"专案等涉恐案件百余起，成功封堵了一批境内外恐怖融资通道。向反洗钱监测分析中心申请线索分析24份，移送线索12份，案件调查12起。

5. 金融司法环境不断改善，金融消费者权益保护工作持续推进

新疆高院建立和金融机构"点对点"网络查控平台，加大对规避执行行为的惩治力度，向社会公布失信被执行人1 534人，形成对被执行人银行开立账户集约查询、冻结及扣划的执行模式，提高查控效率。全年查询被执行人各类银行账户3 590个。全疆人民银行及金融监管部门加强金融宣传，积极开展金融消费者保护工作，仅新疆人民银行受理各类投诉234件，咨询375件，同比减少36.24%。

6. 反假币工作机制不断完善

全疆银行假币监测点共有100个，同比增加36个，设立了4 449个反假货币工作站。2017年，向公安部门报送监测信息5 007条，破获假币案件10起；收缴假人民币12.54万张，同比减少12%；面额总计931.61万元，同比下降1.92%。全年开展各类反假宣传活动2 085次，受益人群51万余人。

7. 金融监管协调不断深入

人民银行牵头组织召开了三次新疆金融监管联席会议，正式建立了金融风险信息通报制度和金融支持南疆四地州和两个开发区联合评价工作机制，就新疆绿色金融改革试点、跨行业金融联合监管检查、行政处罚信息交换、建立大金融工作推进机制等方面达成了共识，初步形成了"一行三局+自治区金融办、兵团金融办"常态化联系机制。

8. 地方性金融风险整治工作持续推进

持续开展互联网金融专项整治工作，共确定重点对象38家，非重点对象51家。严厉打击非法集资，开展清理整顿各类交易场所"回头看"工作，妥善处置各类商品交易所风险，维护地方金融稳定。

9. 金融监管力度显著增加

2017年，人民银行通过执法检查对6家违法人民银行征信、国库、反洗钱、支付、调统等业务相关法律法规的银行机构进行了处罚，共处罚金153.81万元；新疆银监局针对辖内银行业面临的主要风险，开展"三违反、三套利、四不当、十乱象"专项治理，对54家机构110名银行从业人员违法违规行为严肃处罚，罚款金额1 666万元，处罚数量和金额均是上年的4.6倍；新疆证监局对3家

上市公司高官内幕交易进行了处罚，对1家上市公司未及时进行重大信息披露进行了处罚，共处罚金30万元，对相关责任人共处罚金83万元；新疆保监局对辖内3家财险公司和4家保险中介公司违法违规行为进行了处罚，共处罚金252.3万元，对相关责任人共处罚金123万元。

（二）金融基础设施稳健性评估

2017年，新疆金融基础设施不断完善，确保了新疆金融业的平稳运行，促进了新疆社会和经济金融稳定。一是支付体系运转正常，确保了新疆金融体系整体平稳运行。二是风险防控作用凸显。支付体系在案件风险防控中的作用日益显现；反洗钱体系在打击“三股势力”，打击涉恐案件、反恐怖融资，维护新疆社会稳定方面的作用日益突出；存款保险制度在金融风险防范和风险纠正中的作用日益显现；反假币工作不断向基层延伸。三是社会信用环境和司法环境不断健全。征信体系的完善有效促进了中小企业融资，诚实守信的社会氛围逐步营造。金融机构运行的司法环境不断健全，司法体系对金融业运行的支持不断提升。四是部门间的协作不断深入。金融监管协调工作机制不断完善，部门间在区域金融支持政策的落实实施、金融风险处置等方面的合作不断加深。五是市场秩序更为有序。监管部门加大了监管力度，对金融机构违法违规行为的处罚力度显著提升，市场乱象有所改观。地方性金融风险整治工作持续推进，地方性金融市场秩序明显恢复。

六、总体评估与对策建议

（一）总体评估

2017年，新疆经济呈现平稳增长态势，第三产业对经济发展的拉动作用明显提升，固定资产投资大幅增长，消费需求稳定增长，进出口贸易回升明显，财政收支差距进一步拉大，居民收入稳定增长，“三去一降一补”成效显现。金融业整体稳健运行，金融组织体系不断完善，银行业资产质量总体较好，地方银行机构资本和流动性充裕；证券交易规模止跌回升，期货交易下滑较多，上市公司融资明显增长；保险业保费收入和赔付支出增长较快，保险经济补偿和社会保障功能不断提升。新疆与周边国家金融合作不断推进，丝绸之路金融核心区建设成效显著。

新疆经济金融在平稳运行中也存在一些问题和风险：一是工业结构仍需进一步优化，高新产业发展缓慢，过剩产能行业杠杆风险积聚；二是银行业信贷风险仍呈上升态势，农村信用社风险突出，农村金融机构流动性风险隐患突出；三是证券期货经营机构盈利状况不佳，个别上市公司存在退市风险；四是地方准金融机构发展进入瓶颈期，业务拓展困难、风险防控能力弱。

（二）计量评估

2017年，从定量评估结果看，新疆宏观经济指标得分较上年大幅上升、金融业指标得分较上年大幅下降、金融生态环境指标得分均较上年略升，金融稳定综合得分指数下降0.0071。主要是由于：宏观经济指标受全社会固定资产投资、进出口总额、居民消费价格指数等主要经济指标上升影响大幅上升；金融业指标受银行业核心资本充足率、不良贷款率，法人证券公司资产总额、资产利润率下降，保险业保费收入增长率下降因素影响大幅下降；金融生态环境得分受银行服务密度得分上升影响略升。

（三）相关建议

1. 转变发展理念，提高发展质量

党的十九大报告对经济发展提出了更高要求，应进一步加快新疆产业结构调整升级，积极培育和引进高新产业，加大技术创新的引领作用，提升新疆经济发展的内涵和质量。

2. 加大风险研判力度，切实防范化解风险

当前新疆金融风险跨机构、跨市场、跨区域传播的特点更趋显现，风险的复杂程度和传染性更强，应充分发挥各监管部门的职能优势，定期对各领域的风险进行梳理研判，扫清风险死角，切实防范和化解风险，维护辖区金融稳定。

3. 优化和改善金融运行的外部环境

充分发挥政府部门职能，进一步完善社会信用体系和相关法律法规，为金融业发展创造良好的运行环境。加强金融监管，整治市场环境，特别是加强对地方性金融体系运行的监管，去芜存菁，优化金融市场环境。

总　　纂：庞小红
统　　稿：赵　强
执　　笔：赵　强　李国俊
其他参与写作人员：王坤衍　王　璐　王　哲　孙志成　史家茂　刘遵乐
李文全　宋雪丽　杨　涛　高　兴　高英瑜　樊淑红

大连市金融稳定报告摘要

2017年，大连市经济发展企稳向好趋势明显，多项宏观指标连续几个季度企稳回升，呈现平稳增长态势，为区域金融稳定创造了较好的外部环境。金融业整体保持稳健运行，市场运作有序，法人金融机构稳健经营，风险防范意识逐渐增强。但经济增长的内生动力略显不足，经济发展的体制机制不活，经济、金融稳定发展中蕴含着一定的风险，金融业的平稳运行仍面临较大的挑战。

一、区域经济运行与金融稳定

（一）经济运行保持平稳增长，金融稳定基础更加牢固

1. 经济增长持续稳定，产业结构继续优化

2017年大连市实现地区生产总值7 363亿元，同比增长7.1%，连续11个季度稳步增长，高于全国平均增速。经济结构优化升级，三次产业比重由五年前的6.4:52.0:41.6优化为6.4:41.5:52.1，万元GDP能耗下降3.5%。发展动能加快转换，全市高新技术产业和战略性新兴产业增加值分别增长50.8%、17.5%，贸易大数据平台为全球249个国家和地区提供报务，云计算“大连模式”全国推广；加速制造业与信息业整合发展，装备制造业、汽车制造业、电子信息产业增加值分别增长21.1%、28.5%和74.3%；港航物流业提质增效，物流业增加值占地区生产总值比重达10.6%；金

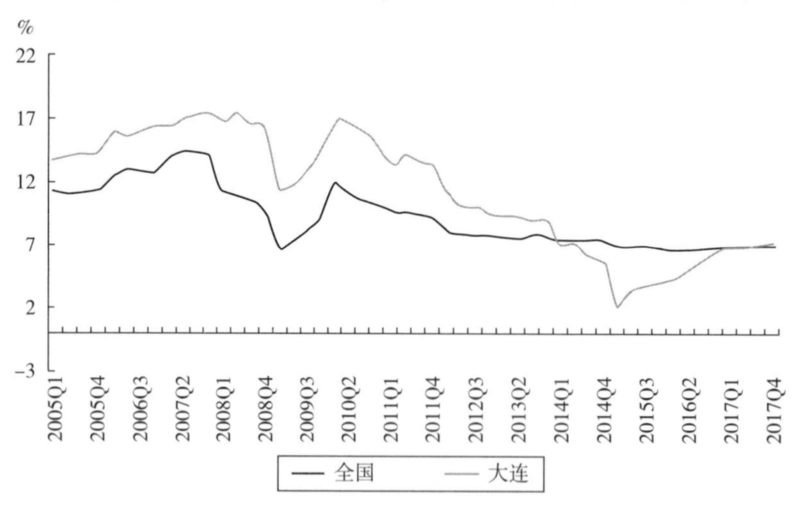

数据来源：国家及大连市统计局。

图1 生产总值（GDP）累计同比增速

融服务实体经济的能力进一步增强，金融业增加值占地区生产总值比重提升至9.3%。

2. 固定资产投资止跌回升，有效投资不断增加

2017 年大连市完成固定资产投资 1 652.8 亿元，同比增长 15.1%，增速较全国高 8.1 个百分点，扭转了自 2014 年以来的长期且大幅低于全国增速的不利局面。投资结构日益优化，工业、高新技术产业投资分别增长 58.6%、94.1%，民间投资增长 22.4%；注重大项目带动，开复工亿元以上项目 621 个；强化财政资金杠杆作用，推进 PPP 项目 17 个，撬动社会投资 833 亿元。

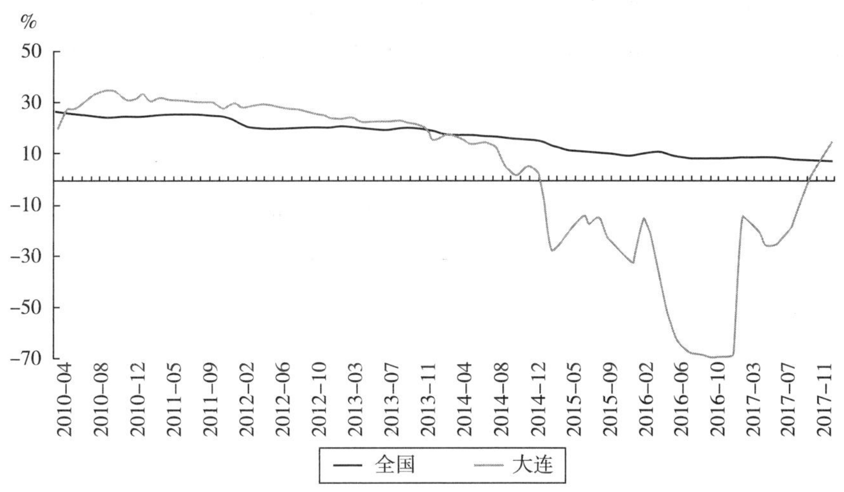

数据来源：国家及大连市统计局。

图 2 固定资产投资累计同比增速

3. 着力推进改革开放，发展活力有效释放

2017 年，大连市不断深化沿海经济带开发开放，自由贸易试验区、开放型经济新体制综合试点试验区、跨境电子商务综合试验区、金普新区等加快发展，产业集聚功能明显增强，19 个重点园区对经济增长贡献率达 50%。参与“一带一路”建设实现新突破，“辽满欧”班列常态化运行，开通

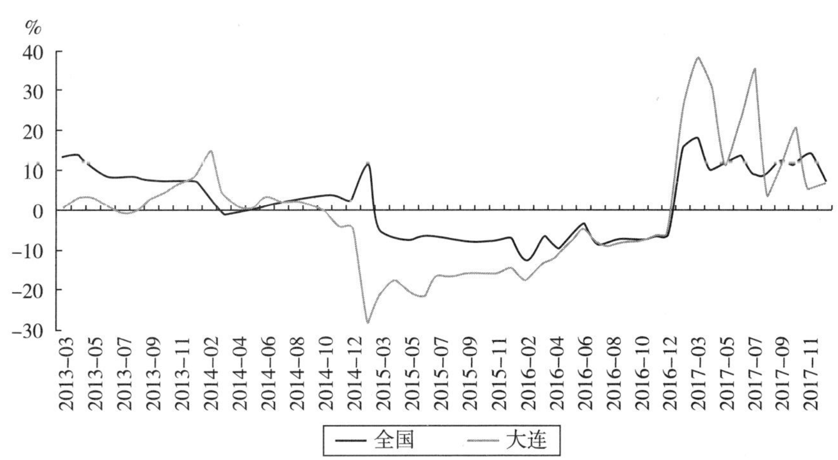

数据来源：国家及大连市统计局。

图 3 进出口总额累计增速

国内首条直达斯洛伐克的中欧班列。全年海铁联运完成41.2万标箱，位居全国之首。全年新增跨境电商线上平台24家、外贸企业2 300家，外贸进出口总额4 132.2亿元，增长21.7%。

4. 深化供给侧结构性改革，经济活力明显增强

2017年，大连市规模以上工业增加值同比增长11.2%，高于全国平均水平5.8个百分点。“三去一降一补”深入推进，平板玻璃、粗钢、普钢产量分别下降30%、17.6%和10.2%，商品房待售面积下降23.2%，去化周期降至15个月，规模以上工业企业资产负债率下降1.1个百分点。全市新登记市场主体11.4万户，增长19.2%；新登记各类企业38 728户，增长8.7%。“双创”活力持续增强，全年备案众创空间15家，认定科技企业孵化器6家，在孵企业达到1 500家，创业团队3 000个。

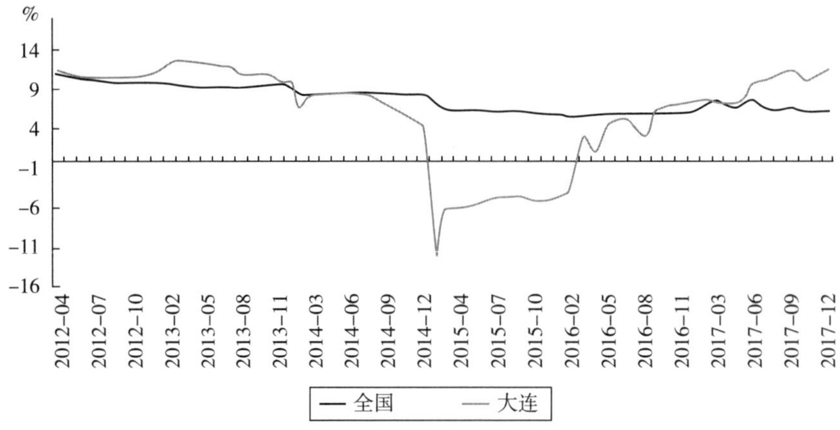

数据来源：国家及大连市统计局。

图4 规模以上增加值累计同比增速

5. 价格水平显示积极信号，民生持续改善

2017年大连市居民消费价格指数上涨2.1个百分点，CPI继续保持在较低水平。民生投入不断增加，全年投入各项民生资金679.3亿元，占财政总支出的73.8%；建立市区联动就业创业服务机制，本地生源高校毕业生就业率达99.7%，全年城镇新增就业10万人，城镇登记失业率为2.4%；企业退休人员月人均养老金增长至2 572元，128个低收入村农民人均可支配收入增长18%。

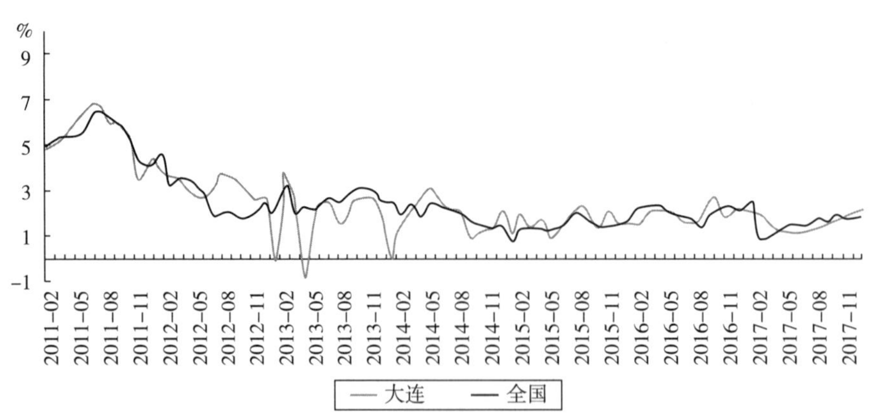

数据来源：国家及大连市统计局。

图5 大连市CPI走势

（二）区域经济运行中不利于金融稳定的因素

2017 年，大连市经济运行稳中有进，主要经济指标好转迹象明显，部分行业和企业进行了技术创新和战略调整，显现出较强的发展后劲。但是，大连市经济发展同样面临困难和压力。大连经济整体对投资的依赖度较高，当前投资环境未出现明显好转，传统行业如石化、造船、装备制造和电子信息四大支柱产业，都面临结构调整和优化升级问题，部分行业还没有摆脱经营困境，对经济的拉动作用逐步减弱。在此影响下，企业生产经营压力增大的情况尚未好转，多数企业投资意愿较低，信用风险仍处于释放过程中。特别是近期东北特钢集团、大连机床集团等一系列债务事件相继爆发，在凸显了企业信用风险的同时，也对地方政府的声誉产生了一定的影响，可能会影响区域金融生态环境建设。

二、金融业与金融稳定

（一）银行业运行状况及风险分析

截至 2017 年末，大连市共有地方法人银行业金融机构 13 家，分行 39 家。2017 年，大连市银行业金融机构存款增速下降，非银行业金融机构存款大幅缩减；贷款增长整体乏力，但企业短期贷款和个人住房贷款增长较快；存、贷款利率小幅下降，利差进一步收窄；金融机构资产质量下行，盈利能力下降，流动性风险管控压力依然较大，潜在金融风险值得关注，银行业持续健康发展依然面临挑战。

1. 银行业运行状况

（1）存款增速逐月下降，非银行业金融机构存款下降幅度较大。截至 2017 年末，大连市银行业金融机构本外币各项存款余额 14 142. 9 亿元，同比减少 558. 7 亿元，下降 3. 8%，增速下降 10. 8 个百分点，其中，非银行业金融机构的本外币存款同比下降 20. 1%，增速下降 52. 1 个百分点。2017 年，全市存款增速低于全国平均水平 12. 6 个百分点，年增速近 10 年首次下降。

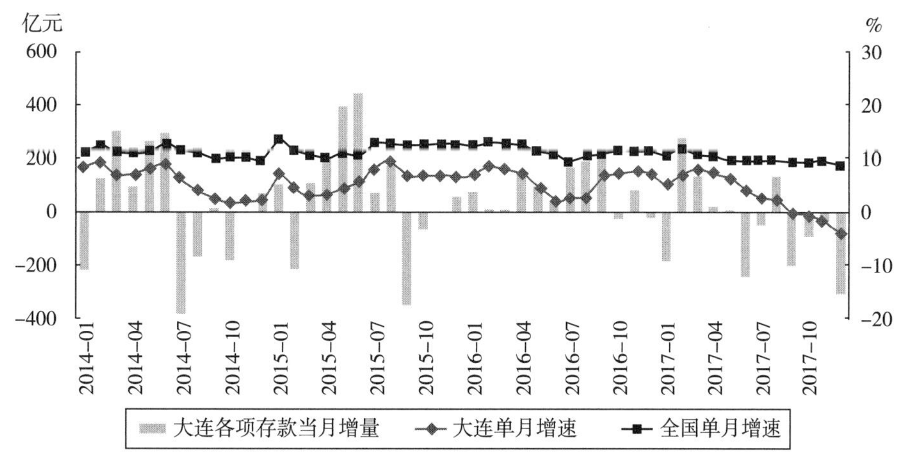

数据来源：中国人民银行。

图 6　金融机构存款增量、增速走势情况

（2）贷款增长乏力，贷款结构调整。截至 2017 年末，大连市金融机构本外币各项贷款余额 11 954.5亿元，同比增加 151.0 亿元，增长 1.3%，其中非金融企业及机关团体贷款余额同比减少 153.1 亿元（剔除票据融资后，同比增加 152.6 亿元），同比下降 1.7%。2017 年，全市贷款增速低于全国平均水平 10.8 个百分点，下半年贷款增速持续低位徘徊。

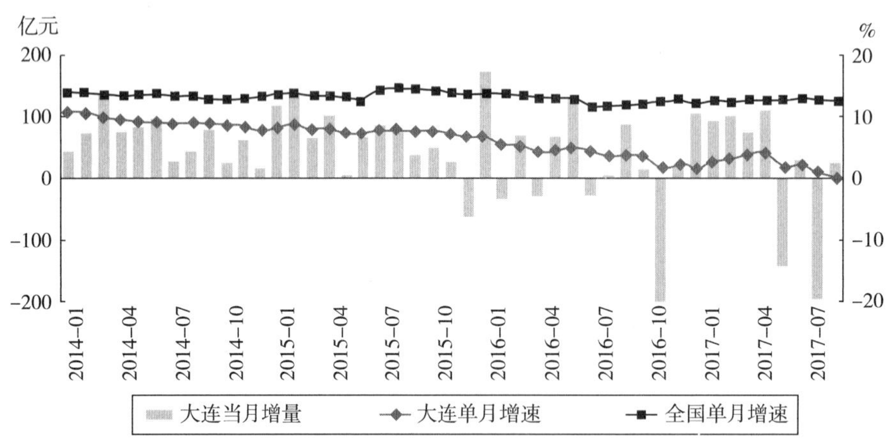

数据来源：中国人民银行。

图7 金融机构贷款增量、增速走势情况

（3）全口径人民币存款利率上升，贷款利率下降，存贷款利差收窄。2017 年，大连市银行业金融机构全口径人民币存款加权平均利率 2.2%，同比提高 9 个基点；人民币贷款加权平均利率 5.3%，同比下降 7 个基点。从走势看，受同业存款利率波动上扬影响，全口径人民币存款利率波动上行，贷款利率低位徘徊，全年存贷款利差下降为 3.1%，同比下降 0.2 个百分点。

（4）不良贷款持续“双升”，盈利水平显著下滑。截至 2017 年末，大连市银行业金融机构不良贷款余额 552.1 亿元，同比增加 171.5 亿元，增长 45.1%；不良贷款率 4.6%，同比增加 1.4 个百分点，增幅 43.8%。金融机构贷款损失准备金余额 527.3 亿元，同比增加 75.9 亿元；拨备覆盖率 95.5%，同比下降 23.1 个百分点，风险抵补能力有所减弱。2017 年，因不良贷款大幅增加推高资产减值损失，各金融机构盈利显著下降，全市金融机构累计实现税前利润 11.9 亿元，同比减少 77.4 亿元，降幅 86.7%；净利润为 -6.1 亿元，同比减少 78.5 亿元，降幅 108.4%。

2. 银行业风险情况分析

（1）资产质量下行压力较大。一是作为资产质量先行指标的逾期贷款和关注贷款快速增长，逾期贷款余额达 741.5 亿元，同比增加 79.7 亿元，增长 12.0%，关注类贷款余额达 697.2 亿元，同比增加 26.2 亿元，增长 3.9%。二是重点客户风险集中暴露，东特、大机床、海工、丹东港等 4 户企业新增不良贷款余额 170.2 亿元，占全年新增不良贷款余额的 99.2%。三是随着去产能、去库存、去杠杆政策的进一步落实，在经济尚未完全实现企稳的背景下，未来不良贷款继续走高的可能性很大。

（2）重点领域风险仍向银行体系积聚。一是房地产信贷风险增长较快。房地产市场虽整体转暖，但区域、企业分化态势仍在延续，中小房企和民营房企经营压力和信贷风险明显上升。二是政府债务偿还压力不减。大连市政府债务规模大，经过多次置换，仍有一定规模的融资需要完全依靠平台现金流、财政代偿等方式来偿还。三是国企、央企违约风险增大。国企、央企等大客户普遍存在资产负债率长期居高不下、杠杆率过高、资金链紧张等问题，风险传导压力加大。

（3）流动性风险管控压力不减。2017 年，银行间市场资金面保持紧平衡，各期限利率有所上升，人民银行“削峰填谷”的公开市场操作对稳定市场预期发挥了积极作用，但在稳货币、强监管、去通道的背景下，市场情绪仍相对脆弱，易出现阶段性流动性紧张局面，流动性风险管控需进一步加强。

（二）证券业运行状况及风险分析

截至 2017 年末，大连市共有证券公司 1 家，证券分公司 20 家，证券营业部 96 家；期货公司 1 家，期货分公司 9 家，期货营业部 66 家；境内上市公司 29 家。2017 年，大连市资本市场总体运行保持平稳，法人证券机构盈利水平下滑，期货交易量有所下降，上市公司新增债券融资额同比降幅明显。上市公司面临经营和违规压力、债市违约风险加大、证券机构盈利能力较弱等值得关注。

1. 证券业运行情况

（1）证券机构平稳运行，法人证券机构盈利水平下滑。截至 2017 年末，大连市证券经营机构 117 家，客户托管保证金 96.4 亿元，客户托管市值 2 719.8 亿元，股票账户数 284.9 万户。大连辖区全年股票成交额 12 412.8 亿元，基金成交额 799.8 亿元，债券现货成交额 179.0 亿元，债券回购成交额 26 797.1 亿元。2017 年，法人机构大通证券盈利水平有所下降，累计实现营业收入 5.4 亿元，同比下降 17%；净利润 1.9 亿元，同比下降 6.2%。

（2）期货公司代理交易量有所下降。截至 2017 年末，大连地区期货分公司和期货营业部客户保证金合计 106.3 亿元，期货公司实现期货成交量 3.3 亿手，同比下降 41.4%，代理交易额 0.2 万亿元，期货分公司和期货营业部实现期货代理交易额合计 15.3 万亿元。

（3）上市公司新增债券融资额同比降幅明显。截至 2017 年末，大连辖区境内上市公司 29 家，其中主板 20 家，中小板 7 家，创业板 2 家，总股本 633.4 亿股，总市值 3 915.2 亿元。新三板挂牌公司 93 家，共发行 11 492.2 万股，募集资金 52 385.8 万元。全年有 6 家公司实施定向增发，募集资金 199.3 亿元。全年 7 家公司发行公司债 13 只，新增债券余额 61.9 亿元，同比下降 85.3%。目前存量 40 只债券，总规模 803.5 亿元。

2. 证券业风险情况分析

（1）部分上市公司面临退市风险。目前，辖区有 2 家 *ST 上市公司，其中大连控股多次出现信息披露违法违规，于 2017 年 5 月 3 日被实施退市风险警示；大化 B 股连续两年亏损，行业产能过剩，于 2017 年 4 月 25 日被实施退市风险警示。

（2）公司债进入偿债高峰期。2018 年起，大连辖区公司债券发行人陆续进入偿债高峰期，地方政府融资平台普遍收入规模有限，刚性支出较高，财务压力较大，而且在银行等渠道融资存在不同程度的限制，有的按时支付利息已存在困难，本金兑付具有更大的不确定性。

（3）多方因素造成证券机构盈利能力减弱。2017 年，资本市场变动趋于平缓，股票市场表现相对低迷，大连市证券机构的交易量和利润水平出现下滑。辖区证券机构对经纪业务等传统业务的依赖程度较高，而对资管、投行等业务的投入和发展相对滞后，直接制约了机构盈利水平的提升。另外，证券分支机构的数量较多，竞争相对激烈，对机构的利润水平也造成了一定影响。

（三）保险业运行状况及风险分析

截至 2017 年末，大连市共有保险总公司 4 家，保险分公司 48 家，从业人员 6.4 万人。2017 年，大连市保险业把握机遇、开拓创新，在经济下行时期，保险市场运行呈现出稳中有进、进中趋好的发展态势。但受国内外经济疲软的影响，保险市场仍存在退保支出增加、混业风险加大等潜在风险。

1. 保险业基本运行情况

（1）保费收入稳步增长。2017 年，大连保险业实现保费收入 329.7 亿元，同比增长 18.9%，增幅较上年增加 0.05 个百分点，高于全国平均水平 0.7 个百分点。其中，财产险业务实现保费收入 78.9 亿元，同比增长 8.1%；人身险业务实现保费收入 250.8 亿元，同比增长 22.8%。

（2）赔付支出有所下降。2017 年，大连保险业赔款与给付支出 95.6 亿元，同比下降 3.2%，其中，财产险业务赔款支出 40.9 亿元，同比下降 3.2%，人身险业务赔款及给付支出 54.7 亿元，同比下降 3.3%，满期给付 32.6 亿元，同比下降 16.1%。

（3）财产险经营效益向好。2017 年，大连地区财产险公司实现承保利润 3.7 亿元（不含出口信保），同比增长 1.3%；承保利润率 5.8%（不含出口信保）。车险实现承保利润 3.5 亿元，同比增长 22.5%，承保利润率 6.7%、在全国排名第 5 位；非车险承保利润率 2.1%（不含出口信保）。

（4）人身险业务结构持续改善。2017 年，大连地区人身险业务新单期交保费 63.2 亿元，同比增长 40.2%，新单期交率 47.1%，在全国排名第 11 位。健康险与意外险保费实现收入 32.4 亿元和 5.9 亿元，同比分别增长 36.4% 和 15.5%。

（5）资产规模稳步提高。截至 2017 年末，大连保险公司资产总额 817.4 亿元，同比增长 14.7%。含三家总公司的资产总额 1 407.9 亿元，同比增长 7.1%，在 15 个副省级城市中排名第 11 位。

2. 保险业风险情况分析

（1）退保支出明显增加，面临较大风险压力。2017 年，大连地区人身保险公司发生退保金额 60.2 亿元，同比增长 86.3%。退保支出的增加将造成潜在的流动性风险和投诉纠纷问题。保险公司如出现对退保金额测算不准确、对高风险产品管理不到位的情况，短期内将面临流动性风险。对于非正常的退保支出，如果资金量较庞大，保险公司也可能会出现资金准备不足的问题。同时，对于保单收益低于预期的风险产品，保险公司可能面临投诉纠纷风险。

（2）市场潜在销售误导风险及道德风险依旧值得关注。近几年，保险机构的返还型产品销售量逐步上升，目前个险渠道主打产品是定期返还型产品，多数同时组合有万能型账户。返还型产品具有缴费期长、初期返还金额高等特点，对销售者讲解精度要求更高，讲解不力则容易给客户造成错觉，产生销售误导风险。同时在利益驱动下，保险市场道德风险增大，值得密切关注。

三、金融市场运行与金融稳定

2017 年，大连市金融市场总体呈现健康发展态势，市场配置资源的基础作用进一步发挥。银行间同业拆借市场交易活跃度明显上升，债券市场成交量稳步增长，票据市场交易趋于平淡，外汇市场交易量持续增长。

（一）金融市场配置资源功能日趋完善

1. 同业拆借市场交易活跃度明显上升

2017 年，大连市通过全国银行间市场开展同业拆借业务的成员共 6 家，全年参与市场交易金额

632.2 亿元，是上年同期的 7.2 倍。其中，拆入资金 132 笔，成交金额 613.9 亿元；拆出资金 19 笔，成交金额 18.3 亿元。年内拆入和拆出资金加权平均利率分别为 4.2% 和 3.6%，同比分别上升 108 个和 71 个基点。

2. 债券市场成交量稳步增长

2017 年，大连市金融机构参与全国银行间债券市场交易 1.5 万笔，成交金额 5.4 万亿元，同比增长 11.3%。从资金流向上看，融入金额 29 394 亿元，融出金额 24 358.4 亿元，资金净融入5 035.6 亿元。从利率走势上看，质押式回购融出资金加权平均利率波动区间为 2.6% ~4%，融入资金加权平均利率波动区间为 2.8% ~6.2%；现券交易融出资金加权平均利率波动区间为 4.3% ~7.8%，融入资金加权平均利率波动区间为 4.2% ~7.8%。

3. 票据市场交易趋于平淡

受票据市场利率上行等因素影响，大连市票据市场签发和贴现规模双降。2017 年大连市金融机构累计签发银行承兑汇票 3 022.5 亿元，同比下降 15.5%。截至年末，承兑授信余额 1 981.6 亿元，同比上升 4.1%。全年累计办理贴现 7 321 亿元，同比下降 63.2%；票据贴现余额 420.4 亿元，同比下降 40.5%。全年金融机构贴现利率震荡上行后回落，最高值是 6 月的 4.7%，最低值是 1 月的 3.6%，级差 1.1 个百分点。年末全市票据贴现利率 4.3%，同比上升 68 个基点。

4. 外汇市场交易量持续增长

2017 年，银行间外汇市场全年成交 1 148 笔，同比增长 11.3%；汇总成交量累计折合 15.1 亿美元，同比增长 23.8%。其中买入外汇折合 7.9 亿美元，卖出外汇折合 7.3 亿美元。成交币种以美元为主，年初以 6.954 元人民币/美元开盘，年末以 6.5069 元人民币/美元报收。

5. 地方政府债务置换债券发行规模扩大

2017 年，大连市合计发行地方政府债 645.5 亿元，其中公开招标发行金额为 80.2 亿元，定向发行金额为 565.3 亿元。公开发行的募集资金均用于偿还存量政府性债务；定向承销方式发行债券所募集的资金全部用于偿还银行贷款。

（二）金融市场运行中的风险值得关注

1. 债券市场信用风险外溢效应加大

2017 年，东北特钢集团、大连机床集团债务违约进一步表现出连续、集中等特点，两家企业债务违约涉及本金 58.7 亿元。违约事件在影响大连地区金融生态的同时，也导致辖区后续企业各融资渠道进一步承压，部分金融机构在大连的资源配置节奏呈现放缓趋势。

2. 市场化债转股取得实质进展，有望提供成功经验借鉴

2017 年 8 月，东北特钢集团重整计划获得批准，通过引入新的投资人，东北特钢在生产水平提高的同时，盈利水平明显提升。东北特钢债转股的实践成为国企信用违约后首例破产重组成功的标志性案例，对于供给侧结构性改革背景下的国企重组具有重要研究意义。

四、金融基础设施与金融稳定

（一）支付体系平稳规范运行，支付服务向普惠深入

2017 年，大连地区支付系统运行安全平稳。大额支付系统处理业务 564.1 万笔，金额 15.7 万亿

元；小额支付系统处理业务 1 102 万笔，金额 1 458. 5 亿元；同城票据交换系统清分票据 335. 6 万笔，金额 4 820. 5 亿元。全年开立核准类账户 5. 2 万户，办理销户 2 万户。联网核查公民身份信息系统累计处理业务 2 879. 9 万次，日均处理业务 7. 9 万次。支付服务组织规范发展，取得“支付业务许可证”的法人支付机构 2 家，已备案的非法人支付机构 26 家。银行卡服务功能不断增强，全市银行卡发卡总量达 5 469 万张，同比增长 6. 7%；注册商户 12. 9 万户，同比增长 8. 7%；银行卡 POS 交易金额 3 176. 8 亿元，同比增加 32. 2%。银行卡助农取款服务深入推广，支持农村地区助农取款服务点与农村电商服务点相互依托建设，推动农村电商发展；支持推进助农取款服务点向惠农金融服务站转型升级，丰富助农取款服务点业务功能。全市共设立服务点 3 259 个，累计办理取款、转账、缴费等业务 636. 8 万笔，交易金额 15. 7 亿元，极大地便利了偏远地区农民的生产和生活。

（二）认真履行反洗钱职责，强化国家金融安全保障

2017 年，大连市金融机构深化风险为本理念，积极贯彻落实大额和可疑交易报告改革，报告质量明显提升，洗钱风险防范能力显著增强。坚持依法行政，全年共检查银行业金融机构 3 家，督促机构有效履职。实施分类监管，全年监管走访 14 家、电话质询 7 家、书面质询 5 家、约见谈话 4 家机构，逐步形成“评级—检查—整改—再评级—再检查”的滚动式监管态势。强化协调联动，同相关监管部门、执法部门等开展案情会商和工作协商 13 次，形成良好的合作经验与成效。开展线索研判，全年共接收重点可疑交易报告 13 份，部分线索移送相关侦查机构正在侦办中，部分线索由报告机构持续关注中。就金融机构 2 份重点可疑交易报告和 1 份投诉开展反洗钱调查 30 次，涉及商业银行账户 2 383 个，累计交易约 74. 8 万笔，涉及交易金额约 1 983. 3 亿元。协助相关单位和部门就 7 起案件开展反洗钱调查 12 次，涉及商业银行账户 23 个，累计交易约 2. 7 万笔，涉及交易金额约 12. 4 亿元。探索建立反洗钱与外汇管理创新协同工作机制，依托重点可疑交易报告及反洗钱行政调查，发现 1 宗利用跨境取现非法转移资金的重大案件线索，涉案银行卡 1 311 张，跨境提现交易 1. 7 万余笔，跨境转移资金 1. 5 亿余元。

（三）强化征信管理和服务，持续推进社会信用体系建设

2017 年，大连地区进一步完善企业与个人征信系统建设，辖内接入企业征信系统和个人征信系统的机构分别达到 54 家和 47 家，覆盖银行、信托、财务、资产管理及小额贷款公司等行业，共收录全市 36. 4 万家企业、645 万自然人的相关信息。窗口服务水平不断提升，全辖累计设立 13 个查询网点、15 台自助查询机，全年累计提供个人报告查询 35. 7 万人次、企业报告查询 7 200 笔，为各类信息主体了解自身信用状况、参与经济活动等提供了便利。对 13 家金融机构实施执法检查，开展各类培训 4 场，参训机构 70 余家、500 余人次，进一步规范接入机构征信业务；组织金融机构举办进校园、进乡村、进企业等各类宣传 150 余场，受众达 10 万余人，有效增强公众信用意识。大连市小微企业金融服务平台累计开通金融机构查询用户 930 户，对金融机构提供查询 4. 9 万次，对社会企业提供访问 9 000 余次；2017 年采集信息 2 000 余条，协助银企累计对接融资 1. 7 亿元。全年为 4 万余户新设社会组织配发机构信用代码证，持有机构信用代码证组织达 36. 4 万户；推广中征应收账款融资服务平台拓宽中小企业融资渠道，全年新增用户 75 户，实现融资交易 633 笔，融资金额 225. 5 亿元。

五、总体评估与对策建议

（一）总体评估

1. 定量评估结果

大连市近年金融稳定综合评估得分和稳定状况如表 1 所示：

表 1　大连市金融稳定综合评估表

年份	2004	2005	2006	2007	2008	2009	2010
得分	71.5	72.01	85.09	86.5	84.16	84.44	89.94
稳定状况	较好 -	较好 -	良好 +	良好 +	良好 -	良好 -	良好 +
所属类别	B 类地区	B 类地区	A 类地区	A 类地区	A 类地区	A 类地区	A 类地区
年份	2011	2012	2013	2014	2015	2016	2017
得分	89.29	89.92	86.07	81.93	78.51	77.97	76.17
稳定状况	良好 +	良好 +	良好 +	良好 -	较好 +	较好 +	较好 +
所属类别	A 类地区	A 类地区	A 类地区	A 类地区	B 类地区	B 类地区	B 类地区

2017 年，大连市金融稳定综合得分 76.2 分，稳定状况为"较好 +"，所属类别为 B 类地区。2013 年以来，国际经济缓慢复苏，国内经济逐步进入"三期叠加"的新常态，在调整过程中，大连市主要经济指标出现了一定波动，金融稳定状况受到经济的影响，得分呈现下降趋势；随着调整的深化，经济领域成果初步显现，各项指标逐步向好，金融稳定状况得分降幅逐步收窄，2015 年以来连续三年稳定状况保持在"较好 +"水平，所属类别稳定在 B 类地区。

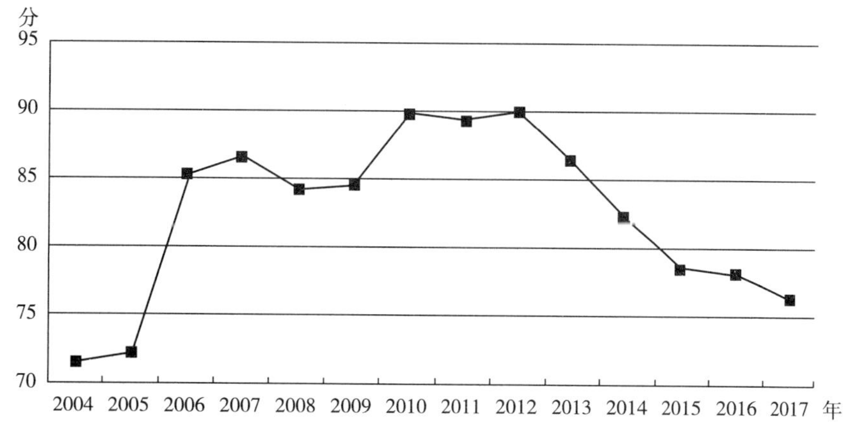

图 8　大连市金融稳定综合评估得分趋势图

2. 定量评估结果分析

具体看宏观经济、金融机构和金融生态环境三部分，如图 9 所示，呈现出不同的变化趋势。其中金融生态环境受整体经济形势变化影响较小，最大波动区间为 20% 左右，2016 年降幅较大，2017

年又有所回升；金融机构得分呈阶段式特征，2006 年，大通证券改革后，得分升幅达到 10.7%，之后金融机构得分保持平稳，2011 年以来，受经济回升势头减缓影响，金融机构发展速度放缓，得分又小幅下降，2013 年以来，受整体经济形势低迷影响，金融业面临一定考验，得分持续下降，2017 年降幅达到 19.9%；宏观经济得分波动最为明显，2007 年以前整体呈 U 形上升趋势，2008 年，在国际金融危机影响下，得分出现下降，跌幅为 7.8%，2010 年以后，在国际金融危机影响减弱的形势下逐步上升，得分增幅达到 20.2%，从 2013 年开始，得分再次下降，降幅 15.1%，2017 年得分大幅度上升，升幅达到 16.5%。

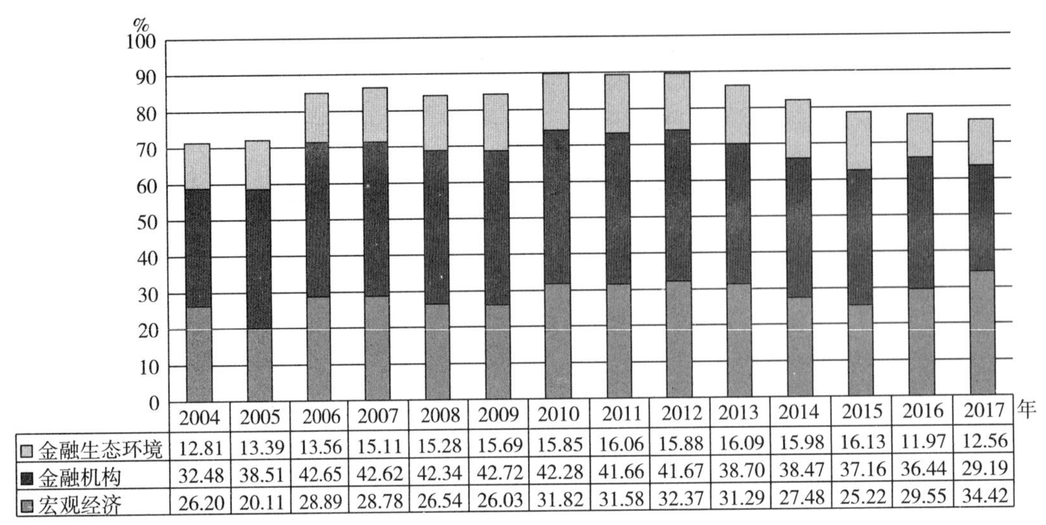

	2004	2005	2006	2007	2008	2009	2010	2011	2012	2013	2014	2015	2016	2017
金融生态环境	12.81	13.39	13.56	15.11	15.28	15.69	15.85	16.06	15.88	16.09	15.98	16.13	11.97	12.56
金融机构	32.48	38.51	42.65	42.62	42.34	42.72	42.28	41.66	41.67	38.70	38.47	37.16	36.44	29.19
宏观经济	26.20	20.11	28.89	28.78	26.54	26.03	31.82	31.58	32.37	31.29	27.48	25.22	29.55	34.42

图 9　金融稳定定量评估三方面指标变化趋势

具体细分金融机构指标，从宏观经济、银行业、证券业、保险业和金融生态环境五个方面，得到雷达图：

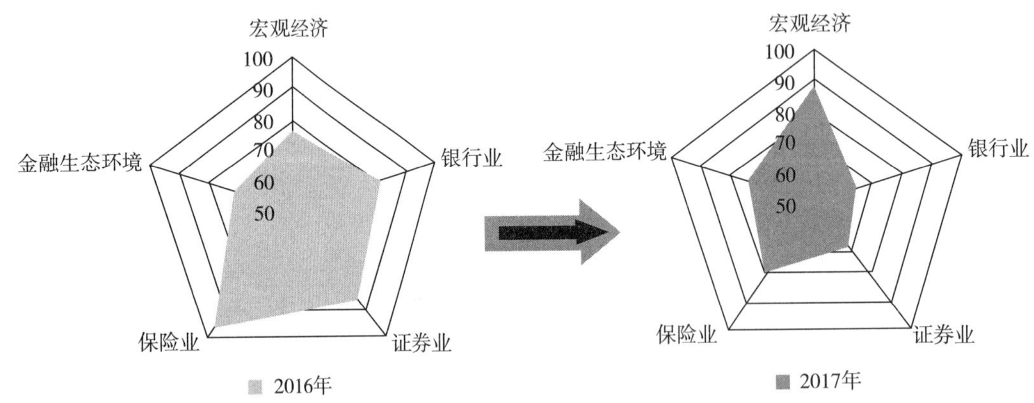

图 10　2016—2017 年大连市金融稳定定量评估雷达图

从定量评估结果来看，2017 年大连市宏观经济发展速度持续回升，得分有较大幅度提高；金融生态环境受此影响，得分相应提高；金融机构发展面临不同挑战，整体得分下降，银行业、证券业、保险业得分均有不同幅度下降。

在宏观经济方面，得分 88.3 分，高于上年 12.5 分，2015 年以来持续上升，其中经济增长、固定资产投资、居民收入等指标得分好于 2016 年，投资、就业、消费等指标的得分基本与 2016 年持平，房地产指标得分低于2016年。这说明大连市经济发展速度有所回升，投资拉动效应明显，居民收入有所增加，但是消费增长不明显，房地产价格水平有所提升。在金融生态环境方面，得分73.9分，高于2016年3.5分，其中地方政府财政、银行服务密度等指标得分高于2016年，市场体系、社会信用环境和法治环境得分与上年基本持平。2017年大连地区发生的几起债务违约事件止步进入后期处置程序，对大连市金融生态环境的负面影响逐步减弱。在金融业发展方面，银行业得分64.5分，低于2016年16.3分，其中资本充足性、资产流动性等监管硬指标方面的得分变化不大，继续保持稳定，但是同时由于不良贷款大幅度增加，资产质量、盈利能力等方面得分均持续降低，拉低了银行业整体得分。证券业得分68.8分，低于2016年17分，其中资产安全性、盈利能力、资产流动性等证券机构方面的指标得分均与2016年持平，资本充足率、股票市场筹资等指标得分要低于2016年，特别是法人机构资本充足性指标降幅较大，拉低了行业整体得分。保险业得分78.4分，低于2016年17.4分，其中盈利能力和资产流动性等方面的指标得分与2016年持平，资产充足性、资产安全性、保险深度等指标得分低于2016年，拉低了保险业整体行业得分。

（二）对策建议

1. 加速发展金融产业

一是政策支持加速发展金融产业。进一步完善政策环境，吸引更多的国内外金融机构来本地设立分支机构，支持和引导地方金融机构发展壮大，进一步丰富和活跃本地金融市场，营造功能齐全、竞争充分的现代金融组织体系，使当地市场成为资金洼地；大力引进国内外先进的中介服务机构，发展一批讲诚信、有实力的资信评估公司、律师事务所、会计师事务所、审计师事务所和资产评估公司，为金融业的快速发展提供配套服务。二是建立完善多层次资本市场。加大对已符合条件上市的企业推荐力度，积极培育上市后备资源；推动企业多渠道上市，鼓励一批条件具备的企业赴香港、新加坡等地上市。努力增加中长期企业债券发行规模，注重向先进制造业和现代服务业倾斜，向民营企业倾斜。发展产权交易市场，充分发挥产权交易市场在促进产业资本有序流动、多渠道吸引民间资本、有效配置社会资源的作用。

2. 创造良好的金融发展环境

一是完善社会法制体系建设。进一步完善市场经济条件下调整和规范交易主体之间债权债务关系的法律体系，保护债权人的利益；加强金融专项执法工作，加大对金融维权案件的清理力度。二是营造良好的社会信用环境。整合征信报告、失信记录、法院执行查询等信息，实现税务、社会保险、公积金、劳动仲裁、法院信息等相关资源的共享。建立农村地区失信惩戒机制，与金融机构共享恶意失信客户信息，协助金融机构推动农村地区诚信体系建设。三是提供全方位信息交流保障。健全本地各类型企业尤其是中小微企业信息披露渠道，有的放矢地支持企业发展。建立政府信息交流平台，定期发布地方经济发展动态，重点落地项目对授信的需求；组织商业银行对大连市重点项目进行招投标，遴选金融产品设计方案，创建公平发展的金融平台。

3. 防范辖区金融风险

一是完善金融宏观审慎政策框架，加强金融监管部门之间的沟通与协调，建立和完善系统性风险、交叉性风险的预警、防范和化解体系。督促金融机构稳健经营，合理制定市场定位，平衡好风险防范和业务发展之间的关系。关注重点行业及重点企业的风险变动情况，建立健全风险处置应急机制。二是建立健全融资保障体系。加快发展商业性和互助性担保机构，鼓励民间资本进入担保业，引导银行、保险公司、担保公司等多方共同合力支持现代金融创新。建立金融风险补偿专项基金，对于支持性“新产业、新业态”企业因短期周转困难产生的不良贷款给予一定的资金支持。深入推进保险补偿机制，将支持性企业和产品纳入应用保险补偿范围。三是规范地方金融业态发展。加强对准金融机构和相关平台的管理，设立严格的准入审批制度，严管准入门槛；完善日常经营管理，定期开展现场检查，督促其规范经营。加大打击非法集资、地下钱庄等非法金融活动力度，设立非法金融业务信息举报制度；建立防范和打击非法金融活动宣传工作长效机制，对有代表性、重大影响的典型案件要着重宣传，起到警示教育作用；加强日常监管，做到预警及时、应对有力，防范区域性风险事件。

总　　纂：符　林
统　　稿：朱　焱　单晓丽
执　　笔：陈家宁　姚　宁　张　健　徐海波　汪　静　于春奇
其他参与写作人员：赵娜娜　顾文欣　万　晨

青岛市金融稳定报告摘要

2017年，面对错综复杂的国际形势和国内经济下行压力加大的局面，青岛市认真贯彻落实中央的决策部署，坚持稳中求进总基调，深入推进供给侧结构性改革，着力实施新旧动能转换重大工程，努力打造经济发展新优势，经济运行稳定性持续增强，质量效益持续提升的态势继续巩固。

一、区域经济运行

（一）经济增长步入合理区间

1. 经济总量继续跃升，产业结构持续优化

总体来看，青岛市经济运行总体平稳、稳中有进，向好势头不断巩固。初步核算，2017年全市实现生产总值（GDP）11 037.28亿元，增长7.5%。其中，第一产业增加值380.97亿元，增长3.2%；第二产业增加值4 546.21亿元，增长6.78%；第三产业增加值6 110.1亿元，增长8.4%。三次产业比例为3.4∶41.2∶55.4。服务业成为推动全市经济增长的主要力量，贡献率为59%，超过工业、建筑业等其他行业之和。服务业中的批发和零售业增加值增长9.4%，金融业增加值增长8.1%，以信息传输、软件和信息技术服务业、租赁和商务服务业、文化、体育和娱乐业为代表的营利性服务业增加值增长18.7%。工业中的电器机械和器材制造业、汽车制造业、专用设备制造业、通用设备制造业、农副食品加工业增长较快，增加值分别增长14.1%、27.7%、18.1%、12.9%和11.7%。

2. 供给侧改革成效明显，新旧动能加快持续转换

去产能扎实推进。水泥产量下降11.9%，平板玻璃下降3.3%。去库存效果明显。12月末，商品房待销售面积470万平方米，下降26.3%。降成本初见成效。规模以上工业企业每百元主营业务收入中的成本下降1.6元。短板领域投入加大。基础设施投资1 294.5亿元，增长73%，占全部投资的比重为16.6%。民生社会事业类投资1 060.4亿元，增长45%。新经济的成长势头正在加快，2017年，全市新经济主体加快增长，新经济法人单位数达12.9万户，占全市法人单位比重43.4%。2017年，高新技术产业投资505.3亿元，增长15.5%；战略性新兴产业投资2 104.3亿元，增长5%。初步统计，高新技术产业实现增加值579.5亿元，增长10.9%，占GDP比重为5.3%。

3. 质量效益不断提高，节能降耗持续推进

2017年，规模以上工业企业主营业务收入增长11%，增长面为79.4%；利润总额增长7.3%，增长面为67.6%。规模以上工业增加值增长7.5%。规模以上服务业企业主营业务收入增长16.9%，

利润总额增长 19.1%。高耗能行业中，有色金属冶炼及压延加工业能耗下降 10%，电力、热力的生产和供应业能耗下降 7.7%。新能源生产加快推进。截至 12 月末，全市规模以上新能源企业发电量 13.5 亿千瓦时，增长 29.9%；其中，风力发电量增长 28.7%，生物质发电量增长 24.1%。新能源发电量占全市发电总量的比重为 7.5%，较上年提高 1.7 个百分点。

4. 创新驱动引领发展，积极因素明显增多

2017 年，新增国家级孵化器、众创空间 33 家。高新技术企业达到 2 039 家，增长 51%。技术合同交易额突破 120 亿元，在上年首次突破百亿元大关的基础上，再创历史新高。新引进各类人才 13.1 万人，新增住青院士 5 人、聘任院士 3 人、千人计划专家 16 人、泰山系列人才工程专家 66 人，人才总量 180 万人。新市场主体大量涌现，2017 年全市市场主体总量达到 118.7 万户，增长 18%，全市新登记市场主体 25.1 万户，增长 33.5%，市场主体总量居全省第一位。

5. 内需拉动坚实有力，对外交流日益紧密

2017 年，全市固定资产投资达 7 777.1 亿元，增长 7.4%。投资结构明显改善，第三产业投资步伐加快，成为带动投资增长的重要支撑，完成投资 4 542 亿元，增长 22.5%，增速高于全市固定资产投资 15.1 个百分点。狠抓重点项目落地，全市总投资 10 亿元以上在建产业类（房地产开发除外）项目 153 个，比上年增加 59 个，完成投资 2 014.4 亿元，增长 60.1%，增速高于全部亿元以上产业类项目投资增速 13.3 个百分点，其中：新开工 10 亿元以上产业类项目 67 个，比上年增加 34 个，完成投资 736 亿元，增长 81.8%，增速高于全部亿元以上新开工产业类项目投资增速 19.4 个百分点。2017 年，全市实现社会消费品零售额 4 541 亿元，增长 10.6%，较上年加快 0.1 个百分点。乡村市场增速快于城镇，城镇消费品零售额 3 786.1 亿元，增长 10.2%；乡村消费品零售额 754.9 亿元，增长 12.9%。基本生活类和消费升级相关类商品较快增长。其中，限上单位日用品类、粮油食品类和饮料类零售额分别增长 32.1%、10.1% 和 20.1%；家用电器和音像器材类增长 55.2%；金银珠宝类增长 15.3%。全市进出口完成 5 033.5 亿元，增长 15.7%。其中，出口 3 031.8 亿元，增长 7.5%，进口 2 001.7 亿元，增长 30.8%。实际使用外资 77.4 亿美元，增长 13.9%。港口货物和集装箱吞吐量分别达到 5.1 亿吨、1 830 万标箱。

6. 财政收入稳定增长，就业形势整体稳定

财政收入增长平稳。2017 年，全市一般公共预算收入 1 157.1 亿元，增长 7.1%，其中，税收收入完成 823.9 亿元，增长 11.4%，高于一般公共预算收入增速 4.3 个百分点，税收收入占一般公共预算收入比重为 71.2%，较上年提高 2 个百分点。一般公共预算收入中的增值税 309 亿元，增长 31.7%；企业所得税 146.5 亿元，增长 18%。新增就业保持稳定。2017 年，城镇新增就业 73 万人，政策性扶持创业 2.05 万人。企业退休人员养老金实现“十三连涨”。城乡低保标准进一步提高，共为 7.4 万户低保对象发放救助资金 7.4 亿元。城镇居民人均可支配收入 47 176 元，增长 8.2%；农村居民人均可支配收入 19 364 元，增长 7.8%。

7. 消费价格温和上涨，生产价格上涨平稳

2017 年，居民消费价格总水平上涨 2%，涨幅比上年回落 0.5 个百分点，12 月同比上涨 2.5%。其中，食品价格下降 0.4%，非食品价格上涨 2.6%；消费品价格上涨 1.2%，服务价格上涨 3.4%。工业生产者出厂价格全年平均上涨 4.4%，工业生产者购进价格全年平均上涨 10.7%。

（二）经济运行中需关注的问题

1. 金融支持实体经济面临需求制约

经济增长动力不足，工业投资、民间投资比较谨慎，实体经济不少行业经营困难，传统产业效益下滑，新兴产业规模不大，出口仍呈低迷态势。这些经济方面的问题反映在金融上，表现为信贷有效需求不足甚至是无需求。信贷有效需求不足问题，客观上限制了银行信贷资金的介入，降低了金融支持实体经济的力度。

2. 企业经营状况堪忧

据调查，在青岛辖区各银行总融资余额5亿元以上的单户企业306户，合计融资余额8 984亿元，占辖内各项贷款的62.7%。从企业经营情况看，306户企业中，110户企业已出现亏损，个别企业亏损额较大，该部分企业总融资余额1 446.2亿元。另外，辖内已出险（单户不良1 000万元以上）的303户企业中，已有80.2%的企业处于停产或破产状态，14.9%的企业处于半停产状态。

二、金融业运行

（一）银行业

1. 银行业运行和发展情况

（1）资产负债规模小幅增长。年末，青岛辖区银行机构资产总额21 556.66亿元，比年初增长1.05%；负债总额20 715.67亿元，比年初增长0.33%。

（2）各项存贷款增速回升。2017年末，青岛市本外币各项存款余额为15 129亿元，比年初增加456亿元，同比少增1 062亿元，余额同比增长3.1%，增速同比下降8.44个百分点。12月末，本外币各项贷款余额为14 388亿元，比年初新增1 437亿元，同比多增58亿元，年度新增额创下历史最高水平。从全年投放进度来看，整体为前高后低的趋势，但同比增速一直位于10%以上。

（3）银行业利润略有回升。2017年辖区银行机构共实现账面利润205.62亿元，同比增加26.85亿元。从收入结构看，利息净收入同比上升5.59%，手续费及佣金净收入同比下降13.65%，中间业务收入同比下降12.54%。从经营质效看，银行机构普遍强化成本管控，营业支出同比下降3.49%。

（4）信贷资产质量出现好转。截至2017年末，辖内银行机构不良余额280.37亿元，比年初增加23.45亿元；不良率1.94%，比年初下降0.04个百分点。信贷资产质量好转的主要原因是：截至2017年末，青岛地区安泰信系债权银行授信余额已降至125.12亿元，较6月末下降18.11亿元；不良余额65.93亿元，较6月末下降75.1亿元。

2. 银行业稳健性评估

（1）存款增速持续放缓。截至2017年末，辖内银行机构各项存款余额15 129亿元，同比增长3.1%，同比下降8.4个百分点，环比下降1.4个百分点，创2015年7月以来最低点，今年各月存款增速均低于8%；存款余额比年初增加456亿元，同比少增1 062亿元。存款下降的原因：从全市情况看，居民存款、企业存款、非银行金融机构存款增速均显著下滑：一是受加强监管、金融去杠杆力度加大影响，非银行业金融机构存款较年初下降179亿元，同比多降292亿元；二是受理财和购房分流影响，居民存款较年初新增57亿元，同比少增290亿元（12月居民理财兑付加权平均收益率为4.44%，同比上升0.85个百分点）；三是受原材料价格上升、支出增加等因素影响，企业存款较年初新增372亿元，同比少增153亿元。

（2）信用风险压力犹存。不良贷款底数不够真实，关注类贷款占比（4.48%）仍处于相对高位，部分机构逾期90天以上贷款与不良贷款的比例仍超过100%。此外，前期部分银行机构为缓解不良压力，不同程度地存在非洁净转让情况，面临回表压力。重组贷款质量不高，前几年部分企业重组后经营和现金流并无实质好转。大客户和担保圈贷款隐患较大，风险管控仍面临较大压力。

（3）合规管理依然薄弱。2017年，青岛银监局对辖内银行机构开具多个罚单。从处罚情况看，辖内银行机构合规管理意识依然薄弱，贷款及票据等传统业务“三查”不到位、贸易背景不真实等问题屡禁不止，同业投资和理财等新型业务层层嵌套、拉长链条、底层资产不见底、资金流向不清楚、计提资本不准确等问题较多存在。

（4）贷款结构亟须调整。2017年，银行信贷结构尽管出现了一些积极变化，但不均衡现象仍然突出。从客户结构看，垒大户倾向仍较为突出，小微和“三农”贷款虽然保持增长，但增速持续低于贷款平均增速。从行业分布看，大多数新增贷款集中于房地产和政府基建类项目，年末房地产贷款余额占比仍处于较高水平。

（5）拨备覆盖率偏低。截至2017年末，辖内银行机构总体拨备覆盖率158.83%，仅高于监管标准8.83个百分点。19家机构拨备覆盖率低于150%的监管标准。拨备计提不足，在降低银行风险抵御能力和水平的同时，虚增了账面利润。

（二）证券业

1. 证券业运行和发展情况

（1）债券和资产证券化业务稳步推进。2017年末，存续公司债券数量20只，其中，面向合格投资者公开发行8只，非公开发行12只；存续公司债券余额241.3亿元，其中，面向合格投资者公开发行113.3亿元，非公开发行128亿元；存续资产支持专项计划数量3只，金额17.89亿元。

（2）上市公司业务规模稳步增长。2017年末，青岛辖内上市公司29家，较上年增加4家。总股本279.91亿元，同比增长11.23%；其中，流通股本237.66亿元，同比增长13.5%。年末总市值3 686.67亿元，同比增长10%。2017年，辖区累计筹资额145.06亿元，其中首发30.44亿元，增发16.52亿元，公司债98.1亿元；辖区历年累计筹资585.42亿元。

2. 证券业稳健性评估

（1）业务结构较为单一。证券经营机构业务仍主要依赖经纪业务。如除经纪业务、自营证券投资业务和融资融券业务外，中信证券（山东）有限责任公司2017年未开展承销与保荐业务、资产管理业务、财务顾问业务、股指期货业务及研究咨询业务等。

（2）期货机构经营状况大幅下滑。2017年末，青岛辖区期货经营机构累计代理成交额为2 424亿元，同比下降14.6%；累计代理成交量414.97万手，同比下降5.25%。

（3）法人证券机构经营状况下滑。2017年，中信证券（山东）有限责任公司营业部69家，当年新成立3家。年末，总资产167.95亿元，同比下降22.9%；累计交易金额29 688.55亿元，同比下降2.1%；实现净利润4.45亿元，同比下降8.44%。A股股票业务托管市值、成交金额分别为1 383.78亿元、17 019.06亿元，同比分别上升4.5%%、下降16.6%。代理买卖基金业务托管市值、成交金额分别为9.2亿元、572.8亿元，同比分别下降37%、47%。1－12月，中信证券（山东）公司融资融券业务累计对客户授信5 182万笔，较上年同期减少825万笔，累计授信金额589亿元，较上年同期减少19亿元。

（4）证券经营机构营业状况大幅下滑。2017年，107家证券营业部总资产125.98亿元，同比下降12.58%；实现交易金额35 263.42亿元，同比增长2.35%；实现净利润0.99亿元，同比下降66.33%。年末，客户保证金余额103.12亿元，同比下降15.4%。

（三）保险业

1. 保险业运行和发展情况

（1）资产规模平稳增长。年末，青岛保险公司资产总额达732.91亿元，较年初增长7.62%。其中财产险公司资产总额75.91亿元，较年初下降13.2%；人身险公司资产总额648亿元，较年初增长10.74%。

（2）业务规模大幅增长。2017年，实现保费总收入396.72亿元，同比增长19.1%。其中财产险保费收入110.62亿元，同比增长2%；人身险保费收入286.1亿元，同比增长25.78%。累计支付各类赔款120.37亿元，同比增长7.2%。其中人身险赔款和给付支出61.67亿元，同比增长5.52%；财产险赔款支出58.7亿元，同比增长6.34%。

2. 保险业稳健性评估

（1）产险市场对车险业务的依赖度仍然较高。2017年，青岛产险公司实现车险保费收入80.43亿元，在财产险公司总保费收入中占比为72.7%，较上年提高5.7个百分点；车险赔款支出41.14亿元，占财产险公司总赔款支出的70.1%，较上年持平。

（2）寿险公司退保金大幅上升。2017年，青岛辖内寿险公司退保金50亿元，较上年增长32.83%。其中，个人年金保险退保金34.3亿元，较上年增长76.5%。寿险公司退保金支出大幅上升导致寿险赔付面临较大压力，流动性风险加大。

三、金融基础设施

（一）支付体系建设持续改善

聚焦便民支付，加快非现金支付推广力度。推动青岛银行电子现金在商超、餐饮、交通等应用场景不断丰富，2017年实现交易笔数64 705笔，交易金额202 831元，分别同比增长220.48%和274.52%；在社区、园区等使用外延不断扩大，目前已签署合作单位35家，2017年实现电子现金消费1 338.81万元；指导和帮助青建财务公司以直联方式接入电票系统，进一步优化电票使用及流通环境，2017年，全辖共签发电票122 953笔，金额2 197.57亿元，多项指标居全省首位。推动青岛银联与青岛交运集团、青岛地铁集团合作，支持75条线路的千余部公交车及地铁采用银联云闪付购票乘车，2017年实现交易笔数172 662笔，交易金额339 237元。

（二）反洗钱工作取得积极进展

推动可疑交易本地集中处理，建立分类横向交流与多方疑点会商机制，试点开展可疑交易质量评价，加强对义务机构重点可疑交易处理的“事前、事中、事后”管控，可疑交易报告质量显著提升，报告量同比增长86%，向公安机关移送可疑线索5起，其中平某某涉嫌地下钱庄线索，经总行研判后已移送公安部。7月，总分行领导出席辖区机构可疑交易横向交流座谈会，并对青岛市中支探索可疑交易本地集中处理、建立横向交流机制予以肯定。

（三）信用体系建设稳步推进

持续推进辖区中小微企业和农村信用体系建设，以构建中小微和农户信用信息数据库为核心，以完善信息共享和强化信用对接为目标，积极探索行政与金融资源相配合、信用激励与惩戒并举的联动机制。推动贷款风险分担机制，加强农户贷款与融资担保公司和保险公司的合作，截至2017年末，合作发放农户贷款余额分别为770万元和1.8亿元，较去年同期分别增加770万元和0.95亿元，有效降低了农户贷款风险。加强与政府有关部门合作，将信用植入小微企业转贷引导基金，为小微企业提供低成本资金周转服务，开展科技金融投保贷联动业务，支持科技型中小企业发展，2017年共发放贷款240万元。以财政资金为杠杆撬动信贷资金，通过建立风险补偿和贴息补助机制，支持开展小额扶贫信用贷款，2017年发放信用贷款10万元。以中小微和农户信用信息数据库为核心，加强省域征信服务平台的推广应用。2017年，累计采集并向平台数据库加载信息550余万条，平台数据加载量全省居首。推进辖内38家机构接入省域征信服务平台、查询使用平台信息，部分商业银行将查询结果引入了信贷审批流程。

四、总体评估与政策建议

（一）总体评估

根据人民银行青岛市中心支行金融稳定评估方案，从宏观经济、金融机构及金融生态环境等方面对青岛市2017年金融稳定状况进行综合评估。评估结果显示，青岛市金融稳定状况良好。

2017年青岛经济运行总体平稳，主要经济指标保持在合理区间，经济结构持续调整，呈现缓中趋稳、稳中有进的态势。辖区各银行业金融机构积极主动作为、着力改进实体经济金融服务，切实加强风险管理，辖区银行业在保持稳健运行的同时，出现了一些积极变化：回归本源成效初步显现，脱实向虚势头得到初步遏制；风险防控形势总体向好，信用风险防控取得积极成效，风险抵御能力有所增强，经营状况总体趋好，但经济运行中的矛盾和压力持续向银行业传导，合规管理仍面临较大压力。信用风险压力犹存，潜在风险尚未充分释放，存款增速持续放缓等问题较为突出。证券期货市场发展速度放缓，法人证券机构经营状况下滑。保险业发展平稳，保险对经济稳定运行的保障作用进一步提升。金融基础设施不断完善。支付体系建设进程加快，反洗钱工作取得积极进展，信用体系建设日趋完善，金融生态环境进一步改善。

（二）政策建议

1. 加大对经济发展薄弱环节的支持

做好农业供给侧结构性改革金融服务，创新开展大型农机具、农业生产设施抵押、动产质押等业务，支持农业适度规模经营。加大农村基础设施支持力度。支持特色农业、乡村休闲旅游、农村电商、农产品精深加工等新兴业态。做好农业科技研发、设施农业、绿色农业、现代食品产业等新兴领域的金融支持。加快推进与新型城镇化相配套的金融创新。继续扎实推进金融扶贫工作。今年平度农村承包土地经营权抵押贷款试点工作进入冲刺攻坚期，有关银行机构要切实落实绩效考核、资源配置、信贷授权等制度安排，丰富完善信贷产品，持续推动试点业务取得有效突破。进一步改善小微和民营企业金融服务，认真研究落实青岛市即将出台的小微企业保证保险贷款试点办法。进一步做好创业就业、助学助残、棚户区改造、新农村社区建设等金融服务。

2. 提高风险监测预警能力

保持对金融风险的高度敏感性，针对金融风险易发频发的领域和部位，对大额授信客户风险、资产管理业务风险、地方债务风险、影子银行风险、房地产泡沫风险、互联网金融风险等重点领域建立专门的监测制度，落实部门监测责任，及时发现苗头性问题，做到对风险的早监测、早发现，提高对金融风险的监测预警能力。建议市金融工作领导小组定期组织召开相关部门会议，沟通交流风险监测情况，及时研究防范措施，推动风险的早化解、早处置，严格控制增量风险。

3. 完善风险化解处置机制

研究出台更加有力的政策措施，强化金融机构在防范金融风险中的主体责任，提高公司治理水平和风险防范意识，鼓励各银行充分利用核销、重组、清收等手段处置不良贷款，用银行自身的力量消化一批；充分发挥各级资产管理公司及政府平台的作用，收购银行不良资产，用市场化的手段化解一批；强化金融司法联动机制，缩短资产评估、拍卖等程序周期，完善资产流转市场建设，提高抵质押资产变现效率，用司法手段处置一批。

4. 加强金融监管协调

充分发挥市金融工作领导小组作用，完善金融监管协调机制，强化“一行三局一办”及有关部门信息共享，定期交流沟通监管工作情况，分析判研金融风险形势，研究部署金融风险防控工作，发挥监管合力，加强对各类地方交易平台、影子银行、互联网金融、地方债务、房地产等重点领域的风险防范，严厉打击各类非法金融活动及逃废银行债务、非法集资、金融诈骗等金融违法行为，维护良好的金融秩序。

总　　纂：顾延善
统　　稿：郝龙敬
执　　笔：赵国靖
其他参与写作人员：许　倩　刘翠丽　吴　晗　禹靓蔚　翟泉明　翟慧超

宁波市金融稳定报告摘要

2017年，宁波经济稳中有进，新动能发展势头强劲。金融业运行总体稳健，服务实体经济能力不断提升，金融风险管控逐步加强，金融基础设施建设深入推进。定量评估结果显示，2017年辖区金融稳健性进一步增强，潜在风险持续减少。

一、区域经济运行

（一）区域经济基本情况

1. 经济增长稳中有升，人均产出快速增长

2017年，全市实现地区生产总值9 846.9亿元，按可比价计算，同比增长7.8%，增速较上年提高0.7个百分点。分产业看，第一产业、第二产业、第三产业分别实现增加值314.1亿元、5 105.5亿元、4 427.3亿元，同比增长2.4%、7.9%、8.1%，三次产业增加值之比为3.2:51.8:45。按常住人口计算，全市人均地区生产总值124 017元，同比增长13.98%。

2. 工业经济加速增长，“智造领域”持续发力

2017年，全市规模以上工业实现增加值3 266.7亿元，同比增长9.6%，增速同比提高2.3个百分点。“中国制造2025”试点工作取得积极成效，规模以上工业中，装备制造业、高新技术产业、战略性新兴产业实现增加值1 585.5亿元、1 337.5亿元、872.2亿元，分别增长14.1%、10.4%、15.7%。

3. 投资消费增长平稳，进出口成增长亮点

从投资看，2017年全市固定资产投资5 009.6亿元，同比增长3.5%。其中民间投资2 298.2亿元，增长11.9%。从消费看，全年社会消费品零售总额4 047.8亿元，同比增长10.4%，其中限上社消总额1 660.3亿元，增长7.3%。从进出口看，全年外贸进出口总额7 600.1亿元，同比增长21.3%，增速较上年提高24.3个百分点。其中，出口4 984.2亿元，增长14.3%；进口2 616.0亿元，增长37.3%。

4. 企业利润、居民、财政收入稳步增长

2017年全市规模以上工业企业利润总额1 264.1亿元，同比增长30.9%，增速比上年提高0.4个百分点。居民人均可支配收入48 233元，同比增长8.0%，城镇居民、农村居民人均可支配收入比率1.80%，较上年下降0.01%，城乡收入差距有所缩小。全年财政总收入2 415.8亿元，同比增长12.4%。

5. 价格水平温和上升

2017年，全市居民消费价格（CPI）同比上涨1.8%，涨幅高出全国0.2个百分点；工业生产者

出厂价格（PPI）价格同比上涨6.7%，结束了2012年以来连续5年的下降态势。

（二）区域经济运行中需关注的问题

1. 工业和民间投资结构不平衡的矛盾凸显

2017年，宁波市工业投资同比下降6.5%，对工业投资影响最大的制造业投资持续低迷，制造业投资在工业投资中占有绝对比重（占84.0%），但全年制造业投资同比下降10%，低于工业投资3.5个百分点。从民间投资结构看，民间房地产投资占比较高。2017年，民间投资中房地产开发投资1 071.2亿元，占到民间投资额的46.6%，而民间投资中工业投资900.2亿元，同比下降3.8%。

2. 新旧动能转换面临要素制约

一是成长型、创新型企业面临土地指标制约问题。二是企业招工中技工短缺的结构性问题始终比较突出，电商等新业态发展缺少管理型、创意设计等人才。三是技术创新驱动力有待加强。2017年，全市工业技改投资965.7亿元，同比下降13.1%，低于工业投资6.6个百分点。

3. 房地产市场供需不匹配问题初现

在供给端，年内开发投资、房屋新开工回暖，住房新增供应大幅增长，明显快于销售速度，带动供销比和库存量触底回升。在需求端，由于住房信贷融资条件收紧、棚户区改造接近尾声以及周边一线城市销售下行的影响带动，住房销售降温迹象初现，2017年新房累计成交量增速已降至个位数，其中市区新房成交量近40个月①来首现负增长。需关注未来由量价调整引起的供需矛盾问题。

二、银行业

（一）银行业经营情况

截至2017年末，全市吸收公众存款的法人银行业金融机构共25家，总资产、总负债分别为14 318.17亿元、13 384.26亿元，比上年分别增长10.2%、10.15%；拥有市级分行34家，总资产16 052.19亿元，比上年增长0.16%，总负债15 956.7亿元，比上年减少0.34%。

1. 资本充足率同比上升

截至2017年末，辖区25家法人银行资本充足率14.00%，同比上升1.14个百分点。其中，核心一级资本充足率9.85%，同比下降0.01个百分点；核心一级资本净额占资本净额的比例70.36%，下降6.26个百分点。

2. 不良贷款持续“双降”

2017年，辖区银行业通过加快不良贷款出清速度、积极防控新增风险等多种方式，化解不良贷款上升压力，“降旧控新”措施取得积极成效，顺利完成年末不良率降至2%以下的目标。2017年末，全市银行业不良贷款余额319.72亿元，较年初减少115.85亿元；不良贷款率1.80%，较年初下降0.82个百分点，不良余额、不良率连续六个季度“双降”。

3. 机构盈利快速增长

2017年，辖区银行业实现净利润220.59亿元，同比增长79.38%，较2016年上升58.12个百分点。

---

① 剔除2017年1月后的数据，因春节假期因素影响，2017年1月成交量同比下降38.40%。

从盈利来源、结构看，净息差、净利差分别为2.04%、1.99%，同比下降0.03个百分点、上升0.05个百分点；利息收入率、中间业务收入率为73.53%、20.25%，同比下降1.56个、4.93个百分点。

4. 资金价格年末上扬

2017年12月新发放人民币一般性贷款加权平均利率5.47%，同比提高0.14个百分点；贴现利率年中年末走高，6月达到年内高点5.23%，7月起震荡下行，12月再度上升至5.17%，同比提高1.34个百分点。

（二）辖区银行业发展中需关注的问题

1. 部分中小法人银行信用风险上升较快

2017年，辖内中小法人机构按监管要求纠正贷款分类，致使部分机构真实不良贷款于年中起短时集中显现，不良率上升较快，其中辖内村镇银行不良率较年初上升2.69个百分点，拨备覆盖率较年初下降24.94个百分点。从信用风险集中度看，部分法人机构对同一及相关债务群体的风险敞口过大，有3家机构单一集团客户授信集中度超过15%监管标准，1家机构单一客户贷款集中度超过监管标准7.21个百分点。

2. 潜在流动性风险上升需引起关注

2017年，受金融“去杠杆”、MPA政策以及资管、流动性新政影响，辖内个别法人银行出现缩表的趋势，流动性风险有所显现：一是个别中小银行存在同业负债占比过高，以短期低成本资金匹配长期高收益资产的现象，快速去杠杆情形下流动性风险增大。二是受资金来源成本上升、资管产品清盘赎回、回表资产补提拨备等因素影响，个别机构后续融资接力不足，清偿压力加大，潜在流动性风险有所上升。

3. 业务合规性有待提高

2017年，辖区监管部门持续加强监管力度，积极引导银行业回归服务实体经济本源。全年辖内银监部门共发出行政处罚30起，涉及20家银行及信托机构，同比增加22起、13家机构；处罚金额共计1 857万元，同比增加1 552万元。违规原因主要包括贷款“三查”不尽责、违规开展同业业务、非洁净转让资产、变相开展大额关联交易等。

三、证券业

（一）证券业经营情况

1. 经营主体数持续增加

截至2017年末，辖区证券经营机构158家，同比增加23家。其中，证券营业部141家，证券公司分公司17家，基金公司、证券投资咨询公司各1家。期货经营机构43家，同比增加4家。其中，期货营业部39家，期货经纪公司1家，期货分公司数3家；境内上市公司73家，同比增加17家，包括主板公司45家，中小板公司12家，创业板16家。

2. 证券期货交易量保持平稳

2017年辖区证券交易成交总额55 536.20亿元，同比增长4.94%；期货代理交易金额39 502.74亿元，同比下降4.58%。2017年末，证券投资者账户数187.61万户，同比增长10.26%，客户保证金余额133.32亿元，同比下降28.18%，证券托管市值4 233.26亿元，同比增长9.84%；期货投资者账户数3.82万户，同比增长16.82%，客户保证金余额70.95亿元，同比增长28.16%。

3. 证券期货经营机构盈收水平下降

2017年，受A股股票交易量下跌影响，证券经营机构营业收入水平下降。全年证券经营机构营业收入15.05亿元，利润总额4.45亿元，同比分别下降27.92%、45.67%。期货经营机构代理交易手续费收入3.91亿元，利润总额1 060万元，同比分别增长10.11%、53.91%。截至2017年末，法人机构兴业期货净资本2.92亿元，风险资本准备总额1.42亿元，净资本与风险资本准备总额比例205.63%；流动资产与流动负债比率2 286.88%，负债与净资产比率3.73%，均符合监管要求。

4. 资本市场较好地支持了实体经济

2017年辖区企业通过资本市场融资513.93亿元，同比增长15.95%，其中IPO 82.53亿元、定向增发240.27亿元。截至2017年末，辖内A股上市公司74家，同比增加18家，新三板挂牌企业157家，同比增加21家，另有27家企业进入境内上市辅导期。

（二）辖区证券业发展中需关注的问题

1. 盈利渠道单一状况未有效改善

近年来，证券业各项创新业务发展较快，收入来源逐渐多元化，但从2017年辖区证券经营机构的盈利情况看，对经纪业务收入的依赖未得到根本性改变。同时，调查显示，受互联网金融、一人多户、券商“跑马圈地”策略影响，辖内证券营业部数量持续上升，客户竞争激烈，受制于服务同质性，竞争方式以降低佣金为主，一定程度上加剧了盈利能力的下降。

2. 个别上市公司信息披露违规值得关注

2017年，宁波证监局对辖内宁波拓普集团、宁波圣莱达、广博集团3家公司因信息披露存在的问题实施了警示、责令改正等措施。总体来看，2016年以来，辖内上市公司因信息披露问题受到监管部门行政警示的有所增加。随着辖内上市公司数量的增加，个别公司在履行信息披露方面存在薄弱环节，后续需密切关注辖内上市公司信息披露工作情况。

四、保险业

（一）保险业经营情况

1. 业务发展平稳，风险防控有力

2017年，宁波保险市场实现保费收入302.95亿元，同比增长17.6%。其中，财产险保费同比增长9.0%，较上年上升3.9个百分点；人身险保费同比增长26.6%，较上年上升4.3个百分点。全年赔付支出113.3亿元，同比下降1.8%。其中，财产险赔付支出80.7亿元，同比增长2.2%；人身险赔付支出32.6亿元，同比下降10.3%。全年满期给付12.9亿元，退保金60.4亿元，未发生满期给付和退保行业性风险。监管部门处理消费者投诉551件，联合公安机关开展“安宁2017”反保险欺诈行动，向公安机关移送案件147件，涉案金额1 508万元，涉案人员76人，全年未发生群访群诉事件。

2. 产险机构保费增速低开高走，利润增幅明显

2017年，产险机构月累计保费增速由1月的4.8%上升至12月末的9%，呈低开高走态势，增

速列计划单列市第3位，同比上升3.9个百分点。2017年，产险机构实现利润9.54亿元，同比大幅增长151.6%，其中承保利润8.46亿元，同比增长136.9%。2017年，辖区法人机构东海航运实现保费收入1.16亿元，其中，船舶险保费5 361万元，货运险保费3 771万元，责任险保费2 487万元。

3. 寿险机构业务发展较快，结构调整深化

2017年，寿险机构保费增速26.6%，较上年上升4.3个百分点，增速由上年低于全国平均水平14.5个百分点，转为今年超出6.6个百分点。其中，健康保险、普通寿险和分红寿险业务分别实现保费17.8亿元、69.9亿元和66.4亿元，同比增加4.7亿元、16.2亿元和12.1亿元，对人身险保费增长的贡献率分别为14%、48.4%和36.1%。从结构看，个险渠道推动寿险业务发展作用明显，续期保费占比、新单期交率高于全国和浙江（除宁波），寿险市场结构质量有所好转。

（二）需要关注的几个问题

1. 中小产险机构发展压力大

宁波产险市场集中度较高，60%以上的市场规模和近70%以上的承保利润集中在人保财险、平安财险和太保财险3家，中小产险机构竞争力量较弱，在业务发展和盈利方面面临的压力依然较大。2017年，市场份额低于5%的27家产险机构中，9家机构保费出现负增长，其中，亚太财险、泰山财险和中华联合等3家机构保费降幅接近或超过20%；15家机构承保亏损，亏损额1.5亿元，其中10家机构连续两年以上亏损。

2. 风险防范化解任务依然艰巨

一是满期给付和退保风险仍需关注。据寿险机构预测，2018年全行业满期给付金额将达7.8亿元，保单退保预计13.9万件，涉及金额约71.2亿元，满期给付低于预期和退保可能带来的损失容易引发消费者不满，防范化解满期给付和退保风险工作压力较大。二是外部风险传递需引起重视。第三方理财产品凭借高佣金，吸引部分保险从业人员利用客户资源推销产品，并假借保险机构名义或诱导客户退保转投，隐藏较大的经营风险和声誉风险，致使年内因保险机构、保险从业人员代销第三方理财产品引发的非法集资案件呈多发态势。

五、影子银行

（一）国有担保机构实力增强，业务规模持续下降

截至2017年末，宁波市登记在册的融资性担保机构共45家，比年初减少3家。其中国有担保机构18家，注册资本25.32亿元，占全市融资担保机构注册资本的59.09%，较2011年末提升41.99个百分点。2017年，全市融资担保机构累计为2 759户中小微企业和“三农”提供融资担保服务，累计担保笔数3 301笔，担保总额45.81亿元，期末在保余额50.57亿元，分别同比下降25.87%、22.55%、19.44%。从季度走势看，担保总额和在保余额已连续9个季度同比下降，业务规模持续下降。

（二）典当业务降幅收窄，经营业绩出现回升

截至2017年末，全市典当企业共94户，较上年增加3户，总资产16.02亿元，总负债0.99亿

元。从业务规模看，2017 年累计发放业务 4. 62 万笔，放贷总额 22. 31 亿元，同比分别下降 17. 35%、10. 51%，连续三年出现下降，但降幅有所收窄。从经营业绩看，全市典当企业加快转型升级，利用“互联网＋典当”积极拓展业务，业绩出现回升。年末典当余额 8. 30 亿元、息费收入 4 941 万元、净利润 1 168 万元，均实现同比增长。

（三）小贷公司业务量逐年萎缩，支农支小力度减弱

截至 2017 年末，全市小额贷款公司共 45 户，与上年持平。年末资本净额 68. 41 亿元，同比下降 25. 39 亿元；贷款余额 72. 30 亿元，同比下降 5. 25%，已连续 13 个季度同比减少。2017 年末，45 家小贷公司贷款余额中，150 万元以下小额贷款占比 41. 23%，同比下降 1. 51 个百分点；农户贷款占比 26. 27%，同比下降 3. 21 个百分点；农林牧渔业贷款占比 18. 98%，同比下降 1. 88 个百分点。

六、金融市场

（一）同业拆借

2017 年，全辖有 9 家法人金融机构在银行间市场办理同业拆借业务，较上年减少 1 家。全年共完成 2 100 笔、10 988. 36 亿元同业拆借交易，同比分别减少 4. 93%、21. 90%。2017 年拆借加权平均利率总体呈震荡上行态势，12 月上升至 3. 31%，为近 33 个月高点。

（二）债券回购

2017 年，有 11 家法人银行机构、1 家货币基金、1 家信托公司、1 家租赁公司和多个资管账户参与债券回购交易 17. 04 万亿元，同比增长 10. 87%，回购交易价格与同业拆借走势基本一致。1－6 月回购加权平均利率持续走高，7 月小幅下调后，8 月冲高至近 36 个月高点（为 2. 87%），9－10 月小幅下行，11－12 月再度上扬，年末两个月回购加权平均利率均为 2. 78%。

（三）现券交易

2017 年，全辖 13 家法人主体和多个资管账户累计交易现券 2. 45 万亿元，同比下降 42. 49%。从交易品种看，政策性金融债、同业存单和国债交易规模位列前三，分别占 38. 51%、29. 32% 和 23. 11%，同业存单取代国债成为第二大交易品种。全年现券交易加权收益率 4. 18%，同比上升 1. 12 个百分点。从月度走势看，现券交易加权收益年中、年末走高，12 月达到 4. 48%，创近 39 个月新高。

（四）债务融资工具及地方政府债券发行

2017 年，辖区 18 家金融机构为 18 家企业承销发行 33 笔债务融资，累计金额 152. 7 亿元，较上年下降 37. 80%。债务融资工具加权平均利率 5. 50%，较上年上行 167 个基点。2017 年，先后两次发行地方政府债券，累计发行金额 432. 1 亿元，其中定向置换 236. 2 亿元，公开发行 195. 9 亿元。定向置换以同期限（3 年、5 年、7 年、10 年）国债平均收益率上浮 15% 成交；公开招标利率呈下行态势，第一次公开招标发行利率为 4. 2%，第二次公开招标发行利率下降至 3. 6%。

（五）黄金交易

2017 年，辖内金融机构共发生各类境内黄金交易 1 657.73 吨，同比增长 28.16%；交易金额 4 576.51亿元，同比增长 40.86%；平均交易价格为每克 276 元，比上年上涨约 25 元/克。

（六）外汇交易

全年辖内 5 家法人机构开展各类银行间外汇交易折合 16 587.00 亿美元，同比增长 82.88%。全年美元/人民币掉期交易占 65.74%，银行间即期结售汇占比 32.13%，其他业务占比较小。

七、金融基础设施

（一）支付清算体系

2017 年，宁波市支付清算系统安全、稳定运行，业务量稳步增长。支付系统日均处理业务笔数、清算资金量，较上年分别增长 1.09%、0.65%。年内实现Ⅱ类、Ⅲ类账户同城通存业务超限自动退回，完成两次 ACS 系统升级换版。同时通过深化城乡支付服务环境建设，强化支付市场监督，开展专项整治行动等重点工作，提升支付清算服务水平，防范和化解支付清算风险。

（二）征信系统

按照 G20 数字普惠金融高级原则，采取安全、高效的客户身份识别方案，整合各类信息并进行精准信用画像，建设全面覆盖、共建共享、互联互通的普惠金融信用信息服务新平台。同时，进一步拓展信息采集渠道，将税务、食品安全、不动产等信用信息纳入普惠金融信用服务平台，截至 2017 年末，全辖已采集 22 类信用信息 3.2 亿条。组织辖内涉农金融机构大力开展农户信用档案采集和更新，截至 2017 年末，全辖累计建立农户信用档案 130 万户，评定信用农户 84.41 万户，通过平台共采集 51.52 万户，同比增长 7.66%。

（三）反洗钱体系

2017 年，严格执行反洗钱监管要求，建立健全反洗钱监管档案，完善检查、评级（评估）、走访“三位一体”的反洗钱现场监管机制，法人机构现场监管率连续 5 年达到 100%，反洗钱监管有效性进一步提升。按照“风险为本”和“双随机”原则，2017 年共安排 6 个反洗钱执法检查项目，注重在现场检查中挖掘可疑线索并进行拓展。全年对 7 家被检查单位实施行政处罚，共处罚单位 460 万元、相关责任人 40.20 万元。

（四）货币发行与反假币

2017 年，宁波辖区现金净投放同比下降 7.61%，现金净投放已连续四年下降。通过畅通小面额现金投放渠道，累计改造能提供 20 元、10 元面额的 ATM 自助设备 211 台。认真做好人民币反假工作，2017 年，全辖共收缴假人民币 10.58 万张/枚，面额合计 847.40 万元，比上年同期增加 109.75 万元，增幅 14.88%。

（五）金融消费权益保护

在全市50家银行业金融机构建立金融消费维权服务站，引导金融机构营造安全、诚信、理性的金融消费环境。充分发挥宁波市金融消费纠纷人民调解委员会的作用，正式进驻宁波市诉讼（调解）服务中心，完善诉调对接机制。截至2017年末，已累计接待来访300多人次，口头调解187起，开庭调解27起，庭解成功25起，现场司法确认1起，庭解成功率达到93%。

八、总体评估与政策建议

经计量评估，2017年辖区金融稳定得分为32.09①分（上年39.30分），较上年下降7.21分，表明当前不稳定因素有所减少。建议2018年从以下三方面推动辖区经济发展，防范金融风险，维护区域金融稳定。

（一）创新驱动，持续优化金融稳定外部环境

一是加快培育实体经济发展新动能，结合“中国制造2025”试点，围绕高端装备制造、新材料制造、新一代信息技术、传统优势产业和新兴产业领域加大投入，推动传统产业数字化、智能化，形成创新驱动型经济。二是持续推动港口经济圈建设、深入推进跨境电商综合试验区发展，不断发挥辖区外向型经济的优势。三是积极鼓励民间投资，加大政策支持力度，进一步降低实体经济负担，增强企业家信心，有效增强经济发展活力。

（二）多措并举，有效提升金融服务实体经济质效

一是加强宏观审慎管理，引导商业银行理性扩张资本，防控资金“脱实向虚”，促进金融业回归服务“实体”主业。二是贯彻落实全国金融工作会议精神，加强跨机构、跨部门、跨市场协同监管，填补监管空白，防止监管套利，有效提高金融业业务合规性水平。三是持续加大对转型升级重点领域和关键环节的信贷投入，加快培育“3511”新兴产业体系，做好对高端装备制造、新材料制造等新兴产业领域的融资支持，助推新产业、新业态、新经济加快形成。

（三）防控结合，深入推进重点领域风险处置化解工作

一是积极推动破产重整、债转股工作，帮助企业加快转型，妥善处理好去产能、去杠杆与防风险的关系。二是进一步加强行院合作，完善联席会议、信息共享、重大事项会商等制度，做到案件快立、快诉、快审、快执行，提高不良资产司法处置效率。三是深入推进互联网金融专项整治以及打击逃废债专项行动，有效整治各类违法违规行为，切实维护辖区金融生态。

总　　纂：周伟军
统　　稿：鲍　雯　徐洪水
执　　笔：黄　健　楼东玮　徐希一
其他参与写作人员：蒋智渊　陈　松　邓忠斌　刘良毕
孙诗雄　童相新　邱嗣峰　上官忠东

① 分值越小，表示风险越低，稳定状况越好。

厦门市金融稳定报告摘要

2017年，厦门市深入实施“美丽厦门”战略规划，持续推进供给侧结构性改革，经济金融平稳发展，质量效益不断提升。银行业强化风险防控，资产负债结构显著调整，对实体经济支持力度加大；证券期货业经营主体继续增加，资本市场融资功能较好发挥；保险业市场规模稳步扩大，业务结构与风险指标保持良好；金融市场平稳运行，金融基础设施建设持续完善。但厦门市经济金融运行仍面临一定困难和挑战，部分领域风险值得高度关注。

一、区域经济运行与金融稳定

（一）区域经济运行情况

1. 经济实现较快增长，产业结构保持稳定

2017年，厦门市实现地区生产总值（GDP）4 351.18亿元，同比增长7.6%，增速较上年回落0.3个百分点，高于全国平均增速0.7个百分点。其中，第一产业、第二产业、第三产业同比分别增长2.1%、7.2%、7.9%，三次产业结构为0.5:41.7:57.8，第三产业占比接近六成。

2. 工业经济增长提速，服务业新旧动能加快转换

2017年，厦门市规模以上工业实现增加值1 437.16亿元，同比增长8.1%，增速较上年回升2.7个百分点，高于全国平均增速1.5个百分点。工业经济集群化特征明显且向产业价值链中高端迈进。电子、机械两大支柱行业工业产值占同期规模以上工业总产值的68.2%；规模以上高新技术产业工业产值占比达67.9%，较上年提高8.5个百分点。另外，工业经济效益保持良好。工业经济效益综合指数较上年提高15.97个点至245.91；规模以上工业企业实现利润总额340.13亿元，同比增长20.4%。

2017年，厦门市第三产业实现增加值2 512.03亿元，同比增长7.9%，拉动GDP增长4.4个百分点。其中，金融业成为第三产业规模最大行业。全年金融业实现增加值491.44亿元，同比增长8.0%，占第三产业增加值的19.6%；交通运输业加快发展，厦门市迈入地铁时代，交通运输、仓储和邮政业同比增长11.0%；服务业新动能也迅速成长，战略性新兴服务业、科技服务业营业收入同比分别增长18.8%、23.3%。此外，服务业盈利能力持续增强。全年规模以上重点服务业实现营业利润184.10亿元，同比增长69.6%，均居福建省首位。

3. 投资增速回落，民间投资动力增强

2017年，厦门市完成固定资产投资（不含农户）2 381.46亿元，同比增长10.3%，增速较上年回落4.1个百分点，高于全国平均增速3.1个百分点。其中，基础设施投资成为重要支撑，全年完

成基础设施投资909.80亿元，同比增长14.8%；房地产投资增速回升，在土地购置费投资增长拉动下全年完成房地产投资879.86亿元，同比增长14.9%，增速较上年回升16.0个百分点；民间投资内生动力增强，全年完成民间投资753.88亿元，同比增长20.4%。

4. 消费增速持续回升，消费热点助推消费增长

2017年，厦门市完成社会消费品零售总额1 446.74亿元，同比增长12.7%，增速较上年回升2.9个百分点，高于全国平均增速2.5个百分点。其中，互联网零售保持高速增长，全年限额以上批发零售企业通过互联网实现商品零售额245.75亿元，同比增长81.3%；通讯器材、化妆品、体育娱乐用品等消费升级类商品零售也增长显著，但受分流效应影响，汽车消费增速回落7.9个百分点，综合零售业则出现负增长。

5. 外贸形势显著回暖，对外开放不断深入

2017年，厦门市实现外贸进出口总额5 816.04亿元，同比增长14.3%，增速较上年回升15.7个百分点，高于全国平均增速0.1个百分点。其中，出口总额3 253.65亿元，同比增长5.2%；进口总额2 562.39亿元，同比增长28.4%。从贸易伙伴看，金砖与“海丝”效应持续扩大，全年与金砖四国贸易总额433.40亿元，同比增长31.3%；与“海丝”沿线国家贸易额2 290.30亿元，同比增长12.4%。从贸易结构看，全年高新产品出口同比增长6.9%，占同期出口总额的20.7%，占比较上年提高0.3个百分点；外贸综合服务、跨境电商、融资租赁等新型贸易方式和新业态同比增幅达33.2%。

此外，对外开放不断深入。全年合同利用外资总额328.12亿元，实际利用外资总额160.11亿元，实际利用外资规模居福建省首位；对外协议投资额26.02亿美元，对外承包工程新签合同额7 290万美元，同比增长超10倍。

6. 住宅价格涨幅收窄，物价涨幅扩大

在一系列住房市场调控政策作用下，2017年厦门市住宅成交量萎缩，住宅价格涨幅收窄。全年商品住宅销售均价28 053元/平方米，同比增长11.1%，涨幅较上年回落22.3个百分点。但在服务类项目价格上涨的推动下，同期厦门市居民消费价格（CPI）同比上涨2.0%，涨幅较上年扩大0.3个百分点，高于全国平均涨幅0.4个百分点。

7. 财政收入增速回升，城镇居民收入增速回落

2017年，厦门市实现财政总收入1 187.29亿元，同比增长9.6%，增速较上年回升1.4个百分点；其中，地方级财政收入696.78亿元，同比增长11.0%。全年完成财政支出811.89亿元，同比增长7.0%，增速较上年回落9.9个百分点。

2017年，厦门市全体居民人均可支配收入46 630元，同比增长8.1%，增速较上年回落0.6个百分点；其中，城镇居民人均可支配收入50 019元，同比增长8.1%。

（二）区域经济运行需关注的问题

1. 工业经济下行压力较大

从投资看，2017年厦门市完成工业投资428.62亿元，同比增长7.8%，增速低于同期固定资产投资增速2.5个百分点，工业投资总量和增速均居福建省末位；且工业投资增长主要依靠原有项目拉动，随着这些工业大项目建设进入尾声，其对工业投资的贡献度将逐步减弱。另从减产情况看，全年规模以上工业企业减产面依然超过三成，而同期厦门市工业生产者出厂价格指数（PPI）维持在

102.08 的低位，表明工业需求依然疲软，工业经济下行压力较大。

2. 投资增长后劲不足问题凸显

近三年来，厦门市固定资产投资增速呈现逐年回落态势。随着投资的总量基数不断扩大，新的生产能力又无法提供足够支持，投资增长后劲不足的问题凸显。就房地产业而言，作为传统“投资大户”，其 2017 年的投资增长主要靠土地购置费拉动。而在当前调控力度不放松、市场逐步降温的背景下，预计未来房地产开发投资将进一步收紧，对固定资产投资的贡献也将有所下降。

3. 服务业发展一定程度受限

一方面，领军型企业匮乏，市场竞争力不足。目前，厦门市服务业总体呈现企业规模小、生存周期短的特点，软件业、商务服务业等现代服务业均尚未发展出营业收入百亿元规模的领军型企业，营业收入超 10 亿元规模的企业仅 8 家。另一方面，高端业态发展受限，传统业态经营疲软。厦门市服务业倾向于通过高投资、原料加工和劳动密集获取利润，技术创新投入不足，对高端服务业发展造成了显著的挤出效应。与此同时，传统商贸、住宿餐饮等行业因未能紧跟市场变化、及时调整经营模式，业绩持续下滑。

二、金融业与金融稳定

（一）银行业

1. 银行业运行情况

（1）银行业资产负债规模增幅放缓

2017 年，厦门市银行业资产负债规模增速放缓，总体呈平稳运行态势。截至年末，共有各类银行业金融机构 43 家，较上年增加 2 家。银行业资产总额 1.73 万亿元，负债总额 1.65 万亿元，同比分别增长 3.2%、2.4%，增速较上年末分别回落 15.4 个、16.3 个百分点。

（2）贷款回归融资主渠道，存款稳定性有所下降

贷款方面，2017 年末厦门市银行业本外币贷款余额 9 742 亿元，同比增长 13.1%。贷款在新增社会融资规模中占比 75%，较上年大幅提高 40 个百分点，表明贷款回归融资主渠道。且贷款增长去房地产化特征显现，对实体经济信贷支持力度加大。全年个人住房贷款增加 230.43 亿元，同比少增 518.21 亿元；对公贷款增加 459.00 亿元，同比多增 339.94 亿元。存款方面，2017 年末厦门市银行业本外币存款余额 1.06 万亿元，同比增长 8.3%。存款增量以非银行业金融机构存款为主，且波动显著；个人存款因分流效应增长乏力，企业存款受厦门民生银行清算资金沉淀存款上划总行影响呈现负增长。

（3）拨备变动对净利润影响显著，不良贷款实现“双降”

2017 年，全市银行业实现税后利润 187 亿元，同比增长 74%，扭转上年负增长态势。但利润增长主要得益于拨备计提的下降。受两家政策性银行成功化解不良贷款影响，全年银行业计提拨备 61 亿元，同比下降 50.1%；年末拨备覆盖率为 189.09%，较上年提高 28.89 个百分点；贷款拨备率为 2.79%，较年初下降 0.2 个百分点；此外，年末厦门市银行业不良贷款余额 143.61 亿元，同比减少 17.1 亿元；不良贷款率 1.47%，同比下降 0.4 个百分点。

（4）同业业务下降明显，表外“去杠杆”效应显著

2017 年末，厦门市银行业同业资产、同业负债余额同比分别下降 47.1%、17.5%，表明强监管

下银行业资金运作“脱实向虚”的状况有所改变。另外，年末银行业表外业务规模2.60万亿元。从结构看，与信贷相关的表外业务持续收缩，服务类业务稳步增长。其中，委托贷款同比下降6.5%，非保本理财同比下降50.81%，“去杠杆”效应显著。

2. 银行业运行需关注的问题

（1）信用风险防控形势依然严峻

尽管目前厦门市银行业账面不良贷款率处于较低水平，但信用风险防控形势依然严峻，表现在几方面：一是关注类贷款持续上升，年末关注类贷款余额563亿元，同比增幅达69%；二是贷款分类准确度存疑，人为调高分类、以通道将不良虚假出表等情况仍有发生；三是损失抵补能力还有待提高，目前全市仍有逾20亿元左右的拨备缺口，个别银行经营状况不尽理想，短期内补齐缺口的难度较大；四是银行风险处置的能力和意识依然不强，仍过多依赖政府的协调介入，债委会作用还有待发挥。

（2）银行业盈利水平持续弱化

伴随利率市场化及强监管的深化，加之机构竞争加剧，厦门市银行业盈利水平持续弱化。2017年厦门市银行业拨备前利润同比仅增长3.9%，净息差与净利差不同程度收窄，净利息收入及佣金手续费收入增幅均降至5%以下。即使考虑了拨备因素，全市43家银行业金融机构中仍有10家出现亏损，国有银行净利润合计下降28.5%，且存量的拨备缺口还将给后续的盈利增长带来沉重压力。可见，面对回归本源的要求，如何实现战略转型、促进利润增长与支持实体经济的“共赢”是银行业面临的重大课题。

（3）流动性管理难度不断加大

从负债端看，目前厦门市银行业负债来源稳定性较差、核心负债比例偏低等问题依然存在。由于分流效应显著，2017年末全市传统负债占各项负债的比例仅为54.2%，非银行业金融机构存款成为存款增长主动力。从资产端看，尽管房贷增速有所放缓，但考虑存在非房贷类个人贷款违规流入房市的现象，房地产仍是新增贷款最集中的领域之一，资金运用“中长期化”的问题未有明显缓解。此外，厦门市法人银行普遍存在债券业务杠杆率过高、类信贷业务回表压力较大的情况，随着去杠杆深化，流动性管理的难度不断加大。

（4）交叉业务风险不容忽视

从2017年监管检查情况看，厦门市银行业金融机构在开展交叉金融业务中存在资金投向违规、进行不当利益输送、变相调节信贷指标、违规接受担保、资产配置不当以及监管套利等问题。而目前银行业交叉金融存量依然较大，以“其他投资”为例，年末业务余额达2 672.58亿元，同比仅小幅萎缩4.65%。应警惕其中不合规、不审慎业务风险隐患的集中爆发和交叉传染。

（二）证券期货业

1. 证券期货业运行情况

（1）证券期货经营主体持续增加，私募基金较快增长

2017年，厦门市新增17家证券经营机构及4家期货经营机构。截至年末，共有1家法人证券公司、20家证券分公司、证券营业部97家；2家法人期货公司、5家期货分公司、31家期货营业部。

此外，2017年末厦门市有1家法人基金公司，数量保持不变。但登记备案的私募基金管理机构达327家，实缴规模603亿元，分别较上年末增加108家、增长68.3%。

（2）市场交投活跃度有所下降，创新业务增势放缓

2017 年，厦门市开立证券账户 390. 72 万户，同比增加 24. 55%；客户资产总值 3 737. 84 亿元，同比增加 37. 71%。开立期货经纪业务账户 46 825 户，同比增加 9. 68%；客户保证金余额 54. 76 亿元，同比减少 9. 59%。证券交易量 4. 45 万亿元，同比增加 8. 8%；期货代理成交额 2. 53 万亿元，同比减少 13. 06%。

证券营业部各类创新业务平稳发展，融资融券业务和期货 IB 业务交易金额分别为 3 267. 21 亿元和 2 964. 93 亿元。但期货公司资产管理业务规模较上年末大幅下降 76. 92% 至 39. 3 亿元。

（3）上市公司数量继续增加，盈利水平较大提升

2017 年，厦门市新增上市公司 10 家。截至年末共有上市公司 47 家；其中主板 21 家，中小板 14 家，创业板 12 家。上市公司实现首发融资 57. 14 亿元，融资额创历史新高；但定向增发、私募、银行间市场融资等渠道的再融资仅 94. 21 亿元，同比减少 20. 01%。盈利能力方面，2017 年前三季度，厦门市 47 家上市公司营业收入合计 5 276. 12 亿元，同比增长 57. 37%；归属母公司股东的净利润 95. 29 亿元，同比增长 61. 94%。此外，2017 年厦门市新增新三板挂牌企业 29 家至 173 家，累计融资 13. 32 亿元，同比增长 22. 09%。

2. 证券期货业运行需关注的问题

（1）证券期货机构经营压力不断增大

2017 年，受市场交投活跃度下降、但机构竞争加剧的叠加影响，证券机构佣金率持续回落，经营状况进一步恶化。厦门市证券机构累计实现营业收入 11. 93 亿元、利润总额 3. 57 亿元，同比分别减少 17. 55% 和 36. 59%；机构亏损面达 50. 89%，较上年增加 7. 27 个百分点，个别机构更是因旗下资管产品投资损失出现巨亏。同样，除开户数外，期货市场各项指标均显著下降。2017 年全年辖区期货经营机构营业收入、净利润合计为 3. 94 亿元、1. 53 亿元，同比分别减少 24. 81% 和 39. 76%。而伴随经营压力加大，证券期货经营机构因服务质量下降引发的客户信访投诉数量呈增长趋势，带来了一定的群体性风险隐患。

（2）个别上市公司面临保壳风险

目前，厦门市有两家上市公司因连续亏损被实施退市风险警示，尽管 2017 年有望扭亏为盈，但从企业基本面看，其持续经营能力不容乐观；另一家上市公司因重大违法行为也面临暂停上市风险。此外，有三家上市公司控股股东的股权质押比例已近 100%，面临较大的强平及股权变更风险。

（3）私募机构发展存在一定乱象

2017 年，厦门市私募机构延续快速增加态势，但部分机构成立时间短，发展规划不清晰，盈利能力不足，合规管理水平较差，募资等环节的违规情况时有发生，个别机构实际控制人甚至涉嫌重大违规事件。

（三）保险业

1. 保险业运行情况

（1）保险市场整体实现平稳增长

2017 年，厦门市保险市场呈现平稳增长态势，截至年末共有各类保险公司 38 家，较上年增加 1 家。全年共实现保费收入 200. 33 亿元，同比增长 23. 2%，增幅高于全国 5. 1 个百分点。其中，财产险保费收入 73. 56 亿元，同比增长 16. 4%；人身险保费收入 126. 77 亿元，同比增长 27. 5%。保险公

司赔付支出71.69亿元，同比下降4.1%。保险密度为5 110元/人，同比增长898元/人，保险深度为4.6%，同比提升0.2个百分点。

（2）保险业务结构进一步优化

财产险方面，2017年厦门市车险、非车险保费收入分别为54.21亿元、19.35亿元，非车险占比同比提高4.8个百分点至26.3%，高于全国2.8个百分点。人身险方面，2017年普通寿险保费收入47.13亿元，占比同比上升2.7个百分点至48.8%；相比之下，分红险、投连险和万能险的占比不同程度下降。同时，寿险新单期交率同比上升2.5个百分点至58.3%，高于全国19.8个百分点；APE折标率同比上升1.5个百分点至72.6%，高于全国20.0个百分点。

（3）主要风险指标均优于全国

财产险方面，2017年厦门市产险公司应收保费率（扣除保证保险）为4.8%，低于全国0.7个百分点；由于上年数据受“莫兰蒂”台风影响较大，2017年行业综合成本率为92.8%，同比大幅下降30.6个百分点。人身险方面，2017年寿险公司退保率为3.7%，同比上升0.6个百分点，但低于全国2.8个百分点；简单退保率为15%，也低于全国9.9个百分点。

（4）服务和保障经济民生能力持续提升

2017年，厦门市保险业共提供风险保障10.98万亿元。同年，厦门市巨灾保险落地，成为全国第一个将常住人口纳入巨灾保险保障体系的城市，实现了保险覆盖面最大、赔偿额度最高的标准。出口信用险承保出口额131.13亿美元，一般贸易渗透率达38.2%，同比提高2.6个百分点。此外，厦门自贸区保险业创新不断推进，成立全国首家区内保险产品创新实验室，签署福建省内首单关税履约保证保险。

2. 保险业运行需关注的问题

（1）满期给付和退保压力依然较大

预计2018年厦门市保险业满期保单将达1.5万件，涉及金额7.16亿元。满期产品主要为银邮代理渠道和分红型产品，这些产品的期限多达5～6年，预期年化满期收益则普遍不足3%，由此可能引发一定的客户投诉。另外，预计2018年厦门市退保保单或至14.43万件，涉及金额27.78亿元，部分机构叠加满期给付以及市场不法行为诱发的集中非正常退保等因素影响，面临较大的现金流压力。

（2）产险市场费用问题仍较突出

目前，厦门市车险二次费改的效果比较有限。新车保单中，自主核保系数和自主渠道系数“双75”保单的占比较低，新车手续费仍然较高。此外，监管检查发现，产险机构虚挂中介、虚列费用等违规套取套费问题依然突出。

三、金融市场与金融稳定

（一）金融市场运行情况

1. 银行间市场

2017年，厦门市法人银行继续通过银行间市场加强流动性管理。全年法人银行在全国银行间同业拆借市场累计成交7 465.48亿元，同比增长1.13倍；拆入资金及隔夜拆入为主要模式，占比分别达95.21%和85.79%。同时，债券回购交易保持活跃。全年法人银行共完成债券回购交易9.08万亿元，同比增长29.22%；质押式回购、正回购及隔夜回购为主导，占比分别为93.73%、70.3%和82.96%。此外，法人银行通过银行间债券市场主动负债的意愿进一步增强，全年累计发行同业存单3 463.8亿元，同比增长1.48倍。另外，受发债利率走高影响，非金融企业利用银行间债券市场融资的规模显著回落。全年累计融资470亿元，同比下降56.69%。

2. 票据市场

2017年，厦门市票据承兑和贴现业务规模继续萎缩。全年商业汇票承兑业务累计发生1 286.29亿元，同比下降16.61%；票据贴现业务累计发生739.54亿元，同比增长2.03%。票据转贴现交易量也大幅下降。全年买断式转贴现累计发生7 587.38亿元，同比下降41.41%；回购式转贴现业务累计发生407.75亿元，同比下降54.63%，其中卖出回购为主要操作方向。

3. 黄金市场

2017年，厦门市黄金市场业务量总体回落。全年合计成交1 101.76亿元，同比下降27.18%。从业务结构看，黄金租赁业务占比最大，成交金额324.06亿元，占比29.41%；其次为黄金交易所代理业务，成交金额304.54亿元，占比为27.64%。截至年末，厦门市共有上海黄金交易所会员单位2家，分别为金融类会员厦门银行及特别类会员海峡金融服务公司，后者于2016年6月获得会员资格。

4. 外汇市场

2017年，厦门市银行结售汇规模大幅增长，结售汇差额由逆转顺。在人民币汇率趋稳、出口回暖以及政策利好等因素共同作用下，全年银行结售汇总额802.1亿美元，同比增长35.8%；其中，结汇464.2亿美元，同比增长57.2%；售汇337.9亿美元，同比增长14.3%。结售汇实现顺差126.3亿美元，上年同期为逆差0.3亿美元。另外，2017年银行间外汇市场交易总量6 420亿美元，同比增长74%；其中掉期交易成交4 937亿美元，同比增幅达150%。

（二）金融市场运行需关注的问题

1. 法人银行债券交易杠杆比例偏高

2017年底“一行三会”联合下发《关于规范债券市场参与者债券交易业务的通知》，对存款类金融机构自营债券交易杠杆比率提出了80%的审慎性要求。目前看，厦门市法人银行债券回购的杠杆比率均超限，意味着通过大规模债券回购弥补流动性缺口的做法已不可持续，其在债券业务结构和流动性管理等方面将面临较大的调整压力。

2. 企业债券发行减少加大信贷供给压力

2017年以来，受债券发行利率持续走高影响，大中型企业纷纷推迟或减少债券筹资。全年包括银行间市场在内的各渠道企业债券发行累计681.00亿元，同比少发行774.20亿元，是厦门市社会融资规模同比少增的主要原因。与此同时，问卷调查显示各类型企业贷款需求景气指数均不同程度提高，表明银行贷款对债券融资的替代效应开始显现。在银行贷款额度趋紧的背景下，这一转变恐很大程度加大信贷的供给压力。

3. 地方交易场所清理整顿易引发信访风险

经过一系列的清理整顿后，前期呈野蛮式增长的地方交易场所逐步回归理性，目前，仅厦门市两岸股权交易中心尚余2只存量私募债券。但是，其余清理完毕的交易场所由于涉及投资者众多、金额大、亏损面广，易引发群体性信访风险。

四、金融基础设施与金融稳定

（一）支付体系

2017 年，厦门市支付服务环境总体良好，服务质量持续改善。一是支付清算系统运行安全平稳，通过大小额支付系统和同城资金清算系统共发起业务 6 116.75 万笔，金额 45.07 万亿元，同比分别下降 7.56%、增长 27.07%。二是非现金支付工具使用量继续扩大，全年签发票据 1.09 亿元，同比下降 25.76%；全年银行卡刷卡消费额（剔除信托、购房、批发、典当、政府服务类、投资性交易等）占同期社会消费品零售总额（银行卡渗透率）比例超过 88%，较上年提高 4 个百分点。三是支付密码推广率保持全国领先，截至年末支付密码推广率达 94.81%，较上年提高 1.2 个百分点。四是非银行支付机构数量持续增多，截至年末共有多用途预付卡机构 11 家，完成备案的银行卡收单机构分公司 22 家。

（二）征信体系

2017 年，厦门市被确定为全国首批社会信用体系建设示范城市，信用体系建设稳步推进。一是地方信用法规规章建设取得重大进展，出台了《厦门市公共信用信息管理办法（试行）》等规章制度；二是征信系统收录信息数量快速增长，截至年末信用信息基础数据库共收录厦门市逾 80 314 万户借款企业和近 280 万个人的信用信息；三是机构信用代码推广工作稳步推进，截至年末共发放机构信用代码证 22.76 万份，其中 2017 年新增 3.06 万户，变更 2.51 万户；四是应收账款质押登记系统和融资服务平台发展平稳，截至年末共有 400 家银行和企业注册为平台用户，实现融资交易 736 笔，交易金额 60.46 亿元；五是中小企业和农村信用体系建设成效显著，截至年末共完成农户建档 16.8 万余户，共评定信用村、信用社区 49 个，累计对近 4 万户农户授信超过 270 亿元。

总　　编：李伟平
总　　纂：黄　涛
统　　稿：于宏凯
执　　笔：翁舒颖
其他参与写作人员：潘望春　施海松　李康宁　刘雅珣　黄肇伟
王国新　王庭成　陈　楠　陈玉婵　孔德营
朱鑫怡　林志伟　周　超　张志杰　苏剑煌
孙　璐

深圳市金融稳定报告摘要

2017年，深圳经济发展继续呈现稳中向好态势，地区生产总值（GDP）2.24万亿元，新经济驱动引擎逐渐形成，质量型发展进入新阶段。地区金融运行总体稳健，金融要素有机汇集，金融秩序不断规范，全年社会融资规模新增1.02万亿元，跨境资本流出压力显著缓解，为实体经济创造了有利投融资环境。个别领域金融风险有所暴露，金融监督管理效能逐步强化。展望2018年，深圳经济增速仍面临一定下行压力，房地产调控对经济金融的综合影响可能进一步显现，资产管理业务、系统重要性金融机构和金融控股公司、地方新兴金融业态等潜在风险不容忽视。为此，应进一步完善货币政策与宏观审慎政策双支柱调控框架，加强宏观审慎和微观审慎监管协调，切实守住不发生系统性金融风险的底线。

一、深圳经济金融运行情况

（一）经济平稳较快增长，发展质量不断提高

全年地区生产总值2.24万亿元，仅次于上海、北京。2017年，深圳地区生产总值（GDP）2.24万亿元，较上年增长8.8%，经济总量居31个省份（不含广东）第15位，内地城市第3位。人均GDP 18.31万元，高居内地城市首位（北京12.9万元，上海12.46万元）。第一、第二、第三产业增加值分别为18.54亿元、9 266.83亿元和13 153.02亿元，三产结构0.1:41.3:58.6。居民消费价格指数（CPI）同比上涨2.4%，增幅较上年提高1.0个百分点。各级公共预算收入7 011.6亿元，同比增长8.1%。

固定资产投资5 147.32亿元，民间投资占比过半。全年固定资产投资5 147.32亿元（增长23.8%），创1994年以来新高；民间投资占固定资产投资总额的51.04%，同比增长22.5%，远高于全国平均水平的6.6%。社会消费品零售总额超6 000亿元，增长9.1%。出口总额16 533.57亿元，增长5.5%，进出口顺差5 055.68亿元。

新经济驱动引擎逐渐形成，新一代信息技术产业增加值4 592.85亿元。七大战略性新兴产业和四大未来产业①实现增加值9 183.55亿元（已剔除行业间交叉重复），增长13.6%，增幅较上年提高3.0个百分点。其中，新一代信息技术产业增加值4 592.85亿元，增长12.5%；互联网产业增加值1 022.75亿元，增长23.4%。

工业总产值8 688.26亿元，金融和房地产业对经济增长贡献度下降。工业总产值8 688.26亿元，

① 含新一代信息技术产业、互联网产业、新材料产业、生物产业、新能源产业、节能环保产业、文化创意产业等七大战略性新兴产业，海洋产业、航空航天产业、机器人和智能装备、生命健康等四大未来产业。

增长9.1%，其中规模以上工业增加值8 087.62亿元，增长9.3%。金融业增加值3 059.98亿元，增长5.7%，房地产业增加值1 882.10亿元，增长1.7%。金融业和房地产业增加值合计4 942.08亿元，占比22.03%，较上年下降2.3个百分点。

（二）社会融资规模增速大幅放缓，融资成本略有上升

社会融资规模新增10 247.41亿元，表外融资同比多增2 645.79亿元。受货币政策收紧、金融强监管及房地产调控等因素影响，社会融资规模增量大幅减少，全年累计新增10 247.41亿元。其中，表内本外币贷款新增5 876亿元，同比少增1 602亿元；表外委托贷款、信托贷款和未贴现银行承兑汇票等新增3 204.10亿元，同比多增2 645.79亿元。

本外币各项贷款余额4.63万亿元，各项存款余额6.97万亿元。截至12月末，全市本外币各项贷款余额4.63万亿元，同比增长14.3%，其中住户贷款余额1.76万亿元，非金融企业及机关团体贷款余额2.62万亿元，分别增长16.60%和13.79%。本外币各项存款余额6.97万亿元，同比增长8.17%，其中住户存款1.12万亿元，非金融企业存款3.30万亿元，分别增长3.76%和16.92%。

金融市场融资成本趋势性抬高，银行间市场融资量显著减少。12月末，全市人民币贷款加权平均利率6.55%，较上年同期提高46个基点；非金融企业债券发行平均票面利率5.94%，较年初提高1.69个百分点；票据贴现利率从年初的3.0%抬升至4.6%左右。1－12月，深圳金融机构累计办理票据贴现16 199亿元，同比下降73.1%；银行间市场发行非金融企业债务融资工具90只，募集资金975.8亿元，同比减少22.6%；银行间债券市场累计交易量20.1万亿元，同比减少15.39%。

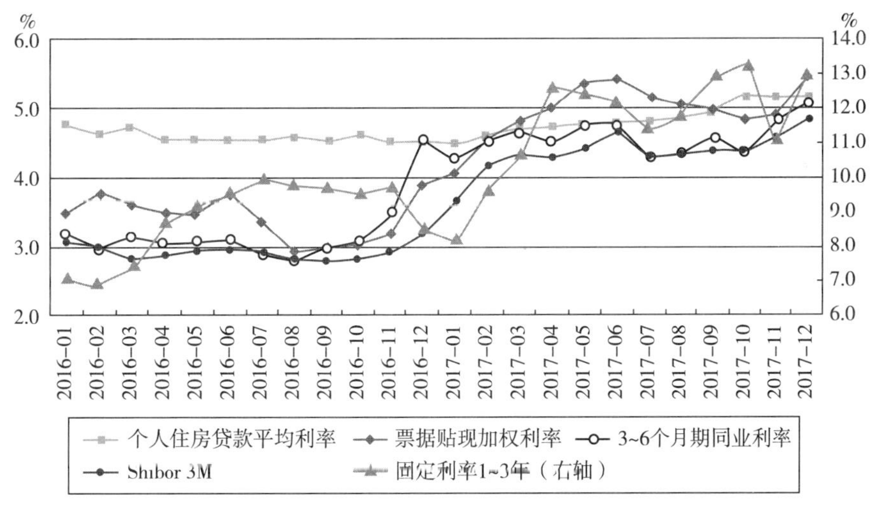

图1　全市金融市场资金价格走势情况

（三）金融市场交易平稳有序，深市股票价格总体下跌

货币市场成交量98.80万亿元，增速大幅下降44.17个百分点。其中，信用拆借市场累计成交量12.87万亿元，同比减少29.17%；质押式回购累计成交量80.83万亿元，同比增长15.77%；买断式回购累计成交量5.1万亿元，同比下降20.66%。

外汇市场成交量2.39万亿美元，同比仅增长2.4%。其中，即期交易量5 275.15亿美元，同比增长47.40%；远期交易量163.78亿美元，同比下降41.06%；货币掉期交易量47.58亿美元，同比

增长43.60%；外汇期权交易量1 929.45亿美元，同比下降45.76%。

深圳股票市盈率下跌12.13%，全市证券营业部交易额下降5.49%。深证综指收于1 899.34点，较上年下跌3.54%，创业板下跌10.67%。深圳证券交易所上市股票平均市盈率36.21，下降12.13%。受行情影响，深圳市证券公司营业部代理股票交易额15.04万亿元，同比下降5.49%；年底证券公司客户交易结算金余额2 299.09亿元，同比下降27.44%。全年期货公司代理期货交易额41.86万亿元，增长11.54%；期货公司客户保证金余额513.27亿元，同比下降12.43%。

深港通交易日渐活跃，全年交易金额合计9 507.05亿元人民币。自2016年12月上线以来，深港通运行稳定，交易日渐活跃，"深股通"日均交易金额40.28亿元人民币，"港股通"日均交易金额23.17亿港元。"深股通"全年交易金额合计9 507.05亿元人民币，净买入1 367.65亿元；"港股通"交易金额合计5 353.00亿港元，净买入1 131.88亿港元。

黄金现货市场成交量8 586.41吨，交割库出库量1 404.95吨。上海黄金交易所深圳会员黄金交易量8 586.41吨，同比下降11.51%，占总交易量的15.82%。交割库出库量1 404.95吨，同比增长5.86%，占总出库量的64.63%。深圳地区商业银行代理客户交易黄金742.68吨，同比增长17.47%；账户黄金和实物黄金分别成交92.05吨和12.62吨，分别增长61.52%和10.6%。

（四）金融机构资产规模稳步扩张，银行盈利能力强

辖区银行业金融机构总资产8.38万亿元，拨备前利润1 588.66亿元。截至2017年底，深圳市共有法人银行19家，中外资银行分行61家，法人非银行金融机构16家。辖区口径银行业金融机构总资产8.38万亿元，同比增长6.85%，增速较上年下降8.04个百分点。全年共实现拨备前利润1 588.66亿元，同比增长14.36%，增速较上年提高11.49个百分点。[①] 在金融去杠杆、强监管等因素影响下，银行业的资产负债结构出现调整，表内各项存款[②]、贷款余额占总资产的比重（62.69%、55.88%）分别较上年末提高4.57个、3.88个百分点，表内同业资产[③]、同业负债[④]占总资产的比重（7.93%、22.37%）分别较上年末下降2.68个、1.83个百分点。

表1　深圳市银行业金融机构资产总额分机构情况

资产银行类型	国有商业银行	政策性银行	股份制银行	城市商业银行	深圳农商行	村镇银行	邮储银行	微众银行	外资银行	非银行金融机构	合计
2017年末资产总额（亿元）	31 012	5 000	28 738	6 314	2 683	357	826	817	3 772	4 321	83 840
2017年末资产总额同比增速（%）	8.99	7.26	-0.06	10.61	14.64	13.06	19.20	57.14	4.36	26.82	6.85
2016年末资产总额同比增速（%）	15.00	17.59	13.34	13.49	27.68	23.07	18.31	440.4	4.57	14.88	14.89

① "银行业金融机构"的统计口径为国有商业银行、政策性银行、股份制商业银行（平安银行和招商银行为深圳地区数据）、城市商业银行、深圳农村商业银行（深圳地区）、村镇银行、深圳邮政储蓄银行、深圳前海微众银行、非银行金融机构和外资银行业金融机构。以上数据均来源于银监的1104报表。从盈利主体分析，辖内银行业的整体盈利水平上升，主要受益于工商银行深圳分行等11家银行的生息资产规模增长和净息差扩大等。

② 包括单位和储蓄存款。

③ 同业资产的口径包括存放同业、拆放同业、投资及买入返售。

④ 同业负债的口径包括同业存放、同业拆入及卖出回购。

法人证券公司总资产 1.36 万亿元，净利润 258.75 亿元。全市 22 家法人证券公司总资产 13 588.98亿元，较上年增长 8.8%。实现营业收入 697.04 亿元，经纪业务和投行业务收入分别为 192.07 亿元和 135.64 亿元，同比下降 19.96% 和 22.83%；自营业务收入 162.03 亿元，同比增长 53.09%。全部证券公司实现净利润 258.75 亿元，同比下降 4.68%。14 家期货公司总资产 670.65 亿元，同比下降 5.84%，实现营收 27.19 亿元，同比增长 10%，净利润 8.92 亿元，同比增长 0.33%。

基金公司公募管理净值 2.81 万亿元，净利润 52.3 亿元。27 家基金公司管理公募基金 1 482 只，同比增长 19.42%；资产净值 2.81 万亿元，同比增长 12.06%；累计实现营业收入 200.24 亿元，同比增长 8.41%；净利润 52.23 亿元，同比增长 6.87%。基金公司管理的非公募业务净值 1.97 万亿元，基金子公司 18 家，存续产品 4 029 只，存续产品净值 2.24 万亿元。

辖内保险公司总资产 3 312.81 亿元，保费收入 1 029.75 亿元。25 家法人保险机构总资产 4.15 万亿元，同比增长 14.96%，总资产占全国保险机构总资产的 24.78%。辖内 73 家分公司级保险机构资产总额 3 312.81 亿元，同比增长 16.24%，保费收入 1 029.75 亿元，同比增长 23.41%。

7 类地方性金融机构迅猛扩张，机构总数近万家。截至 2017 年底，深圳市共有小额贷款公司、融资租赁公司、融资担保公司、地方资产管理公司、典当公司、商业保理公司和股权交易所等 7 类地方性类金融机构 9 623 家，注册资本 1.09 万亿元，全年业务规模超过 4 800 亿元[①]。

表 2　　深圳市主要地方金融机构数量及注册资本情况

	地方资管公司	小额贷款公司	典当	融资担保公司	融资租赁	商业保理	地方交易所
数量（家）	1	128	180	103	2 431	6 757	23
注册资本（亿元）	30	289	29	236	6 600	3 764	—

数据来源：深圳市金融办。

（五）跨境收支额缓慢增长，跨境人民币业务显著下降

跨境收支总额增长 2.9%，跨境收支顺差大幅下降 29.5%。全市全年跨境收支总额 5 594 亿美元，同比增长 2.9%；结售汇总额 2 376 亿美元，同比增长 16.8%。从跨境资金流动平衡性指标来看，全年跨境收支差额与跨境收支总额之比 2.2%，结售汇差额与结售汇总额之比 11.3%，跨境收支和结售汇总体平衡。

跨境人民币业务显著下降 22.9%，人民币跨境净支出 459.4 亿元。跨境人民币收付金额合计 8 075.8亿元，同比下降 22.9%，净支出人民币 459.4 亿元，超过 15% 的对外贸易以人民币结算。剔除经深圳结算的港股通项下人民币净支出 964.6 亿元后，全年跨境人民币实际净流入 505.2 亿元，人民币跨境直接投资结算金额 562.4 亿元。

（六）金融服务水平不断提高，金融环境继续优化

非银支付机构完成业务量 1 778.50 亿笔，金融市场交易清算量 33.79 亿笔。19 家非银行法人支付机构全年完成支付业务（不含预付卡发行）1 778.50 亿笔、金额 73.22 万亿元，同比分别增长 105.42%、80.52%。各支付清算系统全年处理业务 33.79 亿笔，金额 461.36 万亿元，同比分别增长

① 由于地方金融监管部门尚未建立完整的业务规模统计口径，本数据仅涵盖了小额贷款公司新增贷款发生额 1 549.66 亿元，融资租赁公司业务发生额 3 000 亿元，典当总额 64.67 亿元及融资担保期末总资产 259.65 亿元。

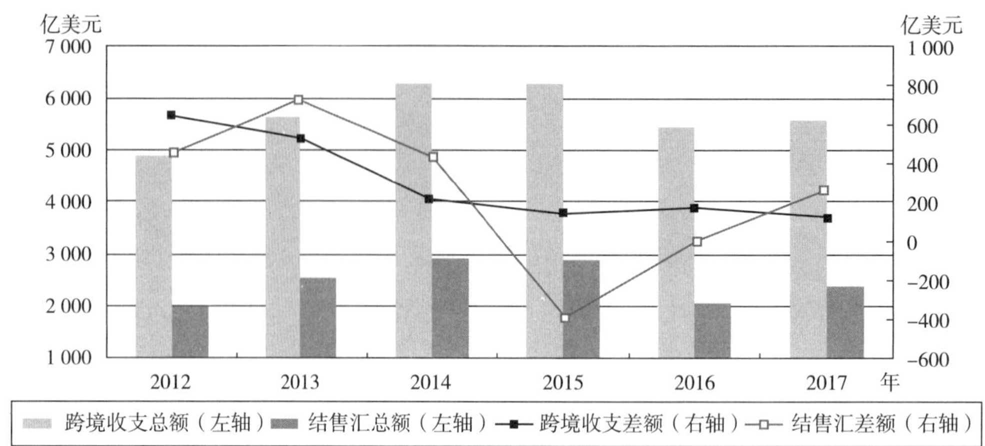

图2 2012—2017 年跨境收支及结售汇走势

74.10%和3.1%。全市2017年累计现金投放1 994.85亿元，回笼现金1 381.03亿元，现金净投放613.82亿元，同比大幅下降44.15%。金融机构缴存人民银行钱款的假币平均浓度维持在百万分之零点一水平。

国库存现金余额1 081.5亿元，经理国库效能稳步提升。全市年底国库存现金余额1 081.5亿元，同比增长15.6%；地方国库现金管理余额800.0亿元，同比下降49.4%。国库资金投放定期存款12期，累计金额3 900亿元，到期收回存款4 780亿元，实现利息收入25.12亿元。

大力打击地下钱庄和金融领域洗钱活动，维护辖区和谐金融生态环境。严厉打击洗钱业务，联合公安、税务、海关等相关部门共同开展打击利用离岸公司和地下钱庄转移赃款专项行动，破获地下钱庄案件14宗，捣毁犯罪窝点51个，涉案总金额超过11 000亿元人民币，维护辖区和谐金融生态环境。

加强金融消费权益保护，多渠道构建金融安全网。妥善处理金融纠纷，督促非银行支付机构控股股东或实际控制人履行好保护金融消费者的义务。存款保险评级和差别费率稳步实施，辖区未出现危及储户存款安全和存保基金安全的突出风险。全年受理个人信用报告本人查询59.26万笔，比上年同期增长157.4%，信息采集机构增至191家。

二、2017年深圳经济金融稳健性评估

2017年，深圳经济金融运行总体稳健，宏观杠杆率增速明显下降，住房贷款余额低位增长，房地产市场相对稳定，金融机构资产质量总体较好，跨境资金流出压力显著缓解，互联网金融及其他新兴金融业态规范整治初见成效。但也要看到，全市非金融企业及居民杠杆率水平依然高企，房地产调控长效机制仍待建立，影子银行和产融结合型控股集团风险仍然较大，影响深圳经济增长和金融稳定的国内外不利因素依然存在，某些领域还有所增加。

（一）宏观杠杆率增速下降，居民家庭杠杆率过高

社会融资规模稳中有降，单位社会融资增量对GDP拉动作用有所增强。随着我国经济增长由资金投放刺激型向质量效益型转变，深圳经济增长对融资规模增长的依赖度下降。2017年新增社会融

资规模 10 247.4 亿元，总量较上年减少 38 亿元，增量较上年减少 3 336 亿元。平均每 1 元社会融资增量可以带动 2.19 元地区生产总值和 0.50 元固定资产投资，较上年分别提高 16.49% 和 28.2%。

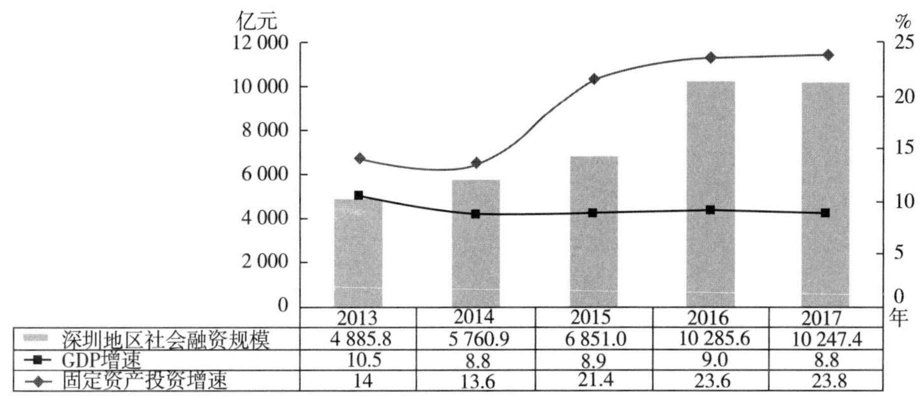

图 3　全社会融资规模与 GDP 走势

宏观杠杆率增速下降，全社会杠杆率水平总体较高。2017 年，深圳全社会杠杆率①达到 282.2%，其中政府部门杠杆率水平仅为 0.6%，并较前两年稳步下降；非金融企业杠杆率水平 202.9%，较上年提高 4 个百分点，但增速下降 6 个百分点；居民杠杆率水平 78.8%，较上年提高 1.2 个百分点，增速下降 13.9 个百分点。在稳健中性货币政策和房地产调控政策等因素影响下，预计全社会杠杆率水平将稳中趋降。

表 3　深圳地区杠杆率情况

年份	政府部门杠杆率	非金融企业杠杆率	居民杠杆率	全社会杠杆率
2015	0.9%	188.3%	62.5%	251.7%
2016	0.7%	198.9%	77.6%	277.2%
2017	0.6%	202.9%	78.8%	282.3%

居民杠杆率已处于相对高位，增速显著放缓。受近两年房价快速上涨和居民借贷消费等因素影响，深圳居民家庭贷款总额和杠杆率水平快速攀升，2017 年居民杠杆率达 78.8%，较北京、上海分别高 20.0 个和 13.3 个百分点，已临近 85% 的国际警戒线。在宏观稳杠杆、去杠杆的大背景下，2017 年深圳居民杠杆率增速已较上年大幅下降 13.9 个百分点，预计 2018 年将保持稳中有降态势。居民杠杆率高企使深圳本地家庭更容易受到资产价格调整和融资成本上升的冲击。

表 4　一线城市居民杠杆率对比

地区	2016 年	2017 年	同比增加百分点
北京	56.8%	58.8%	2.0
上海	59.0%	65.5%	6.5
深圳	77.6%	78.8%	1.2

① 杠杆率计算公式为：债务余额/GDP，政府部门债务以财政部门对外公布数据为准；企业债务包括单位贷款、企业债券余额、信托贷款余额、委托贷款余额、未贴现银行承兑汇票余额、登记外债余额及政府与企业债务重叠部分；居民债务主要是住户贷款余额。该测算方法主要是参考社科院国家金融与发展实验室、中国人民银行调查统计司杠杆率研究课题组（2014）、国际清算银行等研究部门的成果。

（二）居民住房贷款低位增长，新建住宅量跌价稳

房地产贷款总额继续攀升，新增个贷总额大幅减少。截至2017年底，全市房地产贷款余额1.59万亿元，以房地产为抵押品的贷款余额2.21万亿元，分别占各项贷款余额（人民银行口径）的34.3%和47.7%。在稳健中性的货币政策和“房住不炒”的房地产调控政策等共同作用下，全市全年新增个人住房贷款759.02亿元，同比大幅下降69.68%，增速创3年来新低。但下半年第三季度以来，月度新增个人住房贷款总额逐月攀升，相关影响值得关注。

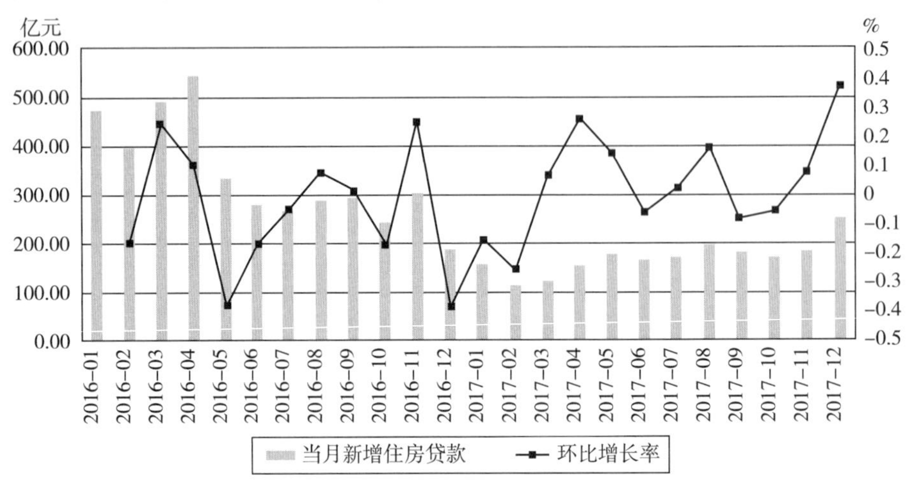

图4 2016年1月至2017年12月新增个人住房贷款走势

房贷利率趋势性抬升，新建商品住房量跌价稳，二手房量跌价升。2017年12月，新发放个人贷款的平均利率已上升至基准利率1.02倍，较年初的0.9倍明显提升，预计未来仍有上升空间。新建商品住宅量跌价稳，销售面积259.31万平方米，同比下降45.8%，年底均价54 256元/平方米，同比下降1.3%；二手住宅量跌价升，销售面积529.99万平方米，同比下降40.4%，年底均价55 393元/平方米，同比上涨16.4%。由于不受限购限贷影响，商用房成交面积同比增长26.5%，成交均价为65 414元/平方米，同比上涨24.39%。

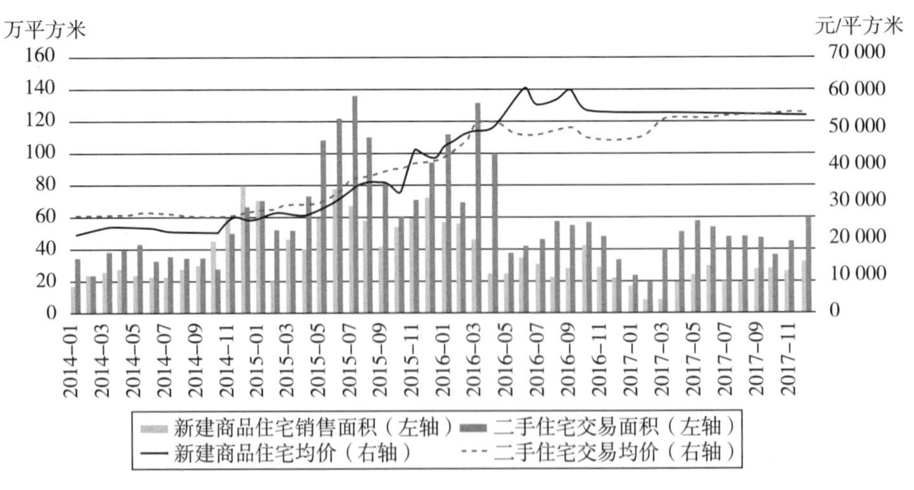

图5 深圳市一二手房成交量、成交价格

考虑到房地产价格与银行信贷扩张之间存在相互作用的正反馈机制，一旦趋势反转，房产持有者和商业银行可能面临较大损失，未来应密切关注房地产信贷总量和资金价格、住房成交量和成交价格的变化情况，及时评估房地产金融风险。

（三）部分银行不良贷款率较高，信贷风险暴露不充分

全市银行不良贷款率与上年持平，政策性银行和村镇银行不良率较高。截至 12 月末，全市商业银行不良贷款余额 499.68 亿元，较上年增长 14.78%，不良贷款率 1.07%，与上年持平。政策性银行和村镇银行不良贷款率较高，分别为 3.62% 和 1.36%。全市商业银行关注类贷款率 2.57%，较上年下降 0.63 个百分点，中×银行深圳分行、三××友银行深圳分行、深圳××银行等银行关注类贷款率较高。

表 5　深圳市银行业金融机构不良贷款率分机构情况

不良贷款情况/银行类型	国有商业银行	政策性银行	股份制银行	城市商业银行	深圳农商行	村镇银行	邮储银行	微众银行	外资银行	非银行金融机构	辖内平均
2017 年末不良贷款（亿元）	0.87	3.62	0.67	0.90	0.93	1.36	0.43	0.64	0.97	0.92	1.07
较 2016 年末不良贷款率变化（%）	-0.23	1.86	-0.14	-0.24	-0.01	-0.17	-0.05	0.32	-0.11	-0.12	0

少数银行贷款偏离度高，信贷风险暴露不充分。广×银行深圳分行、宝××××村镇银行、华×银行深圳分行等机构的贷款偏离度（逾期 90 天以上贷款/不良贷款）都超过 100%；包×银行深圳分行、中×银行国际的 90 天以内逾期贷款余额分别是不良贷款余额的 24 倍和 4 倍，潜在风险较大。宝××××村镇银行、光××××村镇银行等村镇银行存在五级分类不准确的问题，中×银行深圳分行等个别银行还存在用自营投资对接不良资产收益权，掩盖真实不良资产的情况。

资本充足情况总体较好，拨备计提高于全国平均水平。17 家地方法人银行的平均资本充足率① 15.0%，平均一级资本充足率和核心一级资本充足率 14.0%，较上年各自下降 1.0 个百分点。全市银行业金融机构各项资产减值损失准备合计 1 121.30 亿元，较上年末增长 17.95%，平均拨备率② 225%，较上年末下降 8 个百分点，平均贷款拨备率 2.39%，较上年末上升 0.06 个百分点，总体来看，辖内银行业的拨备计提状况高于同期的全国平均水平（181%）。

（四）影子银行规模攀升，整治资管乱象应防监管共振

银行理财和信托等影子银行规模攀升，近半银行理财流向“非标”债权。2017 年全年，深圳市商业银行发行理财（发行 + 代销）余额 12 628.78 亿元，增长 8.56%；信托公司管理信托资产 19 996.96亿元，增长 25.72%。47.69% 的银行理财资金直接或通过信托、证券资管等通道流向“非标准化债权”（以下简称“非标”），规避监管限制。随着“非标”债权转让业务的兴起，应警惕具

① 平均资本充足率 = 17 家地方法人银行的资本净额合计/17 家地方法人银行的应用资本底线及校准后的风险加权资产合计，平均一级资本充足率和核心一级资本充足率的计算方法类似；平均杠杆率 = 17 家地方法人银行的一级资本净额合计/17 家地方法人银行调整后的表内外资产余额合计。

② 平均拨备率用各项资产减值损失准备/不良贷款余额估算，平均贷款拨备率用各项资产减值损失准备/各项贷款余额估算。

有资产证券化（ABS）性质的“非标”资产转让潜藏的风险。

表6 深圳银行业理财资金流向

	2017年第四季度		2016年第四季度	
	余额（元）	占比	余额（元）	占比
标准化资产	15 411 139. 46	42. 38%	18 127 003. 53	49. 89%
其中：债券及货币市场工具	10 784 251. 06	29. 66%	6 256 861	17. 22%
其中：银行存款	4 626 888. 40	12. 72%	11 870 142. 53	32. 67%
非标准化资产	17 342 374. 18	47. 69%	13 613 330. 80	37. 47%
其中：非标准化债权类资产	13 659 969. 12	37. 56%	10 879 680. 01	29. 95%
其中：权益类资产	3 682 405. 06	10. 13%	2 733 650. 79	7. 52%
其他类	3 610 739. 19	9. 93%	4 591 304. 29	12. 64%
余额合计	36 364 252. 83	100. 00%	36 331 638. 62	100. 00%

证券期货类资管规模略有下降，通道类业务占比近半。截至2017年末，全市证券类资产管理业务总规模13. 24万亿元（含券商资管、公募基金、基金公司非公募业务、基金子公司专户、期货资管、私募基金），较年初下降约2. 0%。“基金子公司存续产品”和“证券公司受托资金”主要是通道类项目，占比近半，相关资金主要来自商业银行理财产品。

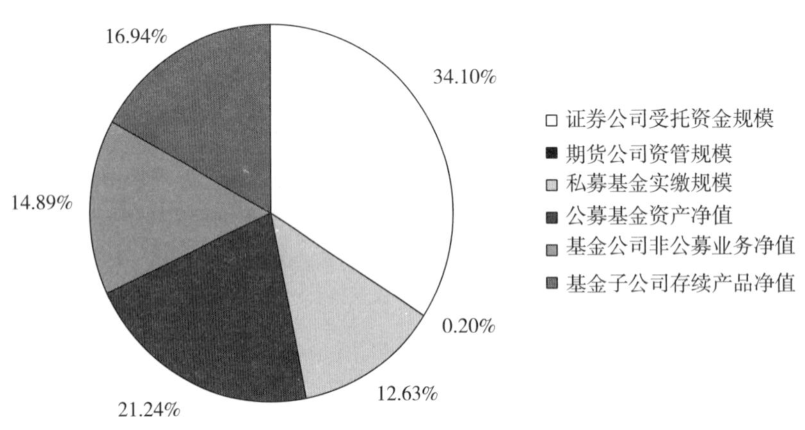

图6 证券期货类资管类型结构

表7 辖内发行理财产品投放通道汇总

	银行机构	信托公司	证券公司及子公司	基金公司及子公司	实体企业	其他	合计
投向占比（%）	15. 45	8. 25	19. 10	31. 85	22. 76	2. 59	100
较年初增长（百分点）	-18. 40	1. 10	17. 50	0. 80	0. 56	-1. 49	

打破刚性兑付难度不小，整顿资管乱象应防监管共振。2017年11月末发布的《关于规范金融机构资产管理业务的指导意见》（征求意见稿）对资产管理业务“破刚兑、降杠杆、去嵌套、减通道、防套利”等提出了要求，随着存量资管产品逐渐到期清算处置，原本可通过募新还旧掩盖的风险可能提前暴露，应防止监管共振加剧市场波动，引发信用风险和流动性风险。由于多数理财产品都向投资者承诺收益，打破银行刚性兑付难度不小。

（五）产融结合型控股公司风险底数不清，个别民营控股保险公司存在现金流风险

产融结合型控股公司风险底数不清，部分大型控股集团资产负债率高。据不完全统计，深圳目前有至少8家较大的产融结合型金融控股集团，该类控股集团往往存在资产负债规模大、股权结构复杂、关联交易多、资本重计算、透明度不足、风险底数不清等问题，具有系统性风险隐患。以中国恒×集团为例，公开信息披露，该集团2017年上半年总资产1.49万亿元，总负债1.32万亿元，资产负债率88.59%，[①] 高负债率导致该类集团易受融资成本变化和金融市场流动性环境的影响。

激进经营埋风险隐患，个别民营控股保险公司存现金流风险。近年来，部分民营控股保险公司以高成本“万能险”吸收公众资金，配合母公司在二级市场开展杠杆收购。随着金融监管逐渐趋严，该类保险公司保费收入显著萎缩，退保支出急剧增加，2017年，富×集团旗下××人寿和宝×集团旗下××人寿业务现金流分别为-98.38亿元和-274.74亿元，较上年分别大幅减少584.43亿元和865.39亿元，应防范该类机构因保费收入无法覆盖退保支出而引发的现金流风险。

（六）互联网金融问题多发，地方性金融机构风险点多

互联网金融风险易发多发，清理整顿不断深入。随着互联网信息技术的发展，“善心汇”和“IGOFX”等网络非法集资案件频发，虚拟货币交易、虚假外汇交易等互联网金融平台涉众面广，潜藏较大社会风险。2017年，全市互联网金融清理整顿行动不断深入，互联网金融风险加快暴露。截至2017年12月末，全市纳入取缔范畴的互联网金融从业机构33家（P2P网贷28家，非银行支付5家），平台存量不合规业务规模由整治初期的1 845.69亿元下降至954.51亿元，机构数量由整治初期的1 168家下降至443家，退出率达62.1%，部分投资者可能面临实际损失。

地方性金融机构实力薄弱，应警惕跨界融合风险。2017年全国金融工作会议明确小额贷款公司等7类机构由地方金融监管局实施监管，并要求地方强化对投资公司、开展信用互助合作社、社会众筹机构和地方各类交易场所等4类机构的监管。截至2017年末，深圳市共有小贷公司等7类地方性金融机构9 623家，投资公司等4类机构20多万家。伴随着金融业务跨界融合和跨区域布局，以小额贷款公司和融资租赁公司为代表的多数地方类金融机构都将银行作为主要融资渠道，各类金融机构间的风险传染性越来越强，牵涉面越来越广，应警惕区域性金融风险及监管不当引发的涉众风险。

（七）资本流出压力有所缓解，跨境资金流动风险仍存

经常项目结售汇顺差大幅增加，跨境资金流出压力有效缓解。全市全年经常项目结售汇规模2 074.4亿美元，结售汇顺差284.0亿美元；资本项目结售汇规模301亿美元，结售汇逆差16亿美元。跨境收支结售汇总额2 376亿美元，同比增长16.8%，为2014年以来首度实现同比增长。结售汇累计顺差268亿美元，上年同期为逆差6.4亿美元，较上年同期大幅增加274.4亿元。全市跨境资金规模呈现净流入状态，跨境资金流出压力有效缓解。

外债余额和内保外贷余额大幅增长，跨境资金流动风险仍然存在。2017年，人民币对美元汇率升值6.3%，外债偿付成本明显降低，新增外债余额大幅增长。全市年底登记外债（含离岸）余额

---

① 以上公司数据来自公司官网、上市公司公开披露信息。

989.64亿美元，较年初增长23.8%。内保外贷余额合计580.62亿美元，较年初增长20.5%。尽管多项措施有效平抑了资金非理性汇出，但市场主体境外资产配置的需求仍然较大，个别企业利用利润汇出、内保外贷和高溢价撤资转股等方式实现资金出海，跨境资本流动风险仍然存在，美元指数波动也可能增加外债敞口风险。

（八）金融科技快速发展，或放大市场流动性风险

金融科技公司快速发展，监管制度亟待建立。截至2017年末，深圳已形成涵盖互联网银行、支付、征信、理财、保险等领域的新技术、新模式和新兴金融科技业态，并有财付通、腾讯科技、平安科技、讯联智付、鹏元征信有限公司等众多金融科技公司。截至2017年末，由腾讯集团控股的微众银行已通过“微粒贷”产品累计发放贷款约8 700亿元，贷款余额约1 600亿元，主动授信客户数约1.3亿户。金融科技增加了金融服务的可获得性，但部分金融科技公司借助社交数据和个人征信数据进行信用评分，构建风控模型，稳定性和可靠性尚待验证，监管部门亟待建立相关规范制度，评估相关风险。

金融科技增加了机构间的关联性和复杂性，或放大金融市场的流动性风险。金融科技加深了金融业、科技企业和市场基础设施运营企业的融合，增加了金融体系的复杂性和机构间的关联性。尤其是对持有人主要为机构的互联网货币基金来说，在资金面趋紧的背景下，月末、季末等敏感时点很容易引发流动性风险，增加风险控制与处置的难度。

三、2018年形势分析与展望

展望2018年，国际政治经济形势仍复杂多变，美欧正逐步退出非常规宽松政策，我国将继续实施稳健中性的货币政策。金融市场流动性紧缩可能给资产价格带来调整压力，房地产调控和金融强监管也会给市场带来阵痛。为应对国内外宏观经济金融环境变化和挑战，深圳应坚定推进供给侧结构性改革，深入实施创新驱动发展战略，把防控金融风险放在更加重要的位置，加强金融宏、微观审慎监管和行为监管，抑制资产泡沫，切实防范系统性金融风险。

（一）扎实推动金融服务实体经济发展，建立健全房地产市场调控长效机制

结合深圳先进科技与创新类产业发达的特点，加大对战略性新兴产业、先进制造业、创新创业企业和民生产业等的支持力度。稳定信贷增速，发挥好财政税收对投资和消费的拉动作用，控制全社会杠杆率增速，降低居民家庭杠杆水平。保持房地产金融调控的稳定性和连续性，防止金融地产化和地产金融化，适当鼓励刚需、改善性住房、租赁住房的融资需求，及时评估市场流动性和利率水平变化对房地产企业、购房群体的影响，及时发现并预警房地产金融风险。

（二）加强综合统计和风险监测，做好资管业务的审慎监管和行为监管

根据即将出台的《关于规范金融机构资产管理业务的指导意见》要求，做好与深圳本地银、证、保机构的对接，扎实做好资管业务的综合统计和风险监测，推动辖内部分金融机构加强资本充足性管理，做好资管业务的审慎监管和行为监管，及时发现并妥善处理相关风险，防止系统性金融风险和道德风险。

（三）加强产融结合型控股公司和系统重要性金融机构风险监测与监管

探索通过央行金融机构评级、非金融企业评级等手段工具，评估辖区产融结合控股公司和系统重要性金融机构风险水平，探索开展对高风险、高负债金融控股公司和系统重要性金融机构开展压力测试和模拟监管。加快建立金融控股公司监管相关法律法规体系，明确金融控股公司的法律地位和监管主体，加强跨部门协调，及时防范和化解相关风险。

（四）鼓励金融科技发展，探索金融科技“沙箱监管”

继续加强对金融科技的支持力度，鼓励数字产业和金融信息技术产业跨越式发展。借鉴英国、新加坡等国家的“沙箱监管”模式，结合我国金融科技业务发展实际情况，及时出台“沙箱监管”相关制度，明确金融科技监管体系，构建既富有竞争力，又安全可靠的金融科技生态环境。

（五）高度重视外贸形势和跨境资金流动变化，继续做好跨境资金流动风险管理

做好跨境收支和结售汇“双维度”平衡管理，加强本外币全口径监管，进一步促进人民币跨境资金均衡流动。密切关注深圳作为“一带一路”重要节点、粤港澳大湾区中心城市的跨境资金流动情况，高度重视外贸形势和跨境资金流动变化，做好“扩流入、控流出”工作，稳定人民币汇率预期。

（六）做好与国务院金融稳定发展委员会的对接，探索建立适合深圳本地情况金融监管新体制

在国务院金融稳定发展委员会办公室领导下，探索在深圳率先设立由人民银行牵头、“三局”共同参加的深圳金融稳定发展委员会办公室，统筹货币政策执行、拟定金融改革发展规划、协调金融审慎监管等相关事项。指导地方金融监管部门做好类金融机构的风险防范和处置，及时应对非法集资、互联网金融和地方性交易场所等风险。从粤港澳大湾区金融改革和发展的高度出发，做好金融改革发展规划和风险监测，为区域金融稳定发展创造更好的制度环境。

总　　纂：林　平
统　　稿：余　钢
主　　笔：胡春冬　盖　鹏　陈斯泳　朱雯君
执　　笔：杨　丹　王翔宇　熊　英　桂　蟾　张　涵
史学岗　白云鹏　钟俊芳　黄海涛　孟　浩
江　薇　苏昱宇　韦　刚　张　婉　高　苏
林嘉立　高　敏　赵　灵　陈　曦　刘宇奇
赵民伟　邱伟才　师　翔　陈　昊　刘絮莹